Katja Gelbrich, Stefan Müller
Interreligiöses Marketing

Katja Gelbrich, Stefan Müller

Interreligiöses Marketing

—

DE GRUYTER
OLDENBOURG

ISBN 978-3-486-59184-2
e-ISBN (PDF) 978-3-486-85182-3
e-ISBN (EPUB) 978-3-11-039826-7

Library of Congress Control Number: 2023936227

Bibliografische Information der Deutschen Nationalbibliothek
Die Deutsche Nationalbibliothek verzeichnet diese Publikation in der Deutschen Nationalbibliografie; detaillierte bibliografische Daten sind im Internet über http://dnb.dnb.de abrufbar.

© 2023 Walter de Gruyter GmbH, Berlin/Boston
Einbandabbildung: Gettyimages / vector_s
Satz: jürgen ullrich typosatz, Nördlingen
Druck: CPI books GmbH, Leck

www.degruyter.com

Vorwort

Vor mehr als 30 Jahren hat Cutler (1991) eine Analyse der Literatur zum Thema „Religion und Marketing" mit einem vielsagenden Untertitel veröffentlicht: „Important Research Area or a Footnote in the Literature?" Eine Dekade später fiel die Antwort auf diese rhetorische Frage nicht anders aus. Noch immer wurde das Forschungsfeld als **„nicht ausreichend erforscht"** eingestuft (vgl. Lindridge 2005). Vor allem mangele es an systematischen Vergleichsstudien. Mittlerweile sind zwar einige hochwertige Übersichtsartikel verfügbar (z.B. Agarwala et al. 2018), aber bislang noch keine umfassende Darstellung des Interreligiösen Marketings in Buchform. In der englischsprachigen Literatur sucht man Titel wie „Cross-Religious Marketing" gleichfalls vergebens.

Auch konfessionsspezifische Abhandlungen sind selten und bieten zudem **keine umfassende Darstellung** des Wissensgebietes. Vielmehr finden die Leser eher allgemein gehaltene Reflexionen zur Bedeutung buddhistischer (vgl. Williams-Oerberg 2021), hinduistischer (vgl. Vinod 2013), jüdischer (vgl. Friedman 2001) oder konfuzianischer Werte (vgl. Fam et al. 2009) für die Wirtschaftstätigkeit. Dem Anspruch einer umfassenden Monographie am nächsten kommen Sandıkcı/Rice (2011) mit ihrem „Handbook of Islamic Marketing", allerdings beschränkt auf diese Religion. Minton/Kahle (2016) wiederum haben einen lesenswerten Handbuchartikel zum Einfluss von Religionen auf einen speziellen Bereich dieses Forschungsfeldes vorgelegt: das Konsumentenverhalten.

Interreligiöses Marketing (IRM) hat zwei Schwerpunkte: Zum einen ist von Interesse, ob und in welcher Weise Unternehmen ihre Strategien und den Marketingmix dem jeweiligen **konfessionellen Umfeld** anpassen sollten (z.B. ihre Produktpolitik den zahlreichen religionsspezifischen Tabus und Verhaltensregeln) Zum anderen befasst sich IRM mit dem Einfluss von Art und Intensität der Religiosität der jeweiligen Zielgruppe auf den Marketingmix (z.B. treffen intrinsisch religiöse Konsumenten in stärkerem Maße ethische Kaufentscheidungen als extrinsisch Religiöse)? Nicht behandelt werden hingegen Themen wie „Kirchenmarketing" (d.h. Marketing für eine Glaubensgemeinschaft, etwa um Gläubige vom Kirchenaustritt abzuhalten; z.B. Tscheulin/Dietrich 2001; Webb et al. 1998; Shawchuck et al. 1992) oder „Was denken die verschiedenen Glaubensgemeinschaften über Marketing?" (z.B. Cutler/Winans 1998).

Auf der ersten Gliederungsebene entspricht die Struktur der vorliegenden Abhandlung der eines klassischen Marketinglehrbuches:
- Strategische Entscheidungen (z.B. Sind Manager, die an einen verzeihenden Gott glauben, eher bereit, unethische Entscheidungen zu fällen als Manager, deren Gott ein strafender Gott ist?)
- Produktpolitik (z.B. Juden und Muslime interessieren sich mehr für Innovationen als Katholiken.)
- Dienstleistungspolitik (z.B. Bei religiösen Beschwerdeführern verspricht eine Entschuldigung mehr Erfolg als eine materielle Entschädigung des beklagten Servicefehlers.)

- Preispolitik (z. B. Konfuzianisch geprägte Kunden sind überdurchschnittlich preissensibel.)
- Distributionspolitik (z. B. Buddhisten ist der gute Ruf einer Einkaufsstätte noch wichtiger als deren Preiswürdigkeit.)
- Kommunikationspolitik (z. B. In muslimischen Gesellschaften gilt vergleichende Werbung als manipulativ und deshalb sittenwidrig.)

Auf der zweiten und dritten Gliederungsebene zeigen sich jedoch auch Unterschiede. Zum einen, weil die einschlägige Forschung bislang nicht so vielgestaltig und differenziert ist wie die traditionelle Marketingforschung und es deshalb noch zahlreiche „Leerstellen" gibt. Zum anderen, weil ein Marketinglehrbuch Themen wie konfessionelle Bindung und religiöse Überzeugungen von Konsumenten üblicherweise nicht behandelt. Während, um ein Beispiel zu geben, unzufriedene Kunden nach klassischer Lesart drei Reaktionsmöglichkeiten haben (Beschwerde, Mundpropaganda und Wechsel des Anbieters), wird in diesem Buch eine vierte, religionstypische Option ausführlich diskutiert: Vergebung.

Zu **Dank** verpflichtet sind wir einer Reihe (ehemaliger) Mitarbeiter. So haben Katja Soyez, heute Professorin und Studiengangsleiterin an der Staatlichen Studienakademie Riesa, sowie Anne Rottleb, heute Dipl.-Kffr. und Produktmanagerin, in einer frühen Phase dieses Publikationsprojektes wichtige Beiträge geleistet. Und Waltraud Fischermeier hat mit ihrem geschulten Auge nicht nur zahlreiche Rechtschreib- und Interpunktionsfehler entdeckt, sondern anhand ihrer alten Hausbibel auf die Bibelfestigkeit verschiedener Textpassagen geachtet. Bedanken wollen wir uns gerne auch beim Verlag De Gruyter und vor allem bei Frau Anna Spendler sowie bei Frau Paulin Alter für die jederzeit angenehme und sehr konstruktive Zusammenarbeit.

Zum Schluss noch einige Anmerkungen zu Abkürzungen und Fachbegriffen. Neben allgemeinverständlichen **Abkürzungen** wie „u.a." verwenden wir in diesem Text häufiger zwei spezielle Kürzel:
- **IRM** = Interreligiöses Marketing
- **WVS** = World Values Survey. Weiterführende Informationen finden Sie unter www.worldvaluessurvey.org sowie bei Inglehart et al. (2014).

Weiterhin verwenden wir regelmäßig einige **Fachbegriffe** der Marketingforschung und Statistik, die wir bei der Zielgruppe dieses Buches nicht voraussetzen können und daher hier kurz erläutern (Priming, Framing, Operationalisierung, Moderation, Mediation):
- **Priming** bezeichnet einen Vorgang, der zumeist unbewusst abläuft, aber auch gezielt eingesetzt werden kann, um bestimmte Wirkungen zu erzielen. Wörtlich bedeutet Priming (An-)Bahnung bzw. Vorbereitung. Inhaltlich geht es darum, dass Emotionen und Kognitionen zumeist nicht „aus dem Nichts" heraus entstehen, sondern durch die Aktualisierung bestimmter Schemata angebahnt werden. Schemata sind mentale Strukturen, in denen unser Wissen über die Welt gespeichert ist. Vor

allem in mehrdeutigen Situationen steuern aktivierte Schemata die Wahrnehmung, gedankliche Verarbeitung und Erinnerbarkeit von Stimuli (vgl. Aronson et al. 2020). So wird, wer vor einem Restaurant steht, mit größerer Wahrscheinlichkeit an Essen denken als im Angesicht eines Fußballstadions. Maiglöckchenduft lässt uns an Frühling denken und der Geruch von Schmieröl an eine Autoreparatur. Experimente zeigen, dass man Menschen durch Priming leicht in die Irre führen und auch manipulieren kann. Ein bekanntes Beispiel: Fordert man Versuchspersonen dazu auf, zehn Mal das Wort „Kühlschrank" zu sagen, und fragt sie dann: „Was trinkt eine Kuh?", dann antworten auffällig viele aufgrund der so gebahnten Assoziation (Kühlschrank → Milch) mit „Milch" statt „Wasser". Die sozialwissenschaftliche wie auch die religionsvergleichende Forschung machen sich dieses Phänomen für die Operationalisierung von unabhängigen Variablen zunutze (vgl. Watanabe/Laurent 2018). Anstatt bspw. Art und Intensität der individuellen Religiosität zu erfragen, wird diese „geprimt", d.h. die Versuchspersonen werden gezielt in einen entsprechenden Zustand versetzt. Prinzipiell können dabei alle Sinnesorgane angesprochen werden; am häufigsten kommen aber visuelles und semantisches Priming zum Einsatz.

Eine einfache Variante des semantischen Priming besteht darin, die Versuchspersonen vor Beginn der eigentlichen Untersuchung einige Bibeltexte oder andere religiöse Schriften lesen zu lassen (vgl. Carpenter/Marshall 2009). Einen noch einfacheren Weg haben Casidy et al. (2021) gewählt. Deren Probanden wurden durch Fragen wie „How much are you thinking about God right now?" dazu gebracht, an das Religiöse in ihrem Leben zu denken. Wesentlich raffinierter ist die Scrambled Sentences-Methode (vgl. z.B. Zhang 2020). Dabei werden Sätze (z.B. religiöse Texte wie das islamische Glaubensbekenntnis) „geschüttelt", d.h. in eine zufällige Reihenfolge gebracht: etwa: „And there is Muhammad, the Messenger of God, but God is no God." Um diesen nun sinnlosen Satz wieder in seine ursprüngliche sinnvolle Form bringen zu können („There is no god but God, and Muhammad is the Messenger of God"), müssen sich die Versuchspersonen intensiv damit beschäftigen: Ohne sich der Manipulation bewusst zu werden, verinnerlichen sie dabei die inhaltliche Aussage dieses Satzes.

- **Framing**: Soziale Informationen sind zumeist mehrdeutig. Ihre konkrete, für eine bestimmte Situation gültige Bedeutung erlangen sie erst durch zusätzliche Informationen, etwa durch den Kontext (bzw. „Rahmen"), in dem sie präsentiert werden. Die Framing-Forschung hat u.a. wiederholt nachgewiesen, dass Entscheidungen allein durch die Art und Weise, wie Informationen präsentiert werden, entscheidend beeinflusst werden. So konnten Thaler/Sunstein (2013) in einem klassischen Experiment zeigen, dass mehr Patienten einer schwierigen Operation zustimmen, wenn ihnen in dem Aufklärungsgespräch gesagt wird: „Von 100 Patienten, die sich dieser Operation unterziehen, sind nach fünf Jahren noch 90 am Leben" (= Gewinn-Frame). Dagegen schreckt der Verlust-Frame („... sterben 10") vergleichsweise viele ab, obwohl die objektive Information in beiden Fällen identisch ist: 10% Sterberate.

- **Operationalisierung**: In der sozialwissenschaftliche Forschung spielen Konstrukte eine wichtige Rolle. Das sind soziale Phänomene, die man nicht direkt beobachten kann, aus deren Auswirkungen man jedoch folgern kann, dass es „so etwas" geben muss. Das vermutlich bekannteste Konstrukt ist Intelligenz. Weil offensichtlich manche Menschen regelmäßig bessere Leistungen erbringen als andere (in der Schule, im Beruf oder Alltag), ist es plausibel anzunehmen, dass es etwas geben muss, über das die Erfolgreichen in größerem Maße verfügen als die weniger Erfolgreichen. Die Wissenschaft hat sich darauf verständigt, dieses Etwas Intelligenz zu nennen. Damit sie für die empirische Forschung nutzbar sind, müssen Konstrukte messbar gemacht werden. Der Fachbegriff für die dazu zu entwickelnde Messvorschrift lautet Operationalisierung. Intelligenz bspw. wird häufig als Lernfortschritt bei einer definierten Aufgabe operationalisiert, als Geschwindigkeit der Problemlösung oder als Abschneiden in einem standardisierten Intelligenztest.

    Für die religionsvergleichende Forschung ist Religiosität ein überaus wichtiges Konstrukt. Operationalisiert wird es zumeist durch Verhaltensindikatoren wie Häufigkeit der Teilnahme an Gottesdiensten, durch Selbsteinschätzung („Für wie religiös halten Sie sich?") oder durch die Zustimmung zu bzw. Ablehnung von wichtigen religiösen Überzeugungen.
- **Moderation**: Dieser Begriff besagt, dass der Einfluss einer Variable A auf eine Variable B durch eine Variable C verstärkt oder abgeschwächt wird: den Moderator. Im IRM sind Religionszugehörigkeit und Religiosität die wichtigsten Moderatoren. So hat sich gezeigt, dass die wahrgenommene Preiswürdigkeit einer Einkaufsstätte (= A) die Einkaufsstättenpräferenz (C) von sehr Religiösen stärker beeinflusst als die von weniger Religiösen (= B).

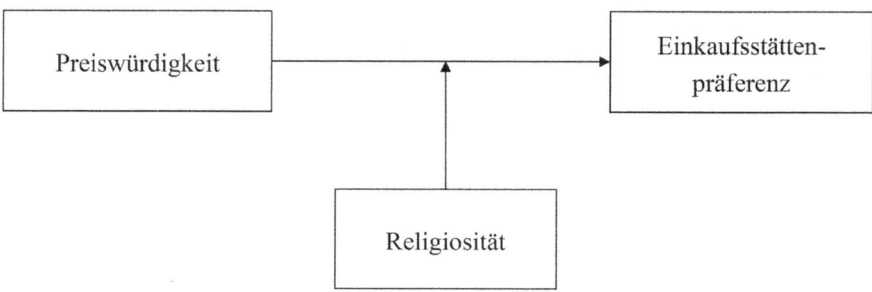

- **Mediation**: Dieser Begriff besagt, dass Variable A nicht direkt auf Variable C einwirkt, sondern auf Variable B und diese auf C. So sind religiöse Menschen (= A) überdurchschnittlich stark von der Glaubwürdigkeit von Werbebotschaften (= C) überzeugt. Bezieht man allerdings die Variable „Vertrauen in andere Menschen" (= B) in die Analyse ein, dann löst sich dieser Zusammenhang auf. Nun ergibt sich das in der Grafik dargestellte Bild: Religiosität stärkt das Vertrauen in andere Menschen, und wer anderen Menschen prinzipiell vertraut, hält Werbung für glaubwürdig.

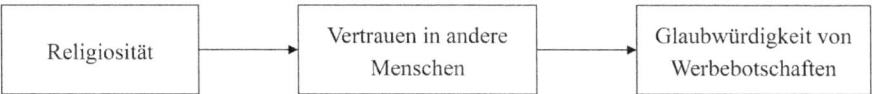

Über **Feedback** und **Verbesserungsvorschläge würden wir uns** freuen. Richten Sie diese bitte an stefan.mueller@tu-dresden.de. Dozenten können dort auch eine Powerpoint-Datei mit den in diesem Buch verwendeten **Abbildungen** anfordern.

Katja Gelbrich und Stefan Müller im März 2023

Inhaltsverzeichnis

Vorwort —— V

Teil A: Grundlagen des Interreligiösen Marketings

1 Einführung —— 1
1.1 Ein vernachlässigtes Forschungsgebiet —— 1
1.2 Religion, Kultur, Nation und Staat —— 4
1.3 Warum es Religionen gibt —— 9

2 Religion als Gegenstand sozialwissenschaftlicher Forschung —— 9
2.1 Theoretische Grundlage —— 9
2.2 Speisegesetze und andere Verhaltensregeln —— 10
2.3 Werte, Einstellungen und individuelles Verhalten —— 12
2.4 Institutionelles und organisationales Verhalten —— 13

3 Religion als Gegenstand wirtschaftswissenschaftlicher Forschung —— 14
3.1 Wirtschaftsethik —— 14
3.2 Konsum- und Verhaltensvorschriften —— 21
3.3 Ein interreligiöses Einstellungs/Verhaltens-Modell —— 23

4 Methodologische Probleme der religionsvergleichenden Forschung —— 25
4.1 Versuchsplanung —— 26
4.2 Operationalisierungsprobleme —— 28
4.3 Antwortverzerrungen —— 29
4.4 Verwechselung von Signifikanz mit Relevanz —— 30

Teil B: Religion und Religiosität

1 Zentrale religionswissenschaftliche Konzepte —— 31
1.1 Religion —— 31
1.2 Religiosität —— 34
1.3 Spiritualität und Mystik —— 40
1.4 Kirche, Kirchlichkeit und Konfession —— 42
1.5 Säkularisierung und Sakralisierung —— 42

2 Alte und Neue Religionen —— 45
2.1 Naturreligion —— 45
2.2 Aberglaube —— 46

2.3	Volksglaube —— **47**	
2.4	Neue Religionen —— **47**	
3	**Weltreligionen im Überblick —— 48**	
3.1	Verbreitungsgrad —— **49**	
3.2	Religionsphänomenologie —— **51**	
4	**Monotheistische Weltreligionen —— 54**	
4.1	Gemeinsamkeiten und Unterschiede —— **55**	
4.2	Judentum —— **57**	
4.3	Christentum —— **59**	
4.4	Islam —— **61**	
5	**Erfahrungsreligionen —— 65**	
5.1	Hinduismus —— **65**	
5.2	Buddhismus —— **69**	
6	**Konfuzianismus —— 71**	
6.1	Geschichte —— **71**	
6.2	Grundzüge der Lehre —— **72**	

Teil C: Verhaltensgrundlagen

1	**Einführung —— 76**	
2	**Religion, Religiosität und Persönlichkeit —— 77**	
2.1	Überblick —— **77**	
2.2	Autoritarismus —— **78**	
2.3	Dogmatismus —— **79**	
2.4	Materialismus —— **79**	
2.5	Rassismus —— **80**	
2.6	Ethnozentrismus —— **81**	
2.7	Nationalismus, Patriotismus und Nationalstolz —— **83**	
2.8	Fatalismus —— **84**	
2.9	Leistungsorientierung —— **85**	
2.10	Leistungsfeindliche Gesellschaften —— **93**	
2.11	Vergangenheits- vs. Zukunftsorientierung —— **93**	
3	**Religion, Religiosität und Konsumentenverhalten —— 94**	

4	**Kaufmotive und Käufertypen —— 96**
4.1	Studie von Bailey & Sood —— 96
4.2	Studie von Essoo & Dibb —— 97
4.3	Studie von Sood & Nasu —— 99

5	**Kaufentscheidungen —— 100**
5.1	Informationssuche —— 100
5.2	Entscheidungsstil —— 101
5.3	Urteilsverzerrungen —— 105
5.4	Familiäre Kaufentscheidungen —— 107
5.5	Einfluss des sozialen Umfeldes —— 108
5.6	Kaufintention und Kauf —— 108

6	**Kundenzufriedenheit und Beschwerdewahrscheinlichkeit —— 111**

7	**Kundentreue —— 112**
7.1	Einkaufsstättentreue —— 112
7.2	Markentreue —— 114

Teil D: Strategisches Marketing

1	**Marketingziele —— 115**
1.1	Corporate Social Responsibility (CSR) —— 115
1.2	Ethische Entscheidungsfindung —— 119

2	**Standardisierungs- vs. Differenzierungsstrategie —— 120**
2.1	Beitrag des Marketings —— 121
2.2	Beitrag der Religionswissenschaften —— 121
2.3	Marktsegmentierung —— 122

3	**Zielgruppen —— 126**
3.1	Religiöse —— 126
3.2	Materialisten —— 129
3.3	Umweltbewusste —— 130

Teil E: Produktpolitik

1 Nutzenarten —— 135

2 Produktinnovation —— 137
2.1 Innovativität von Unternehmen —— 137
2.2 Akzeptanz von Innovationen —— 138
2.3 Innovationsmanagement —— 141

3 Produktgestaltung —— 145
3.1 Produktqualität —— 146
3.2 Konfessionskonformität —— 148
3.3 Bescheidenheit vs. Prachtentfaltung —— 149
3.4 Nachhaltigkeit —— 151
3.5 Farbgestaltung —— 155
3.6 Namensgebung —— 157
3.7 Kommunikation des Herkunftslandes —— 161

4 Markierung —— 167
4.1 Erscheinungsformen von Marken —— 168
4.2 Marken als Religionsersatz —— 169
4.3 Markenvertrauen —— 171
4.4 Markenbewusstsein und Kaufintention —— 172
4.5 Markentreue —— 174

5 Produktarten —— 175
5.1 Convenience-Produkte —— 175
5.2 Religiöse vs. sakralisierte Produkte —— 176
5.3 Sozial- und umweltverträgliche Produkte —— 178
5.4 Tabuisierte Produkte —— 180
5.5 Kontroverse Produkte —— 181
5.6 Gefälschte Produkte —— 182

Teil F: Dienstleistungspolitik

1 Formen und Besonderheiten von Dienstleistungen —— 184

2 Handel mit Dienstleistungen —— 185
2.1 Abendunterhaltung —— 186
2.2 Tourismus —— 186
2.3 Verkehrsdienstleistungen —— 187

2.4	Finanzdienstleistungen —— 188	
2.5	Gesundheitsdienstleistungen —— 192	

3 Wahrgenommene Servicequalität —— 194
3.1 Messverfahren —— 194
3.2 Einfluss von Erwartungen auf die wahrgenommene Servicequalität —— 195
3.3 Einfluss der wahrgenommenen Servicequalität auf die Kundenzufriedenheit —— 196

4 Umgang mit Dienstleistungsmängeln —— 197
4.1 Reaktionen von Kunden auf Dienstleistungsmängel —— 197
4.2 Beschwerdemanagement von Unternehmen —— 205
4.3 Reaktionen der Kunden auf das Beschwerdemanagement —— 207

Teil G: Preispolitik

1 Einstellung zu Geld und Besitz —— 211
1.1 Aussagen der religiösen Schriften —— 211
1.2 Erkenntnisse der empirischen Forschung —— 211
1.3 Besitztumseffekt —— 214

2 Preisfairness —— 215
2.1 Gerechter Preis —— 215
2.2 Fairness-Signaling —— 216

3 Preisbewusstsein —— 217
3.1 Eindimensionale Operationalisierung —— 217
3.2 Mehrdimensionale Operationalisierung —— 218

4 Preis- bzw. Zahlungsbereitschaft —— 223
4.1 Einfluss der Produktherkunft —— 223
4.2 Einfluss der Markierung —— 225
4.3 Einfluss sozial- und umweltpolitischer Zertifikante —— 226
4.4 Einfluss religiöser Feiertage —— 231

Teil H: **Distributionspolitik**

1	**Grundlagen** —— 232

2	**Markteintrittsbarrieren** —— 233
2.1	Misstrauen —— **233**
2.2	Korruption —— **234**
2.3	Protektionismus —— **239**
2.4	Religiöse Distanz —— **240**

3	**Verhandlungen** —— 241

4	**Markteintrittsstrategien** —— 243
4.1	Überblick —— **243**
4.2	Direktinvestitionen —— **244**
4.3	Gemeinschaftsunternehmen —— **247**

5	**Distributionskanäle** —— 249
5.1	Wichtigkeit der Merkmale von Einkaufsstätten —— **249**
5.2	Stationäre Distributionskanäle —— **251**
5.3	Elektronische Distributionskanäle: Online-Handel —— **255**

6	**Store-Management: Ladengestaltung** —— 259
6.1	Standort —— **259**
6.2	Reputation —— **259**
6.3	Sortimentspolitik —— **260**
6.4	Ladenöffnungszeiten —— **261**
6.5	Erreichbarkeit —— **262**
6.6	Sakralisierung —— **262**

7	**Einkaufsstättenpräferenz** —— 263
7.1	Erwartungen der Kunden —— **263**
7.2	Einkaufshäufigkeit —— **267**
7.3	Religionskonformes Angebot —— **267**
7.4	Religiöse Identität und ethische Positionierung des Anbieters —— **268**

Teil I: **Kommunikationspolitik**

1	**Ziele der Kommunikation** —— 271
1.1	Zentrale Werbebotschaft übermitteln —— **271**

1.2	Aufmerksamkeit der Zielgruppe gewinnen —— **272**	
1.3	Glaubwürdig kommunizieren —— **275**	
2	**Zielgruppen der Kommunikation —— 276**	
2.1	Religiöse Konsumenten —— **277**	
2.2	Multikonfessionelle Gesellschaften —— **279**	
3	**Zeitpunkt und Gegenstand der Kommunikation —— 279**	
4	**Mediennutzung —— 281**	
4.1	Motive der Mediennutzung —— **281**	
4.2	Glaubwürdigkeit von und Vertrauen in Medien —— **282**	
4.3	Intensität der Mediennutzung —— **282**	
5	**Persönliche Kommunikation —— 285**	
6	**Werbung —— 287**	
6.1	Einstellung zu Werbung —— **287**	
6.2	Gestaltung der Werbemittel —— **288**	
6.3	Sonderwerbeformen —— **298**	
6.4	Werbewirkung —— **304**	

Endnoten —— 306

Literaturverzeichnis —— 313

Abbildungsverzeichnis —— 355

Tabellenverzeichnis —— 357

Stichwortverzeichnis —— 359

Teil A: Grundlagen des Interreligiösen Marketings

1 Einführung

Religionen beeinflussen nahezu alle Lebensbereiche einer Gesellschaft, auch den **Konsum**. Denn sie bestimmen das übergeordnete Wertesystem in vielerlei Hinsicht, aus welchem sich Tabus, soziale Normen, Kulturstandards und letztlich auch ökonomisch relevante Verhaltensweisen ableiten lassen (vgl. Fam et al. 2004, S. 552).

> For many people religion is about far more than a mere belief or opinion about God; it serves as the source of their morals and functions as a guide for the right course of action, including in the sphere of business and management (Richardson/Ariffin 2019, S. 279).

Im Gegensatz zur **Konfession**, der formalen Zugehörigkeit zu einer Religionsgemeinschaft, beschreibt **Religiosität** die individuelle Einstellung einer Person zu „ihrer" Religion und ist damit konkreter und zumeist verhaltensrelevanter als die Konfession (vgl. Essoo/Dibb 2004; Delener 1990). Die Mehrzahl der empirischen Studien, über die wir im Folgenden berichten, nutzt deshalb das interindividuell unterschiedliche Ausmaß an Religiosität als unabhängige Variable, um die Varianz der abhängigen Variablen zu erklären – bspw. die Bereitschaft von Verbrauchern, religionsspezifische Speisegesetze zu befolgen oder die Akzeptanz sexualisierter Werbebotschaften.

Interreligiöses Marketing (IRM) gibt Antwort auf die Frage, ob und in welcher Weise Unternehmen in den verschiedenen Ländermärkten ihre Marketingstrategie und Marketinginstrumente dem jeweiligen religiösen Umfeld anpassen sollten.

1.1 Ein vernachlässigtes Forschungsgebiet

Mehr als 80 % der Weltbevölkerung bekennen sich zu einem der zahlreichen Glaubensbekenntnisse bzw. religiösen Überzeugungen (vgl. Pew Research Forum 2017). Dennoch sucht man auch in neueren Marketing-Lehrbüchern die Stichworte „Religion" und „Religiosität" vergebens (z.B. Meffert et al. 2019; Esch et al. 2017). Erstaunlicherweise gehen selbst Vertreter des Internationalen Marketings lediglich am Rande darauf ein, dass sich im Verlauf von **Internationalisierung** und **Globalisierung** nicht nur die Interaktionen mit Angehörigen anderer Nationen und Kulturen vervielfachen, sondern es auch vermehrt zu Begegnungen mit **Andersgläubigen** kommt (z.B. Zentes et al. 2021; Berndt 2020).

Am entschiedensten meldeten sich bislang Protagonisten eines **Islamic Marketing** zu Wort (z. B. Mamun et al. 2021; Floren et al. 2019; El-Bassiouny 2016). Allerdings sind viele dieser Publikationen mehr von religiös motiviertem Sendungsbewusstsein geprägt als von Theorie- und Methodenkenntnissen.[1] Die **Gründe**, warum die nichtislamische Marketingwissenschaft dieses Thema bislang so sehr vernachlässigt hat, sind vielfältig.

- Religion wird häufig dem weiter gefassten Konstrukt **Kultur subsumiert** (vgl. Müller/Gelbrich 2021, S. 66).
- Religion spielt im öffentlichen Leben vieler Gesellschaften nur noch eine **periphere Rolle** (vgl. Richardson/Ariffin 2019, S. 278). Daraus erwächst bisweilen eine gewisse Ignoranz: Unkenntnis gepaart mit Überheblichkeit.
- Auch die Überzeugung, dass wenn, dann dafür eigentlich andere Wissenschaftsdisziplinen **zuständig** sind (z. B. Anthropologen, Soziologen), ist eine mögliche Erklärung.
- Hirschman (1983, S. 132) mutmaßte, der tiefer liegende Grund könne **Tabuisierung** sein: „Religion may be viewed as a taboo subject, being too sensitive to submit to investigation." Andere argumentierten mit der besonderen Sensibilität dieses Themas (vgl. Bailey/Sood 1993).
- Möglicherweise aber ist paradoxerweise die **Ubiquität von Religion** das Problem, d. h. deren Allgegenwart. Denn das im Marketing vorherrschende analytische Wissenschaftsverständnis setzt eindeutig abgrenzbare und identifizierbare Variablen voraus. Wenn aber Religion alle Ebenen unseres Lebens durchdringt, gleichgültig, ob wir gläubig sind oder nicht, fällt es schwer, Ursache und Wirkung eindeutig auszumachen (vgl. Delener 1994).
- Eine Rolle mag auch der innere Widerspruch zwischen dem vorherrschenden, zumeist materialistischen **Wissenschaftsverständnis** und der Transzendenz des Phänomens Religion spielen.

Offenbar ist Mahnung des Autors eines grundlegenden Werkes über den islamischen Humanismus im 10. Jahrhundert nach wie vor aktuell. Er hielt es für „gefährliches **kulturelles Analphabetentum,** wenn wir die Bedeutung eines Raumes nur noch an seiner wirtschaftlichen Stärke und nicht mehr an seinem geistig-kulturellen Reichtum messen" (Arkoǔn 1982). Denn tatsächlich habe kaum etwas so sehr zur Differenzierung der einzelnen Kulturräume beigetragen wie die verschiedenen **Religionen** und **Morallehren**, die weltweit im Laufe der Menschheitsgeschichte entstanden sind (vgl. Lavoie/Chamlee-Wright 2001). Um mit den Worten von Harrison (2011, S. 26) zu sprechen: „Religion may not be the only fount of cultural values, beliefs, and attitudes ... [but] it is surely one of the most influential."

Zu ergänzen ist allerdings, dass in nicht geringerem Maße unterschiedliche **Sprachstrukturen** (vgl. Huntington 1996, S. 99) und **klimatische Bedingungen**[2] (vgl. Landes 1998) jene landeskulturelle Vielfalt haben entstehen lassen, wie wir sie heute kennen. Zusammen haben sie eine jeweils einzigartige Kombination von sozialen Normen und

Werten einerseits sowie Einstellungen und Lebensstilen andererseits geschaffen, die auf eine im Folgenden darzustellende Weise das **Konsumentenverhalten** und dieses wiederum das **Marketing** beeinflussen (vgl. Abb. 1). Aus diesem Grund wird in manchen Untersuchungen Landeskultur nicht direkt gemessen, sondern indirekt, mit Religion und Sprache als Proxy-Variablen (z. B. Stulz/Willimas 2003; Baldauf et al. 2000).

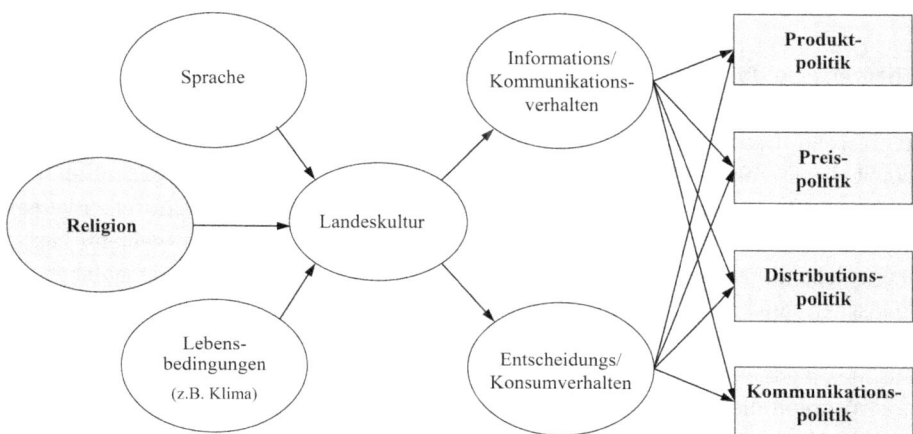

Abb. 1: Strukturmodell des Interreligiösen Marketings (Quelle: eigene Darstellung).

Das Alltagsleben bietet zahlreiche Beispiele für die Relevanz des religiösen und konfessionellen Umfeldes für das IRM. Man denke nur an Produktion und Vertrieb von **Alkoholika** oder von freizügiger **Kleidung**. Häufig unterschätzt wird auch die Sensibilität, die beim Einsatz von **Farben** geboten ist, da diese in vielen Gesellschaften eine liturgische Funktion erfüllen und deshalb religionsspezifisch konditioniert sind (vgl. E-3.5). Wie aber verhält es sich mit dem Kauf bzw. dem Ver- oder Gebrauch scheinbar wertfreier **Dienstleistungen** oder **Produkte**? Dass religiöse Überzeugungen dabei gleichfalls eine wesentliche Rolle spielen, ist auf den ersten Blick nicht zu vermuten und wurde doch vielfach empirisch nachgewiesen.
– Anfänglich noch zögerlich (vgl. u. a. Bailey/Sood 1993; Hirschman 1983), hat sich nach und nach ein eigenständiges, hochgradig differenziertes Forschungsfeld „Religion & Konsum" entwickelt, dokumentiert u. a. in dem Sonderheft „Spirituality, Religion and Consumption" des International Journal of Consumer Studies (vgl. Casidy/Arli 2018).
– Ökonomen haben begonnen, unter der Überschrift **„New Economics of Religion"** den Einfluss des Religiösen auf die Struktur von Märkten und Institutionen sowie auf das individuelle Entscheidungsverhalten zu analysieren (vgl. Iyer 2016).

1.2 Religion, Kultur, Nation und Staat

Wie wir an dieser Stelle nur in aller Kürze ausführen können, lassen sich Religion, Kultur, Nation und Staat nicht eindeutig voneinander abgrenzen. Denn es sind auf vielfältige Weise miteinander verbundene soziopolitische Konzepte bzw. Organisationsformen.

Theoretische Überlegungen und Abgrenzungen
Der Begriff der **Nation** entstammt dem Lateinischen („natio') und bedeutet „das Geborenwerden, Geschlecht, Volk, Volksstamm". Heute verstehen wir unter einer Nation eine Lebensgemeinschaft von Menschen, die eine gemeinsame nationale Identität besitzen. Angehörige einer Nation sind sich ihrer gemeinsamen politisch-kulturellen Vergangenheit bewusst und sind gewillt, innerhalb der Grenzen eines Staatsgebietes zusammenzuleben. **Staaten** sind politische Organisationen, welche das Zusammenleben von Menschen innerhalb bestimmter territorialer Grenzen regeln (u. a. durch Gesetze und Verordnungen) und hoheitliche Gewalt zur Wahrung gemeinsamer Güter und Werte ausüben (können).

Während die großen westlichen traditionellen **Nationalstaaten** (insb. Frankreich und England) seit langem über vergleichsweise unstrittige Territorien verfügten, glich das Gebiet des heutigen Deutschlands einem kleinteiligen Mosaik unterschiedlichster Herrschaftsgebiete.[3] Deshalb entwickelte sich hier ein ideelles Gegenmodell zum Nationalstaat: die nicht staatlich verfasste und „nur" durch eine gemeinsame Kultur verbundene **Kulturnation**. In der ersten Hälfte des 20. Jahrhunderts vermengten neben den Nationalsozialisten auch weite Teile der bürgerlichen Gesellschaft das Konzept der Nation mit dem der **Rasse**. Es unterstellt – im Regelfall zu Unrecht – eine gemeinsame genetische Abstammung aller „richtigen" Mitglieder einer Nation. Dadurch konnte sich nicht nur in Deutschland, sondern bspw. auch in Japan ein intolerantes, aggressives Nationalbewusstsein entwickeln, das der Nährboden für faschistische Regierungsformen war.

Der Begriff der **Kultur** ist gleichfalls mehrdeutig und Gegenstand fortwährender Diskussionen (vgl. Müller/Gelbrich 2015, S. 22 ff.). Zu unterscheiden sind u. a. die ...
- Hochkultur (bspw. Literatur, darstellende Kunst),
- Alltagskultur (bspw. Gebräuche und Gegenstände des täglichen Lebens),
- Landeskultur: d. h. der Wertekonsens der Mehrheitsgesellschaft.

Wenn wir im Folgenden von Kultur sprechen, dann ist regelmäßig die **Landeskultur** gemeint: die für ein Land charakteristische Kombination von Werten, sozialen Normen, Tabus und Verhaltensregeln, die sich in einer Gesellschaft im Laufe der Zeit entwickelt hat. Historisch gesehen waren es die verschiedenen **Religionen**, welche dazu einen entscheidenden Beitrag geleistet haben (vgl. Lindridge 2005). Umgekehrt sind Werte zentrales Element der wichtigsten Definitionen und Operationalisierungen von Landeskultur (vgl. House et al. 2004; Hofstede 2001; Schwartz/Bilsky 1990).

Religion is a fundamental element of culture and social behavior, and most archaeologists and anthropologists would say that each society has developed and practiced its own religion (Bailey/Sood 1993, S. 328).

Religion kann als eindeutig definierter **expliziter Konsens** einer Gesellschaft über das „richtige Verhalten" beschrieben werden und Landeskultur als **impliziter Konsens** (vgl. Hoffmann/Härle 1992). Deshalb ist es letztlich unmöglich, trennscharf zwischen beiden zu unterscheiden. Begreift man die Landeskultur als die Gesamtheit der von einer Gesellschaft geteilten Werte, dann besteht die psychologische Funktion der jeweiligen Religion darin, diese Werte zu legitimieren und so den Gläubigen Stabilität und Sicherheit zu vermitteln (vgl. B-1.1). Andere Funktionen erfüllen beide gleichermaßen: Sie ...
- **integrieren** den Einzelnen in die Gemeinschaft der Gläubigen bzw. derer, die in einer bestimmten Weise sozialisiert wurden (= Zugehörigkeits- und Identitätsfunktion) und
- **stiften (Lebens-)Sinn** (= Bedeutungs- und Sinnfunktion).

Die Konstrukte Nation, Staat, Kultur und Religion sind zwar **eng** miteinander **verwoben**, aber **nicht deckungsgleich**. Zu den wenigen Ausnahmen zählt Spanien, wo der römische Katholizismus noch immer Konfession fast aller Spanier ist. Der Regelfall, etwa im deutschsprachigen Raum, ist **Multikonfessionalität** (vgl. Tab. 1). Hierbei handelt es sich allerdings um eine stark verkürzte Statistik. Wikipedia listet unter dem Stichwort „Religionen in Deutschland" mehr als 80 Konfessionen bzw. Glaubensgemeinschaften auf, unter ihnen 250 Quäker.

Tab. 1: Konfessionelle Vielfalt im deutschsprachigen Raum (Quellen: Deutsche Bischofskonferenz, Statistisches Bundesamt; Statista 2021/Österreich; BFS 2017 – Bundesamt für Statistik/Schweiz).

	Deutschland (2019–2020)	Österreich (2012–2020)	Schweiz (2013–2015)
katholische Christen	26,7	54,9	37,7
evangelische Christen	24,3	0,3	25,5
Muslime	6,7	0,8	5,1
Orthodoxe	1,8	0,8	2,3
andere christliche Gemeinschaften	1,1	>0,1	4,1[4]
Buddhisten	0,3	>0,1	0,5
Juden	0,2	>0,1	0,2
Hindus	0,1	>0,1	0,5
Sonstige	0,4[5]	0,2[6]	0,3
Atheisten, Agnostiker, religiös Ungebundene	38,4	42,9	23,8

Vielfach sind eindeutige Zuordnungen und Abgrenzungen noch aus einem anderen Grund nicht möglich: Das „soziale Regelwerk" eines Landes (Normen, Werthaltungen und Verhaltensregeln) prägt nicht nur die dort lebenden Gläubigen, sondern in dem Maße auch **Atheisten** und **Andersgläubige**, wie diese sich der Mainstream-Kultur anpassen. Dies erklärt bspw., warum niederländische Katholiken heute letztlich nicht weniger calvinistisch eingestellt sind und handeln als die Mitglieder der niederländischen Reformierten Kirche (vgl. Inglehart 1998, S. 145f.). Selbst in **postchristlichen Gesellschaften** wie den skandinavischen überdauern die religiösen Werte, allerdings primär als Teil des kulturellen Erbes und weniger auf Grund der Existenz und des Wirkens religiöser Institutionen.

Empirische Überprüfung
Eine sekundärstatistische Analyse des Zusammenhangs der vier ursprünglichen **Kulturdimensionen** gemäß Hofstede (2001, 1980) mit der **Konfession** bestätigt diesen Eindruck: Teils korrelieren beide Ebenen signifikant, teils gibt es keine Überschneidungen (vgl. Tab. 2). Allerdings sind die Fallzahlen gering (n = 16 – 38).

Tab. 2: Zusammenhang zwischen Religionszugehörigkeit und Landeskultur auf Basis der Hofstede-Kulturdimensionen (Quelle: eigene Analyse und Darstellung).

	Christentum		Islam	Buddhismus	Hinduismus
	katholisch (n = 38)	evangelisch (n = 33)	(n = 27)	(n = 20)	(n = 16)
Individualismus	0,00	0,39*	–0,52**	–0,48*	–0,25
Akzeptanz von Machtdistanz	0,04	–0,47**	0,38*	0,18	0,43*
Unsicherheitsvermeidung	0,34*	–0,52***	0,18	0,11	–0,16
Maskulinität	0,23	–0,36*	0,06	0,32	0,07

Anmerkung: Hofstede-Indices, Konfession = Anteil der Mitglieder in einem Land entsprechend WVS, Pearson-Korrelationen: * $p<0{,}05$; ** $p<0{,}01$, *** $p<0{,}001$

Demzufolge lehnen **Protestanten** Machtdistanz[7] tendenziell ab. Erklären lässt sich dies mit der notorisch geringen Autoritätsgläubigkeit der protestantischen Kirchen, was sich auf den zentralen Anlass der Reformation zurückführen lässt: die Ablehnung des Dogmas der Unfehlbarkeit von Papst und Konzil. Weiterhin kann man die protestantische Glaubensgemeinschaft auf Basis dieser sekundärstatistischen Analyse als individualistisch und ungewissheitstolerant beschreiben, was an die protestantische Arbeitsethik erinnert (vgl. C-2.9).

Für **islamische Länder** ist hingegen die Kombination von kollektivistischen Werten und Akzeptanz von Machtdistanz charakteristisch. Die Kulturprofile der übrigen drei großen Konfessionen weisen jeweils nur eine Besonderheit aus:

- **Buddhismus:** Kollektivismus,
- **Hinduismus:** Akzeptanz von Machtdistanz,
- **Römisch-katholisch:** Ungewissheitsvermeidung.

Bei der Replikation dieser Analyse mit den neun Kulturdimensionen der **GLOBE-Studie** (vgl. House et al. 2004) ist zu beachten, dass das GLOBE-Konsortium anders als G. Hofstede zwischen dem Zustand der Gesellschaft, wie er heute ist (= Praktiken), und wie er in Zukunft sein sollte (= wünschenswerter Zustand), unterscheidet. Wir beschränken uns im Folgenden auf die Praktiken (vgl. Tab. 3), weil diese mehr über das tatsächliche Verhalten aussagen als der für wünschenswert gehaltene Zustand einer Gesellschaft. Auch entspricht dies eher Hofstedes Messmodell.

Tab. 3: Zusammenhang zwischen Religionszugehörigkeit und Landeskultur auf Basis der GLOBE-Kulturdimensionen (Practices) (Quelle: House et al. 2004; eigene Auswertung).

	Christentum		Islam	Buddhismus	Hinduismus
	katholisch (n = 42)	evangelisch (n = 37)	(n = 31)	(n = 23)	(n = 18)
Durchsetzungsvermögen	0,21	0,03	0,06	−0,46*	−0,34
Institutioneller Kollektivismus	0,45***	0,35*	−0,18	0,58***	−0,07
In-Group-Kollektivismus	0,30	−0,68	0,43*	0,26	0,33
Zukunftsorientierung	0,36*	0,47***	−0,31	0,12	−0,01
Gleichberechtigung	0,21	−0,05	−0,34*	−0,40*	−0,47*
Menschlichkeitsorientierung	0,19	0,15	0,28	−0,02	0,19
Leistungsorientierung	0,28	0,28	−0,14	0,15	−0,10
Akzeptanz von Machtdistanz	0,31*	−0,27	0,09	0,06	0,16
Unsicherheitsvermeidung	0,33*	−0,66***	−0,31	−0,06	−0,18

Anmerkung: Konfession = Anteil der Mitglieder in einem Land entsprechend WVS, Pearson-Korrelationen:
* p<0,05; ** p<0,01; *** p<0,001

Das GLOBE-Kulturprofil der **evangelischen Christen** bestätigt gleichfalls die These von der protestantischen Arbeitsethik: zukunftsorientiert, ungewissheitstolerant, leistungsorientiert und kollektivistischen Tendenzen abgeneigt.[8] Demgegenüber verbinden **katholische Christen** ausgeprägte kollektivistische Tendenzen mit Akzeptanz von Machtdistanz und Unsicherheitsvermeidung.

Die **islamischen, buddhistischen** und **hinduistischen** Glaubensgemeinschaften ähneln sich in ihrer ablehnenden Haltung zur Gleichberechtigung der Geschlechter. Auch tendieren sie zu In-Group-Kollektivismus.[9] Beachtung verdient überdies die signifikante Beziehung zwischen Buddhismus und institutionellem Kollektivismus einerseits und (geringem) Durchsetzungsvermögen andererseits.

Cohen/Hill (2007) haben zwar „nur" den Zusammenhang zwischen einer Kulturdimension (Individualismus/Kollektivismus) und Konfession analysiert. Dennoch ist ihre Untersuchung eine wichtige Ergänzung des bisher Geschilderten, da sie auch die Einstellungen von **Juden** abbildet. Deren Auffassung von Religion tendiert demzufolge ins Kollektivistische: eine Frage von Gemeinschaft und biologischer Abstammung (= **religiöser Kollektivismus**). Demgegenüber ist für Protestanten Religion primär Ausdruck persönlicher Überzeugungen (= **religiöser Individualismus**).

Allison et al. (2021) haben die Daten von mehr als 60.000 Auskunftspersonen aus 56 Ländern (WVS, Wave 6) ausgewertet, um zu klären, welcher Art der Zusammenhang zwischen **Religiosität** und Landeskultur ist. Auf die Grundzüge der kulturvergleichenden Forschung können wir an dieser Stelle nicht näher eingehen, da unser Fokus auf dem Religionsvergleich liegt. Wir verweisen deshalb auf Müller/Gelbrich (2021, S. 71 ff.). Dort haben wir das Hofstede-Modell wie auch das GLOBE-Modell ausführlich vorgestellt und diskutiert, weshalb beide nur bedingt miteinander vergleichbar sind.

Nicht nur zwischen **Konfession** und Landeskultur bestehen beachtliche systematische Zusammenhänge (vgl. A-1.2), sondern auch zwischen **Religiosität** und Landeskultur. Korreliert man den Anteil derer, denen „Religion im Leben wichtig ist", mit G. Hofstedes Dimensionen der Landeskultur, dann zeigt sich: In Gesellschaften, die Machtdistanz akzeptieren, leben überproportional viele religiöse Menschen (r = .42; p = .008). Umgekehrt gehen Individualismus (r = –.34; p = .036) und Pragmatismus (r = –.54; p = .001) mit einem geringeren Anteil an Religiösen einher. Dabei ist allerdings zu bedenken, dass „Akzeptanz von Machtdistanz" und „Individualismus" keine unabhängigen Konstrukte sind, sondern signifikant miteinander korrelieren (vgl. Tab. 4).

Tab. 4: Korrelationsmatrix Religiosität / Landeskultur (Quelle: eigene Auswertung; Hofstede-Kulturdimensionen gemäß de Mooij 2019, S. 427 ff.; „Importance Religion"; www.worldvaluessurvey.org/WVSEventsShow.jsp?ID=421).

	1	2	3	4	5	6	7
1. Wichtigkeit Religion	–						
2. Akzeptanz Machtdistanz	.425**	–					
3. Individualismus	–.342*	–.650**	–				
4. Maskulinität	.014	.110	.052	–			
5. Ungewissheitsvermeidung	.015	.147	–.121	.047	–		
6. Pragmatismus	–.537	–.122	.229*	.070	.071	–	
7. Genussorientierung	–.163	–.248*	.119	–.068	–.139	–.422**	–

1.3 Warum es Religionen gibt

Weltweit haben sich Religionen entwickelt. Nimmt man das Überleben einer Institution als Maßstab, war nichts und niemand so erfolgreich wie die Weltreligionen, die teilweise bereits Jahrtausende überdauert haben. Dies spricht zunächst dafür, dass Religionen ein existenzielles Bedürfnis erfüllen: das nach **Ordnung** und **Sinn**.

Wie ihnen das gelingt, lässt sich weniger eindeutig sagen. Anhängern von Stiftungsreligionen etwa erscheint es unbezweifelbar, dass Gott den Menschen auserwählt und ihm (bzw. ihr) seine **Lehre anvertraut** hat. Aus Sicht von marxistischen Denkern hingegen sind Religionen bekanntlich vorrangig **Machtinstrumente**: „Opium für das Volk". Sozialwissenschaftler wiederum betrachten Religionen als spezifische Ausformung von **Normen**, **Werten** und **Verhaltensvorschriften**. Sie machen einen Gutteil der sozialen Identität den Gläubigen aus und erleichtern die Interaktion mit anderen Gläubigen, indem sie für Verhaltenssicherheit sorgen (vgl. Coşgel/Minkler 2004). Soziobiologen haben zwei Erklärungsansätze entwickelt. Die einen betrachten Religionen als ein „**Nebenprodukt des Gehirns**", während andere mit dem **evolutionären Vorteil** argumentieren. Demzufolge stärken gemeinsame Rituale, Mythen und Emotionen Gruppenmoral und Gruppenkohäsion, d.h. die Bindung der Gruppenmitglieder untereinander und an die Gruppe insgesamt. Soziale Gruppen mit starker Gruppenkohäsion sind im Kampf um überlebenswichtige Ressourcen gegenüber anderen im Vorteil (vgl. Wilson/Wilson 2007).

2 Religion als Gegenstand sozialwissenschaftlicher Forschung

Auf den ersten Blick scheinen beide Sphären, Religion und Wissenschaft, wenig gemein zu haben. Im Gegenteil: Viele sind davon überzeugt, dass **Glauben** und **Wissen** einander wechselseitig ausschließen. Tatsächlich aber ist die Distanz geringer, als man meinen könnte. Religionen beeinflussen menschliches Verhalten auf zweierlei Weise:
- direkt, indem sie höchst konkrete und verbindliche Verhaltensregeln vorgeben,
- indirekt, indem sie Werte und Einstellungen prägen bzw. rechtfertigen, die ihrerseits ökonomisch relevante Verhaltensweisen beeinflussen, etwa die Einstellung zu und den Umgang mit Luxus.

2.1 Theoretische Grundlage

Die Marketingforschung möchte menschliches Verhalten möglichst gut erklären, prognostizieren und beeinflussen können. Warum kaufen manche grundsätzlich das preisgünstigste Angebot und andere vor allem prestigeträchtige Marken? Warum hört diese vorzugsweise auf den Rat von Freunden und Bekannten und warum vertraut jener lieber Fachzeitschriften und anderen neutralen Quellen?

Gemäß der von Ökonomen präferierten **Erwartungsnutzentheorie** wählen Verbraucher im Regelfall jene Option oder das Produkt, welches ihnen den größten Nutzen verspricht (vgl. Dubé 2019; Chintagunta/Nair 2011). Größere Erklärungskraft für das IRM aber besitzt die **Theorie der sozialen Identität** (vgl. Tajfel/Turner 1986). Ihr zufolge entscheiden Menschen vorzugsweise so wie andere Menschen, welche derselben sozialen Kategorie angehören wie sie. Eine der wichtigsten und für viele die wichtigste soziale Kategorie ist die Religionszugehörigkeit, weshalb Menschen mit ähnlichen religiösen Überzeugungen häufig ähnliche Präferenzen entwickeln und ähnliche Entscheidungen fällen.

2.2 Speisegesetze und andere Verhaltensregeln

Abgesehen vom Buddhismus geben die meisten Religionen den Gläubigen mehr oder minder detaillierte Verhaltensregeln vor. Was darf wann verzehrt werden? Wie sind bestimmte Lebensmittel zuzubereiten (vgl. Heiman et al. 2019)? So sollen Juden und Muslime kein Schweinefleisch verzehren, Hindus kein Rindfleisch. Generell sind Juden gehalten, **koscher** zu essen, also „rein". Dies gilt zwar auch für Muslime (**halal**). Aber für keine Glaubensgemeinschaft sind die Speisegesetze (Kaschrut) derart elementar wie für das Judentum (vgl. Spiegel 2010; Regenstein et al. 2003). Andererseits ist das Halal-Konzept sehr viel weiter gefasst und reguliert nicht nur Art und Zubereitung von Lebensmitteln, sondern nahezu alle Lebensbereiche (vgl. Muhamad/Mizerski 2013).

Verzehren dürfen Juden nur **Fleisch** von Tieren, die sowohl Wiederkäuer sind als auch gespaltene Klauen besitzen (z. B. Schafe, Kühe). Unrein ist hingegen das Fleisch von Schweinen, Pferden, Kamelen oder Hasen. Weil der Genuss von Blut strengstens untersagt ist, sollte beim Schlachten der Tiere möglichst wenig **Blut** im Tierkörper zurückbleiben. Deshalb werden die Tiere geschlachtet, indem man sie mit einem Schnitt durch die Halsschlagader tötet und, um das noch vorhandene Blut zu entfernen, sie anschließend mit Salz und Wasser reinigt („schächtet"). Da die meisten Lebensmittel Geschmacksverstärker, Emulgatoren, Konservierungsmittel o. ä. enthalten, die teilweise aus tierischen Stoffen hergestellt sind, dürfen Rechtgläubige zahlreiche Lebensmittel nicht verzehren. Deshalb muss die Produktverpackung eindeutig Auskunft über die Zusammensetzung des Erzeugnisses geben. Auch verbietet sich Gläubigen der Besuch nichtjüdischer Restaurants.

Gebote, Verbote und Tabus sind das eine. Die **Bereitschaft** der Betroffenen, **sich daran zu halten**, das andere. Folgt man den Ergebnissen einer allerdings kleinen, explorativen Studie (16 bis 107 Probanden in den verschiedenen Teilstichproben), dann sind nur Muslime (= 80 %) sowie Juden (= 62 %) mehrheitlich willens, die Ernährungsregeln ihrer Religion zu beachten (vgl. Bailey/Sood 1993). Von den befragten Hindus waren es immerhin noch 47 %, während dies für Buddhisten (= 30 %) und vor allem für Anhänger der christlichen Konfessionen nachrangig zu sein scheint (Protestanten = 11 %, Katholiken = 23 %).

Anders als insb. die monotheistischen Religionen formulierte der **Buddhismus** keine konkreten Handlungsvorgaben bzw. Verhaltensgesetze, sondern philosophische Reflektionen, an denen sich die Gläubigen orientieren können. Buddhisten sollen bzw. können selbst entscheiden, welches Handeln ihnen in einer konkreten Situation richtig oder angemessen erscheint. Orientierungshilfe bietet dabei die Vorstellung vom mittleren Weg, woraus sich ableiten lässt, dass extreme Positionen generell vermieden werden sollten.

Im Zuge der Säkularisierung sind viele dieser religiösen Verhaltensregeln verweltlicht worden, mit der Folge, dass zwar auch nichtreligiöse Mitglieder einer Gesellschaft sie beachten, dabei aber letztlich keine **religiösen,** sondern **soziale Rituale** ausführen, vorzugsweise anlässlich hoher Feiertage (z. B. Besuch der Weihnachtsmesse). Dies ist allerdings nicht gering zu schätzen. Denn Feste (bspw. Osterfest) und Rituale (bspw. Begräbnis) sind **sinnstiftend** und für die **soziale Ordnung** der jeweiligen Gesellschaft wichtig (vgl. Renfrew et al. 2016). Auch machen sie aus den Orten, an denen sie begangen werden (z. B. Tempel, Friedhof), kulturell bedeutungsvolle Orte.

Weiterhin stellen Religionen **kognitive Schemata** bereit, d. h. im Gedächtnis gespeicherte Wissensstrukturen zur Evaluation von Umweltphänomenen (z. B. gut ↔ schlecht). Daraus wiederum leiten sich mehr oder minder konkrete Verhaltensregeln ab (z. B. erlaubt ↔ verboten). Diese Schemata werden in der frühkindlichen Erziehung vermittelt, die in vielen Gesellschaften in Händen von religiösen Trägern liegt (wie im Übrigen auch die Alten- und Krankenpflege).

Geradezu ökumenisch sind Phantasie und Intensität, mit denen Menschen es konfessionsübergreifend verstehen, derartige **Ernährungsvorschriften,** Fastengebote etc. zu **umgehen**. Die schwäbischen Maultaschen etwa, die sich von Ravioli (Italien), Piroggen (Polen), Wan Tan (China) und Empanadas (Südamerika) primär durch ihre besondere Art der Füllung unterscheiden (Kalbsbrät, Speck, Spinat, Zwiebeln, Petersilie und eingeweichte Brötchen), werden „Herrgottsbscheißerle" genannt, weil die Teighülle das darin enthaltene Fleisch verbirgt. Und dessen Genuss ist bekanntlich in der Fastenzeit und an Freitagen untersagt (vgl. Kaltenbach 2013). Auch der Ramadan, der Fastenmonat der Muslime, ist mehr Schein als Sein.

> „Fasten ist gesund", hört man allseits von Muslimen, bereits Wochen vor Beginn. „Dabei wird im Ramadan alles andere als gefastet", sagt *Abd al-Asis al-Hayouni*, ein marokkanischer Staatsbeamter aus Tanger. „Man isst mehr als das Doppelte und natürlich möglichst nur das Beste vom Besten" (Hackensberger 2008).

2.3 Werte, Einstellungen und individuelles Verhalten

Begreift man Religion als **Kanon grundlegender Werte** und Religiosität als **Ausmaß**, in dem eine Person diese Werte befolgt, so ist die Verhaltensrelevanz evident (vgl. Batson et al. 1993; Hirschmann 1982). Wer etwa das achte Gebot „Du sollst nicht falsch gegen deinen Nächsten aussagen" verinnerlicht hat, wird sich vermutlich mehr als andere bemühen, steuerehrlich zu sein (vgl. Stack/Kposowa 2006). Obwohl es lange Zeit schon Hinweise auf und empirische Belege für einen engen Zusammenhang zwischen Religionszugehörigkeit sowie **ökonomisch** relevanten Verhaltensweisen gab (z.B. Weber 1905), haben zunächst andere Disziplinen dieses Forschungsfeld bearbeitet. Mehrheitlich **Soziologen**, **Psychologen**, **Religionswissenschaftler** und **Anthropologen** analysierten den Einfluss von Glauben bzw. religiöser Bindung auf ...
- Untreue und Scheidungsrate (z.B. Tuttle/Davis 2015),
- Geschlechterrolle (z.B. Höpflinger et al. 2008) und Sexualverhalten (z.B. Vasilenko et al. 2013),
- Einstellung zu Familienleben (z.B. Sabatier et al. 2011) und Politik (z.B. Deitelhoff et al. 2019),
- Identitätsbildung (z.B. Mendl et al. 2020),
- Persönlichkeitsstruktur (z.B. Henningsgaard/Arnau 2008)

und vieles andere mehr. So haben Pfeifer et al. (2019) einen Zusammenhang zwischen Konfession und der Einstellung zur Kommerzialisierung wissenschaftlicher Erkenntnisse festgestellt. Hinduistische Wissenschaftler und solche ohne Glaubensbekenntnis neigen demzufolge sehr viel mehr als ihre protestantischen Kollegen dazu, in der Transformation akademischen Wissens in kommerziell nutzbare Technologien eine Gefahr für den Wissenschaftsbetrieb zu erblicken.

Was Menschen über die Rollenverteilung der Geschlechter sowie über Abtreibung, Homosexualität und andere **kontroverse Themen** denken, lässt sich recht gut vorhersagen, wenn man ihre Religionszugehörigkeit kennt (vgl. Abb. 2). Während nur eine Minderheit – bzw. eine knappe Mehrheit – der Muslime Geschlechtergleichheit, Scheidung, Abtreibung und Homosexualität akzeptiert (12–55%), liegen die Zustimmungswerte von Mitgliedern anderer Glaubensgemeinschaften mit 48–82% deutlich höher (vgl. Ingelhart/Norris 2003). Eine weitere, für die Gesellschaft nicht unbedeutende Konsequenz von Religiosität betrifft die **Familienplanung**. Religiöse Familien haben, unabhängig von ihrer Konfession, durchschnittlich 2,1 Kinder, nicht-religiöse Familien lediglich 1,6 Kinder.

Abb. 2: Einstellung zu sozial kontroversen Sachverhalten (Quelle: Inglehart/Norris 2003, S. 69).

Nicht zuletzt tragen religiöse Werte zur individuellen wie auch zur **sozialen Identität** bei. Sie verbinden Menschen mit ähnlichen Überzeugungen zu einer Glaubensgemeinschaft und grenzen diese von anderen Gruppierungen ab (vgl. Mavor/Ysseldyk 2020; Ysseldyk et al. 2010).

2.4 Institutionelles und organisationales Verhalten

Wenn Nichtregierungsorganisationen wie Transfair von Politikern und Unternehmern fordern, mit bestimmten Ländern keinen Handel zu treiben, weil dort die Menschenrechte missachtet werden, so wurzelt der Aufruf zum Handelsboykott nicht zuletzt in der christlichen Ethik. Denn in deren Mittelpunkt steht die Menschenwürde. Die **Würde des Individuums** wurde zunächst durch die Schöpfungsgeschichte begründet (Genesis, 1. Buch Mose): Als Abbild Gottes besitzt demzufolge jeder einzelne Mensch eine unverletzliche und unveräußerliche Würde. Mit der Aufklärung kamen dann humanistische Begründungen hinzu (vgl. Pinto de Oliveira 1980, S. 420ff.). Die Ideale der Französischen Revolution („Freiheit, Gleichheit, Brüderlichkeit") schließlich haben einer säkularisierten, von Rationalität geprägten Weltsicht und Menschlichkeit den Boden bereitet. Nunmehr wurde der einzelne Mensch vom Objekt zum Subjekt (vgl. Ratzinger 2000, S. 63).

Wie die Familie kann Religion als Institution aufgefasst werden, die „**Vertrauen und Werte** produziert" und so dafür sorgt, dass sich viele Transaktionen weit effizienter bewerkstelligen lassen, als wenn sich die Akteure opportunistisch verhielten (vgl. Berger 1986). Denn Vertrauen erübrigt viele Formen sozialer Kontrolle, welche zumeist unwirtschaftlich sind: teils aufgrund der Kontrollkosten und teils, weil Kontrolle Vertrauen erodieren lässt.

Die Frage, wem man vertrauen und mit wem man folglich (Geschäfts-)**Beziehungen** unterhalten kann, wird unter dem Einfluss von Buddhismus, Hinduismus und Konfuzianismus in kollektivistischen Gesellschaften sehr konkret und rigide beantwortet: „den Familienmitgliedern". Individualistische, christliche Gesellschaften hingegen beantworten diese Frage eher abstrakt: Vertrauenswürdig sind alle Menschen, die meine Werte und Überzeugungen teilen, z. B. weil sie desselben Glaubens sind.

Weiterhin hat sich gezeigt, dass Religion und Religiosität in zahlreichen Entscheidungsfeldern der **Unternehmensführung** eine konstruktive Rolle spielen, bspw. bei …
- Gestaltung der Nachfolge in Familienunternehmen (vgl. Shen/Su 2017),
- Kreditfinanzierung der Unternehmenstätigkeit (vgl. Cai/Shi 2017),
- Ertragsmanagement und Steuervermeidung (vgl. Hofmann/Schwaiger 2020).

3 Religion als Gegenstand wirtschaftswissenschaftlicher Forschung

Viele Jahre nach den bahnbrechenden religionssoziologischen Studien von Weber (1905) haben Mayer/Sharp (1962) erstmals die Beziehung zwischen Religionszugehörigkeit und wirtschaftlichem Erfolg empirisch analysiert. Mittels persönlicher Interviews fanden sie heraus, dass Juden und Orthodoxe in ihrer Lebensgestaltung wesentlich erfolgreicher waren als insb. Katholiken. Die Autoren räumten jedoch ein, dass ihre Studie einen Bias aufweist: einen systematischen Fehler. Denn bestimmte Religionsgemeinschaften üben auffällig häufig bestimmte Berufe aus, die wiederum in unterschiedlichem Maße wirtschaftlichem Erfolg versprechen. Es ist somit nicht eindeutig, ob wirtschaftlicher Erfolg von der Religionszugehörigkeit oder vom Berufsstand beeinflusst wird. Das bleibende Verdienst dieser Studie aber ist, den Einfluss religiöser Überzeugungen auf ökonomisches Handeln auf die Agenda der empirischen Forschung gesetzt zu haben. Im Verlauf der religionssoziologischen und religionsökonomischen Forschung wuchs jedoch die Erkenntnis, dass Religiosität sozioökonomische Verhaltensweisen häufig besser vorherzusagen vermag als Religionszugehörigkeit (vgl. A-4.1).

3.1 Wirtschaftsethik

Als „ökonomische Theorie der Moral" befasst sich die Wirtschaftsethik mit den **Konsequenzen ethischer Prinzipen** (bspw. Verantwortung, Gerechtigkeit) für wirtschaftliches Handeln. Die ökologische Krise liefert hierfür ein aktuelles Beispiel: Was hält die handelnden Personen und Institutionen davon ab oder veranlasst sie, sich umweltschonend zu verhalten? Ist es – ein anderes Beispiel – gerecht, wenn Führungskräfte ein Vielfaches dessen erhalten, womit einfache Angestellte entlohnt werden (vgl. Holzmann 2019; Lütge/Uhl 2017)? Es ist unbestritten, dass **Religionen** Menschen in der ein oder anderen Weise zu moralischem Handeln ermutigen bzw. verpflichten (vgl. Gokcekus/Ekici 2020, S. 566). Damit in Zusammenhang stehende Fragen der **Konsumentenethik** erörtern wir an anderer Stelle (vgl. E-1.5 sowie Vitell 2009).

Jüdische Wirtschaftsethik
Das Leitbild der jüdischen Wirtschaftsethik ist egalitär und darauf ausgerichtet, dem Einzelnen, als dem Ebenbild Gottes, ein würdevolles, autonomes Leben zu ermöglichen. Diesem Ziel dienen zwei übergeordnete Prinzipien: **Barmherzigkeit** und **Gerechtigkeit**. Sie konkretisieren sich u. a. im ...
- Sabbatjahr: Der Mensch soll immer wieder frei von ökonomischen Zwängen sein.
- Schuldenerlass: Im siebten Jahr sollen Schuldner ihre Schulden erlassen bekommen, um wieder ein freies Leben führen zu können.
- Jubeljahr: Nach 50 Jahren sollen die ursprünglichen Besitzverhältnisse wieder hergestellt werden (bspw. durch Landrückgabe).
- gerechten Behandeln der Armen ohne Ansehen der Person und Vergabe von zinslosen Darlehen an sie.

Der **Menschenwürde** verpflichtet ist auch Kap. 62ff. der Halacha:[10] „Wer seinen Nächsten übervorteilt, sei es, dass der Verkäufer den Käufer übervorteilt, oder dass der Käufer den Verkäufer übervorteilt, übertritt ein Verbot, so heißt es: Wenn ihr einer dem anderen etwas verkaufet oder aus der Hand des anderen kaufet, übervorteilt nicht einer seinen Bruder! (Leviticus 25, 14). Wie in allen agrarischen Gesellschaften mit begrenzter, kaum zu steigernder Wertschöpfung spielte Mildtätigkeit im Judentum eine wichtige Rolle. Spenden sind nicht freiwillig, sondern religiöse Pflicht. Juden müssen Almosen geben, insgesamt mindestens 10 % des Nettoverdienstes eines Jahres (Kap. 34: Mildtätigkeit). Auch arme Menschen, die selbst Almosen bzw. Sozialhilfe beziehen, müssen einen Teil davon abgeben. Da Spenden deshalb insgesamt reichlich ausfallen, erfüllen sie eine ähnliche Funktion wie das Aufstiegsversprechen moderner Industrie- und Leistungsgesellschaften: Beide gewährleisten sozialen Frieden.

Gleichwohl verherrlichen die religiösen Schriften **Armut** nicht. Vorrang hat **Arbeit**, die, nach dem göttlichen Gesetz ausgeführt, ein langes Leben, Frieden und Wohlstand beschert (vgl. Albertini 2022). Im Geschäftsleben soll Ehrlichkeit herrschen und wechselseitiges Vertrauen schaffen. Wie im Islam spielt das **Zinsverbot** in der jüdischen Ethik eine wichtige Rolle. Umstritten ist allerdings, ob dieses nur unter Juden gilt oder auch gegenüber Nichtjuden.

Katholische Wirtschaftsethik
Die katholische Wirtschaftsethik hat verschiedene Phasen bzw. Wandlungen durchlaufen, zunächst eine **ökonomie-kritische Phase**. Versinnbildlicht wird sie durch eine Szene aus dem Neuen Testament, in der Jesus die Händler aus dem Tempel vertreibt. Sie kann als Leitthema des Verhältnisses von Wirtschaftsleben und frühem Christentum verstanden werden (vgl. Kaufer 1998, S. 16). Anfänglich lehnten die Christen die Stadt und die städtische Kultur als eine Schöpfung Kains explizit ab (Genesis 4, 17) und damit implizit die Welt des Konsums. Beiden entfliehen und den „Weg des Heils" beschreiten kann nur, wer das Weltliche meidet und Buße leistet. Ihren Bedarf an irdischen Gütern

deckte die Kirche damals mit Hilfe der „schenkenden Wirtschaft" (vgl. Maus 1990) – im Tausch gegen die spirituellen Schätze, welche die Kirche mit ihren Gebeten und Bußübungen erwarb. Kaufleute aber waren aufgrund ihres Berufsstandes aus der Kirche auszustoßen, da sie Gott kaum oder nie gefallen können (Canon Ejiciens). Paradoxerweise übernahmen Nationalismus, Kommunismus und andere totalitäre Herrschaftssysteme nahtlos die Antihändler-Ideologie des Christentums, dem sie ansonsten so fern standen.

Im Verlauf des 13. Jahrhunderts vollzog sich ein **grundlegender Wandel**, der Ökonomie und Religion zunehmend versöhnte (= Phase der Koexistenz). Da die immer zahlreicheren Bewohner der Städte das Lebensnotwendige offensichtlich nur durch Tausch erlangen konnten, fand die These von der „Scharnierfunktion der Kaufleute" zunehmend Akzeptanz (vgl. Kaufer 1998, S. 55). Zugleich aber unterlag deren Tun immer mehr einer moralisch-ethischen Bewertung (z.B. Wucherverbot, Funktion und Rechtmäßigkeit von Eigentum, Problem des gerechten Preises).

Charakteristisch für die christliche Heilslehre ist weiterhin die Idealisierung der Armut. Dass im Jenseits belohnt wird, wer im Diesseits auf irdischen Besitz verzichtet oder aus anderen Gründen in Armut lebt, ist zentraler Bestandteil des katholischen Wertesystems. Als Gegengewicht sind Teilen und Nächstenliebe normativ verankert. Diese Tugenden sorgen für soziale Solidarität und bewahren in einer von knappen Ressourcen geprägten Umgebung ein dauerhaftes Gleichgewicht. Zugleich aber verhindern sie sozialen Wandel im Allgemeinen und ökonomische Akkumulation sowie unternehmerisches Verhalten im Besonderen. Denn es sind letztlich leistungsfeindliche Normen.

Die **Phase** der **Akzeptanz** fand in der katholischen Soziallehre sichtbaren Ausdruck. Nun wird die marktwirtschaftliche Wirtschaftsordnung in Gestalt einer sozialen, auf Ausgleich bedachten Marktwirtschaft befürwortet. Die Wirtschaft soll den Menschen dienen und sie nicht schierem Gewinnstreben unterwerfen. Ziel ist eine möglichst breite Vermögensverteilung (vgl. Ockenfels 1992). Neuere religionssoziologische Untersuchungen belegen: Von allen untersuchten Konfessionen ist bei Katholiken der stärkste positive Zusammenhang zwischen religiösen Überzeugungen und Akzeptanz ökonomischer Ziele wie Wirtschaftswachstum nachweisbar, während bei Muslimen negative Einstellungen überwiegen (vgl. Guiso et al. 2003).

Protestantische Wirtschaftsethik
Die protestantische Wirtschaftsethik ist eine Konsequenz der Reformation, welche die bis dahin dominante christlich-mittelalterliche Weltanschauung revolutioniert hat. Sie ermöglichte den protestantischen Gesellschaften anfänglich überdurchschnittliche ökonomische Erfolge, wofür vor allem die Wertschätzung einer **asketischen** und **rationalen Lebensführung** verantwortlich gemacht wird – erkennbar an der Bereitschaft zu harter Arbeit und strikter Selbstkontrolle (vgl. C-2.8).

Der asketische Protestantismus hat das Weltbild der christlichen Welt nachhaltig verändert. Er verdrängte einen Teil der vom Katholizismus begründeten leistungsfeindlichen Normen und stärkte im Gegenzug **leistungsorientierte Normen**, welche für die Modernisierung Europas wesentlich waren. Auch hat ihre asketische Lebensführung den Protestanten im Verlauf des 19. Jahrhunderts eine signifikante Kapitalanhäufung ermöglicht und damit den Grundstein für die Industrialisierung gelegt. Ihre finanziellen Ressourcen haben es ihnen ermöglicht, verstärkt in Industrieanlagen zu investieren und die Produktivität zu steigern.

Anders als Katholiken akzeptierten die Bewohner von protestantischen Gebieten zunehmend das kapitalistische Wirtschaftssystem. Das Anhäufen wirtschaftlicher Güter erachteten sie nicht mehr, wie tendenziell die katholische Lehre, als verwerflich, sondern als Beweis der **Gunst Gottes**. Die sog. Prädestinationslehre vermag auch zu erklären, warum calvinistisch-pietistisch-puritanisch geprägte Gesellschaften Klassen- und Wohlfahrtsunterschiede weitaus stärker tolerieren als katholische Gesellschaften.

Orthodoxe Wirtschaftsethik
Die orthodoxe Kirche lehnt die Triebfeder des kapitalistischen Wirtschaftssystems ab: das Streben nach Gewinn und Besitz wirtschaftlicher Güter (vgl. Rothlauf 2012, S. 595 f.). Anders als das unproduktive Kapital und der von Gott gegebene Grundbesitz wird Arbeit zwar als unerlässlicher Produktionsfaktor akzeptiert. Sie steht aber nicht, wie im Protestantismus, im Dienste einer individualistischen Arbeitsethik, sondern ist erforderlich, damit das Individuum seine Pflichten gegenüber der Obrigkeit erfüllen kann. Vorrang haben die geistig-spirituellen Aufgaben.

Islamische Wirtschaftsethik
Früher wurde Arabien mit **Reichtum** und **Glück** gleichgesetzt: Arabia Felix. Heute droht diesem Kulturraum, trotz oder wegen[11] des Ölreichtums einiger Staaten, wirtschaftliche **Stagnation** und stellenweise eine **Verarmung** breiter Schichten der Bevölkerung (vgl. Koopmans 2020). Als eine der Ursachen dieser Fehlentwicklung wird immer wieder auch die Religion genannt. Gegen die These, dass die islamische Wirtschaftsethik den wirtschaftlichen Aufschwung hemmt, spricht, dass der Koran – modern interpretiert – eine Form von sozialer Marktwirtschaft beschreibt (vgl. Nienhaus 2004). Allah, der ultimative Eigentümer aller Güter, stellt diese den Menschen zur Verfügung. Insofern anerkennt der Islam das Recht auf Privateigentum, auch an Produktionsmitteln – außer bei Bodenschätzen und anderen natürlichen Ressourcen, die Kollektiveigentum sind.

Jedoch unterliegen alle privatwirtschaftlichen Aktivitäten dem Primat des Vorrangs von **Gemeinwohl, Gerechtigkeit, Stabilität** und **Solidarität**. Unternehmer sollen ihren Angestellten einen gerechten Lohn bezahlen, von ihren Kunden angemessene ortsübliche Preise fordern, ehrliche Maße und Gewichte verwenden sowie normale Gewinne anstreben (vgl. Leipold 2022, S. 736). Die Geldpolitik soll keine expansiven Ziele verfolgen (Wirtschaftswachstum), sondern für Geldwertstabilität sorgen. Als ein strukturelles

Problem hat sich das **Zinsverbot** erwiesen (Riba). Ursprünglich war es dazu bestimmt, den früher üblichen Wucher bei der Vergabe von Notkrediten nach Missernten zu unterbinden, da diese Praxis viele Menschen in existentielle Not gestürzt hatte. In einer modernen, arbeitsteiligen Wirtschaft sind jedoch kreditfinanzierte Investitionen üblich und notwendig. Es mussten somit Finanzierungsinstrumente entwickelt werden, die ohne Zinszahlungen auskommen (z.B. Erfolgsbeteiligung). Bekannt wurden diese Instrumente unter dem Begriff des **Islamic Banking** (vgl. F-2.4).

Zusammenfassend ist nicht der Islam an sich für die ausgeprägte Innovationsfeindlichkeit und Wachstumsschwäche vieler islamischen Länder verantwortlich (vgl. Abdel-Samad 2019; Landes 1999), sondern bestimmte, oft mit starker Religiosität einhergehende **Persönlichkeitseigenschaften**. Im Einzelnen sind dies Dogmatismus, Fatalismus, Autoritätsgläubigkeit und übertriebenes Traditionsbewusstsein (vgl. C-2). Diese und auch der weitgehende **Ausschluss** der **Frauen** – d.h. der Hälfte der Bevölkerung – aus dem öffentlichen Leben und dem Wirtschaftsprozess sind ursächlich für die Rückschrittlichkeit dieser Region. Der islamische unterscheidet sich vom christlichen Kulturkreis jedoch nicht nur durch die Einstellung zur Gleichberechtigung, sondern auch zur Demokratie (vgl. Inglehart/Norris 2003, S. 68).

Konfuzianische Wirtschaftsethik
Der Konfuzianismus begünstigt ähnliche Einstellungen zu Leistung und Reichtum wie der Protestantismus. Deshalb u.a. ist dem chinesischen Kulturraum das ambivalente Verhältnis der katholisch-abendländischen Kultur zu Erfolg und Reichtum fremd. Anders als im europäischen Schrifttum, wo gewöhnlich Arme und Armut **das Gute** verkörpern, sind in chinesischen Sagen immer nur **die Bösen** arm (vgl. Doyle/Doyle 2001).

Das seit den 1990er-Jahren stürmische Wirtschaftswachstum Ostasiens wurde vielfach mit dem wiedererstarkten Einfluss der konfuzianischen Morallehre auf diese Region erklärt (vgl. Lee 1995). Aus den traditionellen östlichen, am Kollektiv orientierten Werthaltungen einerseits und den modernen individualistisch-ökonomischen Werthaltungen des Westens andererseits sei, so die **Neokonfuzianismus-These**, eine neue konfuzianische Wirtschaftsethik entstanden. Als Treiber des „Asien-Wunders" gelten u.a. (vgl. Terry 2015):
- Good Governance (z.B. Entwicklungspatriotismus der Eliten),
- erfolgreiche Industriepolitik,
- Überwindung der starren sozialen Hierarchie der Berufe und Entwicklung modernerer Berufsbilder (z.B. Unternehmer, Manager, Ingenieur),
- hohe gesamtwirtschaftliche Investitionsquote,
- kulturell bedingte Leistungs- und Sparbereitschaft (aufgrund familiärer Verpflichtung) sowie andere konfuzianische Tugenden.

Für konfuzianische Gesellschaften ist die Ehrfurcht vor **Ahnen** und **Eltern** eine moralische Pflicht und begründet enge Bindungen innerhalb der Familie. Dieser keine Schan-

de zu bereiten, ist eines der obersten Ziele, die man durch „harte Arbeit" zu erreichen sucht (vgl. Baumann/Winzar 2017). Leistungsorientierung gilt als Wert an sich, und sozialer Aufstieg gelingt durch lebenslanges Lernen. Auch sollte der Einzelne sein Schicksal in die eigenen Hände nehmen. Wer dadurch zu Reichtum und Ansehen gelangt, wurde offensichtlich vom Himmel beschenkt. Weiterhin gilt:
- Öffentliche Demonstration von Reichtum und Wohlstand ist keine unsoziale Angeberei, sondern Ausdruck der gelebten konfuzianischen Ordnung.
- Gewinnstreben ist erwünscht.
- Es ist richtig, mit „allen" Mitteln nach einem besseren Leben zu streben.
- Statussymbole können zur Schau gestellt werden.

Insgesamt befördert der Konfuzianismus eine **wirtschaftsfreundliche Grundstimmung**: Werte wie Arbeit, Gehorsam, Hierarchie und Gewinnstreben sind im ostasiatischen Raum eindeutig positiv besetzt. Als Kehrseite der konfuzianischen Staatslehre haben sich allerdings eine überbordende Bürokratie und in deren Gefolge Korruption entwickelt. Im alten China waren Beamte zwar sehr angesehen, jedoch nur mit einem sehr bescheidenen regulären Gehalt ausgestattet, weshalb „Höflichkeitsgeschenke an die Amtsträger, Bestechungsgelder, in die eigene Tasche umgeleitete Steuern, erpresste Gebühren und andere Nebeneinkünfte gang und gäbe waren und praktisch alle Ämter zu Goldgruben machten" (Klaschka 2000, S. 72). Folglich gab es in der Ming-Zeit (1368–1644) nichts Wichtigeres im Leben als die zumeist zehnjährige Vorbereitung auf die äußerst strenge dreistufige Beamtenprüfung. Das Glück, eines der rund 20.000 Ämter im chinesischen Reich zu erhalten, war indessen nur wenigen beschieden. „Ziel des Studiums und der Prüfungen war es nicht, irgendeine Art von Fachwissen zu erwerben, sondern sich zu einem kultivierten, allseitig im Geist der konfuzianischen Ethik gebildeten Individuum auszubilden" (Klaschka 2000, S. 72).

Trotz der Hypothek der allgegenwärtigen **Korruption** fällt die Bilanz der Bürokratie konfuzianischer Prägung zunächst durchaus positiv aus. Denn sie trug dazu bei, dass in China schon vor vielen Jahrhunderten der zumeist inkompetente Erbadel, d. h. die Aristokratie, durch eine „Meritokratie" abgelöst wurde: den Verdienstadel. Weber (1915) erkannte in der „Herrschaft der Besten" über das Staatswesen maßgebliche Merkmale einer rationalen Herrschaftsform: Beamte, die kontinuierlich sowie pflichtbewusst die Amtsgeschäfte besorgen.

Der entscheidende Nachteil des Konfuzianismus, der China über einen langen Zeitraum hinweg sozial und machtpolitisch stabilisiert hatte, sollte sich erst im 19. Jahrhundert zeigen, als die übermäßige **Bürokratie** die Modernisierung dieses Landes verhinderte. Aus Sorge, ihre Privilegien zu verlieren, vereitelten die Beamten alle Versuche, die industrielle Revolution des Westens nachzuvollziehen. Die lediglich ethisch-moralisch, nicht jedoch fachlich geschulte Elite Chinas versagte damals. Für dessen weiteren Niedergang war in der Folgezeit maßgeblich, dass der traditionelle Beamtenstaat 1911 gewaltsam aufgelöst wurde, Bürokratie und Korruption der chinesischen Gesellschaft aber erhalten blieben.

Hinduistische Wirtschaftsethik

Prägend für die hinduistische Wirtschaftsethik sind **Pflichterfüllung, Verzicht** und **Anpassung an** die **Natur**. Der Mensch soll sich diese nicht unterwerfen, sondern sie respektieren und verehren. Statt, wie im kapitalistischen Wirtschaftsmodell, umfassende Bedürfnisbefriedigung anzustreben, wird eine „**Ökonomie des Verzichts**" propagiert (vgl. Uppal 1986). Individuelle Interessen haben hinter den Kollektivinteressen von Familie und Kaste zurückzutreten, und (Hab)Gier soll durch Yoga und Askese bekämpft werden. Nicht zuletzt ist die ausgeprägte Verantwortungsethik bemerkenswert: Jede Handlung hat Konsequenzen, denen niemand entgehen kann.

Neben der Idealisierung von Verzicht und körperlicher Arbeit hat sich die Konzentration auf selbstgenügsame bäuerliche Gemeinschaften und kleine handwerkliche Produktionseinheiten als **wirtschafts-** und **wachstumshemmend** erwiesen. Gleiches gilt für die Geringschätzung individueller Leistung, leistungsbezogener Entlohnung und Arbeitsteilung. Ein weiteres Hemmnis ist das Kastenwesen, welches u.a. die Freiheit der Berufswahl drastisch beschnitten hat (vgl. Weber 1988, S. 109 ff.).

Dennoch war und ist Indien in verschiedenen Wirtschaftsbereichen erfolgreich – zunächst mit der Diamantenschleiferei, sodann mit der Produktion von Fertigkleidung und schließlich im IT-Bereich (z. B. Call Center, Lohnbuchhaltung, Software-Entwicklung). Erklären lässt sich dies zum einen mit der in dieser Gesellschaft weithin akzeptierten Verzichtethik – bspw. mit Blick auf Lohnniveau und Arbeitsbedingungen – und zum anderen mit dem in Indien geförderten mathematisch-logischen Denken.

Buddhistische Wirtschaftsethik

Zentral für den Buddhismus ist die Idee des **Leids** als das Wesen menschlicher Existenz. Hervorgerufen wird das Leid u.a. durch Geistesgifte wie Gier und Egoismus. Überwinden kann es der in einer doppelten Illusion gefangene Mensch (z. B. Ich-Illusion), indem er den „edlen achtteiligen Pfad der Wahrheit" (vgl. B-4.1) beschreitet und der letztlich illusionären Welt entsagt. Dies offenbart eine große Distanz zum Wirtschaftsmodell westlicher Prägung. Dessen Homo Oeconomicus, dem gleichermaßen rationalen wie egoistischen Nutzenmaximierer, der seine Umwelt ausbeutet, setzt die buddhistische Wirtschaftsethik[12] ein in jeder Hinsicht alternatives, eher altruistisches Wirtschaftsverständnis entgegen, basierend auf „Pratityasamutpada", der wechselseitigen Abhängigkeit der Menschen untereinander und von der Umwelt (vgl. Drechsler 2019). Demzufolge kümmern sich Unternehmen um das Wohlergehen ihrer Mitarbeiter, Kunden, Aktionäre, der Gemeinschaft und der Umwelt. Das Ziel dieser „**mitfühlenden Ökonomie**" ist Wohlstand für alle in einer nachhaltigen Welt mit minimalem Leid (vgl. Brown/Zsolnai 2018).

Zwar wird das Streben nach Besitz und materiellem Reichtum als Hauptursache menschlichen Leids angesehen und Konsum nicht als Quelle individuellen Glücks (vgl. Daniels 2005). Aber wirtschaftliche Tätigkeit gilt dann als „gut", wenn sie hilft, das Leid zu überwinden. Deshalb ist es, anders als bisweilen unterstellt wird, weltlich lebenden Buddhisten auch nicht verboten, größeren Besitz zu erwerben, sofern nicht Gier die Triebfeder ist und sie anderen davon abgeben. Als Voraussetzung für die in diesen Gesellschaften sehr bedeutsame **Spendenfähigkeit** ist wirtschaftlicher Erfolg sogar durchaus erwünscht. Denn Spenden sichern den Lebensunterhalt der zahllosen Tempel und Mönche.

Allerdings ist das Gebot der **Bescheidenheit** geeignet, Passivität zu fördern und Leistungsmotivation zu mindern. Die Befriedigung der materiellen Bedürfnisse der Menschen ist primär Aufgabe von Landwirtschaft und Handwerk. Dem Handel und anderen Dienstleistern wird keine wertschöpfende Funktion zugebilligt. Gewinne werden selten reinvestiert, sondern zumeist in Grundstücken angelegt, für „gute Werke" verwendet (z. B. den Bau eines Tempels) oder in Stiftungen eingebracht.

Bisweilen werden **wirtschaftliche Transaktionen** auf eine aus westlicher Sicht naiv anmutende Weise mit **religiösen Praktiken** verknüpft: Religion als eine Art Rückversicherung. Man bezahlt („opfert") für ein bevorstehendes Geschäft und erwartet als Gegenleistung ein positives Ergebnis. Durch die unmittelbare Verbindung mit Verehrung und Opfergabe gestaltet sich wirtschaftliches Handeln als eine Art religiöses Verpflichtungsverhältnis mit teilweise gravierenden Folgen. So kann die Überzeugung, dass die Götter einem Vorhaben zugestimmt haben, ungerechtfertigter Zuversicht Vorschub leisten. Scheitert das Projekt dennoch, dann werden gewöhnlich situative Störeinflüsse dafür verantwortlich gemacht, nicht aber das Individuum: Denn dieses hatte sich durch sein Opfer ja des göttlichen Wohlwollens versichert.

Zum Umgang der Menschen untereinander gab Buddha eine „sechsfache Erläuterung". Neben der Lehre über die Beziehung von Lehrern und Schülern ist für das Management vor allem die Lehre über die **hierarchischen Beziehungen** bedeutsam (zwischen Herr und Knecht, König und Volk etc.). Sie ähneln den konfuzianischen Pflichtverhältnissen. Demnach haben Untergebene u. a. die Pflicht, ihnen übertragene Aufgaben zu erfüllen und Kollegen zu helfen. Hierarchisch Höherstehende wiederum sind zu Fürsorge und kooperativem Führungsstil verpflichtet. Entscheidungen werden angesichts einer als äußerst komplex wahrgenommenen Realität überwiegend intuitiv gefällt.

Und wie lässt sich diese wirtschaftsskeptische Grundeinstellung mit Japans Aufstieg zur wirtschaftlichen Großmacht in den 1970er- und 1980er-Jahren vereinbaren? Dort ist der **Buddhismus** eine symbiotische Verbindung mit dem **Shintoismus** eingegangen. Dessen starke Diesseits-Orientierung und positives Menschenbild begünstigen ein leistungsorientiertes Arbeits- und Führungsverhalten, was bspw. bedeutet, dass man nicht exakt zwischen Arbeits- und Freizeit unterscheidet. Da das Konzept der Familie auf Unternehmen übertragen wurde, sind dort buddhistische Rituale (z. B. Ahnenverehrung) auch im Arbeitsleben bedeutsam.

3.2 Konsum- und Verhaltensvorschriften

Aus religiös begründeten Normen und Tabus erwuchsen zahlreiche Vorschriften und Verhaltensregeln, denen Unternehmen noch heute Rechnung tragen müssen. Man denke nur an den Erwerb von Alkoholika oder Bekleidung (vgl. Migdalis et al. 2014). Bekanntestes Beispiel sind die islamischen **Bekleidungsvorschriften**, welche Frauen veranlassen, sich weitgehend zu verhüllen, einschließlich Kopfbedeckung und teilweise auch Schleier (vgl. Binark/Kılıçbay 2002). Laut Lord/Putrevu (2005) sind sich 54 % der Muslime während des Einkaufens dieser Vorschriften bewusst.

In diesem Zusammenhang sei an den Fall der berühmten Barbie-Puppe von Mattel erinnert. Seit 1959 hat sie weltweit die Kinderherzen erfreut. Der „Ausschuss für die Förderung der Tugend und die Verhütung des Lasters" in Saudi-Arabien empfand die klassische, d.h. „westliche" Barbie ihrer freizügigen **Kleidung** und allzu weiblichen Körperproportionen wegen jedoch als unislamisch und verbot sie 2003 schließlich. Die Alternative heißt Fulla und entspricht weit mehr dem islamischen Ideal. So verbirgt sie ihr schwarzes Haar unter einem Kopftuch, während Barbie ihr langes, blondes Haar frei trägt. Auch „ist Fulla ehrlich, liebenswert, liebevoll und respektiert Vater und Mutter. Eigenschaften, die gerade in Ländern wie Saudi-Arabien gerne gesehen sind, ein Markt mit den kaufstärksten Konsumenten des Mittleren Ostens" (Hackensberger 2005).

Nicht minder bekannt sind die Vorschriften, welche sich auf die **Essgewohnheiten** beziehen. Muslime begehen den Fastenmonat Ramadan, Juden essen koscher, d.h. „rein" (Muslime = halal), und Hindus meiden Rindfleisch. Christen wiederum sollen freitags und insb. am Karfreitag auf Fleisch verzichten[13] und sich auch sonst mäßigen. Vermutlich am bekanntesten ist der Bann des **Schweinfleisches**:

– „Von ihrem Fleisch dürft ihr nicht essen und ihr Aas nicht berühren; unrein sind sie für euch." (3. Buch Mose 11,8),
– „Verboten hat Er euch nur Fleisch von verendeten Tieren, Blut, Schweinefleisch und Fleisch, worüber ein anderes Wesen als Gott angerufen worden ist." (2. Sure, Vers 174).

Begründet wurde der religionsübergreifende Bann von Schweinfleisch zumeist damit, dass ein Tier, das sich in seinem eigenen Dreck suhlt, grundsätzlich unrein sei. In neuerer Zeit zog man es angesichts des damals häufigen Befalls von Schweinefleisch mit Trichinen vor, das Ganze als eine frühe Form von öffentlicher Gesundheitsvorsorge zu deuten (Public Health). Pollmer/Warmuth (2001) haben beide Argumente entkräftet und begründet, warum ihrer Meinung nach der wahre Grund **Nahrungskonkurrenz** ist. Als nämlich in vorchristlicher Zeit im vorderen Orient die Niederschläge ausblieben, wurde der Wasser- und Nahrungsmittelbedarf der Schweine zu einem existenziellen Problem. Mit dem Verbot wollte man die Essgewohnheiten umweltverträglich verändern. Anstelle von Schweinefleisch sollten die Menschen Fleisch der genügsamen Schafe verzehren.

Viele dieser religionsgeschichtlich erklärbaren Konsummuster haben sich im Laufe der Zeit von ihrer ursprünglichen Bedeutung gelöst. Dies hat bisweilen zur Folge, dass primär nur noch Strenggläubige es als Sünde betrachten, gegen derartige Gebote zu verstoßen (vgl. Shatenstein et al. 1993). Nichtreligiöse hingegen führen, wenn sie die Gebote befolgen, letztlich „nur" **religiöse Rituale** aus (z.B. wenn Katholiken die Fastenzeit einhalten und Muslime den Ramadan), vorzugsweise anlässlich hoher Feiertage (z.B. Taufe, Kommunion, Konfirmation, Hochzeit, Beerdigung). Aus anthropologischer Sicht tun sie dies, um ihre soziale, kulturelle oder religiöse Identität zu demonstrieren bzw. zu bestärken.

> Food in India is closely tied to the moral and social status of individuals and groups. Food taboos and prescriptions divide men from women, gods from humans, upper from lower castes, one sect from another (Appadurai 1988, S. 4).

Für Hersteller von und Händler mit Lebensmitteln können aus den mehr oder minder strikten Speisevorschriften, welche etwa im islamischen und vor allem im jüdischen Kulturraum gelten, erhebliche **Einschränkungen** erwachsen. Bisweilen aber schaffen sie **attraktive**, d.h. wettbewerbsarme **Marktnischen**. Religionskonforme Produkte (koscher, halal etc.) etwa erleben derzeit einen veritablen Boom (vgl. Shah et al. 2020).

3.3 Ein interreligiöses Einstellungs/Verhaltens-Modell

Zwar haben auch die in einer Gesellschaft vorherrschenden Werte nicht ewig Bestand, wie zahlreiche Studien nachweisen (vgl. Inglehart 1998). Aber ein Wertewandel, wie ihn etwa Deutschland und Japan nach dem Zweiten Weltkrieg erlebten, dauert Jahrzehnte oder länger. In Rokeachs (1968, 1969) Wertetheorie besitzt Religiosität den Status eines **terminalen Werts**: Streben nach innerer Harmonie und Erlösung. Der Wertetypologie von Vinson et al. (1977, S. 46) folgend kann Religiosität als **bereichsspezifischer Wert** definiert werden, der weniger zentral verankert ist als ein globaler Wert und das konkrete Verhalten unmittelbar beeinflusst.

Religionszugehörigkeit und **Religiosität** sind gleichermaßen relativ stabil im Zeitverlauf und prinzipiell geeignet, **Einstellungen** sowie **Verhalten** mehr oder minder vorhersehbar zu beeinflussen (vgl. Delener 1990, S. 27). Allerdings haben zahlreiche Analysen gezeigt, dass die verschiedenen Formen von Religiosität mehr zur Erklärung von Einstellungen und Verhaltensweisen beitragen als die Konfession (vgl. Hardy et al. 2019; McDaniel/Burnett 1990). Abb. 3 zeigt ein vereinfachtes Verhaltensmodell des IRM. Situative Einflüsse bzw. Merkmale des Produktes, welche die Einstellungs/Verhaltens-Beziehung moderieren, blendet diese schematische Übersicht aus.

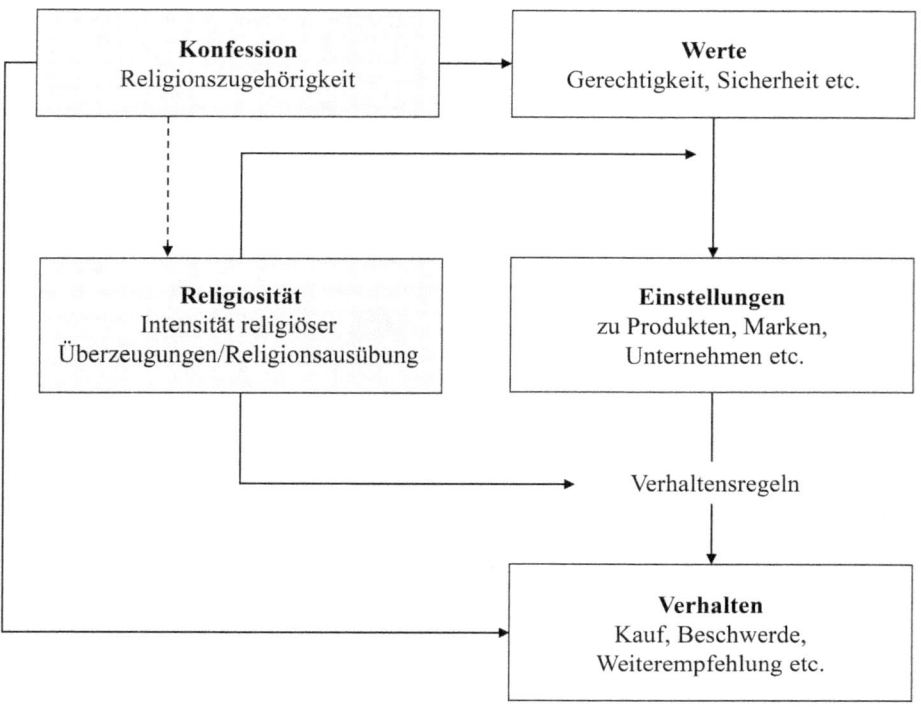

Abb. 3: Konfession, Religiosität und Konsumentenverhalten (Quelle: eigene Darstellung).

Abschließend wollen wir an zwei Beispielen, Sonntagsruhe und Zinsverbot, dieses allgemeine Verhaltensmodell konkretisieren (vgl. Abb. 4). Beispiel I: Christen sollen „den Sonntag heiligen". Dieses Gebot macht den Sonntag zu einem Tag der Besinnung und Erholung, an dem nicht gearbeitet werden sollte (entsprechend für Juden der Samstag und, mit Abstrichen, für Muslime der Freitag). Als praktische Konsequenz untersagt das deutsche Ladenschlussgesetz, obwohl mittlerweile liberalisiert, nach wie vor weitgehend sonntägliches Einkaufen. Analog lässt sich das Zinsverbot im Islam aus Sure 3, Vers 130 des Korans ableiten (= Beispiel II).

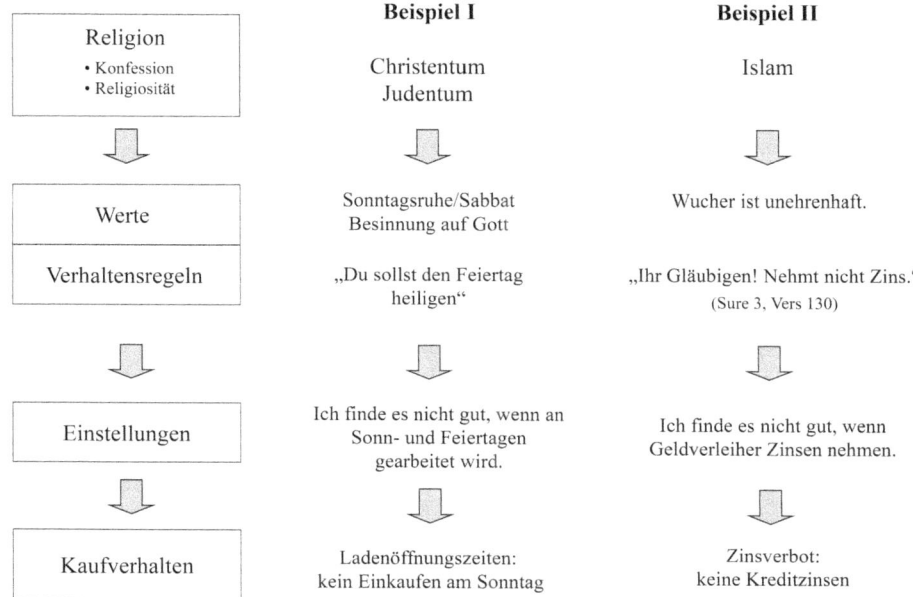

Abb. 4: Vom religiösen Verhaltensgebot zum weltlichen Konsumverhalten (Quelle: eigene Darstellung).

4 Methodologische Probleme der religionsvergleichenden Forschung

Zwar wurden in der jüngeren Vergangenheit verschiedentlich auch Beiträge zum Einfluss von Religion bzw. Religiosität auf marketingspezifische Sachverhalte publiziert, die höchsten methodologischen Ansprüchen genügen (bspw. Casidy et al. 2021; Hyodo/Bolton 2021; Kurt et al. 2018). Die Mehrzahl der Arbeiten ist jedoch noch nicht auf dem methodischen Niveau, das die allgemeine Marketingforschung mittlerweile erreicht hat. So sind noch immer korrelative Studien der Regelfall und damit auch die mit dieser Art von Forschung verbundenen Erkenntnisprobleme (insb. Kausalitätsproblem, Generalisierbarkeit). Das Journal of Islamic Marketing und andere vergleichbare Organe veröffentlichen neben vielen konzeptionellen Beiträgen primär Arbeiten, die auf Basis korrelativer Zusammenhänge strukturaufdeckende Verfahren einsetzen (vor allem Faktorenanalyse, Strukturgleichungsmodelle), ihre Befunde jedoch zumeist kausal (über)interpretieren (z.B. Effendi et al. 2020). Kontrollierte experimentelle Forschung, bspw. unter Einsatz der Priming-Technik, ist hingegen die absolute Ausnahme.[14]

https://doi.org/10.1515/9783486851823-004

4.1 Versuchsplanung

Unter Versuchsplanung verstehen wir die Planung, Durchführung und Auswertung von wissenschaftlichen Studien im Allgemeinen und Experimenten im Besonderen. Von zentraler Bedeutung sind dabei die zahlreichen Störfaktoren, welche die Ergebnisse derartiger Studien verzerren können, und die Maßnahmen, die zur Kontrolle dieser Störfaktoren ergriffen werden können.

Religion und/oder Religiosität?
Erlaubt die Zugehörigkeit zu einer bestimmten religiösen Gemeinschaft eine hinreichende **Verhaltensprognose?** Oder ist die individuelle Religiosität, d.h. die individuelle Einstellung einer Person zu ihrer Religion, ein besserer Prädiktor, wie es die Ergebnisse zahlreicher Studien nahelegen (z.B. Agarwala et al. 2019; Choi et al. 2013; Essoo/Dibb 2004; McDaniel/Burnett 1990)? Für den größeren Erklärungsbeitrag von Religiosität gibt es mehrere Gründe. Zweifelsohne beeinflusst die Konfession bestimmte Verhaltensweisen direkt. Zumeist aber sind religiöse Werte und Normen nur in dem Maße verhaltensrelevant, wie sie für den Einzelnen wichtig sind. Je religiöser ein Mensch, d.h. je wichtiger seine Religion für ihn ist, umso eher wird er sich entsprechend deren Grundsätzen verhalten. Beispielsweise halten nur orthodoxe Juden die strengen Speiseregeln des Judentums ohne Wenn und Aber ein.

Die meisten einschlägigen **empirischen Studien** thematisieren entweder Religionszugehörigkeit oder Religiosität. Nur selten werden beide gleichzeitig berücksichtigt. Zu den Ausnahmen zählen Heiman et al. (2019). Ihre Analyse der Akzeptanz zeitsparender Produkte ergab, dass in diesem Fall zwischen Konfession und Religiosität kein eindeutiger Zusammenhang besteht: Bei Juden moderiert[15] Religiosität diese Beziehung, nicht jedoch bei Christen und Muslimen. Mag dieser Befund auch nicht auf andere Produktkategorien bzw. Verhaltensweisen übertragbar sein, so legt er doch nahe, in empirischen Studien zwischen Konfession und Religiosität zu unterscheiden (d.h. diese bspw. in einem varianzanalytischen Design als eigenständige Variablen zu berücksichtigen).

Religion und/oder Kultur?
Empirische Basis der Mehrzahl der religionsvergleichenden Studien sind Angehörige verschiedener Konfessionen innerhalb eines Landes, einer Region oder einer Stadt. So haben Bailey/Sood (1993) in Washington/DC lebende Buddhisten, Hindus, Juden, Katholiken, Muslime und Protestanten zu deren Kaufverhalten befragt. Zwar beschreiben Mathras et al. (2016) dies – d.h. die Beschränkung auf ein Land – als eine gute Möglichkeit, den Einfluss der Konfession auf das Konsumentenverhalten von dem der Landeskultur zu separieren. Angesichts des engen theoretischen und empirischen Zusammenhangs, der zwischen Religion und Kultur besteht (vgl. Moschis/Ong 2011 und A-1.2), ist dies auch dringend geboten. Aber dies bedeutet eben auch, dass auf dieser Basis streng genommen

keine Aussagen über das Konsumentenverhalten von Buddhisten, Hindus, Katholiken etc. möglich sind, sondern lediglich über in Washington (oder allenfalls in den USA) lebende Buddhisten, Hindus, Katholiken etc.

Möglicherweise haben sie ja deshalb keine wesentlichen Unterschiede im Kaufverhalten von Buddhisten, Juden und Muslimen entdecken können, weil alle Versuchsteilnehmer in einem städtischen Umfeld mit einer individualistischen Landeskultur lebten, was den erwarteten differenzierenden Einfluss der Konfessionen überlagert hat. Weiterhin sollte man die wichtigsten Strömungen innerhalb der Konfession berücksichtigen. Denn liberale Juden zum Beispiel führen ein grundlegend anderes Leben als orthodoxe Juden und orientieren sich an anderen Einstellungen, Werten, Überzeugungen etc. als diese. Da Religiosität in der religionsvergleichenden Konsumentenforschung zumeist der aussagekräftigere Prädiktor ist, sollte bei der Versuchsplanung auch diese Variable berücksichtigt werden. Zum Zwecke des Vergleichs von Angehörigen der drei monotheistischen Religionen lässt sich daraus ein ideales Untersuchungsdesign ableiten, das aus 24 Zellen besteht (vgl. Tab. 5). Ausgehend von 30 Probanden pro Zelle müsste die Stichprobengröße dann zumindest n = 720 betragen.

Tab. 5: Grundstruktur eines idealtypischen Untersuchungsdesigns (Quelle: eigene Darstellung).

	Juden		Christen		Muslime	
	Liberale	Orthodoxe	Katholiken	Protestanten	Schiiten	Sunniten
	a b	a b	a b	a b	a b	a b
Individualisten	1 2	3 4	5 6	7 8	9 10	11 12
Kollektivsten	13 14	15 16	17 18	19 20	21 22	23 24

Anmerkungen: a = nicht, anders bzw. wenig Gläubige, b = Strenggläubige; 1 – 24 = Zellen bzw. Untersuchungseinheiten

Um grundsätzliche Aussagen wie „Katholiken sind der XY-Käufertyp und Hindus der YZ-Typ" formulieren zu können, hätten Bailey/Sood (1993) zusätzlich aber nicht nur Angehörige der verschiedenen Konfessionen in einer städtischen Region befragen sollen, sondern auch deren Glaubensbrüder und Schwestern in einem ländlichen Umfeld – was eine Verdoppelung des Untersuchungsdesigns voraussetzen würde. Es liegt auf der Hand, dass dies zwar wünschenswert, angesichts des damit verbundenen Aufwands aber utopisch ist. Wir kennen keine Studie, deren Design dem auch nur im Entferntesten nahe kommt.

Mehrheits- oder Minderheitskonstellation?
Bailey/Sood (1993, S. 348) haben empirische Hinweise darauf gefunden, dass Buddhisten in einer **Diaspora**-Situation, d.h. wenn sie konfessionell der Minderheit angehören, dazu neigen, wichtige religiöse Überzeugungen aufzugeben und sich auf der Verhaltensebene den vorherrschenden kulturellen Normen anzupassen. Die teilnehmenden Hin-

dus und Muslime hingegen passten sich nicht an. Aus diesem Grund sind bspw. in Washington/DC lebende Katholiken und Protestanten, wo sie ihre Einstellungen und Werte als Angehörige der dortigen **Mehrheitsreligion** erworben haben, nicht mit in Singapur lebenden Katholiken und Protestanten vergleichbar, die dort in der Minderheit sind. Für Buddhisten gilt das Umgekehrte. Hindus, Juden und Muslime wiederum leben in Washington/DC in einem deutlich christlich geprägten und in Singapur in einem eher buddhistisch geprägten Umfeld.

Wissenschaftliche Aussagen sind nur dann zuverlässig, wenn sie auf **vergleichbaren Untersuchungsbedingungen** basieren. Angenommen, in einer Studie wurde festgestellt, dass Katholiken häufiger Luxusmarken kaufen als Protestanten. Als Grund nennen die Forscher die unterschiedliche religiöse Sozialisation: das barocke Gepränge katholischer Gotteshäuser auf der einen und die asketische Schlichtheit protestantischer Gotteshäuser auf der anderen Seite. Dieser durchaus plausiblen Erklärung wurde jedoch der Boden entzogen, als eine kritische Reanalyse der Studie ergab, dass die ausgewählten Katholiken ein signifikant größeres verfügbares Einkommen hatten als die ausgewählten Protestanten, und es versäumt wurde, diese Störvariable zu kontrollieren, bspw. durch eine Kovarianzanalyse. Die genannten Beispiele (möglicher Einfluss von Landeskultur, Urbanität, Religiosität, Mehrheits-/Minderheitssituation) sollten verdeutlichen, wie aufwändig es sein kann, in der religionsvergleichenden Forschung Vergleichbarkeit der Untersuchungsbedingungen zu gewährleisten.

4.2 Operationalisierungsprobleme

Wie andere empirische Sozialwissenschaften, so nutzt auch die religionsvergleichende Verhaltensforschung diverse **Konstrukte** zur Erkenntnisgewinnung. Dies sind komplexe Sachverhalte, die man nicht unmittelbar beobachten (z. B. Religiosität), aber aus Indizien erschließen kann (bspw. regelmäßiger Kirchgang, Einhalten der Fastenzeit). Ein zentrales Problem dieser Art von Forschung ist die Validität der verwendeten Konstrukte. Messen die zu ihrer Operationalisierung („Messbarmachung") entwickelten Skalen tatsächlich das, was sie zu messen vorgeben?

Ein konkretes Beispiel dafür, dass dies häufig nicht gewährleistet ist, liefern Rehman/Shabbir (2010). Sie geben vor, den Zusammenhang zwischen Religiosität und der Adoption innovativer Produkte zu untersuchen. Ihr Vorhaben ist indessen von vornherein zum Scheitern verurteilt, weil die entscheidende abhängige Variable „New Product Adoption (NPA)" völlig ungenügend operationalisiert wurde. Denn **Cronbachs Alpha**, ein Maß der internen Konsistenz der Skala, fällt mit 0,56 nicht „zufriedenstellend" aus, wie die beiden Wissenschaftler behaupten, sondern ist nach den üblichen Kriterien mit „schlecht" (= 0,5) bis „fragwürdig" zu bewerten (= 0,6).

Der für diese Studie gewählten Operationalisierung mangelt es aber nicht nur an interner Konsistenz, sondern auch an **Augenscheinvalidität**. Wie ein Blick auf die verwendeten sechs Items offenbart, misst die NPA-Skala alles Mögliche, aber sicher nicht

die Bereitschaft bzw. Absicht, neue, d.h. innovative Produkte zu erwerben bzw. zu nutzen. Item 1, 3, 4 und 5 lassen sich im Sinne von Beeinflussbarkeit interpretieren (d.h. Empfänglichkeit für sozialen Einfluss und Empfehlungen), Item 2 hat etwas mit Sparsamkeit zu tun, Item 6 tendenziell ebenfalls, aber auch mit einer Tendenz zu Nachhaltigkeit und Umweltschutz.
- „I prefer to buy products recommended by friends and neighbors."
- „It is important to reduce expenses and put money in my savings account."
- „I never care about other people's opinions on the products I buy."
- „I will buy products I love despite negative opinions from friends and family members."
- „I will buy what I feel good about and never care about other's opinions."
- „If things can still function, I will not buy new ones to replace them."

Dies ist ein neuerlicher Beleg für die gravierenden handwerklichen Fehler, mit denen viele religionsvergleichende Studien aus dem Bereich IRM behaftet sind, weshalb diese nicht in einer wissenschaftlichen Zeitschrift hätten veröffentlicht werden dürfen.

Häufig wird Religiosität eindimensional operationalisiert: per Selbsteinschätzung. Dies ist jedoch insofern problematisch, als dadurch Wesentliches verschleiert werden kann: der grundlegende Unterschied zwischen extrinsischer und intrinsischer Religiosität (vgl. B-1.2). So begünstigte im Falle der indonesischen Konsumenten, die Arli/Tjiptono (2017) befragt haben, lediglich **intrinsische Religiosität** umweltschützende Einstellungen und Kaufintention, und zwar unabhängig von der Konfession, d.h. sowohl bei Christen als auch bei Muslimen. **Extrinsisch Religiöse** hingegen äußerten sich zum Thema Umweltschutz unterschiedlich, je nachdem, welcher Konfession sie angehörten: Muslime eher negativ, Christen eher positiv.

4.3 Antwortverzerrungen

Religiöse neigen allgemein zu **Selbstaufwertung** und im Besonderen vermehrt dazu, in Befragungen **sozial erwünschte Antworten** zu geben (vgl. C-5.3). Zwar sind viele Menschen bestrebt, ein möglichst positives Bild von sich zu zeichnen, sei es vor anderen (= Impression Management) oder vor sich selbst (= Selbsttäuschung bzw. Selbstschutz). Bei Religiösen aber ist diese Antworttendenz gewöhnlich besonders ausgeprägt (vgl. Sedikides/Gebauer 2010; Burris/Navara 2002). Denn sie stehen unter starkem Konsistenzdruck, sich tatsächlich so moralisch zu verhalten, wie es ihre Religion ihnen vorgibt. Daraus folgt, dass die Selbstauskünfte von sehr religiösen Menschen mit einer gewissen Skepsis zur Kenntnis genommen bzw. – besser – um den Social Desirability Bias korrigiert werden sollten. Vorbilder hierfür sind die Umfrageforschung (vgl. Gittelman et al. 2015) und die kulturvergleichende Forschung (vgl. Johnson/van de Vijver 2003).

4.4 Verwechselung von Signifikanz mit Relevanz

McDaniel/Burnett (1990) wollten wissen, anhand welcher Kriterien Konsumenten Einkaufsstätten auswählen. Ergebnis: Am wichtigsten ist ihnen freundliches, unterstützendes Verkaufspersonal.[16] Ein Blick auf die Gruppenmittelwerte (vgl. Abb. 5) offenbart jedoch, dass diese Aussage zwar plausibel, aber durch die Untersuchungsbefunde kaum gedeckt ist. Vielmehr ist allen Befragten freundliches Verkaufspersonal lediglich „etwas wichtig". Zwar den sehr Religiösen etwas mehr als den wenig Religiösen. Aber der Mittelwertunterschied ist geringfügig (0,3 Skaleneinheiten auf der siebenstufigen Antwortskala) und ohne praktische Relevanz. Handelsunternehmen werden daraus sicher nicht ableiten, dass sie sehr religiöse Kunden besonders freundlich behandeln sollten und mit wenig Religiösen durchaus etwas unfreundlicher umgehen können.

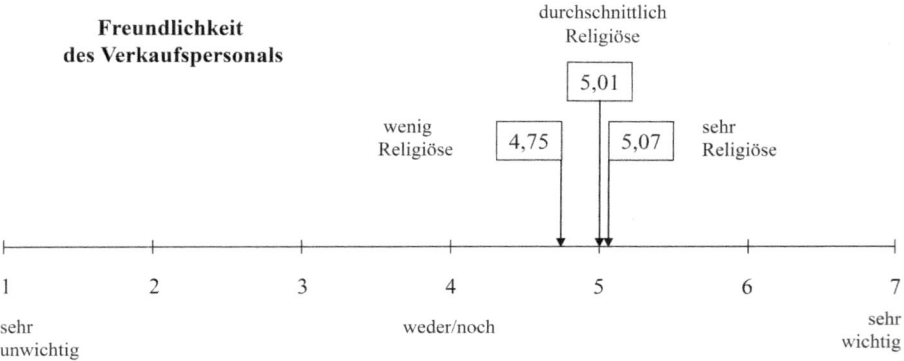

Abb. 5: Religiosität und der Wunsch nach freundlichem Verkaufspersonal (Quelle: eigene Darstellung anhand von Daten von McDaniel/Burnett 1990, S. 108).

Teil B: Religion und Religiosität

1 Zentrale religionswissenschaftliche Konzepte

Worin unterscheiden sich Religion, Religiosität, Mystik, Spiritualität und Aberglaube, um nur einige der für unsere weiteren Überlegungen wesentlichen religionswissenschaftlichen Konzepte zu nennen?

1.1 Religion

Umgangssprachlich versteht man unter Religion den **Glauben**, welchen eine **Gemeinschaft von Menschen** teilt und zu welchem sie sich bekennt. Abgesehen von derart allgemein gehaltenen Vorschlägen wurde und wird dieser Begriff jedoch weder einheitlich noch eindeutig definiert.

Ein Überblick
Tylor (1871), ein renommierter Sozialphilosoph und Ethnologe seiner Zeit, setzte Religion mit dem **Glauben an geistige Wesen** gleich. La Barre (1970, S. 12 f.) erkannte darin, aus psychologischer Sicht, einen **kollektiven Traum** bzw. **Alptraum**, in welchem die Menschen die „richtige Haltung" gegenüber dem von den Eltern repräsentierten Göttlichen erlernen. Für den Anthropologen Spiro (1966, S. 96) ist Religion ein System von **Erkenntnissen** bzw. eine Sammlung von explizit und implizit formulierten Auffassungen über die Beziehungen der Menschen mit der (übermenschlichen) Welt. Am bekanntesten aber wurden vermutlich die religionskritischen Thesen von K. Marx („Opium fürs Volk") und S. Freud. Der Begründer der klassischen Psychoanalyse kritisierte Religion als **„universelle Zwangsneurose"** und als Ausdruck einer „kindlichen Erwartungshaltung gegenüber einem allmächtigen Wesen".

Trotz aller Unterschiede gibt es wichtige **Gemeinsamkeiten**, welche alle Erklärungsansätze bzw. Definitionen mehr oder weniger explizit thematisieren.
– Religionen entwickeln charakteristische Rituale.
– Religiöse Handlungen können den Zustand des Bewusstseins bzw. der Wahrnehmung verändern.
– Unerklärbare bzw. überraschende Ereignisse werden nicht- bzw. übermenschlichen Kräften zugeschrieben.
– Religionen formulieren Normen bzw. Verhaltensregeln, die ein harmonisches Zusammenleben der Gläubigen ermöglichen.

Definitionen
Die Erscheinungsformen des Religiösen sind zu vielgestaltig, als dass man dieses Phänomen mit einer Definition hinreichend erfassen könnte (vgl. McKinnon 2002). Deshalb wird differenziert: **Institutionelle Definitionen** beschreiben und systematisieren Religionen nach Maßgabe der Art und Intensität ihrer Bindung an bestimmte Organisationsformen. Es gibt ...
- institutionell gebundene Religionen (z. B. Christentum, Judentum) und
- ungebundene „Religionen" (z. B. New Age-Bewegung, Human Potential-Movement).

Substanzielle Definitionen begreifen Religionen als ein System von Überzeugungen, Symbolen und rituellen bzw. kultischen Verhaltensweisen. Dieses Überzeugungssystem (= Glaube) bezieht sich explizit auf eine oder mehrere übernatürliche Instanzen (= Gott). Folglich gilt bspw. der Konfuzianismus nicht als Religion, da er „lediglich" Ratschläge erteilt, wie eine bestimmte, für wünschenswert gehaltene Gesellschaftsordnung zu schaffen und zu bewahren ist (vgl. B-6).

Gemäß den **funktionellen Definitionen** ist nicht das „Wesen" einer Religion maßgeblich. Entscheidend seien die Aufgaben, die sie erfüllt, also ihre Funktionen:
- Identitätsfunktion: Indem sie **gemeinsame sakrale Überzeugungen** und **Praktiken** schaffen, integrieren Religionen den Einzelnen in die Gesellschaft (vgl. Durkheim 1912). Aus evolutionstheoretischer Sicht ist Religion eine „soziale Erfindung", welche dazu beiträgt, die jeweilige Gesellschaft effizient zu organisieren. Dabei ist es unerheblich, ob die Glaubensinhalte wahr oder falsch sind. Maßgeblich ist der soziale Nutzen, den Religionen schaffen. Vielfach wird angenommen, dieser bestehe darin, den Gläubigen die Angst vor dem Tod zu nehmen. Tatsächlich aber versprechen nur wenige Religionen (Islam, Christentum) den Rechtgläubigen ein Leben nach dem Tod. Die entscheidende Funktion von Religion lässt sich am Beispiel des afrikanischen Mbona-Kults erläutern. Dessen Mitglieder errichten immer wieder einen Schrein. Zerfällt dieser, was regelmäßig geschieht, muss ein neuer Schrein geschaffen werden – aber erst, nachdem die Gläubigen ihre Streitigkeiten beigelegt haben. Als „fortschrittliche" Europäer den Mbona deshalb anboten, den Schrein aus dauerhaftem Material zu errichten, lehnten diese ab. Denn das Heiligtum war letztlich nebensächlich. Entscheidend war seine gesellschaftliche Funktion: Konflikte zu lösen (vgl. Wilson 2002).
- Sinnfunktion: Zu den grundlegenden Aufgaben von Religion gehört die **Sinnstiftung**. Menschen, die kritische Lebensereignisse zu bewältigen haben (bspw. tragische, glückliche), wollen diesen Sinn verleihen, indem sie das Ereignis in ein übergreifendes Weltbild einordnen. Grundlegend ist das Bedürfnis des Menschen nach Orientierung und Einsicht in die Bedeutung des Lebens (vgl. Steger et al. 2008).
- Strukturelle Funktion: Den „Weg des Heils" beschreiten Gläubige, indem sie bestimmte ethische Forderungen und kultische Verpflichtungen erfüllen (Gebet, Opfer u. ä.). Dank der dadurch vermittelten Normen und Werte sorgen Religionen nicht nur für soziale Identität, sondern auch für **gesellschaftliche Stabilität**.

- Soziokulturelle Funktion: Zur Lebensbewältigung tragen Religionen bei, indem sie zentrale Themen (z. B. Gesundheit, Armut) mit Hilfe moralischer Lehrsätze mit solchen Wertvorstellungen verknüpfen, die für die jeweilige Religion maßgeblich sind (vgl. Baucal/Zittoun 2013). So können negative Ereignisse (z. B. Krankheit, Armut) als unmittelbare **Konsequenz von Verhaltensweisen** gedeutet werden, die mit den Geboten der eigenen Religion nicht vereinbar sind (= Sünden).
- Psychologische Funktion: Religionen legitimieren die in einer Gesellschaft dominanten Werte und vermitteln so den Gläubigen auch **individuell Stabilität** und Sicherheit (vgl. Vail et al. 2010).

Religionen lassen sich schließlich auch danach unterscheiden, auf welche Art und Weise sie das **Heilige** objektivieren. Demzufolge zählt das Christentum zu den Offenbarungsreligionen, das Judentum zu den prophetischen Religionen und der Taoismus zu den mystischen Religionen.

Operationalisierungsprobleme
Problematisch für die religionsvergleichende Forschung ist, dass das Bekenntnis zu einer bestimmten Glaubensgemeinschaft bisweilen **weniger eindeutig** ist, als es scheint. Vietnamesen etwa, die sich als Buddhisten bezeichnen, meinen damit selten konkrete Überzeugungen oder rituelle Handlungen. Vielmehr wollen sie so signalisieren, dass sie weder Christen noch Muslime noch Atheisten sind.

Auch Japaner begreifen Religion zumeist nicht als exklusives und normsetzendes Glaubensbekenntnis, sondern als **Mittel zum Zweck** – nämlich soziale Identität und gesellschaftliche Stabilität zu gewährleisten. Deshalb fühlt sich nur etwa ein Drittel der Japaner ausschließlich einer Religion zugehörig (vgl. Sasaki/Suzuku 1996, S. 588). Die meisten bekennen sich gemäß einer repräsentativen Untersuchung des Japanischen Amtes für religiöse Angelegenheiten sowohl zum Shintoismus (= 92 Mio.) als auch zum Buddhismus (= 87 Mio.). Zusammen mit 2 Mio. japanischen Christen und 9 Mio. Sonstigen ergibt dies 225 Mio. Konfessionen, bei einer Gesamtbevölkerung von etwa 130 Mio. (= jeweils 2015). Begünstigt wird die **Multikonfessionalität** der Japaner dadurch, dass ihre beiden Hauptreligionen **unterschiedliche Funktionen** erfüllen. Während der Shintoismus vor allem das außerfamiliäre Verhalten beeinflusst, ist der Buddhismus für das Private zuständig (vgl. Hendry 2019). Hinzu kommt der Konfuzianismus als ein ethisches, nicht religiös begründetes Verhaltens- und Moralkonzept (vgl. B-6.2), das u. a. dafür sorgt, dass Japaner im Regelfall ausgesprochen loyal gegenüber hierarchisch übergeordneten Personen sind.

1.2 Religiosität

Besser als die Variable Religionszugehörigkeit ist im Regelfall die Variable Religiosität geeignet, sozioökonomische **Verhaltensweisen** zu **prognostizieren**. Aber auch im Falle von Religiosität ist nicht leicht zu beantworten, was genau darunter zu verstehen ist (= Definition) und wie diese Variable reliabel und valide gemessen werden kann (= Messkonzepte). Unstrittig jedoch ist, dass die meisten Menschen an Gott oder eine gottähnliche Kraft glauben und Religiöse eine **wichtige Zielgruppe** des IRM sind (vgl. D-3.1). In den USA etwa glauben 75–80 % an Gott (vgl. Hrynowski 2019).

Definitionen
Zumeist wird Religiosität als „Transformation von Religion in ein individuelles Bedeutungs- und Handlungssystem" beschrieben, als **individuelle Einstellung** gegenüber der eigenen Religion, als Ausmaß, in dem der Einzelne seine Werte, Normen oder Handlungen an den Ge- und Verboten seiner Konfession ausrichtet (vgl. Reutter/Bigatti 2014, S. 56). Manche sprechen in diesem Zusammenhang auch von **Religious Commitment**. Sie meinen damit aber letztlich nichts anderes: „Religious commitment indicates the degree to which a person adheres to his or her religious values, beliefs, and practices, and uses them in daily living" (Ma et al. 2021, S. 246). Bemerkenswerterweise lokalisieren die meisten Religiösen ihr **Ich** in ihrem Herzen, die Mehrheit der nicht oder wenig Religiösen aber im Kopf. Damit korrespondieren unterschiedliche Problemlösungsstrategien: eher analytisch die einen, eher intuitiv die anderen (vgl. Evans/Fetterman 2021).

Bisweilen kommt es vor, dass Konfession mit Religiosität **verwechselt** wird – etwa wenn die in vielen europäischen Ländern wachsende Zahl der Kirchenaustritte als Beleg für den Bedeutungsverlust von Religiosität in der Gegenwartskultur gewertet wird. Die Zahl derer, die sich selbst als religiös einstufen, ist jedenfalls weitgehend gleich geblieben.

Messkonzepte
Im Verlauf der religionssoziologischen Forschung wurden drei unterschiedliche Ansätze entwickelt, Religiosität zu erfassen (vgl. Alston 1975):
- subjektive Maße (Selbsteinschätzung der Intensität der inneren Verbundenheit mit einer bestimmten Religion),
- Verhaltensmaße (Häufigkeit und Regelmäßigkeit der Religionsausübung; z.B. Gottesdienstbesuche),
- quasi-institutionelle Maße (z.B. Akzeptanz kirchlicher Autorität).

Die in der Literatur dokumentierten Vorschläge zur Quantifizierung von Religiosität unterscheiden sich aber nicht nur inhaltlich, sondern auch formal, durch ihre Dimensionalität. So haben Glock/Stark (1965) Religiosität als ein **fünfdimensionales Konstrukt** beschrieben:

- rituelle Dimension: Teilnahme an religiösen Festen und Ritualen (z. B. Besuch von Gottesdiensten, Gebet, Beichte, heilige Kommunion),
- ideologische Dimension: Glaube an die von einer Religion verbreitete Lehre (insb. an Gott) sowie an ein Leben nach dem Tod,
- intellektuelle Dimension: Wissen über die eigene Religion und fremde Glaubensbekenntnisse (z. B. Inhalt der Bibel oder des Korans),
- soziale Dimension: Verhalten im Einklang mit den Normen und Werten einer Religion (etwa Befolgen der Zehn Gebote im Sinne von Alltagsethik),
- Dimension des religiösen Erlebens: Gefühle (z. B. Angst, Geborgenheit, Glück oder Trost) und Überzeugungen (z. B. Bedeutung des Glaubens für das eigene Leben), die mit der Ausübung einer Religion verbunden sind.

Faulkner/De Jong (1966) haben anhand der Auskünfte von 362 Collegestudenten fünf Guttmann-Skalen entwickelt, jede bestehend aus mehreren Statements auf- bzw. absteigender Intensität, denen zugestimmt („ja") oder die abgelehnt werden konnten („nein"). Daraus ging schließlich die **5D-Skala** der Religionssoziologie hervor. Anders als der Begriff Dimension es suggeriert, waren die fünf Dimensionen ausweislich der Interkorrelationsmatrix nicht wirklich unabhängig. Vor allem die ideologische Dimension wies starke Überschneidungen mit drei der vier übrigen „Dimensionen" auf.[17] Obwohl in der Folgezeit dieses Operationalisierungsproblem wiederholt kritisiert wurde (z. B. Gibbs/Crader 1970), übernahmen viele Wissenschaftler diese Skala.

Aufgrund einer Neubewertung einschlägiger empirischer Studien haben Batson et al. (1993) dann eine alternative **dreidimensionale Operationalisierung** vorgeschlagen:
- **Intrinsische Religiosität**: Religion ist zentral für die Lebensführung und manifestiert sich in einem festen Glauben sowie in Kontrollüberzeugung. Intrinsisch Religiöse ordnen alles ihrem Glauben unter, empfinden ihr Leben als sinnvoll und leiden weniger als andere unter Ängsten und Zweifeln.
- **Extrinsische Religiosität**: Man gehört einer Glaubensgemeinschaft an und übt deren Riten aus, um bestimmte weltliche Ziele zu erreichen (z. B. soziale Anerkennung aufgrund regelmäßigen Besuchs der Gottesdienste). Die Beziehung zwischen extrinsisch Religiösen und ihrer Konfession ist vorrangig utilitaristischer Natur. Sie empfinden Religion als einengend, besitzen weniger Selbstvertrauen, sind intoleranter und mit mehr Vorurteilen behaftet als intrinsisch Religiöse.
- **Religiosität als Suche**: Im Mittelpunkt dieser Form von Religiosität steht die Auseinandersetzung mit existenziellen Fragen. „Suchende" sind gegenüber anderen Formen von Religiosität offener als intrinsisch Religiöse und insgesamt flexibler sowie toleranter. Viele von ihnen streben nach mystischen Erlebnissen, wollen Einsicht in kosmische Gesetzmäßigkeiten erlangen und die „wirkliche", die nichtirdische Realität erblicken.

In der Forschungspraxis wird jedoch zumeist „nur" zwischen intrinsischer und extrinsischer Religiosität unterschieden. Nicht nur konzeptionell sind beide unabhängige Konstrukte, sondern auch empirisch. So haben Vitell et al. (2009) bei 110 Studenten einer amerikanischen Universität eine leicht negative, aber nicht signifikante Korrelation ermittelt (r = -0.18).

Gemäß einem weiteren **zweidimensionalen Ansatz** (vgl. Tab. 6) manifestiert sich Religiosität zum einen in dem Ausmaß, in dem jemand glaubt (= kognitive Dimension), und zum anderen in sichtbaren Verhaltensweisen (= konative Dimension). Andere definieren kognitive Religiosität nicht als Intensität des Glaubens, sondern inhaltlich (= **was** man glaubt), und konative Religiosität, **wie** man glaubt (vgl. Richardson/Ariffin 2019).

Tab. 6: Zweidimensionale Operationalisierung von Religiosität (Quelle: McDaniel/Burnett 1990, S. 106; eigene Übersetzung).

kognitive Dimension (Gedanken)	konative Dimension (Verhalten)
Als wie religiös stufen Sie sich ein? Meine Religion ist sehr wichtig für mich. Ich glaube an Gott.	Wie oft gehen Sie in die Kirche? Wie viel spenden Sie für die Kirche bzw. für kirchliche Organisationen?

Für **interreligiöse Vergleiche** eignet sich diese Operationalisierung allerdings nur bedingt. Denn Aussagen wie „Ich glaube an Gott" erlauben es nicht, die Religiosität von Buddhisten und anderen, die keinen persönlichen Gott verehren, zu erfassen. Weiterhin ist zu bedenken, dass sich im Zuge der Säkularisierung das **Rituelle** (z.B. regelmäßiger Kirchgang) immer mehr vom **Spirituellen** (individueller Glaube) gelöst hat. So stuften sich 49 % der 2018 befragten Griechen selbst als „sehr religiös" ein, und 59 % gaben an, „mit absoluter Sicherheit an Gott zu glauben" – aber nur 38 % besuchen mindestens einmal im Monat einen Gottesdienst und nur 29 % beten täglich (vgl. Tab. 7). Auch unter Polen besteht eine Diskrepanz zwischen rituellem und spirituellem Verhalten, allerdings mit umgekehrtem Vorzeichen. Dass dort 61 % regelmäßige Kirchgänger sind, aber nur 45 % mit Sicherheit an Gott glauben, 40 % sehr religiös sind und 27 % täglich beten, spricht für starken sozialen Druck, insb. in den ländlichen Regionen Polens.

Tab. 7: Religiosität und Religionsausübung in Europa (Quelle: www.pewresearch.org/fact-tank/2018/12/05/how-do-european-countries-differ-in-religious-commitment/10.09.2021).

Zustimmung (in %)	Ich bin sehr religiös	Ich glaube mit absoluter Sicherheit an Gott	Religion ist sehr wichtig in meinem Leben	Ich besuche mindestens einmal im Monat einen Gottesdienst	Ich bete täglich
Rumänien	55	64	50	50	44
Armenien	51	79	53	34	45
Georgien	50	73	50	39	38
Griechenland	49	59	55	38	29
Moldawien	47	55	42	35	48
Bosnien	46	66	54	35	32
Kroatien	44	57	42	40	40
Polen	40	45	29	61	27
Portugal	37	44	36	36	37
Serbien	32	58	34	19	27
Ukraine	31	32	22	35	29
Slowakei	29	37	23	31	31
Weißrussland	27	26	20	30	25
Italien	27	26	21	43	21
Irland	24	24	23	37	19
Litauen	21	34	16	27	15
Spanien	21	25	22	23	23
Bulgarien	18	30	19	19	15
Niederlande	18	15	20	18	20
Ungarn	17	26	14	17	19
Norwegen	17	19	19	16	18
Russland	17	25	15	17	17
Lettland	15	28	10	16	17
Österreich	14	13	12	30	8
Finnland	13	23	10	10	18
Frankreich	12	11	11	22	11
Deutschland	12	10	11	24	9

Tab. 7: (fortgesetzt).

Zustimmung (in %)	Ich bin sehr religiös	Ich glaube mit absoluter Sicherheit an Gott	Religion ist sehr wichtig in meinem Leben	Ich besuche mindestens einmal im Monat einen Gottesdienst	Ich bete täglich
Schweiz	12	11	9	29	8
Großbritannien	11	12	10	20	6
Belgien	10	13	11	11	11
Schweden	10	14	10	11	11
Tschechien	8	13	7	11	9
Dänemark	8	15	8	12	10
Estland	7	13	6	10	9

Der **weltweite Vergleich** anhand von Daten der WVS-6 offenbart: Religiös sind vor allem die muslimischen Gesellschaften, allen voran Jordanien, Libyen und Pakistan. Demgegenüber stimmen in den individualistischen Gesellschaften nur wenige Statements wie „Religion is very important in my life", „I believe in God" oder „I pray several times a day" zu – am seltensten Schweden, Niederländer und Australier. Vergleichbar geringe Zustimmung wurde in China registriert und, mit Abstrichen, auch in Deutschland (vgl. Allison et al. 2021). Bemerkenswerterweise belegen Polen und die USA Plätze im Indifferenzbereich der Skala: weder religiös noch atheistisch. Bemerkenswert deshalb, weil beide in der öffentlichen Wahrnehmung als ausgesprochen religiöse Gesellschaften gelten.

Um den Einfluss der Religiosität von Amerikanern und Japanern auf deren Konsumentenverhalten vergleichend analysieren zu können, haben Sood/Nasu (1995) die von ihnen eingesetzte Religiositätsskala in einen **allgemeinen** und einen **religionsspezifischen Abschnitt** unterteilt (vgl. Tab. 8). Der religionsspezifische Teil berücksichtigt die buddhistische Lehre von der Wiedergeburt („Der Mensch hat eine unendliche Anzahl von Leben.") wie auch die für den Protestantismus typische Vorstellung der Eigenverantwortung des Individuums. Beide Skalen weisen vergleichsweise befriedigende Reliabilitätswerte auf (Cronbachs Alpha = 0,82 für die amerikanische und 0,65 für die japanische Stichprobe). Der Grad der Religiosität ergibt sich als Mittelwert der jeweils neun Items (vier = universell, fünf = religionsspezifisch).

Tab. 8: Religionssensible Skalen zur Messung von Religiosität (Quelle: Sood/Nasu 1995; eigene Übersetzung).

japanische Buddhisten	amerikanische Protestanten
universeller Teil	
Ich nehme regelmäßig an einem Gottesdienst teil. Spirituelle Werte sind wichtiger als Materielles. Religiöse Menschen sind bessere Bürger. Wie charakterisieren Sie sich selbst (nicht religiös – sehr religiös)?	
religionsspezifischer Teil	
Die höchste Realität liegt jenseits der Vorstellungskraft des menschlichen Geistes. Religion ist Selbsterziehung, mit der sich Schmerz, Trauer und Leid überwinden lassen. Der Mensch hat eine unendliche Anzahl von Leben. Der einzelne Mensch ist für sich genommen nicht wichtig. Man sollte nach innerer Reinheit durch Nachsinnen und Befolgen von Zeremonien streben.	Jesus Christus ist Gottes Sohn. Jeder kann selbst frei entscheiden, sich Gott zu nähern. Die Bibel ist das Wort Gottes. Der Mensch ist dafür verantwortlich, seine freie Willensausübung zum Guten einzusetzen. Die Seele des Menschen ist unsterblich.
Anmerkung: fünfstufige Likert-Skala: „lehne vollkommen ab" – „stimme vollkommen zu"	

Mittels Mediansplit wurde die Stichprobe in Strenggläubige und gelegentlich Religiöse unterteilt. Während dieses Merkmal geschlechtsunspezifisch zu sein scheint (52 % der Frauen und 44 % der Männer wurden als strenggläubig eingestuft), trat ein markanter Ländereffekt zutage: 81 % der Amerikaner, aber lediglich 33 % der Japaner stellten sich selbst als strenggläubig dar. Ursächlich dafür könnte die weitgehende Säkularität der japanischen Gesellschaft sein. Möglicherweise spielen aber auch unterschiedliche Antworttendenzen eine Rolle, z. B. die bei Japanern stark ausgeprägte **„Tendenz zur Mitte"**, d. h. die Bevorzugung des Skalenmittelpunktes (vgl. Müller/Gelbrich 2021, S. 136).

In der Forschung, die sich auf **Unternehmensebene** mit dieser Thematik auseinandersetzt, kommen völlig andersartige Operationalisierungen von Religiosität zum Einsatz (vgl. Leventis et al. 2018):
- Anzahl Kirchen, Moscheen und anderen Stätten der Religionsausübung,
- Anteil der religiösen Bevölkerung an der Gesamtbevölkerung,
- Ausmaß der Beteiligung der Bevölkerung an religiösen Aktivitäten.

Diese Indikatoren werden jeweils bezogen auf das Land oder die Region, das/die Standort der Unternehmenszentrale ist.

Zusammenhang zwischen Konfession und Religiosität

Etwa 82 % der Weltbevölkerung stufen sich selbst als religiös ein (vgl. Pew Research Center 2017). Folgt man den Ergebnissen einer Reanalyse verschiedener Wellen der WVS, dann sind **Muslime** wesentlich religiöser als andere Konfessionen (vgl. Tab. 9). Dass unter ihnen der Glaube an die Existenz einer Hölle sogar noch weiter verbreitet ist als der Glaube an den Himmel, deutet auf ein negatives Gottesbild hin (vgl. Toprakyaran 2019). Umgekehrt scheint unter den **Protestanten** und erstaunlicherweise auch unter den **Orthodoxen** die Säkularisierung weit fortgeschritten zu sein (vgl. A-1.5).

Tab. 9: Zusammenhang zwischen Konfession und verschiedenen Erscheinungsformen von Religiosität (Quelle: Gokcekus/Ekici 2020, S. 578).

Anteil ↓	Häufigkeit des Kirchgangs	Wichtigkeit von Gott	Anteil Religiöse	Glaube an Hölle	Glaube an Himmel
Muslime	0.25	0.44	0.26	0.58	0.39
Katholiken	0.13	0.11	0.18	−0.16	0.12
Protestanten	−0.08	−0.08	0.13	−0.15	−0.37
Orthodoxe	0.06	−0.02	0.04	−0.06	0.05
Konfessionslose	−0.65	−0.72	−0.75	−0.65	−0.64

Anmerkungen: Pearson-Korrelationen, Anteil von (Konfession) an der Gesamtbevölkerung 7 (7 Länder)

Cohen/Hill (2007) haben 1.364 Studenten einer amerikanischen Universität (Berkeley) zum Thema Religiosität und Konfession befragt. Demzufolge sind Protestanten überwiegend **intrinsisch religiös**, Juden und Katholiken häufiger **extrinsisch religiös**. Für sie ist nicht die persönliche Beziehung zu Gott identitätsstiftend, wie für Protestanten, sondern die soziale Gemeinschaft und gemeinschaftsstiftende Rituale.

1.3 Spiritualität und Mystik

Ausgehend vom Wortstamm (lat.: spiritus = Geist) lässt sich Spiritualität in Abgrenzung zur Materialität auch als **Geistigkeit** begreifen oder als Suche nach **Lebenssinn** in Gott. Im angelsächsischen Sprachraum wird dieser letztlich mehrdeutige Begriff häufig mit Religiosität gleichgesetzt. Dies ist insofern nicht unberechtigt, als zahlreiche Studien dafür sprechen, dass beide, Religiosität und Spiritualität, geistige und körperliche Gesundheit fördern (vgl. Reutter/Bigatti 2014).

84 % der Weltbevölkerung fühlen sich einer bestimmten Religion zugehörig. Dies bedeutet jedoch nicht, dass die Übrigen ungläubig sind. So sind sich von den konfessionell ungebundenen US-Amerikanern 27 % „absolut sicher" und 22 % „ziemlich sicher", dass sie **an Gott glauben** (vgl. Waller/Casidy 2021).

Deutsche, wie auch Franzosen und Briten, scheinen weniger gläubig zu sein als Italiener und vor allem als US-Amerikaner und Mexikaner („Ich weiß, dass Gott wirklich existiert und habe keine Zweifel."). Die Domäne der Deutschen ist die **Spiritualität**: 33 % von ihnen „glauben zwar an keinen personellen Gott, aber an eine höhere Macht" (vgl. Abb. 6).

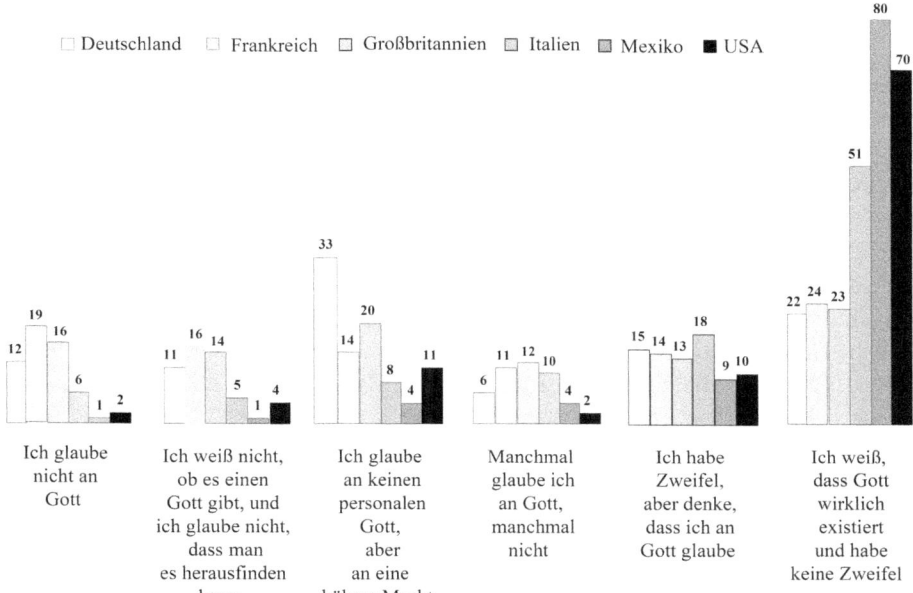

Abb. 6: Religiöse und spirituelle Überzeugungen (Quelle: AP-Ipsos 2005).

Als eine Erscheinungsform von Spiritualität zählt **Mystik** zu den Sonderformen religiösen Verhaltens. Diese vor der Aufklärung weltweit und in archaischen Gesellschaften nach wie vor wichtige Form von Religiosität zeichnet aus, dass die Gläubigen nach innerer **Vereinigung mit** der **Gottheit**, die im Mittelpunkt des jeweiligen Glaubens steht, streben (Unio Mystica). Mystiker beschreiben einerseits mit Hilfe von Kontemplation, Meditation und Askese den Weg der **Läuterung**. Andererseits streben sie mit religiöser Inbrunst nach außergewöhnlicher Sinnlichkeit, im Extremfall bis hin zu Ekstase und Visionen, verbunden mit persönlichen Offenbarungen. Zu den **Vorläufern** zählen die Mysterienkulte im antiken Griechenland.

Ziel **christlicher Mystiker** ist die unmittelbare Einheit mit Jesus Christus, z.B. in der Passions-Mystik durch „Mitleiden" mit Gottes Sohn. Namentlich bekannt geworden sind die prophetische Mystik der Hildegard von Bingen und die spekulative Mystik von Meister Eckehart, eines Dominikaner-Mönchs. Bekannte mystische Strömungen des **Judentums** sind der Chassidismus, die Kabbala sowie der Sabbatianismus. Im **Islam** spielt der Sufismus eine entsprechende Rolle, im **Hinduismus** die Lehre des Advaita-Vedanta.

Nach Auffassung von **Buddhisten** können Mystiker durch die vier Stufen der rechten Versenkung eine höhere Ebene des Wissens erlangen und das „Nicht-Seiende", die vollkommene Leere erkennen. Diese Philosophie ist heute vor allem im japanischen Zen verbreitet.

1.4 Kirche, Kirchlichkeit und Konfession

Während die sichtbare **soziale Organisation** von Religion als Kirche bezeichnet wird und kirchlich gebundene Religiosität als Kirchlichkeit, steht der Begriff Konfession für eine **Religionsgemeinschaft** wie auch für das **Bekenntnis** zu einer bestimmten Religion. In der Bekenntnisschrift finden sich die maßgeblichen, d.h. die von kirchlichen bzw. theologischen Instanzen autorisierten Regeln und Kodizes, welche die Lehre ausmachen und das Leben der Gläubigen verbindlich regeln.

In soziokulturell und religiös heterogenen Nationen wie den USA wirken Religionsgemeinschaften wie ein **kommunikatives Netzwerk**, das die Entwicklung und Verbreitung bestimmter sozialer, politischer und ökonomischer Normen begünstigt (z.B. bezüglich des Konsumverhaltens). Dies ist insb. dann der Fall, wenn es sich um eine Diaspora-Situation handelt, wenn also eine Religionsgemeinschaft eindeutig in der Minderheit ist (vgl. Lenski 1963). Die Variable „Konfession" eignet sich somit hauptsächlich zur Prognose bzw. Erklärung konkreter Verhaltensweisen von Mitgliedern von **Subkulturen**, da sie definitionsgemäß eine Minderheit darstellen.

1.5 Säkularisierung und Sakralisierung

Als Folge der **Aufklärung** hat das naturwissenschaftliche Paradigma die mythologische Erklärung der Welt abgelöst. Es kam zur „Entzauberung der Welt" (Weber 1920, S. 54). Und an die Stelle des lange Zeit vorherrschenden, teils magischen, teils normativen Denkens ist der logische Denkstil getreten. Damit einhergehend vollzog sich die Säkularisierung: die Verdrängung bzw. Umbewertung des Religiösen und eine **Verweltlichung** des öffentlichen wie auch des privaten Lebens (vgl. Lehmann 2004). Ein Indiz unter vielen ist die wachsende Zahl der **Kirchenaustritte**. In Deutschland etwa sank der Anteil der katholischen und der evangelischen Kirchenmitglieder an der Bevölkerung zwischen 1960 und 2019 von 93,7 % auf 52,1 %. Entsprechend stieg der Anteil der Andersgläubigen und vor allem der Nichtgläubigen.

Dieser auch als **Wertewandel** beschreibbare und von De-Institutionalisierung begleitete Veränderungsprozess hat die gesellschaftliche Stellung der Kirchen in weiten Teilen der industrialisierten Welt wesentlich verändert. Vor allem in den wohlhabenden Industrieländern ist nur noch eine Minderheit davon überzeugt, dass man an Gott glauben muss, um ein „guter Mensch" zu sein. Gemäß einer Auswertung der Global Attitudes Survey (Frühjahr 2019) durch das PEW Research Center besteht zwischen dieser

„Privatisierung der Moral" und dem Bruttosozialprodukt (pro Kopf) eine fast perfekte negative Korrelation (r = -0.86). Konkret bedeutet dies: In Ländern mit einem jährlichen Pro-Kopf-Einkommen von weniger als 15.000 $ (z. B. Kenia, Indien, Nigeria, Philippinen) sind etwa 90 % dieser Überzeugung, aber nur 10–20 % der befragten Australier, Niederländer, Schweden etc. (60–70.000 $).

In den meisten wohlhabenden Ländern haben die Kirchen, abgesehen von Ausnahmesituationen wie Geburt, Eheschließung und Tod sowie den großen Feiertagen, ihr jahrhundertealtes Monopol, die Sehnsucht des Menschen nach Orientierung und Lebenssinn zu stillen, weitgehend verloren. Um dieses **Deutungsmonopol** konkurrieren sie nun mit staatlichen, ökonomischen und familiären Institutionen (vgl. Arnoldi 2001).

> Japans Gesellschaft ist im Kern weltlich. Bei Trauerfeiern hält man sich an den Buddhismus. Im Dezember nutzt der Einzelhandel das christliche Weihnachtsfest als Verkaufsargument. Zum Beten geht man in den Shinto-Schrein. Shinto wiederum hat keine Schrift wie die Bibel oder den Koran, wenig moralische Orientierung. Stattdessen Kami, Götter oder Exzellenzen, die sich in allen Dingen des Lebens befinden, und diverse Rituale, die vor allem das Leben des Kaisers, des Shinto-Hohepriesters, bestimmen. Viele Japaner nehmen Shinto gar nicht als Religion wahr, sondern eher als Teil des Lifestyles (Hahn 2022, S. 10).

Am Beispiel einer repräsentativen Stichprobe deutscher Konsumenten lässt sich eine weitere Konsequenz der Säkularisierung nachweisen: weitgehende Angleichung von **Meinungen** und **Einstellungen** der Mitglieder der verschiedenen Konfessionen innerhalb eines Landes. So sind in Deutschland Sparsamkeit und Konsumverzicht keine typisch calvinistischen Tugenden mehr, sondern unter Katholiken genauso weit verbreitet wie unter Protestanten (vgl. Tab. 10).

Tab. 10: Angleichung von Einstellungen deutscher Konsumenten (Quelle: Verbraucheranalyse 2008; eigene Auswertung).

	Protestanten n = 12.301	Katholiken n = 10.952	Andersgläubige n = 973	Konfessionslose n = 6.447
Bei uns wird jeden Monat eine feste Summe gespart.	2,46	2,41	2,66	2,63
Ich prüfe regelmäßig mein Körpergewicht.	2,42	2,41	2,58	2,50
Ich kaufe gezielt umweltfreundliche Produkte, auch wenn sie teurer sind.	2,63	2,62	2,67	2,67

Tab. 10: (fortgesetzt)

	Protestanten n = 12.301	Katholiken n = 10.952	Andersgläubige n = 973	Konfessionslose n = 6.447
In der Haushaltsführung kann mir keiner etwas vormachen.	2,62	2,60	2,64	2,64
Hausarbeit ist Sache der Frau.	2,46	2,47	2,50	2,50
Wenn ich mit einer Marke zufrieden bin, bleibe ich auch dabei.	1,85	1,85	1,98	1,86
Werbung ist meist recht unterhaltsam.	2,68	2,66	2,66	2,72

Anmerkung: Vierstufige Ratingskala (1 = stimme voll und ganz zu; 4 = stimme überhaupt nicht zu)

Als **Gegenbewegung** zur Verweltlichung bzw. Entkirchlichung geschah in den postmaterialistischen Gesellschaften zweierlei:
- Aufwertung **alternativer Orte** und **Formen von Religion** bzw. Suche nach Religionsersatz (z. B. Esoterik) und
- **Sakralisierung** des Alltags (sakral: lat. = heilig).

Indem immer mehr Konsumenten bestimmte Luxusartikel (z. B. Schmuck, hochwertige Pkws und Kleidung) und Marken „sakralisierten", d. h. als etwas Besonderes, Nichtalltägliches geradezu verehrten (vgl. Belk et al. 1989, S. 11), teilt sich nun auch die Welt des Konsums in eine sakrale und eine profane Sphäre. Die ursprünglich nur den Religionen obliegende Funktion, den Einzelnen mittels gemeinsamer sakraler Überzeugungen und Praktiken sozial zu integrieren, kommt nun zunehmend auch der Konsumwelt zu – durch „Institutionen" wie Fan-Clubs, Fitness-Clubs oder den informellen Club derer, die bestimmte Luxusartikel konsumieren, bestimmte Marken demonstrativ tragen etc. (vgl. E-4.2 und H-6.6).

Montgomery (2003) hat geprüft, ob ein verstärkter **interkonfessioneller Wettbewerb** den Trend zur Säkularisierung stoppen oder gar umkehren könnte. Ausgangspunkt seiner Überlegungen ist ein ökonomisches Axiom. Demzufolge korreliert die Wettbewerbsintensität mit der Leistungsgüte. Würden, so die banale Überlegung, die verschiedenen Konfessionen sich mehr bemühen und besser auf die Bedürfnisse und Wünsche der Gläubigen eingehen, dann müssten sie auch nicht derart viele Kirchenaustritte beklagen wie in der jüngeren Vergangenheit, und die Gläubigen würden wieder mehr am religiösen Leben teilnehmen. Anhand historischer Daten ließ sich diese marketingtypische These allerdings nicht erhärten: Um 1900 fiel die Partizipation der Gläubigen in den wettbewerbsintensiven Bezirken der USA geringer aus als dort, wo weniger konfessionelle Vielfalt herrschte.

2 Alte und Neue Religionen

Das religiöse Leben der Naturvölker war und ist von Animismus, Ahnenkult und Magie bestimmt. Zahlreiche spirituelle Wesen, welche die Naturgewalten und Naturphänomene verkörpern, erfüllen diese Glaubenswelt. Diese Wesen sind durch rituelle Zeremonien erreichbar und beeinflussbar.

2.1 Naturreligion

Der Glaube bzw. die religiöse Vorstellungen von **Naturvölkern** wird als Naturreligion bezeichnet.[18] Mit Hilfe von Mythen geben sie ihre moralische Normen an nachfolgende Generationen weiter. Zentral ist die Magie: die „Erfahrung mit der Macht und das Handeln mit dieser Macht". Magie wirkt zumeist mittels eines Mediums, einem künstlich geschaffenen bzw. bearbeiteten Gegenstand (z. B. Amulett, Talisman oder Fetisch). Wesentlich ist weiterhin der Dynamismus, d. h. der Glaube an eine Macht (= Mana), die von bestimmten Gegenständen, Personen, Wesen oder Plätzen Besitz ergriffen hat. Diese Macht ist rational nicht erklärbar und steht in enger Verbindung mit der Magie. Die von Mana ergriffenen Orte, Personen oder Gegenstände sind für die Gläubigen tabu.

Unter **Animismus** verstehen wir eine Urform menschlicher Religiosität, welche auch heute noch in Afrika und Lateinamerika einflussreich ist und als eine Vorstufe des Deismus bzw. Theismus angesehen werden kann, des Gottesglaubens. Charakteristisch ist die Vorstellung von einer „beseelten" Welt, in der Objekte, Geister und Vorfahren eine wichtige Rolle spielen. Animisten verehren Seelen und Geister. Deren Erwartungen muss man jederzeit gerecht werden, um von diesen Schutz erlangen zu können bzw. nicht deren Opfer zu werden. Vom Glauben an Geisterwesen (Personalismus) ist der Glaube an ein beseeltes All abzugrenzen (Animatismus). Zumeist wird die als nährende „Mutter der Menschen" personalisierte Erde als Gottheit verehrt. Sie ist für die Fruchtbarkeit des Bodens unmittelbar und für das Überleben bzw. das Wohlergehen der Menschen indirekt verantwortlich. Im Übrigen greifen nicht nur die zahlreichen kleinen und großen Götter, vergöttlichten Wesen und Kobolde regelmäßig in das Leben der Menschen ein, sondern auch die Ahnen. Im Zeitverständnis animistischer Gesellschaften dominieren Vergangenheit und Gegenwart, während die Zukunftsorientierung schwach ausgeprägt ist.

Der **Ahnenkult**, der vor allem in vergangenheitsorientierten Gesellschaften praktiziert wird (vgl. Abb. 7), bildet zusammen mit dem Fruchtbarkeitskult das ideologische

Fundament von Naturreligionen. Die Verstobenen, denen ein vorgöttlicher Status zugebilligt wird, können unmittelbar in das Schicksal der Lebenden eingreifen (z. B. indem sie Frauen Fruchtbarkeit und Männern Manneskraft schenken bzw. verwehren). Deshalb werden Opferrituale und Kulthandlungen vollführt, um die Ahnen, deren außerirdisches Leben sich nicht grundsätzlich von ihrem irdischen Dasein unterscheidet, gnädig zu stimmen. Denn obwohl die vor allem in China und Japan sowie in Westafrika, Polynesien und Melanesien ansässigen Anhänger des Ahnenkultes sich die Verstorbenen als mächtige spirituelle und bisweilen sogar gottähnliche Wesen vorstellen, sind sie zugleich davon überzeugt, dass ihre Ahnen sich für ihr Leben und Schicksal interessieren und ihre Macht nutzen, um ihre Familie dauerhaft zu schützen. Die als Mittler zwischen den Menschen und den Göttern imaginierten Ahnen wurden (bzw. werden) sowohl verehrt als auch gefürchtet. Während sie durch Träume zu den Lebenden sprechen (und im Extremfall sogar deren Körper in Besitz nehmen), können die Lebenden durch Bittgebete Opfer und Demutsbezeugungen sowie Sühne mit ihnen Kontakt aufnehmen.

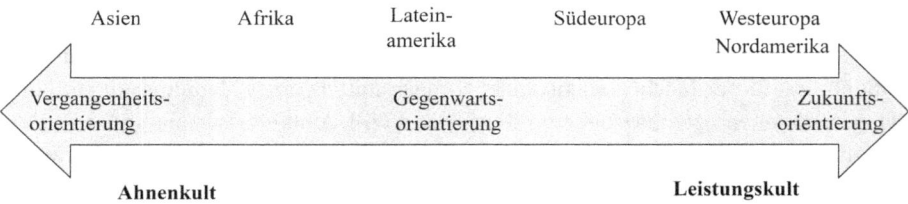

Abb. 7: Zeitorientierung und Ahnenkult (Quelle: eigene Darstellung).

2.2 Aberglaube

Der Glaube an die **Existenz übernatürlicher Kräfte** gilt als die „Kehrseite religiöser Überzeugungen" (vgl. Martin 2009). Der „verkehrte", d.h. in falschen Vorstellungen befangene Glaube (mhd: aber = falsch) lässt sich auf verschiedene Weise deuten: Religionsgeschichtlich bezeichnet man mit Aberglaube andere, vom eigenen Glauben abweichende Überzeugungen. Völkerkundlich ist damit der mündlich überlieferte Volksglaube gemeint, in den religiöse Anschauungen aus der Vergangenheit und überholte wissenschaftliche Erkenntnisse in Gestalt von Sagen, mythenhaften Wesen, Volksmedizin, Wahrsagerei etc. einfließen. Die Aufklärung wiederum verstand darunter den Glauben an Phänomene, die weder naturwissenschaftlich noch durch die orthodoxe Religionslehre erklärbar sind.

Aberglaube geht häufig mit einer Reihe von **Persönlichkeitsmerkmalen** einher: Rigidität, Dogmatismus, Intoleranz gegenüber abweichenden Meinungen, Rassismus und Ethnozentrismus (vgl. C-2). Vor allem solche Gesellschaften, in denen Ungewissheitsvermeidung wichtig ist, sind offen für abergläubische Überzeugungssysteme. Denn der

Aberglaube bietet einfache Erklärungsmuster für eine komplexe, von vielen als bedrohlich erlebte Welt (vgl. Müller/Gelbrich 2015, S. 106 ff.).

Abergläubisch sind Menschen gehäuft dann, wenn sie kein positives Gottesbild haben, sie also Gott nicht als eine rationale, prinzipiell berechenbare und vor allem wohlwollende Instanz begreifen. Deshalb bieten auch **atheistische Religionen**, wie der Buddhismus, abergläubischen Glaubenssystemen einen Nährboden. Gleiches gilt für **Naturreligionen**, deren Überzeugung zufolge sich das Göttliche in Naturerscheinungen manifestiert und für die Totem sowie Magie bedeutsam sind.

2.3 Volksglaube

Volkskundler bezeichnen die religiösen Überzeugungen und Rituale des „einfachen Volkes" als Volksfrömmigkeit. Zusammen mit abergläubischen Vorstellungen und Praktiken machen sie den Volksglauben aus. Wichtig ist die Überzeugung bzw. Hoffnung, dass **Flüche** und **Segensformeln** ebenso wirksam sind wie Amulette und religiöse Symbole aller Art (z. B. Heiligenbilder).

Der in weiten Teilen Asiens verbreitete **Volksbuddhismus** ging aus der Vermischung des ursprünglichen animistischen Glaubens mit Elementen der später in diesen Raum eingedrungenen buddhistischen, konfuzianischen und taoistischen Lehren hervor. Nach wie vor prägen dort animistische Rituale das tägliche Leben (insb. Ahnenverehrung). Dies gilt auch für den Volksglauben der Japaner: den **Shintoismus**. Diese im Westen gebräuchliche Bezeichnung ist der Oberbegriff für die verschiedenen japanischen Naturreligionen.

2.4 Neue Religionen

Weltweit wurden um 1900 ca. 1.800 Konfessionen gezählt, ein Jahrhundert später weit mehr, nämlich rund 33.000. Dieser Zuwachs lässt sich im Wesentlichen mit dem Phänomen der Neuen Religionen bzw. Neuen religiösen Bewegungen erklären: spirituelle Gruppen bzw. Glaubensgemeinschaften, welche nicht den klassischen Weltregionen zugerechnet werden können.

Zahlreiche Krisen, seien sie primär sozial oder primär ökonomisch bedingt, verstärkten weltweit das Bedürfnis nach **spiritueller Orientierung**, welches die etablierten Religionen offensichtlich nicht (mehr) zu stillen vermögen. Vorschub leisteten weiterhin die wachsende Pluralisierung der Gesellschaften, die Renaissance ostasiatischer Lehren und esoterischer Weltentwürfe. Religionssystematisch spricht man allerdings nur dann von einer Neuen Religion, wenn sich eine Gemeinschaft von Gläubigen gebildet hat, welche den durch die neue Lehre begründeten Kult lebt. Viele von ihnen entwickelten und präsentieren sich als **Gegenmodell** zu einer der **etablierten Religionen** (vgl. Tab. 11).

Tab. 11: In Opposition zu einer Weltregion entstandene Neue Religionen (Quelle: o.V. 2004, S. 463).

Sphäre des Christentums	Sphäre des Islam	Sphäre des Hinduismus	Sphäre des Buddhismus
– Adventisten	– Ahmadija	– Bhagwan-Bewegung	– Nichiren-shoshu
– Mormonen	– Bahai	– Hare-Krishna-Bewegung	– Soka-gakkai
– Zeugen Jehovas		– Transzendentale Meditation	– Rissho-koseikai

Andere präsentieren sich als **Gegenmodell** zur **etablierten politischen Ordnung**. Charakteristisch für die synkretistischen Religionen ist die Rückbesinnung auf die Lehren und Traditionen des zumeist idealisierten eigenen Volkes bzw. Stammes (vgl. Tab. 12).

Tab. 12: In Opposition zur etablierten politischen Macht entstandene Neue Religionen (Quelle: o.V. 2004, S. 463).

Lateinamerika	Nordamerika	Ozeanien	Mitteleuropa
– Wodu (Voodoo)	– Black Muslims	– Cargo-Kulte	– Deutschgläubige
– Candomblé	– Peyotekult	– Neue polynesische Religionen	– Neuheidentum
– Umbanda			

Den Neuen Religionen ist die Überzeugung gemeinsam, dass sie als Offenbarung, Erkenntnis oder Weltgesetz die letztgültige (oder zeitgemäße) Wahrheit besitzen und verkünden, die oft als die ursprüngliche, jetzt wieder hergestellte Wahrheit schlechthin verstanden wird. Häufig sind sie von der Vorstellung des nahen Weltendes – oder der Transformation dieser Welt in eine höhere und bessere Welt – getragen, sind elitär oder auch autoritär. ... Ihre Gründer oder deren Urgemeinde berufen sich auf religiöse Erlebnisse. ... Meist zeigen die Neuen Religionen eine starken Praxisbezug mit Betonung von Meditation, Gemeinschaftserleben und seelischer Gesundheit. In Lateinamerika und Afrika sind sie von der Vermischung der traditionellen Kulte sowie magischen Praktiken des Volksglaubens mit dem Christentum und dem Islam geprägt. Es handelt sich zumeist um Heilkulte, in denen Tanz und Tranceerlebnis eine Rolle spielen. Oft verbinden sie sich mit sozialrevolutionären Erlösungsvorstellungen (o.V. 2004, S. 462f.).

3 Weltreligionen im Überblick

Die verschiedenen Religionen lassen sich zunächst **quantitativ**, d.h. mit Blick auf ihren Verbreitungsgrad beschreiben (vgl. B-3.1). Weiterhin kann man sie im Sinne einer Religionsphänomenologie auch **qualitativ** unterscheiden: nach ihrem Ideengehalt (vgl. B-3.2).

3.1 Verbreitungsgrad

Zu den **weltweit** verbreiteten Religionen zählen, in der Reihenfolge ihrer quantitativen Bedeutung (vgl. Tab. 13),
- das Christentum (mit den verschiedenen katholischen und orthodoxen sowie den evangelischen bzw. protestantischen Konfessionen),
- der Islam (mit seinen verschiedenen Konfessionen),
- der Hinduismus,
- der Buddhismus (einschließlich die von ihm beeinflussten Lehren des Konfuzianismus, Shintoismus und Taoismus) sowie
- das Judentum.

Wie das International Bulletin of Missionary Research berichtete, stieg die Zahl der Christen zwischen 1990 und 2000 um 14,4 %, fast entsprechend dem Wachstum der Weltbevölkerung in diesem Zeitraum (= 14,9 %). Gleichzeitig wuchs die Glaubensgemeinschaft des Islams allerdings um 23,5 %.

Tab. 13: Verteilung und Entwicklung der Weltreligionen (in Mio.) (Quelle: www.fides.org/German/2001/g20011019d.html; 15.3.2003).

	1990	2000	2025 (Prognose)
Weltbevölkerung	5.266,4	6.055,0	7.823,7
Christen (alle Konfessionen)	1.747,4	1.999,5	2.616,7
Römische Katholiken	929,4	1.056,9	1.362,0
Protestanten	296,3	342,0	468,6
Orthodoxe	203,7	215,1	252,7
Anglikaner	68,1	79,6	113,7
Katholiken (nicht-römisch)	5,2	6,6	9,6
Muslime	962,3	1.188,2	1.784,9
Hindus	685,9	811,3	1.049,2
Buddhisten	323,1	359,9	418,3
Stammesreligionen	200,0	228,3	277,2
Sikh	19,3	23,5	31,4
Juden	14,1	14,4	16,1
Atheisten (bekennend)	145,7	150,0	159,5
Religionslos	707,1	768,1	875,1
Neue Religionen	92,3	102,3	114,7

Gemessen an Alter und Verbreitungsgrad ist keine **Institution** so **erfolgreich** wie die Weltreligionen. Zu der dazu erforderlichen Fähigkeit, sich immer wieder wandelnden Bedingungen anzupassen, trägt paradoxerweise bei, dass keine Religion frei von inneren Widersprüchen ist. So heißt es im Koran in Sure 2, Vers 256: „In der Religion gibt es keinen Zwang", während Sure 9, Vers 5 die Gläubigen auffordert: „Tötet die Heiden, wo immer ihr sie findet. Greift sie, umzingelt sie und lauert ihnen überall auf." Und so, als ob es die Bergpredigt und ihre zutiefst humanistische Botschaft nicht gebe, droht Matthäus (10, 34): „Meint ihr, dass ich gekommen bin, Friede auf Erden zu bringen? Ich bin nicht gekommen, Friede zu bringen, sondern das Schwert." Diese **Ambivalenz** reflektiert nicht nur die gesamte Bandbreite menschlicher Existenz (bspw. das Nebeneinander altruistischer und egoistischer Motive), sondern ermöglicht es den großen Religionen, auch in den unterschiedlichsten Lebenssituationen Antwort auf die großen Fragen des Lebens geben zu können. Hinzu kommt, dass viele Menschen ein starkes Bedürfnis haben, an das Unerklärliche und Außergewöhnliche zu glauben, weshalb logische Widersprüche und Unstimmigkeiten sie nicht an ihrem Glauben zweifeln lassen.

Anhand des Anteils der Bevölkerung, der sich zu einer bestimmten Religion bekennt, lassen sich **monokonfessionelle** Gesellschaften wie die Türkei von **multikonfessionellen** Gesellschaften unterscheiden (vgl. Abb. 8). Zu letzteren zählen u. a. die USA, wo Religionsfreiheit durch den 1. Zusatz zur Verfassung der Vereinigten Staaten von Amerika garantiert wird.

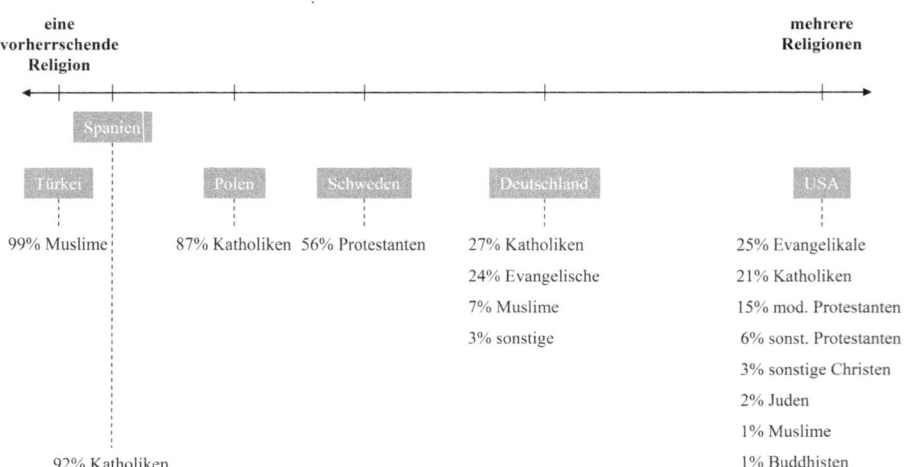

Abb. 8: Konfessionelle Struktur von Gesellschaften (Quelle: eigene Darstellung).

3.2 Religionsphänomenologie

Es gibt zahllose Versuche, eine umfassende Typologie der Religionen zu entwerfen. So heterogen und unvereinbar sie auch sein mögen, eint doch alle Religionen die Überzeugung, dass Gott oder die Götter im Spannungsverhältnis zwischen **Gerechtigkeit** und **Freiheit** den Menschen vorrangig zur Gerechtigkeit verpflichtet haben – jedenfalls gegenüber den Mitgliedern der eigenen Gesellschaft bzw. Glaubensgemeinschaft. Seine Freiheit aber musste sich der Mensch stets von seinen Göttern erkämpfen. Weitere Gemeinsamkeiten sind der Glaube an die Unsterblichkeit der Seele sowie das Jüngste Gericht (vgl. Tab. 14).

Tab. 14: Weltreligionen im Überblick (Quelle: Bailey/Sood 1993, S. 337).

	Hinduism	Buddhism	Catholicism	Islam	Protestantism
Approx. Beginnings	2,000 BC	530 BC	1 Cent AD	610 AD	16 Cent AD
Holy Writings	Vedas	None	Bible	Koran	Bible
Mono/ Polytheistic	Polytheistic	Polytheistic	Monotheistic	Monotheistic	Monotheistic
Locus of Control	Individual	Individual	Church hierarchy	God's Will	Individual
Reliance of Supernatural	Weak	Weak	Strong	Moderate	Moderate
Immortality of Soul	Yes	Yes	Yes	Yes	Yes
Reward and Retribution after Death	Yes	Yes	Yes	Yes	Yes
Idealized Life Directives	Pursue self-control, charity, detachment, nonviolence and compassion	Pursue tolerance, respect for individual and unimportance of self	Follow example of Jesus	Submit to will of God at all times	Follow example of Jesus
Other Major Beliefs/ Practices	Reincarnation, Caste system, Taboo: meat	Reincarnation, Control appetites and Passions, Follow middle path	Jesus is Son of God, Trinity of God, His Son and Holy Spirit, Confession and pennace, Infallibilty of pope	Muhammad is Prophet, Prayer five times a day, Fasting during Ramadan, Pilgrimage to Mecca, Taboo: alcohol and pork	Jesus is Son of God, Trinity of God, His Son and Holy Spirit, Individuals can approach God directly, Strong work ethic

Zahl der Gottheiten: Im abendländischen Mittelalter war die Anzahl der Götter, die eine Religionsgemeinschaft verehrt, das maßgebliche Unterscheidungskriterium. Daraus ergab sich die bekannte Klassifikation: monotheistische (Judentum, Christentum, Islam), polytheistische (Hinduismus) und atheistische Religionen (Buddhismus).

> Monotheistic „western religions (Christianity, Judaism, Islam) follow a monotheistic perspective by viewing their key person as a prophet, with obeying this prophet the key to achieving the goal of heavenly life. Further, Western religious scriptures teach that God created nature and, therefore, God and man hold a superior position to nature. In contrast, Eastern religions (Hinduism, Buddhism, Taoism, Confucianism; Schmidt et al., 2014) follow a pantheistic (i.e., many gods) or nontheistic perspective, viewing their key person as an awakened one. Eastern teachings view life as a process of seeking, with an end-life goal of enlightenment, and that God is in and through all elements of nature" (Minton et al. 2018b).

Art der Ethik: Manche, wie das Christentum oder der Konfuzianismus, fordern selbstloses Dienen in Familie und Staat. Andere, wie der (frühe) Hinduismus und insb. der Buddhismus, propagieren ein eher egozentrisches Lebensziel: die Selbsterlösung von dieser Welt.

Natur- vs. Kulturreligionen: Für eine Reihe von Naturvölkern manifestiert sich das Göttliche in erster Linie in Naturerscheinungen; charakteristisch sind weiterhin Totem und Magie. In einer Kulturreligion, die von einer vom Stamm bzw. Clan zum Volk gereiften Gesellschaft getragen wird, prägen hingegen Göttergestalten mit menschähnlicher individueller Persönlichkeit und differenzierten Funktionen das religiöse Bewusstsein.

Dynamistische vs. theistische Religionen: Eine weitere Typologie macht die Art der Gotteserfahrung zum Unterscheidungskriterium: der jeweilige Weg zu Gott. Für die dynamistische Religion, den religionsgeschichtlichen Urtypus, konkretisiert sich das Göttliche in der Erfahrung von Macht. Sie manifestiert sich stofflich (etwa bei Samson in den Haaren, in Reliquien, heiligen Tieren und Pflanzen). Während in den verschiedenen Erscheinungsformen des Volksglaubens Magie die Verbindung zur göttlichen Macht herstellt (Pantheismus), bewirkt auf einer intellektuellen Ebene die Mystik Ähnliches. Das Göttliche wird frei von stofflicher Bindung erfasst, d.h. als rein geistiges, absolutes Sein (Monismus). Der Animismus wiederum, für den phänomenologisch der Glaube an Geister, Ahnen und Dämonen charakteristisch ist, begreift alles Reale (z.B. Berg und Gebirge; Baum und Wald; Fluss, See und Meer; Haus, Dorf und Stadt) als Wohnstatt von Geistern. Während die stofflich gebundene göttliche Macht im Dynamismus ungerichtet wirkt, begreift der Animist diese zwar als dämonisch – und damit als unberechenbar, aber gleichwohl als auf den Gläubigen bezogen: eine individuelle Beziehung zwischen dem Einzelnen und dem Göttlichen begründend (Ich/Du-Relation).

Im Mittelpunkt der theistischen Religionen steht der Glaube an Gott bzw. an Götter. Die Gläubigen empfinden die göttliche Macht nicht als dämonisch, sondern als rational und prinzipiell berechenbar. Dank dieser konstruktiven Vorstellung vom Göttlichen unterlagen menschliche Existenz und (Um-)Welt nicht mehr dem Chaos. Damit war eine wichtige Voraussetzung für ein rationales Selbst- und Weltbild und letztlich für das Entstehen der modernen Leistungsgesellschaft geschaffen.

Fordernde vs. schenkende Religionen: Fordernde Religionen, wie das Judentum und der Islam, sind Gesetzesreligionen. Ihre Gottheit hat seinen Willen schriftlich fixiert, bspw. in Gesetzen, denen Folge zu leisten ist. Entscheidend für den nur unter den Volksreligionen anzutreffenden Typus der schenkenden Religion ist die Idee der Gnade. Sie ist ein Geschenk Gottes und kann, auf dem Weg zum Heil, nicht durch Rechtschaffenheit, Gesetzestreue etc. individuell erworben werden (d.h. durch Orthopraxie). Ohne Grund und Begründung wird das Einssein mit der Heilandsgottheit gnadenweise geschenkt.

Offenbarungsreligionen: Das Judentum zählt zu jenen Religionen, welche die „vier Verborgenheiten" Gottes aufheben. Ihrer Lehre zufolge erschließt sich dem Gläubigen das Sein der Gottheit, welches dem Nichtgläubigen verborgen ist, durch religiöse Erfahrung. Offenbart werden weiterhin der Sinn göttlichen Wirkens, das zu respektierende Geheimnis des Wesens der Gottheit und das göttliche Wollen. In Naturreligionen offenbart sich das Göttliche in Naturphänomenen (bspw. Gewitter, Dürre), in Kulturreligionen in Weisungen, die teils verbal und in Buchreligionen schriftlich überliefert sind.

In den Kulturreligionen der Griechen und Germanen hoben Wahrsagungen die Verborgenheit des individuellen und kollektiven menschlichen irdischen Schicksals auf. Die Offenbarungsreligionen überwinden die Verborgenheit des Göttlichen, indem sie dem Gläubigen den „Weg zum Heil" verkünden (nicht des irdischen, sondern des jenseitigen Heils). Aus dieser Heilsgewissheit erwächst der Glaube an das eigene Auserwähltsein.
- „O selig sind wir, Israel; denn Jahve hat uns seinen Willen offenbart" (Baruch 4,4).
- Buddha wurden in der Nacht der Erleuchtung vier heilige Wahrheiten offenbart, welche den Weg des Heils weisen.
- Im Christentum offenbart sich Gott in Gestalt Jesu Christi als suchender Heiland-Gott, welcher der Menschenwelt den Weg zum verlorenen Heil weist und sein Leben als „heilstiftendes Geschenk" gibt.

Anders als in der schenkenden christlichen Religion offenbart sich im Koran Allahs Willen als von den Gläubigen unbedingt zu erfüllende Forderungen.

Mystiker, wie die jüdischen Chassidim, der christliche Meister Eckhart oder die islamischen Sufis, streben nicht nach kollektiver, d.h. allen zugänglicher Offenbarung. Ihrer Auffassung zufolge sind Offenbarungen nur individuell erfahrbar, in der „Tiefe des Selbst" (bzw. der Seele), als Erleuchtung.

Gewachsene vs. gestiftete Religionen: Der Ursprung gewachsener Religionen wie Animismus oder Dynamismus liegt im Dunkel der Vorzeit. Anders als bei den gestifteten

Religionen können Begegnung mit und Erleben der Macht (d.h. dem Göttlichen) nicht mehr einzelnen Personen zugeschrieben werden, sondern verlieren sich im kollektiven Bewusstsein. Die namentlich und als historische Gestalt bekannten Religionsstifter hingegen verkünden spirituelle Erfahrungen von besonderer Tiefe und Einmaligkeit. Jede gestiftete Religion fußt in einer gewachsenen Religion, welche aber durch ein besonderes Stiftungserlebnis in den Hintergrund gedrängt wurde.

- Jahve offenbarte sich Mose im brennenden Dornbusch als Gott Israels, der unbedingten Gehorsam fordert.
- Mohammed wurde von Allah beauftragt, die Menschen vor dem nahenden Gericht zu warnen.
- Buddha erkannte unter dem Baum der Erleuchtung das Leiden als das Wesen der menschlichen Existenz und Wege, dieses Leid zu überwinden.

Mystische vs. prophetische Religionen: Mystikern ist daran gelegen, die individuelle Beziehung zum Ewigen wiederzugewinnen. Diese Union sei durch die Eitelkeit und Oberflächlichkeit des Irdischen bedroht oder bereits verloren gegangen. In der Ekstase erlebt der Mystiker die in sich ruhende, taten- und absichtslose Gottheit. Ziel ist die Entpersönlichung, das Aufgehen im Göttlichen. In der Unio Mystica wird dieser Zustand des Glücks intensiv erfahren. „Man muss alles lassen, um ganz gelassen zu werden" (Meister Eckehart).

Annihilatio, die Verneinung des Lebenswillens, ist den prophetischen Religionen fremd. Ihr Gott ist weltzugewandt, ein Gott des Willens und der Tat: „Verkauft man nicht zwei Spatzen für ein paar Pfennig? Und doch fällt keiner von ihnen zur Erde ohne den Willen eures Vaters" (Mt. 10, 29f.). Im Einzelnen allerdings unterscheiden sich die Gottesbilder, etwa der fürsorglich-persönliche Gott des Christentums oder Allah, der im Koran zwar als barmherzig und gnädig beschrieben wird, aber den Menschen letztlich fern ist. Mystische Religionen gelten als tolerant, da ihnen fremde Götter lediglich als andere Bezeichnungen bzw. Manifestationen desselben einen Göttlichen erscheinen, und prophetische Religionen als intolerant. Denn sie schließen die Existenz anderer Gottheiten aus bzw. bekämpfen sie. Indem sie die Menschen auffordern, ihren eigenen Weg zur Vereinigung mit Gott zu suchen, sind die mystischen Religionen „asozial". Im Zentrum vieler Reflexionen der prophetischen Religion steht hingegen der „Nächste", der „Mitmensch".

4 Monotheistische Weltreligionen

Im Mittelpunkt der Lehre von Judentum, Christentum und Islam steht der eine Gott (Monotheismus: griech. = **ein Gott**). So heißt es bei Matthäus: „Niemand kann zwei Herren dienen." (Mt. 6, 24f.). Das Aufkommen des Monotheismus markierte eine **weltpolitische Zäsur**:

> Die Erzählung im Alten Testament vom Auszug der Israeliten aus Ägypten war ein spektakulärer Angriff auf die Herrschaftsreligionen der antiken Sklavenhaltergesellschaften. Im Namen des einen, unsichtbaren Gottes befreiten sich die Kinder Israels unter der Führung des Propheten Mose von der Vielgötterei der alten Reiche und der Willkür mythischer Mächte. Sie verlangten nach unbedingter Gerechtigkeit, denn vor Gott waren alle Menschen gleich. (...) Vor zweieinhalbtausend Jahren schenkte das Judentum der Welt den Universalismus,[19] denn im Gegensatz zu den archaischen Sakralreligionen stand sein Gott nicht aufseiten der Herren, sondern auf jener der Sklaven. Er war nicht mit den Tätern, sondern bei den Opfern. (...) Der Katalog der Menschenrechte, die Gründungsimpulse demokratischer Verfassungen und auch die Vorstellung einer umfassenden Solidarität zehren bis heute vom Geist jener Geschichten, von der jüdischen Idee der Gerechtigkeit bis hin zur christlichen Liebesethik (Assheuer 2021, S. 69).

Allerdings geht der Glaube an den einen, den einzigen Gott[20] häufig mit der Überzeugung einher, dass andere Götter nicht gleichwertig sein können. Deshalb ist monotheistischen Religionen **religiöser Chauvinismus** nicht fremd (vgl. Grigg/Sharpe 2011). Diesem Selbstverständnis zufolge ist es richtig, andere Religionen – und deren Anhänger – abzulehnen und notfalls auch in einem Heiligen Krieg zu bekämpfen (z. B. Dschihad, Kreuzzug).

4.1 Gemeinsamkeiten und Unterschiede

Wie eng die monotheistischen Religionen miteinander verbunden sind, wird deutlich, wenn man das **jüdische Glaubensbekenntnis** („Höre, Israel! Jahwe, unser Gott, Jahwe ist einzig"; Dtn. 6, 4) mit der „Schahada", dem **islamischen Bekenntnis** zu Allah, vergleicht: „Es gibt keinen Gott außer Gott." Und im Matthäusevangelium heißt es: „Niemand kann zwei Herren dienen." (Mt. 6, 24 f.). Allerdings bestehen jenseits des gemeinsamen Eingottglaubens tiefgreifende Unterschiede zwischen diesen Prophezeiungs- bzw. Offenbarungsreligionen, etwa beim **Gottesbild**. Hier Allah, fern und transzendent, dort der dreifaltige Gott mit Jesus Christus, in einem Stall geboren und von Menschen gekreuzigt. Der **Missionierungsauftrag** wiederum eint zwar Christen und Muslime, trennt sie aber von den Juden, die Anders- und Nichtgläubige nicht bekehren sollen. Vorläufer des Eingottglaubens ist, zu Zeiten von Pharao Echnaton, Aton, der ägyptische Sonnengott.

Von polytheistischen Religionen unterscheiden sich monotheistische Religionen nicht nur durch ihr Glaubensbekenntnis und ihr Gottesbild, sondern auch durch ihr **Menschenbild** (vgl. Tab. 15).

Tab. 15: Menschenbilder ausgewählter Religionen (Quelle: eigene Zusammenstellung).

Christentum	Der Mensch besitzt seine unveräußerliche Menschenwürde, da Gott ihn nach seinem Ebenbild geschaffen hat. Da er im Zustand der Erbsünde lebt, ist der Mensch Gott verpflichtet. Der Weg des Heils ist ein Leben in der Nachfolge Christi. Der Mensch soll vergeben, weil Gott den Menschen vergeben hat.
Islam	Der Mensch ist Geschöpf Gottes und dessen Willen vollkommen unterworfen. Wer sich unterwirft, wird von Gott rechtgeleitet. Der individuelle Lebensweg ist im Lebensbuch vorgezeichnet.
Hinduismus	Im Kreislauf der Wiedergeburten hat der Mensch seine Pflichten innerhalb einer hierarchischen, dem Kastensystem unterworfenen Gesellschaft zu erfüllen.
Shintoismus	Der Mensch ist grundsätzlich und von Natur aus gut.

Religionsspezifisch ist auch das **Weltbild,** welches sich u.a. in der jeweiligen Art der **Zeitwahrnehmung** manifestiert. Während Anhänger der polytheistischen Religionen davon ausgehen, dass Vergangenheit, Gegenwart und Zukunft zyklisch verlaufen (d.h. sich unendlich wiederholen), hat sich unter dem Einfluss der monotheistischen Religionen das lineare Zeitverständnis entwickelt. Die Schöpfungsgeschichte, die mit der Erschaffung der Welt durch Gott beginnt und mit dem Jüngsten Gericht[21] endet, fixiert Anfang und Ende der Welt – und damit der Zeit. Die darauf zurückzuführende lineare Zeitauffassung ist u.a. für die Einstellung zur Zukunft bedeutsam: bspw. Furcht vor oder Vertrauen in die Zukunft oder Überzeugung, dass diese vom Einzelnen prinzipiell gestaltbar (Voluntarismus) bzw. nicht gestaltbar ist (Determinismus). Das voluntaristische Weltbild hat sich vor allem in protestantisch geprägten Gesellschaften durchgesetzt und deren Entwicklung zu Leistungsgesellschaften gefördert (vgl. C-2.9).

Nur im Vergleich mit den polytheistischen Religionen erscheinen die monotheistischen Religionen als eine einheitliche Kategorie. Bei näherer Betrachtung erkennt man jedoch auch grundlegende Unterschiede, bspw. zwischen **Gesetzes-** und schenkender **Religion** (vgl. Tab. 16).

Tab. 16: Unterschiede zwischen den monotheistischen Religionen (Quelle: eigens Zusammenstellung).

Typus	Gesetzesreligion	schenkende Religion
Gottesbild	fordernder Gott	verzeihender Gott
Weg zum Heil	Orthopraxie (d.h. Gesetzestreue, Rechtschaffenheit)	Gottes Gnade
Vertreter	Islam, Judentum	Christentum

4.2 Judentum

Die Thora, die Heilige Schrift der Juden, kann mit der Schöpfungsgeschichte, der Beschreibung der Sintflut und des Bündnisses Gottes mit dem Volk Israel sowie dem Jüngsten Gericht als eine Mythologie der **Menschheitsgeschichte** gelesen werden.

Geschichte

Gestiftet durch Mose, aus dem Stamm Juda, nach dessen **Offenbarungserlebnis** am Berg Horeb auf der Halbinsel Sinai, entstand das Judentum als älteste der monotheistischen Religionen ca. 1250 v. Chr. in Kanaan. Nach der endgültigen Zerstörung Jerusalems und des Tempels (70 n. Chr.) lebten die Juden fast zwei Jahrtausende lang in der **Diaspora**, anfänglich zumeist in Europa, später auch in Nordamerika. Innerhalb Europas war zunächst Spanien ihr geistiges Zentrum. Im Zuge der Reconquista im Jahre 1492 verlagerte sich der Schwerpunkt dann nach Osteuropa, insb. nach Polen.

In der Balfour-Deklaration von 1917 setzte sich die britische Regierung für den **Zionismus** ein und sagte zu, in **Palästina**, das der Völkerbund 1920 zum Mandatsgebiet Großbritanniens bestimmt hatte, den Aufbau einer „natürlichen Heimstätte der Juden" zu unterstützen. Starken Zulauf und nahezu weltweite Unterstützung erhielt die zionistische Bewegung nach dem Holocaust, als während des nationalsozialistischen Terrors ein Drittel des jüdischen Volkes vernichtet wurde.

Die **Gründung Israels** im Jahre 1948 stellte die Einheit von Nation und Religion wieder her. Heute lassen sich **vier Hauptströmungen** unterscheiden: orthodoxes, liberales und konservatives Judentum sowie Rekonstruktionismus.

Grundzüge der Lehre

Identitätsstiftend für das Judentum ist der Glaube an **Jahwe**: der „ICH BIN DA". Als Schöpfer der Welt hat er sich dem Menschen offenbart und in Gestalt Abrahams das Volk Israel erwählt: dazu bestimmt, den rechtmäßigen Glauben in der Welt zu bekennen. Äußeres Zeichen des Abraham-Bundes ist die Beschneidung. Religiösen Rang besitzt in dieser Offenbarungsreligion die Thora. Halacha, die **schriftliche Thora**, besteht aus den Fünf Büchern Mose:
- Genesis („Entstehung der Welt"),
- Exodus („Auszug der Israeliten aus Ägypten"),
- Levitikus („Verkündigung der Lebensordnung Israels"),
- Numeri („Leben des Volkes Israel in der Wüste"),
- Deuteronomium („Abschiedsreden von Mose und Vorbereitung auf die Eroberung des verheißenen Landes").

Die Mischna genannte **mündliche Thora** enthält die Offenbarungen, die Mose am Berg Sinai von Gott mündlich erhalten hat und die anfänglich mündlich von Generation zu

Generation weitergegeben wurden. Im zweiten Jhd. n.Chr. wurden diese Überlieferungen dann schriftlich niedergelegt. Die Mischna ist Kernstück des Talmuds, der zweitwichtigsten Bekenntnisschrift des Judentums, und dient der Auslegung bzw. Interpretation der Thora.

Heilige Stätte ist die Klagemauer am Tempelberg in Jerusalem. **Kultstätten** sind der Tempel, die Synagogen sowie die Wohnungen und Häuser der Gläubigen. Im **Sch'ma Israel**, dem Glaubensbekenntnis der Juden, heißt es: „Höre Israel! Jahwe, unser Gott, Jahwe ist einzig. Darum sollst du den Herrn deinen Gott lieben mit ganzem Herzen, mit ganzer Seele und mit ganzer Kraft! (Dtn 6, 4f.)". Der **Davidstern** ist das neuzeitliche Symbol des jüdischen Volkes, ein Hexagramm, zusammengesetzt aus drei ineinander verschlungenen Dreiecken, was die Verbundenheit der Juden mit Gott symbolisiert. Die drei Ecken ...
- des oberen Dreiecks erinnern an Gottes Schöpfung, seine Offenbarung und Erlösung,
- des unteren Dreiecks symbolisieren des Menschen Vergangenheit, in der die Schöpfung stattfand, Gegenwart, in der Gott sich offenbart, und Zukunft, in der Gott ihn von seiner Schuld erlösen wird.

Der jüdische Glaube ist wesentlich weniger dogmatisch und weit mehr auslegungsbedürftig als der des Christentums und des Islams. Angeblich hat die Praxis der kontroversen Auslegung des Talmud im täglichen Leben der Juden eine intensive Diskussionskultur gefördert.

Gleichwohl finden sich in den heiligen Schriften Hinweise auf **Orthodoxie** (Rechtgläubigkeit, etwa das Bekenntnis zu Jahwe) und **Orthopraxie**: Aufgaben, wie Gottes Willen, so wie er Mose offenbart wurde, zu erfüllen, den Gläubigen die kommende Herrschaft Gottes zu verkünden und den Inhalt der Offenbarung „rein" zu bewahren. Dies alles verpflichtete das „erwählte Volk" zu religiöser und sozialer Solidarität und verschwor es zu einer Schicksalsgemeinschaft, vertieft und symbolisiert durch zahlreiche ...
- konkrete Verhaltensvorschriften, etwa das Morgengebet betreffend oder das Verbot unjüdischer Führung (z.B. Aberglauben, Götzendienst, Entfernen der Ecken des Haupthaares und des Bartes) oder Vorschriften für das Geschäftsleben (z.B. Gewähren und Erlass von Darlehen),
- Bräuche (z.B. Feier des Sabbats oder des Laubhüttenfestes) und
- rituelle Gebote (z.B. Hygienevorschriften oder die Art der Zubereitung koscherer Speisen).

Maßgeblich aber ist das Gebot der **Nächstenliebe**. Ohne Ansehen der Volkszugehörigkeit oder der Abstammung gelten alle Menschen als eigenständige Persönlichkeiten und gleichwertig. Die Gläubigen sollen nicht nur zahlreiche Verhaltensvorschriften befolgen, sondern auch Arme und Waisen, Begräbnis-Bruderschaften, Frauenverbände etc. unterstützen. Zusammen mit den über den Tag verteilten Gebeten dient Wohltätigkeit dem Ziel, das Leben zu heiligen. Auch die Ideen der **Menschenwürde** und der **Men-**

schenrechte haben hier ihren Ursprung und nicht, wie häufig behauptet wird, im Christentum.

> Die Idee der Humanitas stammt aus der Stoa, und die Figur des aufrechten Ganges des Menschen vor Gott ist ein jüdisches Erbe, das das paulinische Christentum korrumpiert und verschleudert hat. Der fromme Jude spricht sich selbstverständlich die prinzipielle Fähigkeit zu, gerecht, d. h. dem göttlichen Gesetz gemäß zu leben. Er kennt keine Erbsünde, sondern nur die Sünden, die er selbst begangen hat. Diese jüdische Überzeugung trifft der ganze Hass und die ganze Verachtung des Neuen Testaments; Paulus zufolge gibt es vor Gott keine Gerechten, und die, die sich dafür halten, sind Pharisäer – ein Schimpfwort bis heute (Schnädelbach 2000, S. 41).

Das Rabbinat, die religiöse Autorität des Judentums sowie der im Talmud begründeten Rechtstradition, hat sich nicht um einen logischen Aufbau der jüdischen Religionslehre bemüht. Anstatt die **jüdische Theologie** zu systematisieren, war es ihnen wichtig, Bräuche zu entwickeln und einen Kodex religiöser Handlungen festzulegen, welche nicht nur das religiöse Leben, sondern auch das gesellschaftliche Leben regeln. Das Interesse der großen Rabbiner galt nicht theologischen und moralischen Begriffen bzw. Theorien, d. h. gedanklichen Konstrukten, sondern den daraus abgeleiteten Taten. Im Mittelpunkt standen die Minjan Ha-Mitzwot, die 613 **religiösen Pflichten**, welche die Thora den Juden auferlegt. So haben orthodoxe Jude sich zu mäßigen. Sie dürfen nur solche Dinge verlangen, ohne die sie nicht überleben können. Weitere Verhaltensvorschriften besagen, dass Rechtgläubige koscher essen, den Sabbat halten und die Synagoge besuchen sollen. Männer müssen mehr Mizwot befolgen als Frauen.

Ziel ist es, diese zu jeder Zeit richtig anzuwenden. Im Gegensatz zu den von Rabbinern formulierten Mitzwot, die unter bestimmten Bedingungen von dazu befugten Gelehrten modifiziert werden können, sind die göttlichen Mitzwot unveränderlich. Davon abzugrenzen sind die Minhag: weniger verbindliche, z. B. regionale Bräuche.

4.3 Christentum

Christen betrachten Jesus von Nazareth als Gottes Sohn und Messias, den Gott dem auserwählten Volk im Alten Testament als Retter versprochen hat. Häufig wird er auch als Jesus Christus bezeichnet. **Jesus** bedeutet „Gott rettet". Und **Christus** leitet sich vom Griechischen „Christos" ab: der Gesalbte, wie Messias auch genannt wurde.

Geschichte
Die Schriften, die später in Abgrenzung vom **Alten Testament**, der „jüdischen Bibel", als **Neues Testament** klassifiziert wurden, lagen um das Jahr 140 n. Chr. vor. Als erstes der vier Evangelien entstand das Markusevangelium, vermutlich um 70 n. Chr. Am weitesten zurück reichen die Paulus-Briefe, die vermutlich um 50 n. Chr. geschrieben wurden. Sie sind Teil der 27 Schriften, die Athanasius, Patriarch von Alexandria, 367 n. Chr. als in

Einklang mit der Lehre von der Menschwerdung Gottes stehend kanonisiert hat und bis heute das Neue Testament bilden.

Als organisatorischer Gründer des Christentums gilt **Paulus von Tarsus**, der in den Jahren 47–56 n. Chr. mit seinen Reisen und Briefen einen entscheidenden Beitrag zu Formulierung und Erhalt der christlichen Lehre geleistet hat. Letztlich ebnete er der anfänglich kleinen jüdischen Sekte den Weg zur Weltreligion. Zu einer ersten dauerhaften **Kirchenspaltung** kam es 1054, anlässlich der Christianisierung der romanischen und der slawischen Völker. Damals wichen die Überzeugungen und Auffassungen, vor allem in Bezug auf die Oberhoheit des Bischofs von Rom (des Papstes), immer mehr voneinander ab, was zur Trennung der West- von der Ostkirche führte, der orthodoxen Kirche. Als Folge weiterer Schismen hat sich eine Vielzahl christlicher Konfessionen mit teilweise bedeutsamen Unterschieden entwickelt – allen voran die römisch-katholische, die orthodoxe, die altkatholische, die anglikanische und die protestantischen bzw. evangelischen Kirche(n) sowie die Pfingstbewegungen (vgl. Schjørring/Hjelm 2017).

Grundzüge der Lehre
Die Gesamtheit der Konfessionen bzw. kirchlichen Gemeinschaften, die sich auf Jesus von Nazareth berufen, wird in der Alltagssprache als Christentum bezeichnet. Den Christen gemeinsam ist die Vorstellung eines **persönlichen Gottes**. Hinzu kommt das Bewusstsein, eine Gemeinschaft zu bilden, zu der sich die Gläubigen durch die Taufe bekennen.

Die fundamentalen Aussagen des Christentums sind im Apostolischen Glaubensbekenntnis formuliert. In dessen Mittelpunkt steht der Glaube an den einzigen, aber **dreifaltigen Gott**, der sich offenbart in Gottvater, dem Schöpfer, in Gottes Sohn, dem Mittler und Erlöser der Menschheit, und dem Heiligen Geist, der Kraft Gottes. Christen sollen sich zu dem einen Gott bekennen. „Du sollst den Herrn, deinen Gott, lieben aus deinem ganzen Herzen, aus deiner ganzen Seele, aus einem ganzen Denken und aus deiner ganzen Kraft." (Mt. 12, 30)

Neuartig am Christentum war neben der Vorstellung des dreieinigen Gottes der Glaube an die **Menschwerdung Gottes** in Gestalt von Jesus Christus, der durch seinen Tod am Kreuz und seine Auferstehung von den Toten die Menschen von der Erbsünde erlöst hat. Auch habe durch ihn, den Messias, das im Alten Testament verheißene Reich Gottes begonnen. Das Christentum versteht sich als Religion der **Liebe**: der Gottesliebe (Liebe des Menschen zu Gott) und der Nächstenliebe, der vor allem tätigen und nicht ausschließlich emotionalen Liebe zum Mitmenschen. Es gab der Vergebung und Versöhnung Vorrang gegenüber dem Rachebedürfnis und leistete damit einen wichtigen Beitrag zu einer humanistischen Menschheitsgeschichte. Christen sollen vergeben, weil Gott den Menschen vergeben hat, dass sie seinen Sohn getötet haben.[22]

Im Laufe der Jahrhunderte wurde das Christentum zu einer zunehmend hierarchisch erstarrten Institution, deren **Fehlentwicklungen** (z. B. Machtpolitik des Papstes) und **Missstände** (z. B. Ablasshandel) immer wieder Reformbewegungen den Boden bereiteten, welche eine Rückkehr zur ursprünglichen Lehre anstrebten. Am bekanntesten wurde M. Luther, dessen 95 Thesen 1517 den Anstoß zur **Reformation** gaben. Eine Schlüsselrolle spielte dabei die Streitschrift „An den christlichen Adel deutscher Nation, von des christlichen Standes Besserung". Sie begründete 1520 die in den Thesen veröffentlichten Vorwürfe gegen die (katholische) Kirche theologisch. Aus der institutionellen, primär am Selbsterhalt interessierten Sicht dieser streng hierarchisch strukturierten Institution war besonders gefährlich, dass M. Luther darin die Unfehlbarkeit von Papst und Konzil bestritt. Jeder einzelne Gläubige sei im Stand des Priestertums. Und Gott spreche direkt durch die Bibel, jeder könne im Gebet frei zu Gott sprechen, ohne Vermittler (wie Kirche, Sakramente, Priester oder Heilige). Während die katholische Kirche sieben Sakramente kennt (Taufe, Eucharistie, Firmung, Beichte, Priesterweihe, Krankensalbung, Ehe), sind es bei der evangelischen Kirche nur zwei: Taufe und Abendmahl.

Unter dem geistigen Einfluss von M. Luther, U. Zwingli und J. Calvin sagten sich im 16. und 17. Jhd. die protestantische sowie die evangelische Kirche von der Westkirche los. Unvermeidbar wurde diese Trennung aufgrund der ...
- **Rechtfertigungslehre**, welche für die protestantische Kirche maßgeblich ist. Demnach belohnt Gott nicht die guten Werke, sondern erlöst aus Gnade jene Menschen, welche zwar sündigen, aber dennoch glauben.
- **Prädestinationslehre** (reformierte Kirchen): Jeder Einzelne sei erwählt. Stärker noch als M. Luther betonte J. Calvin, dass es dem Menschen nicht möglich sei, durch sein individuelles Tun und Lassen sein jenseitiges spirituelles Schicksal zu beeinflussen. Es sei Gott, der in seiner absoluten Souveränität den Menschen auserwählt.

Weitere theologische Leitideen des Calvinismus sind die Ehre Gottes die Einzigartigkeit von Jesus Christus sowie das Wort Gottes als ausschließliches Kriterium von Wahrheit und Gerechtigkeit. J. Calvin reformierte die Kirchen großer Teile Westeuropas (Frankreich, Niederlande, Schottland) und Osteuropas (z.B. Ungarn).

Organisatorisch ist die protestantische Kirche weitaus **demokratischer** verfasst als die katholische Kirche. Während Letztere mit dem Papst ein weltweites Oberhaupt besitzt und die vatikanische Bürokratie (insb. die Kongregation für die Glaubenslehre) über die Rechtgläubigkeit wacht, haben in den reformierten Kirchen örtliche Synoden (Kirchenparlamente) und einzelne Gläubige wesentliche Mitspracherechte.

4.4 Islam

Das Gottes- und Menschenbild des Koran offenbart ein Verständnis von der Beziehung zwischen **Gott** und den **Menschen**, das an das Verhältnis zwischen einem übermächtigen Vater und einem unmündigen Kind erinnert. Demzufolge ist Allah einzig, erhaben, allwissend, barmherzig, rachsüchtig und strafend zugleich. Sein Wesen bleibt den Menschen auf ewig verborgen. Die Gläubigen sind ergebene Diener Gottes.

Geschichte
Der Islam (arab. = sich Gottes Willen unterwerfen) ist die jüngste der drei monotheistischen Weltreligionen. Hedschra, die **islamische Zeitrechnung**, beginnt 622 n. Chr., als der Prophet Mohammed von Mekka nach Medina emigrierte. Seine Lehre verbreitete sich, weil sie die Gefühls- und Glaubenswelt der Araber und Beduinen, deren Lebensweise, Stammesbewusstsein und Traditionen sowie die Tugenden der Vorfahren achtete. Wie andere Religionsstifter respektierte auch Muhamad (= der Gepriesene) aus taktischen Gründen die bestehenden (heidnischen) Bräuche und Traditionen, u. a. die Ka'ba, das schwarze quaderförmige „Haus Gottes" im Innenhof der Heiligen Moschee in Mekka, das höchste Heiligtum des Islam (vgl. Ayoub 2013). Förderlich war zudem, dass sich damals die traditionelle Stammesgesellschaft zunehmend auflöste und die in den Wüstengebieten Arabiens nomadisierenden Beduinen in dem neuen Glauben ihre Identität (wieder-)fanden.

Der Islam dehnte sich rasch über den gesamten arabischen Raum aus. Die Kalifen, die Nachfolger Mohammeds, unterwarfen innerhalb weniger Jahrzehnte den Vorderen Orient und eroberten im 8. Jhd. große Teile Spaniens; im 10. Jhd. folgte die **Islamisierung** der Türkei und im 11. Jhd. die Indiens. Während des Osmanischen Reichs fasste der Islam auch in Teilen Europas Fuß, im 16. Jhd. in Indonesien und im 20. Jhd. zunehmend auf dem afrikanischen Kontinent. Mittlerweile ist er im Vorderen Orient, in Nordafrika, in Pakistan, im Irak und Iran sowie in Indonesien dominant. Starke muslimische Gemeinschaften haben sich weiterhin in Albanien, Bosnien-Herzegowina, Zentralasien, aber auch in Indien, China und auf den Philippinen gebildet. In den meisten Ländern, in denen die muslimische Bevölkerung überwiegt, ist der Islam Staatsreligion.

Der Islam wächst, gemessen an der Zahl der Gläubigen, schneller als andere Religionen: von 2010 bis 2050 voraussichtlich um 73 % (vgl. Pew Research Center 2015). Bemerkenswert ist auch der große Nachdruck, mit dem er nicht nur das religiöse, sondern auch das sozioökonomische Leben in den überwiegend muslimischen Ländern formt (vgl. Richardson/Ariffin 2019, S. 280).

Auch innerhalb des Islams sind verschiedene Strömungen entstanden: ca. 90 % aller Muslime sind **Sunniten**, ca. 10 % **Schiiten** sowie **Charidschiten** (= Anhänger der ältesten islamischen Sekte, die heute noch in Nordafrika und Oman aktiv ist). Als Anhänger der Partei des 4. Kalifen Ali Ibn Abi Talib erkennen die Schiiten nur dessen Nachkommen als rechtmäßige Imame an (Schia: arab. = Partei). Im Iran und im Irak stellen sie die Bevölkerungsmehrheit, zerfallen aber in mehrere Richtungen (z. B. Ismailiten, Zaiditen, Imamiten). Die **Aleviten** praktizieren einen vergleichsweise moderaten und toleranten Islam schiitischer Prägung.

Die beiden Hauptbekenntnisse unterscheiden sich vor allem darin, wie sie die Schari'a anwenden. Während Sunniten ausschließlich auf der Basis von Koran und Sunna Recht sprechen, ziehen Schiiten dazu auch das Urteil kompetenter Muslime heran. Die **Wahhabiten**, eine radikal-konservative Strömung innerhalb der Sunniten, legt die beiden heiligen Schriften wörtlich aus und verbietet, diese zu interpretieren (vgl.

Blanchard 2008). Ihr religiöser und weltlicher Führer ist der König Saudi-Arabiens, weshalb die „Saudis" als die konservativsten Muslime gelten.

Grundzüge der Lehre
Der Islam versteht sich als seinem Wesen nach feminin, als **Religion der Barmherzigkeit**. Barmherzig wollte auch Gott sein, wenn er am Jüngsten Tag richtet. Allerdings steht dieses Selbstverständnis im Widerspruch zur Gottesfurcht, die der Koran fordert. „Gläubige! (...) fürchtet Gott! (...) Haben die Menschen denn nicht gesehen, wie viele Generationen wir vor ihnen haben zugrunde gehen lassen? (...) Die Ungläubigen werden Brennstoff des Höllenfeuers sein."

Anders als die katholische Kirche ist der Islam nicht hierarchisch organisiert, sondern vorrangig eine Gesetzesreligion mit einer Vielzahl konkreter **Verhaltensregeln**. Islamische Rechtsgelehrte haben anhand der primären und sekundären Rechtsquellen die **Schari'a,** eine umfassende religiöse Pflichtenlehre entwickelt (vgl. Rohe 2022).
- **Primäre Rechtsquellen** sind der Koran, die Sunna (= Brauch, übliche Handlungsweise) und der Konsens der islamischen Rechtsgelehrten.
- **Sekundäre Rechtsquellen** sind das Prinzip des Analogieschlusses (aktuelle Rechtsprobleme sollen analog zu Präzedenzfällen in den primären Rechtsquellen behandelt werden) und das Prinzip der eigenständigen Rechtsfindung durch Rechtsgelehrte (vgl. Leipold 2022, S. 735).

Der **Koran**, das „oft zu Lesende", ist eine Sammlung von 114 Suren, den Predigten Mohammeds, die Gott ihm offenbart hat. Als authentisches Wort Gottes gebührt dieser Schrift die höchste Autorität. Die **Sunna** beschreibt, basierend auf verschiedenen Berichten, den Hadithen, die – vorbildliche – Lebensweise des Propheten Mohammed. Als Summe der „gottgeleiteten Anweisungen" ist die Sunna „für die islamische Wirtschaftsethik ergiebig, weil sie auch die Erfahrungen des Propheten in seiner Rolle als Karawanenhändler und als Gemeindeführer in Medina umfassen" (Leipold 2022, S. 735).

Hinzu kommen zahlreiche **Verhaltensregeln**, deren Ursprung nicht immer nachvollziehbar ist. Wenn es etwa im Koran heißt, Frauen sollten sich einen Schal über den weiten Ausschnitt legen, dann hat das wenig mit der heutigen Auslegung zu tun (Kopftuch, bis hin zur Vermummung). Unklar ist auch der Ursprung des Verbots, mit der linken Hand, der Hand des Teufels, zu essen. Relevant, d.h. für alle verbindlich, wurden diese rigiden Verhaltensregeln ab dem 12. Jhd., als sich die dogmatische Schule durchsetzte.

Beide heiligen Schriften sind nach wie vor die primären Quellen des islamischen Rechtssystems. Folglich liegen den noch heute maßgeblichen Präzedenzfällen Ereignisse zugrunde, die sich zu Zeiten des Religionsstifters zugetragen haben. **Idjma,** der Konsens der islamischen Rechtsgelehrten, ist die dritte Quelle des Fiqh, des islamischen Rechtswesens.

1928, ein Vierteljahrhundert nach Veröffentlichung der ersten **reformorientierten Korankommentare** von M. Abduh und R. Rida, gründete H. al-Banna, ein ägyptischer Lehrer, eine Gegenbewegung, die Muslimbrüderschaft. Damit begann die Geschichte des modernen **islamischen Fundamentalismus**. In dem Maße, wie im weiteren Verlauf die Schari'a dogmatisch ausgelegt wurde, etwa durch Salafisten, machte sich der Islam einen totalitären Anspruch zu eigen, konträr zu den Vorstellungen von Freiheit, Demokratie, Pluralismus und Rechtstaatlichkeit westlicher Prägung. Dass fundamentalistische Strömungen zur Dogmatisierung tendieren, ist indessen kein Spezifikum des Islam, sondern lässt sich auch bei anderen Religionsgemeinschaften beobachten, etwa beim Hindu-Nationalismus (Hindutva).

Aus der Schari'a ergeben sich die **fünf Grundpflichten**, welche jeder Muslim zu erfüllen hat. Als die „fünf Säulen des Islam" weisen sie den Weg der Erlösung (d. h. ins Jenseits), sollen aber auch schon im Diesseits die Gleichheit, Zusammengehörigkeit und Solidarität aller Gläubigen gewährleisten.

- **Shahada**: Wer das Glaubensbekenntnis („Es gibt keinen Gott außer Allah, und Mohammed ist der Gesandte Gottes") bewusst vor anderen ablegt, dokumentiert seine Zugehörigkeit zur islamischen Glaubensgemeinschaft.
- **Salat**: Das rituelle Pflichtgebet wird fünfmal täglich zu festgelegten Tageszeiten und in bestimmter Körperhaltung verrichtet. Hinzu kommen freiwillig spontane Gebete.
- **Zakāt**: Wohlhabende tragen Verantwortung für arme Menschen, weshalb es nicht genügt, Almosen zu geben. Vielmehr ist jeder Muslim verpflichtet, den Bedürftigen jährlich 2,5 % seines Vermögens (oberhalb eines steuerfreien Mindestbetrags) und bestimmte Anteile an der Ernte abzugeben. Arme haben Anspruch auf diese Unterstützung, die allerdings nicht mehr direkt geleistet wird, sondern in Form einer Sozial- oder Almosensteuer an den Staat abzuführen ist.
- **Saum**: Während des Ramadan muss jeder gesunde Erwachsene von der Morgendämmerung bis zum Sonnenuntergang auf Nahrungsmittel, Getränke und sonstige Genussmittel verzichten (z. B. Tabak). Das Fasten soll den Gläubigen eine realistische Vorstellung von Hunger und Durst vermitteln und sie einerseits Verzicht sowie Mitgefühl für notleidende Menschen lehren. Andererseits sollen die Fastenden Geduld und Selbstbeherrschung lernen. Das abendliche Fastenbrechen wird häufig gemeinsam mit Nachbarn und Freunden begangen. Der Ramadan selbst findet mit dem Zuckerfest sein Ende.
- **Hadsch**: Jeder Moslem sollte mindestens einmal in seinem Leben nach Mekka pilgern, sofern er dazu gesundheitlich und finanziell in der Lage ist. Da diese Reise (bspw. von Malaysia aus) aber mehr als zwei Drittel des durchschnittlichen Pro-Kopf-Jahreseinkommens kosten kann, bleibt vielen Gläubigen diese Pilgerreise verwehrt. Möglicherweise deshalb gilt die Erfüllung der fünften Pflicht nicht als notwendige Voraussetzung für Erlösung.

5 Erfahrungsreligionen

Neben Hinduismus und Buddhismus zählt auch der Taoismus zu den Erfahrungsreligionen. Wie die Glaubens- bzw. Offenbarungsreligionen (vgl. B-3.2) besitzen auch sie heilige Schriften.[23] Zentral für diese Religionen aber ist die in jedem Menschen angelegte Fähigkeit zur Erleuchtung, zum individuellen Erfahren der Glaubenssätze.

5.1 Hinduismus

Christen und Muslime haben die im Einzugsgebiet des **Indus** lebenden Menschen als Hindus bezeichnet, um sie als Nicht-Christen bzw. Nicht-Muslime auszugrenzen. Für andere ist dieser Begriff ein Relikt des **Kolonialismus**, geprägt von Angestellten der Ostindien-Kompanie. Im Sanskrit oder den anderen in Indien gesprochenen Sprachen hat er keine Entsprechung. Mittlerweile dient Hinduismus als Oberbegriff für die auf dem indischen Subkontinent verbreiteten religiösen Praktiken, philosophischen Traditionen und regionalen Kulte. Inder selbst sprechen von **Sanatana Dharma**: der ewigen Religion (vgl. Central Hindu College 2010).

Geschichte
Der Hinduismus gilt als ältestes Religionssystem der Welt, dessen Vorläufer (Erfahrungs- bzw. Volksreligionen) bis 1800 v.Chr. zurückreichen. Die Anfänge werden auf die Zeit der Upanishaden (etwa 600 v.Chr.) datiert, die Blütezeit auf 300–650 n.Chr. Prägend für den Hinduismus ist die Lehre von **Brahman**, der universellen Weltenseele, und **Atman**, der individuellen Seele, die jedes Lebewesen besitzt, sowie **Karma** und **Wiedergeburt**.

Der Hinduismus entwickelte sich in Auseinandersetzung mit der vedischen Religion der etwa 2000 v.Chr. eingewanderten Arier sowie den Lehren der Upanishaden, dem Buddhismus und dem Jainismus. Eine Vorstufe des Hinduismus war der (spätvedische) Brahamanismus, der vor allem von 800 bis 500 v.Chr. den indischen Subkontinent beeinflusste.

Grundzüge der Lehre
Der Hinduismus ist das Extrembeispiel einer **polytheistischen Religion**. In den verschiedenen Regionen des Subkontinents und sozialen Schichten der Bevölkerung werden die unterschiedlichsten Götter verehrt. Und je nach Lebenssituation ist eine andere Gottheit anzurufen, etwa Ganesha um Hilfe bei der Beseitigung von Hindernissen, Kubera für Reichtum und Indra bei Krieg und Regen.

Der Hinduismus ist keine in sich geschlossene, dogmatisch kodifizierte Lehre, sondern umfasst verschiedene, mitunter sehr heterogene Strömungen, die häufig kaum miteinander vereinbar sind. Die Heilssuche ist eine höchst **individuelle Angelegenheit**, weshalb es manchmal heißt, es gebe so viele Hinduismen wie Hindus.

> Gleichzeitig aber wird keine Puja, keine Zeremonie begangen, ohne das Göttliche anzurufen. Ist das nun Monotheismus oder Pantheismus? Ein bisschen von beidem, sagt der Heidelberger Indologe A. Michaels. Denn das wimmelnde Göttervolk besteht ja, so wird mitunter erklärt, aus vielfältigen Erscheinungsformen des einen großen Allgeistes Brahman. Gott, die Welt und die Menschen sind dabei nicht immer scharf voneinander getrennte Kategorien, erklärt Michaels, sondern das Göttliche, das absolute Brahman, sei dann in allen Dingen. Auch in den Steinen, Flüssen und Bäumen (Strieder 2011, S. 30).

Weder kennt der Hinduismus ein allgemein akzeptiertes religiöses Oberhaupt noch ein verbindliches Glaubensbekenntnis. Es gibt keinen Religionsstifter und kein heiliges Buch, wohl aber die **Shruti**, die gehörte Offenbarung (insb. die Veden). Diese wurde über Jahrhunderte von den Brahmanen, der Priesterschaft, als Geheimlehre gehütet (vgl. Flood/Flood 1996). Die Veden bestehen aus mehreren Büchern:
– Rigveda, eine Sammlung von Hymnen,
– Samaveda, ein Liederkanon,
– Yajurveda und Atharvaveda, eine Sammlung von Mantras und Opfersprüchen.

Obwohl das Wort Veden im Sanskrit Wissen bedeutet, erheben sie, anders als Bibel oder Koran, keinen Wahrheits- bzw. Absolutheitsanspruch.

Die **Smriti** (= „was erinnert wird") sind epische Erzählungen, welche das Leben der Gottheiten beschreiben. Aus ihnen lässt sich Dharma ableiten, das Gesetz des richtigen Handelns. So heißt es in Manu Smriti: „Wohlstand, Verwandtschaft, Alter, Riten und sakrales Lernen sind zu respektierende Elemente, doch das Nachgenannte ist bedeutender als das Vorgenannte" (Manu 2008, Kap. 2, Vers 136).

Der Schlüsselsatz des Hinduismus entstammt einer weiteren zentralen Schrift, der **Bhagavad Gita**, dem Gesang der Erhabenen. Dabei handelt es sich um ein Zwiegespräch in 700 Versen zwischen Krishna, dem Lehrer, und Arjuna, dem Schüler. Dort heißt es: „Es wandeln sich Jugend und Leben, die Schicksalskurve fällt, nur eines steht fest im Kreislauf steten Werdens: das große sittliche Gesetz der Welt."

Die **Silbe Om** verkörpert im Hinduismus das göttliche Prinzip, das, wie der Atem den menschlichen Körper, alles Leben durchströmt. Symbolisiert wird Om durch drei miteinander verbundene Kurven (für die verschiedenen Zustände des menschlichen Bewusstseins: Wachen, Träumen und Tiefschlaf) sowie durch einen angedeuteten Halbkreis und einen Punkt (für das absolute Bewusstsein).

Offensichtliche Unterschiede zwischen den verschiedenen Strömungen des Hinduismus bestehen im Gottesbild und in den Riten. Gemeinsam sind ihnen nur einige sehr allgemeine Grundlagen, die in der Lehre vom **Karma** gebündelt werden:
– Glaube an die Wiedergeburt,
– Lehre von Brahman, dem Allumfassenden,

- Zyklizität der Natur, d.h. ewige Wiederkehr des Gleichen, welche auf den Menschen übertragen wird.

Der Mensch durchläuft demzufolge eine endlose Schleife von Geburt, Tod und Wiedergeburt (Sansara). Askese, Meditation, Yoga sowie Liebe zu den Göttern sind wichtige Mittel, um diesen **leidvollen Kreislauf** zu überwinden. Hindus erlernen diese Techniken in ihrer Jugendzeit, in der Brahmacharya-Phase. Danach bewährt sich ein Hindu im Beruf und erfüllt in der Grihastha-Phase seine weltlichen Pflichten. Im späten Erwachsenenalter begibt man sich dann auf den Weg nach Innen, zum Selbst (Atman). Um erlöst zu werden, gilt es, das **Karma-Gesetz** zu befolgen: „Wer immer Gutes tut, wird gut. Wer immer Schlechtes tut, wird schlecht." Was ein Mensch in seinem jetzigen Leben tut oder unterlässt, beeinflusst seinen Status im nächsten Leben.

Da jeder Mensch auch als Tier wiedergeboren werden kann, lautet das höchste Gebot: Ahimsā: **Gewaltlosigkeit**. Schone alles Lebendige! Aus diesem Grund sind Hindus strenge Vegetarier und „verehren" Rinder – was aber Tieropfer nicht ausschließt. Das Verbot, Lebewesen zu verletzen oder zu töten, ist – wie im Buddhismus – nicht Ausdruck tiefgreifender Naturverbundenheit, wie bisweilen unterstellt wird, sondern soll die individuelle Reifung des Asketen fördern. Erst Mahatma Gandhi hat dieses Verbot sozial- und naturethisch begründet. Allerdings durchzieht die Veden eine Sakralisierung von **Naturkräften** und **Naturelementen** (Flüsse, Berge usw.). Wie in anderen agrarischen Gesellschaften wurden diese Lebensgrundlagen als weibliche Gottheiten aufgefasst und als **Mutter** verehrt. Für deren Gaben sollen Hindus sich dankbar erweisen. Der Mensch verfolgt gemäß der hinduistischen Lehre **vier Lebensziele**:
- Dharma: Erfüllung der Pflichten innerhalb der sozialen Hierarchie,
- Artha: Besitz und materieller Wohlstand,
- Kama: Liebe und sensuelle Erfüllung,
- Moksa: Erlösung und Befreiung von der Welt.

In der Vorstellung der Hindus besteht die Welt ewig. Allerdings ist sie nicht die Wirklichkeit, sondern **Trug** und **Schein**, einem ständigen Prozess des Werdens und Vergehens unterworfen. Prominent unter den zahllosen Göttern ist die Dreiheit ...
- Brahma, der Weltschöpfer,
- Vishnu, der Welterhalter und
- Shiva, der Zerstörer (wodurch erst Neues entstehen kann).

Die beiden Hauptströmungen, **Shivaismus** und **Vishnuismus**, stellen entweder Shiva oder Vishnu an die Spitze der Götterhierarchie. Aus dem Shivaismus ging später der **Shaktismus** mit einem weiblichen Gottesbild hervor: Shakti, Schöpferin und Mutter der Welt.

Für eine gewisse „Einheit in der religiösen Vielfalt" haben die **Brahmanen** gesorgt. Die „ewige Ordnung" des mit deren Priestertum verbundenen **Kastensystems** (vgl. Abb. 9) hat die hinduistisch geprägten Gesellschaften sozioökonomisch erstarren lassen.

Je geringer der soziale Rang einer Klasse bzw. Kaste, desto weniger „rein" ist sie. Als grundlegend „unrein" gelten die Paria, die als Außenseiter in der hinduistischen Gesellschaft keiner Kaste angehören. Etwa 16 % der Inder sind gemäß der letzten Volkszählung Unberührbare. Die vier Kasten werden in etwa 3.000 Untergruppen unterteilt. Daneben gibt es zahlreiche weitere Kasten, die regional begrenzt sind. Die Mehrzahl der Vorschriften und Verhaltensregeln gilt für eine bestimmte Kaste, Region oder religiöse Strömung.

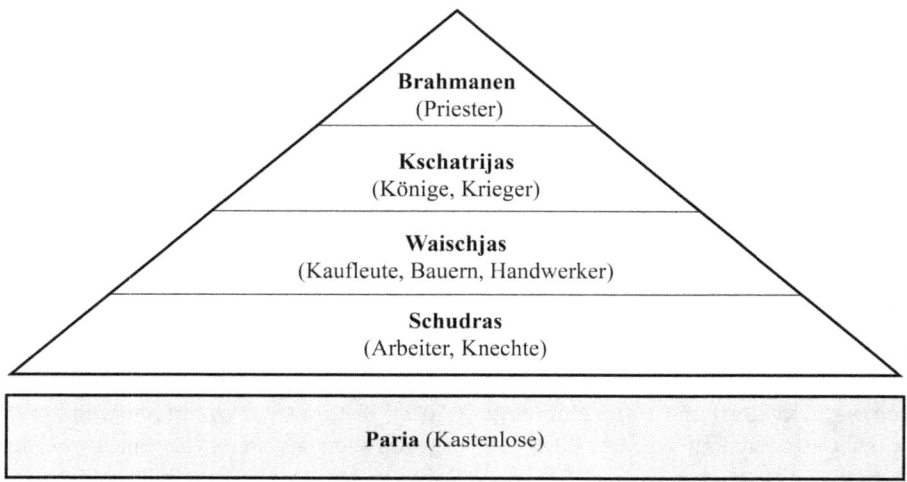

Abb. 9: Gesellschaftsstruktur gemäß der hinduistischen Lehre (Quelle: Kreuser 2002).

Die **Varna** genannten Kasten grenzen die einzelnen Bevölkerungsgruppen primär in einem spirituellen Sinne voneinander ab. Im Alltag sind andere soziale Kategorien bedeutsamer: die **Jatis**. Sie vereinen Angehörige derselben Berufsgruppe. Auch die Zugehörigkeit zu diesen Gemeinschaften ist unveränderlich und durch Geburt bestimmt. Jatis beschränken sich oft auf eine bestimmte Region. Ihre Mitglieder pflegen untereinander enge Beziehungen und heiraten nur untereinander – nach außen grenzen sie sich ab. Seine gesellschaftliche Stellung erlangt ein Jati zwar auch durch Macht und Reichtum, vor allem aber durch den Grad seiner Reinheit. Nur wer rein ist, dessen Gebete werden erhört und dessen Opfergaben haben die gewünschte Wirkung.

Der Kontakt mit Niederrangigen kann zur Verunreinigung führen – die Gläubigen durch aufwändige Reinigungsrituale entfernen müssen. Körperlicher Kontakt wird daher oft vermieden, insb. dann, wenn der Reinheitsstatus des Gegenübers ungeklärt, mutmaßlich niedriger ist. Den höchsten Status haben die Brahmanen, weshalb man unter Köchen viele Angehörige dieser Kaste findet. Denn was sie gekocht haben, kann jeder Hindu verzehren, ohne befürchten zu müssen, sich zu verunreinigen.

Zwar spricht Indiens Verfassung allen Indern gleiche Rechte zu. Dafür sollen u.a. die nach der Unabhängigkeit des Landes festgelegten Quoten für Unberührbare bei der

Besetzung von Stellen im öffentlichen Bereich (Verwaltung, Bildungseinrichtungen etc.) sorgen. Aber obwohl das Kastenwesen 1950 offiziell abgeschafft wurde und mit K.R. Narayanan von 1997 bis 2002 erstmals ein Angehöriger der untersten Kaste Staatspräsident war, unterliegen vor allem auf dem Lande die sozialen Beziehungen der Menschen nach wie vor wesentlich dem Kastensystem (vgl. Goli et al. 2015).

5.2 Buddhismus

Streng genommen ist aus theologischer Sicht der Buddhismus keine **Religion**, eher eine **Philosophie**. Denn er kennt weder einen Schöpfergott noch eine göttliche Offenbarung. Der Name leitet sich ab von Buddha, was im Sanskrit „das große Erwachen" bedeutet. Diesen Ehrentitel hat G. Siddhartha (560–480 v.Chr.) bei seiner Suche nach spirituellen Erfahrungen erworben.

Geschichte
Buddha brach mit der religiösen Autorität des Veda, den heiligen Schriften des Hinduismus, nicht jedoch mit deren Lehre von der Wiedergeburt. Er erkannte, dass alle Erscheinungsformen des Irdischen wechselseitig voneinander abhängen und vergänglich sind. Der Mensch aber lebe im illusionären Glauben, ein unabhängiges Ich zu besitzen. Auch ignoriere er die Vergänglichkeit der Dinge und des Lebens, weshalb alle darauf bezogenen Handlungen und Gedanken letztlich nur **Täuschungen** seien. Heil erlangt, wer das damit verbundene **Leid** überwindet, bspw. durch meditative Gedankenkontrolle.

Anfänglich war der Buddhismus eine Protest- und Reformbewegung, die sich gegen die damals in der hinduistischen Gesellschaft weit verbreitete Korruption und gegen das Kastensystem sowie die dadurch zementierte Vorherrschaft der Brahmanen wandte. Während das Christentum eher in Wahr/Falsch-Kategorien denkt,[24] fördert der Buddhismus **Toleranz** und **Anpassungsfähigkeit** (vgl. Clobert et al. 2015). Deshalb bekämpfte er weder den Brahmanismus noch andere Lehren, die er als missionierende Weltreligion in ganz Asien vorfand, sondern akzeptierte sie als Vorstufen einer umfassenden Wahrheit. Da sich alles zyklisch wiederhole, habe es schon vor Buddha Welterleuchter gegeben. Und auch nach ihm werde es immer wieder neue Buddhas geben.

Der Buddhismus tolerierte andere Lehren bzw. Religionen nicht nur, sondern vermischte sich mit einigen. So ging aus der Begegnung mit dem Animismus der **Volksbuddhismus** der Vietnamesen hervor. Und in Südkorea hat sich der Buddhismus mit dem Konfuzianismus auf pragmatische Weise verbunden. Während Konfuzius dort die diesseitige Lebensführung „regelt", ist Buddha für das Verhältnis zum Jenseits „zuständig". In den übrigen ostasiatischen Ländern (z.B. Thailand, Laos, Burma und Kambodscha) sowie den muslimisch geprägten südostasiatischen Ländern (Indonesien und Malaysia) wird der orthodoxe **Hinayana-Buddhismus** praktiziert. Dessen bedeutendste Strömung (Theravada) verknüpft eine religiöse Lebensweise und tendenziell leistungsfeindliche Normen mit konfuzianischen Ordnungsvorstellungen. In Japan schließlich haben sich mit dem **Mahajana-Buddhismus**, dem **Zen-Buddhismus** und dem **Nichiren-Buddhismus** weltoffene Varianten etabliert (vgl. Harvey 2012).

Grundzüge der Lehre

> Die Geburt ist schmerzhaft, das Alter ist schmerzhaft, die Krankheit ist schmerzhaft, der Tod ist schmerzhaft, Leiden, Klagen, Niedergeschlagenheit und Verzweiflung sind schmerzhaft. Die Berührung mit unangenehmen Dingen ist schmerzhaft, mit Unlieben vereint und von Lieben getrennt sein, ist schmerzhaft. Kurz, das Festklammern am Dasein ist schmerzhaft.

Wie dieser Auszug aus den Reden Buddhas verdeutlicht, sind das **Leiden**, welches durch Begehren entsteht, die **Verneinung der Welt** und die Überwindung des Leids durch **Erleuchtung** für den traditionellen Buddhismus identitätsstiftend. Ihren Niederschlag haben sie u. a. in der Lehre von den **vier edlen Wahrheiten** gefunden: das Leiden, die Entstehung des Leidens, die Vernichtung des Leidens und der **edle achtteilige Pfad** der Wahrheit. Letzterer wird symbolisiert durch das Dharma-Rad („Rad der Lehre"), dessen acht Speichen zur Überwindung des Leidens führen, u. a. durch rechtes Denken, rechtes Entschließen, rechtes Wort, rechte Tat und rechtes Sichversenken.

Wer dem als schmerzlich wahrgenommenen Kreislauf (Sansara) von Geburt, Tod und Wiedergeburt entkommen will, muss das Leiden überwinden und die Lebensgier löschen. Dazu ist der oben beschriebene Pfad der Wahrheit zu beschreiten, an dessen Ende das Verlöschen der Seele (Aman) im **Nirvana** steht.

Buddhisten werden nicht erlöst, wie im Christentum, sondern müssen jeder für sich selbst **Erlösung** finden. Und wie im Hinduismus kommt dabei der Lehre vom **Karma** die Schlüsselrolle zu. Welches Leben ein Menschen führt, hängt demnach von seinen Handlungen in früheren Leben ab. Daher neigen gläubige Buddhisten nicht dazu, sich über ihre Lebensverhältnisse zu beklagen, da sie ja selbst dafür verantwortlich sind.

Selbsterlösung, das zentralen Ziel der buddhistischen Ethik, ermöglichen weiterhin Gewaltlosigkeit, mitleidige Liebe und Enthaltsamkeit. Nach dem Tod verliert der Mensch zwar seine Gestalt. Die karmischen Kräfte der **„fünf Gruppen des Ergreifens"** (Körper, Empfindung, Wahrnehmung, Willensgestaltung und Bewusstsein), aus denen der Einzelne besteht, formen aber ein neues Individuum. Dabei sind sechs Wesensarten denkbar (z. B. Mensch, himmlisches Wesen, Dämon oder Tier). Je nachdem, welcher Art die Taten waren, die im vorangegangenen Leben begangen worden sind, ist auch die neue Existenz von Leid erfüllt.

Der Religionsstifter hat diverse Regeln für den Umgang mit den übrigen Lebewesen aufgestellt. Sie sind, wie das **Gebot des Nichtverletzens**, Teil der buddhistischen Ethik: weder Mensch noch Tier ein Leid zufügen und ihnen mitfühlend begegnen. Hinter diesen Geboten stehen allerdings weder Naturverehrung noch das Ziel, die Natur zu erhalten. Auch für das Nichttöten von Tieren ist primär nicht der Wunsch der Arterhaltung maßgeblich, sondern Angst vor den karmischen Folgen der Tat für den Schlächter sowie Furcht vor moralisch-sinnlicher Verrohung des Täters.

Letztlich beruhen die idealisierenden Vorstellungen, welche sich viele im Westen diesbezüglich machen, auf einem Missverständnis. Tatsächlich war für den frühen Buddhismus die Verneinung der Welt charakteristisch. Die **Natur** und mit ihr der **Mensch** wurden als Sphäre des Leidens und der Vergänglichkeit betrachtet, geschaffen durch Gier und Verblendung. Deshalb gelte es, die Natur zu überwinden und nicht, mit ihr im Einklang zu leben. Wie Buddhisten individuell danach streben sollen, im Nirvana aufzugehen, so ist das Verlöschen des Universums auf der kosmischen Ebene das höchste Ziel.

6 Konfuzianismus

Noch eindeutiger als der Buddhismus gilt der Konfuzianismus religionssystematisch nicht als Religion. Denn er erteilt „lediglich" **moralische Ratschläge**, wie eine bestimmte, für wünschenswert gehaltene Gesellschaftsordnung zu schaffen und zu bewahren ist. Konfuzius bezog sich dabei nicht auf Gott und entwickelte auch keine eigenständigen Vorstellungen über ein Leben nach dem Tod.

6.1 Geschichte

Konfuzius (Kung Fu-tzu), der von 551 (552?) bis 479 v. Chr. lebte, begriff Moral als wesentliche Voraussetzung für eine geordnete Gesellschaft (vgl. Xao 2000). Angesichts des verheerenden Bürgerkriegs, der China damals lähmte, erschienen ihm **Ordnung** und **Stabilität** als vorrangige Werte. Zunächst fand diese Lehre nur wenige Anhänger. Rund 300 Jahre nach dem Tod von Konfuzius wurden in China sogar seine sämtlichen Schriften verbrannt. Während der Han-Dynastie (206 v. Chr. bis 220 n. Chr.) gewann dieser Verhaltenskodex jedoch wieder an Einfluss. Von da an bis zum Ende des Kaiserreiches (1911) war er sogar Staatsdoktrin (bzw. „Staatsreligion"). Andere Länder folgten diesem Beispiel (z. B. die koreanische Li-Dynastie; 1392–1910). Etwa 1000 n. Chr. hielt der mit einigen buddhistischen Elementen verschmolzene Konfuzianismus als **Neokonfuzianismus** in ganz Ostasien Einzug.

Abgesehen von einigen kurzen Phasen, in denen Buddhismus und Taoismus das geistige Leben in China prägten, beeinflusste der Konfuzianismus die **Wertvorstellungen** vieler asiatischer Gesellschaften nicht weniger einschneidend, als die hellenistische Philosophie und das Christentum die abendländische Kultur. Deshalb kann man die konfuzianische und die (traditionelle) chinesische Gesellschaftsordnung nahezu gleichsetzen.

Nach 1949 übernahmen die Kommunisten das autoritäre Erbe der konfuzianischen Staatslehre und damit das prinzipielle Misstrauen gegenüber inoffiziellen, d. h. nichtstaatlichen Organisationen. Auch die Überzeugung, dass **staatliche Macht** unteilbar sei und deshalb hochgradig zentralistisch ausgeübt werden müsse, zählt zum geistigen Erbe des Konfuzianismus.

6.2 Grundzüge der Lehre

Konfuzius hat kein schriftliches Zeugnis hinterlassen. Vergleichbar der christlichen Lehre wurde seine Moral- und Staatslehre Generationen später niedergeschrieben. In deren Mittelpunkt steht der **edle**, d.h. moralisch handelnde **Mensch**. Er lebt in Harmonie mit dem Universum und bewahrt die soziale Ordnung, indem er andere Menschen entsprechend deren hierarchischem Status achtet und die Ahnen verehrt. Der edle Mensch befolgt die sittlichen Normen, um dem höchsten Ideal zu entsprechen: **Humanität**.

Der Konfuzianismus ist keine Religion. Er beruft sich nicht auf Gott und befasst sich auch nicht mit den „letzten Fragen" menschlicher Existenz: dem Leben nach dem Tod. Formal gesehen handelt es sich einerseits um eine **Moral-** bzw. **Sozialphilosophie** bzw. Ethik, welche die ideale Gesellschaftsordnung beschreibt und von den Menschen Selbstverbesserung fordert. Aber der Konfuzianismus ist auch eine **Staatslehre**. Deren oberstes Ziel ist Stabilität. Deshalb strebt der Konfuzianismus in jeder Hinsicht nach Ordnung: Ordnung durch hierarchische Struktur.

Die fünf **konfuzianischen Kardinaltugenden** sollen dem Einzelnen, der Familie sowie dem Staat Moral bzw. Menschlichkeit vermitteln: gegenseitige Liebe, Rechtschaffenheit, Weisheit, Sittlichkeit und Aufrichtigkeit. Liebe wird allerdings nicht als romantisches Gefühl, sondern als pflichtgemäßes Verhalten in den zwischenmenschlichen Beziehungen verstanden, vor allem in den fünf **Pflichtverhältnissen**:
- Eltern & Kinder,
- Herrscher & Untertanen,
- ältere & jüngere Geschwister,
- Mann & Frau,
- Freund & Freund.

In jedem Pflichtverhältnis ist jeweils der Stärkere zur Fürsorge gegenüber dem Schwächeren verpflichtet und dieser zu Gehorsam gegenüber dem Stärkeren.

Anfangs war der Konfuzianismus insofern revolutionär, als er die damals übliche Legitimation von Herrschaft durch Geburtsrecht bzw. Abstammung in Frage stellte. Wichtiger seien Fähigkeit und Bereitschaft des Herrschers, seine Pflichten zu erfüllen. Im Laufe der Zeit wurde jedoch vermehrt Wert auf verschiedene **Sekundärtugenden** gelegt, was den Konfuzianismus zunehmend konservativ ausrichtete:
- Disziplin & Respekt vor Autorität,
- Lernen & Gelehrsamkeit,
- Akzeptanz von Hierarchie & Akzeptanz des Senioritätsprinzips,

- Loyalität & Bereitschaft zur Anpassung an die gegebene Ordnung,
- Genügsamkeit sowie Sparsamkeit & Fleiß, Strebsamkeit sowie Ausdauer.

Bemerkenswerterweise zählt die Beziehung zu **Fremden** nicht zu den konfuzianischen Pflichtverhältnissen. Während auf christliche Nächstenliebe auch und gerade Fremde Anspruch haben, schützt die konfuzianische Moral nur die Familie. Bedeutsam ist die „Nichtbeziehung zu Fremden" in vielerlei Hinsicht. Einerseits erlaubt sie es Managern, Sportlern etc., den Wettbewerb mit aller Härte zu führen. Die Idee der Kooperation, von der westlichen Managementlehre als probates Mittel zur Bewältigung der Herausforderungen des globalen Wettbewerbs gepriesen, widerspricht der traditionellen Familienorientierung chinesischer Unternehmen und deren Tendenz, sich gegenüber Fremden abzuschotten.

Chi ist ein zentrales Konzept der konfuzianischen Ethik. Wie Shame in der englischen Sprache bezeichnet es gleichermaßen Scham und Schande. Während in monotheistischen Gesellschaften Schuld die maßgebliche moralische Kategorie ist, markiert in Schamgesellschaften die Furcht vor Schande jene Grenzen, innerhalb derer sich das sichtbare gesellschaftliche Leben abspielen soll. Chi verspürt, wer gegen **Hi** verstößt: die guten Sitten, den Anstand. Wer ungesittet und verantwortungslos handelt, stört die irdische (Gesellschafts-)Ordnung und nicht, wie in Schuldgesellschaften, die jenseitige, d.h. göttliche Ordnung.

In der Qing-Dynastie wurde schamloses Verhalten mit 40 Stockhieben bestraft. Vor allem aber verlor der Schamlose sein Gesicht und damit letztlich seine gesellschaftliche Stellung. Dies geschah jedoch erst dann, wenn die Schande bekannt wurde und die Leute darüber redeten. Vielleicht ist dies einer der Gründe für die in China weit verbreitete **Geheimniskrämerei**, die Furcht, dass Dinge aus der Familie, aus dem Dorf, aus der Regierung öffentlich werden, die Außenstehende als Schande ansehen und die Anlass zu Gerede geben. Beispielhaft hierfür stehen die Versuche, die SARS- und die Covid-Epidemie zu vertuschen.

Christen können moralische **Schuld** durch die Beichte, Reue bzw. göttliche Gnade tilgen. Kodifizierte Rechtsnormen und die damit verbundenen Strafandrohungen kann man mit allerlei Tricks und gegebenenfalls einem fintenreichen Rechtsanwalt umgehen, nicht jedoch verinnerlichte soziale Normen. Keine Instanz ist in der Lage, **Scham** zu löschen. Man kann sie allenfalls durch künftiges Wohlverhalten und tätige Reue mit der Zeit vergessen machen. Deshalb soll man in Schamgesellschaften anderen nicht durch Vorwürfe, Verdächtigungen oder abwertende Gesten „das Gesicht nehmen", d.h. einen Grund geben, sich zu schämen. Und deshalb haben konfuzianische Gesellschaften ein distanziertes Verhältnis zu Kritik entwickelt. Proteste sind lediglich dann zulässig, wenn in den Pflichtverhältnissen hierarchisch Übergeordnete bzw. Stärkere ihren Verpflichtungen nicht nachkommen.

Vergleichbar dem asketischen Protestantismus (vgl. C-2.9) wurden die Sekundärtugenden für den wirtschaftlichen Aufstieg des ostasiatischen Raumes verantwortlich gemacht (z.B. Südkorea nach 1953). Einhergehend mit der Verherrlichung der „asiati-

schen Tugenden" wandelte sich der Konfuzianismus von einer ursprünglich unterstützenden Morallehre zu einer einengenden, auf Autorität fixierten Staatsdoktrin.

Teil C: Verhaltensgrundlagen

Zu den wichtigsten Aufgaben des Marketings zählen **Kundenakquisition** sowie **Kundenbindung**. Um neue Kunden identifizieren und gewinnen sowie „wertvolle" Kunden[25] möglichst langfristig an sich binden zu können, müssen Unternehmen deren Bedürfnisse und Verhaltensabsichten möglichst gut kennen. Beispielsweise müssen sie wissen, wie und anhand welcher Kriterien diese ihre Kaufentscheidungen fällen. Bevor wir uns den Handlungsmöglichkeiten von Unternehmen in Gestalt des Marketingmix zuwenden, wollen wir deshalb zunächst erörtern, was die religionsvergleichende Forschung trotz der von vielen Wissenschaftlern beklagten Versäumnisse bislang über den Einfluss von Konfession und Religiosität auf das Konsumentenverhalten in Erfahrung gebracht hat (vgl. Tab. 17).

> Religion, or the degree to which the member of a religion accept the major beliefs of their religion, and its effect on consumer behavior has rarely been investigated, although religion is one of the basic elements of culture (Sood/Nasu 1995, S. 1).

Tab. 17: Bedeutende religionsvergleichende Studien des Konsumentenverhaltens (Quelle: eigene Zusammenstellung).

Studie	n	Nationalität	Konfession bzw. Religiosität	Befragungsart	Produktkategorie bzw. Befragungsgegenstand
Hirschman (1982)	330	USA (New York)	P = 35 % K = 29 % J = 36 %	schriftlich	Konsumbereiche (z. B. Filme, Nahrungsmittel)
McDaniel/ Burnett (1990)	550	USA	P = 48 % K = 28 % J = 7 % S = 17 %	schriftlich	Wichtigkeit der Merkmale von Einkaufsstätten
Bailley/Sood (1993)	349	USA	P = 31 % K = 26 % J = 9 % M = 11 % B = 8 % H = 4 % S = 10 %	schriftlich	hochwertiges Stereo Sound-System
Sood/Nasu (1995)	230	USA, Japan	keine Angabe	schriftlich	hochwertiges Radiogerät
Siguaw/ Simpson (1997)	338	USA	P = 75 % K = 13 % S = 12 %	schriftlich	Einstellungen und Verhalten von Konsumenten

Tab. 17: (fortgesetzt)

Studie	n	Nationalität	Konfession bzw. Religiosität	Befragungsart	Produktkategorie bzw. Befragungsgegenstand
Esso/Dibb (2004)	600	Mauritius	H, M, K (keine Prozentangabe)	schriftlich	Fernsehgerät
Mokhlis (2006b)	226	Malaysia	M = 46 % B = 25 % H = 15 % C = 14 %	persönlich	Bekleidung
Shin et al. (2010)	205	Südkorea	R+ = 26 % R- = 32 % NR = 42 %	schriftlich	Einkaufsorientierung

Legende:
1) B = Buddhisten, C = Christen, H = Hindus, J = Juden, K = Katholiken, M = Muslime, P = Protestanten, S = Sonstige
2) R+ = stark Religiöse, R- = schwach Religiöse, NR = Nichtreligiöse

1 Einführung

Bekanntlich bevorzugen Konsumenten Produkte und Dienstleistungen, welche den Verhaltensmustern jener **sozialen Gruppen** entsprechen, denen sie selbst angehören bzw. angehören möchten. Da auch Religiöse im Allgemeinen sowie die Angehörigen bestimmter Konfessionen im Besonderen als soziale Gruppen verstanden werden können, ist davon auszugehen, dass religiöse Überzeugungen das Konsumentenverhalten wesentlich beeinflussen.

Dennoch waren von den mehr als 7.000 Artikeln, die zwischen 1959 und 1989 in den führenden amerikanischen Marketingzeitschriften veröffentlicht wurden, lediglich sechs (!) diesem Thema gewidmet (vgl. Cutler 1991, S. 155). Anfangs der 1980er-Jahre hat eine Wissenschaftlerin das Forschungsgebiet „Religion/Religiosität und Konsumentenverhalten" begründet, als sie zunächst jüdische, katholische und protestantische New Yorker zu deren **Informations-** und **Kaufverhalten** befragte (vgl. Hirschman 1982) und wenig später einen **programmatischen Artikel** veröffentlichte, welcher der religionsvergleichenden Konsumentenforschung ein theoretisch-konzeptionelles Fundament gab (vgl. Hirschman 1983). In der Folgezeit fand dieses Forschungsgebiet zwar mehr Beachtung (vgl. Tab. 17). Aber noch immer sind wir weit davon entfernt, uns ein umfassendes Bild machen zu können.

Aufgrund der bislang vorliegenden empirischen Untersuchungen lassen sich **drei Wirkungspfade** vermuten:

- Religion und Religiosität **beeinflussen** das Konsumentenverhalten **direkt**, indem sie einen mehr oder minder umfassenden und verbindlichen Code of Conduct vorgeben: Wie religiöse Konsumenten sich verhalten sollten. Am offensichtlichsten ist dies im Falle der monotheistischen Religionen, denen Rechtgläubigkeit (Orthodoxie) wichtig ist. Judentum, Christentum und Islam sind insofern normativ, als sie den Gläubigen unmissverständlich vorschreiben, welche Verhaltensweisen von ihnen erwartet werden und welche nicht akzeptabel sind. Eine wichtige Rolle spielt dabei die religiöse Norm, koscher (Juden) bzw. halal (Muslime) zu konsumieren (vgl. Siala 2013).
- Religion und Religiosität wirken **indirekt**, indem sie zum einen die Persönlichkeit der Gläubigen beeinflussen und zum anderen Einstellungen und Werte prägen, welche im Konsumentenverhalten ihren Niederschlag finden. So lässt sich die überdurchschnittliche Markentreue vieler Religiöser mit deren Risikoaversion in Verbindung bringen.
- Religiöse Überzeugungen und Praktiken **beeinflussen** das Konsumentenverhalten **nicht**.

2 Religion, Religiosität und Persönlichkeit

Religionen nehmen auf vielfältige Weise Einfluss auf die Persönlichkeit der Gläubigen und diese auf das Konsumentenverhalten. Dies geschieht teils direkt und offensichtlich, teils indirekt und nicht auf den ersten Blick erkennbar.

2.1 Überblick

Wie verschiedene Studien gezeigt haben, neigen Angehörige bestimmter Konfessionen mehr als andere zu **Autoritarismus**, **Materialismus**, **Nationalstolz** oder **Rassismus**. So sind Katholiken autoritärer als Juden, auch traditionalistischer sowie bereiter, Anordnungen, Gebote und Befehle zu befolgen. Weiterhin sind Katholiken weniger selbstbestimmt, weniger an materiellem Besitz interessiert sowie weniger flexibel und rational. Protestanten ähneln Juden in dieser Hinsicht mehr als Katholiken bzw. nehmen eine Mittelposition ein (vgl. McDaniel/Burnett 1990).

Immer wieder zeigt sich allerdings auch, dass es weniger auf die Religionszugehörigkeit ankommt als auf Intensität und Art der individuellen Religiosität. Religionssoziologischen und persönlichkeitspsychologischen Erkenntnissen zufolge sind **Religiöse** unabhängig von der Religionsgemeinschaft, der sie angehören, überdurchschnittlich ...

- autoritär (vgl. Frenkel-Brunswik 1954),
- dogmatisch (vgl. Rokeach 1969) und
- konservativ (vgl. Donahue 1985).

Darüber hinaus gelten sie als traditionsbewusst, sentimental, abhängig, unsicher, eher intolerant und wenig flexibel. Dieses Persönlichkeitsprofil wurde durch die WVS 1990/1993 weitgehend bestätigt. Wie Inglehart (1998, S. 122) berichtet hat, legen Gesellschaften, in denen ein Großteil der Bevölkerung Gott bzw. Religion für „wichtig" hält, großen Wert auf Gehorsam und Respekt vor Autorität. Zentral sind dort weiterhin Familie und Kinderreichtum sowie Arbeit und Nationalstolz (vgl. C-2.7).

2.2 Autoritarismus

Die Weltsicht des autoritären Persönlichkeitstypus ist **pessimistisch** und **vorurteilsbehaftet**, geprägt von konformistischem Denken und Gehorsam gegenüber Höherrangigen: den Autoritäten. Hinzu kommen rassistische Tendenzen (vgl. C-2.5) und ausgeprägter Ethnozentrismus (vgl. C-2.6). Autoritarismus ...
- lähmt die Bereitschaft, eigenständig und im Vertrauen auf die eigene Urteilsfähigkeit Ursache/Wirkungs-Zusammenhänge zu ergründen,
- fördert die Neigung, aus Furcht vor Ungewissheit unbekannte, neuartige oder ambivalente Verhaltensweisen bzw. Situationen zu meiden (bspw. innovative Produkte und Dienstleistungen).

Das Autoritarismus-Konstrukt beruht auf den Theorien von Reich (1933) und Fromm (1936). Deren Beobachtungen zufolge sind autoritäre Personen häufig in Familien aufgewachsen, in denen ein dominanter, statusbewusster Vater und eine restriktive Mutter jegliche Form von Ungehorsam unterdrückt haben. Dieser Erziehungsstil fördert **Unterwürfigkeit** und **Identifikation mit den Mächtigen**, hier den Eltern. Neben Unterwerfung ist **Konventionalismus** charakteristisch (vgl. Adorno et al. 1950). Autoritäre Menschen ...
- halten rigide an den tradierten Werten ihrer sozialen Klasse fest und reagieren aggressiv, wenn andere diese in Frage stellen,
- idealisieren die moralische Autorität des Bestehenden und neigen dazu, sich dem Urteil älterer bzw. höherrangiger Personen anzuschließen,
- glauben an die Vorbestimmtheit des individuellen Schicksals und sind anfällig für Aberglaube, Mystik sowie stereotype Urteilsbildung,
- denken vorzugsweise in Gegensätzen (wie Dominanz-Unterwerfung, stark-schwach, Führer-Gefolgschaft) und identifizieren sich mit der Macht,
- sind überzeugt davon, dass die Welt ein gefährlicher Ort ist.

Der autoritäre Persönlichkeitstyp ist unter **Katholiken** stärker verbreitet als unter **Juden** (vgl. Jones 1958). Auch in **islamischen Gesellschaften** ist er überdurchschnittlich häufig anzutreffen (vgl. Brown 1996). Keinen Nährboden bietet hingegen der **Hinduismus** autoritären Tendenzen. Denn als polytheistische Religion kennt er, anders als das Christentum oder der Islam, keine ultimative Autorität. Inder bspw., in weit überwiegendem Maße Hindus, gelten als tolerant und verfügen über eine ausgeprägte Ambiguitätstoleranz. Die damit gemeinte Fähigkeit, Widersprüchliches zu tolerieren, ist mit autoritären Bestrebungen unvereinbar (vgl. Duriez et al. 2003). Inder verbinden in ihrem Denken und Verhalten gemäß Ramanujan (1989) Gegensätzliches problemlos miteinander und trennen „ich" und „andere" nicht eindeutig.

2.3 Dogmatismus

Die Überzeugung, dass es bestimmte, unzweifelhaft „wahre" Aussagen gibt – d.h. Dogmen, wird als Dogmatismus bezeichnet. Von diesem eher **philosophischen Begriffsverständnis** ist die **psychologische Auffassung** abzugrenzen: Immunisierung gegenüber Kritik und konträren Auffassungen. Bisweilen versteht man unter Dogmatismus auch die Intensität, mit der eigene Ansichten und Meinungen vertreten werden: entschieden und unnachgiebig. Dogmatische Personen neigen zu Selbstgerechtigkeit. Sie meiden neuartige Informationen, sind eher wenig empathisch, änderungsresistent und nicht bereit, ihre grundlegenden Überzeugungen in Frage zu stellen bzw. stellen zu lassen. Dogmatismus korreliert mit zahlreichen anderen psychologischen Konstrukten, bspw. mit ...
- Konservatismus (= Festhalten an überlieferten Werten und Vorstellungen),
- Animosität (= feindliche Einstellung gegenüber Angehörigen anderer Nationen),
- Xenophobie (= generalisierte Furcht vor Fremden),
- Ethnozentrismus (= Überzeugung, Angehörigen anderer Ethnien grundsätzlich überlegen zu sein).

Die kulturvergleichende Landesforschung gibt Hinweise darauf, dass Angehörige von **ungewissheitsmeidenden Gesellschaften** verstärkt anfällig für Dogmatismus sind (vgl. Müller/Gelbrich 2021, S. 226f.). Auch in diesem Zusammenhang ist primär nicht die Religionszugehörigkeit, sondern das Ausmaß an **Religiosität** ausschlaggebend. Religiöse sind – unabhängig von ihrer Religionszugehörigkeit – überdurchschnittlich dogmatisch. Auch gelten sie als traditionsbewusst, abhängig, unsicher, eher intolerant und rigide.

2.4 Materialismus

Menschen unterscheiden sich auch durch die Intensität, mit der sie auf die materiellen Aspekte des Lebens Wert legen. **Besitztümer** erfüllen Materialisten mit Zufriedenheit und dienen ihnen als Maßstab für persönlichen Erfolg (vgl. Richins/Dawson 1992). Dabei ist ein Generationeneffekt zu beachten: Amerikanische Angehörige der Generation Y, d.h. die zwischen 1980 und Ende 1990 Geborenen, sind materialistischer eingestellt und weniger religiös als die Generation der Babyboomer (vgl. Loroz/Helgeson 2013).

Die verschiedenen **Religionen** betrachten Materialismus als Hindernis auf dem Weg der Spiritualität und Erlösung (vgl. Belk et al. 2003), allen voran der Buddhismus (vgl. Pace 2013). Andererseits schätzt der calvinistische Protestantismus materiellen Besitz als Symbol bzw. Indiz des Erwähltseins durch Gott (vgl. B-4.3). Zusammengenommen spricht dies für eine wenig eindeutige Beziehung zwischen Religion und Materialismus (vgl. Burroughs/Rindfleisch 2002). Eine aktuelle Befragung von 232 türkischen Muslimen ermöglicht indessen recht eindeutige Aussagen zum Einfluss der **Religiosität**: Sehr religiöse Menschen sind im Regelfall keine Materialisten, deutlich gegen übermäßigen Konsum eingestellt und dennoch – oder deswegen – mit ihrem Leben zufriedener als andere (vgl. Balikcioglu/Kiyak 2022). Für Angehörige der Generation Y aus Malaysia haben Rahman et al. (2017) einen negativen Moderationseffekt beschrieben. In ihrem Fall schwächte Religiosität den Zusammenhang zwischen Materialismus und Interesse an Mode bzw. dem Kauf modischer Kleidung.

2.5 Rassismus

Rassismus ist eine spezielle Form von **Voreingenommenheit** und äußert sich in **Vorurteilen** gegenüber anderen ethnischen Gruppen. Religiöse und Rassisten legen gleichermaßen Wert auf soziale Konformität und Tradition (vgl. Hall et al. 2010).

Weltweit propagieren Religionen das friedliche Miteinander der Menschen. Dennoch zeigt die Geschichte, dass Verbrechen an Angehörigen anderer Glaubensbekenntnisse, Kulturen oder Ethnien häufig religiös motiviert waren. Dies ist weniger widersprüchlich, als es scheint. Zwar besteht keine zwingende Beziehung zwischen Religiosität und **Intoleranz**. Aber viele Menschen legen ihre Religion höchst engherzig aus, was nicht nur Rassismus, sondern auch Intoleranz begünstigt, bspw. gegenüber Frauen (vgl. Guiso et al. 2003).

Für die Zwecke einer Befragung von 214 deutschen Protestanten, Katholiken und Nichtgläubigen haben Duriez et al. (2003, S. 221) Rassismus mit Statements wie „Wir müssen unsere Rasse reinhalten und die Vermischung mit anderen Rassen bekämpfen" oder „Im Allgemeinen sollte man Emigranten nicht trauen" **operationalisiert**. Religiosität unterschieden sie in ...
– den Glauben an Übersinnliches („Inklusion vs. Exklusion von Transzendenz") und
– die Strenge, mit der jemand das Wort Gottes auslegt („wörtlich vs. symbolisch").

Korrelativ konnte gezeigt werden, dass Strenggläubige intoleranter gegenüber anderen Ethnien sind als Personen, die ihren Glauben eher symbolisch verstehen (r = 0.43; p < 0,0001). Weiterhin und erwartungsgemäß äußerten sich vor allem ältere, weniger gebildete Menschen rassistisch. Die zweite Dimension von Religiosität („Inklusion vs. Exklusion von Transzendenz") übt keinen Einfluss aus (r = -0.03). Demzufolge begünstigt nicht der Glaube an sich Rassismus, wohl aber die Art und Weise, wie man ihn interpretiert.

2.6 Ethnozentrismus

Unter diesem Begriff befasst sich die Forschung mit der Neigung von Menschen, die **Eigengruppe** (z. B. Familie, Sportverein, Nation) als „Maß aller Dinge" anzusehen, die anderen in jeder Hinsicht überlegen ist. **Fremdgruppen** werden grundsätzlich und zumeist grundlos negativ beurteilt (vgl. Shimp/Sharma 1987). Zwischen Ethnozentrismus und Autoritarismus besteht ein enger Zusammenhang (vgl. Perreault/Bourhis, 1999). Weiterhin hat sich gezeigt, dass in manchen Gesellschaften starke Bezüge zu Patriotismus bestehen (z. B. Türkei) und in anderen zu Nationalismus (z. B. Tschechien) (vgl. Balabanis et al. 2001 und C-2.7).

Eisinga et al. (1990) haben den Zusammenhang zwischen **autoritären Einstellungen**, **Lokalpatriotismus** und **christlichem Glauben** einerseits und Ethnozentrismus andererseits diskutiert (Einstellung zu Eigen- sowie Fremdgruppen). Lokalpatriotismus – operationalisiert u. a. als Beteiligung an Gemeindearbeit – korreliert erfahrungsgemäß mit Religiosität. Denn Religiöse engagieren sich überdurchschnittlich häufig in ihrer Gemeinde und identifizieren sich mit dieser. Deshalb ist weiterhin davon auszugehen, dass Lokalpatrioten generell positiv gegenüber ihrer eigenen Gruppe und negativ gegenüber anderen eingestellt sind. Autoritarismus bzw. autoritäre Einstellungen lassen sich durch zwei Komponenten beschreiben:
– autoritäre Aggression gibt an, inwieweit Individuen die Verletzung anerkannter Normen und Werte verurteilen oder bejahen.
– autoritäre Unterwerfung beschreibt die Tendenz, Autorität nicht in Frage zu stellen.

Tendieren **Christen** vermehrt zu autoritären Einstellungen, da sie als Angehörige einer streng hierarchisch organisierten Kirche gelernt haben, die Dogmen ihrer Konfession nicht zu hinterfragen (etwa Unfehlbarkeit des Papstes, unbefleckte Empfängnis)? Um diese These prüfen zu können, haben Eisinga et al. (1991) insgesamt 1.224 repräsentativ ausgewählte niederländische Erwachsene interviewt. Art und Intensität des individuellen Glaubens wurden anhand von zehn Fragen erfasst (z. B. „There is a God whom we can know through Jesus Christ"). Erwartungsgemäß korreliert christlicher Glaube positiv mit autoritärer Einstellung und mit Lokalpatriotismus. Zudem beeinflusst er die Einstellung zur Eigengruppe (positiv), nicht jedoch zur Fremdgruppe (vgl. Abb. 10).

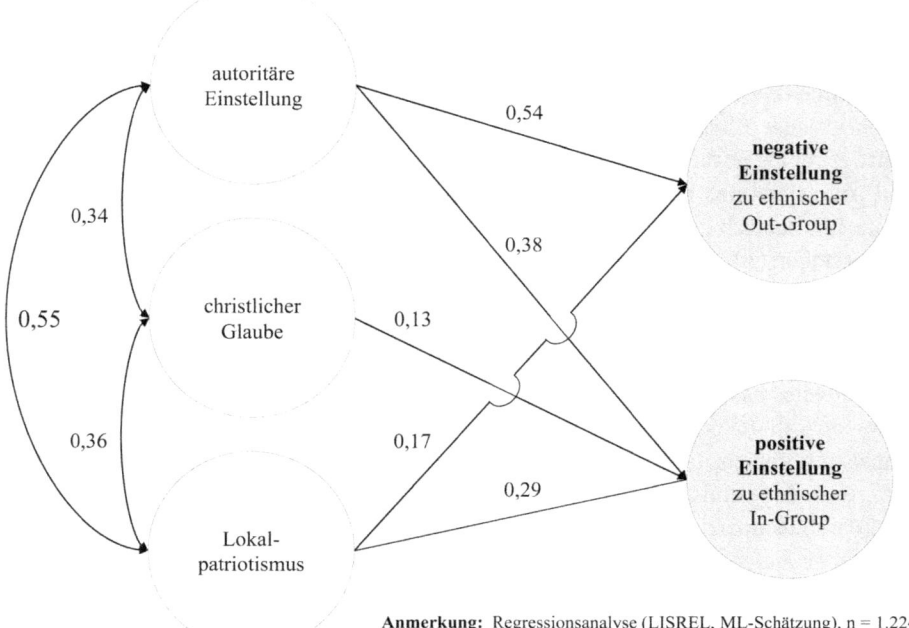

Anmerkung: Regressionsanalyse (LISREL, ML-Schätzung), n = 1.224

Abb. 10: Ursachen bzw. Korrelate von Ethnozentrismus (Quelle: in Anlehnung an Eisinga et al. 1991, S. 314).

Dass in dieser Untersuchung kein signifikanter Zusammenhang zwischen christlichem Glaube und Ablehnung von Fremdgruppen nachgewiesen werden konnte, widerspricht der bisherigen Annahme, wonach im Einflussbereich monotheistischer Religionen überdurchschnittlich viele ethnozentrische Menschen anzutreffen sind, weil deren Heilsversprechen und der Bund mit Gott nur Angehörige der eigenen Glaubensgemeinschaft einschließt. Eigentlich müsste dies eine starke In-Group/Out-Group-Differenzierung fördern. Allerdings haben andere Untersuchungen einen positiven Zusammenhang zwischen christlichem Glauben und ethnisch begründeten Vorurteilen bestätigt (vgl. Sevim et al. 2016).

Auch **Religiöse** artikulieren mehr ethnozentrische Einstellungen als Atheisten oder Konfessionslose (vgl. Kusumawardani/Yolanda 2021; Tabassi et al. 2012). Dies gilt in besonderem Maße für extrinsisch Religiöse und etwas weniger für intrinsisch Religiöse (vgl. Arli et al. 2021). Sozialpsychologisch lässt sich dies mit der inneren Nähe beider Konstrukte, Religiosität wie Ethnozentrismus, zu vorurteilsbehafteter Eindrucksbildung erklären, aber auch mit den sozialen Beziehungen innerhalb einer Gruppe:

> Religious and cultural systems offer the hope of blissful immortality to group members, as long as they behave in the way prescribed by the desirable standards of the culture or religion. A person,

therefore, prefers the other in-group members over out-group members because the in-group members validate the person's cultural worldview (Bizumic 2019, S. 47).

2.7 Nationalismus, Patriotismus und Nationalstolz

Unter Patriotismus verstehen wir die „Liebe zum eigenen Land" und unter Nationalismus die „Überzeugung, dass das eigene Land anderen Ländern grundsätzlich überlegen" ist. Mit Blick auf ökonomische Zusammenhänge wird bisweilen auch von **ökonomischem Patriotismus** gesprochen: Damit ist die Überzeugung gemeint, dass man heimische Erzeugnisse kaufen sollte und nicht im Ausland Produziertes. Byrne et al. (2021) haben in einer Online-Befragung von 10.049 Amerikanern erwartungsgemäß hohe Korrelationen ermittelt zwischen …
- Patriotismus (e.g., „I am proud to be an American") und ökonomischem Patriotismus (e.g., „Consumption of local products helps the US economy") r = 0.452,
- Nationalismus (e.g., „In view of America's moral and material superiority, it is only right that we should have the biggest say in deciding United Nations policy") und Patriotismus (r = 0.540) sowie
- Xenophobie (e.g., „Some groups of people are simply not the equals of others") und Nationalismus (r = 0.492).

Die Höhe der Korrelationen spricht einerseits dafür, dass diese Konstrukte in nennenswertem Maße Ähnliches erfassen (= Art der Beziehung zwischen dem Eigenen und dem Fremden). Berechnet man allerdings den Anteil gemeinsamer Varianz[26], dann erkennt man andererseits, dass die beiden Konstrukte sich nur partiell überschneiden.

Zwischen diesen Konstrukten und **Religiosität** besteht ein enger Zusammenhang, der bereits vielfach empirisch bestätigt wurde (vgl. Schmitt et al. 2008). So führen Atheisten laut Bechert (2021) in strengreligiösen Gesellschaften ein Außenseiterdasein, werden dort als „unpatriotisch" abgelehnt und fremdeln ihrerseits mit ihrer Herkunftsgesellschaft.

Gemäß WVS 1990/1993 sind in Ländern wie Brasilien, Irland, Nigeria, Polen und den USA 70 – 80 % der Bevölkerung stolz auf ihre eigene **Nationalität**. Auch spielt **Gott** ihrer Auffassung zufolge in ihrem Leben eine wichtige Rolle (vgl. Abb. 11). Umgekehrt neigt in Deutschland, Japan, Russland und den Niederlanden nur eine Minderheit zu Nationalstolz und zu intensiven religiösen Überzeugungen. Aufs Ganze gesehen korrelieren beide Variablen aber stark (r = 0.71).

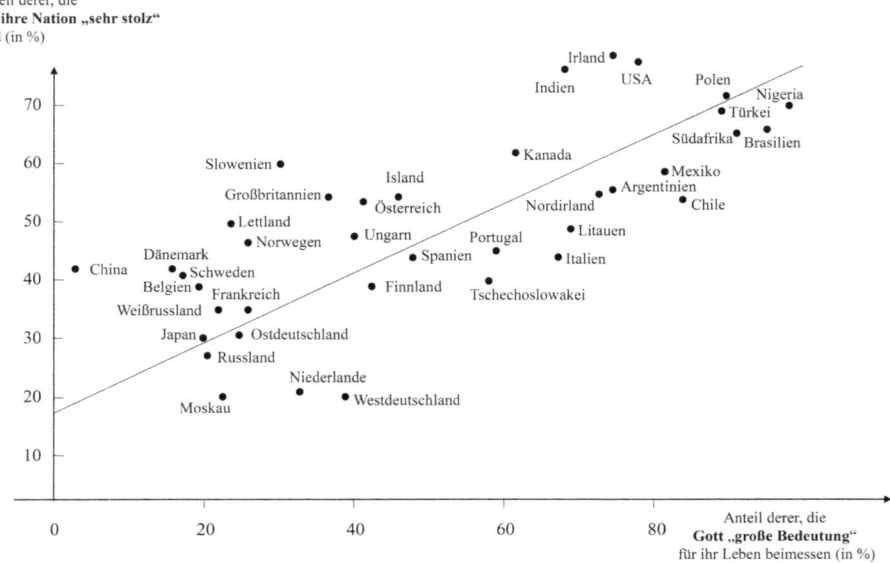

Abb. 11: Religiosität und Nationalstolz (Quelle: Inglehart 1998, S. 127).

Bemerkenswerterweise sind unter den Gesellschaften, deren Bevölkerung sowohl sehr stolz auf ihre Nation als auch sehr gläubig ist, erstaunlich viele mit vergleichsweise dysfunktionalen Regierungen (bspw. Indien, Nigeria, Türkei, Südafrika, Brasilien). Ursächlich dafür könnten die damit verbundenen Unwägbarkeiten, bis hin zu krisenhaften Lebenssituationen, sein. Sie fördern Kay et al. (2010) zufolge kompensatorisch ein ausgeprägtes Kontroll- bzw. Sicherheitsbedürfnis, das sowohl Nationalstolz als auch Gottesglaube stillen können.

2.8 Fatalismus

In der Welt, wie Fatalisten sie erleben, sind viele Ereignisse von einer externen Macht vorbestimmt: von der Vorsehung, dem Schicksal oder einem allmächtigen Gott (vgl. Fiori et al. 2006). Dies erklärt, warum viele **religiöse Menschen** Fatalisten sind (vgl. Carey/Paulhus 2013; Ruiu 2013). Aus religionswissenschaftlicher Sicht wird das Konstrukt auch als **Gottergebenheit** interpretiert, bspw. im Islam „In schā' Allāh" – „So Allah will". Tab. 18 zeigt eine von Farris/Glenn (1976) entwickelte **Fatalismus-Skala**.

Tab. 18: Skala zur Messung von Fatalismus (Quelle: Farris/Glenn 1976).

To which extent do you agree with the following statements?
Making plans only brings unhappiness because the plans are hard to fulfill.
It doesn't make much difference if people elect one or another candidate, for nothing will change.
With the way things are today, an intelligent person ought to think about the present, without worrying about what is going to happen tomorrow.
The secret of happiness is not expecting too much out of life and being content with what comes your way.

Empirisch weniger gut belegt ist der Zusammenhang zwischen Fatalismus und **Konfession**. Wenn, dann wird gewöhnlich auf den **Hinduismus** verwiesen. Denn gemäß der Lehre vom Karma ist für gläubige Hindus das gegenwärtige Leben Konsequenz früherer Leben und somit scheinbar vorherbestimmt. Allerdings kennt auch der Hinduismus ein individualistisches, selbstverantwortliches Heilskonzept, das durchaus mit langfristigem, selbstverantwortlichem Denken und Handeln einhergeht (bzw. solches fordert). Im **Islam** besteht ein Spannungsverhältnis zwischen der Idee der Allmacht Gottes, welche fatalistische Überzeugungen nahelegt, und der Idee der grundsätzlichen Handlungsfreiheit des Menschen, welche Vorbedingung ethischen Verhaltens ist. Die Lösung besteht darin, das eine (= Allmacht Gottes) als eine theologische Frage zu betrachten und das andere (= Handlungsfreiheit des Menschen) als eine Frage des islamischen Rechts (vgl. Acevedo 2008; Power 1913). Diese Aufspaltung ermöglicht es bspw., Mann und Frau als prinzipiell „gleich" (= theologische Sicht), nicht jedoch als „gleichberechtigt" zu betrachten (= juristische Sicht).

Für das **IRM** ist dieses Persönlichkeitsmerkmal in vielerlei Hinsicht bedeutsam – u. a. deshalb, weil Risikowahrnehmung und Risikobereitschaft davon beeinflusst werden. So sind Fatalisten weniger als andere Konsumenten bereit, innovative Güter zu erwerben (vgl. Tansuhaj et al. 1991). Aufgrund ihrer Passivität neigen sie überdies nicht dazu, in ihrem sozialen Umfeld die Rolle des Ratgebers zu übernehmen, z. B. als Market Maven. Und da sie nicht danach streben, einen von ihnen als unbefriedigend wahrgenommenen Zustand zu verändern, beschweren sich fatalistische Kunden vergleichsweise selten oder wechseln bei Unzufriedenheit selten zu einem anderen Anbieter (vgl. Foxman et al. 1990).

2.9 Leistungsorientierung

Die unterschiedliche ökonomische Entwicklung der katholischen und der protestantischen Regionen Deutschlands hat M. Weber zu seinen bekannten Studien über den „**Geist des Kapitalismus**" inspiriert. Seitdem steht der Zusammenhang zwischen Religionszugehörigkeit, Arbeits- bzw. Leistungsethos und wirtschaftlichem Erfolg auf der

Agenda der religionssoziologischen Forschung. Ein knappes Jahrhundert später richtete sich unter dem Eindruck des „asiatischen Wunders" das Augenmerk überdies auf die mutmaßlich nicht minder leistungsfördernden **konfuzianischen Werte** (vgl. Liang 2010). Aber auch die anderen Konfessionen haben explizite oder implizite Leistungsethiken formuliert.

Jüdische Arbeits- und Leistungsethik
Zwar sollen Juden die Wirtschaftstätigkeit auf das zum Überleben erforderliche Maß beschränken. Im Gegensatz zum frühen Christentum, welches Armut verherrlichte, heißt es im Deuteronomium, dem 5. Buch Mose, jedoch auch (Dt 15,4): „Der Herr, dein Gott, wird dich reichlich segnen in dem Land, das dir der Herr, dein Gott, als Anteil und Erbbesitz geben wird." Trotz aller Widersprüchlichkeit deutet dies auf eine **erfolgsorientierte Arbeitsethik** hin, zumal das jüdische Menschenbild jedem Einzelnen die „Fähigkeit zu verantworteter Freiheit" zubilligt, eine wesentliche Voraussetzung unternehmerischen Handelns.

Der arbeitende Mensch gilt als Ebenbild Gottes, des Schöpfers, der – durchaus in einem handwerklichen Sinn – die Welt erschaffen hat. Als ethisch motivierter Verhaltenskodex regeln die **mündliche** und die **schriftliche Thora** das gesamte Leben. Ihre teilweise höchst konkreten Verhaltensvorschriften betreffen auch das Arbeitsleben, wobei naturgemäß der primäre Sektor (d.h. Ackerbau und Viehzucht) im Mittelpunkt steht. So regelt die Halacha in Kap. 189 detailliert das Auf- und Abladen von Gütern. Der sekundäre und der tertiäre Sektor unterliegen gleichfalls zahlreichen detaillierten Vorschriften, bspw. hinsichtlich des Gewährens und Erlassens von Darlehen:

> Wer seinen Nächsten übervorteilt, sei es, dass der Verkäufer den Käufer übervorteilt, oder, dass der Käufer den Verkäufer übervorteilt, übertritt ein Verbot, so heißt es: Wenn ihr einer dem anderen etwas verkaufet oder aus der Hand des anderen kaufet, übervorteilt nicht einer seinen Bruder! (Leviticus 25, 14). Und das ist die erste Frage, die man den Menschen in jener Stunde fragt, da man ihn ins himmlische Gericht führt: Hast du mit Treue deinen Lebensunterhalt erworben? (Kizzur Schulchan, I, S. 345f.).

Protestantische Arbeits- und Leistungsethik
Der Protestantismus hat mit der **Reformation** entscheidend dazu beigetragen, „den Griff der christlich-mittelalterlichen Weltanschauung um einen beträchtlichen Teil Europas zu lockern" (Inglehart 1998, S. 307). In der Folge entwickelten sich ab dem 18. Jahrhundert die vorwiegend von **Protestanten** und die vorwiegend von **Katholiken** bevölkerten Länder und Regionen Europas wirtschaftlich höchst unterschiedlich. Diese Erkenntnis hatte dreierlei zur Folge:
- Erstens wurde intensiv über mögliche Ursachen der Entwicklungsdefizite katholischer Länder und Regionen diskutiert.

- Zweitens begannen vornehmlich katholische Autoren, den „modernen Konkurrenzkapitalismus" als ein System von Habgier, Egoismus und Ausbeutung zu geißeln. Nach dem deutsch-französischen Krieg von 1870/71 und inspiriert durch den damals wieder erstarkten Antisemitismus hieß es diesseits und jenseits des Rheins, Juden hätten den modernen Kapitalismus (bzw. die kapitalistische Zweckrationalität) erfunden, und Kapitalakkumulation – als Essenz des Kapitalismus – sei dem jüdischen Geist bzw. dem Judentum immanent (vgl. Sombart 1911).
- Später gewann drittens die These von der protestantischen Herkunft des „Geistes des Kapitalismus" die Oberhand.

Explizit analysiert hat erstmals Weber (1905) diesen Zusammenhang. Den Anstoß hierzu gab die Prüfungsarbeit eines seiner Schüler. Dieser schrieb, die damals in Baden, Leipzig und Tübingen lebenden Protestanten seien nicht nur gebildeter, sondern auch reicher als ihre katholischen Nachbarn. Während diese zumeist in kleinen Handwerksbetrieben arbeiteten, lag die Führung der Großindustrie hauptsächlich in den Händen von Protestanten. Derartige Beobachtungen veranlassten den Zeit seines Lebens an Wirtschaftssoziologie interessierten Professor, einer Reihe grundlegender Fragen nachzugehen, u. a.:
- Besteht zwischen **Religion** und **wirtschaftlichem Erfolg** ein systematischer Zusammenhang?
- Hat der **Protestantismus** die weltweite Verbreitung des **Kapitalismus** gefördert?

In einer Aufsatzsammlung, welche den Titel „Die protestantische Ethik und der ‚Geist' des Kapitalismus" trug, versuchte der damals noch unbekannte Wissenschaftler, darauf Antworten zu finden. Zusammen mit der posthum veröffentlichten Monografie „Wirtschaft und Gesellschaft" sollte diese Arbeit Jahrzehnte später seinen **wissenschaftlichen Ruhm** begründen.

> Die protestantische Religion, schrieb M. Weber damals, treibe die Menschen zu harter Arbeit an und verbiete ihnen ein Luxusleben. Asketische Lebensführung sei darum die Ursache für die Kapitalanhäufung der Protestanten. Erst ein halbes Jahrhundert später, nach dem Zweiten Weltkrieg, wurde über diese These diskutiert. Inzwischen gilt M. Weber als Klassiker […] (Afhüppe 1999, S. 23).

Der später weltweit bekannte deutsche Soziologe und Nationalökonom hat sich eingehend mit dem asketischen Protestantismus befasst und einen Zusammenhang zwischen bestimmten religiösen Überzeugungen und „Berufsethik" aufgezeigt: der „selbstverständlichen Verpflichtung des Einzelnen zur Mehrung seines Vermögens". Vereinfacht ausgedrückt lautet seine Erkenntnis: Die ökonomischen Erfolge der protestantischen Gesellschaften sind allgemein mit deren besonderer Art von **Religiosität** erklärbar (insb. Calvinismus bzw. Puritanismus) und konkret mit ihrer **rationalen Lebensführung**. Diese äußere sich durch …

- strenge Selbstkontrolle, Sparsamkeit und eine asketische Lebensweise (d.h. Konsumverzicht, insb. Verzicht auf Luxus),
- Erfolg im Beruf durch Gewissenhaftigkeit und Fleiß („harte Arbeit"),
- Erwerbsstreben, das nicht vorrangig die eigenen materiellen Bedürfnisse befriedigen soll,
- Bewusstsein, in der Schuld Gottes zu leben.

Gemäß der calvinistischen **Prädestinationslehre** ist die Gnade Gottes für den Gläubigen gleichermaßen unverlierbar wie unerreichbar. Gott, der allmächtige Weltenlenker, habe schon von Beginn an festgelegt, wer erwählt, d.h. für den Himmel bestimmt sei und wer zur Höllenfahrt verdammt. Da aber nur der Erwählte beruflich erfolgreich sein könne, eröffne harte Arbeit den Weg, „Gnadengewissheit" zu erlangen und Gottes Ruhm zu mehren. Wirtschaftlicher Erfolg ermögliche es, den anderen das eigene Auserwähltsein zu demonstrieren.

Für den, der ein arbeitsames Leben führt, sei Reichtum nicht sündhaft, vorausgesetzt, er betrachtet diesen, wie der Milliardär J.D. Rockefeller, als **„Gottesgeld"**: von Gott dem Erwählten nur geliehen, damit dieser es verwalte und mehre. Sündhaft sei es lediglich, den Reichtum zu Müßiggang und Laster zu missbrauchen. Eher noch als Reichtum wird Armut als Sünde betrachtet, jedenfalls als Ausdruck des Nichterwähltseins. Deshalb tolerieren calvinistisch-pietistisch-puritanische Gesellschaften noch heute selbst gravierende Klassen- und Wohlfahrtsunterschiede und stellen sie sogar manchmal selbstbewusst zur Schau.

> Was Rockefeller, den Handlanger Gottes, von anderen Magnaten des anbrechenden Industriezeitalters unterschied, war nicht nur die Höhe des Vermögens, sondern auch, dass er zur selben Zeit reich und tugendhaft sein wollte. Sein Geld nutzte er nie wie andere Tycoone für Jachten, Mätressen oder Partys. (...) Zeit seines Lebens behielt Rockefeller den mystischen Glauben, dass Gott ihm all sein Geld zum Wohl der Menschheit gegeben habe. Über jeden ausgegebenen Penny führte er gewissenhaft Buch. Als ihm eine Eisenbahngesellschaft 117 $ zu viel berechnete, forderte der Milliardär sein Geld zurück. Denn er brauche die 117 $, um Missionskirchen im Westen zu bauen (Bierling 1999, S. 10).

Von anderen konfessionell inspirierten Arbeitsethiken unterscheidet sich die protestantische u.a. darin, dass Arbeit **um ihrer selbst willen** wertgeschätzt wird und nicht ihrer Ergebnisse wegen, d.h. als Mittel, sich einen – je nachdem – auskömmlichen oder reichhaltigen Lebensunterhalt zu verschaffen. Die sog. **calvinistischen Tugenden** haben die **Kapitalisierung** von Teilen der protestantischen Bevölkerung und damit Investitionen in industrielle Anlagen ermöglicht und letztlich der systematischen Industrialisierung den Boden bereitet. In der geistigen Nachfolge M. Webers konnten auch andere Wissenschaftler demonstrieren, dass die wirtschaftliche Entwicklung einer Gesellschaft wesentlich von der religiös motivierten Leistungsbereitschaft ihrer Mitglieder abhängt:
- Anhand einer Zufallsstichprobe aller erwachsenen Einwohner Detroits wiesen Mayer/Sharp (1962) nach: Wirtschaftlich am erfolgreichsten – und damit mutmaßlich leistungsbereiter als andere – waren die **Juden** Detroits, gefolgt von den **Ortho-**

doxen, den Angehörigen der verschiedenen **protestantischen** Kirchen und letztlich den **Katholiken**.
- Ende der 1980er-Jahre belegten in einer Rangliste der Länder mit dem höchsten Pro-Kopf-Einkommen überwiegend **protestantisch geprägte Länder** die vorderen Ränge (vgl. Hoffmann/Härle 1992, S. 191).

Ohne dies anzustreben, hat M. Weber eine **Denkschule** begründet, in deren Zentrum die Akzeptanz von Leistung und Akkumulation ökonomischer Werte in bestimmten Kulturen steht. Seine „Lehre" fußt aber nicht nur auf der Protestantismus-These, sondern auch auf empirischen Arbeiten über **Leistungsmotivation** (vgl. McClelland et al. 1953) sowie auf Untersuchungen zum Übergang vom **Materialismus** zum **Postmaterialismus** (vgl. Inglehart (1977; 1998; 2001).

Die Protestantismus-These erschien lange Zeit überaus plausibel – u.a. deshalb, weil die industrielle Revolution anfangs und mehr als eineinhalb Jahrhunderte lang vor allem die protestantischen Regionen Europas und der Neuen Welt verändert hat. Seit den 1980er-Jahren wird diese **These** jedoch zunehmend **kritisiert** (z. B. Didion/Hedinger 2006). Denn sie vermag nicht zu erklären, warum sich das traditionelle Nord/Süd-Gefälle in Deutschland seit den 1960er-Jahren umgekehrt hat und mittlerweile der vorwiegend katholische Süden ökonomisch erfolgreicher ist als der protestantische Norden. Auch kann protestantische Ethik nicht das „asiatische Wunder" bewirkt haben (vgl. C-2.9).
- Diese Widersprüche haben Inglehart (1997) zur **Postmaterialismus-These** angeregt. Ihr zufolge vollzog sich seit der zweiten Hälfte des 20. Jahrhunderts ein **Wertewandel**. Die Bewohner eben jener Regionen, die am stärksten von der protestantischen Ethik beeinflusst waren und einen hohen Grad an ökonomischer Sicherheit erlangt hatten, begannen, Wohlstand als selbstverständlich zu betrachten. Nunmehr erschienen ihnen postmaterialistische Werte erstrebenswerter: individuelles Glück, Partizipation, Selbstverwirklichung und Umweltschutz.
- Becker/Woessmann (2009) haben anhand von historischen Daten untersucht, wie sich das unterschiedliche Wirtschaftswachstum von 450 preußischen Landkreisen um 1870 erklären lässt. Ihre Forschungsthese lautete: Es sind weniger die von M. Weber angeführte protestantische Arbeitsethik und die damit verbundene Leistungsbereitschaft, sondern vor allem die bessere **Bildung**. In den protestantischen Landkreisen lag die **Alphabetisierungsquote** der Bevölkerung durchschnittlich um 10 % höher. Deshalb seien Protestanten damals produktiver und insgesamt erfolgreicher gewesen. Zwar ermittelten die Forscher zunächst eine positive Korrelation zwischen dem wirtschaftlichen Erfolg einer Region und dem Anteil der dort lebenden Protestanten. Bezogen sie jedoch entsprechend der modernen Humankapitaltheorie das Bildungsniveau als Kontrollvariable in die Analyse ein, dann zeigte sich: Nicht Religion (Protestantismus) ist die entscheidende Variable des Erklärungsmodells, sondern Bildung, gemessen als Lese- und Schreibfähigkeit.

Dennoch nutzt die religionssoziologische Forschung das Konstrukt der protestantischen Arbeitsethik (PAE) weiterhin. Zur Operationalisierung wird am häufigsten eine von Mirels/Garrett (1971) entwickelte Skala genutzt. Wie u.a. Jones et al. (2010) berichten, korreliert **intrinsische Religiosität** (IRO) signifikant mit PAE. Dieser Zusammenhang hat auch dann Bestand, wenn man den Einfluss von Konservatismus, der sowohl mit PAE als auch mit IRO korreliert, herausrechnet.

PAE-Skalen wurden auch verschiedentlich für **religionsvergleichende Studien** herangezogen, mit einem durchaus überraschenden Ergebnis. Nicht protestantische (Briten), sondern islamische Manager (Türken) bekannten sich am deutlichsten zur protestantischen Arbeitsethik – und am wenigsten katholische Manager (Irland). Arslan (2001) begründete dies damit, dass der Sufismus in der Türkei eine dem Calvinismus in Nordeuropa vergleichbare Rolle gespielt habe.

Katholische Arbeits- und Leistungsethik
Während die protestantische Ethik dezidiert auf die Eigenverantwortlichkeit des Einzelnen setzt und individuellen ökonomischen Erfolg nicht als Bereicherung auf Kosten anderer betrachtet, eröffnet aus katholischer Sicht ausschließlich **Gottes Gnade** den „Weg des Heils". Nur so könne der seinem Wesen nach sündige Mensch Erlösung erlangen (vgl. Sood/Nasu 1995, S. 5f.). Für die These, dass der Katholizismus Erwerbsstreben seit jeher mit Argwohn betrachtete, finden sich in der Kirchengeschichte zahlreiche Beispiele, etwa das **„Dekret Ejicere"** des kanonischen Rechts:

> Der Kaufmann kann kaum jemals Gott gefallen ..., deshalb darf kein Christ Handel betreiben. Wer es aber doch tut, ist aus der Kirche auszustoßen (ejicere) ... Wer kauft oder verkauft, kann sich nicht vom Meineid freihalten" (Rechtssammlung „Gratian"). Diese Auffassung lässt sich zurückführen auf die vorchristliche griechische Philosophie, die vor allem durch Aristoteles das abendländische Denken nachdrücklich beeinflusst hat. Dieser unterschied die **Ökonomik**, die natürliche Erwerbskunst, von der **Chrematistik**, der moralisch verwerflichen Bereicherungskunst, die er dem Binnenhandel zuordnete („Decretum Gratiani").

Gemäß der aristotelisch-römisch-katholischen Lehre ist Reichtum durchaus legitim, sofern er in Maßen angestrebt wird – so viel, wie man für ein gutes Leben benötigt. Für die protestantische Arbeitsethik wäre dies „maßlos".

Islamische Arbeits- und Leistungsethik
Der Ramadan kostet die islamischen Länder jährlich etwa 3% ihres Bruttosozialprodukts (vgl. Hasan 2017). Für die Innovationsfeindlichkeit und wirtschaftliche Stagnation dieser Region zeichnet aber nicht vorrangig die Religion verantwortlich, sondern bestimmte, oft mit Religiosität einhergehenden Persönlichkeitseigenschaften: **Dogmatismus**, **Autoritarismus** und überschießendes **Traditionsbewusstsein**. Auch der weitgehende Ausschluss der **Frauen** aus dem öffentlichen Leben ist einer der Gründe für die Rückschrittlichkeit dieser Region. In Abb. 12 sind alle muslimischen Länder im lin-

ken, unteren Quadranten positioniert, weil sie auf den Dimensionen „Gleichberechtigung" und „Demokratisierung" jeweils schlecht abschneiden, während die westlichen Industriegesellschaften den Gegenpol bilden (vgl. Inglehart/Norris 2003).

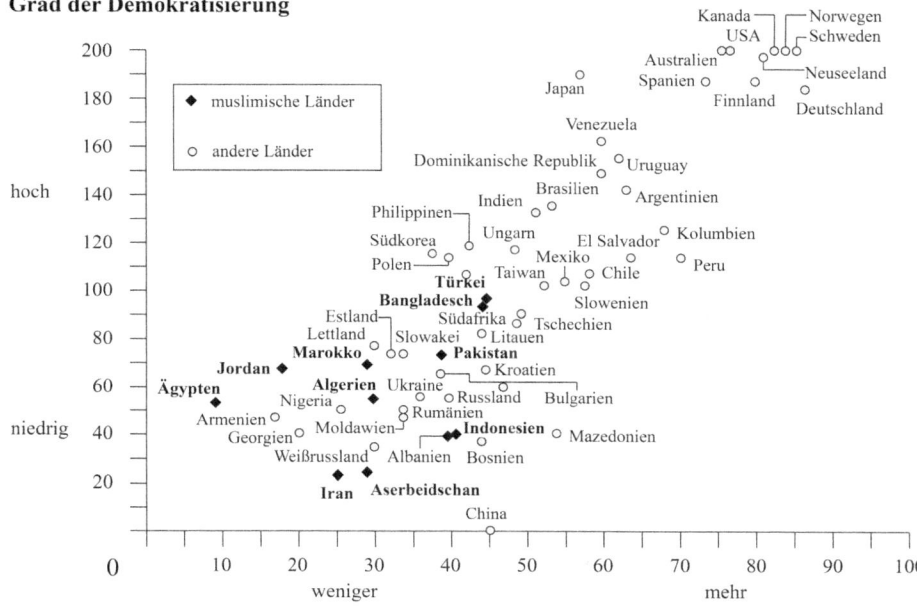

Abb. 12: Soziopolitische Landkarte (Quelle: Inglehart/Norris 2003, S. 68).

Hinduistische Arbeits- und Leistungsethik

Dass Hindus, wie auch Buddhisten, das Leben als eine Kette von Wiedergeburten erscheint, einen ewigen Kreislauf bildend, wird häufig als ein Indiz für Schicksalsergebenheit und geringe Leistungsorientierung gedeutet. Dabei wird allerdings übersehen, dass dieser Kreislauf durchbrochen werden kann, u.a. durch ein gottgefälliges Leben und gute Taten (vgl. B-5.1). **Karma** bedeutet eben nicht unabwendbares Schicksal, sondern impliziert letztlich eine leistungsfördernde Botschaft: Jeder ist für sein Schicksal selbst verantwortlich. „Ein Mensch guter Taten wird gut, ein Mensch schlechter Taten wird schlecht."

Allerdings kann die Karma-Lehre genutzt werden, um mangelnde Empathie mit den Armen zu rechtfertigen wie auch mangelnde Bereitschaft, für sozialen Ausgleich einzutreten. Wenn das aktuelle Leben Folge der im vergangenen Leben vollbrachten guten und schlechten Taten ist, dann ist der hungernde Landlose für sein Schicksal ebenso selbst verantwortlich wie der steinreiche Milliardär für das seine.

Die konsum- und leistungsorientierte Seite des modernen Hinduismus verkörpert **Ganesha**, der elefantenköpfige Sohn von Parvati und Shiva, zuständig für geschäftlichen bzw. finanziellen Erfolg und Glück. Ihm zu Ehren findet in Mumbai, Indiens Finanzzentrum, Jahr für Jahr ein Fest statt: Ganesh Chaturthi. Unter Anteilnahme von zahllosen Menschen werden dann Abbilder (Zeichnungen, Statuen) des Elefantengottes zum Strand getragen und schließlich im Meer versenkt.

Konfuzianische Arbeits- und Leistungsethik
Als wissenschaftliches Erklärungskonzept wäre die Protestantismus-These heute überholt, würde sie sich lediglich auf die ursprünglich protestantischen Länder beziehen. In ihrer allgemeineren Form („Kulturelle Faktoren können das Wirtschaftswachstum beeinflussen") ist sie aber nach wie vor bedenkenswert. So ist seit der Diskussion über die Ursachen des „**asiatischen Wunders**" allgemein akzeptiert, dass mutmaßlich nicht die Konfession für das starke Wirtschaftswachstum dieser Region verantwortlich ist, sondern die **konfuzianischen Werte** (vgl. Stiglitz 1996; Bond/Hofstede 1989; McCord 1989): „Harte Arbeit", besondere Wertschätzung von Lernen, Bildung und Leistung sowie Bereitschaft zu Belohnungsaufschub und Kapitalbildung (vgl. B-6.2).

Wichtigstes Anliegen des Konfuzianismus ist es, dem Einzelnen, der Familie sowie dem Staat Moral bzw. Menschlichkeit zu vermitteln und damit für Ordnung zu sorgen. Ultimatives Ziel ist die Stabilität des Staatswesens. Die konfuzianischen Werte manifestieren sich in **fünf Kardinaltugenden**: gegenseitige Liebe, Rechtschaffenheit, Weisheit, Sittlichkeit und Aufrichtigkeit. Besonders wichtig ist pflichtgemäßes Verhalten anderen gegenüber. In den sog. **Pflichtverhältnissen** obliegt den jeweils Stärkeren die Fürsorge für jene Schwächeren, die ihnen familiär bzw. sozial verbunden sind: Eltern/Kinder, Herrscher/Untertanen, ältere/jüngere Geschwister, Mann/Frau, Freunde/Freund.

Ein weiteres Element der konfuzianischen Arbeits- und Leistungsethik ist der Befürwortung einer hierarchischen Sozialstruktur. Daraus erwächst eine besondere Wertschätzung von ...
- sozialer Disziplin, Respekt vor Autorität, Lernen und Gelehrsamkeit,
- Akzeptanz von Hierarchie und Seniorität, Loyalität, Genügsamkeit und Bereitschaft zur Anpassung an die gegebene Ordnung,
- Fleiß, Strebsamkeit und Ausdauer („harte Arbeit").

Ahnen und Eltern zu ehren, ist eine **moralische Pflicht**, welche die Bindung innerhalb der Familie stärkt. Während gemäß der Protestantismus-These „harte Arbeit" Gnadengewissheit verschafft, erlangt laut konfuzianischer Sittenlehre der Einzelne dadurch die Gewähr, der eigenen Familie keine **Schande** zu bereiten – weshalb in diesen Gesellschaften Leistungsorientierung ein Wert an sich ist.

2.10 Leistungsfeindliche Gesellschaften

Die protestantische Ethik hat aufgrund ihrer positiven Einstellung zu individueller Leistung maßgeblich zur Modernisierung Europas beigetragen. Indem sie eine Reihe leistungsfeindlicher Normen, welche in den meisten **vorindustriellen Gesellschaften** verbreitet sind, unterwanderte, hat die protestantische Ethik maßgeblich zur Modernisierung Europas beigetragen. Zumeist nach dem Prinzip des Nullsummen-Systems organisiert, ist soziale Aufwärtsmobilität in diesen Gesellschaften mangels eines nennenswerten Wirtschaftswachstums gewöhnlich nur zu Lasten anderer möglich. Auch wird dort der soziale Status normalerweise ererbt und nicht selbständig erworben. Überdies bestärken bestimmte soziale Normen (Unterwürfigkeit, Idealisierung von Armut) die Menschen darin, die soziale Stellung zu akzeptieren, in die sie hineingeboren wurden („Eher geht ein Kamel durch ein Nadelöhr, als dass ein Reicher in das Reich Gottes gelangt"). Dennoch erhobene Forderungen nach sozialer Mobilität werden zumeist auf subtile Weise unterdrückt: durch Sakralisierung von Solidarität, Teilen und Nächstenliebe.

Vorrangiges Ziel traditioneller Agrargesellschaften ist es, trotz begrenzter Ressourcen und technischer Möglichkeiten ein stabiles soziales Gleichgewicht zu gewährleisten. Indem sie dem **Überleben** ihrer Gesellschaftsform absolute Priorität beimessen, verhindern sie sozialen Wandel im Allgemeinen und Akkumulation von Vermögen im Besonderen. Letzteres ist für den Prozess der Industrialisierung unabdingbar, wird in solchen Gesellschaften aber zumeist als Gier diskreditiert.

2.11 Vergangenheits- vs. Zukunftsorientierung

Sparbereitschaft, wirtschaftlicher Erfolg und andere ökonomisch bedeutsame Verhaltensweisen hängen auch davon ab, was der Einzelne von der Zukunft erwartet. Die Hoffnung auf eine „bessere Zukunft" ist Teil des abendländischen Weltbildes. Juden und Christen setzten und setzen ihre Hoffnung auf den Messias bzw. auf die Wiederkunft Christi. Insofern sind sie, im übertragenen Sinn, „geborene Spekulanten" (Piper 1999). Für das orthodoxe Christentum markiert die Auferstehung Christi hingegen die Erfüllung und nicht den Beginn der Geschichte. Deshalb wird den hauptsächlich in Russland, Bulgarien oder Griechenland lebenden Orthodoxen zumeist eine schwächere **Zukunftsorientierung** attestiert.

Im zyklischen Zeitverständnis animistischer Gesellschaften dominieren **Vergangenheit** und **Gegenwart**. Auch den polytheistischen Religionen mangelt es an der Form von Zukunftsorientierung, die für das Christentum charakteristisch ist. Dessen lineares Zeitverständnis, mit der Erschaffung der Welt als Nullpunkt und dem Jüngsten Gericht als Endpunkt, hat eine Quantifizierung und Ökonomisierung des knappen Gutes Zeit begünstigt: „Zeit ist Geld". In den westlichen Industriegesellschaften war und ist es der Alternativbewegung vorbehalten, eine Entschleunigung bspw. des Konsums zu propagieren (vgl. Husemann/Eckhardt 2019a).

3 Religion, Religiosität und Konsumentenverhalten

In seiner einflussreichen Wertetheorie beschrieb Rokeach (1969; 1968) Religiosität als **terminalen Wert**: als Streben nach innerer Harmonie und Erlösung. Der Wertetypologie von Vinson et al. (1977, S. 46) folgend kann Religiosität als **bereichsspezifischer Wert** definiert werden, der konkretes Verhalten unmittelbar beeinflusst. Zwar haben die in einer Gesellschaft vorherrschenden Werte nicht ewig Bestand, wie zahlreiche Studien nachweisen (vgl. Inglehart 1998). Aber ein tiefgreifender **Wertewandel**, wie ihn Deutschland oder Japan nach dem Zweiten Weltkrieg erlebten, beansprucht Jahrzehnte oder länger. Religionszugehörigkeit und Religiosität gelten daher ebenso wie die Landeskultur als relativ stabil im Zeitverlauf und als geeignet, Einstellungen sowie Verhaltensweisen mehr oder minder vorhersehbar zu beeinflussen (vgl. Delener 1990).

Diese Basisthese des IRM ist jedoch sehr unspezifisch. Deshalb haben Mathras et al. (2016) auf Basis der relevanten Literatur vorgeschlagen, Religion als ein vierdimensionales Konstrukt zu begreifen, das sich in **Ritualen**, **religiösen Überzeugungen**, **Werten** und **Glaubensgemeinschaften** manifestiert. Diese vier Dimensionen wurden durch verschiedene Subdimensionen konkretisiert: Rituale bspw. als Gebete, Reinigungsrituale (z.B. Beichte, reinigendes Bad im Ganges) und Zeitrituale (z.B. Abfolge von Festen und Sakramenten). Agarwala et al. (2019) haben diese Struktur weitgehend übernommen und mit ökonomisch relevanten **Verhaltensweisen** von Konsumenten verknüpft (vgl. Abb. 13).

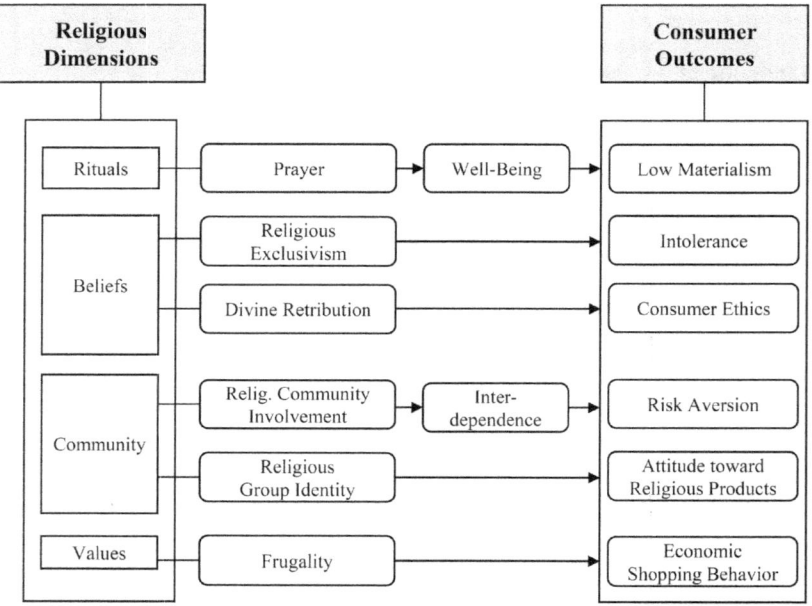

Abb. 13: Strukturmodell der Forschung zum interreligiösen Konsumentenverhalten (Quelle: Agarwala et al. 2019, S. 35).

Die sechs „Consumer Outcomes" sind das Ergebnis einer umfassenden Analyse und Kategorisierung der einschlägigen empirischen Forschung durch diese Wissenschaftler. So erfasst die Kategorie ...

- **Materialismus**[27] Untersuchungen zum Zusammenhang von Religiosität und demonstrativem Konsum, Markenbewusstsein, Modebewusstsein sowie Einstellungen zu Luxusmarken. Hierunter fällt eine Untersuchung von Stillmann et al. (2012). Sie haben korrelativ und experimentell festgestellt, dass spirituell orientierte Verbraucher für Güter des demonstrativen Konsums (bspw. Smartphone) weniger zu bezahlen bereit sind als andere.
- **Intoleranz**[28] Untersuchungen zum Zusammenhang von Religiosität und Animosität, Konsumentenboykott sowie durch umstrittene Werbung verletzte Gefühle. In diesem Sinn intolerant sind vor allem Konsumenten, die zu religiösem Exklusivismus neigen, d. h. die ihre eigenen religiösen Überzeugungen als unstrittig wahr und die der anderen als unstrittig falsch ansehen (vgl. Trinitapoli 2007).
- **Konsumentenethik**[29] Untersuchungen zum Zusammenhang von Religiosität, ethischen Überzeugungen und Konsumentenverhalten. Die meisten Menschen erachten unethisches Verhalten als weniger verwerflich, wenn sie vom Fehlverhalten anderer profitieren (bspw. nichts zu sagen, wenn sich der Verkäufer zu ihrem Vorteil verrechnet hat). Wer sich hingegen selbst aktiv unethisch verhält (bspw. seiner Versicherung eine übertrieben große Schadensumme meldet), kann mit weniger Nachsicht rechnen. Bei sehr Religiösen lässt sich dieser Effekt etwas deutlicher nachweisen als bei weniger Religiösen (vgl. Arli 2017).
- **Risikoaversion**[30] Untersuchungen zum Zusammenhang von Religiosität und Akzeptanz von Innovationen, Risikowahrnehmung von Konsumenten sowie Marken- bzw. Geschäftsstättenwechsel. Religiöse werden aufgrund gemeinsamer Überzeugungen, aber auch durch die Teilnahme an den Ritualen und Veranstaltungen ihrer Glaubensgemeinschaft tendenziell kollektivistisch sozialisiert. Deshalb wollen sie als Konsumenten nicht vom Üblichen bzw. Gewohnten abweichen und sich auf diese Weise von der Gemeinschaft der Gläubigen absondern (vgl. Agarwala et al. 2019, S. 42).
- **Einstellung zu religiösen Produkten**[31] Untersuchungen zum Zusammenhang von Religiosität und konfessionskonformem Konsum (z. B. koschere Produkte, Islamic Banking) und zum Einsatz von religiösen Symbolen in der Markenkommunikation. Wie die einschlägige Forschung gezeigt hat, präferieren Religiöse Einkaufsstätten, welche samstags (= Juden) bzw. sonntags (= Christen) geschlossen bleiben (vgl. Siguaw/Simpson 1997) und Marken, die mit religiösen Symbolen assoziiert sind (vgl. Henley et al. 2009).

4 Kaufmotive und Käufertypen

In der Frühphase der Erforschung des Einflusses von Religion bzw. Religiosität auf das Konsumentenverhalten wurden die Ergebnisse mehrerer explorativer Studien publiziert, die sich formal ähnelten. Es wurden jeweils die Zustimmung bzw. Ablehnung zu vorformulierten Kaufmotiven erfragt und die erhaltenen Antworten faktoranalytisch auf grundlegende Motive bzw. Käufertypen reduziert.

4.1 Studie von Bailey & Sood

Bailey/Sood (1993) haben 349 Anhänger unterschiedlicher Konfessionen in Washington, D.C. (USA) befragt. Zusätzlich zu ihrer Religionszugehörigkeit sollten diese ihre religiösen Überzeugungen offenbaren, indem sie zentrale Glaubenssätze beurteilten. Die Frage „Do you believe Jesus is son of god?" etwa bejahten 87 % der Katholiken, aber – verständlicherweise – nur 9 % der Buddhisten. Der Operationalisierung der abhängigen Variable „Kaufverhalten" dienten 20 Statements (Semantische Differentiale) zu Produktwahl, Einkaufsstätte und Informationssuche (z. B. „You prefer ads that are exciting – are informative?"). Untersucht wurde eine fiktive High Involvement-Kaufsituation (= **Kauf einer hochpreisigen Stereoanlage**), da vorangegangene Untersuchungen gezeigt hatten, dass Konsumenten nur High Involvement-Produkte in Abhängigkeit von ihrer Konfession unterschiedlich beurteilen, während diese bei Low-Involvement-Produkten keine Rolle spielt.

Die Antworten der Probanden und deren daraus erschlossenen Kaufmotive ließen sich faktoranalytisch zu **sieben Käufertypen** verdichten:
- Rationale Käufer sind preissensitiv und bevorzugen preisgünstige Einkaufsstätten. Sie orientieren sich an Sonderangeboten, begnügen sich mit durchschnittlicher Produktqualität, schließen nicht vom Preis auf die Qualität der Angebote und achten auf Haltbarkeit, Garantien etc.
- Impulsive Käufer treffen ihre Kaufentscheidungen spontan und unabhängig von Sonderangeboten, kaufen im nächstbesten Geschäft ein und suchen vor Kaufentscheidungen weder den Rat von Freunden und Bekannten, noch lassen sie sich darin von Medien beeinflussen.
- Informierte Käufer legen gleichfalls keinen besonderen Wert auf den Rat anderer Personen, weil sie sich selbst die nötigen Produktinformationen beschaffen. Informative, subtile Werbung ziehen sie emotionalen, aufmerksamkeitsheischenden Anzeigen vor.
- Widerstrebende Käufer sind äußerst preissensibel. Da sie Einkaufen als Belastung empfinden, beschränken sie sich auf wenige Einkaufsstätten und begnügen sich mit einem begrenzten Angebot.
- Risikofreudige Käufer interessieren sich auch für wenig beworbene, neuartige Produkte und sind ausländischen Fabrikaten gegenüber aufgeschlossen.

- Skeptische Käufer misstrauen Werbung grundsätzlich, fragen lieber Freunde nach deren Meinung und bevorzugen bekannte Marken.
- Elitäre Käufer erwarten einen überdurchschnittlichen Service und kaufen gerne in gutsortierten Geschäften ein (statt in möglichst preisgünstigen Geschäften).

Sodann haben die beiden Wissenschaftler regressionsanalytisch für jede Konfession untersucht, ob und in welchem Maße man anhand der Religionszugehörigkeit deren **Kaufverhalten prognostizieren** kann. Allerdings wurden die verschiedenen Konfessionen nicht systematisch miteinander verglichen, sondern jede einzeln lediglich mit einer sehr kleinen Stichprobe von Atheisten (n = 37). Hinzu kommt: Außer Protestanten (n = 107) und Katholiken (n = 90) waren die übrigen Konfessionen zahlenmäßig so schwach vertreten, dass die mitgeteilten Befunde nur eine vorläufige Tendenz aufzeigen können: 28 Buddhisten, 16 Hindus, 31 Juden, 40 Muslime. Sieht man von diesen Einwänden ab, dann ergaben mehrere univariate Regressionsanalysen:
- Überproportional viele der befragten **Muslime** sind impulsive, vergleichsweise wenig informierte, risikofreudige Konsumenten (was sich möglicherweise mit einer fatalistischen Grundeinstellung in Verbindung bringen lässt).
- **Hindus** scheinen eine Neigung zu rationalem Kaufverhalten zu haben, was dem hinduistischen Ideal des Strebens nach Einfachheit, Reinheit und Selbstkontrolle entspricht.
- Weniger als Konfessionslose suchen **katholische** Konsumenten nach Informationen, bevor sie eine Kaufentscheidung treffen.
- Die in dieser Studie befragten **Buddhisten**, **Juden** und **Protestanten** haben ähnliche Konsumgewohnheiten offenbart wie atheistische und konfessionslose Vergleichspersonen.

Ähnliches hat zuvor schon Delener (1989) beobachtet: Auch ihre Untersuchung weist Muslime als eher impulsive und Hindus als eher rationale Konsumenten aus. Weiterhin zeigte sich, dass Nichtreligiöse intensiver nach Informationen suchen als religiöse Vergleichspersonen. Trotz diverser Schwachstellen gilt die Arbeit von Bailey/Sood (1993) als ein **Meilenstein** der **Forschung** zum IRM.

4.2 Studie von Essoo & Dibb

Essoo/Dibb (2004) haben die Bailey/Sood-Studie weitgehend repliziert. Allerdings beschränkten sie sich zum einen auf drei Konfessionen (Muslime, Hindus und Katholiken) und zum anderen auf den Vergleich von streng religiösen mit weniger religiösen Gläubigen. Erneut wurden faktoranalytisch **sieben Käufertypen** identifiziert (vgl. Tab. 19). Sodann analysierten die beiden Wissenschaftler varianzanalytisch die Rolle, die Religiosität und Religionszugehörigkeit in diesem Zusammenhang spielen.

Beide Variablen erwiesen sich als signifikante **Moderatoren**. Allerdings beeinflusst Religiosität das Verhalten stärker als die Religionszugehörigkeit. Ob also ein Proband bspw. eher ein fordernder oder eher ein innovativer Käufer ist, hängt weniger von dessen Konfession als von der Intensität seiner Religiosität ab. Interaktionseffekte (bspw. systematische Unterschiede zwischen weniger gläubigen Katholiken und streng gläubigen Hindus) konnten nicht nachgewiesen werden.

Tab. 19: Typologie des Kaufverhaltens (Quelle: eigene Zusammenstellung auf Basis von Essoo/Dibb 2004).

Käufertyp	wichtig sind:	Religiosität		Konfession		
		stark	schwach	Katholiken	Muslime	Hindus
Fordernde	Produkt- und Servicequalität, Nährwert	+		+		–
Praktische	Sonderangebote, Preisnachlässe, Kreditmöglichkeiten	+			+	–
Trendige	(Premium-)Marken	+				
Traditionalisten	glaubwürdige Werbung, Sonderangebote			+		–
Sparsame	Preisniveau			+		–
Nachdenkliche	Feilschen, Meinung von Freunden					
Innovative	neuartige Produkte, Marken und Einkaufsmöglichkeiten	+			+	–

Katholiken sind gemäß dieser Studie überdurchschnittlich anspruchsvolle, konservative Kunden, die vor allem auf die Qualität des Leistungsangebots achten. Auch von Werbemaßnahmen erwarten sie Seriosität und Glaubwürdigkeit. Sie reagieren positiv auf Verkaufsförderungsmaßnahmen und sind einkaufsstättentreu. Weiterhin ist ihnen die Meinung ihres sozialen Umfeldes wichtig.

Muslime sind im Vergleich dazu eher der innovative und zugleich praktische wie auch preisbewusste Typus. Mehr als andere wollen sie Preise verhandeln können. Sonderangebote sind ihnen wichtig. Auch erscheint es ihnen nicht besonders risikoreich, immer wieder neue Geschäfte und Produkte auszuprobieren. Dies sowie ihre größere Risikobereitschaft und ihre geringere Neigung, vor Kaufentscheidungen viele Informationen einzuholen, erklärt sich mit der festen Überzeugung der meisten Muslime, alles auf Erden gehorche Allahs Willen.

Hindus lassen sich auf Basis der hier vorgestellten Einsichten als eher passive Konsumenten beschreiben, als Antityp der Fordernden und der Praktischen. Sie tolerieren mehr als andere eine geringere Produktqualität, schlechtere Dienstleistungen und höhere Preise. Zur Begründung haben Essoo/Dibb (2004) auf die vergleichsweise große Akzeptanz fatalistischer Überzeugungen im Hinduismus hingewiesen wie auch auf die besondere Wertschätzung von Gelassenheit, Selbstbeherrschung und Losgelöstheit von irdischen Begierden.

4.3 Studie von Sood & Nasu

Sood/Nasu (1995) wollten wissen, ob wenig Religiöse ähnlich oder anders konsumieren als Strenggläubige. Dazu befragten sie japanische (Buddhismus sowie Shintoismus) sowie US-amerikanische Konsumenten (Protestanten). Die Versuchsteilnehmer sollten sich zunächst vorstellen, sie wollten ein hochpreisiges Rundfunkgerät kaufen, und sodann zu 20 Statements, welche verschiedene Aspekte dieser fiktiven Kaufentscheidung betreffen, Stellung nehmen:
- Produktauswahl (Qualität, Markenname etc.),
- Wahl der Einkaufsstätte (Sortiment, Preis etc.),
- Informationsbeschaffung (Medien, Meinung von Freunden etc.).

Diesen 20 Statements war jeweils eine Ratingskala zugeordnet (z.B. „Ich würde das Radio kaufen, das die beste Qualität hat ... eine angemessene Qualität hat"). Faktorenanalytisch ließen sich die so gewonnenen Einschätzungen auf **sieben Dimensionen** reduzieren (vgl. Tab. 20).

Tab. 20: Faktorenstruktur des Kaufverhaltens (Quelle: eigene Darstellung auf Basis von Sood/Nasu 1995, S. 7).

Käufertypus	Besonderheiten
Pragmatische	Wichtig sind angemessene Qualität, Haltbarkeit und Garantien. Pragmatische kaufen auch neue, noch unbekannte Marken.
Preisbewusste	Wichtig sind preisgünstige (auch ausländische) Produkte. Preisbewusste kaufen gezielt bei Schlussverkäufen, fühlen sich nicht an bestimmte Einkaufsstätten gebunden und verlassen sich nicht auf die Preis/Qualitäts-Vermutung.
Selbstbewusste	Wichtig sind neue, noch unbekannte Marken, für die wenig geworben wird. Selbstbewusste verlassen sich auf die eigene Informiertheit und Entscheidungsfähigkeit.
Rational Nachdenkliche	Wichtig ist informative Werbung. Rational Nachdenkliche misstrauen Werbeaussagen und bevorzugen unaufdringliche Werbung.
Widerstrebende	Wichtig ist One-Stop-Shopping. Widerstrebende suchen nicht in den Medien nach Informationen, und Einkaufen ist ihnen eine Last.
Traditionsbewusste	Wichtig sind Produktherkunft und Service. Traditionsbewusste bevorzugen inländische Produkte.
Zielstrebige	Wichtig sind Produktqualität, Haltbarkeit und Garantien.

Die Autoren verglichen mit Hilfe von t-Tests die Faktormittelwerte in Abhängigkeit von Religiosität und Nationalität. Dabei erwiesen sich strenggläubige **amerikanische Protestanten** als überdurchschnittlich preisbewusste und rationale Konsumenten. Für die Kaufmotive von **Japanern** hingegen war deren Religiosität ohne Belang. Ursächlich hierfür könnte sein, dass die japanische Gesellschaft eine weitgehend säkulare Gesellschaft ist. Hinzu kommt die Multikonfessionalität vieler Japaner, die sich Shintoismus, Buddhismus wie auch Konfuzianismus verbunden fühlen, je nachdem, welcher Bereich des täglichen Lebens betroffen ist (vgl. B-1.1).

5 Kaufentscheidungen

Die kognitive Strömung der Marketingforschung geht davon aus, dass Konsumenten sich vor einer Kaufentscheidung mehr oder weniger umfassend informieren, sei es beim Anbieter, in den Medien oder in ihrem sozialen Umfeld. Art und Intensität der Informationssuche werden durch den individuellen Entscheidungsstil wie auch durch Merkmale der Kaufsituation und des Kaufobjektes moderiert. So zeichnen sich Impulskäufe und Gewohnheitskäufe u.a. dadurch aus, dass sie weitgehend ohne eine besondere Informationsgrundlage getätigt werden.

5.1 Informationssuche

Ob und in welcher Weise Konfession und Religiosität das Informationsverhalten von Konsumenten beeinflussen, zählt zu den bislang eher vernachlässigten Fragestellungen des IRM. Vertreter der Käufertypologie-Forschung wie Bailey/Sood (1993) haben u.a. den Typus des **impulsiven Käufers** beschrieben, der Kaufentscheidungen spontan und unabhängig von Informationsangeboten der Medien wie auch von Empfehlungen anderer Konsumenten fällt. Ein anderer Typus ist der **informierte Käufer**. Wesentlich häufiger als unter den befragten Buddhisten, Juden und Protestanten wie auch unter den Konfessionslosen fanden sich unter den katholischen und muslimischen Studienteilnehmern impulsive, eher wenig informierte Konsumenten. Auch die Muslime, die Essoo/Dibb (2004) befragt haben, neigten vergleichsweise wenig dazu, vor einer Kaufentscheidung viele Informationen einzuholen. Erklären lässt sich diese Passivität mit der festen Überzeugung, auf Erden gehorche alles Allahs Willen.
    Am häufigsten haben sich aber Wissenschaftler arabischer Herkunft mit diesem Phänomen auseinandergesetzt, häufig mit einem **normativen Ansatz**: „Gute Muslime kaufen nichts Überflüssiges oder Nutzloses." Beschrieben wurden impulsive Konsumenten aus **islamischer Sicht** als ichbezogene Hedonisten, einerseits getrieben von dem Bedürfnis nach Abwechslung und andererseits als Opfer ihrer Struktur- und Planlosigkeit (vgl. Sharma et al. 2010). Dieses Verhalten widerspreche islamischen Werten, weshalb gläubige Muslime dafür weniger anfällig seien.

Impulse buying is an irrational, unplanned, and spontaneous purchasing behavior that seeks pleasure and emotional fulfillment. Some factors that evoke this behavior involve less self-control, a hedonic lifestyle, and materialism. Both religiosity and spirituality are two things expected to control the impulsivity of buying (Maryati et al. 2021, S. 137).

Delener (1989) wiederum hat gezeigt, dass nichtreligiöse Konsumenten intensiver nach Informationen suchen als religiöse Vergleichspersonen. Sehr religiöse Koreaner verlassen sich dabei stärker als weniger Religiöse auf Hinweise und Empfehlungen von Mitgliedern ihrer Kirchengemeinde (vgl. Choi et al. 2010).

5.2 Entscheidungsstil

In der Literatur werden die unterschiedlichsten Entscheidungsstile beschrieben: Neben dem marken- und qualitätsorientierten Stil haben der preis-, der risiko- und der werteorientierte Entscheidungsstil das Interesse der Marketingforschung gefunden. Hinzu kommen u.a. der hedonistisch-freizeitorientierte und der halal-bewusste Entscheidungsstil indonesischer Konsumenten (vgl. Useman et al. 2021).

Marken- und qualitätsorientierter Entscheidungsstil

Markenbewusste ziehen markierte Ware grundsätzlich unmarkierter Ware vor. Denn aus ihrer Sicht reduzieren Marken aufgrund ihres **Qualitätsversprechens** das Kaufrisiko. Auch werden diese intensiv beworben und besitzen deshalb einen guten Wiedererkennungswert, was **Vertrautheit** schafft. Und Käufer prestigeträchtiger Marken können ihrem sozialen Umfeld ihren sozialen Status demonstrieren. Für diesen Mehrwert akzeptieren Markenbewusste einen entsprechenden Preisaufschlag (vgl. Tab. 21).

Tab. 21: Zahlungsbereitschaft markenbewusster deutscher Konsumenten (Quelle: eigene Erhebung).

	Katholiken (n = 71)	Protestanten (n = 84)	p
Eine Marke, die meine Ansprüche erfüllt, würde ich gegenüber anderen bevorzugen, auch wenn sie teurer ist.	1,30	0,78	0.03
Für eine Marke, die meine Ansprüche erfüllt, würde ich einen höheren Preis bezahlen.	1,27	0,80	0.07
Eine Marke, die meine Ansprüche erfüllt, kann gerne auch mehr kosten.	1,14	0,63	0.05

Anmerkung: Mittelwerte auf einer Skala von –3 „lehne voll und ganz ab" bis +3 „stimme voll und ganz zu", Ergebnisse eines t-Tests

Die mit der bewussten Kargheit protestantischer Gotteshäuser kontrastierende Prachtentfaltung der katholischen Kirche im Barock und Rokoko spricht für eine Affinität zwischen Markenphilosophie und Katholizismus, so dass sich (deutsche) **Katholiken** als ein attraktives Käufersegment für Markenprodukte empfehlen. Essoo/Dibb (2004) haben dies insofern bestätigt, als gemäß ihrer Studie Katholiken eher zum traditionellen Käufertyp gehören, dem die Qualität eines Produktes wichtig ist.

Bei ihren Bekleidungskäufen legen **streng Religiöse** den vorliegenden Untersuchungen zufolge zwar gesteigerten Wert auf gute Qualität, aber nicht auf prestigeträchtige Markennamen (vgl. Islam/Chandrasekaran 2019). Vielmehr hemmt intensive Religiosität die Versuchung, Markenkleidung zur Selbstdarstellung und zur Demonstration des eigenen Selbstwertes zu nutzen (vgl. Shachar et al. 2011). Im Übrigen variiert die Vorstellung von Qualität in Abhängigkeit von der Konfession. Während für orthodoxe Muslime Qualität vor allem „halal", d.h. islam-konform bedeutet (vgl. Mokhlis 2006b), handeln orthodoxe amerikanische Christen wie Smart Shopper: Sie suchen qualitativ Hochwertiges, aber zu günstigen Preisen (vgl. Davis/Jai 2014).

Preisorientierter Entscheidungsstil

Der in mehreren Studien identifizierte Typus des rationalen Käufers achtet beim Einkaufen mehr als andere auf **Sonderangebote** und entscheidet generell **preissensitiv**, d.h. er reagiert auf Preisänderungen mit einer entsprechenden Änderung seines Kaufverhaltens. In diesem Sinn rational handeln häufig Hindus, gefolgt von Buddhisten, Christen und Muslimen (vgl. Bailey/Sood 1993) sowie von religiösen Protestanten (vgl. Sood/Nasu 1995).

Während für den rationalen Typus primär ein niedriger Preis ein guter Preis ist, nutzen Markenbewusste einen hohen Preis als Qualitätsindikator. Zwar hat sich die **Preis/Qualitäts-Hypothese** häufig als Preis/Qualitäts-Illusion erwiesen. Dies hält viele aber nicht davon ab, sich im Zweifelsfall für ein hochpreisiges Angebot zu entscheiden. Denn es ist häufig sehr schwierig und bisweilen unmöglich, die Produktqualität verlässlich zu beurteilen, aber sehr einfach, die Proxy-Regel „je höher der Preis, desto höher die Qualität" anzuwenden. Von den Konsumenten, die Mokhlis (2010) befragt hat, pflichteten primär Muslime der Preis/Qualitäts-Vermutung zu (signifikant häufiger als Buddhisten), während religiöse Protestanten sie eher ablehnten (vgl. Sood/Nasu 1995).

Risikoorientierter Entscheidungsstil

Viele Kauf- und Konsumentscheidungen sind risikobehaftet. Wer kann sich sicher sein, dass der neue Lieferdienst zuverlässig ist, das Sonderangebot qualitativ den Erwartungen entsprechen wird oder das neue Smartphone seinen Preis wert ist? Risikoscheue Kunden vermeiden nach Möglichkeit Verhaltensänderungen, etwa ein neuartiges Angebot zu erproben oder die vertraute Marke bzw. Einkaufsstätte zu wechseln (vgl. Karani/Fraccastoro 2010).

Aufgrund ihres im Regelfall geringeren Selbstvertrauens und vermehrten Unsicherheitsgefühls sind Religiöse in vielen Lebensbereichen bestrebt, Risiken aller Art zu vermeiden. Ihr Konsumverhalten wird durch diese Risikoaversion in vielerlei Hinsicht beeinflusst. Religiöse ...
- begegnen **innovativen Angeboten** mit großer Skepsis (vgl. Mansori et al. 2015),
- vermeiden möglichst **Marken-** und **Geschäftsstättenwechsel** (vgl. Choi et al. 2013),
- nehmen **Risiken** des Konsumlebens besonders intensiv wahr und vertrauen weniger auf ihre Urteilsfähigkeit (vgl. Delener 1990b).

Religiöse neigen auch nicht zu **impulsiven Kaufentscheidungen** (vgl. Mokhlis 2009a). Einerseits überrascht dies, da ihr wenig analytischer Denkstil und ihre ausgeprägte Emotionalität (vgl. Zuckerman et al. 2013) eigentlich spontane, ungeplante Handlungen erwarten lassen. Dem steht jedoch andererseits eine überdurchschnittliche Risikoaversion entgegen, weshalb religiösen Kunden das Spontane offenbar weniger reizvoll als gefährlich erscheint (vgl. Habib/Bekun 2021).

Singh et al. (2021) haben Impulsivität als Unterart von **unkontrolliertem Kaufverhalten** beschrieben, wozu auch zwanghaftes Kaufen zählt. Allerdings neigen ihren Beobachtungen zufolge nur extrinsisch Religiöse zu unkontrolliertem Kaufverhalten. Dieser Zusammenhang wird durch Beeinflussbarkeit (d.h. Anfälligkeit für zwischenmenschlichen Einfluss) mediiert und durch Langfristorientierung moderiert.

Katholiken ähneln intrinsisch Religiösen insofern, als auch sie skeptisch auf Innovationen reagieren und beim Kauf von Gebrauchsgütern vor allem mögliche negative Konsequenzen ihrer Entscheidungen bedenken (vgl. Delener 1990b). Im Gegensatz dazu lassen Juden (vgl. Hirschman 1981) und Muslime (vgl. Mohklis 2009a) eine größere Aufgeschlossenheit für neuartige Angebote erkennen.

Verantwortungsbewusster Entscheidungsstil
Ethischer Konsum ist ein Sammelbegriff für nachhaltiges, umweltbewusstes und prosoziales Konsumverhalten. Dabei geht es den Verbrauchern jeweils nicht primär darum, mit ihren Kauf- und Konsumentscheidungen ihren persönlichen Nutzen zu mehren. Ihr Augenmerk gilt auch oder vorrangig dem Gemeinwohl. Gemäß der **General Theory of Marketing Ethics** wird das ethische Verhalten von Konsumenten u. a. von deren Konfession geformt (vgl. Hunt/Vitell 1986).

Im Mittelpunkt der Consumer Social Responsibility-Bewegung steht das gewachsene Bewusstsein für und Streben nach **Gerechtigkeit** und **Fairness** gegenüber anderen Menschen sowie nachfolgenden Generationen (vgl. Hoffmann/Akbar 2019, S. 195). Gemäß der fünften Trendstudie der Otto Group[32] wird ethischer Konsum von Teilen der Bevölkerung zunehmend akzeptiert.

In den 1990er- und frühen 2000er-Jahren, als die drei eingangs geschilderten Kaufmotiv-Studien entstanden sind (vgl. C-4), wurden die ethischen Implikationen des Konsumentenverhaltens noch wenig beachtet. Folglich waren sie auch nicht Bestandteil des Variablenpools, aus dem damals faktorenanalytisch die beschriebenen Käufertypen extrahiert wurden. Deshalb konnte der **ethische Konsument** in diesen Studien auch nicht als Typus identifiziert werden. Wenige Jahre später stand er jedoch auf der Forschungsagenda (vgl. Newholm/Shaw 2007). Operationalisiert wird ethisches Konsumentenverhalten zumeist mit Hilfe der Muncy-Vitell Consumer Ethics Scale (vgl. Tab. 22).

Tab. 22: Auszug aus der Muncy-Vitell Consumer Ethics Scale (Quelle: Vitell/Muncy 2005).

Lying about a child's age in order to get a lower price. (–)
Not telling the truth when negotiating the price of a new automobile. (–)
Buying counterfeit goods instead of buying the original manufacturers brands. (–)
Purchasing something made of recycled materials even though it is more expensive. (+)
Correcting a bill that has been miscalculated in your favor. (+)

Alle großen Weltreligionen propagieren letztlich **prosoziale Werte**, z.B. Barmherzigkeit oder tätiges Mitgefühl mit den Armen (vgl. Saroglou et al. 2005). Deshalb sollten religiöse Konsumenten ein stärkeres ethisches Bewusstsein haben als nicht oder wenig Religiöse. Für „richtig", d.h. intrinsisch Religiöse konnten Vitell et al. (2005) diese These empirisch bestätigen, nicht jedoch für extrinsisch Religiöse. Ähnliches berichten Vitell et al. (2006) und Arli/Tjiptono (2013). Beides erscheint plausibel, da lediglich intrinsisch Religiöse aus Überzeugung handeln, während extrinsisch Religiösen nachgesagt wird, sie seien eigentlich gar nicht religiös, sondern wollten lediglich durch sozial angepasstes Verhalten (bspw. regelmäßigen Gottesdienstbesuch) von den Vorteilen der Zugehörigkeit zu einer Glaubensgemeinschaft profitieren. In einer Untersuchung von Schneider et al. (2011) war die Beziehung zwischen Religiosität und ethischem Verhalten bei muslimischen Konsumenten deutlicher nachweisbar als bei christlichen Konsumenten (Deutschland).

Einschränkend zu bedenken ist allerdings, dass die meisten dieser Untersuchungen auf Selbstauskünften beruhen und somit eher **Wunschdenken** reflektieren und das allzu menschliche Bedürfnis nach einem positiven Selbstbild (vgl. Galen 2012). Es erklärt jedoch, warum ethische Einstellungen (z.B. Bereitschaft zu einem bescheidenen Lebensstil) zumeist keine entsprechenden ethischen Verhaltensweisen fördern. Die Einstellungs/Verhaltens-Forschung geht in diesem Zusammenhang der Frage nach, ob Religiöse nicht ethischer, sondern **scheinheiliger** sind als weniger religiöse Vergleichspersonen (vgl. C-5.6).

Auf einen weiteren Grund, weshalb ethisches Verhalten nicht eindeutig aus der Konfession bzw. Religiosität der Betroffenen ableitbar ist, verweist das Konzept der **„moralischen Potenz"** (Hannah/Avolio 2010).[33] Darunter kann man eine Art von moralischer Selbstermächtigung verstehen. Angenommen, sehr religiöse Verbraucher kaufen

ein Produkt, das gegen eine religiöse Norm verstößt (bspw. Verhütungsmittel): Wie lösen sie voraussichtlich die daraus erwachsende kognitive Dissonanz auf?
- Käufer mit hoher moralischer Kompetenz, indem sie die Verantwortung für diesen Kauf und die daraus erwachsenden Konsequenzen übernehmen, weil sie der Überzeugung sind, selbst die Zulässigkeit oder Sündhaftigkeit ihrer Handlung am besten beurteilen zu können.
- Käufer mit geringer moralischer Kompetenz, indem sie die Verantwortung delegieren bzw. leugnen („Die anderen machen das doch auch so").

Spirituell orientierter Entscheidungsstil
Ein vergleichsweise junges Forschungsgebiet widmet sich der Analyse von **Konsumentenspiritualität** (vgl. Husemann/Eckhardt 2019b). Damit gemeint ist der Konsum von Gütern, die einen spirituellen Nutzen versprechen (vgl. Kale 2004). Konsumsituationen, welche das Bedürfnis vieler Menschen nach Lebenssinn stillen, nach Begegnung mit ihrem inneren Ich wie auch mit einer höheren äußeren Macht, können …
- materieller Natur sein (bspw. Konsumverzicht zugunsten eines erhofften spirituellen Lebens nach dem Tod; vgl. Rauf et al. 2019),
- körperlicher Natur sein (bspw. Schmerzen und die damit verbundenen spirituellen Erfahrungen als Folge einer entbehrungsreichen Pilgerreise; vgl. Cova/Cova 2019),
- technologischer Natur sein (bspw. Nutzung von Online-Plattformen wie Trip Advisor, um die Erfahrungen, die bei einem Retreat-Urlaub in einem Kloster gewonnen wurden, mit anderen zu teilen; vgl. van Laer/Izberk-Bilgin 2019).

5.3 Urteilsverzerrungen

Sozialpsychologen haben zahlreiche systematische Wahrnehmungs- und Urteilsverzerrungen identifiziert. Der von den Internet-Bloggern B. Benson und J. Manoogian III initiierte **Cognitive Bias Codex** listete zuletzt (Juli 2022) 184 solcher Effekte bzw. Biases auf, angefangen beim „Weniger-ist-besser-Effekt" bis hin zum „Zuordnungsirrtum".[34] Für das IRM von besonderem Interesse ist der **Self Serving Bias**. Damit ist eine Tendenz gemeint, die Verantwortung für positive Ereignisse (bspw. Erfolge) möglichst sich selbst zuzuschreiben, für negative Ereignisse (bspw. Misserfolge) hingegen andere Akteure oder ungünstige Umstände verantwortlich zu machen. Psychologisch gesehen ist dies nicht einfach eine Fehlwahrnehmung, sondern insofern sinnvoll, als der tägliche kleine Selbstbetrug das Selbstwertgefühl stärkt (bspw. Selbstwirksamkeit).

Auch Konsumenten sind für selbstwertdienliche Verzerrungen empfänglich. Bekanntlich neigen die meisten dazu, bei Produktmängeln und anderen Störungen der Anbieter/Nachfrager-Beziehung grundsätzlich die Schuld beim Unternehmen zu vermuten (vgl. Folkes/Kotsos 1986). Es gibt Hinweise darauf, dass Gläubige, deren Religion **Bescheidenheit** fordert und **Stolz** als Sünde brandmarkt (z. B. das Christentum), weniger anfällig für diesen Bias sind und Sachverhalte akkurater beurteilen als andere (vgl. Moon 2003). Religiöse hingegen sind aufgrund ihres eher intuitiven Denkstils in erhöhtem Maße dafür empfänglich, mehr als Nichtreligiöse und Agnostiker (vgl. Pennycook et al. 2016).

Der **Social Desirability Bias** beschreibt die Tendenz, in Befragungen, privaten Gesprächen etc. nicht seine tatsächlichen Einstellungen, Überzeugungen oder Gefühle zu offenbaren, sondern so zu antworten, wie man glaubt, dass man antworten sollte (bspw. weil es erwartet wird oder soziale Normen dies nahelegen). Besonders deutlich überlagert der „soziale Erwünschtheitseffekt" die Beurteilung unethischer Verhaltensweisen – etwa, wenn bei einer Konsumentenbefragung ermittelt werden soll, ob man schon einmal einen Ladendiebstahl begangen hat.

Manche haben diesen Bias als Methodenartefakt beschrieben, als selbsterfüllende Prophezeiung bzw. logischen Kurzschluss (z. B. Galen 2012). Verantwortlich dafür sei die teils explizite, teils implizite Gleichsetzung von Religiosität mit Moralität, welche Religiöse in ihre Selbstwahrnehmung übernehmen. Chaves (2012) nennt dies „religious congruence fallacy". Andere, wie Chung/Monroe (2003), haben den Social Desirability Bias mit dem besonders starken Bedürfnis religiöser Menschen, in sozialen Situationen einen vorteilhaften Eindruck zu hinterlassen, erklärt, als ein Mittel der Selbstaufwertung (vgl. Sedikides/Gebauer 2010). Ihr Impression Management ermögliche es den Religiösen, die Kluft zwischen einer zumeist idealistischen Weltsicht und der häufig wenig idealen Realität zu überbrücken und konkret die Kluft zwischen ihren ethischen Ansprüchen an sich selbst (bspw. Ehrlichkeit) und ihrem tatsächlichen Verhalten (bspw. Ladendiebstahl). Leak/Fish (1989) wollten herausfinden, ob es wirklich **bewusstes Impression Management** oder doch eher **unbewusste Selbsttäuschung** ist, was religiöse Auskunftspersonen veranlasst, vermehrt sozial erwünschte Auskünfte zu erteilen. Ihre Antwort lautet „sowohl als auch".

Unabhängig davon, wie der mittels der Marlowe–Crowne Social Desirability Scale messbare Bias zu erklären ist: Sollten Unternehmen, Marktforscher etc. in Befragungen – bspw. zur Kundenzufriedenheit – die Auskünfte von Religiösen mit einem **Korrekturfaktor** versehen, welcher diese beschönigende Urteilsverzerrung ausgleicht? Die einschlägigen Forschungsergebnisse legen keine Empfehlung nahe. Zwar geben einerseits religiöse Frauen laut Chung/Monroe (2003) signifikant mehr sozial erwünschte Antworten als wenig religiöse Frauen und, unabhängig von deren Religiosität, auch als Männer.[35] Und in einer Befragung übertreiben religiöse Auskunftspersonen die Intensität ihres religiösen Commitments (vgl. Jones/Elliott 2017). Andererseits berichten Regnerus/Uecker (2007), dass Religiöse bei sensiblen Themen nicht mehr oder weniger sozial gefällige Antworten geben als andere Personen. Und Rasmussen et al. (2018) konnten die weit verbreitete These, dass Religiöse bei Befragungen ihren Pornografiekonsum zum Schutz ihres Selbstbildes systematisch herunterspielen, nicht bestätigen.

5.4 Familiäre Kaufentscheidungen

Am häufigsten werden kollektive Kaufentscheidungen in der Familie getroffen, wobei Mann und Frau gewöhnlich unterschiedliche Funktionen erfüllen. Delener (1994) hat den Einfluss von Konfession und Religiosität auf das **Rollenverhalten** am Beispiel jüdischer und katholischer US-Amerikaner untersucht. Angesichts des spezifischen Persönlichkeitsprofils religiöser Menschen (z. B. überdurchschnittlich konservativ) war zu vermuten, dass in religiösen Familien zumeist der Mann die wichtigen Kaufentscheidungen fällt und weniger religiöse Paare häufiger gemeinsam entscheiden. Weiterhin sind katholische Familien eher patriarchalisch und oft auch autoritär strukturiert (vgl. Ellison/Sherkat 1993), jüdische Familien hingegen eher demokratisch.

Ist es also so, dass in katholischen Haushalten zumeist der Mann bestimmt, was, wann und wo gekauft wird, während jüdische Paare häufiger gemeinsam entscheiden? Untersuchungsobjekt in dieser Feldstudie waren Automobile, da sie aufgrund ihres Preises, ihrer sozialen Bedeutung und Nutzungsdauer **High Involvement-Produkte** sind – d.h. Produkte, mit denen sich viele Konsumenten identifizieren und die in aller Regel nicht impulsiv, sondern nach einem längeren, gewöhnlich sorgfältig bedachten Entscheidungsprozess gekauft werden. Auskunft gaben insgesamt 750, im Nordosten der USA lebende Juden und Katholiken, welche im zurückliegenden Jahr ein neues Auto erworben hatten. Erfragt wurde, wer welche Phase des Kaufentscheidungsprozesses am stärksten beeinflusst hat: der Mann, die Frau oder beide gleichermaßen.

Angesichts des Kaufobjektes (Pkw) hatte, wenig überraschend, in den meisten Familien der **Mann** das Sagen und die **Frau** lediglich bei der Farbwahl ein signifikantes Mitspracherecht. Und wie vermutet, hielten sich Strengreligiöse stärker an die traditionellen Geschlechterrollen, während weniger Religiöse öfter gemeinsam entschieden (z. B. den Ort des Kaufs und das Modell). Gemäß der durchgeführten multivariaten Kovarianzanalyse halten **religiöse Juden** am stärksten an den **traditionellen Rollen** fest – stärker als nichtreligiöse Juden und Katholiken insgesamt (außer bei der „weiblichen Domäne" Farbwahl). Weiterhin konnten zwei **Interaktionseffekte** nachgewiesen werden (zwischen Konfession und Religiosität).
- Ort des Kaufs: Jüdische Haushalte, die sich selbst als wenig religiös einschätzen, entscheiden häufiger gemeinsam darüber, wo sie ihr Automobil kaufen. In strenggläubigen jüdischen Haushalten fällt hingegen primär der Mann diese Entscheidung. Unabhängig von der Intensität ihrer Religiosität überlassen viele katholische Familien diese Entscheidung gleichfalls dem „Familienoberhaupt".
- Farbe des Fahrzeugs: Strenggläubige Katholiken und nichtreligiöse Juden wählen etwas häufiger gemeinsam die Farbe ihres zukünftigen Gefährtes aus als die jeweilige Vergleichsgruppe.

Und welche Bedeutung haben die familiären Rollen im Falle des **Kaufs** von **Lebensmitteln**? Bei orthodoxen Juden geht es gemäß der Analyse von Just et al. (2007) dabei zumeist nach dem Willen des Vaters und der jüngeren Kinder, während in liberalen jüdischen Familien häufiger die Mütter und die älteren Kinder bestimmen, was gekauft wird.

5.5 Einfluss des sozialen Umfeldes

Strengreligiöse erachten Gehorsam als eine wichtige Tugend. Bei Kaufentscheidungen neigen sie deshalb auch dann dazu, dem Einfluss von **Autoritäten** nachzugeben, wenn deren Empfehlung den eigenen Wünschen und Bedürfnissen zuwiderläuft. Gleiches gilt für das **soziale Umfeld**. Denn Glaubensgemeinschaften sind wie kommunikative Netzwerke organisiert, weshalb ihnen normverletzende Einkäufe (z.B. von nichtkoscherem Essen) zumeist nicht verborgen bleiben. Besonders Hindus sind in diesem Sinne kontextabhängig. Sie fällen Kaufentscheidungen im Regelfall nicht, indem sie aus ihrer subjektiven Sicht das Für und Wider abwägen. Weitaus wichtiger ist ihnen der Rat von Freunden – und im übertragenen Sinn auch von Heiligen und Göttern (vgl. Lindridge 2005).

5.6 Kaufintention und Kauf

Was religiöse Kunden dazu anregt oder davon abhält, bestimmte Güter zu erwerben, erörtern wir an verschiedenen, hierfür geeigneten Stellen dieses Buches. So wird die Frage, ob ein **ausländischer Produktionsstandort** deren Kaufabsichten mindert, in Kapitel E-3.7 behandelt und der Einfluss eines **Halal-Logos** in Kapitel E-5.2. Zunächst wollen wir uns jedoch auf einige grundsätzliche Operationalisierungsprobleme der Kaufverhaltensforschung konzentrieren.

Verhaltensprognose
Weil es im Regelfall zu aufwändig wäre, **reales Kaufverhalten** zu erheben, begnügen sich die meisten Forscher damit, die **Kaufabsicht** zu erfragen. Dabei spielen häufig zwei Konstrukte, die Fishbein/Ajzen (1975) im Rahmen der **Theorie des geplanten Verhaltens** beschrieben haben, die Schlüsselrolle.
– Einstellung zum Verhalten und
– subjektive Norm (= Erwartungen des sozialen Umfeldes hinsichtlich dieses Verhaltens).

Mit Hilfe dieses Messmodells untersuchten Lada et al. (2009), was malaiische Konsumenten veranlassen könnte, Halal-Produkte zu kaufen. Ihr vereinfachtes Modell (vgl. Abb. 14) erklärt 66 % der Varianz der Verhaltensintention. Den größten Erklärungsbeitrag leistet die **subjektive Norm** (ß = 0.814), wesentlich mehr als die **Einstellungskomponente** (ß = 0.288). Was ihre Freunde von ihnen diesbezüglich erwarten, beeinflusst die Kaufabsicht der Auskunftspersonen jedoch nicht nur direkt, sondern auch indirekt, über den Pfad „subjektive Norm" > „Einstellung zum Verhalten" (ß = 0 336). Wer glaubt, dass Freunde und Bekannte es gut finden, wenn man Halal-Produkte kauft, neigt auch selbst dazu, diese Produkte gut zu finden – vermutlich aus Gründen der kognitiven Konsistenz.

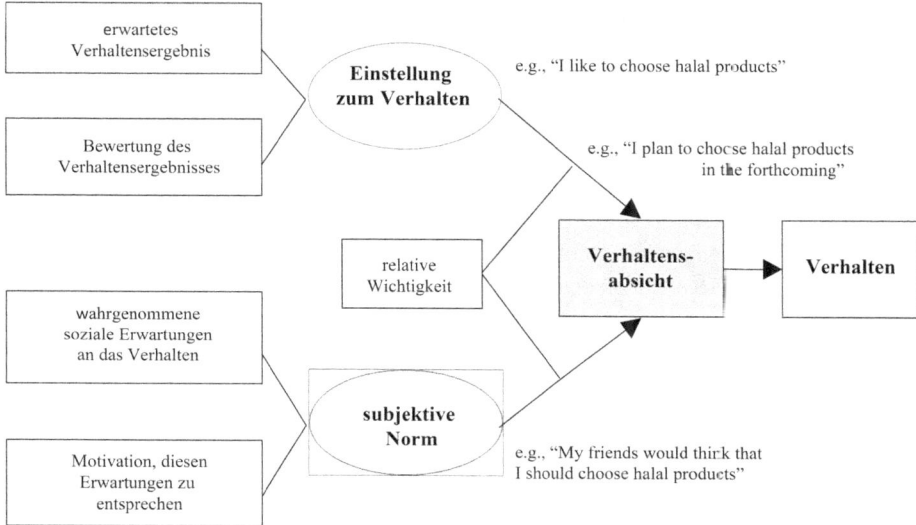

Abb. 14: Absicht, Halal-Produkte zu kaufen, gemäß der „Theorie des überlegten Handelns" (eigene Darstellung auf Basis von Fishbein Ajzen 1975 und Lada et al. 2009).

Die Theorie des geplanten Verhaltens erfreut sich auch im IRM großer Beliebtheit. So haben Mukhtar/Butt (2012) gezeigt, dass neben der subjektiven Norm und der Einstellung zu Halal-Produkten der Grad der intrapersonalen Religiosität die Verhaltensabsicht am besten zu prognostizieren erlaubt. Da dieses Modell aber nicht alle relevanten Variablen berücksichtigt (bspw. nicht Gewohnheiten oder Produktwissen), gibt es immer wieder Erweiterungsvorschläge, etwa von Rizkitysha/Hananto (2020). Gemäß ihres wissensbasierten Untersuchungsansatzes hängt die Wahrscheinlichkeit des Kaufs eines Halal-Reinigungsmittels von der **wahrgenommenen Nützlichkeit** dieses Zertifikats sowie vom **Wissen** über die Halal-Kennzeichnung ab. Religiöse Probanden (hauptsächlich jüngere Muslime) waren mehr von deren Nützlichkeit überzeugt als weniger religiöse Probanden.

Scheinheiligkeits-Hypothese

Das zentrale Problem der Einstellungsforschung ist jedoch die Einstellungs/Verhaltens-Diskrepanz. Damit ist gemeint, dass vielfach nur ein schwacher Zusammenhang zwischen der geäußerten Einstellung und dem beobachtbaren Verhalten festgestellt wird. Zu den zahlreichen Gründen zählen u.a. das sog. Spezifitätsproblem[36] sowie die Neigung vieler Menschen, sozial erwünschte Antworten zu geben (vgl. Müller/Gelbrich 2021, S. 237f.).

Diese Diskrepanz fällt gewöhnlich besonders groß aus, wenn der Kauf **sozial- und umweltverträglicher Produkte** Gegenstand des Prognosemodells ist (vgl. E-5.3). Immer dann, wenn die Ansprüche an den Altruismus der Konsumenten groß sind (bspw. aus Gründen des Umweltschutzes einen höheren Preis als üblich zu bezahlen oder vermehrte Beschaffungsanstrengungen auf sich zu nehmen), ist auch die Wahrscheinlichkeit groß, dass sich die in einer Befragung geäußerte Verhaltensabsicht als Lippenbekenntnis erweist. Für diese Form von **Scheinheiligkeit** könnten Religiöse vermehrt anfällig sein, weil sie besonders strengen Ansprüchen an eine moralisch tadellose Lebensführung gerecht werden müssen.

Fördert also Religiosität nicht prosoziales Kaufverhalten, sondern beschönigendes Antwortverhalten? So plausibel dies auch klingen mag: Die **Studienlage** ist **widersprüchlich**. Einerseits berichten Batson et al. (1999), dass Religiöse sich selbst zwar als prosozial wahrnehmen und auch von anderen so eingeschätzt werden, tatsächlich jedoch primär mit ihrem positiven Selbstbild beschäftigt seien und weniger mit den Bedürfnissen anderer Menschen. Und Ji et al. (2006) haben bei evangelikalen Protestanten mit ausgeprägter intrinsischer Religiosität beobachtet, dass diese das „Liebe Deinen Nächsten-Gebot" zwar auf der Einstellungsebene verinnerlicht haben, nicht jedoch auf der Verhaltensebene. Verschiedene spieltheoretische Experimente sprechen gleichfalls gegen eine enge Verbindung zwischen Religiosität und prosozialem Verhalten (vgl. Ahmed/Salas 2011; Tan 2006).

Anderseits unterstützt die Untersuchung von Graafland (2017) die Scheinheiligkeits-Hypothese nicht. Zwar gab tatsächlich nur ein geringer Anteil der von ihm befragten holländischen Christen unterschiedlicher Konfession an, in den zurückliegenden sechs Monaten ethisch korrekte Produkte wie Fair Trade-Kaffee, Biofleisch oder Eier von freilaufenden Hühnern gekauft zu haben. Aber die durchschnittlichen Einstellungswerte bewegten sich gleichfalls nur im mittleren, d.h. neutralen Bereich der fünfstufigen Antwortskala (1 = not at all, 5 = completely agree). **Religiöse Versuchsteilnehmer** stimmten Statements wie „To what extent do you believe that people should buy X?" zwar etwas mehr zu als die Nichtreligiösen. Da Erstere aber ethische Produkte etwas häufiger kauften, fiel ihre Einstellungs/Verhaltens-Diskrepanz in dieser Studie sogar etwas geringer aus als die der Vergleichsgruppe. Dies, so J. Graafland, entspreche dem Alten Testament auch besser als die Scheinheiligkeits-Hypothese. Im Gleichnis vom barmherzigen Samariter etwa fordere es von den Gläubigen nicht schöne Worte, sondern tätige Nächstenliebe (d.h. das Gegenteil von Scheinheiligkeit). Von den beteiligten Konfessionen zeigten sich in dieser Untersuchung die **orthodoxen Protestanten** für ethische Überlegungen am wenigsten aufgeschlossen (vgl. Tab. 23). Dies lässt sich möglicherweise mit deren spezieller Auffassung von göttlicher Gnade erklären: Aus Dankbarkeit gegenüber Gott seien Christen zwar dazu aufgerufen, Gutes zu tun. Aber ihr Seelenheil hänge nicht von ihren guten Werken ab, sondern von Gottes Gnade. Diese Lehre könne, so J. Graafland, bei den Gläubigen eine Bewusstseinsspaltung begünstigen: einerseits die ökonomische, andererseits die spirituelle Sphäre.

Tab. 23: Einstellungs/Verhaltens-Diskrepanz beim Kauf ethisch korrekter Produkte in Abhängigkeit von der Konfession (Quelle: Graafland 2017).

	Nichtreligiöse	Katholiken	orthodoxe Protestanten	andere Protestanten
Einstellung	3.36	3.43	3.09	3.52
– Preisfairness	3.22	3.30	3.02	3.39
– Pflicht	3.02	3.08	2.74	3.10
– Betroffenheit	3.84	3.93	3.50	4.06
Subjektive Norm	2.82	3.05	2.86	3.12
Verhalten	1.36	1.42	1.21	1.45

Anmerkung: Mittelwerte, fünfstufige Ratingskalen, 1 = Ablehnung

6 Kundenzufriedenheit und Beschwerdewahrscheinlichkeit

Wie die Kundenzufriedenheitsforschung gezeigt hat, ist empfundene Zufriedenheit/Unzufriedenheit nicht das Ergebnis einer objektiven Leistungsbeurteilung (im Sinne eines Qualitätsurteils), sondern abhängig davon, ob ein bestimmtes Angebot subjektive **Erwartungen** enttäuscht, erfüllt oder übererfüllt. Normalerweise haben erfüllte Erwartungen zur Folge, dass die Kunden ihr Anspruchsniveau und damit ihre zukünftigen Erwartungen steigern, während enttäuschte Erwartungen Anspruchsniveau und zukünftige Erwartungen sinken lassen. Nicht so bei Hindus, die an Karma glauben und mutmaßlich deshalb eine schwache Kontrollmotivation haben. Hinzu kommt deren Langfristorientierung. Die situative Anpassung des Anspruchsniveaus ist charakteristisch für Kurzfristorientierung, wie sie im westlichen christlichen Kulturkreis vorherrscht (vgl. Kopalle et al. 2010).

Religiöse Kunden sind unter vergleichbaren Bedingungen seltener unzufrieden als andere (bspw. aufgrund eines Produktmangels), da sie an die Macht des **Schicksals** glauben und deshalb eher bereit sind, anderen zu vergeben (vgl. Sarofim et al. 2022). Falls sie dennoch Unzufriedenheit empfinden, beschweren sich Religiöse vergleichsweise selten (vgl. F-4). Aufgrund ihrer Affinität zum Fatalismus gehen sie eher nicht davon aus, dass man Unerfreuliches ändern kann (vgl. Ngai et al. 2007).

7 Kundentreue

Verschiedene Studien belegen einen signifikanten Zusammenhang zwischen Religiosität und Kundentreue (z. B. Delener 1990, S. 28). Operationalisiert wird Kundentreue …
- zumeist als **Produkt-** und **Markentreue** (bzw. -loyalität), d. h. als Absicht, ein bestimmtes Produkt oder eine bestimmte Dienstleistung wieder bzw. regelmäßig zu kaufen,
- seltener als **Einkaufsstättentreue**, d. h. als Absicht, in einer bestimmten Einkaufsstätte wieder bzw. regelmäßig einzukaufen.

Weiterhin wird zwischen **positiver Kundentreue**, die aus guten Erfahrungen mit dem Produkt bzw. dem Händler erwächst, und negativer bzw. **resignativer Kundentreue** unterschieden. Letztere stellt sich ein, wenn Kunden eher notgedrungen auf einen Marken- oder Einkaufsstättenwechsel verzichten, weil sie befürchten, dann unverhältnismäßig hohe Wechselkosten hinnehmen zu müssen – bspw. sich an unbekannte Mitarbeiter gewöhnen, weitere Wege gehen oder unbekannte Produkte erproben zu müssen. Nicht zuletzt können auch individuelle Bequemlichkeit und Änderungsresistenz eine Rolle spielen.

7.1 Einkaufsstättentreue

Religiöse Konsumenten sind überdurchschnittlich risikoavers und nehmen Kaufrisiken intensiver wahr als andere. **Kaufroutinen**, d. h. Gewohnheiten, sind eine Möglichkeit, das überdurchschnittliche Sicherheitsbedürfnis der Risikoscheuen zu stillen. Wer immer denselben Laden aufsucht, muss sich nicht vor Unerwartetem fürchten. In den meisten Studien konnte allerdings nur ein schwacher Zusammenhang zwischen Religiosität und dieser Form von **Kundentreue** nachgewiesen werden. Im Falle der Südkoreaner etwa, die Choi (2010) befragt hat, fielen die beobachteten Unterschiede zwar statistisch signifikant, absolut gesehen aber eher geringfügig aus. Auf einer siebenstufigen Ratingskala betrug der Mittelwert der Strengreligiösen 5,44 und jener der weniger Religiösen 5,09. Deshalb sollte nur von einer leichten Tendenz Religiöser zu vermehrter Einkaufsstättentreue gesprochen werden (so auch Choi et al. 2013).

Bei Mittelwerten besteht allerdings immer die Gefahr, dass sie interessante Unterschiede in Teilstichproben verbergen. Wie Swimberghe et al. (2011b) nachgewiesen haben, bewerten Kunden die Geschäftspolitik von Handelsunternehmen umso mehr aus einer vorrangig ethischen Perspektive, je ausgeprägter ihre religiösen Überzeugungen sind. Nur Anbieter, die deren „Ethik-Check" bestehen, dürfen mit Kundentreue und positiver Mundpropaganda rechnen. Andernfalls, etwa bei einer unfairen Preispolitik, wandern Religiöse verstärkt ab und berichten anderen von ihren schlechten Erfahrungen.

Kusumawati et al. (2020) haben in zwei indonesischen Städten insgesamt 243 Muslime befragt, die in den vergangenen sechs Monaten zumindest zweimal traditionelle muslimische Kleidung in einem muslimischen Geschäft gekauft hatten. Dabei zeigte sich, dass Religiosität – es wurde nicht zwischen intrinsischer und extrinsischer Religiosität unterschieden – auf zweifache Weise wirkt. Zum einen **direkt** (z. B. in Gestalt vermehrter Wiederkauf- und Weiterempfehlungsabsicht), aber auch **indirekt**: Religiöse sind überdurchschnittlich zufrieden und beabsichtigen deshalb, in „ihrem" Geschäft immer wieder einzukaufen. Allerdings ist bei der Einordnung dieses Befunds zu beachten, dass es sich hierbei um Einkaufsstätten handelte, die explizit als „religiös" positioniert worden waren. Laut Suhartanto et al. (2018) fördert Religiosität auch die Loyalität von Bankkunden auf doppelte Weise: einerseits direkt (ß = 0.348) und andererseits indirekt, indem sie deren Vertrauen in die Bank stärkt (ß = 0.691) und dieses wiederum die Absicht, auch künftig deren Leistungen nachzufragen (ß = 0.393).

Welchen Einfluss hat in diesem Zusammenhang die **Konfession** der Kunden? Theoretisch zu erwarten ist, dass Buddhisten treue Kunden sind. Denn Veränderungen gelten ihnen nicht als erstrebenswert (vgl. Inglehart/Baker 2000), und auch ihre Skepsis gegenüber dem Streben nach materiellen Vorteilen spricht gegen häufigeren Wechsel (vgl. Daniels 2005). Demgegenüber fördern protestantische Überzeugungen das Streben nach individuellem Erfolg, etwa durch cleveres Wechseln zwischen verschiedenen Anbietern. Katholiken wiederum gelten als konservative Kunden mit einem ausgeprägten Sicherheitsbedürfnis. Deshalb legen sie mehr Wert auf das Gewohnte als auf die Möglichkeit, durch gezielte Informationssuche für sich günstigere Gelegenheiten zu entdecken. Empirisch konnte Choi (2010) die aus diesen Überlegungen ableitbaren Hypothesen jedoch nicht bestätigen. Die ermittelten Mittelwertunterschiede sind unerheblich (Protestanten = 5,38; Buddhisten = 5,26; Katholiken = 5,21; Atheisten = 5,11). Ähnliches berichteten Choi et al. (2013), die südkoreanische mit US-amerikanischen Konsumenten verglichen haben: kein systematischer Einfluss der Konfession auf das Ausmaß an Kundentreue. Eine Ausnahme scheinen jüdische und bedingt auch muslimische Konsumenten zu sein:

- **Juden** zählen zu den eher wechselwilligen Käufern. Denn viele von ihnen sind überzeugt, dass jeder Mensch für seine Handlungen selbst verantwortlich ist und sein Leben nach seinen Vorstellungen gestalten kann und sollte. Hinzu kommt eine überdurchschnittliche Kontrollmotivation, weshalb Juden vermehrt Wert darauf legen, die Angebote verschiedener Einkaufsstätten vergleichen und dann die für sie beste Wahl treffen zu können (vgl. Bailey/Sood 1993; Hirschman 1981).
- Bei **Muslimen** wurde wiederholt eine ausgeprägte Treue zu einem explizit islamischen Anbieter beobachtet, bspw. einer Bank (vgl. Suhartanto et al. 2018), einem Reiseveranstalter (vgl. Abror et al. 2019b) oder einem Bekleidungsgeschäft (vgl. Kusumawati et al. 2020). Verantwortlich dafür dürfte deren starke Identifikation mit der eigenen Konfession sein.

7.2 Markentreue

Markentreue ist ein zweidimensionales Konstrukt mit einer **emotionalen Dimension** (innere Verbundenheit mit bzw. Commitment zu einer bestimmten Marke) und einer **Verhaltensdimension**: wiederholter Kauf einer bestimmten Marke (vgl. C-5.2). Emotionale Markentreue wird am stärksten durch eine persönliche Kunde/Marke-Beziehung gefördert, verhaltensorientierte Markentreue durch reale Anreize wie einen Treuebonus. Als dritten Erfolgsfaktor haben Ahluwalia/Kaikati (2010) dauerhafte Markenqualität beschrieben.

Verschiedene Studien sprechen dafür, dass **religiöse Kunden** zu größerer Markentreue neigen als weniger Religiöse (vgl. Choi et al. 2013; Saroglu/Dupuis 2006). Der entscheidende Grund dürfte die generelle Risikoaversion von Religiösen und ausgeprägtes Streben nach Ungewissheitsvermeidung sein (vgl. Schwartz/Huismans 1995). Deshalb sind ihnen konservative Werte wichtig, bspw. Tradition, Konformität und Bewahren der bestehenden sozialen Ordnung. Neues übt auf sie keinen besonderen Reiz aus. Weder tendieren sie ...
- zu Variety Seeking (vgl. Choi et al. 2013),
- noch zu Novelty Seeking (vgl. Hirschman 1982),
- noch haben sie ein ausgeprägtes Modebewusstsein (vgl. Islam/Chandrasekaran 2019).

Andere, wie etwa Shachar et al. (2011), argumentieren differenzierter. Deren Befunde diskutieren wir an anderer Stelle (vgl. E-4.5). Xu et al. (2016) haben gezeigt, dass bei religiösen Kunden die emotionale Markentreue besonders ausgeprägt ist, d.h. ihre innere Verbundenheit mit ihrer Lieblingsmarke, aber vergleichsweise geringfügige materielle Anreize genügen, damit sie zu einer konkurrierenden Marke wechseln (= Verhaltensebene).

Teil D: Strategisches Marketing

Strategisches Marketing konkretisiert sich in mehreren **Grundsatzentscheidungen**: Welche Marketingziele möchte ein Unternehmen in welchen Märkten mit welchen Mitteln erreichen? **Was, wie** und **wo**?

1 Marketingziele

Immer mehr Stakeholder (Kunden, Mitarbeiter, Anteilseigner, allgemeine Öffentlichkeit etc.) erwarten von den Unternehmen einen spürbaren Beitrag zur Bewältigung der sozialen und ökologischen Herausforderungen unserer Zeit. Deshalb kann sich das Marketingmanagement nicht auf die klassischen **Umsatz**- oder **Renditeziele** beschränken, sondern muss sozial und ethisch verantwortlich handeln und sich auch für die Belange der Gesellschaft einsetzen.

1.1 Corporate Social Responsibility (CSR)

Aufgrund des allgemeinen Wertewandels zählt CSR zu den zunehmend wichtigen **Unternehmenszielen**: Die Fähigkeit und Bereitschaft, die negativen Begleiterscheinungen der Unternehmenstätigkeit zu minimieren – etwa den Ressourcenverbrauch und den Schadstoffausstoß auf ein unschädliches Mindestmaß zu reduzieren, die Einhaltung der Menschenrechte in allen Gliedern der Lieferkette zu gewährleisten, Korruption zu bekämpfen etc. (vgl. Carroll 1999). Aus Sicht des IRM ist dabei bedeutsam, dass religiöse Überzeugungen häufig dazu herangezogen werden, moralisches, sozial verantwortliches Verhalten zu erklären und zu prognostizieren. So konnten Zaman et al. (2018) für den islamischen Kulturkreis zeigen: Unternehmen, welche sich den Grundsätzen des Islamic Banking (vgl. F-2.4) verpflichtet fühlen, sind auch für die CSR-Strategie aufgeschlossen.

Grundlagen
Ideelle Vorläufer der CSR-Bewegung finden sich in den religiösen Schriften der Weltreligionen und deren geistigem Umfeld, etwa in den Sozialenzykliken[37] der katholischen Kirche oder den Arbeiten zum „christlichen Realismus" auf evangelikal-protestantischer Seite (vgl. Niebuhr 1953).

> For example, Catholic social teaching objects to the doctrine of classical economic theory where capital and labor are considered substitutes. It establishes priority for worker dignity and financial security, and stresses managerial responsibility for the common good. The Talmud (Jewish oral law) defines four levels of business ethical behavior, beginning at a level where an individual is just in-

side the basic law and reaching the highest level – the 'way of the pious'. Buddhists emphasize non-aggression, tolerance, compassion, and philanthropy (Angelidis/Ibrahim 2004, S. 122).

Die empirische CSR-Forschung nutzt zumeist die wegweisende **Operationalisierung** dieses Konstrukts durch Carroll (1979):
– Ökonomische Verantwortung: Fähigkeit und Bereitschaft des Managements, die ökonomische Wohlfahrt der Gesellschaft zu mehren und den Unternehmenswert zu steigern.
– Legale Verantwortung: Fähigkeit und Bereitschaft, dabei die gesetzlichen Vorgaben und Restriktionen zu beachten.
– Ethische Verantwortung: Fähigkeit und Bereitschaft, fair, unparteiisch und gerecht im Einklang mit den sozialen Werten der Gesellschaft zu handeln.
– Diskretionäre Verantwortung: Fähigkeit und Bereitschaft, Ermessensspielräume zu nutzen, um die soziale Wohlfahrt zu mehren (ohne dazu durch ökonomische, ethische oder gesetzliche Vorgaben gezwungen zu sein).

Allgemein wird von einem engen Zusammenhang zwischen Religion und Religiosität auf der einen und CSR auf der anderen Seite ausgegangen. Mit Blick auf den Islam allerdings fällt eine eindeutige Aussage schwerer. Gemäß Aribi/Arun (2015) befürworten muslimische Manager CSR eindeutig, während Solatni et al. (2015) Gegenteiliges berichten. Nach Ansicht ihrer Auskunftspersonen sind die **islamischen Werte** mit dem CSR-Konzept unvereinbar. So widerspreche ein explizites CSR-Reporting im Rahmen der Nachhaltigkeitsberichterstattung dem islamischen Wert „Tue Gutes, ohne darüber zu reden" (vgl. Hossain et al. 2015).

Empirische Befunde
Ob Manager ethisch verantwortungsbewusst handeln, hängt auch davon ab, ob sich das Unternehmen öffentlich zu seiner Verantwortung bekennt (vgl. Singhapakdi et al. 2000). Hilfreich ist überdies individuelles **Commitment** zu moralischer Selbstverbesserung. „Moral Self Improvement" mediiert die Beziehung zwischen Religiosität und Verhaltensabsicht. Religiöse haben vermehrt die Absicht, sich in moralischer Hinsicht beständig zu verbessern (z.B. „I think that it is my obligation to continue improving my moral self throughout my life."). Diese Motivation verbessert ihre Fähigkeit, ethisch problematische Sachverhalte als problematisch zu erkennen, und ihre Absicht, sich in einer solchen Situation verantwortungsbewusst zu verhalten. Auch stimmen Religiöse vermehrt Aussagen zu, welche die soziale Verantwortung von Unternehmen betonen (z.B. „Being ethical and socially responsible is the most important thing a firm can do") und lehnen Gegenteiliges ab (z.B. „The most important concern for a firm is making a profit, even if it means bending or breaking the rules") (vgl. Kurpis et al. 2008).

So plausibel der Zusammenhang „Commitment – Verhaltensabsicht" erscheint, so **widersprüchlich** bzw. inkonsistent sind die Ergebnisse der CSR-Forschung in anderer

Hinsicht (vgl. van Aaken/Buchner 2020). Nicht eindeutig beantworten lässt sich u. a. die Frage nach den Konsequenzen, mit denen Unternehmen rechnen müssen, wenn sie öffentlich zu **ethisch kontroversen Themen** Stellung nehmen. Beispielhaft hierfür steht der Fall von Chick-fil-A, einer amerikanischen Fast Food-Kette, die vorrangig Hühnerfleischgerichte anbietet und sich als ein Unternehmen präsentiert, welches christliche Werte verteidigt. Als der damalige Geschäftsführer (Dan T. Cathy) in öffentlichen Stellungnahmen die gleichgeschlechtliche Ehe ablehnte, protestierten zwar liberale Kreise und riefen dazu auf, das Unternehmen zu boykottieren. Gleichzeitig aber erzielte dieses mit konservativen Konsumenten ein Umsatzplus, weshalb das Vorkommnis Chick-fil-A wirtschaftlich letztlich nicht schadete (vgl. Davis 2016).

Strittig ist auch, ob Manager vorrangig für den ökonomischen Erfolg ihrer Unternehmen verantwortlich sind oder/und für deren soziales Engagement. In der Frühphase dieser Forschung interessierte die Befragten vor allem die **ökonomische Leistungsfähigkeit** ihres Unternehmens, während Studenten der Wirtschaftswissenschaften der Übernahme **ethischer** und **diskretionärer Verantwortung** den Vorrang gaben (vgl. Ibrahim/Angelidis 1993). Elf Jahre später scheinen sich die von Angelidis/Ibrahim (2004) befragten Studenten verschiedener christlicher Konfessionen den traditionellen Standpunkt von Managern zu eigen gemacht zu haben: weitgehende Unvereinbarkeit von ökonomischer und sozialer Verantwortung.[38] Dies überrascht insofern, als aufgrund des in diesem Zeitraum gerade bei der Jugend gewachsenen Verständnisses für die Notwendigkeit sozial verantwortlicher Unternehmenstätigkeit eine gegenteilige Entwicklung zu erwarten gewesen war. Zwar legten die sehr religiösen Teilnehmer dieser Studie etwas weniger Wert auf die Übernahme ökonomischer und etwas mehr Wert auf die Übernahme ethischer Verantwortung als die weniger Religiösen. Allerdings fallen die Mittelwertunterschiede sehr gering aus (0,2 Skaleneinheiten auf einer fünfstufigen Skala).

Um herauszufinden, wie Unternehmen nach Ansicht von **Konsumenten** ihre Corporate Mission definieren und welche Ziele sie verfolgen sollten – primär ökonomische oder primär ethische –, haben Brammer et al. (2007) Auskünfte der 2003er-Kohorte des CSR-Monitoring von GlobeScan Ltd. ausgewertet. Zu ihrer Überraschung ließ sich anhand der Daten aus 20 Ländern die Basishypothese der Religions/CSR-Forschung nicht bestätigen: Die befragten Agnostiker – und nicht die Religiösen – forderten am häufigsten von den Unternehmen, ethische Ziele zu priorisieren (vgl. Tab. 24). Auch zeigte sich, dass die einzelnen Konfessionen unterschiedliche Schwerpunkte setzen. Lediglich Buddhisten plädierten deutlich und Katholiken geringfügig stärker für eine bewusst ethische Ausrichtung. Unternehmen mit Sitz in sehr religiösen Ländern sollten jedoch bedenken, dass die Menschen dort unabhängig von ihrer Konfession besonders hohe Anforderungen an ihre CSR stellen (vgl. McGuire et al. 2012).

Tab. 24: Profit oder Ethik? Worauf sich Unternehmen konzentrieren sollten (Quelle: Brammer et al. 2007).

	Buddhisten (n = 594)	Hindus (n = 1.038)	Juden (n = 80)	Muslime (n = 3.164)	Agnostiker (n = 249)
Profit[39]	18,9	51,5	15,2	31,1	25,0
Ethik[40]	55,5	29,6	30,4	29,2	36,2
dazwischen	20,1	18,4	51,9	37,4	34,5

	Römisch-Katholische (n = 5.303)	Russisch-Orthodoxe (n = 798)	andere Christen (n = 4.110)
Profit	24,5	35,0	23,1
Ethik	36,8	33,1	32,2
dazwischen	37,9	20,9	44,1

Unstrittig aber ist, dass von Unternehmen, die in der ein oder anderen Weise gemeinwirtschaftlich tätig sind und religiöse, soziale oder gesundheitliche Leistungen anbieten, auch ein entsprechendes Engagement erwartet wird. So sehr es die meisten Konsumenten „normalen" Unternehmen zugestehen, dass sie von ihrer Geschäftstätigkeit finanziell profitieren und zu diesem Zweck die üblichen Marketingmaßnahmen ergreifen: Wenn **„sozial-religiöse" Unternehmen** in vergleichbarer, gewinnorientierter Weise agieren, dann empfinden nicht wenige dies als eine Art von Tabubruch (vgl. McGraw et al. 2012). Kritiker warnen in diesem Zusammenhang vor einer McDonaldisierung des Religiösen, einer zunehmenden Verflechtung von Religion und Kommerz (z.B. Drane 2000; Moore 1995; O'Guinn/Belk 1989).

Betrachtet man **Spenden** als das „Sponsoring des kleinen Mannes", dann ist eine Untersuchung von Interesse, in der Einflussfaktoren der Spendenbereitschaft identifiziert wurden (vgl. Hopkins et al. 2014). Im Falle von gemeinnützigen Organisationen sind dies Sympathie für deren Werbeanzeigen und der Eindruck der Zielgruppe, dass das Unternehmen sozial verantwortlich handelt. Dieser Zusammenhang ist bei Religiösen besonders eng (Moderationseffekt). Falls mit einer Werbekampagne negative Emotionen geweckt werden sollen, bspw. Furcht vor den Konsequenzen des Klimawandels, dann empfiehlt es sich dieser Studie zufolge, die Opfer von Dürre, Überschwemmung und Landflucht in den Mittelpunkt der Spendenwerbung zu rücken, um Mitgefühl zu wecken (und nicht die Helfer). Der allgemeinen religionssoziologischen Forschung kann man entnehmen, dass der Glaube an einen strafenden Gott die Spendenbereitschaft mindert. Denn der Mensch solle nicht anstelle von Gott durch Strafen und Belohnungen für Gerechtigkeit sorgen oder allgemein in das Räderwerk des Lebens eingreifen wollen.

Malhotra (2008) hat eine Versuchsanordnung gewählt, bei der die Probanden bei einer Online-Auktion Gebote für einen **wohltätigen Zweck** abgeben sollten. Den Aufruf des Versuchsleiters, man möge sich angesichts der guten Sache doch großzügig zeigen, befolgten vor allem religiöse Versuchsteilnehmer – allerdings nicht generell, sondern hauptsächlich dann, wenn sie angegeben hatten, am Folgetag am Gottesdienst teilnehmen zu wollen.

1.2 Ethische Entscheidungsfindung

Wie Manager entscheiden, hängt nicht zuletzt von ihrem **Gottesbild** ab. So fällen saudische Manager, die an einen guten, verzeihenden Gott glauben, häufiger unethische Entscheidungen als Vergleichspersonen, die sich einen strafenden Gott vorstellen, welcher die Menschen für ihr Verhalten zur Rechenschaft zieht (vgl. Alshehri et al. 2021).

Intrinsisch religiöse Manager und Studenten wirtschaftswissenschaftlicher Studiengänge sind nicht nur überdurchschnittlich sensibel für ethische Fragestellungen, sondern auch bereit, bei ihren Entscheidungen ethische Erwägungen zu berücksichtigen (vgl. Singhapakdi et al. 2013). Dazu trägt u.a. ihr **Selbstbild** bei, das wesentlich mehr der von Hardy/Carlo (2005) beschriebenen moralischen Identität entspricht als das Selbstbild der extrinsisch Religiösen. Während ihnen **Selbstkontrolle** vergleichsweise schwerfällt (etwa das Einhalten der Speisegesetze; vgl. Watterson/Giesler 2012), wurde intrinsisch religiösen Menschen diese Fähigkeit bzw. Bereitschaft wiederholt attestiert (vgl. Vitell et al. 2009).[41]

Mazereeuw et al. (2014) haben vorgeschlagen, die **Basishypothese** zu **differenzieren**. Wie den Auskünften von holländischen Managern zu entnehmen war, sind Religiöse nicht generell aufgeschlossener für ethische Fragestellungen, sondern intrinsische Religiöse für den ethischen Aspekt von CSR und extrinsisch Religiöse für den philanthropischen Aspekt. Harjoto/Rossi (2019) haben Religiosität gleichfalls differenziert, allerdings in persönliche und regionale Religiosität. Ihren Analysen zufolge agieren italienische börsennotierte Unternehmen zum einen dann sozial verantwortungsbewusst, wenn das Topmanagement religiös ist (= persönlich), und zum anderen, wenn das Umfeld (= regional) einen entsprechenden Einfluss ausübt. Neben Religiosität moderiert der Anteil weiblicher Führungskräfte die Offenheit für CSR.

Wovon aber hängt die Bereitschaft, **unethische Entscheidungen** zu fällen, ab? Nicht zuletzt von der Einstellung zu Geld und Besitz (vgl. G-1.2). In Malaysia lebende Manager christlich-evangelikalen Glaubens, die sich vor allem durch materielle Anreize motiviert fühlen, waren eher bereit, fragwürdige Entscheidungen zu fällen als ihre weniger materialistisch eingestellten Kollegen (vgl. Wong 2018). In einer anderen Studie sollten 205 zufällig ausgewählte Manager angeben, ob sie in einer vergleichbaren Situation so wie ein fiktiver Anbieter von Videospielen vorgehen würden: d.h. während der Ferienzeit die Preise um 20–30 % erhöhen und gleichzeitig gezielt das Angebot verknappen (vgl. Singhapakdi et al. 2013). Erwartungsgemäß minderte intrinsische Religiosität in diesem Szenario-Experiment die Intention, sich unethisch zu verhalten. Extrinsische Religiosität und eine überdurchschnittliche Wertschätzung von Geld (Love of Money; vgl. G-1.2) förderten hingegen diese Absicht. Vergleichbares hatten zwei Jahre zuvor Walker et al. (2011) mit einer klassischen Befragung herausgefunden: Nur intrinsisch Religiöse nutzten ihre religiösen Überzeugungen als Handlungsanweisung für ethische Entscheidungen; extrinsisch Religiöse reagierten dagegen primär auf die Möglichkeit von Sanktionen.

Nicht ganz unerheblich ist es schließlich, **ob CSR sich** für die Unternehmen auch **lohnt**. Kaufen Kunden vermehrt Leistungen solcher Anbieter, die sozial verantwortlich handeln? Und sind sie gegebenenfalls auch bereit, dafür einen etwas höheren Preis zu bezahlen? Folgt man den von Ramasamy et al. (2010) in Hong Kong und Singapur gewonnenen Einsichten, dann befürworten Kunden nicht nur sozial verantwortliches Verhalten, sondern sind je nach Art und Intensität ihrer Religiosität auch bereit, dieses zu honorieren. Unterschiedlich sind indessen die Motive. Während im multireligiösen Singapur Kunden vorrangig auf extrinsische Werte ansprachen (z. B. Selbstrespekt, Gesicht wahren), sind im konfuzianisch geprägten Hong Kong intrinsische Werte einflussreicher: z. B. Harmonie wahren und Verantwortungsbereitschaft.

2 Standardisierungs- vs. Differenzierungsstrategie

Um ihre ökonomischen Ziele bestmöglich erreichen zu können, müssen international tätige Unternehmen immer wieder aufs Neue entscheiden: Sollen sie ihr Marketingprogramm standardisieren, d.h. im Extremfall weltweit dieselben Marktbearbeitungsstrategien verfolgen, oder differenzieren, d.h. sich unterschiedlichen Gegebenheiten in den verschiedenen Märkten anpassen? Seit den 1960er Jahren, als immer mehr Unternehmen begannen, grenzüberschreitend tätig zu werden, diskutieren Marketingwissenschaftler, ob es sich empfiehlt, Werbeanzeigen, Distributionswege und vor allem Produkte **einheitlich** zu gestalten oder **spezifisch**, d.h. angepasst an die Normen, Werte, Bedürfnisse und Lebensstile von Angehörigen bestimmter Kulturen, Nationen oder Religionsgemeinschaften (vgl. Müller/Gelbrich 2015, S. 195 ff.). Sollten etwa Luxusmarken in einem protestantisch-calvinistischen Umfeld anders vermarktet werden als in einem katholischen Umfeld oder ist Konfession in diesem Zusammenhang keine zu beachtende Variable? Nachdem anfänglich die Standardisierungsthese favorisiert wurde – primär aufgrund produktions- und kostentechnischer Vorteile (Skaleneffekte) –, gewannen im weiteren Verlauf der Diskussion zunehmend Befürworter der Differenzierungsthese an Einfluss.

2.1 Beitrag des Marketings

„On the Globalization of Markets". In diesem vielbeachteten Aufsatz prognostizierte Levitt (1983), dass sich die Bedürfnisse und Verhaltensweisen der Verbraucher u.a. aufgrund verbesserter transnationaler Interaktions- und Transportmöglichkeiten weltweit langfristig angleichen werden. Diese Vorhersage ging als **Konvergenzthese** in die Literatur ein. Ein maßgeblicher Treiber dieser Entwicklung sei die zunehmende Verbreitung von modernen Kommunikationstechniken, welche es den Menschen ermöglichen, vergleichsweise leicht grenzüberschreitend zu kommunizieren und zu agieren (vgl. Winram 1984). In dem dadurch geschaffenen **Global Village** könnten Unternehmen ihre Produkte weltweit standardisiert anbieten und bewerben. Dies wiederum ermögliche es, die Markteinführung von Produkten und Dienstleistungen zu beschleunigen, ein globales Markenimage aufzubauen, Skaleneffekte zu nutzen und aufgrund der dadurch möglichen Kostenreduktion das Preisniveau zu senken (vgl. Douglas/Craig 1986).

Befürworter der **Divergenzthese** halten dies für Wunschdenken. Es gebe keinen empirischen Beweis dafür, dass die Bedürfnisse der Konsumenten weltweit homogener werden (vgl. Wind 1986). Nach wie vor sei das Kaufverhalten überwiegend kulturell geprägt und Unternehmen demzufolge gezwungen, ihren Marketingmix den soziokulturellen Bedingungen ihrer Zielmärkte anzupassen (vgl. Diamantopoulos et al. 1995). Nicht nur, aber in besonderem Maße die Kommunikationspolitik müsse zwingend die vielfältigen landestypischen Besonderheiten berücksichtigen, bspw. den wirtschaftlichen Entwicklungsstand, die jeweilige Art der Mediennutzung sowie unterschiedliche rechtliche Rahmenbedingungen (vgl. de Mooij 2019/2003). Folglich gelte es, den Marketingmix zu differenzieren, d.h. den unterschiedlichen Bedingungen in den einzelnen Märkten anzupassen.

2.2 Beitrag der Religionswissenschaften

Religionswissenschaftler haben ein Pendant zu der hier nur in ihren Grundzügen darstellbaren Standardisierungs/Differenzierungsdebatte des Marketings entwickelt. Stark vereinfacht besagt die „Theory of Sacred Canopy", dass die Weltreligionen aufgrund der zunehmenden **Säkularisierung** an Einfluss auf das Verhalten der Menschen im Allgemeinen und der Gläubigen im Besonderen verlieren. Als wichtigste Ursache gilt der zunehmende **Materialismus** moderner Gesellschaften (vgl. Gorski 2000).

Die Analogie zur Divergenzthese des Marketings liegt auf der Hand. In beiden Fällen wird eine zunehmende Verhaltensdiversität prognostiziert, was Berger (1967) mit der schwindenden normativen Kraft der (Welt)Religionen begründet. So konnten Rawwas et al. (2006, S. 79) zeigen, dass japanische College-Studenten, die sich an einer religiösen Universität eingeschrieben haben, nicht moralischer sind als Studenten, die an einer säkularen Einrichtung studieren. Allerdings basiert diese Aussage auf Selbstauskünften. Beide Gruppen hatten für 20 Verhaltensweisen (z. B. in Prüfungen betrügen, Beziehungen zum eigenen Vorteil nutzen) anzugeben, inwieweit sie diese als falsch oder richtig ansehen. Dieser Befund stützt die „Theory of Sacred Canopy" insofern, als gezeigt werden konnte, dass sich auch die konfessionell gebundenen Studenten nicht gemäß den moralischen Vorgaben ihrer Religionsgemeinschaft verhalten (d. h. **standardisiert**), sondern im Bestreben, sich einen Vorteil zu verschaffen, individuell und situativ **differenziert**.

Den gegensätzlichen Standpunkt vertreten die Anhänger der **„Theory of Rationalization"**. Sie gehen davon aus, dass nach wie vor bedeutende soziale Institutionen (bspw. eine Religionsgemeinschaft) unsere Einstellungen wie auch unser Verhalten beeinflussen (vgl. Kivisto 1998; Weber 1958). Säkularisierung sei nur ein Oberflächenphänomen und entscheidend der Fortbestand der Religionen. In kritischen Lebenssituationen suchten die Menschen noch immer Halt und Orientierung in religiösen Gemeinschaften (vgl. Kasper 2007). Auch wenn alles erforscht und erklärbar scheint, so sehne sich der Mensch doch nach dem Geheimnisvollen bzw. nach Nichtprofanem. Dies erklärt vermutlich auch den vermehrten Zulauf zu neureligiösen Glaubensgemeinschaften und Sekten aller Art weltweit. Wenn somit Konfession und Religiosität nach wie vor relevant sind für das Verhalten Einzelner, sollte der Marketingmix auch den religionsspezifischen Besonderheiten der jeweiligen Zielgruppe angepasst werden.

2.3 Marktsegmentierung

Am einfachsten wäre es natürlich, den Weltmarkt entsprechend der in den einzelnen Ländern **dominanten Religion** aufzuteilen (vgl. Tab. 25). Dies mag mit Blick auf die Vermarktung von Leistungen, für deren Erwerb bzw. Verbrauch religionsspezifische Werte und Verhaltensregeln entscheidende Kriterien sind, sinnvoll sein. Am offensichtlichsten scheint dieser Zusammenhang bei der Vermarktung halal-konformer Erzeugnisse im islamischen Kulturkreis zu sein (vgl. Rarick et al. 2012). Dem steht indessen das ungelöste Zertifizierungsproblem entgegen: Es besteht unter den muslimischen Religionsgelehrten kein Konsens, welche Kriterien erfüllt sein müssen, damit bestimmte Leistungen als halal gelten können (vgl. Halim/Salleh 2012). Ein anderes Problem sind die unterschiedlichen regulatorischen Rahmenbedingungen in den verschiedenen islamischen Ländermärkten, welche standardisierte Logistikprozesse verhindern oder erschweren (vgl. Talib et al. 2015).

Tab. 25: Konfessionell homogene Länder (Quelle: https://worldpopulationreview.com/country-rankings/religion-by-country).

Christen	Muslime	Hindus	Buddhisten	Volksreligionen	Konfessionslose, Atheisten
2,38 Mrd.	1,91 Mrd.	1,16 Mrd.	0,51 Mrd.	0,43 Mrd.	1,19 Mrd.
Am.-Samoa	Afghanistan	Bangladesh	China	Benin	Dänemark
Armenien	Algerien	Indien	Japan	Burundi	Estland
Barbados	Iran	Indonesien	Kambodscha	Elfenbeinküste	Frankreich
El Salvador	Irak	Nepal	Myanmar	Guinea-Bissau	Norwegen
Griechenland	Komoren	Pakistan	Thailand	Haiti	Schweden
Kiribati	Kuwait	Sri Lanka		Kamerun	Tschechien
Malta	Libyen	Malaysia		Sudan	Vietnam
Marschall-Inseln	Marokko	Mauritius		Togo	
Mikronesien	Pakistan				
Osttimor	Somalia				
Papua Neuguinea	Sudan				
Paraguay	Tunesien				
Peru	Yemen				
Rumänien					
Samoa					
San Marino					
Tonga					
Venezuela					

Die Mehrzahl der Länder ist jedoch konfessionell nicht homogen. Zumeist ist die **religiöse Diversität** sogar noch wesentlich ausgeprägter, als in Tab. 26 dargestellt. Denn von den hier aufgeführten Religionen haben sich im Laufe der Zeit zahlreiche Untergruppen abgespalten, im Falle der Protestanten etwa die Baptisten, Methodisten, Lutheraner, Presbyterianer, Bischöfe, Kongregationalisten, Jünger Christi, Siebenten-Tags-Adventisten, Quäker und Mennoniten.

Tab. 26: Konfessionelle Vielfalt in den USA, in % (Quelle: Statista 2021, Pew Research Center, Public Religion Research Institute).

Protestanten	45,6	Buddhisten	0,8
religiös Ungebundene	23,3	Muslime	0,8
Katholiken	21,8	Hindus	0,5
andere Glaubensrichtungen	1,5	Zeugen Jehovas	0,5
Juden	1,4	orthodoxe Christen	0,5
Mormonen	1,3	Atheisten, Agnostiker	0,2

Für das IRM bietet es sich deshalb an, anstelle der Standardisierungsstrategie die Strategie der **differenzierten Standardisierung** zu verfolgen. Deren Leitidee ist es, Ländermärkte bzw. Käufergruppen nach Maßgabe der Ähnlichkeit bspw. ihrer konfessionellen Struktur zu bündeln. Die so geschaffenen homogenen Cluster können dann standardisiert bearbeitet werden (sei es mit Blick auf den gesamten Marketingmix oder hinsichtlich einzelner Instrumente), während zwischen diesen Religionsclustern zu differenzieren ist. Eine einfache Möglichkeit, derartige **homogene Ländercluster** zu bilden, eröffnet die Clusteranalyse, im vorliegenden Fall auf Basis der jeweiligen konfessionellen Struktur der Bevölkerung der einzelnen Länder. Wie am Zuwachs der Fehlerquadratsumme des Dendrogramms ablesbar, könnte es im konkreten Fall empfehlenswert sein, das Cluster der katholischen Länder aufzuspalten, in die Gruppe der eindeutig katholischen Länder (Polen – Slowenien) und die Gruppe der zwar auch überwiegend katholischen, aber schon stärker gemischt-konfessionellen Länder (Argentinien – Kanada; vgl. Abb. 15).

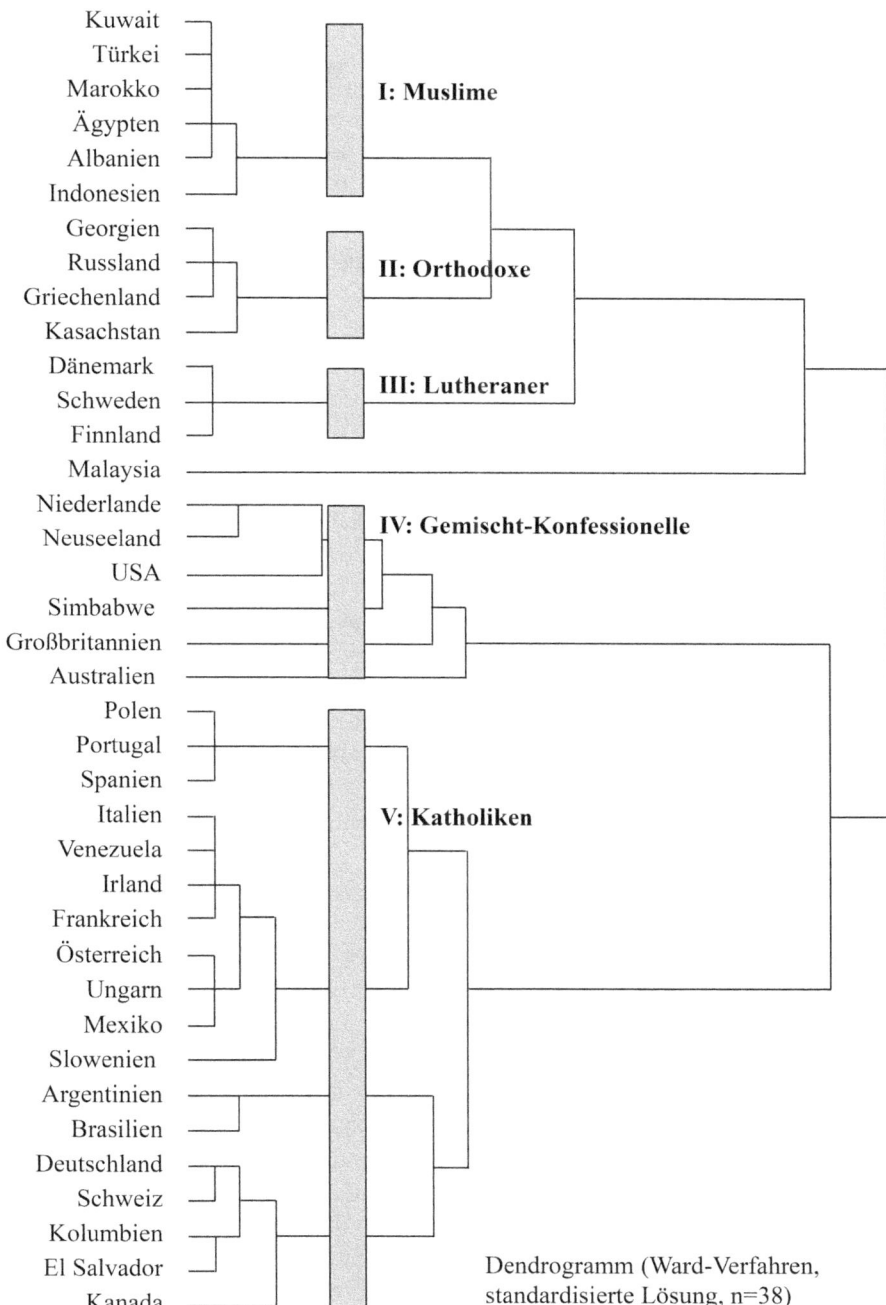

Abb. 15: Konfessionell homogene Ländergruppen als Ausgangsbasis der Strategie der Differenzierten Standardisierung (Quelle: eigene Analyse von Daten des CIA World Factbook 2012).

3 Zielgruppen

Aus Kosten- und Effizienzgründen bearbeiten Unternehmen zumeist nicht den Gesamtmarkt, sondern eine Teilmenge, die hinsichtlich bestimmter, für den Unternehmenserfolg bedeutsamer Kriterien homogener ist als der Gesamtmarkt. So wird sich ein Anbieter hochpreisiger Artikel auf die Zielgruppe der Wohlhabenden konzentrieren und ein Anbieter komplexer Unterhaltungselektronik auf die Zielgruppe der Technikaffinen. Die wichtigste Zielgruppe des IRM sind religiöse Konsumenten.

3.1 Religiöse

Ihr **Persönlichkeitsprofil** weist religiöse Verbraucher in mancherlei Hinsicht als schwierige Kunden aus. Zu nennen sind eine Neigung zu Autoritarismus (vgl. Weller et al. 1975), Nationalstolz bzw. Nationalismus (vgl. Brubaker 2012) und Konservatismus (vgl. Jones et al. 2010). Deshalb unterstützen viele Religiöse Buy National-Kampagnen (vgl. E-3.7). Weiterhin sind sie überdurchschnittlich traditionsbewusst und änderungsunwillig (vgl. van der Toorn et al. 2017). Gemäß den Erkenntnissen der kognitionspsychologischen Forschung denken Religiöse weniger analytisch und sind weniger intelligent als Nichtreligiöse (vgl. Razmyar/Reeve 2013). Mehr als andere befürworten sie die traditionellen Geschlechterrollen (vgl. Wilkes et al. 1986), sind intolerant (vgl. Gusio et al. 2003) und risikoavers (vgl. Noussair et al. 2013). So meiden Unternehmen, die in einem religiösen Umfeld agieren und von einem religiösen Management geführt werden, nach Möglichkeit unternehmerische Risiken (vgl. Cebula/Rossi 2021). Und religiöse Konsumenten neigen in Krisenzeiten (bspw. Corona-Pandemie) zu Hamsterkäufen (vgl. Minton/Cabano 2021).

Aufgrund ihrer konservativen Wertorientierung stehen religiöse Menschen **Innovationen** wie Online-Shopping mehr oder minder ablehnend gegenüber (vgl. Armfield/Holbert 2003), weshalb sie für Unternehmen nicht die primäre Zielgruppe für Neuprodukteinführungen sind (vgl. E-2.2). Während nicht bzw. wenig religiöse Muslime eine technische Innovation wie Mobile Banking hauptsächlich dann übernehmen, wenn sie ihnen nützlich erscheint, sind es primär soziale Gründe, die strenggläubige Muslime dazu bewegen können. Sun et al. (2012) begründen dies mit der unterschiedlich starken Beziehungsorientierung dieser drei Verbrauchersegmente.

Allerdings verfügen Religiöse auch über Eigenschaften und Überzeugungen, die prosoziales, d.h. gemeinschaftsdienliches Konsumentenverhalten begünstigen (vgl. Shariff et al. 2016). Beispielsweise sind sie überdurchschnittlich altruistisch (vgl. Orellano et al. 2020) und optimistisch (vgl. Rudski 2004). Anders als Atheisten (vgl. Gervais 2011) gelten Religiöse als vertrauenswürdig (vgl. Chuah et al. 2016). Und es fällt ihnen vergleichsweise leicht, anderen Menschen zu vertrauen, vor allem dann, wenn sie wissen, dass ihr Gegenüber auch religiös ist (vgl. Tan/Vogel 2008). Weiterhin ist es insb. intrinsisch Religiösen wichtig (vgl. Vitell et al. 2005), sich ethisch korrekt zu verhalten:

- umweltbewusst zu konsumieren (vgl. Raggiotto et al. 2018),
- trotz höherer Preise „grüne Produkte" (vgl. Felix/Braunsberger 2016) und Fair Trade-Produkte zu kaufen (vgl. Salvador et al. 2014),
- weniger zu konsumieren (vgl. Coşgel/Minkler 2004),
- keine Lebensmittel zu verschwenden (vgl. Elhoushy/Jang 2021) und
- für „gute Zwecke" zu spenden,[42] selbst dann, wenn davon auch Angehörige anderer Glaubensgemeinschaften profitieren (vgl. Brooks 2004).

Unterstützt wird das Streben nach **Prosozialität** durch die überdurchschnittliche Fähigkeit der Religiösen zu Selbstkontrolle (vgl. Minton 2018) und durch ihre geringen materialistischen Neigungen (Balikcioglu/Kiyak 2022). Hinzu kommt, dass alle Religionen auf die ein oder andere Weise prosoziales Verhalten fordern und fördern. So beschreibt Sugden (2001, S. 9) Fair Trade als „response of practical compassion often rooted in a Christian worldview", in der Nachfolge des biblischen Gebots, sich für soziale Gerechtigkeit einzusetzen und für die Armen zu sorgen. Dabei dienen häufig Heilige und religiöse Führer als **Rollenvorbilder** für einen selbstlosen Lebensstil (vgl. Saroglou et al. 2005).

Auch kommen Religiöse mit Ungewissheit überdurchschnittlich gut zurecht, da ihre spirituellen Überzeugungen ihnen ein Gefühl von Sicherheit und Kontrolle vermitteln (vgl. Kay et al. 2010). Überdies sind sie unabhängig von ihrem Alter und ihrer Konfession mit ihrem Leben überdurchschnittlich **zufrieden,** empfinden vermehrt körperlich-geistiges **Wohlbefinden** und kooperieren sozial mehr als Nichtreligiöse (vgl. Habib et al. 2018; Mochon et al. 2011; Moschis/Ong 2011). Dies erklärt möglicherweise, dass sie weniger als religiös nicht gebundene Vergleichspersonen für **suchtartige Verhaltensweisen** anfällig sind: z. B. Missbrauch von ...
- Alkohol (vgl. Guimarães et al. 2018; Lambert et al. 2010),
- Drogen (vgl. van der Meer-Sanchez et al. 2018; Sanchez et al. 2011),
- Tabak (vgl. Weaver et al. 2005) oder
- Pornografie (vgl. Perry 2017).

Ökonomischen Versuchungen erliegen sie gleichfalls seltener als andere, etwa sich durch Steuerbetrug (vgl. Guiso et al. 2003). Auch versuchen sie seltener als andere, sich durch den Kauf gefälschter und deshalb besonders preisgünstiger Markenprodukte (d. h. Piratenware) einen unrechtmäßigen Vorteil zu verschaffen (vgl. Yaakop et al. 2021; Cassidy et al. 2016). Neben der Überzeugung, dass dies eine Sünde wäre (vgl. Souiden et al. 2018), sorgt dafür die leicht überdurchschnittliche Zukunftsorientierung von Religiösen. Denn sie befähigt zu **Belohnungsaufschub**, d.h. zur Bereitschaft, auf kleinere unmittelbare Belohnungen (hier: Preisvorteil) zugunsten späterer substanziellerer Belohnungen zu verzichten – hier: gutes Gewissen (vgl. Carter et al. 2012).

Religiöse legen vergleichsweise wenig Wert auf **Konsum** und **Besitz.** Nicht zuletzt deshalb, aber auch aufgrund ihrer stärkeren sozialen Vernetzung sind sie mit ihrem Leben überdurchschnittlich **zufrieden** (vgl. Balikcioglu/Kiyak 2022; Churchill et al. 2019,

Wilkes et al. 1986). Da viele Religionen Armut eher als Tugend denn als Last darstellen,[43] hängt das Wohlbefinden religiöser Menschen vergleichsweise wenig von ihrer relativen Einkommensposition ab. Deshalb sind im religionszugewandten Jamaika wesentlich mehr Angehörige der unteren Einkommensschichten mit ihrem Leben zufrieden als im säkularen Norwegen, obwohl es den meisten Jamaikanern objektiv gesehen materiell wesentlich schlechter geht als den meisten Norwegern. Dass Religiosität den Effekt unzulänglicher Einkommensverhältnisse in dieser Weise moderiert, ist kein Einzelfall, sondern, wie Berkessel et al. (2021) anhand von Daten von etwa drei Mio. Menschen aus bis zu 156 Ländern nachgewiesen haben, die Regel.

Schließlich sind Religiöse soziopolitisch **konservativ**, und ihr Denkstil ist nicht übermäßig rational (vgl. Baron 2020). Wenn sie einer monotheistischen Religion angehören, geht Prosozialität (gegenüber Angehörigen der In-Group) häufig mit einer Tendenz zu vorurteilsbehafteter Urteilsbildung einher (gegenüber Angehörigen der Out-Group). Nicht so bei Buddhisten. Sie verbinden prosoziale Einstellungen häufig mit Toleranz gegenüber dem Andersartigen (vgl. Clobert et al. 2015).

Religiöse sind überdurchschnittlich erfolgversprechende Adressaten von **CSR-Maßnahmen** der Unternehmen. Diese werden zunehmend in der Pflicht gesehen, Verantwortung für die Gesellschaft zu übernehmen und neben ihren originären Absatz- und Ertragszielen auch soziale Ziele zu verfolgen. Gemeinnützige Organisationen sind eine besondere Form von Unternehmen, welche ihre Geschäftstätigkeit weitgehend durch Spenden finanzieren. Um ihr Spendenaufkommen zu erhöhen, betreiben sie Non Profit-Werbung. Deren Erfolg hängt in hohem Maße davon ab, ob ihnen die Zielgruppe glaubt, dass sie sozial verantwortungsbewusst handeln. Wie Hopkins et al. (2014) gezeigt haben, moderiert Religiosität den positiven Einfluss der von den Umworbenen wahrgenommenen sozialen Verantwortung der Organisation auf die Absicht, dieser eine Spende zukommen zu lassen.

Moralische Basis von **Corporate Stewardship-Maßnahmen** ist die Überzeugung, dass Unternehmen mit den ihnen zur Verfügung gestellten Ressourcen treuhänderisch umgehen sollten. Früher als Wirtschaftswissenschaftler (vgl. Mohrman et al. 2017) haben Religionswissenschaftler diese Norm mit Blick auf das Verhältnis Mensch/Natur diskutiert (vgl. de Groot/van den Born 2007). Dass der Mensch mit Gottes Schöpfung verantwortungsbewusst umgehen sollte, ist Teil der Lehre von Naturreligionen und spirituell-religiösen Strömungen (vgl. Preston/Baimel 2021). Die monotheistischen Religionen im Allgemeinen und das Christentum im Besonderen stehen hingegen für die Gegenposition: „Macht Euch die Erde untertan ..." (Genesis 1,28).

Aus Unternehmenssicht problematisch ist, dass das **Marktsegment** der explizit Religiösen **schrumpft**. Gemäß einer WIN-Gallup-Umfrage sank deren Anteil an der Gesamtbevölkerung zwischen 2005 und 2012 in 37 Ländern durchschnittlich um 9 %, von 77 % auf 68 %. Besonders starke Säkularisierungstendenzen verzeichneten Vietnam (- 23 %), Frankreich (- 21 %), Österreich (- 21 %) und die Schweiz (- 21 %), während in Pakistan (+ 6 %), Mazedonien (+ 5 %) und Moldawien (+ 5 %) ein leichter Zuwachs an Religiösen registriert wurde. In Deutschland betrug der durchschnittliche Schwund in diesem Zeitraum –9 % (von 60 % auf 51 %). Dagegen wachsen andere Zielgruppen, bspw. die Umweltbewussten.

3.2 Materialisten

Umgangssprachlich verstehen wir unter Materialisten Menschen, deren **Lebensziel** und **Lebenssinn** darin besteht, **Besitz anzuhäufen**. Definieren lässt sich Materialismus als …

> the importance a consumer attaches to worldly possessions. At the highest levels of materialism, such possessions assume a central place in a person's life and are believed to provide the greatest sources of satisfaction and dissatisfaction (Belk 1984, S. 291).

Aufgrund ihrer **Konsumfreude**, ihrer besonderen Wertschätzung von Luxusgütern und überdurchschnittlichen Zahlungsbereitschaft sind Materialisten für gewinnorientierte Unternehmen eine vielversprechende Zielgruppe (vgl. Prendergast/Wong 2003). Umgekehrt fördern spirituelle Werte Konsumverzicht (vgl. Stillmann et al. 2012).

Die materialistische Weltanschauung, wonach das **Stoffliche** bzw. **Greifbare**, d.h. die Materie, das einzig Wirkliche ist, steht im Gegensatz zum Idealismus. Er erblickt das Wirkliche primär im geistigen Sein. Lange Zeit galt: Materialistische Werte sind mit religiösen Werten kaum vereinbar (vgl. Burroughs/Rindfleisch 2002).[44] Neuere Befunde geben allerdings Anlass, diese These zu differenzieren und auf intrinsische Religiosität zu beschränken. Extrinsisch Religiöse sind aufgrund ihrer eher funktionellen, nichtspirituellen Einstellung zu ihrer Konfession (= Mittel zum Zweck) dem materialistischen Lebensstil durchaus zugetan (vgl. Raggiotto et al. 2018). Materialisten sind im Regelfall mit ihrem Leben **weniger zufrieden** als andere (vgl. La Barbera/Gürhan 1997), u.a. deshalb, weil sie nicht gelernt haben, …
- sich an den „kleinen Dingen des Lebens" zu erfreuen (vgl. Aronson et al. 2020),
- befriedigende soziale Beziehungen zu unterhalten (vgl. Banjerjee/Dittmar 2008),
- mit Stress und Unsicherheit auf andere Weise als durch Konsum umzugehen (vgl. Roberts et al. 2003).

Weiterhin hat sich gezeigt, dass materialistische Werte einer der Gründe sind, warum Konsumenten dem Umweltschutz keine Beachtung schenken (vgl. Raggiotto et al. 2018). Auch fördern sie die Bereitschaft, Piratenware zu kaufen (Furnham/Valgeirsson 2007).

Bislang haben wir vom **individualistisch-selbstbezogenen Materialismus** gesprochen. Ihn haben Awanis et al. (2017) um das Konzept des **kollektivistisch-gemeinschaftsorientierten Materialismus** ergänzt (Collective-Oriented Materialism). Demzufolge streben Menschen nicht primär nach Besitz, um einen individualistisch-konsumorientierten Lebensstil zu verwirklichen, der mit prosozialen Zielen unvereinbar ist. Wichtiger sei für kollektivistisch sozialisierte Menschen die symbolische Funktion materieller Güter, bspw. die Möglichkeit, damit ihren sozialen Status zu signalisieren, Zugehörigkeit zu einer angesehenen Bezugsgruppe zu demonstrieren und auf sichtbare Weise soziale Verantwortung zu übernehmen.

3.3 Umweltbewusste

Religionen fordern von den Gläubigen im Regelfall **Fürsorglichkeit.** Diese kann, wie im Falle von Zakāt, einer der fünf Säulen des Islam (vgl. B-4.4), Personen gelten, zumeist Angehörigen der eigenen Glaubensgemeinschaft, aber auch dem Schutz der natürlichen Umwelt. Der Theravada-Buddhismus bspw. lehrt, dass sich alle aktuellen Handlungen auf die Zukunft auswirken – explizit auch unser Umgang mit der Natur (vgl. Pryor 1990). Aufgrund ihres Gottesbildes – ein allmächtiger, strafender und belohnender Gott – wird Christen und Muslimen nachgesagt, dass sie sich persönlich weniger dafür verantwortlich fühlen, die Umwelt zu schützen. Auch verblasse angesichts der Lebensaufgabe, sich das ewige Leben in Gottes Herrlichkeit zu verdienen oder durch Gottes Gnade geschenkt zu bekommen, die Sorge um irdische Belange (vgl. Hope/Jones 2014).

Anthropozentrisches vs. ökozentrisches Umweltbewusstsein
Sozialpsychologisch orientierte Wissenschaftler unterscheiden verschiedene Formen von Umweltbewusstsein. Der Anthropozentrismus begreift den Menschen als Beherrscher und nicht als Beschützer der Natur (vgl. Kortenkamp/Moore 2001, S. 262). Dagegen fordert der Ökozentrismus, die Natur um ihrer selbst willen zu schützen (vgl. Grettenberger 1996, S. 28f.).

Letzteres ähnelt dem Konzept der **Stewardship**, das u. a. in den Managementwissenschaften (vgl. Davis et al. 1997) und den Religionswissenschaften diskutiert wird (vgl. D-3.4). Der Mensch als Gottes Sachwalter, der mit dessen Schöpfung, der Natur, verantwortungsbewusst umgeht (vgl. de Groot/van den Born 2007). Dafür sind vor allem Anhänger alternativer Religionen (Naturreligionen, spirituell-religiöse Strömungen etc.) empfänglich (vgl. Preston/Baimel 2021). Die **Lynn White-These** markiert die Gegenposition: Demzufolge sind die monotheistischen Religionen aufgrund ihres anthropozentrischen Weltbildes für die bestehenden ökologischen Probleme mitverantwortlich (vgl. White 1967). Das biblische „Macht Euch die Erde untertan …" (Genesis 1,28) etwa habe dafür gesorgt, dass Christen weniger umweltbewusst sind als Anhänger anderer Konfessionen (vgl. Shaiko 1987; Hand/van Liere 1984).

Religiosität, Umweltbewusstsein und Umweltverhalten
Zwischen Religiosität und Umweltbewusstsein (z. B. Guth et al. 1995) bzw. umweltfreundlichem Verhalten (z. B. Kanagy/Willits 1993) wurde wiederholt ein positiver Zusammenhang beobachtet. So berichten Islam/Chandrasekaran (2016), dass indische **isla-**

mische Studenten (männlich, n = 191) sich dann vermehrt zu umweltbewusstem Kauf- und Konsumverhalten bekennen, wenn ihre Religiosität intrinsischer Natur ist. Operationalisiert wurde die Verhaltensintention mit Statements wie „I buy environmentally friendly products even if higher priced". Und gemäß Minton et al. (2015) konsumieren sowohl sehr religiöse **Buddhisten** als auch sehr religiöse **Christen** nachhaltiger bzw. umweltbewusster als die jeweiligen Vergleichsgruppen der weniger Religiösen. Ausschlaggebend dürfte dafür der enge Zusammenhang zwischen Religiosität und Altruismus sowie Hilfsbereitschaft sein und nicht der zwischen Religiosität und Umweltbewusstsein (vgl. Blogowska/Saroglou 2011).

Der Kritik an der **Operationalisierung** der zentralen Konstrukte dieser Studien trugen erstmals Eckberg/Blocker (1996) Rechnung, indem sie verschiedene Formen von Umweltbewusstsein von amerikanischen Protestanten in Bezug zu unterschiedlichen Ausprägungen von Religiosität setzten. Religiosität wurde anhand von Daten der General Social Survey (GSS 1993) aufgespalten in …
- Sektierertum (rigide, fundamentalistisch geprägte Form von Religiosität in Gestalt strikter Obrigkeitstreue und vehementer Ablehnung der Evolutionstheorie),
- allgemeine Religiosität (Glaube an Gott und ein Leben nach dem Tod),
- partizipative Religiosität (Mitgliedschaft in der Kirchengemeinde, häufiger Gottesdienstbesuch, Vertrauen in die lokalen Kirchenvertreter).

Aus den Daten ließen sich zehn Faktoren des Umweltbewusstseins extrahieren, von denen vier in dieser Reanalyse berücksichtigt wurden. Diese lassen sich zu 5–30 % durch die drei beschriebenen Formen von Religiosität erklären (vgl. Tab. 27). Im Einzelnen ergaben diverse multiple Regressionsanalysen:
- **Sektierertum** korreliert negativ mit umweltschützendem Verhalten, jedoch positiv mit der Überzeugung, dass die von Gott geschaffene Natur heilig ist. Sie real zu schützen ist diesem Segment jedoch weniger wichtig als wirtschaftlichen Wohlstand zu erlangen bzw. zu bewahren.
- Auch **allgemeine Religiosität** korreliert lediglich mit der Wertschätzung von Natur (= heilig), ohne dass diese Einstellung Konsequenzen für reales Umweltverhalten hätte.
- Umgekehrt fördert **partizipative Religiosität** umweltschützendes Verhalten, nicht jedoch umweltbewusste Einstellungen.

Tab. 27: Zusammenhang zwischen Religiosität und Umweltbewusstsein (Quelle: Eckberg/Blocker 1996, S. 351).

Religiosität	Umweltbewusstsein			
	Umweltverhalten I (z. B. Recycling)	Umweltverhalten II (z. B. Fahrverhalten)	Natur ist heilig	Wirtschaftlicher Wohlstand ist wichtiger als Naturschutz
Sektierertum	-,20***	-,13*	,17**	,20**
allgemeine Religiosität	,00	,05	,33**	,00
partizipative Religiosität	,11*	,19*	,05	-,01
korrigiertes R^2 (in %)	22,60	5,13	30,16	21,40

Anmerkung: Ergebnisse einer Regressionsanalyse, standardisierte Regressionskoeffizienten.
*$p < 0,05$; **$p < 0,001$; ***$p < 0,0001$

Eckberg/Blocker (1996) nahmen diese Befunde zum Anlass, den **Geltungsbereich** der **Lynn White-These** einzuschränken. Nicht Religiosität an sich be- oder verhindere Umweltschutz, sondern lediglich christliches Sektierertum, das Umweltbewusstsein als Ausdruck eines unfreien, illiberalen Geistes begreift. Neuere Studien sprechen sogar dafür, dass Religiosität im Gegenteil nachhaltiges Konsumverhalten fördert und dieses wiederum das individuelle Wohlbefinden (vgl. Minton et al. 2022).

Religiosität, Lebenszufriedenheit und Umweltbewusstsein
Ist die Bereitschaft, selbst zum Umweltschutz beizutragen, bei vielen Menschen deshalb so gering, weil sie einen Verlust an **Lebensqualität** und **Lebensfreude** befürchten? Vermutlich nicht – und falls doch: dann zu Unrecht. So haben Minton et al. (2018) beobachtet, dass Religiöse über die verschiedensten Konfessionen hinweg stärker nachhaltig konsumieren und in der Folge mit ihrem Leben zufriedener sind als die Vergleichsgruppe. Zu einem vergleichbaren Ergebnis gelangten Balikcioglu/Kiyak (2022), die 232 Muslime türkischer Herkunft befragt haben. Zusammen mit Religiosität trugen konsumkritische Einstellungen (Anti-Consumption Attitude) zu deren Lebenszufriedenheit bei, während materialistische Einstellungen das Gegenteil bewirkten. Da es sich dabei um eine Strukturgleichungsanalyse handelt, ist aber nicht auszuschließen, dass es sich umgekehrt verhält: dass zufriedene Menschen für Umweltbelange aufgeschlossener sind. Für diese Interpretation sprechen jedenfalls die Ergebnisse einer Multi Level-Analyse, mit deren Hilfe Felix et al. (2018) die Auskünfte von 47.130 Probanden aus 34 Ländern ausgewertet haben. Dabei zeigte sich: Die positive Beziehung zwischen Religiosität und Umweltbewusstsein wird durch die **Lebenszufriedenheit** moderiert. Religiöse, die mit ihrem Leben zufrieden sind, stehen innerlich dem Umweltschutz näher als unzufriedene Religiöse.

Der **Buddhismus** begünstigt hingegen eine ambivalente Einstellung. Für Strenggläubige ist die Umwelt Teil des Scheinhaften, sich ständig Verändernden, ohne wirkliche Bedeutung. Umweltschutz würde bedeuten, sich in den ewigen Kreislauf des Werdens und Vergehens zu verstricken, statt dazu auf Distanz zu gehen, wie Buddha lehrte. Er sprach jedoch auch über Verantwortung, Mitleiden und Güte. Und dass Buddhisten niemandem ein Leid antun sollen, lässt sich auch als Aufforderung zum Umweltschutz deuten (vgl. Figh 2007).

Einstellungs/Verhaltens-Diskrepanz
Alle Studien zum Umweltbewusstsein, gemessen als Einstellung oder Verhaltensintention, stehen unter einem gravierenden **Vorbehalt**. Da mittlerweile nur noch wenige Menschen Notwendigkeit und Dringlichkeit von Umweltschutz ernsthaft bestreiten, zugleich aber die Opfer und Mühen scheuen, die ihnen umweltschützendes Verhalten abverlangen würde (bspw. Verzicht auf Verpackungen), fällt die schon in vielen anderen Verhaltensbereichen festgestellte Einstellungs/Verhaltens-Diskrepanz (vgl. C-5.6) beim umweltbewussten Konsumentenverhalten besonders groß aus, nicht zuletzt unter Touristen (vgl. Juvan/Dolnicar 2014).

Besondere Aufmerksamkeit verdient in diesem Zusammenhang das **Spezifitätsproblem** der Einstellungs/Verhaltens-Forschung. Demzufolge ist es nicht möglich, aus allgemeinen, d.h. unspezifischen Einstellungen (z.B. „Ich bin sehr …. überhaupt nicht umweltbewusst") auf spezifische Verhaltensweisen zu schließen (z.B. „Ich fahre häufig … nie Fahrrad"). Um diesen Fehler der Versuchsplanung zu vermeiden, haben Martin/Bateman (2014) intrapersonales religiöses Commitment, d.h. eine spezielle Form von Religiosität,[45] genutzt, um anhand einer speziellen Einstellung zur Umwelt (= Ökozentrismus)[46] spezielle Verhaltensweisen[47] zu prognostizieren. Nun lieferten verschiedene Regressionsanalysen keine Hinweise auf systematische Einstellungs/Verhaltens-Unterschiede in Abhängigkeit von religiösem Commitment.

Neben dem Spezifitätsproblem zählt auch das Phänomen der **moralischen Lizensierung** zu den zahlreichen Ursachen dieser Inkonsistenz (vgl. Antonetti/Maklan 2015). Darunter versteht man einen kognitiven Prozess, in dessen Verlauf aus einer „guten Tat" (bspw. Müll trennen) die Berechtigung („Lizenz") abgeleitet wird, das moralische Konto, das jeder Mensch unbewusst innerlich führt, mit weniger guten Taten zu belasten (bspw. Flugreise). Erst dann, wenn das Soll dieses Kontos mit mehr „Umweltsünden" belastet ist, als auf der Haben-Seite gute Taten verbucht wurden, melden sich dieser Theorie zufolge Schuldgefühle, was unter bestimmten Bedingungen die Wahrscheinlichkeit einer Verhaltensänderung erhöht (vgl. Lasarov/Hoffmann 2020; Blanken et al. 2015).

Gemäß einer Metaanalyse von Simbrunner/Schlegelmilch (2017) neigen Angehörige von **„moralischen Gesellschaften"** mehr als andere dazu, sich selbst diese Lizenz zu erteilen. Als moralisch wurden in dieser Studie bspw. die USA und Thailand eingestuft, wo 40,4 % bzw. 56,5 % der Bevölkerung aussagen, dass Religion in ihrem Leben eine wichtige Rolle spielt, und 32,7 % bzw. 44,3 %, dass Kinder zu Selbstlosigkeit erzogen werden sollten (Datenbasis: WVS 2014). Mitteleuropäer stimmen diesen Aussagen deutlich seltener zu. Nur 13,1 % der Deutschen bspw. ist Religion wichtig, und nur 5,9 % erachten Selbstlosigkeit als ein wichtiges Erziehungsziel.

Umweltbewusstsein und politische Einstellung
Eine andere Gruppe von Verbrauchern versucht gleichfalls, durch bewusste, ethisch bzw. politisch motivierte Kaufentscheidungen Einfluss auf Unternehmen, Märkte oder das Wirtschaftsgeschehen insgesamt zu nehmen (vgl. Micheletti 2003). Von den Umweltbewussten unterscheiden sich diese **politischen** bzw. **politisierten Konsumenten** (vgl. Stolle/Micheletti 2013) u.a. dadurch, dass sie altruistisch eingestellt sind, aber eher nicht religiös (vgl. Wicks et al. 2017). Beispielsweise halten sie die Bibel eher nicht für das unveränderliche Wort Gottes. Vor allem aber misstrauen sie dem politischen System und dessen Akteuren (vgl. Copeland/Boulianne 2020).

Sehen wir einmal von allgemeinen, teilweise gewaltsamen Protesten gegen die „Auswüchse der Konsumgesellschaft" ab (wie 1. Mai- oder G20-Proteste), dann sind zwei Arten von Engagements zu unterscheiden (vgl. Lämla/Neckel 2006): Der **politische Konsumerismus** zielt auf kollektives Handeln (bspw. Organisation von Kaufstreiks, Petitionen, Shitstorms), während **politisierte Konsumenten** im individuellen Handeln den entscheidenden Lösungsansatz sehen, bspw. ....
– Verzicht auf Sojaprodukte, um die Abholzung der Regenwälder zu stoppen,
– Kauf von Bioware, um das durch den übermäßigen Einsatz von Pestiziden verursachte Artensterben zu stoppen,
– Kauf von Gebrauchtware (z.B. Secondhand Fashion), um den übermäßigen Ressourcenverbrauch durch Fast Fashion zu stoppen.

Teil E: Produktpolitik

Die Gesamtheit der Entscheidungen, welche der Gestaltung des Leistungsprogramms eines Unternehmens dienen, wird als **Produktpolitik** bezeichnet. Manche ziehen die allgemeinere Bezeichnung **Leistungspolitik** vor, da diese nicht auf (materielle) Produkte beschränkt ist, sondern auch (immaterielle) Dienstleistungen einschließt (vgl. Teil F).

Ob es sich bei der Produktpolitik um das „wichtigste" oder das „zentrale" Aktionsfeld des Marketingmix handelt, wie häufig angemerkt wird, ist letztlich unerheblich. Denn alle **Marketinginstrumente** bilden einen **Verbund**, in dem jedes einzelne nur gemeinsam mit anderen Instrumenten wirken kann. Kluge Preispolitik, um nur ein Beispiel zu nennen, verpufft wirkungslos, wenn dem Anbieter distributionspolitische Fehler unterlaufen. Daraus folgt die **Zurechenbarkeitsproblematik** des Marketings: d.h. die grundsätzliche Schwierigkeit, in Evaluationsstudien den Wirkungsbeitrag einzelner Marketinginstrumente exakt zu bestimmen.

1 Nutzenarten

Produkte dienen in erster Linie dazu, **Bedürfnisse** zu befriedigen und so den Konsumenten **Nutzen** zu stiften. Es sind verschiedene Nutzenarten zu unterscheiden, je nachdem, ob es sich um das Kernprodukt oder das erweiterte Produkt handelt (vgl. Esch et al. 2017, S. 232 f.).

Das Kernprodukt (bspw. ein Auto) bietet, indem es einen konkreten Bedarf deckt, den originären **Grundnutzen** (Mobilität). Für Kunden eines Mobilfunkunternehmens besteht der Grundnutzen darin, jederzeit und an jedem Ort erreichbar zu sein und selbst andere erreichen zu können.

Vielfach, bspw. in gesättigten Märkten, trägt jedoch der vom erweiterten Produkt gestiftete **Zusatznutzen** mehr zur Präferenzbildung bei als der Grundnutzen. Dass ein Automobil in der Lage ist, uns schnell und sicher von A nach B zu transportieren, erscheint heutzutage selbstverständlich. Für Kaufentscheidung, Weiterempfehlungsabsicht etc. wichtiger ist es jedoch vielfach, mit dem Besitz eines bestimmten Pkws dem erreichten bzw. angestrebten sozialen Status und Lebensstil sichtbaren Ausdruck verleihen zu können.

Auch Mobiltelefone sind weit mehr als ein technisches Kommunikationsmittel. Über ihren Grundnutzen hinaus bieten sie ein ganzes Bündel zusätzlicher Funktionen wie Kamera, Lichtquelle, Routenplaner oder Impfpass (vgl. Abb. 16). Indem seine Mobiltelefone auch die Himmelsrichtung anzeigten, offerierte LG Electronics islamischen Kunden einen religionsspezifischen **Zusatznutzen**. Denn so konnten diese jederzeit die Richtung für die täglichen Gebete bestimmen („gen Mekka").

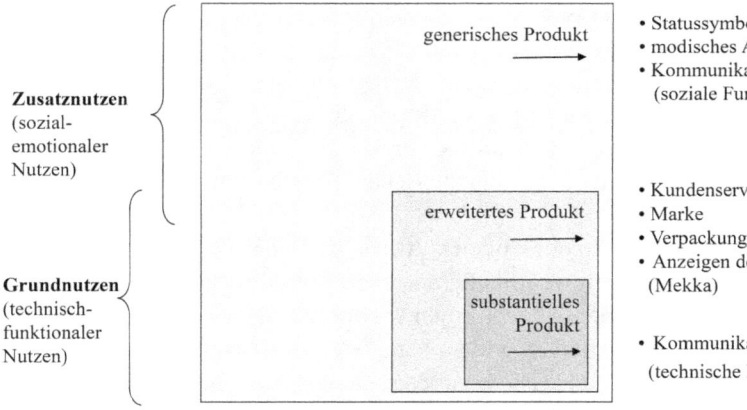

Abb. 16: Nutzentheoretische Aufschlüsselung des Produktbegriffs am Beispiel des Mobiltelefons.

Kopfbedeckungen sind ein gutes Beispiel dafür, wie sehr Nutzen und Funktion eines Produktes von der Konfession des. Trägers abhängen können. Zwar erfüllen Mützen, Hüte und Kopftücher auch in westlich-christlichen Gesellschaften eine soziale Funktion, indem sie bspw. Modebewusstsein, aber auch eine bestimmte Gruppenzugehörigkeit demonstrieren (etwa Base Caps als Erkennungszeichen eines sportlich-lässigen Lebensstils). Vorrangig aber erfüllen Kopfbedeckungen die primäre Funktion „Schutz vor Witterung". Im Einflussbereich des Islam hingegen dient das Kopftuch zwar auch dem Sonnenschutz. Wichtiger jedoch ist dessen symbolische Funktion, die religiöser oder politischer Natur sein kann (vgl. Kiliçbay/Binark 2002, S. 497).

– In den wichtigsten islamischen Schriften werden Frauen aufgefordert, Haar und Schultern zu bedecken, um sich vor den Blicken der Männer zu schützen (vgl. El Guindi 1999, S. 55). Insofern symbolisiert das Kopftuch die Identifikation mit dem Islam sowie die Bereitschaft, dessen Gesetze bzw. Verhaltensregeln zu befolgen.
– Ein Kopftuch zu tragen kann aber auch Ausdruck einer politischen Haltung sein. Frauen dokumentieren so, dass sie nicht der westlichen, sondern der islamischen Welt angehören (vgl. Göle 1997, S. 73).

So oberflächlich diese knappe Würdigung der soziokulturellen Funktion des Kopftuches auch sein mag, zeigt sie doch, dass die einzelnen Nutzenkomponenten eines Produktes religionsabhängig höchst unterschiedlich wahrgenommen und bewertet werden können. Für die in Amerika lebenden Amischen[48] etwa sind Form (nicht körperbetont) und Farbe (einfarbig-gedeckt) ihrer Kleidung Ausdruck von Demut und Zeichen ihrer religiösen Bindung (vgl. Coşgel/Minkler 2004, S. 343).

2 Produktinnovation

Neuartige Produkte gelten dann als Innovation, wenn sie den Kunden einen wesentlichen Nutzen bieten und diese bereit sind, dafür einen angemessenen Preis zu bezahlen. Je nachdem, wie groß Neuigkeitsgrad und damit verbundener Nutzen sind, spricht man von **inkrementeller** (z. B. Sechsganggetriebe) oder **radikaler Innovation** (z. B. selbstfahrendes Auto). Innovationen jedweder Art sind wichtig, um Wettbewerbsvorteile zu erringen bzw. wettbewerbsfähig zu bleiben.

2.1 Innovativität von Unternehmen

Kriterien unternehmerischer Innovativität sind u. a. Anzahl und Umfang bzw. Reichweite von **Patenten** sowie die Intensität der **Forschungs-** und **Entwicklungstätigkeit** (F+E). Letztere war Gegenstand einer Analyse entsprechender Daten der Jahre 1996–2010 von 113 Ländern (vgl. Wang/Wang 2021). Demzufolge behindern Christentum und Judentum die F+E-Aktivität tendenziell, während Buddhismus[49] und Konfessionslosigkeit hierfür eher förderlich zu sein scheinen. Diese Befunde erwiesen sich gegenüber denkbaren modifizierenden Einflüssen wie Regierungsform, Einkommensniveau oder Religionsfreiheit als hinreichend stabil. Weiterhin melden Unternehmen mit Standorten in religiösen Gesellschaften weniger Patente (pro Kopf der Bevölkerung) an als in religionsfernen, ansonsten aber vergleichbaren Gesellschaften (vgl. Bénabou et al. 2015b).

Vor allem dann, wenn sich Religiosität als religiöse Intoleranz äußert, behindert sie die Innovationstätigkeit von Unternehmen (vgl. Osiri et al. 2019). Warum ist das so? Worauf basiert dieses Spannungsverhältnis zwischen Religiosität und Innovation?
– Liegt es an Schwächen beim **analytischen Denken** (vgl. Jack et al. 2016) und mangelnder **Kreativität**[50] (vgl. Dollinger 2007)? Letzteres lässt sich auf Basis einer sekundärstatistischen Analyse des Global Creativity Index bestätigen. Denn auf nationalstaatlicher Ebene korreliert Religiosität negativ mit Kreativität (vgl. Liu et al. 2018).[51]
– Oder ist es die mangelnde Fähigkeit, **Althergebrachtes in Frage** zu **stellen**, die Religiösen angesichts ihres Konservatismus nachgesagt wird? Wer Neues schaffen will, muss am Bestehenden zweifeln, muss auf die Gewissheit, die dogmatische Glaubenssätze versprechen, verzichten. Zwar haben Teile des Christentums unter dem Druck der Säkularisierung dem Zweifel Raum gegeben. Aber lange Zeit waren und sind Rechtgläubigkeit und Dogmatismus wesentliche Merkmale der monotheistischen Religionen.

Eine weitere These ist empirisch recht gut belegt. Innovationen können sowohl positive (bspw. Fortschritt, neuartige Problemlösungen) als auch negative Konsequenzen haben (bspw. Verlust an Arbeitsplätzen, Änderungsbedarf). Aufgrund ihrer überdurchschnittlichen **Risikoaversion** assoziieren Religiöse mit Innovation aber primär Negatives (vgl. Noussair et al. 2013). Handlungstheoretisch lassen sich Innovationen (bspw. Solarzellen) als Lösungen für bestehende Probleme beschreiben (bspw. Klimawandel). Dieses lösungsorientierte Denken ist Religiösen aufgrund **fatalistischer Neigungen** eher fremd (vgl. C-2.8). Im Wechselspiel mit einer gewissen **Gottergebenheit** bilden sie die ideologische Basis der jahrhundertealten Unvereinbarkeit von Religion und Wissenschaft (vgl. Bénabou et al. 2015a). Gottergebenheit hat auch, wie es im Matthäus-Evangelium heißt, Jesus von seine Jüngern gefordert: „Es fällt kein Spatz von der Dachrinne, ohne dass der Vater im Himmel darum weiß. Es bleibt beim Kämmen kein Haar im Kamm hängen, ohne dass der Vater im Himmel sich darum kümmert." Neben anderem steht die Überzeugung, dass wir alle in Gottes Hand sind, hinter dem Versuch fundamentalistisch-religiöser Kreise, die Stammzellenforschung zu verbieten oder der Weigerung von Eltern, einer lebensrettenden medizinischen Behandlung ihrer Kinder zuzustimmen (vgl. Orr 2003).

Bestätigt wird dies durch folgende Beobachtung (vgl. Bénabou et al. 2015a): Nirgendwo in den USA haben in ihrer Studie **innovationsfeindliche Statements** so viel und **innovationsfreundliche Statements** so wenig Zustimmung erfahren wie im „Bibel Belt" im Südosten der Vereinigten Staaten.

- Innovationsfeindlich: e.g. „We depend too much on science and not enough on faith."
- Innovationsfreundlich: e.g., „It is important to think up new ideas and be creative; to do things one's own way."

Beeinflusst die Konfession der Auskunftspersonen den wahrgenommenen Zusammenhang zwischen Innovationstätigkeit und **Unternehmenserfolg**? Um darauf eine Antwort geben zu können, haben Recio-Román et al. (2019) Daten von Eurobarometer 63.4 (2005) regressionsanalytisch mit folgendem Ergebnis ausgewertet: Noch stärker als Atheisten und Agnostiker sind Protestanten davon überzeugt, dass Innovationen ein Schlüssel für dauerhaften Unternehmenserfolg sind. Muslime und Katholiken hingegen äußerten sich eher innovationsskeptisch. Auch akzeptierten sie weniger als Anders- oder Nichtgläubige das wettbewerbspolitische Dogma, dass Innovationen gesamtwirtschaftliches Wachstum erzeugen.

2.2 Akzeptanz von Innovationen

Die einschlägige Akzeptanzforschung ist höchst umfangreich und methodisch anspruchsvoll (vgl. Agarwal/Prasad 1997). Zur Analyse der Akzeptanz **technologischer Innovationen** wird zumeist das Technologie-Akzeptanz-Modell (vgl. Davis 1989) herangezogen. Entscheidend sind demzufolge die wahrgenommene ...
- Nützlichkeit der Innovation bzw. der mit ihr verbundene relative Vorteil (d.h. ermöglicht die Innovation es, bestimmte Aufgaben effizienter als mit der bislang verfügbaren Technologie zu erledigen),
- Leichtigkeit der Nutzung.

Der **Lebensmittelsektor** ist in dieser Hinsicht ein Sonderfall. Dort werden innovative Technologien primär dann akzeptiert, wenn neben dem wahrgenommenen Nutzen das wahrgenommene Verwendungsrisiko und die wahrgenommene Natürlichkeit positiv bewertet werden (vgl. Siegrist 2008).

Einfluss von Religiosität
Essoo/Dibb (2004) haben gläubige und weniger gläubige Muslime, Hindus und Katholiken zu ihrem Einkaufsverhalten befragt. Unabhängig von ihrer Konfession erwiesen sich dabei Probanden, die angaben, nicht bzw. nur wenig religiös zu sein, als vergleichsweise trendbewusste Käufer mit einer überdurchschnittlichen Bereitschaft, neue Produkte zu erproben. Hingegen verkörpern streng Religiöse den eher konservativen, traditionsbewussten Typus, der Risiken scheut, skeptisch gegenüber Neuerungen aller Art ist und Altbewährtes präferiert (vgl. Minton et al. 2022; Mansori 2012; Azam et al. 2011; Kalliny/Hausman 2007; Barton/Vaughan 1976). Je religiöser, desto stärker die **Innovationsresistenz** südkoreanischer Katholiken und desto geringer deren die Bereitschaft, anstelle der traditionellen Buchform eine digitale Bibel zu akzeptieren (vgl. Hong 2020). Für den islamischen Kulturkreis wurde zwar wiederholt Gegenteiliges berichtet. Allerdings haben diese Wissenschaftler als abhängige Variable nicht die Adoption innovativer Produkte gewählt, sondern, wie Baig/Baig (2013), islamischer Produkte, d.h. Produkte, die mit islamischen Werten und Überzeugungen konform sind. Breite Unterstützung auf Basis der fünf WVS-Wellen (1980–2005) leistet hingegen die Studie von Bénabou et al. (2015, S. 346): „Across the fifty-two estimated specifications, greater religiosity is almost uniformly and very significantly associated to less favorable views of innovation."[52]

Erklären lässt sich die geringere Aufgeschlossenheit von Religiösen für Innovatives mit deren **Persönlichkeitsprofil**: geringe Offenheit für Veränderungen sowie Neigung zu Konservatismus, d.h. zu Traditionalismus und Konformität (vgl. Mansori et al. 2015). Weiterhin geht Religiosität mit Fatalismus einher (vgl. C-2.8) und Fatalismus mit einer verstärkten Risikosensibilität (vgl. Ruiu 2013). Deshalb und weil sie das damit verbundene Produktrisiko scheuen, sind strenggläubige Probanden weniger bereit, neue Produkte zu kaufen (vgl. Abb. 17).

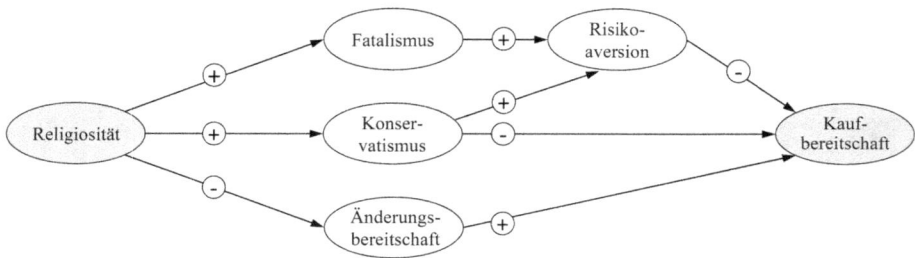

Abb. 17: Religiosität und Bereitschaft, innovative technische Produkte zu kaufen (Quelle: eigene Darstellung auf Basis von Mansori et al. 2015; Ruiu 2013; Fiori et al. 2006 und Tansuahaj et al. 1991).

Einfluss der Konfession

Auch die Religionszugehörigkeit der Befragten erlaubt Rückschlüsse auf die Wahrscheinlichkeit der Akzeptanz von Produktneuheiten. Laut Essoo/Dibb (2004, S. 702) sind **katholische Konsumenten** vorwiegend traditionell orientiert und signifikant weniger als Juden und Muslime an innovativen Produkten interessiert (vgl. auch Hirschmann 1981). Dies erinnert an die Mitte des vergangenen Jahrhunderts diskutierte **Anti-Intellektualitätsthese**, wonach Katholiken überdurchschnittlich fatalistisch sind sowie weniger entschlossen und innovativ als Protestanten und Juden (vgl. Ellis 1955).[53] Knapp zusammengefasst lautet die Begründung hierfür: Begreift man Religion als ein kognitives System, d.h. als eine Gesamtheit geteilter religiöser Überzeugungen, so behindert der Katholizismus aufgrund der rigiden zentralistisch-hierarchischen Struktur der katholischen Kirche die individuelle intellektuelle Entwicklung. Die Gläubigen würden konditioniert, den Kanon der katholischen Kirche zu verinnerlichen und deren Weltsicht unkritisch zu übernehmen.

> The need or possibility for personal interpretation of events is minimized; beliefs, values, and expectations about life events are provided by the church. Behaviour is ritualized, decision making is centralized in the papacy, and control of life events resides outside the individual, under the auspices of the church (Hirschman 1983, S. 134).

Vier Jahrzehnte später haben Rigney/Hoffman (1993) die Anti-Intellektualitätsthese bestätigt, allerdings nur in Relation zu Juden, moderaten Protestanten und Konfessionslosen. Fundamentalistische Protestanten erwiesen sich in dieser Befragung als die am wenigsten „intellektuelle" Gruppierung. Demgegenüber argumentierten Kritiker, diese These habe möglicherweise Mitte des vergangenen Jahrhunderts ihre Berechtigung gehabt, nicht jedoch im Zeitalter der Säkularisierung (vgl. Lacy 2018).

Die vergleichsweise große Aufgeschlossenheit von **Juden** für Innovationen (vgl. Essoo/Dibb 2004; Hirschman 1981) hängt laut Kahane (2012) damit zusammen, dass die Suche nach Neuem und das Bestreben, sich ständig zu verbessern, im Judentum fest verankert sind. Auch sei in dieser Gesellschaft Bildung ein zentrales Erziehungsziel und Juden folglich überproportional motiviert, selbstständig nach Informationen zu suchen und sich weiterzubilden (vgl. Patai 1977), was Midgley/Dowling (1978) als eine der Voraussetzungen für Innovativität beschreiben: die Bereitschaft, neue Produkte unabhängig vom Einfluss anderer zu nutzen.

Muslime werden zusammen mit Juden einem Käufertypus zugerechnet, der sich für neue Produkte interessiert und diese häufig kauft. Essoo/Dibb (2004) führen dies wie auch das begrenzte Interesse an Produktinformationen im Vorfeld einer Kaufentscheidung auf die Rolle zurück, welche der Glaube an die Vorherbestimmtheit aller Ereignisse im Islam spielt. Sollte sich der Kauf eines neuen Produktes als Fehler herausstellen, so sei dies Allahs Wille (vgl. auch Bailey/Sood 1993, S. 344). Damit lässt sich wohl auch begründen, warum muslimische Gesellschaften insgesamt gesehen für innovative Unternehmen kein günstiges Umfeld abgeben, muslimische Konsumenten für innovative Produkte aber durchaus aufgeschlossen sind. Anders als Katholiken fällt es ihnen nicht schwer, ein bewährtes Produkt, dem sie vertrauen und das sie regelmäßig kaufen, durch ein innovatives Angebot zu ersetzen, selbst zu einem etwas höheren Preis. Allerdings verstehen sie unter „innovativ" zumeist nichts grundlegend Neues (= radikale Innovation), sondern eine Verbesserung des Bestehenden, d.h. eine inkrementelle Innovation (vgl. Recio-Román et al. 2019).

Hindus wiederum gelten als wenig innovative Konsumenten. Mögliche Ursachen sind Persönlichkeitseigenschaften wie Fatalismus,[54] Zögerlichkeit und Toleranz gegenüber dem Bestehenden (vgl. Essoo/Dibb 2004). Strenggläubigen Hindus wird gar ein Hang zu Weltflucht zugeschrieben, verbunden mit dem Bestreben, weltlichem Verlangen zu entsagen.

Gemäß einer Befragung, die Mansori (2012) bei der städtischen Bevölkerung Malaysias durchgeführt hat, sind **Buddhisten** am wenigsten aufgeschlossen für Innovationen, weniger als Christen, Muslime und auch als Hindus. Innovativität wurde mittels der Le Lourans Skala gemessen, die aus drei Subskalen besteht (vgl. Roehrich 2004):
- Attraction to newness (e.g., „I am the kind of person who tries every new product at least once"),
- Autonomy in innovative decision (e.g., „Before trying a new product, I try to learn what friends who possess this product think about it"),
- Ability to take risks in trying newness (e.g., „I never buy something I don't know anything about with the risk of making a mistake").

Erklären lässt sich dies mit der Präferenz des Buddhismus für den **Status quo**, was im Gegensatz steht zu den Veränderungen, die Innovationen gewöhnlich ausmachen (vgl. Tsai et al. 2007).

2.3 Innovationsmanagement

Homburg/Krohmer (2017) haben das Innovationsmanagement in vier Phasen unterteilt:
- Ideengewinnung und Ideenkonkretisierung,

- Konzeptdefinition,
- Konzeptbewertung und Konzeptselektion,
- Markteinführung.

Gewinnung und Konkretisierung neuer Produktideen

Neuartige Produktideen können aus **unternehmensinternen Quellen** (z. B. Vorschlagswesen) wie auch aus **externen Quellen** gewonnen werden. Letzteres sind u. a. Kunden- und Expertenbefragung sowie Konkurrenzbeobachtung. Dabei kommen diverse Kreativitätstechniken zum Einsatz (z. B. Brainstorming, Synektik). Konkretisiert und damit für das Marketing handhabbar gemacht werden innovative Produktideen häufig durch Conjoint Measurement-Analysen. Sie ermöglichen es festzustellen, welche Produktmerkmale potenziellen Kunden wichtig sind und wieviel sie dafür zu zahlen bereit wären. Mittels Quality Function Deployment kann ermittelt werden, wie die Erwartungen der Kunden an Funktion und Qualität in konkrete Konstruktionsmerkmale zu übersetzen sind. In der nächsten Phase kommen im Idealfall verschiedene Produkttests zum Einsatz.

Trotz der Vielzahl an Tests im Verlauf ihrer Entwicklung ist das **Scheiterrisiko** innovativer Produkte groß (bspw. weil ihr Nutzen nicht klar erkenntlich ist oder weil Gewohnheiten und Risikoaversion potenzieller Käufer stärker sind). Misserfolg droht auch dann, wenn Anbieter und Kunden unterschiedlichen **Konfessionen** angehören. Dann müssen Unternehmen neben den üblichen Risiken auch solche in Betracht ziehen, die aus unvereinbaren Werten und Überzeugungen erwachsen. Produktinnovationen sollten nicht gegen bedeutsame religiöse Überzeugungen der Zielgruppe verstoßen, vor allem nicht gegen konfessionsspezifische Tabus (vgl. Yun et al. 2008). Ein gravierendes Problem kann auch die **Strenggläubigen** nachgesagte grundsätzliche Abneigung gegenüber Veränderungen sein, nicht zuletzt auch gegenüber Neuerungen im Produkt- und Servicebereich.

Unternehmen haben verschiedene Möglichkeiten, diese **Barrieren** zu **überwinden**. Beispielsweise können sie unbegründete Ängste durch eine gezielte Kommunikationspolitik abbauen, oder das Produkt modifizieren, falls die Vorbehalte berechtigt sind. Hilfreich kann es auch sein, die Innovationshöhe der Änderungsbereitschaft der Zielgruppe anzupassen.

Timing der Markteinführung

Bei der Einführung innovativer technischer Produkte in den europäischen Markt können sich Unternehmen an der Arbeit von Recio-Román et al. (2019) orientieren. Diese haben die Ergebnisse ihrer sehr eingehenden und beispielhaften Analyse der Beziehung zwischen Konfession und der Einstellung zu Innovationen in einer **Diffusionskurve** zusammengefasst, welche die Adoptionswahrscheinlichkeit in Abhängigkeit von der Konfession visualisiert (vgl. Abb. 18). Demzufolge empfiehlt es sich, mit der Produkteinführung in Regionen zu beginnen, in denen überproportional viele Atheisten leben, da diese Bevölkerungsgruppe an technologischen Lösungen überdurchschnittlich interessiert ist und Innovationen grundsätzlich befürwortet. Weitaus schlechter sind die Erfolgsaussichten in hauptsächlich von Katholiken bzw. Orthodoxen bewohnten Regionen. Hier empfiehlt sich ein Markteintritt erst dann, wenn die Innovation eigentlich gar keine „Innovation" mehr ist, weil sie sich bereits andernorts durchgesetzt und einen großen Bekanntheitsgrad erlangt hat. Denn für diese Kunden ist „innovativ" nicht grundsätzlich positiv besetzt. Sie legen mehr Wert auf pragmatische Problemlösungen.

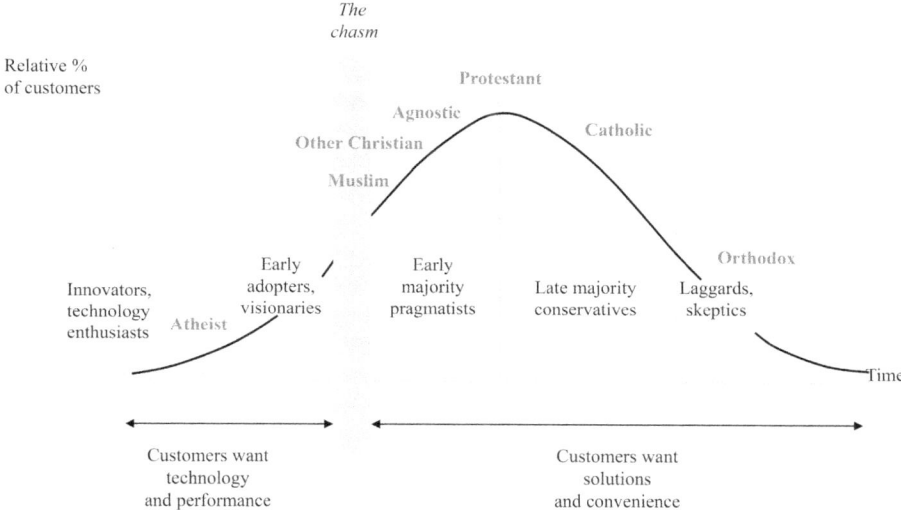

Abb. 18: Konfessionsspezifische Innovations-Diffusionskurve (Quelle: Recio-Román et al. 2019).

Management „problematischer" Innovationen
Innovationsmanagement ist auch gefordert, wenn es gilt, **moralisch umstrittenen** Innovationen zum Markterfolg zu verhelfen. Für das IRM steht dabei die Frage im Vordergrund, ob bei Angehörigen bestimmter Konfessionen mit besonders großen Widerständen zu rechnen ist. Denkbar erscheint auch, dass Art und Intensität religiöser Überzeugungen auf die Akzeptanz solcher Innovationen Einfluss nehmen.

Der Einsatz künstlicher Intelligenz (KI) etwa weckt gleichermaßen große Hoffnungen (bspw. auf dramatische Effizienzgewinne) wie auch Befürchtungen (Überwachungsstaat). Obwohl Religiöse vielen Lebensbereichen besonders vertrauensvoll begegnen, erwarteten Minton et al. (2022) im Falle des Einsatzes von KI, bspw. in Erzeugnissen der Unterhaltungselektronik, das Gegenteil. Denn Religiöse ...
- sind persönlichkeitsbedingt vergleichsweise änderungsresistent (vgl. Roccas/Elster 2013),

- betrachten gerade technologische Neuerungen mit Skepsis (vgl. Mansori et al. 2015),
- könnten geneigt sein, mit KI ausgestatte Produkte (bspw. Pflegeroboter) grundsätzlich abzulehnen, falls diese menschliche Interaktion beeinträchtigen (vgl. Adnan et al. 2019).

Anders als erwartet ergab die **empirische Überprüfung** dieser Hypothese: Religiosität beeinflusst die Einstellung zu KI nicht direkt, sondern indirekt (Mediationseffekt): Religiöse vertrauen KI mehr als Nichtreligiöse, weshalb sie eine positivere Einstellung entwickeln (vgl. Abb. 19). Diesen korrelativen Zusammenhang haben Minton et al. (2022) mit einer zweiten Studie bestätigt, in der sie Religiosität nicht gemessen, sondern geprimt, d.h. experimentell manipuliert haben. Aber nicht nur KI als solche erscheint Religiösen in einem günstigeren Licht, sondern auch Unternehmen, die sich dieser Technologie bedienen (z.B. im Restaurant als Servierhilfe), und deren Mitarbeiter.

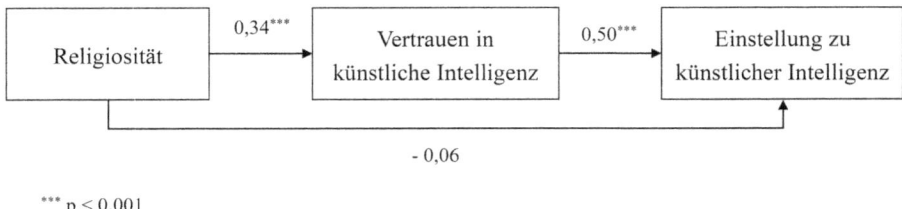

Abb. 19: Einstellung religiöser Menschen zu künstlicher Intelligenz (Quelle: Minton et al. 2022, S. 2060).

Weiterführenden Mediationsanalysen zufolge könnte der tieferliegende Grund dieses unerwarteten Ergebnisses die grundsätzlich positive Beziehung sein, die Gläubige zum **Unfassbaren** bzw. nicht konkret Wahrnehmbaren haben.

> AI (artificial intelligence) is an unseen entity, just as faith and belief in a god or divine power are unseen entities as well. This can help to explain why higher religiosity consumers are actually more trusting in AI than lower religiosity consumers, which may also translate to trust in other things that are mysterious, complex, or unable to be fully seen and understood through sight alone, such as many forms of technology like AI (Minton et al. 2022, S. 2065).

Umstritten sind auch solche Produktinnovationen, die mit Hilfe gentechnischer Methoden geschaffen wurden. Anlässlich eines öffentlichen Vortrags, der in Singapur über „genmanipulierte Nahrungsmittel" gehalten wurde, haben Subrahmanyan/Cheng (2000) deshalb insgesamt 417 Personen schriftlich zu ihren einschlägigen Einstellungen zu und Kenntnissen über Gentechnik befragt. Die von diesen (33,7 % Christen, 29,1 % Atheisten, 23,2 % Buddhisten, 5,1 % Taoisten, 4,6 % Hindus und 2,9 % Muslime) geäußerten Sorgen und Einstellungen wurden faktoranalytisch zu vier Gruppen zusammengefasst:
- gesundheitliche Bedenken (z.B. risikoreich, schadet Umwelt und Menschen),
- ethische Bedenken (z.B. Wissenschaftler sollten nicht Gott spielen),

- individueller Nutzen (z. B. besserer Geschmack, höherer Nährstoffgehalt, geringere Schadstoffbelastung),
- ungenügendes Wissen (z. B. Grad der Informiertheit über Biotechnologie).

Wie Korrelationsanalysen ergaben, hegen Menschen mit „ethischen Bedenken" häufig auch „gesundheitliche Bedenken" (r = 0.59) und versprechen sich von dieser Methode keinen „individuellem Nutzen" (-.46). Dies erklärt, warum die zumeist pauschalen Argumente, welche Befürworter gentechnisch veränderter Nahrungsmittel gewöhnlich anführen (z. B. bessere Ernährung der Weltbevölkerung, geringerer Schädlingsbefall etc.), jene nicht überzeugen, die gesundheitliche Bedenken haben bzw. Gentechnik grundsätzlich als unethisch ablehnen.

Weiterhin konnte varianzanalytisch nachgewiesen werden, dass die **Religionszugehörigkeit** einige Bedenken signifikant beeinflusst (vgl. Tab. 28). Die meisten Vorbehalte äußerten Christen (ethische und gesundheitliche Bedenken) sowie Muslime (ethische Bedenken). Beide neigen aufgrund ihres gottzentrierten Weltbildes dazu, Gentechnik als Eingriff in Gottes Schöpfung zu begreifen. Vergleichsweise sorglos gaben sich demgegenüber Atheisten und Hindus. Allerdings wurden nur 19 Hindus befragt, von denen zwölf in Bereichen arbeiteten, die der Biotechnologie nahestehen. Unabhängig von der Konfession gilt für alle Befragungsteilnehmer: je höher der **Bildungsstand**, desto schwächer die Vorbehalte.

Tab. 28: Einfluss der Konfession auf die Einstellung gegenüber genmanipulierten Lebensmitteln (Quelle: auf Basis von Subrahmanyan/Cheng 2000, S. 286).

	überdurchschnittliche Ausprägung	unterdurchschnittliche Ausprägung	F-Wert
ethische Bedenken	Christen Muslime[1]	Atheisten	3,60***
gesundheitliche Bedenken	Christen	Hindus[1] Atheisten	2,59**
individueller Nutzen	Hindus[1]	andere	3,42***

[1] kleine Stichprobe, *** p < 0,01, ** p < 0,05,

3 Produktgestaltung

Bei der Gestaltung von High Involvement-Produkten sollten die religiösen Überzeugungen der Zielgruppe mehr in Betracht gezogen werden als bei Low-Involvement-Produkten. Diese Aussage ist jedoch mit Blick auf die verschiedenen **Produkt-** und **Kaufrisiken** zu differenzieren, etwa hinsichtlich des...
- funktionalen Risikos (z. B. „Wie gut wird das Produkt seinen Zweck erfüllen?"),

- finanziellen Risikos (z. B. „Ist das Produkt seinen Preis wert?"),
- sozialen Risikos (z. B. „Was werden mein Freunde sagen, wenn ich dieses oder jenes Produkt kaufe bzw. nutze?"),
- psychologischen Risikos (z. B. „Was bin ich für ein Mensch, wenn ich dieses oder jenes Produkt kaufe bzw. nutze?").

Für Strengreligiöse ist das soziale Risiko vorrangig. Ihnen ist vor allem wichtig, dass ihre Entscheidungen von ihrer Glaubensgemeinschaft akzeptiert werden.

3.1 Produktqualität

Die wahrgenommene Produktqualität hängt zunächst von produkt- bzw. fertigungsspezifischen Faktoren ab (etwa von der Güte der verwendeten Materialien oder dem Fertigungs-Know how). Darüber hinaus spielen weitere Variablen des Marketingmix eine Rolle, etwa die Preis/Qualitäts-Vermutung (vgl. G-3.2) oder das soziale Umfeld. So stärken **christliche Symbole**, wenn sie in geeigneter Weise mit dem Produkt in Verbindung gebracht werden, die von evangelikalen Christen wahrgenommene Produktqualität und deren Kaufintention (vgl. Taylor et al. 2010). Auf der Produktverpackung platzierte islamische Symbole wirken in vergleichbarer Weise. Auch sie beeinflussten streng religiöse muslimische Konsumenten stärker als weniger religiöse Vergleichspersonen (vgl. Akbari et al. 2018; Bakar et al. 2013).

Aufgrund ihres gesteigerten Sicherheitsbedürfnisses artikulieren Religiöse in entsprechenden Befragungen regelmäßig ein überdurchschnittliches Qualitätsbewusstsein (vgl. Abb. 20)[55]. Auch präferieren sie qualitativ hochwertige Angebote (vgl. Ratnasari et al. 2020). Überdies nehmen sie das funktionale Produktrisiko intensiver wahr als Nichtreligiöse (vgl. Gentry et al. 1988). Offen bleibt, ob dies Ursache oder Konsequenz des Qualitätsbewusstseins ist.

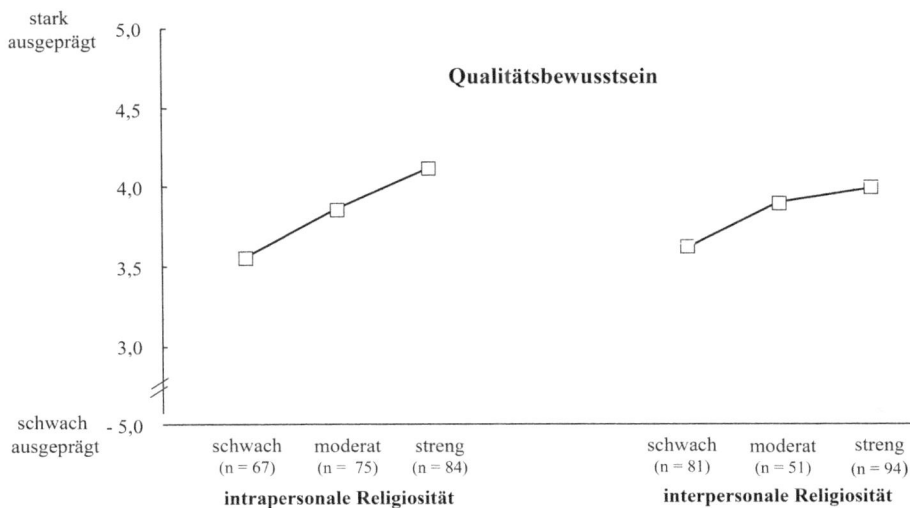

Abb. 20: Qualitätsbewusstsein muslimischer Konsumenten in Abhängigkeit von deren intra- und interpersonaler Religiosität (Quelle: eigene Darstellung auf Basis von Mokhlis 2006b, S. 71).

In diesem Zusammenhang hat Delener (1990a) 204 Katholiken und 145 Juden befragt, die im Vorjahr einen Pkw bzw. eine Mikrowelle erworben hatten. Aufgrund ihrer seitdem gesammelten einschlägigen Erfahrungen sollten die Probanden nun angeben, ob die beiden Gebrauchsgüter die zugesicherten bzw. üblicherweise erwartbaren Eigenschaften besitzen. Entsprechend den Selbstauskünften der Auskunftspersonen wurde die Stichprobe in Strenggläubige und solche Teilnehmer unterteilt, die zwar einer der beiden Konfessionen angehören, aber ihre Religion nicht praktizieren. Zunächst sollten sich die Befragten vorstellen, sie würden einen neuen Pkw bzw. eine neue Mikrowelle kaufen, deren Marke ihnen aber nicht vertraut ist. Sodann hatten sie auf einer neunstufigen Skala anzugeben, für wie wahrscheinlich sie es halten, dass diese Produkte **nicht funktionieren** bzw. nicht von der Qualität sein werden, die zugesichert wurde. Ob Katholiken oder Juden: Jeweils erwiesen sich die Strenggläubigen als überproportional skeptisch: Im Durchschnitt befürchteten 27,3 % von ihnen, dass der neue Pkw nicht funktionieren wird (vs. 13,3 % der Nichtreligiösen). Die Konfession hingegen war für die Risikowahrnehmung weniger bedeutsam (Juden = 17,2 %, Katholiken = 20,6 %). Mögliche Interaktionseffekte zwischen Religiosität und Konfession wurden nicht geprüft. Auch lässt sich der Befund nicht generalisieren. Denn weder Religiosität noch Konfession beeinflussten das wahrgenommene Funktionsrisiko der zu kaufenden Mikrowelle.

Immer dann, wenn ein Produkt oder eine bestimmte Art der Produktnutzung gegen wichtige religiöse Überzeugungen verstößt, empfinden Gläubige ein erhöhtes **soziales** oder **psychologisches Risiko**. Dies ist in besonderem Maße dann der Fall, wenn die Konsumenten mit dessen Kauf bzw. Besitz ein religionsspezifisches Tabu verletzen würden. In dieser Hinsicht problematisch sind u.a. Alkoholika und freizügige Kleidung

(Muslime), Schweine- und Rindfleisch (Juden bzw. Hindus) sowie Verhütungsmittel (Christen). Vermutlich sind intrinsisch Religiöse hauptsächlich für das psychologische Risiko sensibel, da ihnen die Übereinstimmung zwischen idealem und realem Selbst sehr wichtig ist, während extrinsisch Religiöse primär auf das soziale Risiko achten: Ihr Ansehen in der Öffentlichkeit (vgl. Baazeem et al. 2016).

Im Allgemeinen gelten **Garantien** als ein probates Mittel, um Befürchtungen wie die eines erhöhten Funktionsrisikos zu entkräften. Im islamischen Kulturkreis sind derartige Zusagen allerdings weniger bedeutsam, da Muslimen das Wort eines Glaubensbruders Garantie genug sei (vgl. Sanaie/Ranjbarian 1996.) Wie wir noch ausführlicher darstellen, wirken auch **Koscher-** und **Halal-Zertifikate** wie eine Qualitätsgarantie, und zwar nicht nur auf gläubige Juden und Muslime. Atheisten und Angehörige anderer Religionen empfinden so gekennzeichnete Produkte in einem weltlichen Sinn als „rein" und „gesund" (vgl. Lascu et al. 2016).

3.2 Konfessionskonformität

Angeblich soll vor Jahren in Saudi-Arabien ein Produktdesigner verhaftet worden sein, weil das von ihm für die Marke Snow White entwickelte Logo in Gestalt einer Schneeflocke allzu sehr dem im arabischen Raum tabuisierten sechseckigen Davidstern glich (vgl. Rothlauf 2006, S. 161). Mag es sich dabei auch um ein mehr oder minder glaubwürdiges Beispiel handeln: Unstrittig ist, dass Unternehmen nicht zuletzt bei der Gestaltung ihrer Produkte und deren Verpackung **konfessionsspezifische Vorgaben** und **Restriktionen** beachten sollten, wenn sie ihre Marktchancen bei religiösen Zielgruppen nutzen wollen. In den Augen strenggläubiger Muslime respektieren Unternehmen, die „umstrittene Verpackungen" einsetzen (z. B. überdimensioniert oder aufreizend), die Reinheit der Gemeinschaft der Gläubigen nicht und fördern letztlich Unzucht. Deshalb wären die von Almossawi (2014) Befragten auch bereit, solche Unternehmen zu boykottieren (300 Studenten in Bahrain).

Islamische und jüdische Märkte spielen in diesem Zusammenhang insofern eine Sonderrolle, als hier aufgrund diverser Speisegesetze zahlreiche teils sehr konkrete Vorschriften zu beachten sind – bspw. strikte Trennung von „Fleischigem" und „Milchigem" in der jüdischen Küche oder Verbot des Genusses von gesundheitsschädlichen, berauschenden bzw. unrechtmäßig erworbenen Speisen im Islam. Formalisiert und institutionalisiert wurden diese Vorgaben durch die **Halal-**[56] und **Koscher-Zertifikate**.[57] Lange Zeit ein Nischenmarkt, haben sich konfessionskonforme Güter mittlerweile zu einem Megamarkt mit einem Gesamtvolumen von mehr als zwei Billionen Dollar entwickelt. Dabei handelt es sich vorrangig um islamkonforme Lebensmittel, aber auch Kosmetika, Drogerieartikel, Bekleidung oder touristische Dienstleistungen.

Halal-Erzeugnisse werden zwar überwiegend in islamischen Ländern konsumiert. In Umfragen geben aber bspw. auch 75 % der in den **USA** sowie 84 % der in **Frankreich** lebenden Muslime an, immer Halal-Fleisch zu essen (vgl. Bonne/Verbeke 2008). Dies ist

für viele einerseits ein Glaubensbekenntnis (vgl. Lascu et al. 2016). Andererseits spielen auch weltliche Motive eine Rolle. Man möchte damit ...
- die Natur schonen (z. B. Tierschutz),
- die allgemeinen Lebensbedingungen künftiger Generationen bewahren,
- Selbstachtung und soziokulturelle Integration demonstrieren.

Die **Vorteile**, konfessionskonforme Güter durch ein Halal-Label oder -Zertifikat zu kennzeichnen, liegen auf der Hand. Gläubige können sich darauf verlassen, dass diese Produkte (und Dienstleistungen) den Regeln und Vorschriften ihrer Religion entsprechen, was ihre Kaufentscheidung erleichtert. Auch signalisieren sie damit ihrer sozialen Umwelt ihre Rechtgläubigkeit. Nichtmuslimische Anbieter nutzen ein Halal-Zertifikat wie ein Schutzschild gegen die regelmäßigen antiwestlichen Kampagnen im islamischen Raum (vgl. Butt et al. 2017).

Aber es gibt auch **Nachteile**. So haben Tao et al. (2022) anhand einer Stichprobe von indischen Hindus (n = 512) empirisch nachgewiesen, dass ein Halal-Label bei ethnozentrischen und patriotischen Nichtmuslimen feindselige Gefühle gegenüber Halal-Gütern und letztlich gegenüber den Islam triggern kann (d. h. Animosität).

3.3 Bescheidenheit vs. Prachtentfaltung

Die unter dem Stichwort „Sakralisierung des Konsums" (B-1.5) beschriebene Konditionierung ehemals profaner Lebensbereiche mit Werten geschieht in dem Spannungsfeld von Hedonismus einerseits und religiös oder ethisch motiviertem demonstrativen Verzicht andererseits. Letzteres äußert sich in der gesteigerten Wertschätzung von Einfachheit, Sparsamkeit und Natürlichkeit (vgl. Leary et al. 2016).

Luxuskonsum
Was zeichnet ein Luxusprodukt aus? Gemäß Vigneron/Johnson (2004) sind es **fünf Besonderheiten**.
- Qualität (e.g., „Luxury goods are bought for their excellent quality"),
- hedonistischer Wert (e.g., „Luxury goods bring pleasure to the owner"),
- Sichtbarkeit (e.g., „Luxury goods should be easily recognized by others"),
- Exklusivität (e.g., „It is good to be among a very few people owning a truly luxury product"),
- Erweiterung des Ichs (e.g., „People buy luxury goods to reveal a little of who they are").

Für „Neureiche" sind Luxusartikel vor allem deshalb reizvoll, weil sie damit ihren wirtschaftlichen Erfolg demonstrieren können, während es den „alten Reichen" wichtiger ist, damit aller Welt ihren exklusiven Geschmack vor Augen zu führen (vgl. Kapferer/

Valette-Florence 2019). Dies aber widerspricht dem **Gebot** der **Bescheidenheit**, welche etwa der Katechismus der katholischen Kirche zu den „Zwölf Früchten des Heiligen Geistes" zählt. Wohl jede Religion lehnt auf die ein oder andere Weise den materialistischen Lebensstil ab, was eine kritische Distanz religiöser Konsumenten zu Luxusprodukten erwarten lässt. Im Falle von 500 Ägyptern, die Kasber et al. (2022) befragt haben, ließ sich diese These allerdings nicht erhärten, während laut O'Cass et al. (2013) vor allem weniger religiöse junge Iraner für die Reize prestigeträchtiger Mode empfänglich sind.

Möglicherweise löst sich auch dieser Widerspruch auf, wenn man die Art der Religiosität berücksichtigt. Denn anders als extrinsisch Religiöse favorisieren **intrinsisch Religiöse** den einfachen Lebensstil, was für eine konsumkritische Haltung und eine innere Distanz zur Welt des Luxus spricht (vgl. Wang et al. 2020; Chowdhury 2018). Wie allerdings Arli et al. (2016) den Auskünften von 491 überwiegend jungen, unverheirateten Muslimen (Indonesier) entnommen haben, versprechen sich intrinsisch Religiöse von Luxusprodukten zwar keinen sozialen Nutzen, fühlen sich aber dennoch zu ihnen hingezogen (z. B. „This luxury brand is the one that I would enjoy"). Während intrinsische Religiosität jedoch nur sehr markentreue Kunden darin bestärkt, eine bestimmte Luxusmarke zu kaufen, sind **extrinsisch Religiöse** generell am Kauf von Luxusmarken interessiert (z. B. Gilal et al. 2020; Truong et al. 2010).

Wie erklärt sich angesichts der ambivalenten Rolle von Religiosität dann der wachsende Erfolg von Luxusgütern bzw. Luxusmarken (vgl. Chandon et al. 2016)? Mit nachlassender Verbreitung religiöser Überzeugungen vermutlich nicht. Jedenfalls haben in der Global Attitudes Survey 62 % der 38.426 Befragten aus 34 Ländern angegeben, „Gott sei sehr/etwas wichtig in ihrem Leben" (vgl. Pew Research Center 2020). Vermutlich ist der Grund eine Art von **Bewusstseinsspaltung** der Religiösen, die Arli et al. (2020) bei 335 chilenischen Studenten ausgemacht haben: „They love God, but they also love Gucci (i.e., luxury goods)." Zudem können intrinsisch Religiöse ihr schlechtes Gewissen besänftigen, indem sie ausgediente Luxusprodukte für einen guten Zweck spenden, während extrinsisch Religiöse dieses Dilemma erst gar nicht empfinden und es deshalb vorziehen, in die Jahre Gekommenes einfach wegzuwerfen. Intrinsisch Religiöse entlastet es auch, wenn ihnen der Anbieter glaubhaft vermittelt, ein nachhaltiges Entsorgungssystem etabliert zu haben, das es ermöglicht, Luxusprodukte wiederzuverwenden (vgl. Minton/Geiger-Oneto 2020).

Offenbar sind religiöse Überzeugungen und Werte im Regelfall kein grundsätzliches Hindernis, Luxusprodukte zu kaufen. Tunesischen Muslimen erscheinen diese sogar umso begehrenswerter, je religiöser sie sind – und je wohlhabender (vgl. Dekhil et al. 2017a).

Genügsamer Konsum
Die Diskussion über einen bescheidenen Lebens- und Konsumstil wird unter Stichworten wie Genügsamkeit, Sparsamkeit oder freiwillige Einfachheit geführt (Voluntary Simplicity). Erstmals haben Essoo/Dibb (2004) im Rahmen der religionsvergleichenden

Forschung den Typus des sparsamen Konsumenten beschrieben (vgl. C-4.2). Der **Economic Shopper** achtet vor allem auf den Preis einer angebotenen Leistung, auf Sonderangebote und andere preiswerte Vorteile. Das Konzept des schlichten bzw. genügsamen Konsums (Frugality) geht darüber hinaus und schließt den achtsamen Umgang mit den natürlichen Ressourcen und Lebensbedingungen ein (vgl. Lastovicka et al. 1999). Hilfreich dabei sind ...
- Neigung zu Selbsttranszendenz, d.h. Fähigkeit zur völligen Hingabe an eine als sinnvoll erkannte Aufgabe (bspw. Umweltschutz durch Selbstbeschränkung),
- Zukunftsorientierung, d.h. Fähigkeit bzw. Bereitschaft, zukünftige Konsequenzen aktueller Handlungen zu berücksichtigen (vgl. Chang 2021).

Religiöse Konsumenten kaufen weniger als andere auf Kredit, präferieren Barzahlung (vgl. Essoo/Dibb 2004), sind sparsam (vgl. Renneboog/Spaenjers 2012) und kaufen selten impulsiv ein (vgl. Habib/Bekun 2021). Anhand dieser Indikatoren eines bescheidenen Konsumstils lässt sich auch der „frugale Konsument" beschreiben (vgl. Shoham/Brenčič 2004). Insofern war erwartbar, dass (intrinsisch) Religiöse einen freiwillig praktizierten einfachen Lebensstil schätzen (vgl. Pepper et al. 2011) – vor allem dann, wenn sie älter sind, über einen höheren Bildungsabschluss verfügen und sich spirituell wohl fühlen (vgl. Chowdhury 2018). Den Erkenntnisstand zum Zusammenhang von **Konfession** und **Frugalität** haben Agarwala et al. (2019, S. 44) zusammengefasst:

> Christianity has clear instructions regarding money and consumption. Jesus Christ spoke more about money than any other subject (Dayton 2011) and considered frugality, stewardship (being responsible for one's resources), simplicity, and contentment as valued traits. From earlier research, it is observed that devout Catholics strongly believe in frugality and consider it to be a value that should be taught to children (Guiso et al. 2003). The studies of Protestants (Arruñada 2010), Amish and Mennonites (Dana 2009) also show that their religions propagate the values of frugality and thrift and disapprove excess consumption.

Auch Calvinisten gelten als besonders sparsam. Gemäß der „Prädestinationslehre" (vgl. B-4.3) werten sie ökonomischen Erfolg als Indiz ihres Auserwähltseins durch Gott. Da Fleiß und Askese als Wegbereiter von Erfolg angesehen werden, sind noch heute Sparsamkeit und Verzicht auf „überflüssigen" Konsum für Calvinisten identitätsstiftend.

3.4 Nachhaltigkeit

Mehr noch als das klassische Marketing hat das IRM dem Umstand Rechnung zu tragen, dass Produkte und Dienstleistungen weit mehr sind als funktional und nützlich. Sie beeinflussen auch das Selbst- und Fremdbild der Käufer (vgl. Tian/Belk 2005), etwa als moralisch handelnder Mensch, der bspw. Energiesparprodukte kauft. Um umweltfreundlichen Konsum besser erklären zu können, haben Gatersleben et al. (2019) faktorenanalytisch eine vierteilige Typologie der **Konsumentenidentität** entwickelt.

- Verschwenderische sind leicht beeinflussbar, konsumfreudig und trendbewusst.
- Sparsame sind Schnäppchenjäger, schätzen Gebrauchtwaren und achten eher weniger auf die Produktqualität.
- Moralische kaufen umweltbewusst ein und schätzen Fair Trade-Erzeugnisse.
- Genügsame kaufen nur Dinge ein, die wirklich benötigt werden, und schreiben Einkaufslisten.

Genügsame und moralische Verbraucher neigen am stärksten dazu, bei ihren Kauf- und Konsumentscheidungen auch an den Umweltschutz zu denken, allerdings auf unterschiedliche Weise. Bei **Genügsamen** überwiegen Verhaltensweisen, die sich auf den Nenner „weniger-ist-mehr" bringen lassen: weniger Abfälle produzieren, weniger Geld ausgeben etc.: Sparsamkeit als Selbstzweck. Die **Moralischen** leben nachhaltig, um das Richtige zu tun.

Von **nachhaltigem Konsum** spricht man, wenn die Lebensgrundlagen späterer Generationen nicht durch übermäßigen Verbrauch an Rohstoffen, Energie, sauberem Wasser etc. beeinträchtigt oder gar zerstört werden. Laut fünfter Trendstudie der Otto Group (2020) berücksichtigen 70 % der Befragten bei ihren Kaufentscheidungen ethische Kriterien wie Produktnutzungsdauer oder Materialeffizienz. Auch wenn dabei ein Gutteil Wunschdenken sein mag und tatsächlich nur ein wesentlich geringerer Anteil entsprechend verfahren wird,[58] ist doch der Zuwachs gegenüber 2009 bemerkenswert (= 26 %). Weiterhin erklärten 63 %, Mehrkosten für klimaneutrale Produkte akzeptieren zu wollen.[59]

Das Konzept der Nachhaltigkeit ist **wertebasiert**, was einen engen Zusammenhang mit religiösen, gleichfalls wertebasierten Überzeugungssystemen erwarten lässt. Wie den heiligen Schriften der Weltreligionen zu entnehmen ist, unterstützen Anhänger der östlichen Religionen die Ziele der Nachhaltigkeitsbewegung primär aufgrund einer inneren, religiös bedingten Verbundenheit mit der Natur. Maßgeblich dafür ist die pantheistische Grundüberzeugung, wonach Gott in allen Elementen der Natur erlebbar und letztlich eins ist mit dem Kosmos. Und wenn Gott in allem ist, dann wendet sich Naturzerstörung letztlich gegen Gott. Demgegenüber lehren die westlichen Religionen, dass Gott die Welt (Natur) erschaffen und den Menschen damit beauftragt habe, diese zu beherrschen (vgl. Minton et al. 2018, S. 656f.). In liberaleren christlichen Kreisen findet unter dem Eindruck der Umweltkrise allerdings zunehmend der alternative **Stewardship-Ansatz** Zustimmung. Er weist den Menschen die Rolle des treusorgenden Verwalters von Gottes Schöpfung zu (vgl. Eom et al. 2021a).

Insgesamt gesehen ist die Studienlage widersprüchlich. Es finden sich immer wieder auch Hinweise auf eine distanzierte Einstellung vieler religiöser Menschen zur Umweltbewegung (z.B. Pearson et al. 2018; Biel/Nilsson 2005). Mutmaßlich verantwortlich dafür ist eine gewisse innere Nähe zum **politischen Konservatismus**. Deshalb und aufgrund ihrer Staatstreue sowie Neigung zu hierarchischem Denken sehen sie primär staatliche Institutionen in der Verantwortung, bspw. die Umweltschutzbehörden.

Hinzu kommt die Vorstellung von der Rolle, welche dem **Menschen** im Umgang mit der **Natur** zukommt. Wie eine Befragung von 1.101 amerikanischen Konsumenten ergab, befürworten Religiöse verstärkt Aussagen wie „Mankind was created to rule over the rest of natur" (vgl. Leary et al. 2016). Sie betrachten das Verhältnis „Mensch/Natur" offenbar vorzugsweise aus Sicht des biblischen „Macht euch die Erde untertan" (Genesis 1:28 2:15; Leviticus 25:23; Psalm 24:1). Nichtreligiöse hingegen plädieren häufiger dafür, dass der Mensch nicht **Beherrscher**, sondern **wohlmeinender Verwalter** der Erde ist (z. B. „Humans must live in harmony with nature in order to survive"). Das jeweilige Mensch/Natur-Verständnis hat zahlreiche Konsequenzen für das Konsumentenverhalten. Wer den Menschen als Herrscher begreift, kauft weniger ökologiebewusst ein, ist weniger zahlungsbereit und weniger für Recycling aufgeschlossen als Konsumenten, welche den Menschen eher in der Rolle des Verwalters und Bewahrers der Natur sehen (vgl. Tab. 29).

Tab. 29: Interkorrelationsmatrix der in der Studie von Leary et al. (2016) erfassten Konstrukte (Quelle: Leary et al. 2016, S. 462; eigene Übersetzung).

	1	2	3	4	5	6	7
1. Mensch = Beherrscher							
2. Mensch = Verwalter	−.34						
3. Zahlungsbereitschaft	−.16	.22					
4. Ökologiebewusstes Kaufverhalten	−.17	.48	.30				
5. Ökologiebewusste Entsorgung	−.13	.20	.16	.38			
6. Verantwortung = Produzent	−.22	.41	.14	.38	.17		
7. Verantwortung = Konsument	−.23	.53	.20	.52	.19	.46	

Eom et al. (2021a) gelangten zu einem ähnlichen Ergebnis, allerdings mit einem etwas andersartigen Untersuchungsansatz.
- Erstens haben sie Religiosität nicht, wie üblich, per Selbsteinschätzung oder mittels diverser Verhaltensindikatoren gemessen (z. B. regelmäßiger Gottesdienstbesuch), sondern durch den Grad der Zustimmung zu bestimmten Überzeugungen, die Eom et al. (2021b) als „Marker von Religiosität" identifiziert haben. Diese Marker korrelieren stark mit Religiosität: Der Mensch als Sachwalter Gottes (= Stewardship) vs. die Vorstellung von einem allgewaltigen, alles kontrollierenden Gott (z. B. Isaiah 40:23; Romans 9:15–16; Qur'an 16:70).
- Zweitens wurde in dieser Studie nicht der direkte Einfluss von Religiosität auf nachhaltiges Verhalten untersucht, sondern, im Rahmen eines Mediationsmodells, ob und wie religiöse Überzeugungen ein umweltbezogenes Schuldgefühl fördern und dieses in einem zweiten Schritt nachhaltiges Verhalten.
- Drittens wurde die politische Grundausrichtung der Befragten in das Erklärungsmodell einbezogen, da bekannt ist, dass Religiosität mit konservativen Einstellun-

gen einhergeht und deshalb auch deren Einfluss auf die abhängige Variable (= Unterstützung von Umweltschutzorganisationen) zu prüfen ist.

Wie den Ergebnissen der **Pfadanalyse** zu entnehmen ist, begünstigen die genannten Überzeugungen unterschiedliche umweltbezogene Einstellungen und Verhaltensweisen. Wer den Menschen als Sachwalter Gottes betrachtet, neigt auch dazu, sich wegen der Umweltbelastung schuldig zu fühlen. Und dieses Gefühl stärkt die Bereitschaft, Umweltanliegen real zu unterstützen. Zusätzlich zu diesem Mediationseffekt besteht ein direkter Pfad „Stewardship Belief > Support" (vgl. Abb. 21). Wer hingegen davon überzeugt ist, dass nichts auf Erden geschieht, was nicht Gottes Wille entspricht, neigt auch weniger dazu, wegen der Umweltkrise Schuldgefühle zu empfinden und Institutionen, die etwas dagegen unternehmen wollen, zu unterstützen. Schuldgefühle sind auch politisch Konservativen fremd, weshalb diese Umweltprojekte im Regelfall nicht unterstützen.

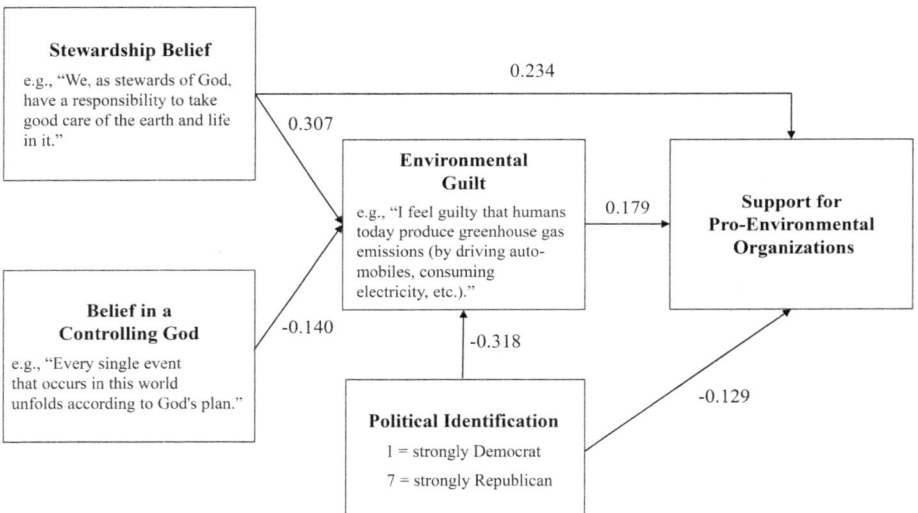

Abb. 21: Einfluss des Gott/Mensch/Natur-Verständnisses auf die Unterstützung von Umweltschutzorganisationen (Quelle: Eom et al. 2021a).

Wie Balderjahn (2013, S. 207) dargelegt hat, verfügen Konsumenten, wenn sie sich umweltbewusst verhalten möchten, prinzipiell über drei Optionen:
- Suffizienz-Option: Produkte, die nicht hinreichend nachhaltig sind, möglichst meiden.
- Effizienz-Option: Produkte möglichst nachhaltig nutzen.
- Recycling-Option: Produkte am Ende ihres Lebenszyklus wiederverwerten.

Die **Bereitschaft**, sich **an Recycling-Maßnahmen** zu **beteiligen**, hängt u.a. von dem wahrgenommenen oder vermuteten Aufwand ab, der hierzu erforderlich ist, sowie von der wahrgenommenen oder vermuteten Wirksamkeit. Wie Johnson et al. (2021) bei Hindus (Indien) und Christen (USA) festgestellt haben, spielen dabei auch die unterschiedlichen Jenseitsvorstellungen eine wichtige Rolle. Wer, wie Hindus, an eine Wiedergeburt glaubt, engagiert sich mehr beim Recycling, während die christliche Vorstellungswelt (Jüngstes Gericht, Himmel, Hölle) eine „Nach mir die Sinnflut-Einstellung" zu begünstigen scheint. Die Strategie, der Zielgruppe Schuldgefühle zu vermitteln, um sie zu vermehrten Anstrengungen zu motivieren, verspricht allenfalls bei intrinsisch Religiösen Erfolg. Extrinsisch Religiöse scheinen dagegen immun zu sein – möglicherweise, weil sie sich nicht als Umweltsünder empfinden (vgl. Minton/Geiger-Oneto 2020).

3.5 Farbgestaltung

Als D. Zetsche, damals Vorstandsvorsitzender der Daimler AG, verkündete: „Wir wollen unsere Autos so grün machen, dass die Konkurrenz gelb vor Neid wird", war ihm – bzw. seinen Redenschreibern – die **Farbensymbolik** sicher bewusst. Farben lösen Emotionen aus und werden wesentlich schneller wahrgenommen und kognitiv verarbeitet als grafische oder gar Textinformationen (vgl. Kroeber-Riel/Gröppel-Klein 2019, S. 84). Aus diesem Grund setzen Unternehmen Farben in ihrer **Unternehmenskommunikation** strategisch ein, z.B. die Deutsche Post das „Postgelb". Der Deutschen Telekom gelang es sogar, Magenta in Verbindung mit Silber als Farbmarke registrieren und damit urheberrechtlich schützen zu lassen. Noch häufiger werden Farben bei der **Produktgestaltung** genutzt, um bestimmte verkaufsförderliche Assoziationen zu wecken. Beim Wasch- und Reinigungsmittelhersteller Frosch etwa verbindet die Farbe Grün das namengebende Tier mit der Corporate Mission: umweltverträgliche Haushaltsreiniger herzustellen.

Allerdings aktivieren Farben zumeist nicht universalistische, d.h. weltweit gültige, sondern teils religions-, teils kulturspezifische **symbolhafte Assoziationen**. Da unterschiedliche Lebensweisen und Lebensumstände auch unterschiedliche Erfahrungen und Erwartungen bedingen, werden den Farben in den verschiedenen Lebensräumen vielfach spezifische Wirkungen bzw. Bedeutungen zugeschrieben (vgl. Tab. 30).

Dies erklärt, warum die einen mit **Grün** Lebendigkeit, andere jedoch Gift assoziieren. Denn in Wüstenregionen erinnert diese Farbe an fruchtbare Oasen und verkörpert damit das Leben. In undurchdringlichen Dschungelregionen hingegen steht Grün für Gefahr.[60] Grün ist aber auch die Farbe Mohammeds und die heilige Farbe des Islam. Deshalb trägt die Nationalflagge von Saudi Arabien in grüner Farbe die Aufschrift „Es gibt keinen Gott außer Allah, und Mohammed ist sein Gesandter". Djihadisten trugen im iranisch-irakischen Krieg grüne Stirnbänder, fest darauf vertrauend, im Falle ihres Todes unmittelbar ins Paradies einzugehen. Ganz allgemein symbolisiert Grün im islamischen Kulturkreis Glück, Hoffnung und Erfolg. In Syrien etwa signalisiert die „grüne Hand" 'baraka': Segenskraft (vgl. Schimmel 2003). Europäer wiederum verbinden mit der Farbe Grün vor allem Hoffnung: Das „erste Grün" kündet im Wechsel der Jahreszeiten den nahenden Frühling an und damit das Ende des in Vorzeiten in nördlichen Breiten lebensfeindlichen Winters. Nicht zuletzt ist Grün die Vereinsfarbe von Celtic, dem katholischen Fußballclub im schottischen Glasgow, und Blau die Farbe des Lokalrivalen Rangers: dem Verein der britisch gesinnten Protestanten. Als in der Region ein „Farbenkrieg" ausbrach und überall an den Verkehrsampeln das grüne Licht zerstört wurde, war nicht sportliche Rivalität, sondern Religionshass der Grund (vgl. Koydl 2007).

Tab. 30: Konfessionsspezifische Farbassoziationen (Quelle: Eigene Darstellung in Anlehnung an Heller 2004).

	Christentum	Islam	Buddhismus	Hinduismus	Konfuzianismus
Rot	Blut und Feuer, Christi Leiden, Liebe, Heiliger Geist		Glück, Wohlstand, Macht, Liebe	Glück, Gewissenhaftigkeit, Quelle der Schönheit	Glück und Reichtum, Farbe der Frauen (in Japan)
Blau	Ruhe, Innerlichkeit, Treue und Tradition, Farbe Marias	Schutz vor Geistern (bösem Blick), Unergründlichkeit, Unendlichkeit		Farbe der Götter	Himmel, Unsterblichkeit
Grün	Hoffnung, Leben, Auferstehung, Farbe des Katholizismus (in Irland)	Farbe des Propheten, heilige Farbe des Islam, Paradies	Leben und Tod gleichermaßen		Langes Leben, Barmherzigkeit, Weiblichkeit: Leben und Schande (in China)
Gelb	Keine liturgische, d.h. für den Gottesdienst genutzte Farbe (aber: Gold = göttlich)			Vertreibung von Geistern (bspw. vor einer Hochzeit), Leben Licht, Wahrheit	Männlichkeit, Vollkommenheit (in China)
Weiß	Erleuchtung, Auferstehung, Gegenteil von Chaos	Trauer, Einheit, Göttlichkeit	Weiße Lotusblüte als Symbol der Auferstehung	Trauer, Heiliges (z.B. Rinder), Reinheit, Frieden	Trauer und Tod
Orange	Farbe des Protestantismus (in Irland)		Höchste Stufe menschlicher Erleuchtung, Farbe des Dalai Lama	Farbe(n) des Hinduismus	Farbe des Wandels
Violett	Rangfarbe der katholischen Bischöfe, Farbe der Buß- und Fastenzeit, Demut				

Tab. 30: (fortgesetzt)

	Christentum	Islam	Buddhismus	Hinduismus	Konfuzianismus
Schwarz	Trauer	Rache, Aufruhr, Unglück, Negativ; aber auch Farbe des Tuchs, mit dem Ka'ba bedeckt ist		Schutz vor bösem Blick	

In einem religiösen Umfeld sind die „**heiligen Farben**" besonders wirkmächtig. Neben Grün (Islam) zählt dazu **Blau**. Für Hindus symbolisiert diese Farbe das Universum und die höchste Stufe des Bewusstseins. Vishnu, eine der wichtigsten Erscheinungsformen des Göttlichen im Hinduismus, wird häufig mit blauer Hautfarbe dargestellt.

Gelb wird in vielen Weltregionen mit Negativem assoziiert: mit Feigheit, Neid und Verrat. Juden mussten nicht nur in Nazi-Deutschland ein gelbes Erkennungszeichen tragen (den „Juden-Stern"), sondern manchmal auch in der Diaspora, unter islamischer Herrschaft, gelbe Kleidung (vgl. Schimmel 2003).

Weiß symbolisiert im christlichen Kulturraum Erleuchtung und Reinheit,[61] in konfuzianisch wie auch in islamisch geprägten Ländern jedoch Tod und Trauer. Deshalb machte die weiß geschminkte Werbefigur Ronald McDonald auf japanische Konsumenten nicht den gewünschten Eindruck. Generell gilt: Je mehr eine Religion den Tod als die Verneinung des Lebens begreift, desto dunkler ist die Trauerfarbe – und umso heller, je mehr der Tod als Übergang in eine andere Daseinsform begriffen wird (etwa in buddhistischen und hinduistischen Gesellschaften).

Die Geschichte der Trauerfarben war indessen nicht immer auf das Weiß/Schwarz-Kontinuum beschränkt. Getrauert wurde lange Zeit auch mit der Farbe **Rot** – sinnbildlicher Ausdruck des Blutes, das Jesus Christus vergossen hat. In Italien war bis ins 16. Jahrhundert bei Begräbnissen rote Trauerkleidung üblich und in Ungarn gar bis ins 20. Jahrhundert. **Lila** wiederum, einerseits Symbol imperialer Macht und andererseits, als liturgische Farbe,[62] Ausdruck von Buße und Fasten, war lange Zeit die Trauerfarbe der europäischen Königshäuser. Erst Mitte des 19. Jahrhunderts, nachdem Königin Viktoria von Großbritannien und Irland das weiße Brautkleid hoffähig gemacht hatte, setzte sich **Schwarz** als Trauerfarbe durch.

3.6 Namensgebung

Bei der Entwicklung von Produkt-, Marken- und Unternehmensnamen mangelt es bisweilen an der erforderlichen religiös-kulturellen Sensibilität (vgl. Gürhan-Canli et al. 2018). Deshalb kommt es vor, dass Namen gewählt oder kreiert werden, die gegen ein religiöses **Tabu** oder **soziale Normen** verstoßen und das Unternehmensimage beschädigen. Der Name Budweiser bspw. ist untrennbar mit Alkoholkonsum verbunden, weshalb in islamischen Ländern unter dieser Marke auch keine nichtalkoholischen Getränke vertrieben werden sollten. Nike wurde in Saudi Arabien sogar boykottiert, weil in der altgriechischen Mythologie der „Gott des Sieges" diesen Namen trägt – was insofern problematisch ist, als Allah ein sehr eifersüchtiger Gott und die Schahāda wörtlich gemeint ist: „Es gibt keinen Gott außer Allah." Folglich sollte sich die Unternehmenskommunikation in islamischen Ländern in keiner Weise, direkt oder indirekt, auf andere Götter beziehen. Und Buddhisten würden aufgrund von Ahimsā, des Gebots der Nichtverletzung, in einem Produkt- bzw. Markennamen, der an ein Tier erinnert, eine Beleidigung dieses so zur Werbefigur degradierten Lebewesens erblicken.[63]

> Problematisch kann es werden, wenn Firmen auf kulturelle oder religiöse Begriffe zurückgreifen. Wie etwa der Discounter Aldi Süd, der seine „von der asiatischen Küche inspirierte Gin-Kreation" Saraswati nach einer hinduistischen Göttin benannte (Saraswati, Göttin der Weisheit, des Wissens, der Kunst und Musik). (...) Besonders wichtig ist Saraswati für Schüler/-innen: Bevor ein hinduistisches Kind zum ersten Mal einen Stift in der Hand hält, erbittet es im Tempel seinen Segen für einen erfolgreichen Bildungsweg. Auch in Universitäten wird die Göttin verehrt. „Nicht annähernd könnte der Name dieser Göttin mit etwas assoziiert werden, das nichts mit Bildung, Weisheit oder Kunst zu tun hat, und am allerwenigsten mit Alkohol", schreiben die Initiator/-innen einer Petition, die sich gegen Aldi Süd richtet.[64]

Die Kunst der Namensgebung besteht darin, **positive Assoziationen** zu wecken. Ein 2006 aus Infineon ausgegliederter Halbleiterhersteller etwa wurde Qimonda benannt, weil diese Wortschöpfung in verschiedenen Sprachräumen an Positives denken lässt. So steht Qi in Asien für „fließende oder atmende Energie", und im Westen wird das Kunstwort intuitiv als Schlüssel (= Qi) zur Welt (= Monda) verstanden.

Besonders positive Assoziationen verspricht „alles rund ums **Glück**": Glückstage, Glücksnamen und Glückszahlen. Dabei ist zu beachten, dass Glück weltweit unterschiedlich **symbolisiert** wird. Man denke nur an die acht tibetischen Glückssymbole (z. B. Muschel, Lotusblume), die in hinduistischen und buddhistischen Regionen verbreitet sind. In Korea und vielen anderen Ländern wiederum verkörpern Schweine Glück und Reichtum (weil sich glücklich schätzen konnte, in dessen Stall ein Schwein stand), während in China der Fledermaus diese Rolle zukommt. Denn die Silbe „fu" ist ein Homonym; sie bedeutet sowohl Fledermaus als auch Glück.

Im Judentum symbolisiert die Zahl 70 Vollkommenheit. Dies wie auch die konfessionsspezifische **Zahlensymbolik** insgesamt (vgl. Tab. 31) verdeutlichen: symbolisiert wird nicht immer nur das materiell-diesseitige, sondern auch das ideell-jenseitige Glück: Wohlstand vs. Wohlbefinden.[65]

Tab. 31: Zahlensymbolik der Weltreligionen.

	Buddhismus Konfuzianismus	Christentum[66]	Hinduismus	Islam	Judentum[67]
1		Absolutheit Gottes	Gottheit, Sonne		
2		Dualität (Himmel & Erde, Tag & Nacht, Gut & Böse, Kain & Abel)	Ergänzung, Mond		
3		Vollkommenheit, Dreifaltiger Gott, Heilige Trinität[68]	Göttliche Dreifaltigkeit (Brahma, Vishnu, Shiva)		
4	klingt gesprochen wie „tot"	Das Irdische (vier Jahreszeiten, vier Himmelsrichtungen, vier Winde) Jesus fastete 40 Tage in der Wüste			
5	Glück	Vollständigkeit (Speisung der 5.000 mit fünf Laiben Brot)	Ordnung (fünf Elemente, fünf Sinnesorgane)		
6	Klingt gesprochen wie „Reichtum"	Mensch Schwachheit und Sünde des Menschen Der Mensch wurde am sechsten Tag erschaffen und arbeitet sechs Tage in der Woche	Sechs edle Tugenden		
7	Die sieben Reinheiten (z. B. Tugendläuterung des Körpers) lassen die menschlichen Triebe versiegen und ermöglichen es, den Kreislauf des Leidens zu verlassen	Heilige Zahl In sieben Tagen erschuf Gott die Welt Die sieben ... – Siegel der Offenbarung – Erzengel – Sakramente	Großes Wissen Sieben Hauptgottheiten (nicht realkörperlich, sondern Meditationssymbole) Sieben Chakren (Energiezentren) Sieben Planeten	Die Zahlenfolge 4-1-1 1, deren Quersumme 7 ergibt, symbolisiert Allah In Mekka umkreisen die Pilger die Kabaa siebenmal	Glück (‚Gad') Juden feiern an Pessach sieben Tage lang den Auszug aus Ägypten

Tab. 31: (fortgesetzt)

	Buddhismus Konfuzianismus	Christentum	Hinduismus	Islam	Judentum
8	Acht Symbole des Buddhismus Acht Kostbarkeiten des Konfuzianismus	Auferstehung und Neuanfang (acht Menschen wurden durch die Arche gerettet)			Das Übernatürliche
9	Langlebigkeit	Tot (Sterbestunde von Jesus)	Perfektion, Weisheit		
10		Zehn Gebote, zehn Plagen	Kosmos		
11			Die Macht Indras (König der Götter)		
12		Ganzheit und Vollendung (12 Stämme Israels, 12 Jünger)			
13		Unglück (Judas war der 13. am Tisch des Abendmahls)			Glück Alter der Reife und Verantwortung (Bar Mizwa)

In der konfuzianisch geprägten Weltregion hat die Vorliebe für einen **Lucky Name** Tradition. Bei der Suche nach einem Namen, der Glück verheißt, gilt es, die Balance zwischen Yin und Yang zu wahren.
- Yang-Schriftzeichen setzen sich aus einer ungeraden Anzahl von Strichen zusammen, Yin-Schriftzeichen aus einer geraden Anzahl.
- Besteht ein Name aus mehreren Schriftzeichen, so ist deren Kombination bedeutsam. Die Abfolge Yin-Yin-Yang ist vorteilhafter als die Abfolge Yin-Yang-Yin.
- Um einen Glücksnamen handelt es sich schließlich nur dann, wenn die Summe der Striche der verwendeten Schriftzeichen eine Glückszahl ergibt (z. B. 8, 11, 13, 15, 16, 17, 18, 25).

Technische Produkte erhalten vorzugsweise alpha-numerische Namen. In der westlichen Hemisphäre gilt die „7" als **Glückszahl**. Der Flugzeughersteller Boeing kennzeichnete deshalb seine Modelle mit Ziffernfolgen wie 737. Im östlichen Kulturraum sind andere Glückszahlen zu beachten. Dort symbolisiert die „8" Ewigkeit, was leicht nachvollziehbar ist, wenn man die Ziffer kippt: ∞.

Buddhisten beachten neben Glücksnamen und Glückszahlen auch **Glücks-** und **Unglückstage**. Weit verbreitet ist dort die Vorstellung, dass wichtige Vorhaben (z. B.

Geschäfte, Hausbau, Heirat, Reisen) nur an bestimmten Tagen mit Aussicht auf Erfolg in Angriff genommen werden können. Im Mittelalter wurden auch in Mitteleuropa mit Hilfe der Bibel, Heiligenverzeichnissen oder der Astrologie Glückstage bestimmt. Noch heute fallen darunter der Dienstag und vor allem der Sonntag: So soll dem Sonntagskind, d. h. dem an einem Sonntag geborenen Kind, ein glückliches Leben beschieden sein.

Umgekehrt gilt in christlichen Gesellschaften der Freitag, insb. der Karfreitag, als Unglückstag. Der Tag, an dem Jesus Christus am Kreuz starb. „Freitag der 13." verbindet beide – Unglückstag und Unglückszahl. Dass die Unglückssymbolen zugeschriebene Wirkung **keine Einbildung** sein muss, haben Phillips et al. (2001) anhand der Sterbedaten von in China und Japan geborenen Amerikanern nachgewiesen. Am jeweils 4. eines Monats erlagen demzufolge 7 % mehr Menschen einem Herzinfarkt als an den übrigen Tagen der ersten Woche jeden Monats. Vermutlich ist das Bewusstsein, dass der ominöse Unglückstag angebrochen ist, ein Stressfaktor, welcher wie alle Stressoren die Wahrscheinlichkeit eines Herzinfarkts erhöht.

Die Vorstellung, dass man das **Glück beschwören** kann, indem man magische Rituale ausführt und Symbole nutzt, ist überall dort verbreitet, wo sich abergläubische Überzeugungen und Reste alten Volksglaubens erhalten haben – bspw. in vielen afrikanischen Ländern. Die monotheistischen Religionen lehren hingegen, dass Glück nicht verdient oder anderweitig erworben werden kann, sondern ein **Geschenk Gottes** ist. So heißt es im Psalm 16, 11: „Du zeigst mir den Weg, der zum Leben führt. Du beschenkst mich mit Freude, denn du bist bei mir. Ich kann mein Glück nicht fassen, nie hört es auf." Und im Koran (Sure 9: Vers 72) steht: „Allahs Wohlgefallen aber ist das größte. Das ist die höchste Glückseligkeit." Buddhisten und Hindus wiederum suchen nicht Glück, sondern **inneren Frieden.**

3.7 Kommunikation des Herkunftslandes

In den Maße, wie in einer arbeitsteiligen, zunehmend globalen Wirtschaft immer mehr Produkte ganz oder teilweise im Ausland gefertigt wurden, wollte man wissen, ob bzw. wie ein ausländischer Produktionsstandort die Präferenzen und das Kaufverhalten von Konsumenten beeinflusst. Relevante Beiträge hierzu leisten die …
- Country of Origin-Forschung (CoO),
- Ethnozentrismus-Forschung,
- Animositätsforschung.

Außerdem ist bekannt, dass Religiöse importierten Produkten tendenziell skeptisch bis ablehnend gegenüber stehen (vgl. Haque et al. 2015b).

Erkenntnisse der Country of Origin-Forschung
Bekanntlich begünstigt die Angabe der Produktherkunft die Zuschreibung von Länderstereotypen (z. B. „Made in Switzerland" = vertrauenswürdig). Legt der CoO Produktmerkmale wie Qualität, Zuverlässigkeit oder Innovativität nahe, dann ist dies in aller Regel vorteilhaft. Negative Konsequenzen drohen, wenn durch das Herkunftszeichen Länderstereotype bzw. ethnozentrische Überzeugungen aktiviert werden, welche vom Kauf des fraglichen Produkts abhalten können (z. B. „Made in China" = qualitativ minderwertig).

Mehrere Metaanalysen bestätigen dies weitgehend, mit einer – allerdings gravierenden – Einschränkung. Die CoO-Forschung besteht überwiegend aus **Single Cue-Studien**, in denen als einziges Merkmal die Produktherkunft thematisiert wird oder diese den Probanden auf andere Weise durch die Versuchsanordnung nachdrücklich bewusst gemacht wird. Reale Käufer aber wissen zumeist nicht, wo ein Produkt – ganz oder teilweise – entwickelt und hergestellt wurde (vgl. Samiee et al. 2016). Insofern sind **Multi Cue-Studien**, in denen die Produktherkunft nur eines von mehreren der bei der Präferenzbildung zu berücksichtigenden Produktmerkmale ist, aussagefähiger. Diese realistischere Versuchsanordnung hat zur Folge, dass der CoO-Effekt zwar noch nachweisbar ist, aber spürbar geringer ausfällt als unter der Single Cue-Bedingung (vgl. Verlegh/Steenkamp 1999).

Verschiedene Studien bestätigen, dass ein ausländischer Produktionsstandort die **Kaufabsichten** religiöser Konsumenten mindert (z. B. Haque et al. 2015b; Tabassi et al. 2012). Aufgrund ihres ausgeprägten Nationalstolzes (vgl. Schmitt et al. 2008) und ihrer Neigung zu Ethnozentrismus und Intoleranz (vgl. C-2.6) legen auffallend viele Religiöse mehr Wert auf einen heimischen Produktionsstandort als auf Produktqualität oder Innovationsgrad.

Darüber hinaus hat sich das IRM primär für die Wechselwirkung von **Halal-Zertifizierung** und CoO-Label interessiert. Gemäß Nasution/Rossanty (2018) moderiert der CoO den Einfluss des Halal-Labels auf den Kauf importierter Tiefkühlkost (d. h. ein positiver CoO verstärkt und ein negativer CoO mindert die Kaufabsicht). Eine mögliche Erklärung bieten Muhamad et al. (2017). Ihren Erhebungen zufolge schließen religiöse Muslime vom CoO auf die Glaubwürdigkeit des Halal-Logos. Allerdings wirkt nicht jeder CoO gleich. Gemäß Rios et al. (2014) fördert die Produktherkunft Saudi-Arabien oder Kuwait die Präferenz für Halal-Produkte in stärkerem Maße als die Produktherkunft Indonesien oder Malaysia. Der mutmaßliche Grund: Saudi-Arabien und Kuwait sind Prototypen einer islamischen Gesellschaft (nahezu 100 % der Bevölkerung sind Muslime und der Islam Staatsreligion). Daran gemessen sind Indonesien und Malaysia etwas weniger eindeutig „islamisch". Außerhalb der islamischen Welt gilt der Standort Großbritannien unter Muslimen als die „beste Adresse" (vgl. Borzooei/Asgari 2015).

Erkenntnisse der Ethnozentrismus-Forschung
Ethnozentrische Menschen (vgl. C-2.6) sind stolz auf die Symbole und Werte der eigenen ethnischen oder nationalen Gruppe und lehnen solche „der anderen" ab. Nach Möglichkeit meiden sie alles Fremde, u.a. auch Importprodukte (vgl. Haque et al. 2015b; Siamagka/Balabanis 2015). Religiöse Menschen sind überdurchschnittlich ethnozentrisch (vgl. Kusumawardani/Yolanda 2021)). Die dreidimensionale **CE-Skala** von Sharma (2015) hat sich als prinzipiell geeignet erwiesen, Präferenzen und Verhaltensintention von Verbrauchern unterschiedlichster Nationalität zu prognostizieren:
- affektive Dimension (e.g., „I am proud of the products and services from [Home Country]").
- kognitive Dimension (e.g., „East or West, the products and services from [Home Country] are the best").
- Verhaltensdimension (e.g., „As far as possible, I avoid buying products and services from foreign countries").

Im Falle der Einstellung tunesischer Konsumenten zu Kleidung „Made in ... France, Italy, China or Turkey" hat sich gezeigt: Der CoO moderiert die Beziehung, die zwischen dem Ethnozentrismus der Befragten und deren Kaufabsicht besteht (vgl. Karoui/Khemakhem 2019). Konkret profitierte in dieser Studie in Frankreich oder Italien Hergestelltes vom jeweiligen Herkunftszeichen, nicht so chinesische und türkische Erzeugnisse.

Erkenntnisse der Animositäts-Forschung
Die Animositäts-Forschung analysiert ablehnende Reaktionen von Konsumenten, häufig in Gestalt von **Kaufzurückhaltung** bzw. **Boykott** von Produkten, die aus bestimmten Ländern stammen (vgl. Riefler/Diamantopoulos 2007). Von Ethnozentrismus unterscheidet sich Animosität u.a. insofern, als nicht fremde Erzeugnisse bzw. Fremdes schlechthin abgelehnt werden, sondern nur solche aus einem bestimmten Land. Allerdings neigen Religiöse sowohl zu Animosität wie auch zu Ethnozentrismus (vgl. Ahmed et al. 2013; Tabassi et al. 2012).

Kalliny et al. (2017) haben das Animositätsmodell von Klein et al. (1998), welches Konstrukte wie Feindseligkeit und Antipathie berücksichtigt, um religiöse Animosität erweitert: Intoleranz und Antipathie aufgrund religiöser Unterschiede gegenüber einer Person, einer Nation oder einem Staat. Konkreter Auslöser von Animosität ist zumeist ein negativ-kritisches Ereignis politischer, wirtschaftlicher oder religiöser Art (vgl. Tab. 32). Wie die Aufrufe der Nazis, jüdische Händler zu boykottieren, belegen, genügen bisweilen allerdings auch imaginierte Gefahren, etwa die drohende „Weltherrschaft der Juden" (vgl. Ahlheim 2012).

Tab. 32: Animositätsforschung im Überblick.

Ereignis		Wirkung
Politische Animosität	Massaker an den Bewohnern von Nanjing in China durch japanische Besatzer (1937)	Kaufzurückhaltung: Chinesische Kunden meiden japanische (in China angebotene) Produkte (vgl. Klein et al. 1998)
	Französische Atomtests im Südpazifik (ca. 1960–1996)	Boykott: Australische Kunden weigern sich, französische Produkte zu kaufen (vgl. Ettenson/Klein 2005)
Ökonomische Animosität	Asienkrise (1997–1998)	Präferenz: Importierte Produkte (z. B. aus Thailand) werden Produkten z. B. aus den USA bevorzugt (vgl. Ang et al. 2004)
	Unfaire Handelspraktiken japanischer Unternehmen	Kaufzurückhaltung: US-Amerikaner meiden japanische Produkte (vgl. Klein/Ettenson 1999)
Religiöse Animosität	Zweite Intifada in Israel (2000–2005)	Kaufzurückhaltung: Jüdische Kunden meiden arabische Produkte (vgl. Shoham et al. 2006)
	Veröffentlichung von Mohammed-Karikaturen in Dänemark (2005)	Boykott dänischer Produkte in islamischen Ländern (vgl. Jensen 2008)

Shoham et al. (2006) haben kurz nach Beginn der zweiten Intifada 135 jüdische Israelis über deren Einstellung zu arabischen Israelis und den von diesen angebotenen Produkten und Dienstleistungen befragt. Das auf dieser Basis entwickelte Strukturgleichungsmodell offenbart (vgl. Abb. 22): In Israel lebende Juden, die gegenüber ihren muslimischen Nachbarn Animosität empfinden, zweifeln an der **Qualität der Produkte**, die arabische Juden herstellen, und beabsichtigen auch seltener als andere, diese Produkte zu kaufen. Vor allem dogmatisch denkende, nationalistisch eingestellte Juden entwickelten Animosität, während Internationalismus dieses Gefühl abschwächte.

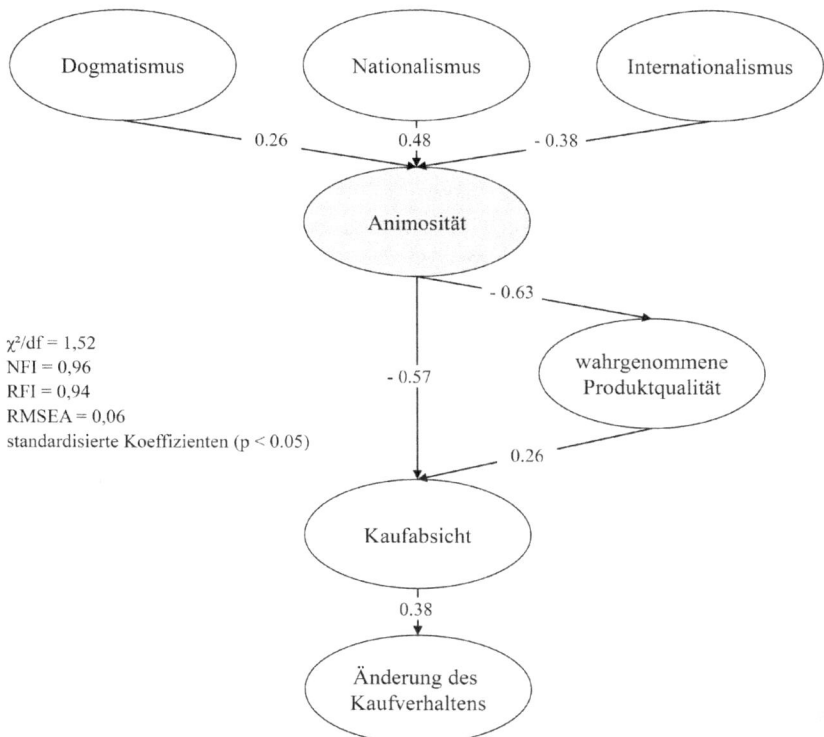

Abb. 22: Animosität israelischer Konsumenten gegenüber arabischen Produkten
(Quelle: in Anlehnung an Shoham et al. 2006, S. 97, 102).

Den Schlüsselbefund – Animosität mindert wahrgenommene Produktqualität und Kaufbereitschaft – haben Kalliny et al. (2017) bestätigt. Neu war deren Erkenntnis, dass es dabei zu **Irradiation** kommen kann, etwa nach der Veröffentlichung der Mohammed-Karikaturen in Dänemark von Jyllands-Posten im September 2005. Malaiische, zu 60 % muslimische Verbraucher haben daraufhin nicht nur dänische, sondern generell europäische Marken abgelehnt. Denn der Karikaturen-Streit wurde im islamischen Kulturkreis als Affront „der Europäer" empfunden (vgl. Tabassi et al. 2012).

Gleichfalls vor dem Hintergrund des jüdisch-palästinensischen Konfliktes konnten Farah/Newman (2010) anhand einer Zufallsstichprobe von 500 libanesischen Konsumenten nachweisen, dass unter dieser Bedingung Muslime Boykottmaßnahmen gegenüber aufgeschlossener sind als Christen. Dafür scheint jedoch nicht die **Konfession** verantwortlich zu sein, sondern unterschiedlich intensive **normative Überzeugungen**. Mehr Muslime als Christen nahmen einen starken sozialen Druck wahr, sich an einem Boykott zu beteiligen.

Im Falle der Mohammed-Karikaturen wie auch des Anti-Koran-Films des politischen Aktivisten G. Wilders (vgl. Al-Hyari et al. 2012) kam verschärfend hinzu, dass die

Karikaturen nach Meinung von religiösen Muslimen auch gegen das im Islam verankerte Gebot der bildlosen Gottverehrung verstießen – welches vielfach als **Bilderverbot** fehlgedeutet wird. Während bspw. in der griechisch-orthodoxen Kirche das Malen einer Ikone einer kultischen Handlung gleichkommt, ist die bildliche Darstellung von Heiligen im Islam problematisch, aber nicht verboten. So finden sich in moderat islamischen Ländern bzw. Gemeinschaften zahllose ikonische Darstellungen des Propheten, den Koran in den Händen haltend. Bezüglich des Umgangs mit Bildern unterscheidet die islamische Lehre fünf Abstufungen: von „geboten" bis „strikt verboten" (vgl. Almir 2004). Im Übrigen ist das mit dem Ziel, eine ins Heidnische bzw. Abergläubische abdriftende vordergründige Bilderverehrung zu verhindern, erlassene Abbildungsverbot keine Eigenheit des Islam. Es spielte auch in Europa, im Zuge der Reformation, eine wichtige Rolle. Während die Lutheraner im Laufe der Zeit dazu eine vergleichsweise pragmatische Einstellung entwickelten, bezog die reformierte Kirche unter dem Einfluss von Calvin und Zwingli eine fundamentalistische Position, bekannt geworden als „Bildersturm".

Synopse der Erkenntnisse der Herkunftslandforschung
Das Strukturmodell von Ahmed et al. (2013) ermöglicht eine anschauliche Zusammenfassung dieser Forschung (vgl. Abb. 23). Es beruht auf den Angaben von 410 malaiischen Auskunftspersonen mittleren Alters, beiderlei Geschlechts und unterschiedlicher Konfession (46,4 % Muslime; 30,3 % Buddhisten/Taoisten; 11,7 % Christen; 6,7 % Hindus; 4,2 % Konfessionslose). Alle waren bereits wiederholt Kunden amerikanischer Fast Food-Ketten gewesen. Von den dabei gewonnenen Erfahrungen ausgehend sollten sie deren Qualitätsniveau beurteilen (z.B. „Products made by US fast-food restaurants are generally very well suited to needs of Malaysian consumers") und Auskunft über ihr Konsumverhalten geben (z.B. „I bought from US fast-food restaurants even though cheaper foreign fast-food restaurants were available").

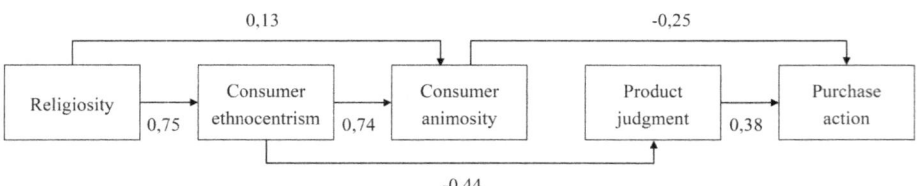

Abb. 23: Einfluss von Religiosität auf den Herkunftslandeffekt (Quelle: Ahmed et al. 2013, S. 558).

Im Einzelnen ergab die Untersuchung:
- Religiöse sind häufig ethnozentrisch eingestellt (z.B. „Malaysian consumers should always buy Malaysian made products instead of imports").
- Ihre feindselige Einstellung gegenüber den USA (Animosität) lässt sich primär auf ethnozentrische Überzeugungen und erst an zweiter Stelle auf religiöse Überzeu-

gungen zurückführen (z. B. „I will never forgive the US for occupying and killing the civilians in other countries").
- Während Ethnozentrismus das Konsumverhalten nur indirekt beeinflusst (durch eine vorgelagerte Abwertung der wahrgenommenen Produktqualität), wirkt Animosität zwar schwächer, aber unmittelbar. Wer feindselige Gefühle gegenüber den USA wegen deren Rolle in der Weltpolitik hegt, muss diese nicht rationalisieren und die Qualität amerikanischer Fast Food-Ketten prinzipiell abwerten, um zu begründen, warum er/sie deren Angebote möglichst meidet.

Dies steht zwar im Gegensatz zu den Befunden von Shoham et al. (2006) und Kalliny et al. (2017), wonach sich Animosität auch in einer Abwertung der Produktqualität äußert. Möglicherweise aber lässt sich diese Inkonsistenz mit grundlegenden Unterschieden bei der Beurteilung realer **Konsumgüter** vs. **Dienstleistungen** erklären. Jedenfalls minderte im Falle von Kang/Yang (2019) die soziopolitische Animosität taiwanesischer Auskunftspersonen zwar deren Absicht, japanische Fernsehsendungen anzusehen, nicht jedoch die Einschätzung der künstlerischen Qualität.

Weiterhin eignen sich gemäß der neueren Animositätsforschung nur **Konsumgüter** als Projektionsfläche für feindselige Gefühle von Konsumenten und nicht **Zwischenprodukte** oder **Rohstoffe**. So haben unter der negativen Berichterstattung chinesischer Medien über die Stationierung eines Raketenabwehrsystems in Südkorea lediglich die Absatzchancen südkoreanischer Endprodukte im chinesischen Markt gelitten (vgl. Kim/Kim 2020).

Viel zu selten wurden bislang jedoch die realen **ökonomischen Konsequenzen** einer als negativ wahrgenommenen Produktherkunft untersucht. Laut Saeed/Azmi (2016) mussten amerikanische und britische Unternehmen während des Irakkrieges (2003) auf den islamischen Märkten Umsatzverluste von bis zu 40 % hinnehmen. Bisweilen sind einzelne, zumeist prominente Unternehmen Zielobjekt, bspw. Coca-Cola stellvertretend für die USA. Angesichts des Palästinakonflikts befolgten vor allem sehr religiöse tunesische Muslime den Aufruf, den Softdrinkhersteller zu boykottieren. Moderiert wurde in diesem Fall die Beziehung Religiosität > Boykottabsicht durch die Intensität der Markentreue: Religiöse schlossen sich dem Käuferstreik nicht an, wenn sie sich der Marke Coca-Cola innerlich verbunden fühlten (vgl. Dekhil et al. 2017b).

4 Markierung

Wie bestimmte Herkunftszeichen (z. B. Made in Germany) oder ein unabhängiges Prüfzeichen (z. B. Stiftung Warentest), so signalisiert auch ein starker Markenname **Qualität** und **Verlässlichkeit**. Gemeinsam ist diesen Eigenschaften ein enger Bezug zu bestimmten Werten, allen voran Vertrauen. Konsumenten nutzen Marken als sichtbaren Ausdruck ihrer sozialen Identität (vgl. Escalas,/Bettman 2005). Präferiert werden Marken, welche den eigenen Werten entsprechen, seien diese materialistischer (vgl. Rindfleisch

et al. 2009) oder religiös-spiritueller Natur (vgl. Al-Hajla et al. 2019). IRM interessiert sich in diesem Zusammenhang für **Fragestellungen** wie:
- Religionen als Marken, die mit den klassischen Instrumenten des Markenmanagements vermarktet werden können (z.B. Alserhan 2010b),
- Religionen als Wertesysteme, die mit Hilfe von Marken vermarktet werden können (z.B. Taylor et al. 2010),
- Religion und Marke als Substitute, die beide für Konsumenten selbstwertdienlich sein können (z.B. Shachar et al. 2011),
- profane Marken, die bewusst religiöse Werte kommunizieren (z.B. Halstead et al. 2009).

4.1 Erscheinungsformen von Marken

Zu den klassischen Markentypen bzw. Markenstrategien zählen neben Einzel-, Familien- und Dachmarken auch regionale, nationale, internationale und globale Marken (vgl. Esch 2018). Für das IRM sind spezielle Markenkonzepte wie spirituelle Marken oder islamische Marken von besonderem Interesse.

Spirituelle Marken sind Marken, die – bspw. in Indien – von (lokalen) spirituellen Führern empfohlen werden. Gekauft werden sie naturgemäß hauptsächlich von religiösen Konsumenten. Offenbar helfen ihnen Kauf bzw. Nutzung solcher Marken dabei, sich ihrer sozialen Identität zu vergewissern und diese ihrem Umfeld zu kommunizieren (vgl. Sardana et al. 2018).

Das Markenkonzept „**islamische Marke**" wird auf dreierlei Weise definiert (vgl. Alsehan 2010; Williams/Sharma 2005):
- „Sharia-gerechter" Markenauftritt, der primär strenggläubige Muslime anspricht,
- Herkunft aus einem islamischen Land, wobei „halal" nicht immer ausschließliche Richtschnur unternehmerischen Handelns sein muss (etwa bei Emirates Airlines, die ihren Fluggästen alkoholische Getränke servieren),
- gezielte Ansprache islamischer Kunden durch Anbieter, die aus einem nicht-islamischen Land stammen. Tatsächlich beherrschen die Halal-Marken von Nestlé, L'Oréal und Unilever einen Großteil der Märkte für islamische Lebensmittel, Kosmetika und Gesundheitsartikel.

Den Gegentypus verkörpern globale bzw. – aus strenggläubig islamischer Sicht – **ungläubige Marken** wie McDonald's oder Coca-Cola. Ungläubig insofern, als sie muslimische Konsumenten angeblich zu unmoralischem Verhalten verleiten und dadurch die Ideale islamischer Gesellschaften verraten können (vgl. Izberk-Bilgin 2012). Dies wird, ausgehend von den tatsächlichen oder vermeintlichen Krisen einer globalisierten Welt, mit dem Vorwurf verknüpft, dass marktwirtschaftlich verfasste Gesellschaften soziale Gerechtigkeit verhindern und unmoralisches Verhalten fördern. Um das Goldene Zeitalter des Islam wiederherzustellen, bedürfe es letztlich eines „Konsum-Dschihad".

Die zahlreichen **Halal-** und **Koscher-Zertifikate** sind gleichfalls eine religionsspezifische Form der Markierung. Am strengsten gehen dabei Gerichtshöfe ultraorthodoxer Juden vor (BaDaZ-Qualität), am liberalsten die kommunalen Rabbinate. Moderat sind auch die in den USA beliebten K- und OU-Zertifikate (vgl. Heiman et al. 2019). Vor allem bei Strenggläubigen lösen diese eine Reihe positiver Effekte aus. Den so markierten Gütern werden zum einen Qualitätsvorteile zugeschrieben, und zum anderen äußern die Befragten eine erhöhte Kaufbereitschaft. Davon profitieren jedoch nur die bekannten Marken (vgl. Kamins/Marks 1991).

Allgemein gilt: Konfession und/oder Intensität von Religiosität **moderieren** die Reaktionen von Gläubigen auf die verschiedenen Formen von religiösem Branding. Sie steigern dessen **Wirkung**, wenn die ergriffenen Maßnahmen mit den religiösen Überzeugungen der Zielgruppe übereinstimmen, und schwächen diese, wenn ein gravierender Dissens besteht (vgl. Liu/Minton 2018, S. 306). So mindert es die Markentreue von strenggläubigen Konsumenten nicht, wenn religiöse Marken in eine moralische Kontroverse mit religiösem Bezug verwickelt werden. Vielmehr neigen sie dazu, in solchen Fällen „ihrer Marke" zu vergeben (vgl. Chowdhury et al. 2022).

4.2 Marken als Religionsersatz

Die wohlhabenden Industriegesellschaften sind seit den 1970er-Jahren Schauplatz eines vielschichtigen Wechselspiels von **Säkularisierung** des öffentlichen Lebens und **Sakralisierung** des privaten Konsums (vgl. B-1.5). Beispielhaft für das Phänomen „Religionsersatz Marke" (vgl. Sarkar/Sarkar 2017) wie auch für das Phänomen „Markenevangelikale" steht die Apple-Community. Gemessen an ihrem vergleichsweise geringen Anteil am PC-Gesamtmarkt sind Apple-Nutzer den Microsoft-Anwendern zwar zahlenmäßig weit unterlegen. Aber sie identifizieren sich stärker mit „ihrer" Marke und sind auch überaus loyal (vgl. Belk/Tumbat 2005).

Markenreligiosität und Marken-Evangelismus

Marken und Religionen sind auf vielfältige Weise miteinander verbunden. Manche Wissenschaftler beschreiben ihre Beziehung als substitutiv, als wechselseitig austauschbar: Vor allem materialistischen, nichtreligiösen Konsumenten kann die Markenwelt buchstäblich die religiöse Welt ersetzen (vgl. Sarkar/Sarkar 2017). Andere betonen stärker das Verbindende. Demzufolge können Konsumenten beide – Marke und Religion – instrumentalisieren, um ihren **Selbstwert** zu stärken (vgl. Shachar et al. 2011). Wieder andere betonen die Möglichkeit, Religionen als **Marke** zu positionieren und die etablierten Markentechniken zu nutzen, um die jeweiligen Glaubensinhalte möglichst effektiv zu verbreiten (vgl. Usunier/Stolz 2016; Taylor et al. 2010). Und Wang et al. (2018) sprechen von Markenreligiosität (Brand Religiosity), womit sie die Endstufe einer zunehmend intensiven Beziehung zwischen Marke und Konsument meinen. Diese beginnt mit Markenwertschätzung und führt über romantische Markenliebe sowie Markenverehrung hin zu Markenreligiosität.

Markenkult schließlich zeichnet sich durch eine extrem starke Markenbindung aus, einen religiös überformten Konsumfanatismus. Die Anhänger dieses Kults, die Marken-Evangelikalen (Brand Evangelists), setzen sich nicht nur, wie Markenanwälte (Brand Advocates), entschieden für „ihre" Marke ein. Sie bekämpfen zugleich konkurrierende Marken, indem sie schlecht über diese reden (vgl. Chung et al. 2018). Um Marken-Evangelikale identifizieren zu können, haben Wang et al. (2019) eine **Skala der Markenheiligkeit** entwickelt (Brand Sacredness). Zu deren nomologischem Netzwerk zählen u. a. Markenliebe, emotionale Markenbindung und Markentreue.

Marken-Communities

Die **Sakralisierung der Markenwelt** lässt sich gut anhand der Erfolgsgeschichten von Apple, Mini, Harley-Davidson, Mercedes-Benz, Nintendo und Rolex beschreiben. Den Prolog zu seiner kritischen Liebeserklärung an den Mythos Marke leitete Kilian (2009) mit der Beschwerde einer Coke-Kundin ein, die 1985, anlässlich der Markteinführung von New Coke, nach Atlanta schrieb: „In meinem Leben gab es nur zwei Größen von bleibendem Wert: Gott und Coca-Cola. Eine haben Sie mir genommen." Mit großem Vergnügen führt der Autor dem Leser die zahlreichen Überschneidungen zwischen sakraler und profaner Sphäre vor Augen: „Gott versprach uns das ewige Leben, Marken die ewige Jugend" (S. 15).

Das Phänomen **Harley-Davidson** würdigte er mit den Worten eines evangelischen Pfarrers: „Harley ist ... ein Mythos. ... Gefährtin für den Lonesome Cowboy. Zum Mythos gehört aber auch eine Gemeinschaft, also eine Gemeinde, die den Kult lebt" (Kilian 2009, S. 41). Von besonderer Bedeutung ist für deren Mitglieder die Bereitschaft, ein sichtbares Zeichen der Zugehörigkeit zur Gemeinschaft der Gläubigen (bzw. Markenbesitzer) zu tragen. Und was wäre bindender als ein in die Haut eingebranntes Zeichen: ein Tattoo? Vor die Frage gestellt: „Welche Marke, wenn überhaupt, wären Sie bereit, sich auf ihren Arm tätowieren zu lassen?", haben 18,7 % der Befragten Harley-Davidson genannt, aber „nur" 7,7 % Coca-Cola, 6,6 % Google, 5,6 % Rolex, 2,6 % Adidas und 1,5 % Nintendo (vgl. Lindstrom 2005).

Während noch im letzten Jahrhundert primär die Kirchen und andere Glaubensgemeinschaften den Menschen eine **innere Heimat** und Gelegenheit zur **Identifikation** geboten haben, übernehmen heute zunehmend andere soziale Gruppierungen diese Funktion. In einem hedonistisch-konsumorientierten Umfeld können starke Marken Kristallisationspunkt für eine solche „Community" sein, bspw. Saab, Coca-Cola oder die Schuhmarke Manolo Blahník. Wie für Glaubensgemeinschaften, so sind auch für Brand Communities einzigartige, emotional aufgeladene Symbole und Rituale identitätsstiftend (vgl. Schouten/McAlexander 1995).

Pogačnik/Črnič (2014) haben die **Apple-Gemeinde** anhand der vier Kriterien analysiert, die gemäß E. Durkheim eine Religion ausmachen: eine Gemeinschaft, religiöse

Überzeugungen, Heiliges und Riten (vgl. Pickering 1994). „The products act as religious fetishes to Apple devotees, and Apple stores function as temples. Followers perform public pilgrimages to store openings and Apple conferences, and private rituals of product unboxing."

Aufgrund ihres starken Bedürfnisses nach **Zugehörigkeit** sind Religiöse überdurchschnittlich empfänglich für den Reiz von Gemeinschaften. Ihre daraus abgeleiteten Gefühle wirken wie ein Halo-Effekt, der sie die Produkte bzw. Marken, die Teil dieser Gemeinschaft sind, in einem besonders positiven Licht sehen lässt (vgl. Minton/Liu 2021).

4.3 Markenvertrauen

Vertrauen, das aus wahrgenommener Kompetenz, Zuverlässigkeit, Wohlgesonnenheit und Integrität erwächst, ist eine wichtige Voraussetzung für einen günstigen Verlauf von Transaktionen aller Art (vgl. Singh/Sirdeshmukh 2000). Markenvertrauen, zurückführbar auf **Qualitätsgarantie** und hohen **Bekanntheitsgrad**, mindert verschiedene Kaufrisiken (bspw. Qualitätsrisiko, soziales Risiko), was Kaufentscheidungen erleichtert. So berichten Pebri/Bakti (2022), dass bei islamischen Geschäftskunden Markenvertrauen – wie auch Religiosität – einen positiven Einfluss auf die Entscheidung für eine Mudharabah-Finanzierung ausüben (vgl. F-2.4.2). Vertrauensbildend wirkt auch die intensive **Kommunikationspolitik** von Markenherstellern. Mehr als Angehörige andere Konfessionen bevorzugen Katholiken bekannte, stark beworbene Marken (vgl. Bailey/Sood 1993, S. 343), was vielfach mit der Prachtentfaltung der katholischen Kirche in Verbindung gebracht wird.

Im Allgemeinen vertrauen Religiöse mehr als nicht oder weniger Religiöse (vgl. Minton 2019; Iftikhar 2017). Erklären lässt sich dies erstens mit der großen Übereinstimmung, die zwischen den Ursachen von Vertrauen[69] und dem zumeist positiven Weltbild der Religiösen besteht (vgl. I-2.1.1). Der Zusammenhang ist vor allem bei jenen Konsumenten eng, für die Marken ein wichtiger Teil ihres **Selbstkonzepts** sind (vgl. Liu/Minton 2018). Zweitens neigen Religiöse grundsätzlich dazu, anderen zu vertrauen (vgl. Tan/Vogel 2008).

Wie kann man dann erklären, dass Shachar et al. (2011) religiösen Konsumenten ein geringeres Markenvertrauen attestiert haben? Möglicherweise liegt dies an der unterschiedlichen Operationalisierung. Denn für diese Studie wurde Markenvertrauen nicht, wie zumeist, als „geteilte Überzeugungen" definiert bzw. als „wahrgenommene Wahrscheinlichkeit, dass ein markiertes Produkt die zugesicherten Eigenschaften besitzt" (d.h. als ein der Kaufentscheidung vorgelagertes kognitiv-emotionales Phänomen). Statt von **Brand Trust** sprechen Shachar et al. (2011) von **Brand Reliance** und meinen damit die Wahrscheinlichkeit, dass ein Käufer ein Markenprodukt einem funktionell gleichwertigen, aber unmarkierten Produkt vorzieht. Zur Erklärung ihres Befundes verweisen die Wissenschaftler auf das menschliche Bedürfnis nach Zugehörigkeit, das sich Religiöse in ihrer Kirchengemeinde befriedigen können, während nicht oder wenig Religiöse ihre Erfüllung in Markengemeinden suchen und finden: Besitz prestigeträchtiger Markenartikel als Alternative zur spirituellen Sinnsuche. Diese spekulative, d.h. nicht empirisch überprüfte These beschreibt allerdings primär nur die Motive von Konsumenten mit einem hohen Einkommen. Ärmere Menschen könnten sich den Luxus einer derartigen Sinnsuche nicht leisten und müssten grundsätzlich das billigste Angebot bevorzugen.

4.4 Markenbewusstsein und Kaufintention

Vieles spricht dafür, dass Religiöse überdurchschnittlich markenbewusst sind. Wie eine eigene Befragung ergeben hat, sollen Marken aus deren Sicht zum einen **Kaufentscheidungen vereinfachen** und dank der markenspezifischen **Qualitätsgarantie** helfen, Risiken zu vermeiden. Zum anderen sollen sie aber auch wichtige **soziale Funktionen** erfüllen, etwa die Persönlichkeit des Markenbesitzers (z.B. Einzigartigkeit) sowie dessen soziale Identität kommunizieren und Begeisterungseigenschaften vermitteln (z.B. Lebensfreude, magische Markenwelten). Gemäß Essoo/Dibb (2004, S. 703) legen allerdings vor allem moderat Religiöse großen Wert auf Marken. Offenbar besteht zwischen und Religiosität und Markenbewusstsein **kein** einfacher, bspw. **linearer Zusammenhang** (je mehr, desto ...). Dies legen auch die bereits gewürdigten Befunde von Shachar et al. (2011) und Mokhlis (2006b) nahe (vgl. E-4.4).

Letzterer differenzierte Religiosität zweifach: inhaltlich (intra- vs. interpersonale Religiosität) und nach Intensität (schwach, moderat und streng Religiöse). Wie die anschließende varianzanalytische Auswertung der Daten ergab, achten **moderat interpersonal religiöse Probanden** beim Kauf signifikant stärker als schwach und als streng interpersonal Religiöse auf Markenprodukte. Dies gilt tendenziell auch für **intrapersonal Religiöse**, wenn auch auf einem schwachen, statistisch nicht signifikanten Niveau (vgl. Abb. 24).

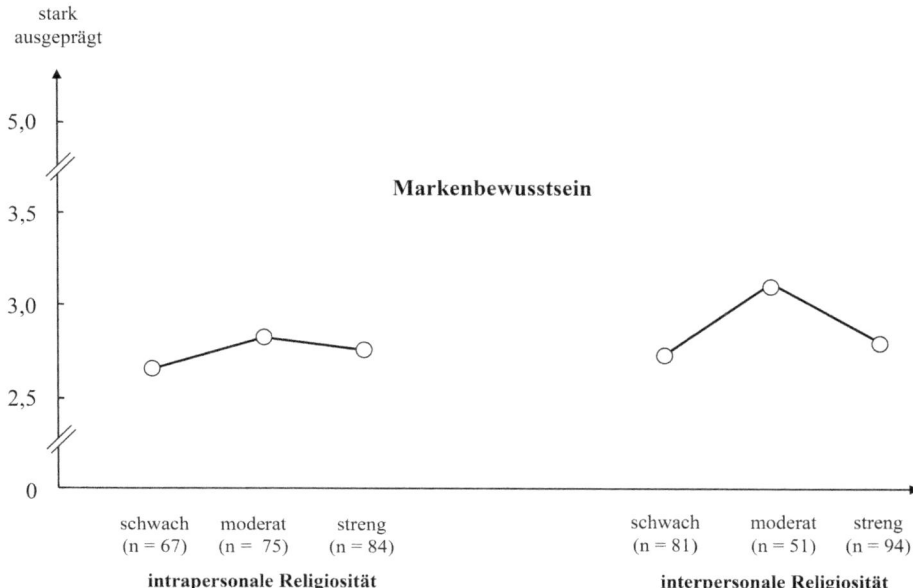

Abb. 24: Zusammenhang zwischen Religiosität und Markenbewusstsein (Quelle: in Anlehnung an Mokhlis 2006b, S. 71).

Erklären lässt sich gemäß Rindfleisch et al. (2005) das vergleichsweise geringe Markenbewusstsein der Strengreligiösen mit deren speziellem Verständnis von Religiosität: als Suche nach und Erlangen von transzendenten Erfahrungen. Materielles wie Markenprodukte verkörpert demgegenüber das Profane, ein Hindernis bei der Heilssuche.

Agarwala et al. (2021) haben in drei Experimenten untersucht, wie religiöse Zeichen die Markenbewertung und Kaufabsicht von Hindus beeinflussen. Konkret wurde die kommunikative Wirkung **religiöser Icons**[70] mit der Wirkung **religiöser Symbole** auf die Akzeptanz weltlicher Produkte verglichen. Die Probanden, vorwiegend männliche Studenten, bekamen Printanzeigen für Seife zu sehen. Diese unterschieden sich lediglich im Motiv eines im Hintergrund einer Familiensituation aufgehängten Bildes:
- Experimentgruppe „Icon": Das Bild zeigt Ganesha, die beliebteste Gottheit im Hinduismus.
- Experimentgruppe „Symbol": Das Bild zeigt Om, das heilige Zeichen der Hindus.
- Kontrollgruppe: Das Bild zeigt ein abstraktes Motiv.

Zentrale Ergebnisse dieser Untersuchung: Beide Arten von religiösen Zeichen stärken die Markenbewertung und die Kaufabsicht, allerdings religiöse Ikone stärker als religiöse Symbole. Überdies zeigte sich, dass strengreligiöse Hindus positiver auf diese Art von Werbung reagieren als weniger Religiöse.

4.5 Markentreue

Manche Konsumenten kaufen regelmäßig eine bestimmte Marke und berichten positiv über sie: persönlich, gegenüber Freunden und Bekannten oder anonym in Online-Foren. Geschieht dies aus innerer Überzeugung und nicht mehr oder minder gezwungenermaßen, aufgrund äußerer Umstände (bspw. eine beschränkte Auswahl, Preissenkung oder andere materielle Vorteile), dann spricht man von Markentreue. Anbieter profitieren davon in vielerlei Hinsicht. Neben der bereits thematisierten Bereitschaft zur Mundpropaganda (bis hin zur Übernahme der Rolle eines Markenbotschafters) und einer geminderten Preissensibilität zählt u.a. das erhöhte Cross Selling-Potenzial zu den **positiven Effekten** von Markentreue.

Verwandte Konzepte sind Markenloyalität und Markenbindung. In Abgrenzung zu **Markenloyalität,** die sich ausschließlich auf die Wiederkaufwahrscheinlichkeit bezieht, akzentuiert das Konzept der **Markenbindung** den emotionalen Bezug zu einer Marke. Im Extremfall spricht man von **Markenliebe**. Dann ist eine bestimmte Marke wichtiger Bestandteil des Selbstkonzepts von Konsumenten. Markentreue verbindet die emotionale mit der Verhaltensebene (vgl. Grace et al. 2020).

Marken wie Coca Cola verfügen über derart viel **Markenstärke**, dass ihnen selbst eine Fatwa nichts anhaben kann: ein Rechtsgutachten, in dem sich ein muslimischer Rechtsgelehrter dazu äußert, wie Gläubige mit bestimmten Lebensproblemen, die nicht im Koran oder der Sunna geregelt sind, umgehen sollten. Dürfen Muslime sich Botox spritzen lassen, Klatsch-Fernsehsendungen ansehen oder an einer Lotterie teilnehmen? Während Fatwas dafür sorgten, dass malaiische, an einer islamischen Universität immatrikulierte Studenten weniger rauchten und seltener populäre westliche Musik anhörten, ließen sie sich das Cola-Trinken nicht verbieten (vgl. Muhamad/Mizerski 2013).

Bislang hat die **religionsvergleichende Forschung** diesen Themenbereich nur sporadisch untersucht. Zu den Ausnahmen zählt Djupe (2000). Ausgehend von einer Anmerkung von Stark/Glock (1968, S. 1) zum Verhältnis von Religion und Loyalität („the heart of religion is commitment") hat er durch eine sekundärstatistische Auswertung von Daten der General Social Survey 1993 gezeigt: Religiöse sind mehr als andere in vielen Lebensbereichen bereit, sich selbst zu verpflichten und für eine Sache einzutreten: Für ihre Glaubensgemeinschaft, für politische Angelegenheiten oder eben auch für Marken, die ihnen wichtig sind. Dem widersprachen Davis/Jai (2014): Strenggläubige amerikanische Christen seien beim Kleidungskauf zwar qualitäts-, aber auch preisbewusst, was eine vergleichsweise geringe Markentreue ergebe. Zum Zusammenhang von Konfession und Markentreue kann auf Rindfleisch et al. (2005) verwiesen werden. Diesen Wissenschaftlern zufolge sind Muslime weniger als Angehörige anderer Konfessionen offen für eine enge, womöglich emotionale Beziehung zu einer Marke, d.h. für etwas, was als Markentreue gedeutet werden könnte. Möglicherweise, so Mathras et al. (2016), haben Muslime aufgrund der strengen Konsum- und Verhaltensgebote des Islam gelernt, Konsum vorrangig als eine Möglichkeit zur Befriedigung primärer Bedürfnisse zu begreifen (utilitaristischer vs. hedonistischer Lebensstil).

Chowdhury et al. (2022) verdanken wir die Erkenntnis, dass Anbieter religiöser Marken, die in soziokulturelle Kontroversen verwickelt werden (bspw. zum Umgang mit Minoritäten), auf die Loyalität ihrer religiösen Kunden zählen können. Für deren Motivation ist entscheidend, ob sie extrinsisch oder intrinsisch religiös sind: Während intrinsisch Religiösen dies aufgrund ihrer großen Bereitschaft, anderen zu vergeben, tun, handeln extrinsisch Religiösen primär aufgrund von Reaktanz. Kritik an „ihrer Marke" empfinden sie als Einschränkung ihrer Meinungsfreiheit und als Angriff auf ihre Zugehörigkeit zu dieser Marken-Community. Gegen beides wehren sie sich.

Gilal et al. (2020) zufolge moderiert Markenloyalität die Beziehung zwischen der Art der Religiosität (extrinsisch/intrinsisch) und der Intention, **Luxusmarken** zu kaufen. Demnach verstärkt intrinsische Religiosität lediglich die Absicht markentreuer Kunden, eine Luxusmarke zu kaufen, während extrinsische Religiosität bei wenig markentreuen Kunden Ähnliches bewirkt.

5 Produktarten

Produkte lassen sich auf verschiedene Weise klassifizieren, u.a. danach, ob sie den Käufern bzw. Nutzern vorrangig einen **materiellen** (z.B. Nahrungsmittel), einen **immateriellen** (z.B. ethische Produkte) oder einen **spirituellen** Nutzen bieten (z.B. sakralisierte Produkte).

5.1 Convenience-Produkte

Waren wie Tiefkühlkost oder Backmischungen bieten einen wichtigen Zusatznutzen: Sie **erleichtern** die **Lebensführung**. Davon ausgehend untersuchten McWilliams et al. (2016), inwieweit Konfession und Religiosität Einfluss darauf nehmen, ob Konsumenten Lebensmittel präferieren, deren Zubereitung vergleichsweise wenig Zeit in Anspruch nimmt. Theoretischer Hintergrund ihrer Überlegungen ist die Theory of Social Custom, wonach Menschen bei ihren Entscheidungen deren Konsequenzen für ihr soziales Umfeld berücksichtigen – etwa für ihre Familie oder ihre Religionsgemeinschaft (vgl. Akerlof 1997).

Bezogen auf die Akzeptanz von Convenience-Produkten bedeutet dies: Orthodoxes Judentum und orthodoxer Islam fordern von den Gläubigen, bei der Zubereitung von Lebensmitteln strenge Verhaltensregeln zu beachten und die jeweiligen **Speisegesetze** zu befolgen. Das Christentum kennt ähnliche, wenngleich weniger strenge Vorschriften. Letzte Gewissheit, dass man das **Reinheitsgebot** befolgt, bieten nur traditionelle, im Kreis der Familie zubereitete Speisen. Nur dann kann man sicher sein, koscher bzw. halal zu essen. Auch bezeugen aufwändige Kochprozeduren und hochwertige Zutaten Respekt der Familie und den Gästen gegenüber. Folglich kann man annehmen, dass strenggläubige Juden und Muslime „bequeme", d.h. Convenience-Produkte tendenziell ablehnen. Um diese These empirisch überprüfen zu können, haben McWilliams et al. (2016) von 388 in Israel lebenden Juden, Muslimen und Christen Auskunft darüber erbeten, ob sie frisches oder tiefgefrorenes Geflügel präferieren. Am Stück oder zerkleinert? Hintergrund: Wer Geflügelteile (z.B. Brust) kauft, spart Zeit bei der Zubereitung, muss aber mehr bezahlen. Gefrorenes Geflügel wiederum erlaubt eine flexible Zubereitung und ist billiger, aber weniger schmackhaft.

Die Ergebnisse der Studie bestätigten die Hypothese: Weder für Juden noch für Muslime ist Convenience ein Argument, Tiefgefrorenes zu kaufen. Während aber vorrangig konservative **Juden** frisches Fleisch (= Qualitätsbewusstsein) und Geflügelteile (= Zeitersparnis) bevorzugen, ziehen religiöse wie auch nichtreligiöse **Muslime** frisches Geflügel vor, allerdings im Ganzen (= Qualitätsbewusstsein und Traditionalismus). Dass im Gegensatz dazu **ultraorthodoxe Juden** tiefgefrorene Geflügelteile präferieren (= Kosten- und Zeitvorteil), dürfte weniger mit deren religiösen Überzeugungen als mit dem Lebensstil ihrer Glaubensgemeinschaft zu tun haben: Kinderreichtum und begrenztes Einkommen. Denn viele ultraorthodoxe jüdische Männer arbeiten nicht, sondern widmen ihr Leben der Religion. Die Präferenzen der **Christen** konnten aufgrund der zu geringen Fallzahl nicht geprüft werden.

5.2 Religiöse vs. sakralisierte Produkte

Das Verhältnis von Religion und Konsum ist vielschichtig. So steht dem Bedeutungsverlust, den die institutionellen Kirchen in den Industriegesellschaften erleiden (zur Säkularisierung vgl. B-1.5), das unverminderte Bedürfnis vieler Menschen nach Glauben und Heiligem entgegen (vgl. Belk 2013). Letzteres äußert sich auf vielfältige Weise, etwa in der Aufwertung von Konsum als Ersatzreligion, aber auch in der vermehrten Nachfrage nach **religiösen Produkten**: „Products and services that contain religious associations" (Agarwala et al. 2019, S. 42). Diese Assoziationen können unterschiedlicher Natur sein.
– Normative religiöse Assoziationen beziehen sich darauf, was Gläubige wann essen dürfen, wie sie sich kleiden oder konsumieren sollen. Gläubige, für deren Religion Orthopraxie („rechtes Handeln") zentral ist, präferieren Angebote, die solche Assoziationen auslösen, Muslime etwa Halal-Lebensmittel (vgl. Jamal/Sharifuddin 2015), Halal-Schwangerschaftskleidung (vgl. Krisjanous et al. 2021) oder islamkonforme, bspw. zinsfreie Bankdienstleistungen (vgl. Albashir et al. 2018).
– Symbolische religiöse Assoziationen werden gewöhnlich durch den Einsatz religiöser Zeichen (Bilder, Figuren, Worte, Melodien etc.) in der kommerziellen Kommunikation ausgelöst (vgl. I-6.2).

Es gibt zahlreiche empirische Belege dafür, dass religiöse Konsumenten überdurchschnittlich positiv auf religiöse Produkte reagieren, bspw. auf **Halal-Produkte** (vgl. Khan et al. 2020; Nurhayati/Hendar 2019) oder sharia-konforme Finanzdienstleistungen (vgl. Abou-Youssef et al. 2015). Erklären lässt sich dies auf verschiedene Weise: Beispielsweise mit Hilfe des Konstrukts der **sozialen Identität**. Durch den Kauf religiöser Produkte versichern sich Religiöse ihrer Zugehörigkeit zur sozialen Gruppe der Gläubigen und demonstrieren anderen ihre Zugehörigkeit (vgl. Tajfel 1974). Wie Rizkitysha/Hananto (2020) festgestellt haben, spielt bspw. beim Kauf von Haushaltsreinigern weiterhin die **wahrgenommene Nützlichkeit** des Halal-Labels eine Rolle. Im positiven Fall verbessert dies vor allem die **Einstellung** von Religiösen zu Halal-Produkten und letztlich deren Kaufabsicht. Diese ist auch bei jenen Muslimen groß, denen die traditionelle Art der Zubereitung von Nahrungsmitteln wichtig ist (vgl. Ahmad/Salehuddin 2013). In dem von Khan et al. (2020) formulierten Erklärungsmodell spielt überdies die wahrgenommene **Verfügbarkeit** von Halal-Produkten eine gewisse Rolle.

> McDonald's in Singapore had an influx of eight million patrons a year after obtaining a halal certification. Another example, ›Halal KFC, Burger King and Taco Bell‹ have all seen an increase of 20 per cent in customers since being certified (Ariffin et al. 2016, S. 16).

Wie aber reagieren Konsumenten, die nicht religiös sind bzw. einer anderen Konfession angehören? Für sie ist die Kennzeichnung mit dem Halal-Logo zumeist kein Kaufanreiz (vgl. Kawata et al. 2018). Im Gegenteil: Wenn, wie im Falle indischer Hindus, die Beziehung der eigenen Konfession zum Islam ausgesprochen konflikthaft ist, dann empfinden viele von ihnen Animosität gegenüber offenkundig „islamischen" Erzeugnissen (vgl. E-3.7). Und, wie Tao et al. (2022) berichten, mediiert die von ihren 512 indischen Probanden empfundene Animosität[71] den negativen Einfluss von Ethnozentrismus, Boykottbereitschaft und Religiosität auf die Absicht, Halal-Produkte zu kaufen und vermindert diese. Wenige Jahre zuvor hatten Schlegelmilch et al. (2016) Ähnliches festgestellt: In ihrer Untersuchung förderte Religiosität Animosität und diese eine Abneigung gegenüber Halal-Produkten. Wilkins et al. (2019b) sind der Frage nachgegangen, wovon es abhängt, wie europäische Nichtmuslime die **Qualität** von Halal-Speisen einschätzen, und wie sich diese Produktbeurteilung auf ihre Kaufabsicht auswirkt. Von den befragten Briten, Kanadiern und Spaniern neigten erwartungsgemäß primär jene dazu, Halal-Produkte abzuwerten und diese nicht zu kaufen, die **ethnozentrisch** eingestellt sind (vgl. E-3.7) und sich sehr mit ihrer Nation identifizieren (**nationale Identität**). Verstärkt positiv äußerten sich hingegen **kosmopolitisch** eingestellte Probanden und jene, die sich sehr mit ihrer Konfession identifizieren (**religiöse Identität**).[72]

Auch immer mehr Andersgläubige sind davon überzeugt, dass Halal-Produkte gesünder, sauberer und insgesamt werthaltiger sind als nicht zertifizierte Produkte. Als zweitwichtigster Kaufgrund hat sich in einer Onlinebefragung von indonesischen Nichtmuslimen das Wissen über das Halal-System herausgestellt: „I understand deeply about the inputs, processes and impacts of halal food before purchase." Den drittgrößten Erklärungsbeitrag leistet die **wahrgenommene Qualität**: „Halal food is very good in taste and texture" (vgl. Purwanto et al. 2020).

Empfinden Nichtmuslime **kognitive Dissonanz**, wenn sie nachträglich erfahren, dass ihnen in einem Restaurant ohne ihr Wissen Halal-Speisen vorgesetzt wurden? Wie Tab. 33 zeigt, ist der Effekt eher schwach. Auf der verwendeten siebenstufigen Ratingskala liegen die Ländermittelwerte von Spanien und Kanada nur knapp über der Kategorie „2 = disagree". Lediglich bei den von Wilkins et al. (2019a) befragten Briten scheint die Täuschung etwas mehr Dissonanz ausgelöst zu haben. Das Statement „I feel frustrated by the lack of information about halal food served in restaurants" beurteilten sie im Mittel mit 3,63, d.h. zwischen „rather disagree" und „neither nore". Die Absicht, auch in Zukunft halal zu speisen,[73] bewegt sich gleichfalls im unentschiedenen Bereich. Allerdings fällt sie bei den britischen Versuchsteilnehmern spürbar geringer aus als bei den Kanadiern und Spaniern. Dies spricht insgesamt für einen bei dieser Teilstichprobe schwachen, aber doch nachweisbaren Effekt „kognitive Dissonanz > Wiederkaufabsicht".

Tab. 33: Reaktionen von Nichtmuslimen auf die Vorstellung, dass ihnen in einem Restaurant unwissentlich Halal-Speisen serviert wurden (Quelle: Wilkins et al. 2019a, S. 11).

	Spanien (n = 374)	Kanada (n = 392)	Großbritannien (n = 331)
Kognitive Dissonanz	2.20	2.39	3.63
Wiederkaufabsicht	3.45	3.84	2.99
Anmerkung: siebenstufige Ratingskala; 1 = strongly disagree			

Überdurchschnittlich starke Dissonanz haben in dieser Untersuchung Probanden mit einer ausgeprägten **religiösen Identität** empfunden, d.h. solche, die sich stark mit ihrer eigenen Konfession identifizieren. Gleiches gilt für Versuchsteilnehmer, die sehr am **Wohlergehen** von **Tieren** interessiert sind. Ursächlich hierfür könnten Negativberichte über Praktiken des Schlachtens in Halal-Betrieben sein.

5.3 Sozial- und umweltverträgliche Produkte

Wichtige Erscheinungsformen ethisch korrekter Produkte sind **Fair Trade-Produkte** und **umweltschonende** bzw. **nachhaltige Produkte**. Im englischen Sprachraum ist dann häufig von grünen Produkten die Rede (vgl. Mazar/Zhong 2010). In all diesen Fällen sind soziale bzw. moralische Werte wichtiger als die Preis- und Qualitätspräferenzen von Konsumenten. Aber da sie so offensichtlich moralisch „gut" sind – für den Schutz von Umwelt, benachteiligten Bevölkerungsgruppen etc. –, spiegeln entsprechende Umfragen zumeist mehr die soziale Erwünschtheit dieser Produktkategorie als die tatsächliche Zahlungsbereitschaft bzw. Kaufabsicht potenzieller Kunden wider (vgl. Saracevic et al. 2022).

Motive der Nachfrager

Sozialverträgliche Produkte finden vor allem bei Konsumenten Anklang, die älter, weiblich, gut ausgebildet, finanziell gut gestellt und religiös sind (vgl. Vitell 2009; de Pelsmacker et al. 2005). Allerdings bleibt es gerade auch bei Religiösen häufig beim Wollen, was in der Literatur als **Scheinheiligkeits-Hypothese** diskutiert wird (vgl. Ji et al. 2006). Diese spielt auf eine in diesem Fall systematische Einstellungs/Verhaltens-Diskrepanz an (vgl. C-5.6). Wenn wir uns dabei auf die Verhaltensebene beschränken, dann spricht die einschlägige Forschung relativ eindeutig dafür, dass Religiöse wesentlich seltener als vermutet Fair Trade-Kaffee, Biofleisch oder Eier von freilaufenden Hühnern kaufen. Graafland (2017) hat dies für holländische Christen nachgewiesen und Doran/Natale (2011) für Religiöse unterschiedlicher Konfession.[74] In Kap. G-4.3 gehen wir näher auf die Preisbereitschaft für sozial- und umweltverträgliche Produkte ein.

Die Art und Weise, wie wir uns ernähren, hat angesichts diverser Krisen in den vergangenen Jahren zahlreiche Kontroversen ausgelöst (Umwelt-, Klima-, Adipositaskrise). Zwar scheinen Bewegungen wie „**vegan**" oder „**diätetisch**" auf den ersten Blick primär der individuellen Selbstoptimierung zu dienen. Bei näherer Betrachtung erkennt man jedoch auch Bezüge zu sozial verantwortlichem Konsumverhalten, die teils mittelbar (zuckerreduzierte Ernährung), teils unmittelbar sind (z. B. vegane Ernährung). Gemäß Minton et al. (2019) bevorzugen sehr religiöse Verbraucher diätetische Lebensmittel, wobei diese Beziehung durch die moralische Idee der **Reinheit** vermittelt wird (Mediationseffekt). Wenig religiöse Verbraucher favorisieren dagegen nachhaltig produzierte Lebensmittel. Sie folgen primär der Einsicht, dass unsere Umwelt bedroht ist und unserer Fürsorge bedarf.

Motive und Handlungsmöglichkeiten der Anbieter

Und wie verhält es sich mit der Anbieterseite? Aus welchen Gründen engagieren sich Unternehmen im Fair-Trade-Handel? Cater et al. (2017) haben, allerdings auf schmaler empirischer Basis (35 Tiefeninterviews), drei Typen von **Fair-Trade-Unternehmern** identifiziert:
– Ethics First: Ihr primärer Antrieb sind die Menschenrechte und das Streben nach sozialer Gerechtigkeit.
– Faith First: Sie folgen ihrem Glauben, ihren religiösen Überzeugungen.
– Business First: Sie reizt die Aussicht, mit dem Fair-Trade-Handel Geschäft und Gutes tun miteinander verbinden zu können.

Da die bisherige Willingness to Pay-Forschung (vgl. G-4) primär aus Untersuchungen besteht, welche die Zahlungsbereitschaft fördernde oder hemmende Merkmale potenzieller Nachfrager beschreiben, wollten Wei et al. (2018) wissen, was Anbieter sozial- und umweltverträglicher Produkte unternehmen können, um die Zahlungsbereitschaft ihrer Kunden zu steigern. Kann **Partizipation** ein solcher Hebel sein – bspw. indem Hersteller kundenindividuelle Gestaltungsvorschläge umsetzen? Ja, jedenfalls gemäß den

Auskünften von 334 überwiegend jüngeren Amerikanern mit zumeist höheren Bildungsabschlüssen. In dieser Studie sorgte Partizipation[75] dafür, dass die geringe Zahlungsbereitschaft von Teilnehmern mit geringem Umweltbewusstsein[76] für ein umweltschonend hergestelltes T-Shirt signifikant gesteigert werden konnte.

Berger (2019) hat in diesem Zusammenhang die **Green Signaling Hypothese** experimentell überprüft. Tatsächlich zeigten sich die Probanden (Schweizer Studenten) bereit, für verschiedene Produkte des täglichen Bedarfs (z. B. Seife, Limonade) wesentlich mehr als üblich zu bezahlen, falls ihr soziales Umfeld davon erfährt. Anbieter, die von diesem Effekt profitieren möchten, sollten ihre grünen Produkte so gestalten, dass sie leicht als „grün" erkennbar sind und entsprechende Signale an Freunde, Bekannte etc. aussenden. Die Basisbotschaft „Käufer war bereit, einen erheblichen Mehrpreis zu bezahlen" kann mit einem Status-Appell oder einem sozialen Appell versehen werden. Beide verschaffen sozialen Nutzen, aber auf unterschiedliche Weise.

- Status: „Käufer kann es sich leisten" (z. B. Tesla-Käufer),
- Soziale Verträglichkeit: „Käufer nimmt der guten Sache wegen Nachteile in Kauf" (z. B. Unbequemlichkeit wegen Verzicht auf Verpackungen in einem Unverpackt-Laden).

5.4 Tabuisierte Produkte

Manche Verhaltensweisen bedrohen Gesellschaften existenziell. In solchen Fällen genügen Gebote oder Regeln nicht. Nötig sind Tabus: selten explizite, aber **besonders strenge** Formen von **Verboten**. Wer ein Tabu missachtet, muss mit dem (sozialen) Ausschluss aus der Gemeinschaft rechnen. Das vielleicht bekannteste Tabu ist das Inzesttabu, welches Gesellschaften vor der Verbreitung von Erbkrankheiten schützen soll. In traditionelle Lebensgemeinschaften wurden zusätzlich Verhaltensweisen, welche die materiellen Lebensgrundlagen bedrohen, tabuisiert, etwa Baumfällen im Bannwald eines Hochgebirges (vgl. Müller/Gelbrich 2014, S. 157 ff.). Allgemein bekannt sind religiöse Tabus, die sich auf den **Fleischverzehr** beziehen: Schweinefleisch für Juden sowie Muslime, Rindfleisch für Hindus und – wesentlich weniger streng – Fleisch von Säugetieren am (Kar)Freitag für Christen.

Im umgangssprachlichen Sinn tabu sind gemäß Statista Research Department (2021) hierzulande nicht so sehr Tod (= 33 %), schwere Krankheiten (= 22 %) und religiöse Überzeugungen (= 18 %), sondern vor allem **Finanzen** (= 61 %) und **Sexualität** (= 64 %). Mehr als anderswo gilt dies für streng katholische Länder wie Polen und Mexiko. Dass der Kölner Kondomhersteller Condomi ausgerechnet dort besonders erfolgreich war, ist nur auf den ersten Blick paradox. Denn Kondome verhelfen nicht nur zu unbeschwertem Sex, sondern verhindern auch unerwünschte Schwangerschaften und daraus folgende schwerwiegende Eingriffe (insb. Abtreibung). Letzteres aber wäre für Katholiken eine Todsünde. Somit wählen viele Gläubige das kleinere von zwei Übeln, wenn sie Verhütungsmittel nutzen (vgl. Kutschker/Schmid 2011, S. 768 f.).

Wie die katholische Kirche, so lehnt auch der Islam empfängnisverhütende Mittel ab, nicht jedoch der tolerante Hinduismus (vgl. Iyer 2002, S. 713). Dennoch verwenden in Indien lebende Hindus und Muslime etwa gleich häufig Verhütungsmittel (vgl. Pinter et al. 2016). Erklären lässt sich dies damit, dass es zwar lästig oder unangenehm sein mag, religiös motivierte Gebote, Normen, Tabus etc. zu befolgen, welche z.B. die Feiertage, das Essen oder die Kleidung betreffen, d.h. eher **periphere Lebensbereiche**. Wenn es dadurch aber zu **negativ-kritischen Lebensereignissen** wie Geburt eines ungewollten Kindes kommen könnte, welche den gesamten weiteren Lebensverlauf in unerwünschter Weise verändern würden, dann finden auch viele Religiöse Mittel und Wege, die Alltagsrealität mit ihren religiösen Überzeugungen zu versöhnen.

Iyer (2002, S. 720) ermittelte in einer Befragung von 173 in Indien lebenden Frauen, welche Faktoren auf die Verwendung von Verhütungsmitteln Einfluss nehmen. Eine logistische Regressionsanalyse identifizierte für beide Teilstichproben (57 % Hindus, 43 % Muslime) den **Bildungsgrad des Ehepartners**. Auch gilt für beide Religionsgruppen: Vergleichsweise wenige Frauen (37 % der Hindus und 23 % der Muslime) diskutieren darüber mit ihrem Mann. Wesentlich bedeutsamer ist der **Rat weiblicher Familienangehöriger**. Dass schließlich eine Frau mit umso geringerer Wahrscheinlichkeit verhütet, je mehr weibliche Familienmitglieder im Haushalt leben, dürfte allerdings Ergebnis einer Scheinkorrelation sein. Denn Religiöse leben häufiger in einer Großfamilie als mehr oder weniger säkularisierte Frauen, weshalb hier der Grad an Religiosität die maßgebliche Variable sein dürfte und nicht die Anzahl von Frauen in einem Haushalt.

5.5 Kontroverse Produkte

Immer wieder kommt es vor, dass **Liedtexte** und andere **Kulturerzeugnisse** kritische Diskussionen auslösen, etwa „Like a Prayer" (1989). Im Video zu dem gleichnamigen Song küsst Madonna eine schwarze Heiligenstatue und tanzt auf einem Feld brennender Kreuze. Viele amerikanische Christen boykottierten deshalb das Album, und viele Europäer empfanden den Auftritt als blasphemisch. Polnische Gläubige empörten sich über die Anspielung auf die von ihnen verehrte Schwarze Madonna von Tschenstochau. Der Softdrinkhersteller Pepsi nahm die heftige öffentliche Kritik zum Anlass, einen laufenden Werbespot mit Madonna abzusetzen und das Sponsorship zu kündigen. „Vampires Are Alive" von DJ Bobo wiederum missfiel der Evangelischen Allianz (SEA). Der Song vermittle eine düstere Botschaft und bestärke suizidgefährdete Jugendliche. Stein des Anstoßes waren die Zeilen „Verkauf deine Seele, vom Himmel zur Hölle, genieße die Fahrt. Du bist hier, um mit deinem Leben zu kapitulieren" (vgl. o.V. 2007). Disney wurde jahrzehntelang von rechten evangelikalen Gruppen heftig attackiert. Seine Unterhaltungsprodukte zerstörten die christliche Familie und deren Werte, propagierten Perversionen und förderten die Lesben- und Schwulenbewegung (vgl. Micheletti/Oral 2019).

Religiöse nehmen die **sozialen Risiken**, welche mit dem Kauf bzw. der Nutzung religiös fragwürdiger Erzeugnisse verbunden sind, intensiver wahr als Durchschnittskonsumenten. In dem Maße, wie sie nach eigener Auffassung über **moralische Potenz** verfügen und von dem eigenen Urteilsvermögen in ethisch strittigen Angelegenheiten überzeugt sind, mindert das wahrgenommene Risiko jedoch ihre Kaufabsicht nicht (vgl. Mortimer et al. 2020).

5.6 Gefälschte Produkte

Produkt- und Markenpiraterie ist ein zunehmend globales Phänomen, das enormen wirtschaftlichen Schaden anrichtet und Misstrauen zwischen den Marktteilnehmern schürt. Die traditionelle Piraterie, bei der reale Produkte imitiert werden, tritt dabei zunehmend in den Hintergrund, und digitale Piraterie beherrscht aus zwei Gründen die Szenerie.
- Es ist leichter, Software aller Art zu kopieren als Hardware.
- Bestehende Schutzrechte sind aufgrund der globalen Reichweite von Online-Angeboten kaum durchsetzbar (vgl. Miric/Jeppesen 2020).

Casidy et al. (2016) haben 400 jüngere Indonesier zu ihrem Umgang mit digitalen Raubkopien befragt. Ihren Erkenntnissen zufolge beabsichtigen Religiöse weniger als andere, Piratenware zu kaufen und zu teilen sowie dies anderen zu empfehlen (vgl. Tab. 34). Ähnliches berichten Kasber et al. (2022).

Ursächlich dafür dürfte sein, dass streng Religiöse den Kauf illegaler Kopien als **Sünde** ansehen (vgl. auch Souiden et al. 2018). Überdies sind sie mehr als weniger Religiöse darauf bedacht, sich im Einklang mit ihrem **sozialen Umfeld** und den **Lehren Gottes** zu verhalten („stronger motivation to comply with their friends and with what God teaches them"). Dies wiederum hat zu tun mit der engen sozialen Vernetzung von Religiösen und der großen Bedeutung, die Gehorsam für monotheistische Religionen besitzt (vgl. Ellison/Sherkat 1993). Abweichend von dieser Sichtweise weisen andere der Furcht vor **Bestrafung** die Schlüsselrolle zu: „Although an individual may have a strong sense of religiosity, he or she would only have negative attitude towards digital piracy only if there is a strong likelihood of punishment associated with the digital piracy behavior" (Arli et al. 2018, S. 799).

Tab. 34: Korrelationsmatrix der Konstrukte der Untersuchung von Casidy et al. (Quelle: Cassidy et al. 2016, S. 249).

	Normative Beliefs	Motivation to Comply	Attitude Piracy	Perceived Behavioral Control	Religiousness	Behavioral Intention
Normative Beliefs[77]	.821	.335**	.423**	-.223**	.145**	-.344**
Motivation to Comply[78]	.355**	.750	.405**	.066	.400**	-.123*
Attitude Piracy[79]	.423**	.405**	.750	-.078	.228**	-.266**
Perceived Behavioral Control[80]	-.223**	.066	-.078	.770	.021	.361**
Religiousness[81]	.145**	.400**	.228**	.021	.770	-.081
Behavioral Intention[82]	-.344	-.123*	-.266**	.361**	-.081	.780

Anmerkung: ☐ = Average Variance Extracted (AVE).

Verändert sich die Einstellung zum Kauf bzw. Gebrauch von Piratenware im **Lebensverlauf**? Lediglich 26 % der hierzu von Fawcett et al. (2013) befragten 706 jungen kanadischen Baptisten (14–18 Jahre) konnten oder wollten etwas Falsches darin erkennen, Musikvideos unerlaubt zu kopieren. Mit wachsendem Alter allerdings wuchsen die Bedenken, vermutlich als Folge der dann vertieften Auseinandersetzung mit den religiösen Schriften.

Und wie verhält es sich mit der Konfession? Macht eine dezidiert **christliche Erziehung** Menschen widerstandsfähiger gegenüber der Verlockung, Illegales verbilligt zu kaufen? Eher nicht, folgt man Lewer et al. (2008), die amerikanische Studenten zu deren Einstellungen zu Produktpiraterie befragt haben. Keines der folgenden Statements beurteilten Studenten, die an einer christlichen Universität eingeschrieben waren, signifikant anders als Studenten staatlicher Universitäten:
- „It is morally wrong to copy CDs or DVDs for friends."
- „It is morally wrong to download unauthorized music, movies, or TV shows from the Internet."
- „The record and movie industries should prosecute those who have downloaded songs illegally from the Internet."

Teil F: Dienstleistungspolitik

1 Formen und Besonderheiten von Dienstleistungen

Dienstleistungen können einerseits als **eigenständiges Angebot** (z. B. Haarschnitt eines Friseurs) und andererseits produktbegleitend vermarktet werden. **Produktbegleitende Dienstleistungen** werden unterschieden in produktnah (z. B. Probenutzung) und produktfern (z. B. Kinderbetreuung während des Einkaufs). Von Produkten unterscheiden sich Dienstleistungen auf dreierlei Weise (vgl. Grönroos 2001):
- Immaterialität: Dienstleistungen sind nicht physisch greifbar.
- Uno Actu-Prinzip: Dienstleistungen können weder transportiert noch gelagert werden. Häufig fallen Produktion und Konsum zeitlich zusammen (z. B. Busfahrt).
- Integration des externen Faktors:[83] Dienstleistungen werden in unmittelbarer Interaktion mit dem Kunden und häufig in dessen Gegenwart geschaffen (z. B. Massage).

Aus Marketingsicht bemerkenswert daran ist, dass die unmittelbare Beteiligung des Kunden am Produktionsprozess eine scheinbar rein ökonomische Transaktion in eine **zwischenmenschliche Begegnung** verwandelt. Und dies nimmt nicht selten maßgeblichen Einfluss auf die Dienstleistungsqualität. So fällt es schwerer, einen unfreundlichen, ungeduldigen und unverhältnismäßig anspruchsvollen Hotelgast zufriedenstellend zu bedienen, als einen wohlmeinenden, ausgeglichenen Kunden. Zu Störungen kommt es häufig auch dann, wenn Anbieter und Nachfrager von Dienstleistungen unterschiedlichen Wertegemeinschaften angehören, z. B. unterschiedlicher Konfession, Landeskultur oder Subkultur.

Der Einfluss der **Landeskultur** auf den Dienstleistungsprozess wurde bereits intensiv erforscht (vgl. Müller/Gelbrich 2015). Demzufolge finden Dienstleister günstige Voraussetzungen vor in ...
- femininen Gesellschaften (da dort Fürsorglichkeit ein identitätsstiftender Wert ist, was traditionelle Dienstleistungen wie Kinderbetreuung oder Krankenpflege unterstützt),
- kollektivistischen Gesellschaften (da Dienen dort mehr soziales Ansehen genießt als in individualistischen Gesellschaften),
- Gesellschaften, die Machtdistanz akzeptieren (da es deren Wertvorstellungen entspricht, wenn Dienstleister ihren zumeist niederen sozialen Rang akzeptieren),
- Gesellschaften, die Unsicherheit tolerieren (da der Dienstleistungsprozess mit mehr Unwägbarkeiten behaftet ist als die Herstellung materieller Produkte, die zumeist bis ins letzte Detail standardisier- und kontrollierbar ist),
- genussorientierten Gesellschaften (da Dienstleistungen wesentlich zur Lebensqualität beitragen).

Divergierende **religiöse Werte** begründen unterschiedliche Wahrnehmungen und Erwartungen. Je mehr Kunden bspw. davon überzeugt sind, dass alles Irdische von nichtirdischen Mächten abhängt, umso weniger werden sie unternehmen, wenn sie mit einer Dienstleistung unzufrieden sind (bspw. sich beschweren). Für das IRM ist dies insofern bedeutsam, als Kundenzufriedenheit im Regelfall weniger durch das absolute Qualitätsniveau einer gebotenen Leistung erklärbar ist als durch das Verhältnis von erwarteter zu erhaltener Leistung (vgl. Oliver 1997, S. 13). Kunden sind umso zufriedener, je mehr ein Angebot ihre Erwartungen erfüllt oder übertrifft (vgl. F-3.2 und Abb. 25).

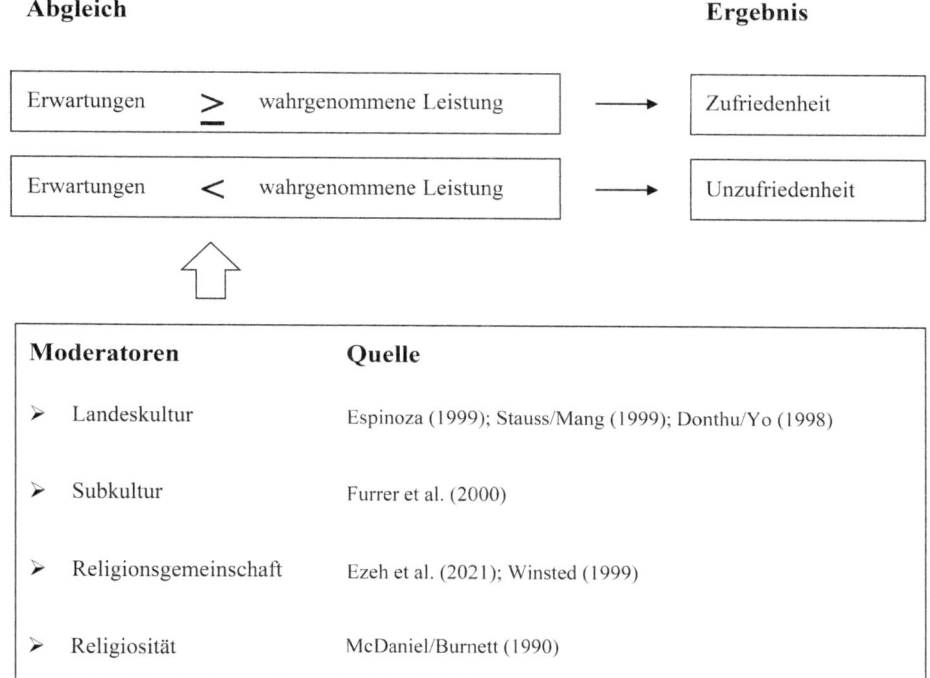

Abb. 25: Struktur der wertebasierten Zufriedenheitsforschung im Dienstleistungsbereich.

2 Handel mit Dienstleistungen

Religiöse Ähnlichkeit und mehr noch **religiöse Vielfalt** in den beteiligten Ländern fördern den internationalen Handel mit Dienstleistungen: Religiöse Ähnlichkeit, weil sie wechselseitiges Vertrauen schafft, und religiöse Diversität, weil sie jene soziokulturelle Offenheit begünstigt, die für grenzüberschreitenden Austausch jeglicher Art vorteilhaft ist. Damit lässt sich auch erklären, warum die **Dominanz** einer Religion in einem Wirtschaftsraum den grenzüberschreitenden Handel hemmt, während religiöse Toleranz ihn stärkt (vgl. Lee/Park 2016).

2.1 Abendunterhaltung

Hirschman (1983) hat 330 New Yorker unterschiedlicher Konfession schriftlich dazu befragt, anhand welcher Kriterien diese sich für eine bestimmte Dienstleistung entscheiden (z. B. Preis). Wenn Katholiken und Protestanten an einem Samstagabend ausgehen wollen, dann ähneln sich ihre **Erwartungen** dieser Studie zufolge weitgehend. Allerdings ist es Protestanten angesichts ihrer Neigung zu Sparsamkeit besonders wichtig, für Unterhaltungsangebote wenig Geld auszugeben, sich aber dennoch gut zu amüsieren. Juden wiederum legen auffallend großen Wert darauf, in Gesellschaft auszugehen, am besten in einer größeren Gruppe. Mehr als Christen machen sie ihre Entscheidung vom Wetter abhängig und achten darauf, den Samstagabend an ihrem Lieblingsort zu verbringen. Wie wichtig Juden Geselligkeit ist, lässt sich auch an ihrem tatsächlichen Ausgehverhalten ablesen. Denn häufiger als Christen treffen sie sich in Bars, amüsieren sich in Nachtclubs, schauen sich ein Ballett an oder besuchen Freunde. Auch Sex erachten sie, anders als Katholiken (= 3 %) und Protestanten (= 13 %), als eine typische Samstagabendbeschäftigung (= 53 %). Katholiken wiederum verbringen den Abend häufiger als andere daheim, bei einem guten Essen.

2.2 Tourismus

Religion ist ein bedeutender Pullfaktor der Dienstleistungsbranche. Man denke nur an die von **Pilgerfahrten** – bspw. nach Jerusalem oder Rom – ausgelöste Nachfrage nach Reiseangeboten (vgl. Collins-Kreiner 2010; Timothy/Olsen 2006). Wie sich am Kraftstoffverbrauch und der Auslastung von Bus, Bahn und Flugzeugen ablesen lässt, steigt anlässlich der großen religiösen Fest- und Feiertage der Bedarf an Transportdienstleistungen beträchtlich. Am **Hadsch**, der großen Pilgerfahrt nach Mekka, haben vor der Pandemie jährlich fast zwei Mio. Muslime teilgenommen. Da dabei zumeist weite Entfernungen zu überwinden sind, rechnet man mit durchschnittlichen Ausgaben pro Pilgerfahrt von 5.000 € (für Visum, Flug und Unterbringung). Zusammengefasst ergibt dies ein Marktpotenzial von zehn Mrd. €.

Bei der Wahl ihrer **Reiseziele** achten auch konfessionell gebundene Touristen auf Klima, Sehenswürdigkeiten, Kaufkraft und andere klassische Verkaufsargumente der Reisebranche. Überdies spielt für sie aber auch die religiöse Ähnlichkeit/Unähnlichkeit von Herkunfts- und Zielland eine wesentliche Rolle. Zahlreiche Studien bestätigen, dass die gemeinsame religiöse Identität ein guter Prädiktor von Touristenströmen ist und von vielen Reisenden unbewusst als Heuristik für ihre Entscheidungen genutzt wird (vgl. Vietz 2012). Auch wenn sie Pilgerfahrten bei ihrer Analyse nicht berücksichtigt haben, lassen sich laut Fourie et al. (2016) 52 % des Reisevolumens auf den Faktor „Religion" zurückführen. Dafür sorgt vorrangig **religiöse Ähnlichkeit**. Aber auch **religiöse Diversität**, wenn also in einem Reiseland bekannte religiöse Minderheiten leben, spielt eine wesentliche Rolle (vgl. Fourie et al. 2015). Unabhängig vom religiösen Fit zwischen

Herkunfts- und Zielland ziehen Länder, in denen Christentum, Buddhismus oder Hinduismus die Mehrheitsreligion sind, die meisten Touristen an. Umgekehrt schreckt der Islam andersgläubige Reisende eher ab.

Zu den Themen, die zunehmend das Interesse der religionsvergleichenden Forschung finden, zählt neben den Faktoren, welche die **Zufriedenheit** von religiösen Touristen beeinflussen (vgl. Preko et al. 2020), deren **Umweltbewusstsein**. Hierbei ist zu beachten, dass zwischen „religiösem Tourismus" und „nachhaltigem Reisen" eine besondere Verbindung besteht: Zum einen aufgrund der Persönlichkeit von Religiösen (u.a. Fürsorglichkeit, Bescheidenheit). Und zum anderen wird an die Jahrhunderte alte Tradition der Pilgerfahrten erinnert, die seit jeher umweltschonend durchgeführt wurden (vgl. Romanelli et al. 2021). Religiosität erweist sich auch in diesem Zusammenhang als ein wesentlicher Moderator: Von chinesischen Hotelgästen sorgen sich vor allem intrinsisch Religiöse über den Zustand der Umwelt und interessieren sich für einen einfachen, naturverbundenen Urlaub (vgl. Wang et al. 2020). Bei buddhistischen Chinesen allerdings steigert extrinsische Religiosität die positive Einstellung zu „grünem Tourismus" und die Absicht, in einem umweltfreundlichen Hotel zu nächtigen, etwas mehr als bei taoistischen und muslimischen Versuchsteilnehmern (vgl. Wang/Zhang 2020).

2.3 Verkehrsdienstleistungen

Wer sich zwischen einem **Taxi**, dem eigenen **Auto** oder dem **Bus** entscheiden muss, kann dazu verschiedene Auswahlkriterien heranziehen. In den 1980er-Jahren, als Umweltbewusstsein noch nicht auf der Agenda stand, orientierten sich Juden, Katholiken und Protestanten gleichermaßen vorrangig an den Kosten und ihrer Bequemlichkeit (leichter Zugang). Auf Schnelligkeit und Sicherheit legten sie damals etwas weniger Wert (vgl. Hirschman 1983). Konfessionsspezifisch wirkten zwei Einflussfaktoren.
- Weit häufiger als Katholiken und Protestanten machten Juden ihre Entscheidung vom **Wetter** abhängig, da sie überproportional stark befürchten, durch äußere Einflüsse krank zu werden. Dabei scheint es sich um eine generalisierte Furcht zu handeln, die auf andere Konsumbereiche ausstrahlt. Denn mehr als die Hälfte der Juden, aber jeweils nur ein Viertel der Katholiken und Protestanten, bedachte anlässlich des Kaufs eines Haustieres die Allergiegefahr, die von dem Tier ausgeht.
- Protestanten wie auch Juden gelten als ausgesprochen **zeitorientiert**. Juden sind bekannt für ihre Ungeduld, und Protestanten achten vermehrt auf Produktivität und Effizienz. Entsprechend bevorzugten wesentlich mehr Protestanten (= 47,4 %) und Juden (= 45,0 %) als Katholiken (= 15,6 %) das Taxi als Transportmittel: damals im Befragungsgebiet New York-City das schnellste Verkehrsmittel.

2.4 Finanzdienstleistungen

Das IRM hat sich bislang hauptsächlich mit **Islamic Banking** befasst: den Besonderheiten und Wirkungen islamkonformer Finanzdienstleistungen.

Grundlagen
Eine wichtige Möglichkeit, bei Transaktionen aller Art die Such- und Kontrollkosten zu reduzieren, besteht darin, dem Gegenüber zu vertrauen. Diese Strategie bietet sich insb. beim Kauf sog. **Vertrauensgüter** an. Deren Eigenschaften (Credence Qualities) können Laien auch nach dem Kauf nicht oder nur zu unverhältnismäßig hohen Kosten prüfen. Ein klassisches Beispiel für ein Vertrauensgut ist die Geldanlage. Anleger können bei Vertragsabschluss nicht wissen, ob der Aktienfonds tatsächlich die optimale Rendite erzielen wird, ob die Verwaltungskosten für Investmentfonds gerechtfertigt oder die „Wertkorrekturen" seiner Risikolebensversicherung angemessen sind. Wer seinem Anbieter vertraut, muss sich um all dies nicht kümmern, geht aber ein andersartiges Risiko ein: Wessen Interessen wird der Agent vertreten? Wird er das ihm entgegengebrachte Vertrauen rechtfertigen oder es missbrauchen?

Dies führt zu der Frage, **wem** man **vertrauen** kann. Zunächst Menschen, Institutionen etc., mit denen man in der Vergangenheit gute Erfahrungen gemacht hat. Dies lässt sich bei einer erstmaligen Interaktion jedoch nicht beurteilen. Dann neigen wir dazu, jenen zu vertrauen, die uns ähnlich sind, weil sie ähnliche Überzeugungen und Werte haben wie man selbst, etwa weil sie derselben Religionsgemeinschaft angehören. Wie Tan/Vogel (2008) mit einem spieltheoretischen Experiment festgestellt haben, genießen religiöse Akteure tatsächlich mehr Vertrauen und vertrauen auch anderen mehr als nicht oder wenig religiöse Akteure: etwa indonesische Bankkunden einer islamischen Bank. In der Folge stärkt Vertrauen die Absicht, die Dienste dieser Bank auch künftig in Anspruch zu nehmen. Neben diesem Mediationseffekt haben Suhartanto et al. (2018) einen direkten Einfluss von Religiosität auf Kundenloyalität beschrieben.

Empfiehlt es sich deshalb, Finanzinnovationen als „religiös" zu positionieren (etwa eine islamische Kreditkarte), um deren Akzeptanz in einem religiösen Umfeld zu erhöhen (vgl. Johan/Putit 2016)? So plausibel diese Vermutung auch klingen mag. Verlässliche empirische Belege gibt es unseres Wissens dafür bislang nicht (vgl. auch Demirguc-Kunt et al. 2014).

Islamkonforme Finanzdienstleistungen
Alle großen Weltreligionen stehen Finanzgeschäften mehr oder minder kritisch gegenüber. Keine Konfession nahm jedoch so nachhaltig auf diesen Wirtschaftsbereich Einfluss wie der Islam. Für die Regeln und Verbote, aber auch Instrumente, die im Laufe der Jahrhunderte in dessen Geltungsbereich entwickelt wurden, hat sich der Begriff **Is-**

lamic Banking eingebürgert. Davon spricht man, wenn sämtliche Bankgeschäfte im Einklang mit den religiösen Regeln des Islam betrieben werden.

Ideelle Grundlage sind die „Säulen des Islam", die **fünf Grundpflichten**, die alle Muslime erfüllen sollen: Glaubensbekenntnis (Shahada), Gebet (Salat), Armensteuer bzw. soziale Pflichtabgabe (Zakat), Fasten im Ramadan (Saum) und möglichst auch Pilgerfahrt nach Mekka (Hadsch). Zusammen sollen sie für Gleichheit und Solidarität unter den Gläubigen sorgen. Zakat ist Ausdruck der Verantwortung, die Wohlhabende für Arme tragen. Gemäß dem Gebot der Mildtätigkeit sollen Muslime ihren in Not geratenen Nachbarn helfen, ohne dafür eine Abgabe bzw. Tribut zu fordern (d.h. einen Zins).[84] In einer Zeit, als Natural- und Tauschwirtschaft üblich waren und man Kredite für Investitionen zur Ausweitung der Geschäftstätigkeit und zur Erhöhung der Produktivität von Unternehmen nicht kannte, entstand so das Wucher- bzw. Zinsverbot:[85] Gläubige sollten die Bedürftigkeit anderer nicht ausnutzen und Geldverleiher für Notkredite keine Zinsen nehmen (Riba).

Letztlich hat diese Sure dafür gesorgt, dass **reine Finanzgeschäfte** generell als **unrein** galten. Stets sollten realwirtschaftliche Gegenstände getauscht bzw. übertragen werden (vgl. Hassan/Lewis 2009). Aber auch dann sind bestimmte Geschäfte und Investitionen nicht Sharia-konform. So ist es Muslimen untersagt, in die Herstellung von Alkohol oder die Verarbeitung von Schweinefleisch zu investieren bzw. damit zu handeln. Auch sollen sie nicht von Prostitution und Pornografie profitieren. Die Accounting and Auditing Organization for Islamic Financial Institutions (AAOIFI) vertritt als Dachverband 155 Mitglieder aus 40 Ländern. In Bahrain, Dubai, Jordanien, dem Libanon, Katar, Sudan und Syrien sind deren Standards bindend, in anderen islamischen Ländern eine Empfehlung.

Allerdings benötigen auch islamische Unternehmen Finanzmittel, um investieren zu können. Und professionelle Investoren wie auch private Sparer wollen Geld gewinnbringend anlegen können. Deshalb wurden verschiedene Methoden geschaffen, welche dies in islamkonformer Weise ermöglichen (vgl. El-Gamal 2006).

Ein erster Ansatz ist rein **semantischer Art** und erschöpft sich darin, Zins nicht als Zins, sondern als Gewinnaufschlag zu bezeichnen. Möglich ist es auch, für Darlehen anstelle von Zins eine **Gebühr** zu erheben. Und da die maßgebliche Sure 30: 39 mehrdeutig ist und teils als „jegliche Art von Zins" und teils als „Wucherzins" ausgelegt wird, kann man drittens statt von einem Zinsverbot von Wucherverbot sprechen.

Ökonomisch relevanter ist das **Erfolgsbeteiligungsmodell**: Gewinn- und Verlustbeteiligung anstelle von Zins. Dieses Prinzip entspricht dem islamischen Gerechtigkeitsempfinden: Werden Geldgeber an möglichen Gewinnen eines Investments beteiligt, sollten sie auch an möglichen Verlusten teilhaben.

- Bei **Murabaha**, einer Form der kurzfristigen Finanzierung, erwirbt die Bank das zu finanzierende Gut zunächst selbst. Anschließend veräußert sie es an den Darlehensnehmer – gegen einen entsprechenden Preisaufschlag.[86]
- Den Finanzierungsinstrumenten **Mudaraba und Musharaka** ist gemeinsam, dass im Rahmen eines Gemeinschaftsunternehmens (Joint Venture) die Geschäftspart-

ner den Gewinn oder Verlust entsprechend dem jeweils eingebrachten Kapital untereinander aufteilen. Anders als Mudaraba dient Musharaka der längerfristigen Finanzierung. Die Kapitalgeber erlangen Stimmrechte, können Vertreter ihres Unternehmens in den Vorstand des Joint Ventures entsenden und auf die Geschäftspolitik Einfluss nehmen.
- Zu den Sharia-konformen Finanzierungsinstrumenten zählt weiterhin **Sukuk**, d.h. zinslose Anleihen, deren Käufer damit eine Beteiligung erwerben und für das damit verbundene Risiko eine Prämie erhalten.
- **Ijara** ist ein dem Leasing vergleichbares Leihgeschäft. Wer einem Vertragspartner für eine bestimmte Zeit einen Vermögensgegenstand überlässt, erhält dafür eine Pacht.

Der Koran verbietet aber nicht nur den (Wucher-)Zins oder Investitionen in Drogen, Alkohol, Waffen, Pornografie und Glücksspiel, sondern letztlich auch Versicherungen. Weil weder Versicherer noch deren Kunden beim Vertragsabschluss der Police wissen, ob der Schadensfall je eintreten wird, ähneln Versicherungen aus islamischer Sicht einem verbotenen Glücksspiel. Einen Ausweg eröffnet **Takaful**: ein genossenschaftliches, d.h. solidarisches Versicherungsmodell, bei dem die Kunden in einen Fonds einbezahlen, welcher das eingesammelte Kapital dann Scharia-konform investiert. Mit den dabei erwirtschafteten Überschüssen werden allfällige Schadensereignisse reguliert. Die Versicherungsgesellschaft erhält für die von ihr zu bewerkstelligenden Transaktionen Gebühren.

Befunde der religionsvergleichenden Finanzdienstleistungsforschung
Über die **Einstellung** der Allgemeinbevölkerung zum **Zinsverbot** und von Bankkunden im Besonderen ist wenig bekannt. Allerdings weiß man, dass muslimische Kunden religiöser Banken auf ungünstige Zinsänderungen nicht anders reagieren als muslimische Kunden konventioneller Banken: mit einer Reduktion ihrer Einlagen (vgl. Aysan et al. 2018). Demnach ist der Zinssatz auch für sie ein wichtiges Entscheidungskriterium.

Vergleichsweise häufig wurde hingegen der Einfluss von Religiosität auf die Einstellung zum und Nutzung des Islamic Banking sowie auf Kundenloyalität untersucht.
- So haben Souiden/Rani (2015) bei einer tunesischen Convenience-Stichprobe beobachtet, dass vor allem die ideologische Dimension von Religiosität eine Prognose erlaubt: Gläubige mit einer ausgeprägten Furcht vor Gottes Strafgericht wie auch besonders strenggläubige Probanden (= Believe in Islamic Law) gaben in dieser Studie überdurchschnittlich positive **Einstellungen** zu erkennen. Ohne systematischen Einfluss auf die Einstellung zu Islamic Banking war hingegen die Verhaltensdimension von Religiosität, d.h. das Ausmaß, in dem die konfessionsspezifischen Gebote befolgt und Riten ausgeübt werden.
- Zur Beziehung zwischen Religiosität und **Nutzungsabsicht** finden sich in der einschlägigen Literatur widersprüchliche Aussagen. Manche Wissenschaftler konnten

keinen nennenswerten Zusammenhang feststellen (vgl. Hanudin et al. 2011). Andere beschreiben einen Mediationseffekt: Religiöse entwickeln positive Einstellungen zum Islamic Banking, die ihrerseits die Nutzungsabsicht fördern (vgl. Bananuka et al. 2019).
– Auch für die Intention von Kunden einer islamischen Bank, dieser treu zu bleiben, spielt deren Religiosität eine wichtige Rolle. Allerdings haben Suhartanto et al. (2018) keinen direkten Effekt Religiosität > **Kundenloyalitä**t festgestellt. Vielmehr wird dieser Zusammenhang durch Vertrauen mediiert. Religiöse islamische Kunden vertrauen ihrer islamischen Bank – und weil sie ihr vertrauen, beabsichtigen sie auch, dauerhaft deren Dienste in Anspruch zu nehmen (Religiosität > Vertrauen > Kundenloyalität).

Vermag das Technologie-Akzeptanz-Modell (vgl. Davis 1989; Davis et al. 1989) die Absicht islamischer Bankkunden, künftig eine **innovative islamische Kreditkarte** zu nutzen, hinreichend gut vorherzusagen? Gemäß Jamshidi/Hussin (2016) sind die klassischen Konstrukte des Ursprungsmodells – wahrgenommene Nützlichkeit der technologischen Innovation, wahrgenommene Leichtigkeit der Nutzung sowie Einstellung gegenüber der Technologie – zwar auch in diesem Fall aussagekräftig. Zwei zusätzliche Konstrukte aber, Religiosität und Vertrauen, steigern die Erklärungskraft des Modells erheblich: auf 57,1 % der Verhaltensabsicht.

Gibt es an den Finanzmärkten einen **Ramadan-Effekt**? Laut Gavriilidis et al. (2016) ja. Denn die im Fastenmonat gewöhnlich positive Grundstimmung fördert den Optimismus der Marktteilnehmer. Dies wiederum hat zur Folge, dass in muslimischen Ländern während des Ramadan an den Aktienmärkten im Gegensatz zu vielen anderen Konsumbereichen rege gehandelt wird, was die Kurse treibt (vgl. Bialkowski et al. 2012).

Andere Studien sind der Frage gewidmet, ob zwischen Religiosität und dem **Ergebnis** der **Geschäftätigkeit** von Finanzdienstleistern ein Zusammenhang besteht. Dabei ist zumeist nicht die individuelle Religiosität der Geschäftsführung oder der Mitarbeiter gemeint, sondern der Standort der Unternehmenszentrale: Liegt diese in einer religiösen Region? Tatsächlich waren in diesem Sinn „religiöse Banken" von der Finanzkrise 2007–2009 weniger betroffen als andere (vgl. Adhikari/Agrawal 2016; Kanagaretnam et al. 2015). Erklären lässt sich dies mit einer konservativen Geschäftsauffassung und der Präferenz für risikomeidende Strategien. Dies schlägt sich u. a. in einer unterdurchschnittlichen Volatilität der Gesamtkapitalrendite und einem geringeren Insolvenzrisiko nieder (vgl. Cantrell/Yust 2018). Weiterhin können solche Banken mit mehr Zuspruch rechnen als vergleichbare Institute mit einem eher säkularen Umfeld, wenn sie neue Investitionsmöglichkeiten anbieten (vgl. Hilary/Hui 2009).

2.5 Gesundheitsdienstleistungen

Vor allem dann, wenn eine Dienstleistung sensible Lebensbereiche betrifft (bspw. Gesundheit), spielt die Art der Beziehung zwischen Anbietern und Nachfragern eine entscheidende Rolle. Von dieser Überlegung ausgehend überprüften Nix/Gibson (1989) erstmals, ob den Patienten die **religiöse Orientierung** eines Krankenhauses wichtig ist. Die Antwort fiel in Abhängigkeit von der verwendeten Fragetechnik höchst unterschiedlich aus. Ja, wenn gestützte Fragen zum Einsatz kamen, und nein bei ungestützten Fragen.

Ähnliches zeigte sich wenig später, als Andeleeb (1993) zum einen wissen wollte, ob sich Kranke möglichst in einem konfessionellen Krankenhaus behandeln lassen, welches ihrem eigenen Glaubensbekenntnis entspricht. Zum anderen prüfte er, wie sich dieser Fit auf die **wahrgenommene Servicequalität** auswirkt. Hierzu wurden 130 Bewohner einer Stadt im Nordosten der USA schriftlich befragt. Alle Auskunftspersonen bzw. deren Familienmitglieder hatten schon einmal als Patienten Erfahrungen mit beiden Arten von Einrichtungen gesammelt (religiös orientiertes vs. säkulares Krankenhaus). Im Einzelnen zeigte sich: Fragt man Patienten ...

- direkt nach der **Wichtigkeit** einzelner **Auswahlkriterien** für ein Krankenhaus, dann wird die kirchliche Anbindung der Einrichtung als nachrangig eingeschätzt, und zwar unabhängig davon, ob die Befragten ihre letzte Erkrankung in einem Hospital ihrer Konfession haben behandeln lassen oder in einem neutralen Krankenhaus.
- welches Krankenhaus ihnen als erstes einfällt, dann genießt das kirchliche Krankenhaus bei Menschen, welche derselben Konfession angehören, den höchsten **Bekanntheitsgrad**. Dagegen nannten Atheisten und Angehörige anderer Glaubensgemeinschaften überzufällig häufig ein nichtreligiöses Krankenhaus ($p < 0{,}001$).
- für welches Krankenhaus sie sich in einem Notfall innerhalb der Familie entscheiden würden (**künftige Präferenz**) und wo sie oder eines ihrer Familienmitglieder zuletzt behandelt worden sind (**vergangene Präferenz**), dann bestätigte sich erneut die Wichtigkeit der konfessionellen Ausrichtung: Religiöse hatten sich für das kirchliche Krankenhaus entschieden bzw. würden sich für dieses entscheiden, während Anders- oder Nichtgläubige eine neutrale Einrichtung präferieren.
- nach medizinischer **Kompetenz** und **Servicequalität**, dann attestieren Patienten, die derselben Konfession angehören, dem kirchlichen Krankenhaus signifikant bessere Leistungen als anders- oder nichtgläubige Patienten. Im Gegensatz dazu wurde die Beurteilung der Leistungen des staatlichen Krankhaus nicht von der Konfession systematisch beeinflusst (vgl. Abb. 26).

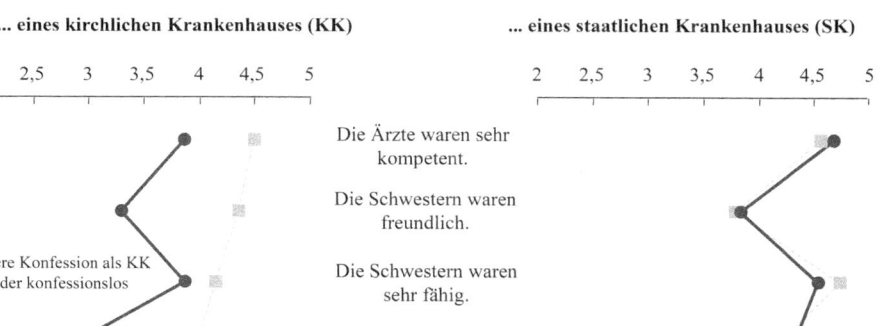

Abb. 26: Wahrgenommene Servicequalität von Krankenhäusern in Abhängigkeit vom konfessionellen Fit (Quelle: eigene Darstellung auf Basis von Andeleeb 1993, S. 46).

Der beschriebene Effekt ist stabil, d.h. auf grundlegende Überzeugungen zurückzuführen und nicht auf Umfeldvariablen, etwa die **Entfernung** zwischen Wohnung und Hospital. Wird diese als Kontrollvariable berücksichtigt, dann zeigt sich: Für Nichtreligiöse (= geringes religiöses Commitment) kommt eine kirchliche Einrichtung dann vermehrt in Frage, wenn sie wesentlich leichter erreichbar ist als ein vergleichbares staatliches Angebot. Bei starkem **Commitment** aber gilt: „When controlling for respondents with the same religious background as the hospital, however, the results indicated that closeness to home was not significantly related to recall, preference, or choice" (Andeleeb 1993, S. 47).

Zusammenfassend lässt sich feststellen: Für sich genommen ist religiöser Fit für die Patientenzufriedenheit weniger wichtig. Patienten wünschen sich in erster Linie ein Krankenhaus, in dem sie gut behandelt und gut betreut werden. Stehen allerdings mehrere, leistungsmäßig vergleichbare Einrichtungen zur Auswahl, dann gibt für konfessionell gebundene Patienten die religiöse Orientierung den Ausschlag. Präferiert wird dann das Krankenhaus der eigenen Glaubensrichtung. Dieser Fit kommt vor allem der wahrgenommenen Servicequalität zugute.

3 Wahrgenommene Servicequalität

Wie die Qualität von Produkten, so können Konsumenten auch die Qualität von Dienstleistungen nur höchst selten objektiv beurteilen. Deshalb nutzt die Forschung im Regelfall subjektive Maße, in diesem Fall die wahrgenommene Dienstleistungsqualität.

3.1 Messverfahren

Eher selten wird versucht, die wahrgenommene Dienstleistungsqualität mit Hilfe einer **eindimensionalen Skala** zu erfassen. Zu den Ausnahmen zählen Saptasari/Aji (2020), die Servicequalität durch allgemeine Statements wie „Islamic banks have consistent quality" operationalisiert haben. Das zentrale Ergebnis dieser Befragung von 575 jüngeren Indonesiern lautet: Religiöse Muslime attestieren einer islamischen Bank ein qualitativ höherwertiges Dienstleistungsniveau als Nichtreligiöse. Dies wie auch der oben dargestellte Befund, dass gläubige Krankenhausbesucher mit „ihrem" Krankenhaus überdurchschnittlich zufrieden sind, lässt sich mit Hilfe von Erkenntnissen der sozialpsychologischen Attraktivitätsforschung erklären: Menschen fühlen sich von Menschen (und Organisationen) mit ähnlichen Interessen, Fähigkeiten und Einstellungen angezogen (vgl. Aronson/Worchel 1966). Unabhängig davon dürfte auch eine Rolle spielen, dass sehr religiöse Patienten generell mit angebotenen Leistungen zufriedener sind als weniger religiöse Vergleichspersonen (vgl. Shuv-Ami/Shalom 2017; Benjamins 2006).

Zumeist werden **multidimensionale Messinstrumente** eingesetzt, allen voran SERVQUAL, bestehend aus fünf Subskalen (vgl. Parasuraman et al. 1988):
- Annehmlichkeit des materiellen Umfeldes (Tangibility),
- Zuverlässigkeit (Reliability),
- Reaktionsfähigkeit (Responsiveness),
- Leistungskompetenz (Assurance),
- Einfühlungsvermögen (Empathy).

Gayatri/Chew (2013) haben eine „**islamische Skala der Servicequalität**" entwickelt, welche vor allem islamische Werte wie Aufrichtigkeit, Bescheidenheit, Menschlichkeit und Vertrauenswürdigkeit berücksichtigt sowie muslimische Verhaltensregeln und Rituale. Allerdings entsprechen weder empirische Basis (n = 36) noch Methodik (= qualitative Interviews) dem üblichen Verfahren einer Skalenentwicklung. Ein anderer, ausschließlich konzeptioneller Vorschlag begreift Servicequalität als ein **dreidimensionales Konstrukt**, mit den Subdimensionen Umgebungs-, Ergebnis- und Interaktionsqualität. Neben allgemeinen Anforderungen wie Ausstattung des Dienstleisters, Wartezeit oder Essensqualität berücksichtigt dieses Messverfahren auch Besonderheiten des islamischen Kulturkreises wie Halal-Qualität (vgl. Sumaedi/Yarmen 2015).

3.2 Einfluss von Erwartungen auf die wahrgenommene Servicequalität

Gemäß dem einflussreichen **Confirmation/Disconfirmation-Modell** der Zufriedenheitsforschung (vgl. Oliver 1977) verfügen Kunden vor dem Kauf bzw. der Nutzung einer Dienstleistung über **Erwartungen**. Erfüllt bzw. übertrifft die erhaltene bzw. wahrgenommene Serviceleistung die erwartete Serviceleistung (Confirmation), dann wird die Servicequalität positiv beurteilt. Entsprechend führen unerfüllte Erwartungen (Disconfirmation) zu einem negativen Qualitätsurteil (vgl. Abb. 27).

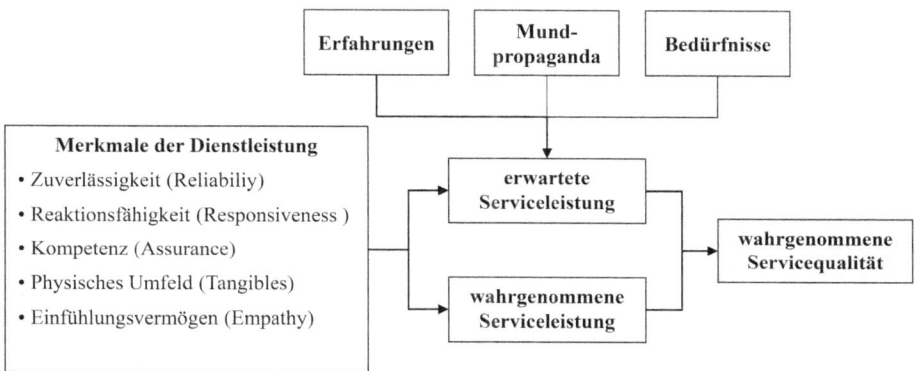

Abb. 27: Grundstruktur des Confirmation/Disconfirmation-Modells der Zufriedenheitsforschung in Verbindung mit dem SERVQUAL-Ansatz der Dienstleistungsforschung (Quelle: Oliver 1997, 1977; Parasuraman et al. 1988).

Essoo/Dibb (2004) haben moderat Religiöse als den eher **fordernden Käufertyp** beschrieben, der vergleichsweise hohe Ansprüche an die Produkt- und Dienstleistungsqualität stellt (vgl. C-4.2). Im Vergleich dazu gelten streng Religiöse als **nachsichtige Kunden** (vgl. Wiebe/Fleck 1980), unterwürfig und vertrauensvoll (vgl. Kahoe 1974). Dies bedeutet aber nicht, dass ihnen Qualität völlig unwichtig ist und sie generell anspruchslos sind. Vielmehr sind Religiöse toleranter und beschweren sich weniger häufig, bspw. über Produkt- und Dienstleistungsmängel. Allerdings legen sie gesteigerten Wert auf die Beziehungsqualität, vor allem auf freundliches Verkaufspersonal. Die **Religionszugehörigkeit** ist in diesem Zusammenhang gleichfalls bedeutsam:
- Gläubige Hindus betrachten ihr gegenwärtiges Leben als eine Etappe eines unendlichen Kreislaufes. Deshalb haben sie geringere Erwartungen an ihr Dasein als andere (vgl. Hermann 1991).
- Die generelle Toleranz, welche Buddhisten zugeschrieben wird, spricht bei Dienstleistungen für eine überdurchschnittliche Fehlertoleranz (vgl. Bailey/Sood 1993, S. 331).
- Als Angehörige einer streng hierarchisch strukturierten Religionsgemeinschaft sind Katholiken gewohnt, strenge Regeln zu befolgen – jedenfalls mehr als Angehörige anderer Konfessionen. Essoo/Dibb (2004, S. 704) vermuten, dass gläubige Katholiken

Gleiches von anderen und nicht zuletzt von Dienstleistungsanbietern erwarten, was für ein überdurchschnittliches Anspruchsniveau spricht.

Gemeinsam sind diesen drei Glaubensgemeinschaften – Katholiken, Hindus und Buddhisten – hohe Ansprüche an die Qualität ihrer **persönlichen Beziehung** zu Dienstleistern.

3.3 Einfluss der wahrgenommenen Servicequalität auf die Kundenzufriedenheit

Gemäß Abror et al. (2019a) besteht ein starker positiver Zusammenhang zwischen der von 335 indonesische Bankkunden wahrgenommenen Servicequalität und deren Kundenzufriedenheit (vgl. Abb. 28). Dieser Effekt fällt bei **Religiösen** etwas schwächer aus (leicht negative Moderation). Vermutlich wirkt bei muslimischen Probanden der Umstand, dass es sich um eine islamische Bank handelt, wie ein Puffer, der dafür sorgt, dass die Zufriedenheit der Religiösen etwas weniger von der Güte des erhaltenen Service abhängt als bei den nicht oder wenig Religiösen. Die positive Beziehung zwischen wahrgenommener Qualität und **Kundentreue** wird durch die empfundene Kundenzufriedenheit mediiert. Schließlich stärkt eine gute Servicequalität das Engagement der Kunden, worunter die Forscher die **emotionale Bindung** an die Marke bzw. die Bank verstehen.[87]

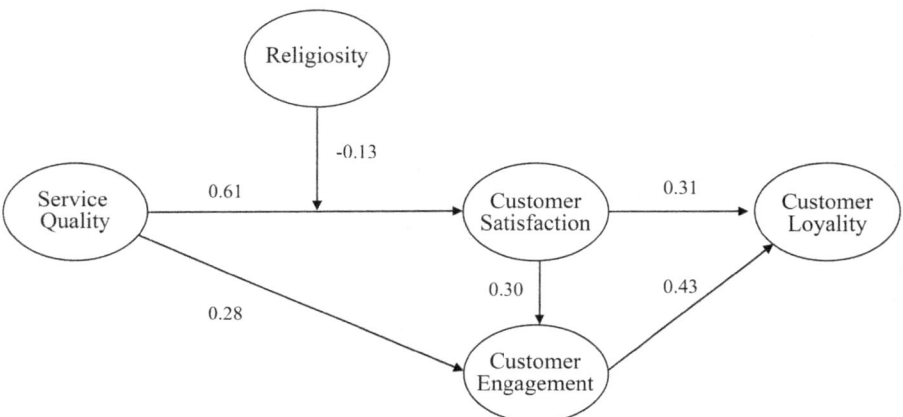

Abb. 28: Moderiertes Mediationsmodell der Konsequenzen wahrgenommener Servicequalität (Quelle: Abror et al. 2019a).

Wie Ezeh et al. (2022) den Auskünften und Einschätzungen von 400 christlichen und muslimischen Gästen von Hotels in Nigeria weiterhin entnehmen konnten, lässt sich die Zufriedenheit von Hotelgästen am besten anhand der SERVQUAL-Dimensionen **Kompetenz** und **Einfühlungsvermögen** der Mitarbeiter prognostizieren und beeinflussen.

4 Umgang mit Dienstleistungsmängeln

Für ein erfolgreiches **Beziehungsmanagement** benötigen Unternehmen Informationen darüber, was Kunden als Servicefehler wahrnehmen, warum und wie sie sich beschweren und welche Wiedergutmachung sie erwarten bzw. als angemessen empfinden. Nachdem Vergebung in vielen Religionen eine wichtige Rolle spielt, ist für das IRM von besonderem Interesse, unter welchen Bedingungen Kunden bereit bzw. in der Lage sind, mit Servicefehlern nachsichtig umzugehen.

4.1 Reaktionen von Kunden auf Dienstleistungsmängel

Gewöhnlich reagieren Kunden auf Servicefehler mit **Unzufriedenheit**. Denn die tatsächliche Leistung entspricht nicht der erwarteten Leistung. Darüber hinaus lassen sich folgende Reaktionen beobachten:
- **Kognitive Reaktionen:** Kunden finden für das unerfreuliche Vorkommnis eine Erklärung, ordnen diese in ihr Überzeugungssystem ein (z. B. „Niemand ist perfekt") und vergessen das Vorkommnis letztlich.
- **Emotionale Reaktionen:** Kunden ärgern sich, sind frustriert oder werden wütend.
- **Verhaltensreaktionen:** Verärgerte Kunden beschweren sich bei ihrem Dienstleister bzw. geben in einer Kundenbefragung ihre Unzufriedenheit zu Protokoll, berichten anderen Konsumenten von ihren schlechten Erfahrungen und raten von diesem Anbieter ab (negative Mundpropaganda). Ihre „härtesten" Sanktionsmöglichkeiten sind Wechsel des Anbieters und Boykottaufrufe.

Großherzige Kunden vermeiden jede Form von negativer Reaktion: Sie **vergeben** dem unzuverlässigen Dienstleister.

Unzufriedenheit
Ob Servicefehler zu einem spürbaren Rückgang der Kundenzufriedenheit führen, hängt von einer Reihe von **Moderatoren** ab. Einige davon, wie die Schwere des Fehlers, sind eher universell gültig: Je gravierender der Fehler, desto größer die Unzufriedenheit. Die Wirkung anderer Moderatoren unterliegt hingegen kulturellen bzw. religiösen Einflüssen. Dazu zählen einerseits Merkmale der Kunden wie deren bevorzugter Attributionsstil sowie länderspezifische soziokulturelle Normen. Andererseits spielen aber auch Kontextfaktoren wie die Präsenz religiöse Symbole in der Serviceumgebung eine Rolle.

Servicefehler werfen regelmäßig die Frage auf, wer dafür **verantwortlich** ist: eine der handelnden Personen (der Dienstleister bzw. man selbst) oder die Umstände des kritischen Ereignisses, also die „Situation"? Die Antwort hängt in hohem Maße vom **Attributionsstil** der Kunden ab, d. h. von der von diesen präferierten Ursachenzuschreibung.

- Protestantische Überzeugungen begünstigen die **personale** bzw. **dispositionale Attribution**. Entsprechend der für diese Konfession typischen Fokussierung auf das Individuum wird entweder der Anbieter als verantwortlich angesehen (= Sicht des Kunden) oder der Kunde (= Sicht des Anbieters). Der auf die handelnden Personen fixierte Attributionsstil wird als fundamentaler Attributionsfehler bezeichnet (vgl. Li et al. 2012). Er begünstigt eine überdurchschnittlich große Unzufriedenheit der Kunden.
- Chinesen, Koreaner, Japaner und andere konfuzianisch-buddhistisch beeinflusste Bewohner Ostasiens teilen eine Werthaltung, wonach alle an einem Ereignis Beteiligten einem gemeinsamen Schicksal unterworfen sind (vgl. Norenzayan/Lee 2010). Deshalb neigen sie weniger dazu, Hersteller, Verkäufer oder andere Personen für Servicefehler verantwortlich zu machen. Ihr Augenmerk gilt primär äußeren – letztlich von niemand zu verantwortenden – Umständen. Dies können übermäßiger Zeitdruck, ungünstige Arbeitsbedingungen und vieles andere mehr sein (= **situative Attribution**). Empirisch bestätigt hat diese These u. a. Yau (1988). In seiner Untersuchung äußerten sich konfuzianisch geprägte chinesische Kunden nach einem Servicefehler aufgrund ihres situativen Attributionsstils weniger unzufrieden als christliche Kunden. Als Amerikaner bevorzugten diese den dispositionalen Attributionsstil.

Weiterhin wird das Ausmaß an Unzufriedenheit nach einem Servicefehler von soziokulturellen Normen wie „Gesicht wahren" und „Glaube an das Schicksal" beeinflusst. Die Norm **„Gesicht wahren"** ist Konsequenz des in konfuzianischen Gesellschaften vorrangigen Bedürfnisses nach sozialer Akzeptanz und Respekt (vgl. Hwang et al. 2003). Unter „Gesicht" versteht man die Ehre bzw. Reputation einer Person sowie deren daraus ableitbare soziale Stellung (vgl. Ho 1977). Der konfuzianische Imperativ lautet: „Was du selbst nicht für dich wünschst, das tue auch anderen nicht an. Dann wird es keinen Zorn gegen dich geben – weder im Staat noch in deiner Familie." Eine Geschichte, von der wir nicht wissen, ob sie wahr oder nur gut erfunden ist, verdeutlicht dies.

> Angeblich soll in einem japanischen Teehaus ein ausländischer Gast um Zucker zum grünen Tee gebeten haben. Als die Bedienung ihn freundlich darüber aufklärte, dass in Japan grüner Tee ungesüßt getrunken wird, gab der Gast sich damit nicht zufrieden und verlangte schließlich nach dem Geschäftsführer. Auf dessen gleichfalls überaus freundliche Entgegnung hin, es gebe in dem Teehaus überhaupt keinen Zucker, änderte der Ausländer seine Bestellung. Statt Grüntee bestellte er nun eine Tasse Kaffee, die ihm auch sogleich serviert wurde – mit Zucker. Das Rätsels Lösung: Bedienung und Geschäftsführer sahen sich nicht nur genötigt zu verhindern, dass ihr Gast sein Gesicht verliert, weil er in aller Öffentlichkeit grünen Tee mit Zucker trinkt. Sie mussten auch ihr eigenes Gesicht wahren, das ernsthaft bedroht gewesen wäre, hätten sie es zugelassen, dass ihr Gast sich blamiert.

Die Norm **„Schicksalsglaube"** wiederum ist insbesondere in solchen Gesellschaften relevant, deren Angehörigen – zumeist religiös bedingt – einen Hang zum Fatalismus haben und wenig von ihrer Selbstwirksamkeit überzeugt sind. Dort erklärt man sich negative Ereignisse wie einen Servicefehler häufig als Unglück bzw. als Konsequenz des Wirkens einer mysteriösen anonymen Macht: des Schicksals.

Wie wirken sich diese beiden Kulturstandards aus? Chan et al. (2009; 2007) haben zunächst gemessen, wie stark die Befragten (Studenten aus Hong Kong bzw. den USA), die **Normen** „Gesicht wahren"[88] und „Schicksalsglaube"[89] verinnerlicht haben. Zudem wurden die **Art des Servicefehlers** und das **soziale Umfeld** des Ereignisses in einem Szenario-Experiment variiert. Der Servicefehler konnte entweder sozialer Natur sein (= der Mitarbeiter, der die Bestellung aufnimmt, lächelt nicht) oder nicht-sozial (= das gewünschte Menü ist ausverkauft). Das soziale Umfeld wurde als ein privates Ereignis (= ohne Zeugen) oder ein öffentliches Ereignis beschrieben (= andere Gäste haben die Szene beobachtet). Im Ergebnis zeigte sich:
- Je mehr die Probanden die Norm **Gesicht wahren** verinnerlicht haben, desto stärkere Unzufriedenheit löste der Servicefehler aus, vor allem dann, wenn es ein sozialer Fehler war.
- **Schicksalsglaube**: Je mehr die Probanden an die Macht des Schicksals glaubten, desto weniger unzufrieden waren sie (unter der Bedingung „nicht-soziale Fehler, privates Ereignis, ohne Zeugen"). Beobachteten hingegen andere Gäste das Vorkommnis, wurde die Norm Gesicht wahren aktiviert.

Kundenmerkmale wie Kontextfaktoren können die Unzufriedenheit nach einem Servicefehler teils abschwächen, teils verstärken. In diesem Sinn „**zweischneidig**" sind **religiöse Symbole**, die anlässlich religiöser Feste in der Serviceumgebung platziert werden – bspw. Tannenbäume, Sterne oder Engel zur Weihnachtszeit. Mit einer Serie von Experimenten haben Newton et al. (2018) demonstriert, dass derartige Symbole nicht nur dekorativ sind, sondern auch geeignet, religiöse Kunden, die von einem Servicefehler betroffen sind, zu besänftigen. Allerdings verkehrte sich der Effekt ins Gegenteil, wenn andere von dem Servicefehler betroffen waren und diese einer vulnerablen, d.h. schutzbedürftigen sozialen Gruppe angehörten (z.B. ältere Rentner vs. Geschäftsleute). Dann steigerte die Weihnachtsdekoration die Unzufriedenheit der Beobachter, und sie waren außerdem eher geneigt, den Anbieter zu wechseln und andere Kunden vor diesem zu warnen. Vermutlich aktivieren religiöse Symbole nicht nur die Norm, dass man im Konfliktfall anderen vergeben sollte, sondern auch die Norm, dass Benachteiligte schutzbedürftig sind.

Beschwerde

Wie häufig und wo bzw. wie beschweren sich Kunden, wenn ein Unternehmen ihre Erwartungen nicht erfüllt?
- Unmittelbar beim Unternehmen, im persönlichen Gespräch, telefonisch oder schriftlich (= **Voice Response**)?
- Durch negative Mundpropaganda im privaten Umfeld (= **Private Response**)?
- Indem sie öffentlich ihre Unzufriedenheit äußern (= **Third-Party Response**)?

Voice Response gilt als Beschwerde im engeren Sinne. Allerdings kommt es erstaunlich selten dazu. Erfahrungsgemäß beschwert sich lediglich etwa ein Drittel der unzufriedenen Kunden. Abhängig von bestimmten Persönlichkeitsmerkmalen (bspw. Fatalismus), dem wahrgenommenen Beschwerdeaufwand und der Schwere des Vorfalls zieht es die Mehrzahl vor, stillschweigend den Anbieter zu wechseln bzw. anderen davon zu berichten (Freunden und Bekannten). Früher geschah dies nahezu ausschließlich im privaten Raum, mittlerweile immer häufiger öffentlich, vor allem in sozialen Medien.

Konfuzianisch-buddhistisch sozialisierte Kunden beschweren sich wesentlich seltener als christlich und auch als islamisch sozialisierte Kunden. Denn Chinesen, Japaner, Koreaner usw. betrachten im Konfliktfall den Anbieter zumeist nicht als Gegner, sondern als Partner, mit dem sie möglichst keinen Streit haben möchten (vgl. Au et al. 2014; Jahandideh et al. 2014; Ngai et al. 2007). Diese Zurückhaltung ist einerseits Folge eines ausgeprägten **Harmoniebedürfnisses**. Andererseits spielt auch hier der Kulturstandard „Gesicht wahren" eine wesentliche Rolle. Denn nicht nur der Verursacher eines Schadens würde sein Gesicht und damit seine soziale Stellung verlieren, sondern auch der Beschwerdeführer. Hinzu kommen das Streben nach langfristigen sozialen Beziehungen sowie die Scheu, in der Öffentlichkeit Emotionen zu zeigen. Auch halten Asiaten Selbstbewusstsein und Durchsetzungsfähigkeit nicht a priori für wünschenswerte Eigenschaften, weshalb sie seltener als Europäer oder Nordamerikaner nach Selbstwerterhöhung durch eine erfolgreiche Beschwerde streben. Falls „Konfuzianer" sich dennoch beschweren, dann möglichst in einer **Gesicht wahrenden** Form. Sie ziehen es dann vor, lediglich in ihrem engeren sozialen Umfeld über das kritische Ereignis zu berichten oder wechseln von vornherein den Anbieter. Demgegenüber machen vom christlichen Individualismus geprägte amerikanische Kunden ihrem Ärger vergleichsweise häufig öffentlich Luft, indem sie sich bei dem Unternehmen bzw. dessen Mitarbeitern beschweren (vgl. Liu/McClure 2001).

Negative Mundpropaganda

Die allermeisten Konsumenten vertrauen Empfehlungen von **Freunden** und **Bekannten** mehr als den Werbebotschaften von Unternehmen. Das Marketing spricht dann von Word-of-Mouth (WoM): informelle bzw. nichtprofessionelle Ratschläge, die Menschen anderen in bestimmten Lebensbereichen erteilen (bspw. Konsum). Dank der Vernetzung weiter Teile der Gesellschaft ist es sehr einfach geworden, alle denkbaren Sachverhalte zu bewerten und die eigene Meinung zu verbreiten. Im Zuge dieser Entwicklung wurde **Electronic Word-of-Mouth** (eWOM) zu einem häufig genutzten und effizienten Marketinginstrument.

Allerdings genießt das zumeist anonyme eWoM nicht denselben Vertrauensvorschuss wie persönliche Empfehlungen in einer Face-to-Face-Kommunikation. Da anonyme positive Bewertungen zunehmend unter dem **Generalverdacht** stehen, Fake-Bewertungen zu sein, beeinflussen vor allem kritische Äußerungen und Bewertungen die Entscheidungen von Konsumenten (vgl. Ahluwalia 2002). Dies ist auch der Grund, warum im Internet nWoM überwiegt: Negative Word-of-Mouth, während bei persönlichen Ratschlägen unter Bekannten positive Bewertungen dominieren (vgl. Hornik et al. 2015). Insgesamt besteht laut Review Trackers 2018 eine um 21 % höhere Wahrscheinlichkeit, dass Konsumenten Anbieter, Produkte, Dienstleistungen etc. kritisieren (vs. positiv bewerten). Und 94 % der Befragten würden einen Anbieter meiden, der Gegenstand negativer Kommentare ist.

Auch in diesem Zusammenhang spielen Religiosität und Religionszugehörigkeit eine wesentliche Rolle. Da sie sensitiver als andere auf eine Verletzung der **Fairnessnorm** reagieren (vgl. Henrich et al. 2010), betreiben Religiöse vermehrt negative Mundpropaganda, wenn sie überzeugt sind, dass ein Dienstleister sie nicht fair behandelt hat (vgl. Casidy et al. 2021). Weiterhin neigen konfuzianisch-buddhistisch sozialisierte Kunden (= Chinesen) zu Private Responses, d.h. sie erzählen vorzugsweise in ihrem privaten Umfeld von einem negativen Erlebnis. Christlich-protestantisch geprägte Kunden (= Amerikaner) hingegen tendieren zu Voice Responses und beschweren sich zumeist direkt beim Anbieter (Chan/Wan 2008).

Wechsel des Anbieters
Kunden wechseln aus einer Vielzahl von Gründen den Dienstleister, das Produkt oder die Marke: hauptsächlich aufgrund von **Unzufriedenheit** mit der Qualität des aktuellen Angebots oder angesichts **vorteilhafterer Konkurrenzangebote** (bspw. Preisvorteil, bessere Erreichbarkeit, freundlichere Mitarbeiter). Aber auch **Neugierde** und ein unspezifisches Bedürfnis nach **Abwechslung** sind wichtige Trigger nachlassender Kundentreue (vgl. Kocas/Bohlmann 2008). Dem bisherigen Anbieter bescheren Wechsler einen Umsatzverlust und, wenn diese schlecht über das Unternehmen reden, auch einen Reputationsschaden. Für den neuen Anbieter hingegen sind es vielfach besonders wertvolle Kunden, „wertvoll" im Sinne überdurchschnittlicher Kundenzufriedenheit, Kundenbindung, Zahlungsbereitschaft und erhöhtem Cross Selling-Potenzial (vgl. Ganesh et al. 2000).

Wie beeinflusst **Religiosität** die Wechselbereitschaft? Bekanntlich sind religiöse Menschen risikoscheu und schätzen mehr als andere Sicherheit und Vorhersehbarkeit, weshalb sie Produkte und Geschäfte bevorzugen sollten, die ihnen vertraut sind. Zahlreiche Studien bestätigen dies: Religiöse Kunden sind zumeist auch treue Kunden, z.B. islamische Kunden einer islamischen Bank (vgl. Wahyoedi et al. 2021). Mehr als zehn Jahre zuvor hat Choi (2010) am Beispiel koreanischer Konsumenten gezeigt: Sehr Religiöse sind weniger wechselbereit als wenig und nicht Religiöse, und zwar unabhängig von der Konfession (Buddhismus, Katholizismus und Protestantismus).

Für das **Loyalitätsmanagement** bedeutet dies, dass Anbieter den wenig und den nicht religiösen Konsumenten besondere Aufmerksamkeit schenken sollten. Kundenbindungsmaßnahmen (eigene Kunden) und Abwerbeversuche für Fremdkunden (z.B. Wechselbonus) versprechen bei ihnen mehr Erfolg als bei Strengreligiösen.

Vergebung

Das alttestamentarische „Auge um Auge, Zahn um Zahn" wird häufig als Aufruf zu oder Rechtfertigung von Rache fehlgedeutet. Tatsächlich aber ist es eine Anleitung, wie Opfer von Verbrechen gerechterweise zu entschädigen sind. Die Analyse der religiösen Schriften zeigt, dass alle großen Weltreligionen Vergebung als eine wichtige **Tugend** preisen (vgl. Hyodo/Bolton 2021, S. 809; McCullough et al. 2005).

- „If a person forgives and makes reconciliation, his reward is due from Allah" – Qur'an 42:40 (Islam)
- „Forgiveness subdues (all) in this world; what is there that forgiveness cannot achieve?" – Mahabharata, Udyoga Parva Section XXXIII (Hinduismus)
- „And forgive us our trespasses, as we forgive those who trespass against us." – Mt 6, 12 (Christentum)

Sind **Religiöse** deshalb überdurchschnittlich bereit, im Konfliktfall anderen zu vergeben (vgl. Escher 2013)? Jedenfalls entspricht dies deren Selbstbild (vgl. Barnes/Brown 2010). Empirisch belegen lässt sich dies jedoch nur teilweise.
- Über vermehrte Nachgiebigkeit bzw. Versöhnlichkeit berichten u.a. Harrison-Walker (2019) und Mullet et al. (2003). Verantwortlich dafür sei u.a. die vergleichsweise geringe Neigung von Religiösen, in Konfliktsituationen ihren Ärger auszuleben (vgl. McCullough/Worthington 1999).
- Andere erkennen eine systematische Diskrepanz zwischen der offiziellen Doktrin der Religion, welcher die Befragten angehören, und deren Bereitschaft, anderen tatsächlich zu vergeben (vgl. Tsang et al. 2005).

Unstrittig dürfte hingegen sein, dass Religiosität die Bereitschaft zu Vergebung besser zu erklären vermag als die jeweilige **Konfession** (vgl. Fox/Thoma 2008). Dies ist, bspw. im Falle des Christentums, erstaunlich. Denn Sünden zu vergeben ist für den christlichen Glauben essentiell. So begegnet uns das „Und erlass uns unsere Schulden, wie auch wir sie unseren Schuldnern erlassen haben" (Mt 6,12) in leicht abgewandelter Form im Vaterunser wieder. Auch bekennen Katholiken „Ich glaube an den Heiligen Geist, die heilige katholische Kirche, Gemeinschaft der Heiligen, Vergebung der Sünden, Auferstehung der Toten und das ewige Leben. Amen."[90]

Allerdings könnte für die in einigen Studien nachgewiesene **Religion/Forgiveness-Discrepancy** auch das Versäumnis verantwortlich sein, in dem Versuchsplan wichtige **Mediatoren** und **Moderatoren** zu berücksichtigen, bspw. …
- Schwere des Servicefehlers: Es fällt leichter, geringfügige Mängel zu vergeben.
- Fairnessnorm: Gewinnen Religiöse den Eindruck, dass ein Anbieter unfair agiert, dann schwindet ihre Bereitschaft, diesem zu vergeben (vgl. Casidy et al. 2021).
- Schicksalsgläubigkeit: „Belief in Fate" mediiert die Beziehung zwischen Religiosität und Vergebung. Religiosität korrespondierte in der Untersuchung von Sarofim et al. (2022) mit Schicksalsgläubigkeit. Diese wiederum förderte die Bereitschaft, dem Anbieter einer mangelhaften Dienstleistung zu vergeben, was letztlich die Zufrie-

denheit und das Wohlbefinden derer, die vergeben, steigerte: Außerdem konnte in dieser Studie ausgeschlossen werden, dass zwischenmenschliche Gerechtigkeit (Interpersonal Justice) das Mediationsmodell moderiert (Religiosität → Schicksalsgläubigkeit → Vergebung → emotionales Wohlbefinden).
- Sichtbarkeit der Religiosität: Servicefehler werden leichter nachgesehen, wenn der Anbieter als religiös wahrgenommen wird. In jenem Fall, den Cowart et al. (2014) beschreiben, bestand das kritische Ereignis in einer Leistungsunterbrechung während eines religiösen Feiertages. Darauf reagierten erwartungsgemäß religiöse Kunden vergleichsweise nachsichtig, erstaunlicherweise aber auch Andersgläubige, Agnostiker und Nichtreligiöse.

Hyodo/Bolton (2021) haben untersucht, wie sich die **Auffälligkeit** bzw. kognitiv-emotionale Verfügbarkeit religiöser Werte (Salienz) bei einem kritischen Ereignis wie einem Dienstleistungsmangel auf die Bereitschaft zur Vergebung auswirkt. Salienz wurde in dieser Studie mit Hilfe von Satzkonstruktionsaufgaben geprimt. Konkret bedeutete dies, dass die Experimentgruppe Begriffe wie „göttlich, Himmel oder Religion" in den zu rekonstruierenden Satz (Scrambled Sentence) einzufügen hatte und die Kontrollgruppe neutrale Begriffe. Weiterhin können nach Ansicht dieser beiden Wissenschaftler Wiedergutmachungsmaßnahmen von Unternehmen auch als **Schuldeingeständnis** und als Bitte um Vergebung verstanden werden – so wie Katholiken Vergebung erlangen können, wenn sie in der Beichte ihre Sünden bekennen.[91] Davon ausgehend haben sie folgende Forschungshypothese überprüft: „We theorize that ...
- consumers for whom religion is made salient will be especially likely to forgive failure when it is accompanied by strong recovery efforts. (...)
- an apology provides a stronger trigger of religion-driven forgiveness than does compensation" (Hyodo/Bolton 2021, S. 810).

Diese Hypothesen konnten durch eine Serie von acht Experimenten bestätigt werden. Erklärungsbedürftig bleibt, warum eine **Entschuldigung** die Bereitschaft zur Vergebung stärker moderiert als eine **materielle Kompensation**. Denn eine geldwerte Wiedergutmachung gilt gemeinhin als wirksamstes Instrument der Beschwerdebehandlung (vgl. Gelbrich/Roschk 2011). Für die Überlegenheit einer Entschuldigung im vorliegenden Fall führten Hyodo/Bolton (2021, S. 810) zwei Gründe an:
- Vergebung setzt Empathie voraus, die mit einer Entschuldigung besser zum Ausdruck gebracht wird als mit einer materiellen Entschädigung (vgl. Ohtsubo/Watanabe 2009).
- In einem materialistischen Kontext signalisiert eine materielle Kompensation, dass es dem Verursacher des Schadens ernst ist mit der Wiedergutmachung. Angesichts des ambivalenten Verhältnisses der meisten Religionen zu Geld und Besitz verliert die Kompensation in einem religiösen Kontext jedoch diese besondere Qualität (vgl. Watson et al. 2004).

Können Unternehmen also mit einer kostenlosen Entschuldigung mehr erreichen als mit einer kostenpflichtigen Entschädigung, wenn sie sich und ihre Tätigkeit in einen religiösen Kontext einbetten? Oberflächlich betrachtet ja. Wenn jedoch Beschwerdeführer vermuten oder erkennen, dass sie dadurch manipuliert werden sollen, droht ein **Bumerang-Effekt**. Dann erreicht das Unternehmen mit seinem Beeinflussungsversuch das Gegenteil dessen, was es eigentlich angestrebt hat (vgl. Hyodo/Bolton 2021, S. 821).

Vergebung ist ein multidimensionales Konstrukt: einerseits ein innerpsychisches Ereignis (= **emotionale Vergebung**) und andererseits ein soziales, d.h. zwischenmenschliches Ereignis, primär dazu bestimmt, es den von dem kritischen Ereignis betroffenen Personen zu ermöglichen, auch in Zukunft konstruktiv zu interagieren (= **verzeihendes Verhalten**). Religiöse praktizieren Tsarenko/Tojib (2012) zufolge nicht nur in zwischenmenschlichen Beziehungen, sondern auch in ihrer Rolle als Konsumenten beide Formen von Vergebung (vgl. Abb. 29). Für jedes der in dieser Studie verwendeten Konstrukte haben wir stellvertretend ein Statement wiedergegeben, das zur Operationalisierung verwendet wurde.

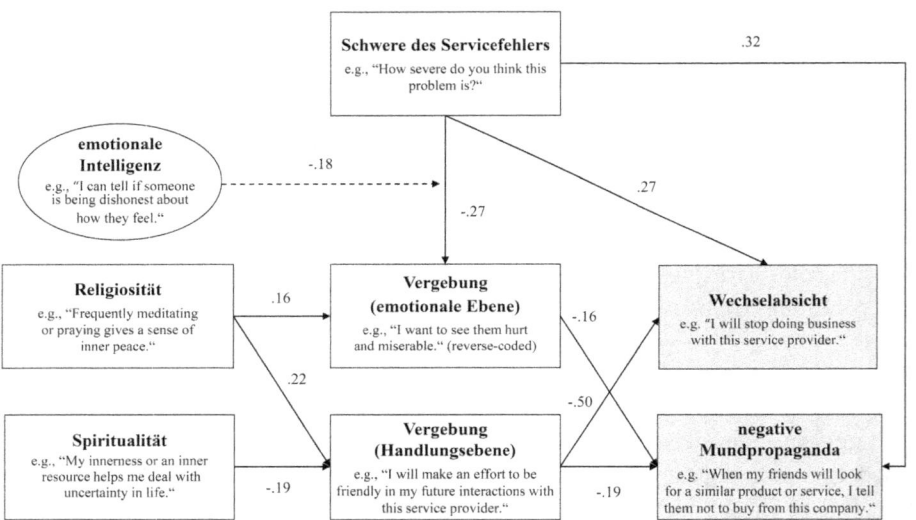

Abb. 29: Pfadmodell der Reaktionen von Kunden auf Servicefehler (Quelle: Eigene Darstellung auf Basis von Tsarenko/Tojib 2012, S. 1224 u. 1230).

Anders als erwartet und im Gegensatz zu **Religiosität** stärkt **Spiritualität** die Bereitschaft der Befragten zu Vergebung nicht, was sich im Nachhinein auf zweierlei Weise erklären lässt.
- Erstens ist Spiritualität insofern egozentrisch, als sie innengerichtet ist und primär dem persönlichen Wachstum dient. Vergebung hingegen zielt auf die Stabilisierung zwischenmenschlicher Beziehungen.

– Zweitens kann der entscheidende Grund aber auch die Jugend der studentischen Auskunftspersonen sein – ein Alter, in dem die individuelle spirituelle Entwicklung noch ganz an ihrem Anfang steht.

Gewinnen Konsumenten allerdings den Eindruck, dass es sich um einen besonders **schwerwiegenden Servicefehler** handelt, dann mindert dies ihre Bereitschaft, dem Dienstleister emotional zu vergeben. **Emotionale Intelligenz** moderiert diese Beziehung. Emotional intelligente Kunden lassen sich demzufolge von der Schwere des Servicefehlers weniger beeindrucken. Sie verfügen über die Fähigkeit zu Emotionsregulation und sind offenbar nicht ihren negativen Gefühlen gegenüber dem Dienstleister ausgeliefert, sondern in der Lage, ihren Ärger oder ihre Wut auf der Suche nach einem Modus Vivendi zurückzustellen: einer akzeptablen und letztlich für alle Beteiligten vorteilhaften Form der Fortsetzung der Interaktion. Zum Abbruch der Beziehung (**Wechselabsicht**) neigen Kunden, welche den Servicefehler als schwerwiegend einstufen und nicht die Absicht haben, dem Anbieter zu vergeben. Mit **nachteiliger Mundpropaganda** müssen Unternehmen rechnen, deren Kunden weder zu emotionaler Vergebung noch zu verzeihendem Verhalten bereit sind.

4.2 Beschwerdemanagement von Unternehmen

Idealerweise vermeiden Unternehmen Dienstleistungsfehler. Aufgrund der Besonderheiten von Dienstleistungen (z.B. begrenzte Standardisierbarkeit, Integration des Kunden in den Dienstleistungsprozess) ist dies jedoch ein zwar fortwährend anzustrebendes, aber nie vollständig zu erreichendes Ideal. Realistischer sind Strategien und Maßnahmen, welche die **Resilienz** der Kunden erhöhen. Neben anderem kann die **Innokulationsstrategie** bewirken, dass diese weniger sensibel auf Fehlleistungen reagieren. Kunden, die schon im Vorfeld vor möglichen Mängeln gewarnt worden sind, empfinden diese im Vergleich zu Kunden, die keine Warnung erhalten haben, erfahrungsgemäß als weniger schwerwiegend (vgl. Mikolon et al. 2015). Weiterhin haben sich gute **menschliche Beziehungen** zwischen Mitarbeitern und Kunden als ein wirksamer Puffer erwiesen (vgl. Worsfeld et al. 2007). Nicht zuletzt wirken **religiöse Symbole** – bspw. ein am Ort der Dienstleistung angebrachtes Kreuz – nicht nur auf religiöse Kunden beruhigend (vgl. Mikolon et al. 2015).

Im Regelfall aber geschehen Servicefehler und werden dann zumindest in einem Drittel der Fälle von den Kunden reklamiert. Dann haben Anbieter im Wesentlichen drei Möglichkeiten, konstruktiv damit umzugehen: Sie können ...
– den Beschwerdeführern **erklären**, wie es zu dem Fehler kommen konnte,
– sich bei ihnen **entschuldigen**,
– den Betroffenen eine **Entschädigung** anbieten.

Erklärung

Naheliegenderweise wird vielfach zunächst versucht, den Beschwerdeführern zu erklären, wie es zu dem Servicefehler kommen konnte. Denn es zählt zu den **universellen Bedürfnissen** der Menschen, nach Ursachen für ungewöhnliche Ereignisse zu suchen. Aber sind solche Erklärungen auch den Opfern eines Servicefehlers wichtig?

Im Gegensatz zur kulturvergleichenden hat die religionsvergleichende Forschung diese Fragestellung bislang noch nicht aufgegriffen. So haben Mattila/Patterson (2004) empirisch nachgewiesen, dass Kunden unterschiedlicher Nationalität diese Form der Beschwerdebehandlung gleichermaßen schätzten. Ob Amerikaner, Malaien oder Thailänder. Sie alle empfanden es als entlastend zu verstehen, **warum** der Fehler auftrat. Bei Malaien und Thailändern führte die Erklärung paradoxerweise überdies dazu, dass sie sich besonders gut entschädigt (Distributive Justice) und behandelt (Interactional Justice) fühlten. Diesen Effekt erklärte das Autorenteam mit dem kulturtypischen Harmoniestreben dieser Menschen.

Entschuldigung

Obwohl unstrittig ist, wie wirksam Entschuldigungen sein können, warten die meisten Kunden, denen ein Servicefehler widerfährt, darauf vergebens. Gründe sind unterschiedliche Attribution der Verantwortlichkeit, mangelnde Bereitschaft, sich für Fehlleistungen anderer Mitarbeiter stellvertretend zu entschuldigen, Unfähigkeit bzw. Unwillen, Gefühle zu zeigen, und mangelndes Einfühlungsvermögen. Mehr als anderswo verübeln es konfuzianisch geprägte Kunden, wenn sich das Unternehmen nicht für die Fehlleistung entschuldigt. Denn in deren Herkunftsländern spielen Entschuldigungen eine Schlüsselrolle bei der Konfliktvermeidung (vgl. Barnes 2007), nicht zuletzt in Justiz und Rechtsprechung (vgl. Lee 2005). Entschuldigungen sind dort Ausdruck eines fairen zwischenmenschlichen Umgangs und unerlässlich für die Wahrung bzw. Wiederherstellung des Gesichts (vgl. Wong 2004).

Entschädigung

Das wirkungsvollste Instrument des Service Recovery-Managements ist eine Entschädigung, zumeist in Gestalt eines Ersatzangebotes, eines Gutscheines, eines Rabatts oder im Extremfall der Erstattung des Kaufpreises (vgl. Gelbrich/Roschk 2011). Individualisten wie US-Amerikaner oder Australier legen noch mehr Wert auf einen materiellen Ausgleich des ihnen entstandenen Schadens als Beschwerdeführer, die aus einem kollektivistischen Land stammen, beispielsweise China (vgl. Hui/Au 2001). Erklären lässt sich dies mit der ausgeprägten Zielorientierung christlich-individualistisch sozialisierter Menschen. Beschwerden sollten ihrer Auffassung zufolge zu einem konkreten Ergebnis führen, möglichst zu einer materiellen Wiedergutmachung. Wie alle Formen von Kompensation steigert eine materielle Entschädigung die **Gerechtigkeitswahrnehmung** von Individualisten, während konfuzianisch-kollektivistisch Sozialisierten das **Transaktionsklima** wichtiger ist.

Zu einem ähnlichen Ergebnis gelangten Mattila/Patterson (2004). Experimentell konnten sie zeigen, dass die materielle Wiedergutmachung eines Servicefehlers amerikanische Kunden stärker besänftigt als Thailänder oder Malaien. Unterschiedliche Erwartungen an Art und Intensität der Wiedergutmachung konnten als mögliche Erklärung ausgeschlossen werden. Entscheidend dürften vielmehr unterschiedliche Selbstkonzepte sein. Während Amerikaner aufgrund ihres **unabhängigen Selbstkonzepts** (independent Self-Construal) nach individueller Nutzenmaximierung streben, überwiegt im asiatischen Raum das **interdependente Selbstkonzept** (interdependent Self-Construal). Es richtet den Fokus auf wechselseitige soziale Verpflichtungen. Dies hat kulturell-religiöse Gründe. Menschen, die in der chinesischen Tradition aufgewachsen sind, glauben an 'Pao': Ob jemand gesegnet oder verflucht ist, hängt demzufolge von dessen guten und schlechten Taten ab; eine Intervention durch andere kann daran nichts ändern (vgl. Chiu 1991). Thais wiederum sind vom Buddhismus beeinflusst und glauben daran, dass Opfer und gute Taten dem Menschen in dessen nächsten Leben zugutekommen (vgl. Mattila/Patterson 2004).

4.3 Reaktionen der Kunden auf das Beschwerdemanagement

Ob die Wiedergutmachungsmaßnahmen, die Unternehmen ergreifen, in der gewünschten Weise wirken, hängt zunächst von den **Erwartungen** ab, die Kunden diesbezüglich haben, und ob sie diese Maßnahmen als gerecht wahrnehmen (vgl. Abd Rashid et al. 2022). Daraus resultieren schließlich **emotionale Reaktionen** (bspw. Ärger), **kognitive Reaktionen** (Ausmaß der Beschwerdezufriedenheit) und **Verhaltensreaktionen** (Wiederkaufwahrscheinlichkeit, WoM).

Erwartungen

Was erwarten Kunden von dem für einen Servicefehler verantwortlichen Unternehmen? Auf Basis der in semi-strukturierten Tiefeninterviews gewonnenen Einsichten haben Ringberg et al. (2007) drei „Erwartungstypen" beschrieben:
- **Beziehungsorientierte** erhoffen sich eine Verbesserung der Beziehung zum Anbieter. Sie reagieren sehr emotional, wollen letztlich getröstet werden und sind bereit, dem Verursacher zu vergeben und Schwächen zu tolerieren. Bei diesen Kunden verspricht eine glaubhafte Entschuldigung Erfolg.
- **Opponenten** sind misstrauisch, reagieren verärgert und sind teils distanziert, teils aggressiv. Ihnen ist es wichtiger, dem Anbieter öffentlich Vorwürfe zu machen, als ihm zu vergeben. Die Erfolgsaussichten des Beschwerdemanagements sind vergleichsweise gering. Wenn, dann könnte eine Kombination von Entschuldigung und Kompensation wirken.

– **Utilitaristen** wägen rational Vor- und Nachteile der verschiedenen Handlungsoptionen ab. Sie reagieren pragmatisch und spekulieren auf eine signifikante Kompensation des erlittenen Schadens.

Zwar kann man davon ausgehen, dass **religiöse Normen** und **Überzeugungen** auch die Erwartungen von Beschwerdeführern an das Beschwerdemanagement von Unternehmen beeinflussen. Analysiert hat die religionsvergleichende Forschung diesen Zusammenhang bislang jedoch nicht. Unstrittig aber scheint, dass die **Landeskultur** dabei eine Rolle spielt (vgl. Ringberg et al. 2007). So erwarten Kunden aus individualistischen Gesellschaften (bspw. Australien, USA), dass die Mitarbeiter des Unternehmens, welches den Servicefehler zu verantworten hat, einen hinreichend großen Entscheidungsspielraum für Wiedergutmachungsmaßnamen haben. Kunden aus kollektivistischen Gesellschaften (bspw. Panama, Venezuela) legen vor allem Wert auf eine glaubhafte Erklärung: wie es zu dem Servicefehler kommen konnte. In maskulinen Gesellschaften (bspw. Japan, Österreich) ist eine überzeugende Erklärung gleichfalls wichtig. Darüber hinaus erwarten Kunden dort angemessene äußere Umstände (bspw. seriöses Erscheinungsbild von Mitarbeitern und Geschäftsräumen). Dies ist auch in langfristorientierten Gesellschaften wichtig (vgl. Kanousi 2005).

Ob Beschwerdeführer mit der Reaktion des Unternehmens zufrieden sind, hängt aber nicht nur von ihren Erwartungen ab, sondern vor allem davon, wie sie den Prozess des Beschwerdemanagements erleben (hinsichtlich Dauer der Wartezeit, Art und Weise des Umgangs mit ihnen, Ergebnis der Beschwerdebehandlung). Wird die Höhe der angebotenen Kompensation als gerecht oder als ungerecht erlebt (vgl. Grönroos 1988)? Empfunden wird ...
– **interaktionale Gerechtigkeit**, wenn den Beschwerdeführern Art und Weise, wie das Unternehmen ihrer Beschwerde behandelt, fair und menschlich erscheint.
– **prozedurale Gerechtigkeit**, wenn ihnen der gesamte Vorgang der Beschwerdebehandlung transparent und nachvollziehbar erscheint.
– **distributive Gerechtigkeit**, wenn die Entschädigung (= Kompensation), welche das Unternehmen anbietet, aus Sicht des Beschwerdeführers in einem angemessenen Verhältnis zum erlittenen Schaden steht.

Beschwerdezufriedenheit
Gemäß Matikiti et al. (2018) fördern alle drei Formen empfundener Gerechtigkeit Beschwerdezufriedenheit. Ähnlich argumentieren z.B. La/Choi (2019) und Jha/Balaji (2015). Dies erscheint einerseits theoretisch plausibel, war andererseits aber aufgrund der hohen Interkorrelation zwischen diesen Konstrukten auch zu erwarten. In der Untersuchung von Abd Rashid et al. (2022) bspw. variierten die Korrelationskoeffizienten zwischen 0.526 und 0.681 (n = 338 muslimische Auskunftspersonen). Überraschenderweise konnte in dieser Studie kein Einfluss von **Religiosität** auf den Zusammenhang „Art der Beschwerdebehandlung – Beschwerdezufriedenheit" festgestellt werden.

Hyodo/Bolton (2021) allerdings formulierten mit Blick auf die Konsequenzen distributiver Gerechtigkeit eine andere Einschätzung. Gemäß ihren Analysen sind Kunden mit einer materiellen Wiedergutmachung von Dienstleistungsmängeln zufriedener, wenn ihre religiösen Überzeugungen durch **Priming** aktualisiert und ihnen damit in der aktuellen Situation wieder bewusst wurden. Unternehmen können diesen Effekt unterstützen, indem sie sich offensichtlich bußfertig zeigen.[92] Die „Asche auf mein Haupt-Strategie" triggert bei religiösen Kunden die Bereitschaft, dem „Sünder" zu vergeben.

Nach erfolgreichem Service Recovery sind Beschwerdeführer bisweilen sogar zufriedener als Kunden, die keinen Beschwerdegrund hatten (vgl. de Matos et al. 2007). Erklären lässt sich dieses **Beschwerdeparadoxon** damit, dass eine erfolgreiche Beschwerde das Selbstwertgefühl der Beschwerdeführer stärkt. Dieser Effekt stellt sich allerdings nur dann ein, wenn der Servicefehler nicht gravierend ist und die Wiedergutmachungsbemühungen des Dienstleisters erheblich (vgl. McCollough 2009).

Spezielle Untersuchungen zur Rolle von Religionszugehörigkeit und Religiosität bei der Entstehung des Beschwerdeparadoxons gibt es unseres Wissens nicht. Vermuten allerdings kann man, dass religiöse Menschen besonders anfällig für dieses Phänomen sind. Denn das Beschwerdeparadoxon basiert auf der Zufriedenheit, die Kunden empfinden, wenn sie sich gegen einen scheinbar übermächtigen Anbieter durchgesetzt haben. Dies ist vor allem Menschen mit einer ausgeprägten **Kontrollorientierung** wichtig. Sie sind grundsätzlich überzeugt, durch ihr Handeln etwas bewirken zu können. Religionen, welche den Gläubigen in Aussicht stellen, für ein tugendsames Leben nach dem Tod entlohnt zu werden, fördern diese Form von Selbstkontrolle (vgl. Vitell et al. 2009, S. 605). Auch geben die monotheistischen Religionen den Gläubigen eine Vielzahl konkreter Verhaltensregeln an die Hand (vgl. Carter et al. 2012a; Geyer/Baumeister 2005). Deshalb erscheint es plausibel anzunehmen, dass Religiöse **kontrollorientiert** sind und zu **Selbstregulation** neigen (vgl. Carver/Scheier 2012; McCullough/Willoughby 2009). Falls dies zutrifft, müssten sich Religiöse besonders gut fühlen, wenn ihre Beschwerde Erfolg hatte.

Teil G: Preispolitik

Wir haben nur wenige Studien zur **betrieblichen Preispolitik** gefunden, die für das IRM von Interesse sind. Neben allgemeinen Überlegungen, bspw. zum Einfluss des islamischen Wucherverbots auf die **Preisgestaltung,** eine sehr spezielle Untersuchung der Preisfigur. Wie Wagner/Jamsawang (2014) festgestellt haben, nutzen Restaurants gehäuft religions- bzw. kulturspezifische Glückszahlen: 8 in konfuzianisch geprägten Gesellschaften (Ostasien), 7 im islamischen Raum und 5 bzw. 9 in von Hindus geführten Restaurants (Indien).

Weiterhin berichten McGraw et al. (2012): Unternehmen, die sich als gemeinwohlorientiert positionieren bzw. in der ein oder anderen Weise mit „Religion" oder „Gesundheit" assoziiert werden, müssen damit rechnen, dass viele Stakeholder von ihnen entsprechendes, moralisch tadelloses Verhalten erwarten. So schätzen es viele Konsumenten nicht, wenn konfessionell gebundene Unternehmen die üblichen „weltlichen" Marketingstrategien verfolgen: bspw. **Optimierung** der **Preisoptik,** um einen möglichst hohen Preis durchsetzen zu können.

Manager, die großen Wert auf Geld und materiellen Erfolg legen, neigen Singhapakdi et al. (2013) zufolge vermehrt dazu, preispolitisch unmoralische Entscheidungen zu treffen – bspw. das Angebot künstlich zu verknappen, um eine spürbare **Preiserhöhung** durchsetzen zu können. Extrinsische Religiosität verstärkt diese Verhaltenstendenz und intrinsische Religiosität vermindert sie.

Eine Ausnahme gibt es: **Finanzwirtschaftliche Themen** werden vergleichsweise häufig religionsvergleichend beforscht. Etwa, dass amerikanische Prüfungsgesellschaften von Unternehmen, deren Hauptsitz in einer besonders religiösen Region liegt, geringere Prüfgebühren als üblich fordern. Der Grund: Ein überproportional großer Anteil an Religiösen an der Wohnbevölkerung eines Distrikts wird aufgrund der Religiösen zugeschriebenen Moralität als eine Art „implizites Controlling" begriffen, welches den Prüfungsaufwand und das Prüfungsrisiko mindert. Beides rechtfertige einen Preisabschlag (vgl. Leventis et al. 2018). Weiterhin bewerten Rating Agenturen Unternehmen mit Standort(en) in überdurchschnittlich religiösen Regionen besonders gut, weshalb diese aufgrund ihrer Bonität günstigere Finanzierungen als Unternehmen an anderen Standorten erhalten (vgl. Cai/Shi 2019). Auch können sie ihr Eigenkapital günstiger finanzieren (vgl. El Ghoul et al. 2012).

Van Cranenburgh et al. (2014) haben das Investitionsgebaren religiöser Organisationen untersucht. Und Castro et al. (2020) zufolge erwirtschaften islamische Investmentfonds eine höhere Rendite als sozial verantwortliche Fonds und mehr noch als christliche Investmentfonds. Vorrangig hat sich die religionsvergleichende Forschung allerdings mit dem **Preisbewusstsein** und der **Zahlungsbereitschaft** religiöser und konfessionell gebundener Konsumenten befasst (vgl. G-3 und G-4).

1 Einstellung zu Geld und Besitz

„Du sollst nicht begehren Deines nächsten Hab und Gut." Diese und andere Warnungen oder Verbote finden sich in den Schriften aller Weltreligionen. Andererseits können auch sie nicht darüber hinwegsehen, dass Geld und Besitz wichtige Motivatoren menschlichen Handelns sind.

1.1 Aussagen der religiösen Schriften

Wohlstand wird im **Hinduismus** als Gunst der Götter angesehen (vgl. Lindrige 2005). In Manu Smriti (Kap. 3, Vers 40) heißt es, dass materieller Wohlstand eine Komponente eines guten Lebens ist, aber dem spirituellen Wohlstand untergeordnet (Kap. 3, Vers 66). Hindus sollen für schwere Zeiten vorsorgen und sparen (Kap. 7, Vers 213) sowie mit diversen Opfergaben die Götter und die Verstorbenen ehren (Kap.4, Vers 226).

Eines der Grundprinzipien des **Buddhismus** ist der Wandel. Alles unterliegt dem Kreislauf von Geburt, Tod und Wiedergeburt (Samsara). Als Konsequenz dieser Weltanschauung werden materielle Besitztümer als nachrangig angesehen, den mentalen Besitztümern untergeordnet. Begierden und Streben nach materiellem Reichtum gelten als Verursacher von Leid (vgl. Choi 2010, S. 159).

Im **Konfuzianismus** verpflichtet der Ahnen- und Familienkult den Einzelnen dazu, für die Vorfahren, die Kinder und für sich selbst zu sorgen. Die in diesen Gesellschaften besonders ausgeprägte Sparsamkeit ist nicht primär ökonomisch-rational begründet, sondern sozial: Mit der Verpflichtung, für die (Groß-)Familie (vor-)sorgen zu müssen.

Der **Islam** verbietet es, etwas bekommen zu wollen, wofür man nicht hart gearbeitet hat (Maisir). Dieser Logik folgend ist es auch nicht korrekt, den Preis anzuheben, ohne die Qualität oder Quantität des Angebots entsprechend zu erhöhen (vgl. Saeed et al. 2001, S. 138). Reichtum ist ein Geschenk Gottes und sollte nicht durch unfaire Praktiken erstrebt werden. Dazu zählen alle Maßnahmen, mit denen Preise künstlich in die Höhe getrieben werden. Allerdings sind Preiserhöhungen zulässig, wenn eine natürliche Knappheit besteht.

1.2 Erkenntnisse der empirischen Forschung

Am häufigsten wird die Einstellung zu Geld und Besitz als „**Love of Money**" operationalisiert. Einige Wissenschaftler nutzen auch einzelne Items der World Values Survey (WVS) oder der European Values Study (EVS) diesem Zweck.

Liebe zum Geld
Geld spielt im Leben moderner Gesellschaften eine Schlüsselrolle, bspw. als neutrale Verrechnungseinheit für den effizienten Austausch der unterschiedlichsten Leistungen oder als emotional konditionierte Triebkraft des sozialen Lebens (Motivator, Erfolgsmaßstab, Freiheits- und Machtsymbol etc.). Operationalisiert wurde die Einstellung zum Geld als drei- oder vierdimensionales Konstrukt „Love of Money" (LoM) mit Items wie ...
- „Money is a symbol of my success" (Success),
- „I am highly motivated by money" (Motivator),
- „I want to be rich" (Rich),
- „Money is an important factor in the lives of all of us" (Importance).

Was aber bewirkt LoM? Sind bspw. Menschen mit dieser Einstellung mit ihrem Leben zufriedener als Vergleichspersonen, denen Geld und Besitz weniger wichtig sind? Gemäß Hoetoro (2020), der hierzu 99 jüngere, gebildete Muslime befragt hat, nicht. Im Gegenteil: Liebe zum Geld übte in dieser Untersuchung einen – allerdings nicht signifikanten – negativen Einfluss auf die Lebenszufriedenheit der Befragten aus (ß = -0.127). Auch die Zufriedenheit von Mitarbeitern mit ihrer Entlohnung leidet unter dieser Einstellung (vgl. Tang/Chiu 2003). Empirisch gut gesichert ist überdies der Befund, dass LoM die Akzeptanz bzw. Wahrscheinlichkeit unethischen Verhaltens fördert, etwa Steuervermeidung oder die Bereitschaft zum Diebstahl geistigen Eigentums (vgl. Walker et al. 2012; Vitell et al. 2007; 2006).

Materialistischer Lebensstil
Sollten Menschen in Zukunft weniger Gewicht auf Geld und materiellen Besitz legen? Die Antwort auf diese Frage hängt u.a. von der **Konfession** der Auskunftspersonen ab. Wie eine Auswertung von WVS-Daten (vierte Welle) ergab, befürworten über 60 % der Protestanten und knapp drei Viertel der Juden, aber nur ein gutes Drittel der befragten russisch-orthodoxen Probanden einen weniger materialistischen Lebensstil (vgl. Abb. 30).

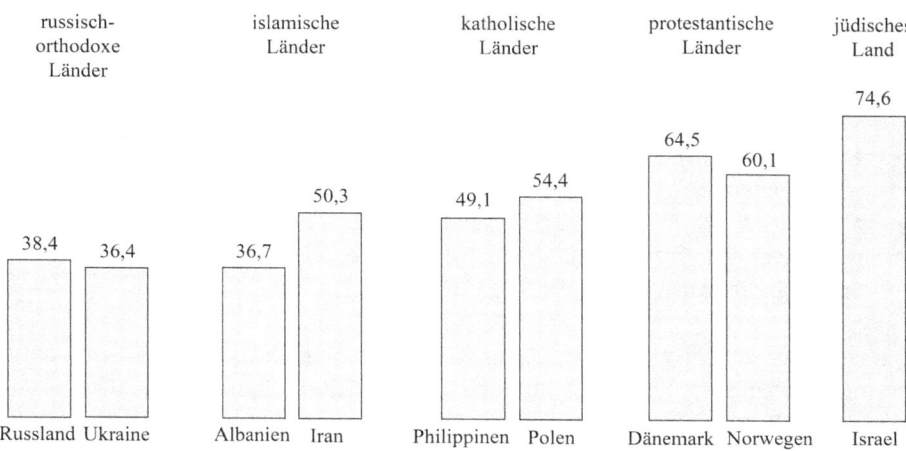

Abb. 30: Materialismus in ausgewählten Ländern (Quelle: EVS-Group, WVS-Association; 1999–2004).

Die vergleichsweise große Distanz von Protestanten zum materialistischen Lebensmodell entspricht dem Ideal des **asketischen Protestantismus**, der u. a. Sparsamkeit und Verzicht auf Luxus fordert. Erwerbsstreben dient aus dieser Sicht nicht in erster Linie dazu, die eigenen materiellen Bedürfnisse zu befriedigen. Vielmehr zeugt Reichtum von einem gottgefälligen Leben (vgl. C-2.9). Das orthodoxe Judentum fordert von den Gläubigen gleichfalls Mäßigung und Verzicht auf überflüssigen Besitz.

Durch eine Kombination von Feld- und Laborexperimenten konnten Kurt et al. (2018) einen Zusammenhang zwischen **Sparsamkeit** und der **Intensität religiöser Überzeugungen** nachweisen (vgl. auch Price et al. 2015). In den USA, einem gemischtkonfessionellen Land, haben religiöse Kunden in Lebensmittelgeschäften signifikant weniger ausgegeben als weniger religiöse Vergleichspersonen. Abgesehen von der bereits angesprochenen generellen Tendenz zu einem bescheidenen Lebensstil sorgen dafür zwei Besonderheiten von religiösen Konsumenten: Sie sind vergleichsweise wenig anfällig für Impulskäufe und verbringen weniger Zeit beim Einkaufen. Dafür spricht auch, dass sie nicht dazu neigen, sich zu verschulden, um ihren Konsum zu finanzieren, bzw. sich stärker bemühen, bestehende Schulden zu tilgen. Ähnliches hat Moraru (2012) beim Vergleich junger Muslime mit jungen Christen festgestellt (überwiegend Evangelisch-Lutherische).

1.3 Besitztumseffekt

Dass der subjektive Wert einer Sache oft nicht deren objektivem, monetärem Wert entspricht, ist hinreichend bekannt. Liebhaber von Oldtimern etwa bezahlen selbst für höchst mitgenommene Autos älterer Bauart bisweilen Summen, über die andere nur den Kopf schütteln. Innerhalb dieses Forschungsfeldes beschreibt der Besitztums- bzw. Endowment-Effekt das systematische Auseinanderklaffen der Preisvorstellungen von Käufern und Verkäufern. Wer ein Gut besitzt, dem erscheint dieses regelmäßig wertvoller als jenen, welche dieses Gut nicht besitzen (vgl. Knetsch/Sinden 1984). Erklärt wird dieses Phänomen aus ...
- ökonomischer Sicht als generalisierte Verlustaversion (vgl. Kahneman et al. 1991),
- psychologischer Sicht als Konsequenz der Integration des Besitzes in das erweiterte Ich des Besitzenden (vgl. Morewedge 2009).

Qin et al. (2017) haben mit einem religionsvergleichenden Ansatz in einer Reihe von Experimenten den Besitztumseffekt für **verschiedene Güter** empirisch bestätigt. Die Religiosität der Versuchsteilnehmer wurde teils gemessen, teils geprimt. Erklärt haben sie deren Wirkung (vgl. Abb. 31) mit dem Hinweis, dass alle Religionen auf die ein oder andere Weise von den Gläubigen fordern, mit dem zufrieden zu sein, was sie besitzen („Du sollst nicht begehren Deines Nächsten ..."). Dies verleihe dem eigenen Besitz einen besonderen Wert. Shtudiner et al. (2019) zufolge beeinflusst der Besitztumseffekt auch das Preisgebaren auf dem Markt für **religiöse Souvenirs**.

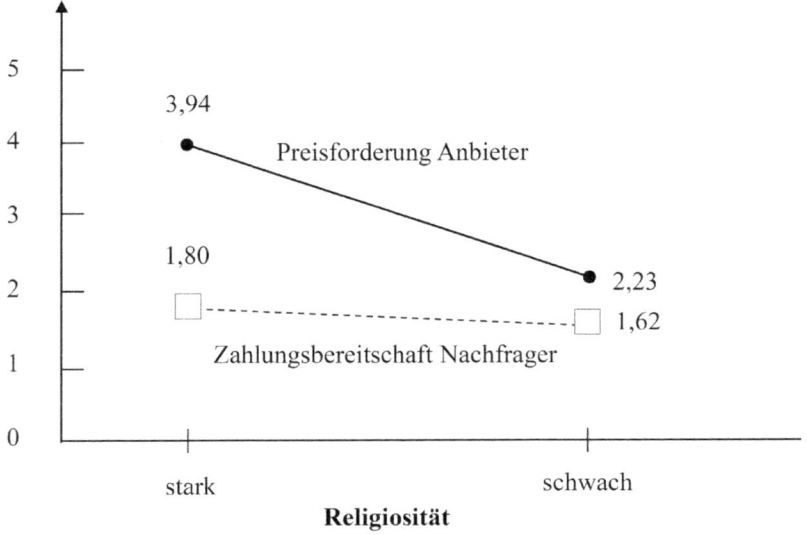

Abb. 31: Einfluss von Religiosität auf den Besitztumseffekt (Quelle: eigene Darstellung auf Basis von Qin et al. 2017).

2 Preisfairness

Spätestens, seitdem Käufer und Verkäufer nicht mehr Ware gegen Ware, sondern Ware gegen Zahlungsmittel tauschten, stellt sich die Frage, was „recht und billig" ist. Das Konstrukt der Preisfairness richtet das Augenmerk allerdings nicht vorrangig auf das „billig" (was primär durch das Konstrukt Preiszufriedenheit erfasst wird), sondern auf das „recht". Empfindet der Nachfrager das Preisgebaren des Anbieters als gerecht – gerecht sowohl hinsichtlich des Verfahrens als auch des Ergebnisses der Preisbildung (vgl. Diller et al. 2021, S. 143)?

2.1 Gerechter Preis

Die Diskussion über den gerechten Preis zählt zu den Klassikern des religionssoziologischen Schrifttums. Im Mittelalter wollte man mit Hilfe dieses Konstrukts zunächst ausschließlich den **Verkäufer** schützen. Prinzipiell galt im Geltungsbereich des Römischen Rechts zwar Vertragsfreiheit. Hatte aber der Käufer den Verkäufer „um mehr als die Hälfte unter den gerechten Preis" heruntergehandelt, konnte dieser entweder vom Vertrag zurücktreten oder Schadenersatz fordern. Später wandte man das Konstrukt des gerechten Preises auch zum Schutz des **Käufers** an, wenn auch weniger entschieden als zum Schutz des Verkäufers. Im weiteren Verlauf entwickelten sich im Mittelalter drei unterschiedliche Preislehren.

Mittelalterliche Preislehren: Die dogmatische Sicht
Die **thomistische Richtung** geht auf Albertus Magnus, den Lehrer von Thomas von Aquin, zurück. Sie betrachtete den zum Zeitpunkt des Kaufs an einem bestimmten Ort gültigen Marktpreis als den gerechten Preis. Dabei wurden ernsthaft Überlegungen wie die Folgende diskutiert:

> Ist „ein Kaufmann, der Waren zum Markt bringt und weiß, dass ihm weitere Warenlieferungen folgen, gehalten, diese den erzielbaren Preis senkende Tatsache am Markt bekannt zu machen? Thomas von Aquin meint, eine solche Mitteilung sei zwar besonders tugendhaft, doch sei der Kaufmann das gerechterweise nicht schuldig" (Kaufer 1998, S. 112).

Die von Johannes Duns Scotus (1266–1308) begründete **scotistische Preislehre** akzeptierte, dass der gerechte Preis neben den Entstehungskosten einer Leistung auch den Lebensunterhalt der Familie des Kaufmanns gewährleisten muss. Denn dieser erfülle eine für die Gemeinschaft nützliche Funktion.

Einen Schritt weiter geht die **behördlich-diskretionäre Preislehre** des Heinrich von Langenstein (1325–1397). Dessen korporatistischer Denkansatz widerspricht dem Prinzip der freien Preisbildung gemäß der thomistischen Gerechtigkeitslehre. Der gerechte Preis solle nicht nur den Lebensunterhalt sichern, sondern dem Kaufmann eine standesgemäße Lebensführung ermöglichen. Um dies sicherzustellen, sei der gerechte Preis im Einzelfall behördlich festzusetzen. Insofern kann von Langenstein als geistiger Wegbereiter städtischer bzw. staatlicher Gebührenordnungen angesehen werden.

Erkenntnisse der empirischen religionsvergleichenden Forschung
Was aber halten die heute lebenden Menschen von der nunmehr praktizierten Art und Weise der Preisbildung? Wie verfahrens- und ergebnisgerecht erscheint sie ihnen? Von diesen Fragen ausgehend haben De Noble et al. (2007) untersucht, ob zwischen Religiosität und der Einstellung zur Preisbildung ein beachtenswerter Zusammenhang besteht. Wie ihre Befragung amerikanischer Wirtschaftsstudenten ergab, korreliert intrinsische Religiosität mit eher skeptischen Einstellungen zur **Fairness** der **Preisbildung** durch den Markt (z. B. „Belief in price of goods determined in market place", „Belief in fairness of market place to trade", „Trust in market place to set price").

Gemäß einer Befragung von Restaurantbesuchern in Bangladesch (vgl. Ahmed et al. 2023) fördert die wahrgenommene Preisfairness die **Kundenzufriedenheit** in vergleichbarem Maße (ß = 0.376) wie die empfundene Servicequalität (ß = 0.326). Wichtiger sind für Unternehmen allerdings die Auswirkungen auf die **Kundentreue.** Sie profitiert von einem fairen Preisgebaren deutlich mehr (ß = 0.202) als von der Servicequalität (ß = 0.051). Die überaus plausible These, dass religiöse Kunden besonders sensibel auf Fairness und Unfairness reagieren, hat die religionsvergleichende Forschung unverständlicherweise bislang stark vernachlässigt. Zu den Ausnahmen zählen Sayuti/Amin (2019). Ihren Analysen zufolge fördert wahrgenommene Preisfairness die **Nachfrage** muslimischer Bankkunden nach Finanzprodukten einer islamischen Bank in Malaysia (Hypothekenkredit).

2.2 Fairness-Signaling

Ob ein Preis fair oder gerecht ist, können Kunden aufgrund der systematischen Informationsasymmetrie zwischen Anbieter und Nachfrager zumeist nicht verlässlich beurteilen. Dann bleibt nur übrig, aus dem Verhalten des Anbieters oder anderen Signalen auf dessen Fairness zu schließen. Anbieter können ihre Preisfairness u. a. durch **Preisgarantien** zum Ausdruck bringen: die Zusage, dass Kunden vom Kauf zurücktreten dürfen oder sich den Differenzbetrag ausbezahlen lassen können, sollten sie ein günstigeres Angebot eines Konkurrenten nachweisen (vgl. Diller et al. 2021, S. 384f.).

Ein anderes, zunehmend beliebtes Mittel, um Preisfairness im Speziellen und Vertrauenswürdigkeit im Besonderen zu signalisieren, sind **Siegel** bzw. **Zertifikate**, bspw. Bio- oder Nachhaltigkeitssiegel (vgl. Hamilton/Zilberman 2006). Um zu verhindern, dass opportunistische Anbieter die besondere Situation im Markt für „reine Güter" nutzen, um unverhältnismäßig hohe Preise zu fordern, wurden **Halal-** und **Koscher-Gütesiegel** etabliert, die von neutralen Institutionen vergeben werden (Third-party Certification;

vgl. Starobin/Weinthal 2010). Besonders sind diese Märkte deshalb, weil bei der Produktion und Distribution von reinen Lebensmitteln und anderen Gütern spezielle religiöse Vorschriften zu beachten sind, die **zusätzliche Kosten** verursachen. Kostenwirksam ist auch der Mengennachteil einer Produktion für den eher kleinen Markt der Strenggläubigen (Costs of Small Scale).

3 Preisbewusstsein

Gabor/Granger (1961) haben dieses Konstrukt in die wissenschaftliche Literatur eingeführt. Unter Preisbewusstsein verstehen sie „the extent to which housewives are conscious of the price of an article at the time of its purchase." Da sich diese „vor-feministische" Definition für die empirische Forschung jedoch als zu allgemein erwies, wird Preisbewusstsein in der neueren Literatur zumeist in **Preisinteresse, Preisorientierung** und **Preissensitivität** aufgespalten.

3.1 Eindimensionale Operationalisierung

In einige religionsvergleichende Studien fand das Konstrukt in seiner undifferenzierten Form Eingang. So hat Hirschmann (1983) neben Protestanten vor allem Katholiken als preisbewusst beschrieben. Mokhlis et al. (2006a) attestierten den von ihnen befragten Muslimen das stärkste ($\bar{x}$ = 3,74) und Hindus das schwächste Preisbewusstsein ($\bar{x}$ = 3,45).[93] Für die christlichen Studienteilnehmer ergab sich auf der fünfstufigen Likert-Skala ein Mittelwert von 3,65 und für die buddhistischen Studienteilnehmer von 3,64. Aufgrund dieser geringfügigen Mittelwertunterschiede kann das Fazit nur lauten: Es bestehen keine nennenswerten Unterschiede im Preisbewusstsein[94] überdurchschnittlich gebildeter malaiischer Konsumenten unterschiedlicher **Konfession**. Einen etwas größeren Erklärungsbeitrag leistet auch hier der Grad der **Religiosität** (vgl. Mokhlis 2009b): Streng Religiöse sind demzufolge etwas preisbewusster als moderat und schwach Religiöse ($\bar{x}$ = 3,94 vs. 3,66 vs. 3,34).[95]

Sood/Nasu (1995) haben Strengreligiöse und moderat Religiöse in Japan (Buddhismus sowie Shintoismus) und in den USA befragt (überwiegend Protestanten). Die Versuchsteilnehmer sollten sich zunächst vorstellen, sie würden ein hochpreisiges Rundfunkgerät kaufen, und sodann 20 Statements beurteilen, welche die verschiedensten Facetten dieser fiktiven Kaufentscheidung betreffen:
– Produktauswahl (Qualität, Markenname etc.),
– Einkaufsstättenpräferenz (Sortiment, Preis etc.),
– Informationsbeschaffung (Medien, Meinung von Freunden etc.).

Während religiöse Überzeugungen die Kaufmotive von Japanern nicht wesentlich beeinflussten, konnten Sood/Nasu (1995) bei amerikanischen Konsumenten zwei Effekte nachweisen. Im Vergleich zu weniger Gläubigen sind strenggläubige Protestanten demnach die rationaleren und preisbewussteren Konsumenten, die bei Schlussverkäufen und in preisgünstigen Geschäften gezielt nach vorteilhaften Angeboten suchen. Auch bezweifeln sie, dass höhere Preise gute Qualität garantieren. Eine mögliche Erklärung bietet die Prädestinationslehre: Dass ihn Gott auserwählt hat, kann der gläubige Protestant sich und der Welt durch harte, ehrliche Arbeit sowie seinen so erworbenen Wohlstand beweisen. Die protestantische Arbeitsethik geht offensichtlich mit der Präferenz für rationales Konsumverhalten einher.

Eine eigene empirische Untersuchung im Raum Sachsen stützt den Befund. Strenggläubige, vorwiegend protestantische Jugendliche zeigten sich etwas preisbewusster als weniger religiöse (vgl. Abb. 32).

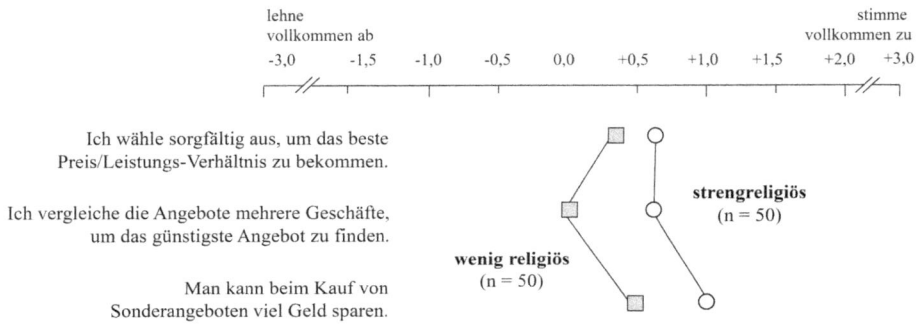

Abb. 32: Religiosität und Preisbewusstsein (Quelle: eigene Erhebung).

Usman et al. (2022) wollten wissen, wie sich das Preisbewusstsein indonesischer Konsumenten auf deren Absicht, **Halal-zertifizierte Lebensmittel** zu kaufen, auswirkt. Ergebnis: generell negativ; allerdings wird dieser Effekt durch die Intensität der Religiosität der Auskunftspersonen moderiert. Demzufolge tendieren sehr religiöse Preisbewusste bei Halal-Produkten weniger zu Kaufzurückhaltung als moderat oder schwach Religiöse mit vergleichbarem Preisbewusstsein.

Zusammenfassend lässt sich festhalten, dass strenggläubige Menschen etwas preisbewusster sind als weniger Religiöse. Dies mag im Persönlichkeitsprofil der Religiösen begründet liegen. Sie gelten als diszipliniert und verantwortungsbewusst, nicht zuletzt auch in finanziellen Angelegenheiten (vgl. Wiebe/Fleck 1980). Dafür spricht auch die ausgeprägte Sparbereitschaft religiöser Haushalte (vgl. Renneboog/Spaenjers 2011).

3.2 Mehrdimensionale Operationalisierung

Von der allgegenwärtigen Vernachlässigung preispolitischer Fragestellungen im Marketing ist das Thema „mehrdimensionales Preisbewusstsein" in besonderem Maße betroffen, so auch im IRM. In dessen Frühphase identifizierten mehrere Wissenschaftler faktorenanalytisch Dimensionen des Käuferverhaltens. Teilweise werden diese auch als Käufertypen bezeichnet (vgl. C-4). Wichtige Kriterien der Typenbildung sind **Preisinteresse** und **Preisorientierung** der Befragten (vgl. Tab. 35).

Tab. 35: Einfluss der Konfession auf Preisinteresse und Preisorientierung
(Quelle: [1] Bailey/Sood 1993; [2] Hirschman 1983; [3] Sood/Nasu 1995; [4] Mokhlis 2009b; [5] Essoo/Dibb 2004).

	Muslime	Katholiken	Protestanten	Juden	Hindu	Buddhisten
Suche nach Preisinformationen	−[1]	−[1] +[5]				
Preis ist wichtiges Kaufkriterium		+[2]	+[2/3]		+[2]	+[1]
Preis ist wichtiges Kriterium der Geschäftsstättenwahl	+[3]				−[4]	

Lesebeispiel: Muslime und Katholiken suchen weniger intensiv nach Preisinformationen, bevor sie eine Kaufentscheidung treffen.

Preisinteresse

Unter Preisinteresse versteht man das Bedürfnis der Nachfrager, vor einer Kaufentscheidung **Preisinformationen** zu beschaffen (vgl. Diller et al. 2021, S. 99). Wie der Arbeit von Bailey/Sood (1993, S. 342) zu entnehmen ist, achtet der „rationale Käufer" sehr bewusst auf das allgemeine Preisniveau eines Geschäfts, kauft stets möglichst zum niedrigsten Preis ein und erwirbt daher vorrangig Produkte im Sonderangebot. Der „informierte Käufer" sucht aktiv nach Preisinformationen, und „praktische Käufer" schätzen Preisverhandlungen, Sonderpreisaktionen sowie die Möglichkeit, auf Kredit einkaufen zu können.

Katholiken zählen dieser Studie zufolge vermehrt zu den weniger informierten Käufern. Zwar achten sie aufgrund ihrer Neigung zu Sparsamkeit darauf, wann in welchen Geschäften welche Sonderangebote günstig zu erwerben sind. Bei komplexeren Kaufentscheidungen aber orientieren sie sich primär an den Ansichten, die in ihren sozialen Bezugsgruppen vorherrschen. Zum einen, weil ihnen soziale Beziehungen und die Meinung anderer Menschen wichtig sind, und zum anderen, weil es ihnen weniger wichtig ist, sich selbstständig ein Urteil zu bilden. Auch **Muslime** achten demnach bei ihren Kaufentscheidungen auf Aktionsangebote und andere Preisvorteile. Jedoch ist auch ihr Bedürfnis, hierzu intensiv Informationen einzuholen, eher gering. In ihrem Fall lässt sich dies mit einem vergleichsweise fatalistischen Weltbild sowie externer Kontrollüberzeugung erklären. Ereignisse sind demnach weniger abhängig vom Einzelnen als von einer höheren Macht. **Hindus** wird gleichfalls ein unterdurchschnittliches

Preisinteresse attestiert, was mit der relativ großen Distanz dieser Glaubensgemeinschaft zur Welt des Konsums zusammenhängen dürfte.

Der Typus des **Economic Shoppers**, den Essoo/Dibb (2004) identifiziert und beschrieben haben, ist unter Religiösen überproportional häufig vertreten, vor allem unter Hindus und bedingt auch Muslimen. Ökonomisch denkende Konsumenten achten stark auf den Preis einer Ware und versuchen systematisch, Sonderangebote zu nutzen. Impulsive Kaufentscheidungen sind ihnen fremd.

Ein indirekter Indikator des Preisinteresses ist der Stellenwert, den **Preisverhandlungen** in einer Gesellschaft besitzen. Während dem Feilschen im christlichen Kulturraum eine vergleichsweise geringe Bedeutung zukommt, erfüllt es in allen beziehungsorientierten kollektivistischen Gesellschaften eine bedeutende **soziale Funktion**. Dies gilt bspw. für alle arabischen Länder, wo Käufer und Verkäufer während einer Preisverhandlung eine persönliche Beziehung eingehen, worauf dann die geschäftliche Beziehung aufbaut.

Preisorientierung

Dieses Konstrukt erfasst den Stellenwert, welcher dem Preis einer Ware bei Kauf- und Konsumentscheidungen beigemessen wird. Besondere Beachtung erfährt dabei die preisorientierte Qualitätsbeurteilung. Da Käufer die Qualität einer angebotenen Leistung häufig nicht oder nur mit großem Aufwand hinreichend beurteilen können, schließen viele vom Preis auf die Qualität. Denn die **Preis/Qualitäts-Heuristik** bietet Konsumenten den unschätzbaren Vorteil, dass die Preisinformation leicht zugänglich und vermeintlich objektiv beurteilbar ist.

Explizit untersucht wurde diese These von der religionsvergleichenden Forschung bislang nicht. Man kann lediglich aufgrund der Untersuchung von Mokhlis (2006b) vermuten, dass streng Religiöse einen engen Zusammenhang zwischen Preis und Qualität unterstellen, sofern es sich um intrapersonale Religiosität handelt. Denn sie legen großen Wert auf die Qualität eines Angebots und weniger auf dessen Preis (vgl. Abb. 33).

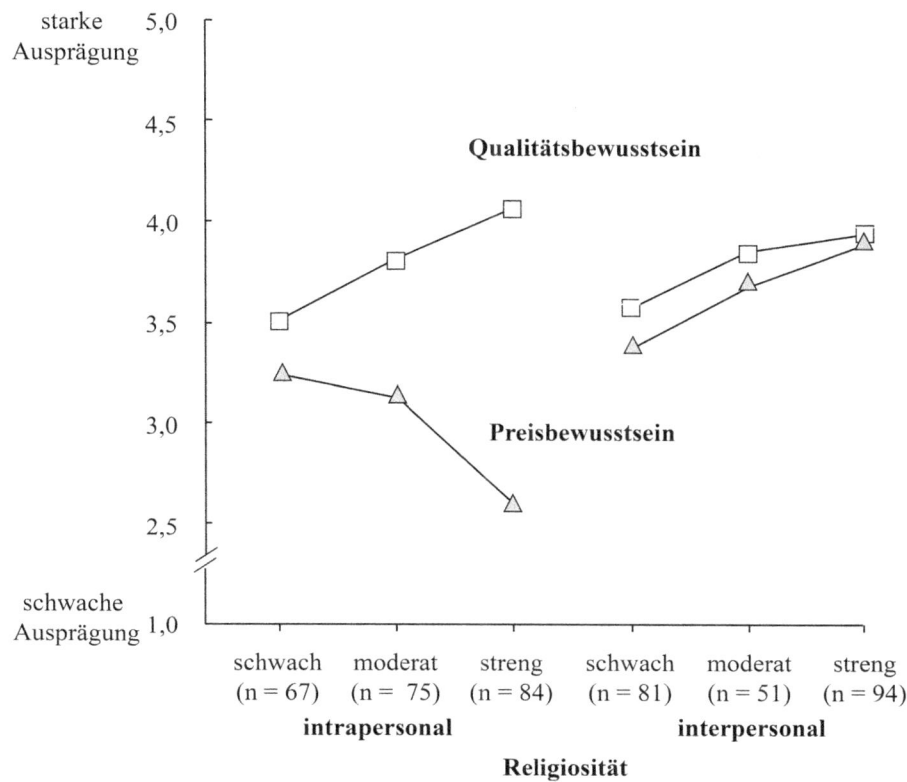

Abb. 33: Qualitäts- und Preisbewusstsein (Quelle: in Anlehnung an Mokhlis 2006b, S. 71).

Der Typus des „**Economic Shoppers**" (vgl. Essoo/Dibb 2004; Sood/Nasu 1995) ist unter religiösen Konsumenten überdurchschnittlich häufig anzutreffen. Bei Kaufentscheidungen achtet er zunächst und hauptsächlich auf den Preis. Es ist ihm wichtig, Sonderangebote systematisch zu nutzen, bspw. durch eine entsprechende Einkaufsplanung. Zu impulsiven Kaufentscheidungen neigt dieser Typus nicht.

Den Einfluss von **Religiosität** auf die Preisorientierung haben bislang lediglich Davis/Jai (2014) untersucht. In ihrer Online-Befragung gaben sich religiöse amerikanische Studenten (n = 333) als überdurchschnittlich preisbewusste Käufer von Bekleidungsartikeln zu erkennen. Signifikant stärker als weniger religiöse Vergleichspersonen stimmten sie folgenden Aussagen zu:
- „I buy as much as possible at sale prices."
- „The lower price products are usually my choice."
- „I look carefully to find the best value for the money."

Preissensitivität
Das Konzept der Preissensitivität ähnelt dem der Preiselastizität. Beide geben an, in welchem Maße Konsumenten auf eine **Preisänderung** reagieren und **Preise vergleichen**, bevor sie eine Kaufentscheidung treffen. Preissensitivität wird von verschiedenen Faktoren moderiert.
- **Soziografische Moderatoren**: Einkommensschwache Konsumenten sind preissensibler als einkommensstarke (vgl. Gilbert/Warren 1995).
- **Psychografische Moderatoren**: Menschen, die der Welt des Konsums zugetan sind und denen es ein Bedürfnis ist, andere bei Kaufentscheidungen zu beraten (Market Mavens), empfinden Freude dabei, Preise zu vergleichen (vgl. Urbany et al. 1996).
- **Kulturspezifische Moderatoren**: In zeitgeizigen Kulturen („Zeit ist Geld") werden Einkäufe schneller erledigt, wird weniger gefeilscht, und Preise haben nicht die Bedeutung inne, wie in Kulturen, in denen Zeit keine entscheidende Rolle spielt. Für zukunftsorientierte Gesellschaften ist die Bereitschaft, Mühen und Leiden in der Gegenwart auf sich zu nehmen, um dafür in der Zukunft belohnt zu werden, charakteristisch. Entsprechend ist man dort auch eher bereit, für Produkte mit einer besonders langen Lebensdauer oder für eine Verlängerung der Gewährleistungsfrist (d.h. für einen zukünftigen Nutzen) heute einen höheren Preis zu bezahlen.

Unseres Wissens hat die religionsvergleichende Forschung dieses Thema bislang **weitestgehend ignoriert**. Wir haben hierzu lediglich einen konzeptionellen Beitrag gefunden, der aber in jeder Hinsicht völlig unzulänglich ist (vgl. Abd Aziz et al. 2015). Bereits der Titel, der auf eklatante Weise Ursache und Wirkung vertauscht, offenbart dies: „The moderating effect of product quality on religiosity, price sensitivity, personnel responsiveness and purchase intention." Wie soll die (wahrgenommene) Produktqualität die Religiosität der Probanden beeinflussen? Davon abgesehen findet sich noch bei Islam/Chandrasekaran (2016) der Hinweis, wonach Strengreligiöse etwas preissensibler sind als andere. Und für gemeinnützige Organisationen kann es hilfreich sein zu erfahren, dass Spender weniger preissensibel sind, wenn der Spendenaufruf einen religiösen Hintergrund hat (vgl. Gruber 2004).

Indirekt kann man aus der theoretisch und methodisch äußerst hochwertigen Studie von Lee et al. (2020) auf einen positiven Zusammenhang zwischen **Konfuzianismus** und Preissensibilität schließen. Zwar haben diese Wissenschaftler den Einfluss von Akzeptanz von Machtdistanz[96] auf Preissensibilität untersucht. Aber in China, Korea, Vietnam und anderen Ländern, in denen die Lehren von Konfuzius das soziokulturelle Leben nachhaltig geformt haben, zählt Akzeptanz von Machtdistanz zu den Kulturstandards. Deshalb erscheint die Vermutung Konfuzianismus > Preissensibilität plausibel, zumal sie auch theoretisch begründet werden kann: mit dem Konstrukt „Need for Closure", dem Bedürfnis nach zügigem Abschluss von Handlungen. Konsumenten, die aufgrund ihrer konfuzianischen Prägung verstärkt Machtdistanz akzeptieren, sind weniger preisempfindlich, weil ihr Abschlussbedürfnis sie motiviert, möglichst schnell eine

Kaufentscheidung zu fällen. Dabei wäre die Suche nach dem vorteilhaftesten Preis hinderlich.

4 Preis- bzw. Zahlungsbereitschaft

Unter Preis- bzw. Zahlungsbereitschaft versteht man die grundsätzliche Absicht von Marktteilnehmern, **mindestens** oder **höchstens** einen bestimmten Betrag für eine Leistung zu entrichten. In den Verhaltensmodellen der Marketingforschung ist dieses Konstrukt häufig die maßgebliche Zielgröße. Und Unternehmen möchten wissen, ob ihre Zielgruppe eine Produktinnovation oder Produktmodifikation[97] nicht nur auf der Einstellungsebene akzeptiert, sondern auch bereit ist, dafür einen angemessenen Preis zu bezahlen. Bei entsprechenden Analysen sind verschiedene **Moderatoren** zu beachten:
- sozioökonomische Variablen (bspw. verfügbares Einkommen),
- psychografische Variablen (bspw. Sparsamkeit, Lebensstil),
- Produktart (bspw. sozialverträgliche Produkte),
- Marketingmaßnahmen (bspw. Markierung).

Weiterhin spielt die **Art** der **Geschäftstätigkeit** eine gewisse Rolle. Mag auch das Gewinnerzielungsmotiv allgemein akzeptiert sein: Unternehmen, die sich als gemeinwohlorientiert positionieren bzw. in der ein oder anderen Weise mit „Religion" oder „Gesundheit" assoziiert werden, müssen damit rechnen, dass viele Konsumenten es nicht schätzen, wenn sie die üblichen Marketingstrategien einsetzen: bspw. Optimierung der Preisoptik,[98] um einen möglichst hohen Preis durchsetzen zu können (vgl. McGraw et al. 2012).

4.1 Einfluss der Produktherkunft

Ihr Persönlichkeitsprofil (z. B. konservativ, ethnozentrisch) prädestiniert Religiöse dazu, importierte Produkte abzulehnen und Einheimischem, möglichst Regionalem, den Vorzug zu geben (vgl. E-3.7). Moderiert wird der **Region of Origin-Effekt** u. a. durch Alter und Bildungsniveau der Befragten. So wächst mit den Lebensjahren die Präferenz für regionale Produkte (vgl. Pícha/Skořepa 2018; Wolf/Thulin 2000).

Aber steigert die Präferenz auch die Zahlungsbereitschaft für **regionale Produkte**? In Maßen, wie eine eigene empirische Untersuchung zeigt. Befragt wurden 100 Jugendliche aus dem Raum Sachsen (50 wenig und 50 sehr Religiöse). Gemäß ihrer Selbsteinschätzung würden Strengreligiöse im Durchschnitt 14,3 % mehr für ein Produkt aus der Region zahlen, während moderat Religiöse nur einen Aufpreis von 6,3 % für akzeptabel hielten. Ähnliches haben Heiman/Just (2021) beobachtet. Durchschnittlich wären die von ihnen befragten 442 Israelis gemäß Selbstauskunft bereit, für lokal produziertes Obst und Gemüse bis zu 15 % mehr zu bezahlen als für Erzeugnisse aus anderen Ländern. Je religiöser die Auskunftspersonen waren, desto größer ihre geäußerte Zahlungsbereitschaft.

Nicht zuletzt kann es auch von der **Konfession** abhängen, welchen Preis Konsumenten gegebenenfalls bezahlen würden. Byrne et al. (2021) wollten von den amerikanischen Teilnehmern an ihrer Online-Befragung wissen, was sie für ein Kilo qualitativ gleichwertiger (!) Trauben aus sechs ausländischen Anbaugebieten bezahlen würden, wenn amerikanische Trauben 2,00 $ kosten. Die gemittelten Angaben (vgl. Abb. 34) offenbaren einem deutlichen **Country of Origin-Effekt**, der sich unterteilen lässt in einen ...

– Home Bias:[99] Für heimische Trauben wären die Probanden bereit, wesentlich mehr zu bezahlen als für ausländische Erzeugnisse, trotz qualitativer Gleichwertigkeit aller Angebote.
– Animositäts-Effekt (vgl. E-3.7): Besonders gering ist die Zahlungsbereitschaft für Trauben, die aus Feindesland stammen. Für Amerikaner jüdischen Glaubens sind dies „palästinensische Trauben" und für Amerikaner islamischen Glaubens „jüdische Trauben". Eine Sonderrolle spielen „russische Trauben". Angesichts der traditionellen Rivalität zwischen Russland und den USA würde die Gesamtstichprobe (n = 10.049) für sie am wenigsten bezahlen wollen. Davon ausgenommen sind Amerikaner islamischen Glaubens, weil sie Russland als einen Verbündeten im Palästina-Konflikt wahrnehmen.

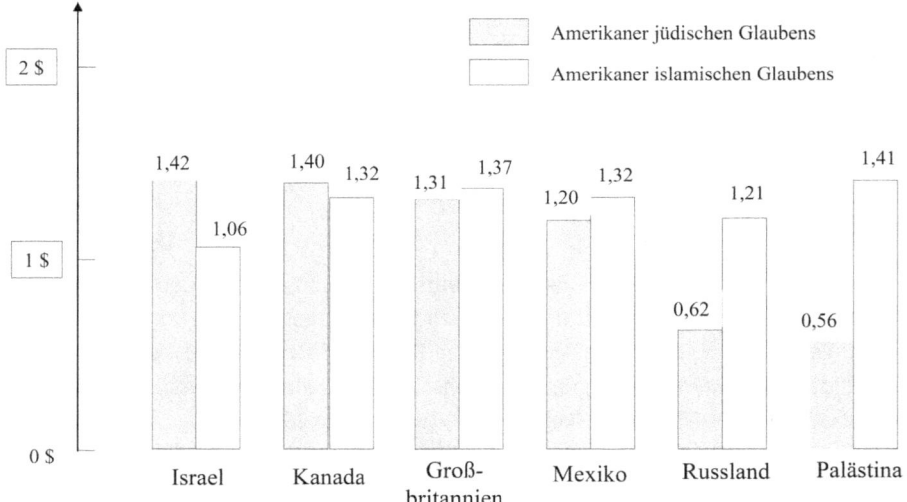

Abb. 34: Zahlungsbereitschaft in Abhängigkeit von der Konfession (Quelle: eigene Darstellung auf Basis von Byrne et al. 2021, S. 27).

Ursächlich für den Region of Origin- und den Country of Origin-Effekt dürfte zum einen der **Gemeinschaftssinn** der Religiösen sein und damit zusammenhängend deren

Wunsch, in der Region ansässige Unternehmen sowie deren Arbeitnehmer durch ihr Kaufverhalten zu unterstützen. Tatsächlich korrelierten in der Studie von Byrne et al. (2021) neben dem hier angesprochenen ökonomischen Patriotismus genereller Patriotismus, Nationalismus und Xenophobie negativ mit Zahlungsbereitschaft, allesamt typische Eigenschaften vor allem von Strengreligiösen. Ihnen geht somit ab, was für den Kauf von Importware unabdingbar ist: kulturelle Offenheit.

4.2 Einfluss der Markierung

Die zentrale Rolle, welche die Markenpolitik für Unternehmen und somit auch für das Marketing spielt, haben wir bereits im Rahmen der Produktpolitik näher beleuchtet (vgl. E-4). Im Folgenden erörtern wir grundlegende Formen der Markierung: die weltliche und die religiöse Markierung.

Weltliche Markierung

Die Bereitschaft von Kunden, für ein Markenprodukt mehr zu bezahlen als für vergleichbare Konkurrenzangebote, ist ein Maß der **Markenstärke** (vgl. E-4). Vor allem qualitäts- und statusbewusste Konsumenten sind im Regelfall dazu bereit. Dieser Typus ist unter Katholiken häufiger anzutreffen. Wie eine Befragung von 154 deutschen Verbrauchern ergab, sind sie für das **Qualitäts-** und **Prestigeversprechen** von Markenartikeln empfänglicher als Protestanten und nach eigenem Bekunden auch bereit, dafür ein entsprechendes **Preispremium** zu entrichten (vgl. Tab. 36).

Tab. 36: Mehrpreisbereitschaft in Abhängigkeit von der Konfession (Quelle: Eigene Erhebung 2007).

Mehrpreisbereitschaft	Katholiken	Protestanten	p
Eine Marke, die meine Ansprüche erfüllt, würde ich anderen gegenüber bevorzugen, auch wenn sie teurer ist.	1,30	0,78	0,03
Für eine Marke, die meine Ansprüche erfüllt, würde ich einen höheren Preis bezahlen.	1,27	0,80	0,07
Eine Marke, die meine Ansprüche erfüllt, kann gerne auch mehr kosten.	1,14	0,63	0,05
Anmerkung: Mittelwerte auf einer Skala von −3 „lehne voll und ganz ab" bis +3 „stimme voll und ganz zu", Ergebnisse eines t-Tests (n = 154)			

Für spirituell orientierte Verbraucher allerdings gilt dies nicht. Sie sind nicht bereit, den marktüblichen Mehrpreis von **Gütern** des **demonstrativen Konsums** (bspw. Smartphone) zu entrichten (vgl. Stillmann et al. 2012).

Religiöse Markierung

Die verschiedenen **Halal**- und **Koscher**-Zertifikate können als eine religiöse Form der Markierung angesehen werden. In der englischsprachigen Literatur bezeichnet man sie als „Faith Labels". Prinzipiell akzeptieren die meisten Muslime für zertifizierte Produkte und insb. für Halal-Lebensmittel einen höheren Preis. Laut Verbeke et al. (2013) wären belgische Muslime durchschnittlich bereit, in einer islamischen Metzgerei für zertifiziertes Fleisch bis zu 13 % mehr zu bezahlen als in einem Supermarkt. Förderlich sind eine positive Einstellung hierzu und ein dezidiert religiöses Selbstbild (vgl. Iranmanesh et al. 2019).

Muslime, denen bewusst ist, dass es nicht genügt, wenn nur das **Produkt** halal ist (z. B. „Halal logistics is important to prevent contamination during transportation"), würden nach eigenem Bekunden auch für eine Halal-**Logistik** einen angemessen Preis entrichten und entsprechend zertifizierte Dienstleistungen verstärkt nachfragen (vgl. Fathi et al. 2016). Im Falle von Halal-Transportdienstleistungen moderiert Religiosität die Beziehung zwischen dem einschlägigen Wissen und der Zahlungsbereitschaft. Religiöse Muslicme, die sich mit den Zielen und Hintergründen der Halal-Zertifizierung gut auskennen, würden laut Selbstauskunft für entsprechend markierte Transportdienstleistungen signifikant mehr bezahlen als wenig religiöse und eher unwissende Vergleichspersonen (vgl. Ngah et al. 2021).

Andere sind der Frage nachgegangen, ob und in welcher Weise das Wissen, dass ein Anbieter **derselben Religionsgemeinschaft** angehört wie man selbst, die Zahlungsbereitschaft beeinflusst. Gemäß Siala (2013) besteht im Falle des Kaufs von Kfz-Versicherungen zwischen der Religiosität der Nachfrager bzw. deren religiösem Zentrismus[100] und der Bereitschaft, dafür einen gewissen Mehrpreis zu entrichten, eine positive, aber nicht signifikante Korrelation (r = 0.131 bzw. 0.164).

4.3 Einfluss sozial- und umweltpolitischer Zertifikante

Wohl alle Religionen und religiösen Gemeinschaften fordern von den Gläubigen **Fairness** und **Fürsorglichkeit**, bspw. gegenüber benachteiligten Bevölkerungsgruppen oder der Natur (vgl. Williams/Zinkin 2010; Saroglou et al. 2005). Folglich sollten Religiöse vermehrt bereit sein, für umweltschonende oder sozialverträgliche Leistungen einen fairen Preis zu bezahlen. Befragungen bestätigen dies im Regelfall auch, sofern lediglich die Einstellung zu diesem Sachverhalt bzw. die Verhaltensabsicht ermittelt wird. Auf der Verhaltensebene (d. h. tatsächliche Preisakzeptanz) lässt sich dieser Zusammenhang jedoch vielfach nicht nachweisen. Erklären lässt sich dies zum einen damit, dass Menschen in Befragungen nicht immer das angeben, was sie tatsächlich denken oder tun, sondern das, was sie für erwünscht halten. Und möglicherweise beeinflusst dieser **Bias** die im Folgenden vorgestellten Untersuchungsbefunde in besonderem Maße; denn natürlich verspricht verantwortungsbewusstes Verhalten gerade religiösen Menschen mehr gesellschaftliche Anerkennung als eigennütziges Verhalten. Zum anderen kann es aber auch sein, dass Religiosität prosoziales Verhalten nicht generell begünstigt, sondern nur unter bestimmten Bedingungen (vgl. Preston et al. 2010), bspw. in einem **Kontext**, der religiöse Überzeugungen aktiviert (vgl. G-4.3.2).

Individuelles Einkaufsverhalten: Zahlungsbereitschaft von Konsumenten
Trudel/Cote (2009) wollten von ihren (amerikanischen) Auskunftspersonen wissen, wieviel sie für ein Pfund Premiumkaffee bezahlen würden. Neben anderem erhielten diese auch Informationen über die Produktionsbedingungen. Unter der Bedingung „normale Produktion" nannten die Probanden einen mittleren Pfundpreis von 8,31 $, während sie für fair produzierten Kaffee 9,81 $ bezahlen wollten und für unfair produzierten Kaffee lediglich 5,89 $. Nach Maßgabe des bisherigen Erkenntnisstandes können Unternehmen auf dreierlei Weise die Bereitschaft von Konsumenten fördern, für **Fair Trade-Produkte** einen angemessenen Preisaufschlag zu akzeptieren:
– Reputation: Wer davon überzeugt ist, dass der Anbieter immer ethisch korrekt handelt und dabei jeweils das Wohlergehen der Gesellschaft berücksichtigt, hält einen wesentlich höheren Preisaufschlag für akzeptabel als diesbezüglich skeptische Auskunftspersonen (vgl. Trudel/Cote 2009). Unternehmen sollten deshalb ihre Glaubwürdigkeit als einen immateriellen Produktionsfaktor betrachten, in den zu investieren sich materiell lohnt.
– Wissen: Wer die Ziele der Fair Trade-Bewegung kennt, entwickelt eine überdurchschnittlich positive Einstellung zu dieser und akzeptiert höhere Preise (vgl. De Pelsmacker/Janssens 2007). Eine zweite Handlungsoption besteht somit darin, verstärkt und nachvollziehbar über das Anliegen und die Gründe des Mehrpreises zu informieren.
– Werte der Nachfrager: Menschen, denen der Schutz der Umwelt am Herzen liegt, akzeptieren auch ein höheres Preisniveau (vgl. Doran 2009; Loureiro/Lotade 2005). Direkt können Unternehmen die Werte ihrer Kunden allenfalls langfristig beeinflussen, etwa durch ihr Vorbild. Allerdings eröffnet die Priming-Technik (vgl. Vorwort) die Möglichkeit, bestehende prosoziale Werte in der Kaufsituation zu aktivieren.

Wie aber reagieren **religiöse Konsumenten** in einem solchen Fall? Ist fairer Handel eine „christliche Mission" (vgl. Sudgen (2001)? Eine Möglichkeit, auch als Verbraucher göttliche Gebote (Gerechtigkeit, Fürsorge etc.) zu befolgen, sich der eigenen religiösen Identität zu vergewissern und diese anderen zu demonstrieren (vgl. Reinstein/Song 2012)? Lassen sich religiöse Konsumenten ihr in Umfragen regelmäßig geäußertes besonderes Sozial- und Umweltbewusstsein etwas kosten und bezahlen bspw. für fair gehandelte Produkte einen Preis, der nicht nur über dem üblichen Marktpreis liegt, sondern auch über dem, was Nichtreligiöse zu zahlen bereit sind? Auf Basis eigener Befunde lässt sich diese Frage bejahen, auch wenn wir nicht speziell nach fair gehandeltem Kaffee, sondern allgemein nach fair gehandelten Produkten gefragt haben (vgl. Abb. 35). Der von den religiösen Studienteilnehmern akzeptierte Preisaufschlag (+ 24,7 %) liegt deutlich über den + 11 %, die Trudel/Cote (2009) für die Allgemeinbevölkerung ermittelt haben.

Insgesamt jedoch sind die Befunde der einschlägigen Forschung sehr unterschiedlich, je nachdem, wie **religiöse Überzeugungen** operationalisiert wurden (z.B. Hwang 2018; Doran/Natale 2011; Dietz et al. 1998). Hinzu kommt, dass die ermittelten Effektstärken vielfach gering sind (z.B. Pepper et al. 2011). Auch basieren diese Studien im Regelfall auf Selbsteinschätzungen der Befragten. Aufgrund der weit verbreiteten Neigung, dabei sozial erwünschte Antworten zu geben, werden deshalb Häufigkeit bzw. Intensität von prosozialem Verhalten zumeist systematisch überschätzt (vgl. Andorfer/Liebe 2012).

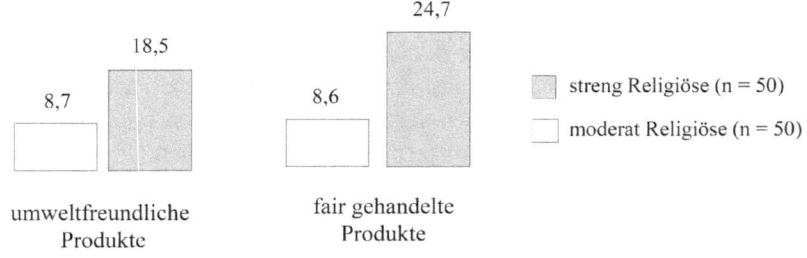

Abb. 35: Prozentuale Mehrpreisbereitschaft in Abhängigkeit vom Produktnutzen (Quelle: eigene Erhebung 2011).

Der Zusammenhang zwischen **Konfession** und Bereitschaft, Fair Trade-Produkte trotz eines höheren Preisniveaus zu kaufen, ist gleichfalls weniger eindeutig, als aufgrund normativer Überlegungen zu erwarten war. So wurzelt die Fair Trade-Bewegung zwar in der religiös motivierten christlichen Wohltätigkeitsbewegung. Aber in einer Befragung von Doran/Natale (2011) gaben Katholiken und Protestanten eine geringere Kaufabsicht zu Protokoll als nichtreligiöse bzw. atheistische Auskunftspersonen. Am aufgeschlossensten äußerten sich Buddhisten und Hindus.

Anbieter, die wissen möchten, wie sich **Kunden** am besten davon **überzeugen** lassen, für Fair Trade-Produkte einen angemessenen Preis zu bezahlen, können der einschlägigen Forschung vier Empfehlungen entnehmen:
- **Moralische Appelle** („Es ist richtig, …") steigern die Zahlungsbereitschaft für Fair Trade-Produkte mehr als Gerechtigkeitsappelle („Es ist fair, …"),[101] und zwar unabhängig von Art und Intensität der Religiosität der Zielgruppe (vgl. Minton et al. 2018b).
- Gemäß der einschlägigen Preisbereitschaftsforschung ist die **Verbesserung** des **Wissens** über den Fair Trade-Handel einer der Schlüssel, um die Akzeptanz der Verbraucher zu stärken (vgl. Kapusuz/Kimzan 2016). Bei jüngeren, vorwiegend männlichen türkischen Muslimen jedenfalls konnte dadurch das Vertrauen in die-

sen Wirtschaftszweig gestärkt werden und damit letztlich die Bereitschaft, für Fair Trade-Produkte einen Mehrpreis zu bezahlen (Mediationseffekt).
- Eine weitere Möglichkeit besteht darin zu kommunizieren, dass und wie Fairer Handel zumindest im ökonomischen Bereich für **mehr Gerechtigkeit** sorgt (z. B. durch gerechte Löhne). Mit dieser Botschaft stillen die Unternehmen das Bedürfnis vieler Menschen, dass die Welt ein gerechter Ort sein möge, und erhöhen so die Bereitschaft, für fair gehandelte Produkte einen angemessenen Preis zu bezahlen. Grundlage dieser These ist die Theorie der gerechten Welt (vgl. White et al. 2012).
- Schließlich empfiehlt es sich, die **wahrgenommene Selbstwirksamkeit** der Kunden zu stärken, indem man kommuniziert, dass sie mit ihren individuellen Kaufentscheidungen spürbar zum großen Ganzen beitragen. Möglicherweise sind religiöse Konsumenten für diese Botschaft besonders empfänglich. Religiöse Ägypter jedenfalls sind, wie eine Befragung von 702 muslimischen Collegestudenten ergab, überproportional von ihrer Selbstwirksamkeit überzeugt (vgl. Abdel-Khalek/Lester 2017).[102]

Sozial verantwortungsbewusst kann es auch sein, wenn Konsumenten ihre Kaufentscheidungen an umweltbezogenen Kriterien ausrichten. Gemäß einer Auswertung einschlägiger Daten der südkoreanischen General Social Survey (2014) sind religiöse Südkoreaner mehr als nichtreligiöse Vergleichspersonen bereit, für „grüne Produkte" höhere Preise zu bezahlen und dafür sogar eine Minderung ihres Lebensstandards hinzunehmen. Gleiches gilt für protestantische und katholische Südkoreaner, jeweils in Relation zu entsprechenden Aussagen von buddhistischen Probanden. Hwang (2018) führt dies darauf zurück, dass der Buddhismus im Gegensatz zur christlichen Lehre eine sehr selbstbezogene Religion sei, ohne tieferen Bezug zu gemeinschaftlichen Zielsetzungen.

Neben religiösen Überzeugungen beeinflusst auch das **Markenvertrauen** die Einstellung zu grünen Produkten und die Bereitschaft, diese zu kaufen. Vor allem die intrinsisch Religiösen unter 300 pakistanischen muslimischen Studenten äußerten dann eine erhöhte Kaufbereitschaft, wenn das „grün" mit einer vertrauenswürdigen Marke assoziiert war (vgl. Iftikhar 2017).

Organisationales Einkaufsverhalten
Als zentrales Ergebnis von fünf Fallstudien haben Bezençon/Blili (2009) berichtet, dass traditionelle Distributeure zwar das Absatzpotenzial von Fair Trade-Produkten vergrößern. Indem sie diese **listen**, d. h. in ihr Sortiment aufnehmen, verfolgen diese Akteure aber primär eigene strategische Ziele (bspw. Produktdifferenzierung, Zugang zu Marktnischen, Positionierung als verantwortungsvolles Unternehmen). Zur Verbreitung der Ideen und Ideale der Fair Trade-Bewegung jedoch trügen sie nur wenig bei. Die Masse der Verbraucher kompetent darüber zu informieren und von diesen Zielen zu überzeugen, dies sei nach wie vor Aufgabe der Alternativbewegung.

Salvador et al. (2014) haben erstmals untersucht, wovon es abhängt, ob professionelle Einkäufer von Zwischenhändlern das **höhere Preisniveau von Fair Trade-Produk-**

ten akzeptieren. Ausgangspunkt ihrer Überlegungen ist die Erkenntnis, dass Menschen auch in ihrem Arbeitsleben verschiedene **soziale Rollen** bzw. **Identitäten** innehaben. Diese können profaner (z. B. „pflichtbewusster Arbeitnehmer", „Fußballfan") oder religiöser Natur sein (z. B. „praktizierender Protestant"). Zwar wird das Verhalten am Arbeitsplatz vorrangig von den profanen Rollenerwartungen gelenkt (z. B. „pflichtbewusster Arbeitnehmer" > „meldet sich nur bei tatsächlicher Krankheit krank"). In dem Maße, wie in der Arbeitsumgebung Religiöses präsent ist (bspw. religiöse Symbole, Kollegen, die religiös sichtbar aktiv sind), gewinnen jedoch die religiösen Rollenerwartungen an Einfluss. Je mehr dies geschieht, desto wahrscheinlicher verhalten sich Menschen entsprechend den Rollenerwartungen ihrer Religion. Gleiches gilt für Entscheidungen, etwa den Kauf von Fair Trade-Produkten.

> All these arguments and findings suggest that when religion is highly salient in a decision-making context, religious commitment will positively predict an individual's support for fair trade products (Salvador et al. 2014, p.359).

Den **Kontext** der Untersuchungssituation manipulierten die Wissenschaftler, indem sie den beiden zufällig zusammengestellten Versuchsgruppen unterschiedliche Informationen über das fiktive Restaurant gaben, für das die Probanden Kaffee einkaufen sollten. Während die Versuchsgruppe „low contextual salience" allgemeine Informationen mit Schwerpunkt Kompetenz und Professionalität erhielt (bspw. Unternehmensslogan „Professional Cuisine"), wiesen die für die Versuchsgruppe „high contextual salience" bestimmten Informationen unübersehbare religiöse Bezüge auf (bspw. Unternehmensslogan „Prayerful Cuisine"). Wie Abb. 36 zeigt, steigert das religiöses Commitment der fiktiven Einkaufsmanager deren Absicht, Fair Trade-Kaffee anstatt wie bisher konventionellen Kaffee zu kaufen, nur, wenn der Versuchsleiter Religiosität durch seine Instruktion thematisiert hatte. Auch die Bereitschaft, für solche Produkte einen Preisaufschlag zu akzeptieren, hängt von der Sichtbarkeit des Religiösen ab.

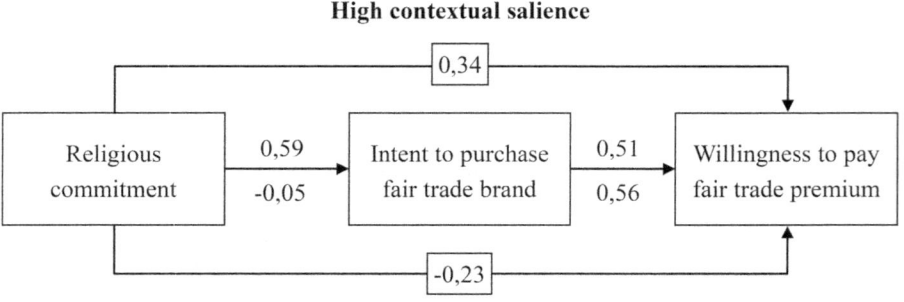

Abb. 36: Zahlungsbereitschaft für Fair Trade-Kaffee in Abhängigkeit von der Präsenz des Religiösen (Quelle: Salvador et al. 2014, p.366).

4.4 Einfluss religiöser Feiertage

Im Vorfeld wichtiger religiöser Festtage steigen nicht nur die Ausgaben für Nahrungsmittel, Geschenke und Kleidung. Auch die Zahlungsbereitschaft der Gläubigen wächst. Dafür sorgt einerseits die **Vorfreude**, bspw. auf Aid al-Fitr, das Fest zum Ende des Ramadan („Fastenbrechen"), oder auf das Weihnachtsfest. Andererseits nimmt auch der **soziale Druck** zu, sich an solchen Tagen nicht geizig zu zeigen. Der Handel macht sich dies zunutze und erhöht in diesem Zeitraum die Preise für Lebensmittel, obwohl dies nicht zulässig ist.

> Die Preise für Lebensmittel, die traditionell für Ramadan-Gerichte benötigt werden, steigen um das Zwei- oder Dreifache. Die marokkanische Hohe Planungskommission (HCP) errechnete im August diesen Jahres eine Steigerung des Lebenshaltungskostenindex um 5,1 % und der Lebensmittelpreise um 9,1 % im Vergleich zu 2007 (Hackensberger 2008).

Allerdings sind nicht alle Preiserhöhungen soziokulturell erklärbar, sondern bisweilen Folge von Verhaltensänderungen. So geht der stark erhöhte Zuckerverbrauch im Ramadan mit einer signifikanten Erhöhung der Zuckerpreise auf den Rohstoffmärkten einher (vgl. Hossain et al. 2018), was indirekt auch auf eine entsprechend erhöhte Zahlungsbereitschaft der Konsumenten schließen lässt.

Im Ramadan, dem Monat der Besinnlichkeit, sollten Muslime möglichst viel Zeit mit der Familie verbringen. Auf vielen Märkten ist dann ein Ramadan-Effekt zu beobachten. Anders, als es plausibel erscheint, wird dann aber nicht weniger intensiv als üblich gehandelt, sondern im Gegenteil die Geschäftstätigkeit intensiviert. Erklären lässt sich dies einerseits mit der positiven, eher sorglosen Stimmung vieler Menschen in diesen Wochen und zum anderen mit Herdenverhalten, d.h. der Orientierung am Verhalten anderer Menschen (vgl. Gavriilidis et al. 2016; Sonjaya/Wahyudi 2016; Seyyed et al. 2005). Zu der an Aktienmärkten häufig ablaufenden „Jahresendrallye" bzw. „Santa Claus Rally" tragen darüber hinaus weitere Faktoren bei:

- Kurspflege professioneller Anleger (damit sie mit einer positiven Bilanz das Jahr beenden können, werden gezielt bestimmte Aktien gekauft, um den Kurs in die gewünschte Richtung zu treiben),
- „Self-fulfilling Prophecy" (in Erwartung eines steigenden Kurses werden überdurchschnittlich viele Aktien gekauft, um an der Rallye teilzuhaben, weshalb der Aktienkurs dann tatsächlich steigt),
- „Tax Loss Harvesting" (kurstreibender Rückkauf von Aktien, die man kurz zuvor aus steuerlichen Gründen – „Realisieren" von Verlusten – selbst verkauft hat) (vgl. Legrenzi et al. 2022; o.V. 2022).

Teil H: Distributionspolitik

Wie die anderen Marketinginstrumente, so wird auch die Distributionspolitik vom kulturellen und religiösen Umfeld beeinflusst. Während bspw. im arabischen Raum und anderen beziehungsorientierten Gesellschaften der Persönliche Verkauf (bspw. Märkte, Haustürgeschäfte) noch immer eine wesentliche Rolle spielt, hat diese ursprüngliche Form des Handels im europäischen Raum weitgehend an Bedeutung verloren. Selbst in Italien und anderen südeuropäischen Ländern verlieren die traditionellen Markthallen im Zentrum der Städte zunehmend Kunden an die anonymen Einkaufszentren am Stadtrand. Charakteristische Unterschiede bestehen auch in Art und Qualität der Beziehung zwischen Anbieter und Nachfrager sowie der Frage, ob dabei der Preisvorteil oder die Beziehungsqualität im Vordergrund steht (z. B. wechselseitiges Vertrauen).

1 Grundlagen

Gegenstand der Distributionspolitik sind betriebliche Entscheidungen und Maßnahmen, welche helfen sollen, den Weg von Produkten und Dienstleistungen zum Kunden so effizient und so effektiv wie möglich zu gestalten (vgl. Esch et al. 2017, S. 345 ff.). International tätigen Unternehmen der **produzierenden Wirtschaft** wie auch **Dienstleistungsunternehmen** stellen sich dabei vier simple Fragen:
- Wo? Welche Ländermärkte wollen wir bearbeiten?
- Wie? Mit welchen Markteintritts- und Marktbearbeitungsstrategien?
- Wann? In welcher zeitlichen Abfolge?
- Wer? Welche Kunden wollen wir gewinnen?

Handelsunternehmen müssen sich konkret u. a. mit folgenden **Entscheidungstatbeständen** auseinandersetzen:
- Lagerung und Verteilung des Leistungsgegenstandes (Produkte und bedingt auch Dienstleistungen), um dessen zeitliche und räumliche Verfügbarkeit zu gewährleisten,
- bedürfnis- und zielgruppengerechte Sortimentsgestaltung,
- Beschaffung, Aufbereitung und Bewertung angebotsspezifischer Informationen sowie von Informationen über Kunden und Konkurrenten,
- Beratung der Kunden,
- finanzielle Transaktionen (Aufbau und Betrieb von Zahlungssystemen), Kreditfunktion,
- verkaufsunterstützende Dienstleistungen (Lieferservice, Montage, Wartung/Reparatur, Umtausch).

2 Markteintrittsbarrieren

Bevor sich ein Unternehmen in einem Auslandsmarkt engagiert, wird es die **ökonomischen** (z. B. Kaufkraft, Wettbewerbssituation), **rechtlichen** (z. B. Einfuhrbestimmungen, Patentschutz) und **soziokulturellen** Umweltbedingungen analysieren. So ist es wichtig zu wissen, ob Korruption und Protektion in einer Gesellschaft geächtet, toleriert oder gar gefördert werden, ob die Menschen vertrauensvoll miteinander umgehen oder ob Misstrauen vorherrscht.

2.1 Misstrauen

Unter Vertrauen verstehen wir die subjektive Gewissheit, dass andere Personen, Unternehmen, Organisationen etc. sich **pflicht-** bzw. **erwartungsgemäß** und im Einklang mit gemeinsamen Werten **verhalten** werden. Vertrauen ist u. a. unerlässlich für Kooperationen aller Art, bspw. zwischen Unternehmen (vgl. La Porta et al. 1997). In marktwirtschaftlich organisierten Volkswirtschaften können Kunden im Regelfall darauf vertrauen, dass Anbieter sie trotz unterschiedlicher moralischer Überzeugungen immer beliefern werden. Ausnahme von der Regel: In den USA verweigerten christlich-fundamentalistische Dienstleister Mitgliedern der LGBTQ-Gemeinde bisweilen den Marktzugang (vgl. Minton et al. 2017).

In **Vertrauensgesellschaften** profitieren alle Beteiligten davon, dass kostenintensive und zeitraubende Kontrollmaßnahmen nicht erforderlich sind (bspw. Diebstahlsicherung, Anwesenheitskontrolle). Umgekehrt neigen **Misstrauensgesellschaften** zu Arrangements bzw. Vereinbarungen, die für alle Beteiligten nachteilig sind (z. B. weil sie einen unverhältnismäßig hohen Kontrollaufwand verursachen).

Wie Daniels/von der Ruhr (2010) aus entsprechenden Daten der General Social Survey (GSS) erschlossen haben, vertrauen **fundamentalistische Protestante**n und **Katholiken** anderen Menschen weniger als Personen, die keiner Religionsgemeinschaft angehören. Im Gegensatz dazu scheinen **liberale Protestanten** ihren Mitmenschen eher zu vertrauen, wobei die Stärke des Effekts mit der Häufigkeit der Teilnahme am Gottesdienst korreliert. Konservative Protestanten hingegen neigen unabhängig von der Intensität ihrer Religionsausübung zu Misstrauen. Für Ghana wiederum gilt: Mitglieder der **Weltreligionen** vertrauen anderen Personen und staatlichen Institutionen mehr als Ghanesen, welche den **traditionellen** bzw. **afrikanischen Religionen** verbunden sind oder **konfessionslos** (vgl. Addai et al. 2013).

Weiterhin stimmen gemäß WVS **Religiöse** seltener dem Statement „Den meisten Menschen kann man vertrauen" zu als Nichtreligiöse (vgl. Abb. 37). Bei näherer Betrachtung erkennt man allerdings, dass dies primär auf die westlichen Industriestaaten und die nordostasiatischen Gesellschaften zutrifft (Ausnahme: Argentinien und Russland). In den Ländern Mittel- und Südamerikas, in Nordafrika, Südostasien und Südosteuropa/Naher Osten herrscht Misstrauen vor, unabhängig vom Ausmaß der Religiosität („Religion ist wichtig im Leben").

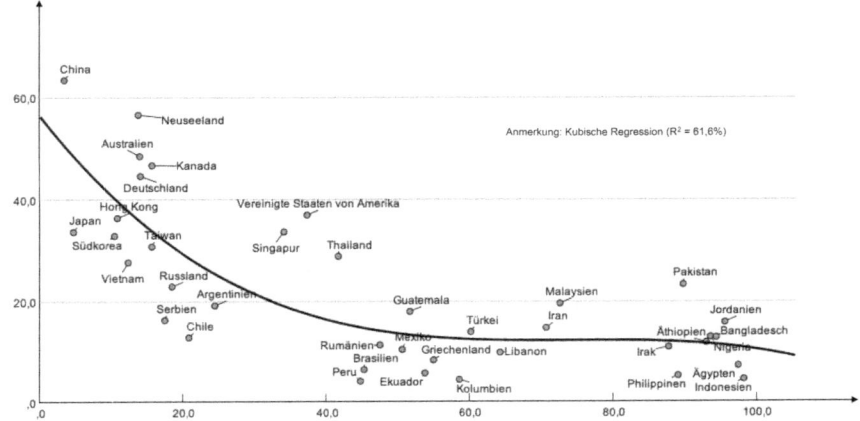

Abb. 37: Zusammenhang zwischen Vertrauen und Religiosität (Quelle: eigene Analysen von WVS-Daten).

Menschen misstrauen anderen jedoch nicht nur Andersgläubigen. Weitere **Ursachen** können eine konfliktreiche gemeinsame Vergangenheit der Herkunftsländer der Beteiligten sein, aber auch große genetische Unterschiede; denn Unähnlichkeit verstärkt Misstrauen. Geringes relatives Vertrauen zwischen den Bürgern verschiedener Länder hat höchst nachteilige ökonomische **Konsequenzen**: Eingeschränkter Warenaustausch zwischen diesen Ländern und weniger Direktinvestitionen (vgl. Guiso et al. 2009).

2.2 Korruption

In Märkten, die überdurchschnittlich anfällig für Korruption sind, fallen signifikant **höhere Transaktionskosten** an als anderswo. Unter anderem deshalb, weil Bestechungsgelder zu bezahlen sind wie auch überhöhte Gebühren für Genehmigungen. Weiterhin kommt es zu Zeitverzögerungen, bspw. aufgrund überlanger Bearbeitungsverfahren. Aber nicht nur deshalb fällt es ausländischen Investoren schwer, in solchen Märkten Fuß zu fassen. Hinzu kommt, dass Korruption für **Intransparenz** und **Unsicherheit** sorgt, was die Entscheidungsfindung und eine vorausschauende Unternehmensführung erschwert.

Religion und Korruption

Eigentlich, sollte man meinen, hat das Stichwort Korruption in einem Lehrbuch für IRM nichts zu suchen. Denn alle Religionen verpflichten die Gläubigen zu moralischem Verhalten und lehnen Korruption eindeutig ab (vgl. Ahmed 2018; Schirrmacher 2005).

> Du sollst das Recht nicht beugen, du sollst die Person nicht ansehen und kein Bestechungsgeschenk nehmen. Denn das Bestechungsgeschenk macht die Augen der Weisen blind und verdreht die Sache der Gerechten. (5 Mose 16,19)

> By Allah, you have certainly known that we did not come to cause corruption in the land, and we have not been thieves. (Quran 12:73)

Dennoch finden sich in der religionssoziologischen und der ökonomischen Literatur zahlreiche Studien zur **Religion/Korruptions-These**. Beispielsweise sind gemäß den Analysen von Kilkon/Seong-Gin (2014), North et al. (2013), Paldam (2001) und La Porta (1997) Anhänger hierarchisch organisierter Religionen (**Katholiken, orthodoxe Christen** und **Muslime**) für Bestechung besonders anfällig. Diese Religionen, so eine Ex post-Erklärung, fördern Respekt vor sozialen Hierarchien sowie vor Autorität und begünstigen Misstrauen. Ersteres steigere die Bereitschaft, den auf den zahlreichen Hierarchieebenen zuständigen Entscheidungsträgern „Gutes zukommen zu lassen": sie zu bestechen. Und Autoritätsgläubigkeit lasse keine selbstbewusste Zivilgesellschaft entstehen, welche Korruption entschlossen bekämpft.

Treisman (2000) hat gezeigt, dass Gesellschaften umso weniger korruptionsanfällig sind, je größer der Anteil an **Protestanten** an der Bevölkerung ist (auch Arvate et al. 2009). Überdies können dort Eigentumsrechte besser durchgesetzt werden (vgl. Stulz/Williamson 2003). Weiterhin versuchen Unternehmen in überwiegend protestantischen Ländern seltener, sich durch Lobbyismus ein Vorteil zu verschaffen (vgl. Faccio 2006). Erklärt werden diese Befunde damit, dass das protestantische Christentum eine egalitär-individualistische Religion mit einer flachen Organisationsstruktur ist. Eine wesentliche Rolle spiele auch die calvinistische Lehre, der zufolge das Schicksal jedes Menschen von Gott vorherbestimmt ist und nicht von dessen Taten zu Lebzeiten abhängt. Im übertragenen Sinn bedeutet dies: Auch der Erfolg eines Unternehmens ist vorherbestimmt, und das Management sollte nicht versuchen, dem durch Korruption nachzuhelfen.

Auf den ersten Blick bestätigt dies die Rangliste des von Transparency International ermittelten **Corruption Perception Index** (vgl. Tab. 37): Vorzugsweise protestantisch geprägte Nationen nehmen darauf die vorderen Ränge ein (100 = „very clean"), während katholische und islamische Länder die hinteren Ränge unter sich ausmachen (0 = „highly corrupt").

Tab. 37: Korruptionsanfälligkeit und Religion (Quelle: www.transparency.org/en/cpi/2020/index/nzl; 31.10.2021).

Rang	Land	dominante Konfession	CPI
1	Neuseeland	protestantisch	88
2	Dänemark	protestantisch	88
3a	Finnland	protestantisch	85
3b	Schweiz	protestantisch	85
3c	Singapur	buddhistisch	85
3d	Schweden	protestantisch	85
7	Norwegen	protestantisch	84
8a	Niederlande	protestantisch	82
8b	Luxemburg	katholisch	82
10	Deutschland	protestantisch/katholisch	80
……	…………	………………………	….
170a	Haiti	katholisch	18
170b	Demokrat. Rep. Kongo	katholisch	18
170c	Nordkorea	buddhistisch/konfuzianisch	18
173	Libyen	islamisch	17
174a	Äquatorialguinea	katholisch	16
174b	Sudan	islamisch	16
176a	Venezuela	katholisch	15
176b	Yemen	islamisch	15
178	Syrien	islamisch	14
179a	Südsudan	katholisch	12
179b	Somalia	islamisch	12

Legende: CPI = Corruption Perception Index 2020 (Wertebereich: 0 = „highly corrupt" bis 100 = „very clean")

Allerdings ignoriert die Religion/Korruptions-These die Erklärungskraft ökonomischer und kultureller Variablen. Hinzu kommt, dass sie nicht hinreichend **theoretisch fundiert** und **empirisch validiert** ist. Die eingangs genannten Ex post-Erklärungen sind „Erklärungen im Nachhinein" und folglich erkenntnistheoretisch wenig überzeugend. Ko/Moon (2014) haben die wichtigsten Erklärungsversuche anhand von Daten aus der vierten WVS-Welle überprüft (87.988 Personen aus 64 Ländern), aber für diverse Thesen keine ausreichende empirische Evidenz gefunden. Weder konnte Korruptionsanfälligkeit mit Autoritätsgläubigkeit (z.B. Katholizismus) erklärt werden noch mit dem

Vorrang familiärer Verpflichtungen vor moralischen Erwägungen (z. B. Konfuzianismus).

Die Empirie spricht eher für die alternative Erklärung: Nicht eine bestimmte Religion ist der Treiber von Korruption, sondern die Intensität der **Religiosität** (vgl. Gokcekus/Ekici 2020; Borlea et al. 2019). Religiöse sind zum einen besonders vertrauensselig und zum anderen davon überzeugt, dass Sünden bzw. Fehlverhalten wie Korruption von einer höheren Instanz bzw. in einem späteren Leben sanktioniert werden.

Der Zusammenhang Religion > Korruption wird zwar häufig bei der Ursachenanalyse berücksichtigt, aber selten um zu erklären, wie man die **Korruptionsbekämpfung** intensivieren kann. Dabei könnten religiöse Überzeugungen des Managements eine wichtige Rolle spielen, vor allem in ordnungspolitisch dysfunktionalen Regionen der Welt. Also überall dort, wo mit einer Strafverfolgung nicht zu rechnen ist, weil die dafür zuständigen Institutionen (Parteien, Polizei, Justiz) mangels Ressourcen, Kompetenz und/oder politischen Willen dazu nicht in der Lage sind (vgl. Barnard/Mamabolo 2020).

Soziokulturelles Umfeld und Religion
Die von Transparency International erstellt Rangfolge korruptionsanfälliger Länder kann man allerdings auch anders deuten. Denn als vergleichsweise korruptionsfrei wurden dort ausschließlich wirtschaftlich prosperierende Industrieländer eingestuft, während bitterarme, von Kriegen und schwachen Regierungen verwüstete Länder am Ende der Rangskala stehen. Hängt das Korruptionsklima eines Landes somit weniger von der dort dominanten Religion ab als von der **wirtschaftlichen Lage** und der **Verlässlichkeit** des **Regierungshandelns**? Dafür spricht, dass sich in den Prognosemodellen von La Porta et al. (1999) und Treismann (2000) der Einfluss der unabhängigen Variable Religion (z. B. „Anteil an Protestanten in einer Gesellschaft") auf die abhängige Variable („wahrgenommene Korruption in einer Gesellschaft") spürbar verringert, wenn ökonomische Variablen wie das jeweilige Bruttoinlandsprodukt in die Analyse einbezogen werden: je wohlhabender, desto weniger korruptionsanfällig.

Eine eigene, dem **kulturvergleichenden** Ansatz zuzurechnende Analyse bestätigt und erweitert diese Sichtweise (vgl. Müller/Gelbrich 2015, S. 763). Unterdurchschnittlich korrupt sind demzufolge wohlhabende Gesellschaften, die kulturbedingt zu Individualismus tendieren, ungewissheitstolerant sind und Machtdistanz ablehnen – was alles auf protestantisch geprägte Gesellschaften zutrifft, nicht jedoch auf katholische und insb. nicht auf islamische Gesellschaften. Während diese Studie auf den Hofstede-Kulturdimensionen basiert, wurde das in Abb. 38 vorgestellte Strukturgleichungsmodell anhand der entsprechenden Werte der GLOBE-Kulturdimensionen[103] berechnet. Es zeigt gleichfalls: Kollektivistische Gesellschaften, zu denen vor allem islamische Länder zählen, aber auch außereuropäische katholische Länder wie Mexiko, erwirtschaften ein unterdurchschnittliches Bruttoinlandsprodukt und sind überdurchschnittlich anfällig für Korruption. Ungewissheitstolerante Gesellschaften wiederum verbinden eine geringere Korruptionsintensität mit überdurchschnittlichem Wohlstand.

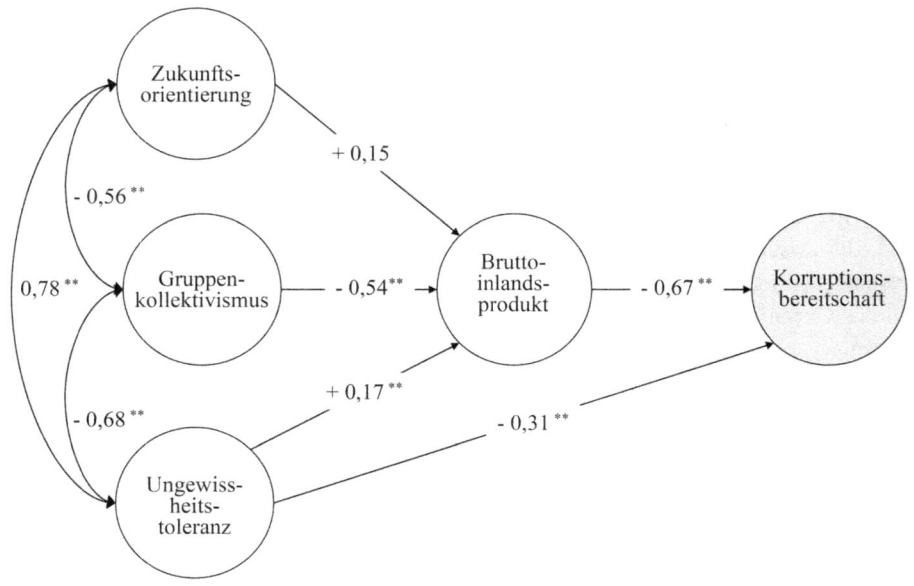

Anmerkung: Ergebnisse Strukturgleichungsanalyse (n = 61 Länder), standardisierte Koeffizienten. * p < 0,05, ** p < 0,01
Korruptionsbereitschaft (Corruption Perception Index 2007), Bruttoinlandsprodukt (per capita) 2007, Kulturdimensionen der GLOBE Studie

Abb. 38: Strukturgleichungsmodell der Korruptionsbereitschaft (Quelle: eigene Analyse).

Erkenntnisprobleme der Korruptionsforschung

Die Korruptionsforschung leidet unter einem unlösbaren **Messproblem,** was weiterem Erkenntnisgewinn im Wege steht. Denn Korruption kann im eigentlichen Sinn nicht gemessen werden, da natürlich alle Beteiligte versuchen, derartige Praktiken geheim zu halten. Deshalb behilft sich die Forschung mit der **wahrgenommenen Korruption**.
- Der Corruption Perceptions Index (CPI) erfasst Bestechlichkeit in den einzelnen Ländern aus Expertensicht.
- Das Global Corruption Barometer (GCB) nutzt entsprechende Einschätzungen von Laien.
- Der Bribe Payers Index (BPI) dokumentiert die Bereitschaft von Managern, die aus führenden Exportnationen stammen, ranghohe Amtsträger in wichtigen Schwellenländern zu bestechen.

Es liegt auf der Hand, dass vor allem der CPI und das GCB anfällig für **Verzerrungseffekte** aller Art sind. So werden im Regelfall Länder, welche dem eigenen Herkunftsland ähnlich sind, positiver beurteilt (= weniger korrupt) als Länder, zu denen eine große soziokulturelle Distanz besteht (vgl. H-2.4).

2.3 Protektionismus

Protektionismus konkretisiert sich häufig in Handelshemmnissen, die Staaten errichten, um ihren Unternehmen Vorteile zu verschaffen, indem sie den Markteintritt ausländischer Konkurrenten erschweren bzw. verhindern (lat.: protectio = Schutz). Mehrere Wissenschaftler haben diese Thematik aufgegriffen und untersucht, ob zwischen Religion, Religiosität und Protektionismus ein systematischer Zusammenhang besteht. Denn viele Religionen räumen **Fürsorge** und **Mitgefühl** Vorrang vor dem Recht des Stärkeren ein. Freier Handel ist damit insofern unvereinbar, als schrankenloser Wettbewerb u. a. dazu führt, dass Mitarbeiter weniger leistungsfähiger Unternehmen ihren Arbeitsplatz verlieren.

Lam (2006) untersuchte den Einfluss von **Religiosität** auf die Einstellung gegenüber Protektionismus mit Hilfe zweier Statements:
- „Goods made in other countries can be imported and sold here if people want to buy them." (Freihandel)
- „There should be stricter limits on selling foreign goods here, to protect the jobs of people in this country." (Protektionismus)

Religiosität wurde mit dem Statement „Abgesehen von Hochzeiten, Beerdigungen und Taufen: Wie oft besuchen Sie einen Gottesdienst?" gemessen.

Die im Zuge der dritten WVS-Welle gewonnenen Angaben von 32.719 Probanden aus 35 Ländern ließen Rückschlüsse auf einen positiven Zusammenhang zu: Je **religiöser** die Befragten, desto protektionistischer äußern sie sich. Und je wohlhabender und gebildeter sie sind, desto mehr stärkt deren Religiosität protektionistische Neigungen. Allerdings sind die beschriebenen Effekte schwach und der durch das Modell insgesamt erklärte Varianzanteil gering.

Domínguez (2013) fand anhand der Aussagen von 42.154 Befragten aus 28 Ländern gleichfalls heraus: Religiöse befürworten Importrestriktionen länderübergreifend in stärkerem Maße als Vergleichspersonen, die seltener einen Gottesdienst besuchen. Auf Länderebene tat sich der größte Unterschiede zwischen Schweden (= 28,9 % Zustimmung) und arabischen Israelis auf (= 81,9 %).

Und welchen Einfluss hat die **Konfession?** Amerikanische Katholiken, Baptisten und Methodisten befürworten laut Guiso et al. (2003) Handelsbeschränkungen mit größerer Wahrscheinlichkeit als konfessionslose Amerikaner. Da es sich hierbei vielfach um strenggläubige, teilweise fundamentalistische Glaubensbekenntnisse handelt, wird in der einschlägigen Literatur die These des „bindenden Sozialkapitals" diskutiert: Demnach funktionieren diese Glaubensgemeinschaften wie soziale Netzwerke, die starke Binnensolidarität schaffen, bei gleichzeitiger Ablehnung von bzw. gar Feindseligkeit gegenüber Außenstehenden (vgl. Braun 2011). Demgegenüber ähneln moderate bzw. liberale Glaubensgemeinschaften sog. Verbindungsnetzwerken (Bridging Network). Sie empfinden Industrialisierung und Modernisierung des gesellschaftlichen Lebens (u. a.

Globalisierung) nicht als grundsätzliche Herausforderung, auf die sie folglich nicht mit Feindseligkeit gegenüber Andersgläubigen reagieren (vgl. Putnam 2003, S. 23).

Ähnliches berichteten Daniels/von der Ruhr (2005, S. 470). Ihren sekundärstatistischen Analysen von Daten des International Social Survey Programm (ISSP) des Jahres 1996 zufolge befürworten Katholiken sowie fundamentalistische Protestanten Importbeschränkungen mehr als Anhänger anderer Konfessionen. Für die **externe Validität** dieser Befunde und die sozioökonomische Offenheit von (nicht fundamentalistischen) Protestanten sprechen die überdurchschnittlichen **Importquoten** von Ländern mit überwiegend protestantischer Konfession, während katholisch und insb. islamisch dominierte Länder vergleichsweise verschlossen sind und demzufolge geringere Importquoten ausweisen (vgl. Mehanna 2003).

2.4 Religiöse Distanz

Konstrukte wie kulturelle, psychische oder soziale Distanz sind subjektive Un/Ähnlichkeitsmaße, die im Interkulturellen Marketing eine wichtige Rolle spielen. Je unähnlicher ein Auslandsmarkt dem heimischen Markt ist, desto schwieriger sind gemeinhin Informationsbeschaffung und Informationsverarbeitung sowie Entscheidungsfindung – und desto größer die verschiedenen Risiken (vgl. Kraus et al. 2016). Erklären lässt sich dies u.a. mit dem von Sozialpsychologen beschriebenen **Ähnlichkeits-/Anziehungseffekt**: Menschen fühlen sich zu dem bzw. denen hingezogen, was bzw. die ihnen ähnlich ist/ sind.

Während kulturelle Distanz Gegenstand zahlreicher Studien war und ist, bspw. zur präferierten Markteintrittsstrategie (vgl. Tihanyi et al. 2005), haben religiöse Distanz und andere Distanzmaße bislang weniger Beachtung gefunden (vgl. Berry et al. 2010). Zu den Ausnahmen zählen Guiso et al. (2009) und Dow/Karunaratna (2006). Ihren Arbeiten zufolge fördert religiöse Ähnlichkeit den bilateralen Warenaustausch, indem sie wechselseitiges Vertrauen stärkt und dieses letztlich die Handelsbeziehungen (Mediationseffekt). Hergueux (2011) hat diese Aussage präzisiert. Gemäß seines Gravitationsmodells, entwickelt auf Basis der OECD-Datenbank der weltweiten bilateralen Bestände an Direktinvestitionen, fördert ...

- **religiöse Ähnlichkeit** überproportional die wechselseitigen Direktinvestitionen von weniger entwickelten Ländern mit schwachen, wenig leistungsfähigen Institutionen (genauer: von Unternehmen mit Sitz in diesen Ländern),
- **religiöse Vielfalt** überproportional die wechselseitigen Direktinvestitionen von entwickelten Ländern mit starken, leistungsfähigen Institutionen (genauer: von Unternehmen mit Sitz in diesen Ländern).

Vermutlich bildet in Entwicklungsländern das aus religiöser Ähnlichkeit erwachsende wechselseitige **Vertrauen** ein Gegengewicht zu dem geschäftsschädigenden Misstrauen, welches dort schwache Institutionen nähren – bspw. weil sie willkürliche Entscheidungen treffen, leicht korrumpierbar sind oder auf andere Weise unberechenbar.

Um die Markteintrittsentscheidungen klein- und mittelständischer Unternehmen (KMU) umfassend erklären zu können, haben Martín Martín/Drogendijk (2014), basierend auf der Arbeit von Dow/Karunaratna (2006), ein multidimensionales Distanzmaß entwickelt, welches die bislang zumeist isoliert betrachteten Distanzmaße integriert. Demzufolge bevorzugt das Management spanischer KMU Auslandsmärkte, die eine geringe Distanz zu ihrem Heimmarkt aufweisen. Diese „Country Distance" wird von allen drei Subdimensionen beeinflusst, vor allem von der „kulturellen und historischen Distanz", welche sich aus sprachlicher Distanz, **religiöser Distanz** und gemeinsamer kolonialer Vergangenheit zusammensetzt (vgl. Abb. 39).

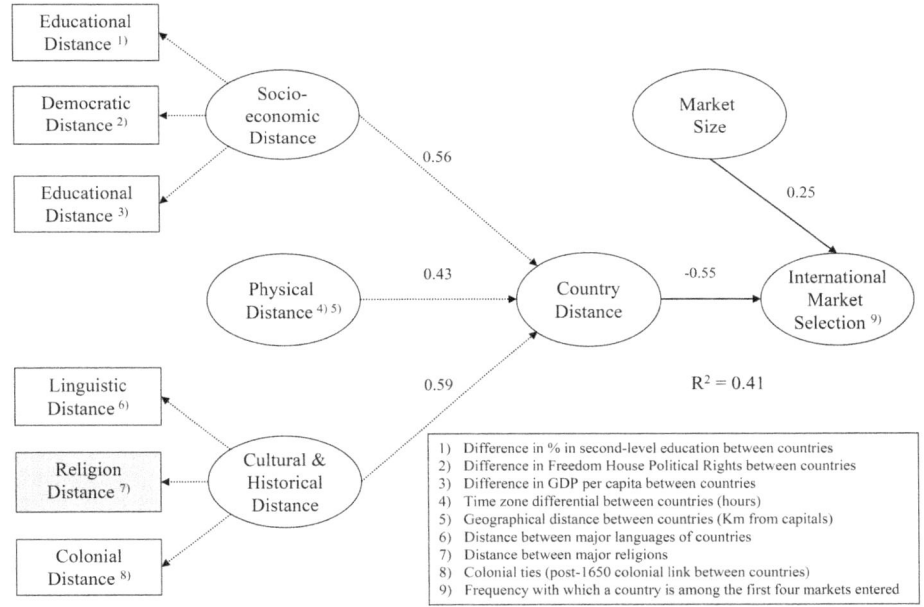

Abb. 39: Einfluss verschiedener Distanzmaße auf den Markteintritt (Quelle: Martín Martín/Drogendijk 2014).

3 Verhandlungen

Besteht ein Zusammenhang zwischen ethischen Überzeugungen und Verhandlungsstil? Verhandeln religiöse Manager anders, bspw. fairer oder kompromissbereiter als Nichtreligiöse? Die bislang vorliegenden Einsichten sprechen dafür, dass geteilte religiöse Überzeugungen und die gemeinsame Zugehörigkeit zu einer bestimmten Religionsgemeinschaft **Vertrauen** schaffen, den Informationsfluss verbessern, die Bewertung von Informationen vereinheitlichen und insgesamt die **Kommunikation erleichtern**.

Dies kommt sowohl dem Erfolg von Verhandlungen zugute als auch dem Erfolg gemeinsamer Vorhaben, etwa von Joint Ventures (vgl. H-4.3).

Beispielhaft hierfür seien Li/Sai (2020) genannt. Sie haben anhand von Daten der Thomson Financial Security Data Corporation (SDC) gezeigt, dass Verhandlungen über den Erwerb einer Auslandsbeteiligung umso wahrscheinlicher erfolgreich abgeschlossen werden, je geringer die **religiöse Distanz** zwischen dem Heimmarkt des Investors und dem Standort der Beteiligung und je geringer die **religiöse Vielfalt** im Zielland sind. In vergleichbarer Weise wirken sprachliche Distanz und Vielfalt. Die Leistungsfähigkeit der **Institutionen** des Ziellandes moderiert diese Beziehungen. Agieren Gerichte, öffentliche Verwaltungen etc. verlässlich, dann tragen Gemeinsamkeiten in Sprache und Religion weniger zum Erfolg geschäftlicher Transaktionen bei als in Ländern mit schwachen Institutionen. Dort wirkt das aus Ähnlichkeit erwachsende Vertrauen als **sozialer Kitt**, welcher die Gesellschaft zusammenhält und die Ineffizienz staatlicher bzw. öffentlicher Institutionen kompensiert.

Richardson/Rammal (2018) haben 27 Tiefeninterviews mit muslimischen Managern geführt, um herauszufinden, wie der Islam deren **Verhandlungsführung** beeinflusst. Ihre dabei gewonnenen Einsichten haben sie folgendermaßen zusammengefasst:

- Erstens sei Muslimen der Gedanke fremd, Verhandlungen, wie die berufliche Sphäre insgesamt, losgelöst von den ethischen Prinzipien der eigenen Konfession zu betrachten, vorrangig dem Wettbewerbs- und Gewinnstreben der säkularen Welt verpflichtet. Muslime seien verpflichtet, ihre Verhandlungspartner umfassend zu informieren, nicht zuletzt auch über die Grenzen und Risiken des eigenen Angebots. Denn Mohammed habe gesagt, am Tag des Jüngsten Gerichts sei der Platz des **ehrlichen Kaufmanns** an der Seite der Märtyrer. Übertragen auf den realen Fall des Verkaufs einer Immobilie, die Schauplatz zweier Morde gewesen war, bedeutet dies: Während ein deutsches Gericht urteilte, der Verkäufer sei nicht verpflichtet gewesen, den Käufer darüber zu informieren, hätte er dies nach muslimischem Rechts- und vor allem Moralverständnis tun müssen.
- Zweitens hatten die Befragten den Eindruck, dass die Zugehörigkeit zur gleichen Glaubensgemeinschaft es den Verhandlungsführern erleichtert, eine **harmonische soziale Beziehung** zueinander aufzubauen, was auf lange Sicht den Verhandlungserfolg fördert. Auch würde ihre religiöse Verbundenheit es ihnen erleichtern, emotionale Appelle einzusetzen und bspw. an die religiös-spirituelle Verbundenheit zu erinnern, anstatt zu versuchen, durch rationale Argumente das Gegenüber von der Vorteilhaftigkeit des Vertragsentwurfs zu überzeugen.
- Drittens seien viele Studienteilnehmer dem **Intergroup-Bias** erlegen: der Tendenz, Mitglieder einer sozialen Gruppe, der man selbst angehört (bspw. einer Religionsgemeinschaft), positiver wahrzunehmen und zu bewerten (bspw. sympathischer, kompetenter) als Personen, die einer anderen, womöglich sogar konkurrierenden sozialen Gruppe angehören (vgl. Johnson et al. 2012). Diese Beobachtung geht zurück auf die Theorie der sozialen Identität. Um ihren Selbstwert zu erhöhen und

ihre soziale Identität zu definieren, bevorzugen demnach Menschen systematisch Mitglieder der Eigengruppe gegenüber einer Fremdgruppe (vgl. Tajfel 1974).

Yadav et al. (2016) wollten wissen, ob **spirituelle Intelligenz** Studenten und Manager sozial verträglicher verhandeln lässt (bspw. fairer). Der Verhandlungsstil wurde nicht real beobachtet, sondern mit der „Self-Reported Inappropriate Negotiation Strategies Scale (SINS Scale)" aus Selbsteinschätzungen erschlossen. Spirituelle Intelligenz wurde mit der „Integrated Spiritual Intelligence Scale (ISIS)" gemessen. Wie die Auswertung der Antworten ergab, lehnen spirituell intelligente Probanden **ethisch unangemessene Verhandlungsstrategien** wie falsche Versprechungen oder bewusste Fehlinterpretation von Informationen deutlicher ab als weniger spirituelle Vergleichspersonen.

4 Markteintrittsstrategien

Zur Erschließung ausländischer Märkte nutzen Unternehmen die verschiedensten Markteintrittsstrategien (vgl. Abb. 40). Diese unterscheiden sich u.a. darin, ob sie viele (bspw. Neugründung einer Auslandsgesellschaft) oder wenige Ressourcen binden (bspw. Vertragsfertigung) und deshalb mehr oder weniger risikoreich sind.

Exporte	Vertragliche Markteintrittsformen	Direktinvestitionen
Indirekter Export	Lizenzvergabe	Vollbeherrschte Auslandsgesellschaft
• Exporteigenhändler	Franchising	
• Exportgemeinschaften	Vertragsfertigung	• Neugründung
	Management-Vertrag	• Merger & Acquisition
Direkter Export	Internationaler Leasing-Vertrag	Equity Joint Venture
• Endabnehmer	Co-Produktionsvereinbarungen	(Gemeinschaftsunternehmen)
• Generalvertreter	Turnkey-Vertrag	• Minderheitsbeteiligung
• eigene Vertriebs-	Strategische Allianz	• 50:50-Joint Venture
organisation		• Mehrheitsbeteiligung

Abb. 40: Wichtige Markteintrittsstrategien im Überblick (Quelle: eigene Darstellung in Anlehnung an Root 1994).

4.1 Überblick

Auslandsengagements gehen im Regelfall mit erhöhter **Unsicherheit** und zusätzlichen **Risiken** einher (z.B. Wechselkursrisiko, intransparente Einfuhr- bzw. Gewinntransferbestimmungen). Deshalb favorisieren viele Unternehmen vor allem zu Beginn ihrer Internationalisierung, wenn das Management noch wenig auslandserfahren ist, Märkte, die ihrem Herkunftsmarkt kulturell ähneln – zu denen die **kulturelle Distanz** somit möglichst gering ist (vgl. Beugelsdijk 2018; Shenkar 2001; Kogut/Singh 1988). Welche Markteintrittsstrategie (vgl. Abb. 40) im Einzelfall präferiert wird, hängt darüber hinaus auch von der **psychischen Distanz** ab, bspw. von Mentalitätsunterschieden (z. B. Kontinen/Ojala 2010; Ellis 2008).

Da deren religiöser Hintergrund die Wertvorstellungen und Verhaltensweisen von Geschäftspartnern wesentlich beeinflusst, könnte die **religiöse Distanz** eine vergleichbare Rolle spielen. Tatsächlich bevorzugen muslimische Manager systematisch Auslandsmärkte mit einer muslimischen Mehrheitsbevölkerung (vgl. Richardsons 2014). Erstaunlicherweise ist der Einfluss von Religiosität und Religionszugehörigkeit auf diese Entscheidung jedoch noch wenig erforscht (vgl. Richardson/Ariffin 2019). Dies ist auch insofern bemerkenswert, als zahlreichen Untersuchungen zufolge Religiöse zu **Risikoaversion** neigen, was angesichts der zahlreichen Risiken von Auslandsengagements zu übermäßig defensiven Markteintrittsentscheidungen führen kann (z. B. Mortimer et al. 2020; Miller/Hoffmann 1995).

4.2 Direktinvestitionen

Direktinvestitionen sind Vermögensanlagen, die ein inländischer Investor im Ausland vornimmt. Zu dieser häufig auch als Auslandsinvestition bezeichneten Markteintrittsstrategie zählen der Auf- bzw. Ausbau von Produktionsstätten, Vertriebs- und Serviceeinrichtungen im Ausland, aber auch der Erwerb von Unternehmen bzw. von Mehrheits-/Minderheitsbeteiligungen an ausländischen Unternehmen. Anders als bei einer Portfolioinvestition sollen Direktinvestitionen **Einfluss auf** die **Geschäftätigkeit** eines Unternehmens verschaffen, dessen Standort im Ausland liegt. Dazu wird im Regelfall nicht nur Kapital, sondern auch Know how transferiert, d. h. Technologie und Wissen.

Auf- und Ausbau von Produktionsstätten sowie von Vertriebs- und Serviceeinrichtungen im Ausland

Dolansky/Alon (2008) haben anhand der Toyo Keizai Foreign Investment Database (1986–2001) untersucht, ob und wie Religionsfreiheit (vgl. Tab. 38) sowie Religionsvielfalt in den Zielländern die Direktinvestitionen japanischer Unternehmen beeinflussen. Ihren Befunden zufolge investieren japanische Unternehmen vorzugsweise in wirtschaftlich starken Ländern sowie dort, wo **Religionsvielfalt** gewährleistet ist. Dass **wirtschaftlich prosperierende Standorte** bevorzugt werden, liegt auf der Hand. Unternehmen haben dort Aussicht auf bessere Absatzchancen als in ärmeren Regionen. Die Variable „Bruttonationaleinkommen" leistet in dem Regressionsmodell den eindeutig größten Erklärungsbeitrag.

Die Attraktivität von Standorten, an denen mehrere Religionen gleichberechtigt nebeneinander praktiziert werden, lässt sich auf zweierlei Weise begründen. **Religiöse Diversität** ...

- stärkt das Wirtschaftswachstum (vgl. Barro/McCleary 2003).
- fördert Toleranz, mutmaßlich nicht nur gegenüber anderen Religionen, sondern auch gegenüber dem Andersartigen bzw. Fremden schlechthin (bspw. ausländischen Investoren).

Religionsfreiheit geht gleichfalls mit wirtschaftlichem Wohlstand einher (vgl. Alon/Chase 2005) und müsste deshalb eigentlich ein Anreiz für Direktinvestitionen sein. Umgekehrt entwickeln sich Länder mit einer Staatsreligion weniger gut, weshalb sie weniger attraktive Standorte sind. In das Regressionsmodell (R^2 = 72 %) gingen beide Variablen jedoch nicht ein, da sie mit Religionsvielfalt stark korrelieren – die eine positiv, die andere negativ.

Tab. 38: Rangfolge der religiösen Freiheit 2019 (Quelle: https://govdata360.worldbank.org/indicators/hd6a18526?country=BRA&indicator=41930&viz=line_chart&years=1975,2019; 06.02.2022).

Chile	0.83	Großbritannien	0.69	Griechenland	0.50
Taiwan	0.81	Italien	0.68	Brasilien	0.49
Australien	0.81	Israel	0.63	Indonesien	0.32
Neuseeland	0.79	Spanien	0.62	Russland	0.29
USA	0.71	Belgien	0.60	Afghanistan	0.27
Niederlande	0.71	Deutschland	0.59	Marokko	0.24
Norwegen	0.70	Dänemark	0.59	Iran	0.21
Luxemburg	0.79	Polen	0.55	Saudi Arabien	0.07
Schweiz	0.69	Österreich	0.55	China	0.00
Kanada	0.69	Frankreich	0.55	Nordkorea	0.00

Anmerkung: 1 = völlige Religionsfreiheit, 0 = völlige Unfreiheit

Weiterhin kann das **gesellschaftliche Umfeld**, in dem Direktinvestitionen vorgenommen werden sollen, förderlich oder hinderlich sein. Einstellungsdaten, die Jamal/Milner (2022) im Zuge einer repräsentativen Umfrage gewonnen haben, geben zu erkennen: In einem muslimischen Land wie Tunesien schwindet die **Akzeptanz** eines ausländischen Investors spürbar, wenn die Bevölkerung befürchtet, dass dieser zukünftige Mitarbeiter und andere soziale Gruppen daran hindern könnte, die religiösen Riten auszuüben (z. B. Gebete, Ramadan, Kleidung).

Religiöser Fundamentalismus, der sich in terroristischen Akten manifestiert, schreckt plausiblerweise ausländische Investoren ab. In der einschlägigen Literatur wird diese These tendenziell bestätigt; allerdings sind die empirischen Belege weniger stark, als zu erwarten war (vgl. Khalil/Surendran 2006). Amerikanische Investoren meiden möglichst Standorte, deren **Rechtssystem** Gewohnheitsrecht mit religiösem Recht verbindet und bevorzugen Standorte, in denen Zivilrecht zur Anwendung kommt (vgl. Globerman/Shapiro 2003).

Mergers & Acquisitions (M&A)
Beginnend mit den 1980er-Jahren veränderten mehrere Entwicklungen das Marktgeschehen grundlegend: Liberalisierung der Finanzmärkte, Verkürzung von Produkt- und Marktlebenszyklen, wachsende Wettbewerbsintensität und gestiegene Renditeerwartungen von Investoren. Daraufhin strebten immer mehr Unternehmen danach, durch den Zusammenschluss mit anderen Unternehmen (Fusion bzw. **Merger**) oder den Kauf von Unternehmen (Übernahme bzw. **Acquisitions**) eine Unternehmensgröße zu erreichen, die mutmaßlich erforderlich ist, um bestimmte strategische Ziele erreichen zu können.

Konkret wird mit der M&A-Strategie das **Ziel** verfolgt, Synergien zu „heben" und Economies of Scale[104] wie auch Economies of Scope zu nutzen. Letzteres können u.a. Kostenvorteile aufgrund einer breiteren Produktpalette sein, was bei saisonal unterschiedlich nachgefragten Produkten eine bessere Kapazitätsauslastung ermöglicht. Bei den Akquisitionen wird zwischen **freundlichen** und **feindlichen Übernahmen** unterschieden. Von „unfriedly or hostile take over" spricht man, wenn die erforderlichen Unternehmensanteile ohne Zustimmung bzw. gegen den Widerstand des Topmanagements des akquirierten Unternehmens erworben wurden.

Unternehmenszusammenschlüsse versetzen alle Beteiligten in einen Zustand großer **Unsicherheit**, u.a. deshalb, weil die bisherige Unternehmensidentität verloren geht und für jeden Einzelnen gravierende Konsequenzen möglich sind. Schwindende Arbeitsplatzsicherheit und Karriereaussichten gefährden das Vertrauen der Mitarbeiter in die Unternehmensführung (vgl. Drorie et al. 2013). Dies ist einer der Gründe, warum gemessen an klassischen Erfolgskriterien wie Steigerung der Eigenkapitalrendite oder des Börsenwertes sowie beschleunigter Marktzugang mehr als die Hälfte der Fusionen als **gescheitert** gelten (vgl. Schoenberg 2006). Auch viele Übernahmen verlaufen nicht wie geplant. Abhilfe soll in solchen Fällen **Post Merger Integration** verschaffen, das Verschmelzen von bislang unabhängigen Unternehmen zu einer Einheit mit einer gemeinsamen Unternehmenskultur und Identität (vgl. Shrivastava 1986). Bei einer feindlichen Übernahme ist das Management von Kulturunterschieden besonders geboten, aber auch besonders schwierig, da mit dem heftigen Widerstand eines Teils der Mitarbeiter zu rechnen ist.

Während die Bedeutung landes- und unternehmenskultureller Diversität für den Erfolg von M&A vergleichsweise große Beachtung gefunden hat,[105] liegen unseres Wissens bislang nur zwei Untersuchungen zu den Konsequenzen **religiöser Diversität** für diese Markteintrittsstrategie vor: Dow et al. (2016) und Kwok et al. (2020). Letztere gingen von folgender Überlegung aus: Gehören die Mitarbeiter der zu integrierenden Unternehmensteile unterschiedlichen Glaubensgemeinschaften an, dann wird von der gleichen Konfession auf gemeinsame Werte und vermehrte **Glaubwürdigkeit** geschlossen. Vor allem in frühen Integrationsphasen, wenn noch große Informationsasymmetrie herrscht, nutzen die Beteiligten diese Heuristik. In einem Feldexperiment mit malaiischen Managern haben die Wissenschaftler bestätigende Hinweise gefunden: Mitarbeiter des übernommenen Unternehmens **vertrauen** dem Management des ausländischen Investors schneller, wenn beide derselben Religionsgemeinschaft angehören. Ausgeprägte Religiosität verstärkt diesen Effekt.

Bei Fusionen und Unternehmenskäufen im Ausland stellt sich regelmäßig die Frage, welchen Anteil ein Investor erwerben wird. Dies hängt auch von der religiös-kulturell-sprachlichen Distanz zwischen den beteiligten Ländern ab. Allerdings leidet laut Dow et al. (2016) die **Distanzforschung** unter einem **blinden Fleck**. Es sei ein Fehler, lediglich die entsprechenden Distanzmaße zwischen dem Herkunftsland des Investors und dem Standort der Auslandsinvestition zu beachten. Nicht weniger einflussreich sei auch die religiöse, kulturelle oder sprachliche Vielfalt innerhalb des Herkunftslandes des Erwerbers. Abhängig davon, wie groß oder klein diese ist, moderiert – d. h. verstärkt oder schwächt – sie die Auswirkungen sprachlicher und religiöser Distanz auf den Eigentumsanteil des ausländischen Investors.

Wie Dow et al. (2016) Daten der Thomson Financial Security Data Corporation (SDC) entnehmen konnten, hängt die Höhe der Beteiligung u. a. von der **religiösen Vielfalt** im Heimatland des Investors ab. Dabei sind zwei gegenläufige Effekte zu unterscheiden:

- Je mehr Glaubensgemeinschaften am **Standort der Investition** aktiv sind, desto geringer fällt prozentual die Beteiligung des ausländischen Erwerbers aus. Vermutlich wird in diesem Fall Vielfalt innerhalb des Ziellandes als eine weitere Quelle für Verhaltensunsicherheit und Informationsasymmetrie wahrgenommen und damit als ein zusätzliches Risiko – zusätzlich zur physischen Entfernung.
- Religiöse Vielfalt im **Heimatland** des **Investors** fördert die kognitive Komplexität und kulturelle Sensibilität des Managements, d. h. letztlich dessen Fähigkeit, mit den Herausforderungen ausländischer Standorte kompetent umzugehen.

4.3 Gemeinschaftsunternehmen

Wenn zwei oder mehr Unternehmen ein neues, rechtlich unabhängiges Unternehmen gründen und dieses gemeinsam leiten, spricht man von einem Gemeinschaftsunternehmen. Die wichtigsten Erscheinungsformen sind das **Joint Venture** und die **Non Equity-Allianz**.

Grundlagen
Kooperative Formen des Markteintritts ermöglichen es den Partnerunternehmen, die erforderlichen **Ressourcen** zu bündeln und die **Kosten** zu teilen (z. B. für Marketing, Produktentwicklung und Vertrieb). Auch können beide vom Know how des jeweils an-

deren profitieren. Zu den besonderen Schwierigkeiten, welche Gemeinschaftsunternehmen bewältigen müssen, zählen unterschiedliche, im Regelfall interessengeleitete Auffassungen darüber, wie Aufwand und Ertrag gerecht zu verteilen sind. Dies umso mehr, je größer die kulturelle Distanz zwischen den Beteiligten. Entsprechend stark divergieren dann die jeweiligen Vorstellungen von (Verteilungs-)**Gerechtigkeit**.

Joint Ventures sind Gemeinschaftsunternehmen, in denen die Zusammenarbeit beider Partner detailliert vertraglich geregelt ist. Dazu wird eine neue, von den Partnerunternehmen organisatorisch unabhängige Geschäftseinheit mit eindeutig definierten Verantwortlichkeiten gegründet. Bei einer **Non Equity-Allianz** kooperieren die Beteiligten zwar, bleiben jedoch rechtlich unabhängig (z.B. Lizenzvergabe).

Die **Transaktionskostentheorie** unterstellt, dass Gemeinschaftsunternehmen für opportunistische Entscheidungen anfällig sind. Um des eigenen Vorteils willen hält man sich nicht an Vereinbarungen, bricht Zusagen und hält Informationen zurück. Als Gegenmittel können die Beteiligten verbindliche Regeln aufstellen, Verstöße sanktionieren oder dem Partnerunternehmen nur Zugang zu sog. spezifischen Technologien verschaffen, d.h. zu Technologien, die außerhalb der Allianz wertlos sind.

Gegen die Einführung derartiger Kontrollmaßnahmen sprechen zum einen die **Kosten** des Vereinbarens sowie der Überwachung von Regeln und Vorschriften. Zum anderen erzeugen Kontrollen **Misstrauen** und provozieren Gegenmaßnahmen. Im Vergleich dazu sind Religionen eine zumeist effiziente und kostenlose Möglichkeit, opportunistische Verhaltenstendenzen zu kontrollieren. Deren moralische Standards helfen, wie Tab. 39 beispielhaft für das Christentum zeigt, das Zusammenleben der Menschen verträglich zu gestalten.

Tab. 39: Aus der Bibel ableitbare ethische Verhaltensstandards (Quelle: Li 2008, S. 776, eigene Übersetzung).

Bibel-Zitat	**Konsequenzen für das Geschäftsleben**
„Nutze ehrliche Maße und Gewichte." (Leviticus 19: 36)	Zu den christlichen Werten zählen Wahrheit und Ehrlichkeit. Christen sind daher gehalten, sich ehrlich und aufrichtig zu verhalten. Der „ehrbare Kaufman" verhält sich nicht opportunistisch: Er lügt nicht, unterschlägt keine Informationen etc.
„Du sollst nicht nach dem Haus deines Nächsten verlangen [...] oder nach irgendetwas, was deinem Nächsten gehört." (Exodus 20: 17)	Das zehnte Gebot ruft dazu auf, nicht habgierig zu sein. Gier ist ein wichtiger Auslöser opportunistischen Verhaltens.

Einfluss von Konfession und Religiosität

Religiöse sind insofern geeignete Kooperationspartner, als sie anderen Menschen und staatlichen Institutionen prinzipiell vertrauen und von der Fairness des Marktes überzeugt sind (vgl. Guiso et al. 2003). Aber agieren deshalb Manager, die einer christlichen Konfession angehören, tatsächlich weniger **opportunistisch** als Konfessionslose? Und beeinflusst diese Verhaltensdisposition die präferierte **Markteintrittsstrategie** – etwa die Entscheidung zwischen Joint Venture und Non Equity-Allianz? Von dieser Fragestellung ausgehend hat Li (2008) anhand von Daten der Security Data Corporation 22.156 grenzüberschreitende Engagements in 48 Industriezweigen über neun Jahre weltweit untersucht. Als „christlich" wurden Länder eingestuft, deren Bevölkerung zu mehr als 50 % aus Christen besteht, als „ohne Konfession" Länder mit mehr als 50 % Atheisten.

Wenn es stimmt, dass Ungläubige sich häufiger opportunistisch verhalten als Gläubige, dann müssten Gemeinschaftsunternehmen, von deren Partnern zumindest eine Partei konfessionslos ist, mit größerer Wahrscheinlichkeit die Rechtsform eines Joint Ventures wählen. Denn dann wäre es juristisch geboten, Wissen und Know how **vertraglich** zu **schützen**. Wie die durchgeführte logistische Regressionsanalyse ergab, wählen Geschäftspartner, die aus konfessionell unterschiedlichen bzw. nicht-religiösen Ländern stammen, tatsächlich mit größerer Wahrscheinlichkeit ein Joint Ventures. Denn dessen Vertragswerk schützt vor opportunistischen Verhaltensweisen. Hingegen werden vermehrt juristisch weniger verbindliche Markteintrittsstrategien wie die Strategische Allianz verfolgt, wenn beide Unternehmen aus christlichen Ländern stammen und deshalb vermutlich zentrale Werte teilen und sich vertrauen.

5 Distributionskanäle

Moderne Medien ermöglichen den effizienteren Austausch von Gütern, bspw. in Gestalt von E-Commerce. Für das IRM ist in diesem Zusammenhang von besonderem Interesse, ob die überdurchschnittliche Risikoaversion und Beziehungsorientierung religiöser Konsumenten für den Online-Handel ein Akzeptanzhindernis sind oder ihr größeres Vertrauen in andere Menschen ein Vorteil. Ein weiterer Forschungsschwerpunkt sind die Einkaufsstättenpräferenz sowie die Akzeptanz religionskonformer Vertriebskanäle.

5.1 Wichtigkeit der Merkmale von Einkaufsstätten

Kunden bewerten Einkaufsstätten anhand bestimmter Kriterien (z. B. Tiefe und Breite des Sortiments, Produktqualität, Preisniveau, Kompetenz und Freundlichkeit des Verkaufspersonals, Erreichbarkeit). Um herauszufinden, ob Konsumenten je nach Konfession und Religiosität unterschiedliche Präferenzen äußern, haben McDaniel/Burnett (1990) eine annähernd repräsentative Stichprobe von 550 amerikanischen Konsumenten unterschiedlicher Religionszugehörigkeit schriftlich befragt. Darüber hinaus ermittelten die beiden Wissenschaftler deren ...
- **kognitive Religiosität** (z. B. Grad der Zustimmung zu Statements wie „My religion is very important to me") und
- **verhaltensbezogene Religiosität** (Anzahl der Kirchenbesuche, Höhe der Spenden).

Sodann legten sie ihren Auskunftspersonen eine Liste von 30 „Retail Store Evaluative Criteria" vor, die anhand einer siebenstufigen Wichtigkeitsskala zu beurteilen waren. 22 dieser Kriterien luden auf einem der extrahierten Faktoren hinreichend hoch (Faktorladungen ≥ 0.67). Diese **sieben Faktoren** (vgl. Tab. 40) können als Meta-Kriterien begriffen werden, anhand derer Konsumenten Warenhäuser beurteilen. Allerdings sind die Ergebnisse nach Ansicht der beiden Wissenschaftler auf andere Vertriebskanäle übertragbar, da sich in einer Untersuchung von Hansen/Deutscher (1978) gezeigt habe, „that consumer evaluations of the importance of these particular attributes were similar for both grocery stores and department stores" (McDaniel/Burnett 1990, S. 104).

Tab. 40: Faktorstruktur der Merkmale von Einkaufsstätten (Quelle: McDaniel/Burnett 1990).

Factor		Factor Loadings	Variance Explained
Shopping Efficiency	a. „Easy to exchange purchases"	0.864	7.720
	b. „Fair on adjustments/exchanges"	0.855	
	c. „Easy to find items you want"	0.827	
	d. „Easy to move through store"	0.773	
	e. „Easy to park"	0.760	
Shopping Convenience	a. „Convenient to other stores"	0.778	5.277
	b. „Convenient hours of operation"	0.727	
	c. „Easy drive to store"	0.694	
Product Assortment	a. „Wide selection of merchandise"	0.824	7.114
	b. „Well-known brands available"	0.799	
	c. „Numerous brands"	0.723	
Sales Personnel Friendliness / Assistance	a. „Helpful store personnel"	0.862	8.596
	b. „Friendly store personnel"	0.844	
	c. „Courteous sales personnel"	0.821	
	d. „Knowledgeable sales personnel"	0.739	
Product Quality	a. „High value for prices charged"	0.787	5.544
	b. „High quality products"	0.741	
	c. „Dependable products"	0.670	

Tab. 40: (fortgesetzt)

Factor		Factor Loadings	Variance Explained
Store Attractiveness	a. „Attractive exterior"	0.874	5.195
	b. „Attractive interior decor"	0.866	
Credit Availability	a. „Accept bank charge cards" (Master Card, Visa, etc.)	0.762	1.811
	b. „Offer store credit/store charge card"	0.745	

Um ausschließen zu können, dass soziodemografische Merkmale mit der unabhängigen Variable (Religiosität) konfundiert sind, kontrollierten die Autoren den möglichen Einfluss von Alter, Einkommen und Bildungsgrad. In allen Analysen lieferten diese Variablen einen geringeren Erklärungsbeitrag als die Intensität der Religiosität. Die wichtigsten Ergebnisse dieser Studie lauten:
– Gleichgültig, welcher Glaubensrichtung sie angehören und ob kognitiv religiös oder in ihrem Verhalten religiös: Religiöse Warenhauskunden legen mehr Wert als weniger religiöse Vergleichspersonen darauf, **freundlich bedient** zu werden.
– Verbraucher mit einem hohen Maß an kognitiver Religiosität messen überdies der **Bequemlichkeit** und **Effizienz** des Einkaufens sowie der Produktqualität eine größere Bedeutung bei als kognitiv weniger Religiöse.
– Als weitestgehend bedeutungslos erwies sich die **Konfession**. Ob Juden, Katholiken oder Protestanten: Ihre Anforderungsprofile unterschieden sich nur unwesentlich voneinander (vgl. McDaniel/Burnett 1990, S. 109 ff.).

5.2 Stationäre Distributionskanäle

Angesichts des faszinierenden Siegeszuges des Online-Handels (vgl. H-5.3) gerät leicht in Vergessenheit, dass noch immer der weit überwiegende Teil des Einzelhandelsumsatzes vor Ort, in den gewohnten stationären Einzelhandelsgeschäften getätigt wird. Dabei hat sich gezeigt: Je religiöser Konsumenten sind, desto größer ist der Anteil an Waren des täglichen Bedarfs, den sie in traditionellen Einkaufsstätten decken, und desto weniger kaufen sie in modernen Supermärkten ein (vgl. Hino 2010).

Traditionelle Einkaufsstätten

Als Folge der Arbeitsteilung und des Rückgangs der Selbstversorgung haben sich weltweit **Märkte, Basare** und andere informelle Marktveranstaltungen entwickelt. Im Zuge der Industrialisierung wurden diese dann durch die uns bekannten Vertriebsformen in den Hintergrund gedrängt, in manchen Regionen mehr (westliche Industrienationen), in anderen weniger (Entwicklungsländer). Auch an den zwar wohlhabenden, aber sehr strukturkonservativen Golfstaaten ging diese Entwicklung nicht spurlos vorbei: „The presence of hypermarkets has attracted customers away from traditional Souqs" (Belwal/Belwal 2017 zur Situation des Handels im Oman).

Eine stellenweise andersartige Entwicklung haben die (Verkaufs-)**Messen** genommen, die zumeist in Verbindung mit einem bereits bestehenden kirchlichen Fest veranstaltet wurden, vorzugsweise zu Ehren des örtlichen Schutzheiligen. Aus bescheidenen Anfängen gingen gerade in Deutschland wirtschaftlich äußerst bedeutsame Messen wie die Hannover Messe oder die Frankfurter Messe hervor.[106]

Für Erfolg im **Persönlichen Verkauf** sind äußere Erscheinung, Glaubwürdigkeit, Fachkompetenz und die Überzeugungsfähigkeit einzelner Mitarbeiter entscheidend. Das Spektrum der Einsatzfelder dieses Vertriebsinstruments reicht vom Haustürverkauf, über die Bedientheke im Supermarkt bis hin zum Verkauf schlüsselfertiger Industrieanlagen (z.B. Pumpspeicherkraftwerk). Die Beeinflussungsstrategien, welche Verkäufer bewusst oder unbewusst anwenden, werden unterteilt in ...
- Soft Selling (informieren, überzeugen, Wirkung bzw. Erfolg in Aussicht stellen) und
- Hard Selling (überreden bzw. beeinflussen, häufig durch eine zeitliche bzw. mengenmäßige Begrenzung des Angebots).

Beim Hard Selling baut der Verkäufer gezielt Druck auf, bspw. sprachlich oder durch vermeintlichen Zeitdruck. Menschen unterscheiden sich in ihrer Beeinflussbarkeit. Moderat religiöse Menschen gelten als überdurchschnittlich flexibel und sind deshalb leichter zu beeinflussen als Streng- und Nichtreligiöse (vgl. Bock/Warren 1972).

Wie bei anderen Transaktionen, so ist es in konfuzianisch geprägten Ländern auch in Verkaufssituationen wichtig, keine kurzfristigen Vorteile anzustreben, sondern eine **langfristige harmonische Beziehung** (vgl. Zhou et al. 2017). Chinesische Geschäftspartner etwa legen dabei großen Wert auf Verbundenheit, Entgegenkommen, Empathie und Vertrauen (vgl. Yau et al. 2000).

In Saudi-Arabien und anderen streng islamischen Ländern ist es grundsätzlich problematisch, wenn Kunde und Verkäufer **unterschiedlichen Geschlechts** sind (vgl. Tuncalp/Erdem 1998). Beim Haustürverkauf etwa kann es zu einem ungewollten Zusammentreffen von Männern und Frauen kommen. Bekleidungsgeschäfte müssen in dieser Region dafür Sorge tragen, dass weibliche Kunden Kleider anprobieren können, ohne gegen die guten Sitten zu verstoßen, bspw. durch ...
- spezielle Verkaufszeiten,
- Online-Shopping bzw. Anprobe von Kommissionsware im häuslichen Umfeld,

- Einkaufszentren nur für Frauen (z. B. Al-Jazeera Women's Shopping and Recreational Center in Riad).

Nicht zuletzt sollten bei Geschäftstreffen und in Verkaufsgesprächen die **Gebetszeiten** beachtet werden (vgl. Sanaie/Ranjbarian 1996).

Lokale Einkaufsstätten
Zu den ersten, die sich mit dem Einfluss von Religion und Religiosität auf die Präferenz für bestimmte Einkaufsstätten wissenschaftlich auseinandergesetzt haben, zählen Yavas/Tuncalp (1984). Ihren Beobachtungen zufolge kauften damals religiöse Saudis am liebsten in einem traditionellen **Nachbarschaftsladen** ein, weil sie befürchteten, dass Fleisch, Geflügel und andere Speisen in einem modernen Super- oder Verbrauchermarkt nicht Halal-konform zubereitet würden. Auch sei bei deren großem Sortiment an verpackter Ware oft fraglich, ob alle Zutaten den Speisegesetzen entsprechen.

Jahre später hatte diese Einschätzung noch immer Bestand. Hino (2010, S. 68), der Jordanier und in Israel lebende Araber zu diesem Thema befragt hat, fasste seine dabei gewonnenen Einsichten wie folgt zusammen: „Muslim consumers attach high importance to religious values and hence are more likely to shop for most of their food needs in traditional outlets, thus decreasing the proportion of product lines they purchase at supermarket formats."

In einer unserer Umfragen stellten auch deutsche religiöse Jugendliche kleineren Geschäften in Wohnortnähe ein positiveres Zeugnis aus als weniger religiöse Vergleichspersonen (vgl. Abb. 41). Während der Covid-Pandemie wussten insb. religiöse Kunden die kleinen Nachbarschaftsläden noch mehr zu schätzen. Dieser Effekt wird durch die soziale Norm „caring for one's neighbour" mediiert (vgl. Minton/Cabano 2022). Wie diese Untersuchung weiterhin gezeigt hat, kann sich der lokale Einzelhandel dies zunutze machen, indem er in seinen Werbemaßnamen Religion und Nachbarschaft thematisiert, wodurch das Fürsorglichkeitsmotiv geprimt wird.

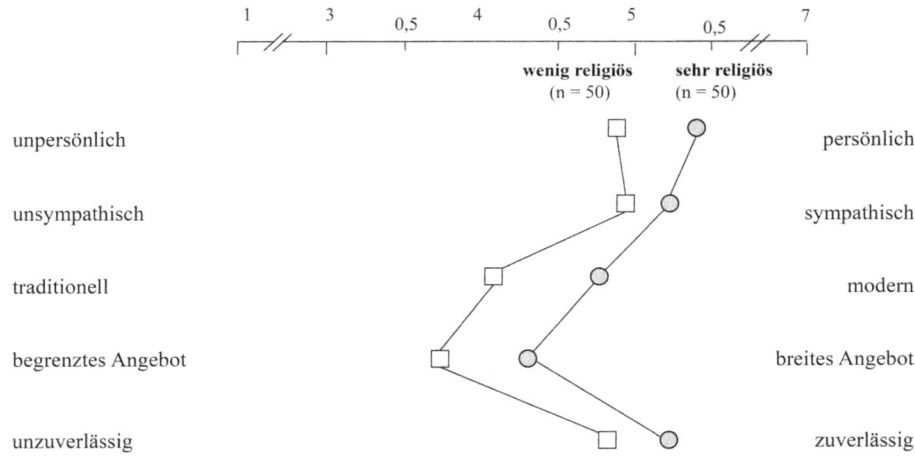

Abb. 41: Imageprofil kleinerer Nachbarschaftsläden (Quelle: eigene Erhebung).

Lebensmitteldiscounter und große **Warenhäuser** wurden in dieser Untersuchung weitgehend ähnlich beurteilt, aber etwas weniger positiv als die Nachbarschaftsläden. Beide Vertriebsschienen erschienen den Befragten tendenziell unpersönlich und unsympathisch, wobei das Urteil der sehr Religiösen noch etwas negativer ausfiel als das der wenig Religiösen. Offenbar ist religiösen Jugendlichen der persönliche Kontakt wichtig, weshalb sie lokale Einkaufsstätten präferieren.

Mokhlis (2009a) wollte von seine Probanden wissen, wie häufig sie in den vergangenen zwölf Monaten in verschiedenen modernen Betriebsformen des Handels eingekauft haben. Die dazu genutzte fünfstufige Likert-Skala reicht von „nie" (= 1) bis „sehr oft" (= 5). Bemerkenswert daran ist, dass er Präferenz durch ein Verhaltensmaß (= tatsächliche Kaufhäufigkeit) operationalisierte und nicht qualitativ, als Präferenz (z.B. „Wo kaufen Sie am liebsten ein?"). Auskunftspersonen waren Bewohner Kuala Lumpurs (Malaysia) unterschiedlicher Konfession. Als Hauptergebnis lässt sich berichten: Die Einkaufsstättenpräferenz hängt primär von der Betriebsform des Handels ab und weniger von der Konfession. Ob Buddhisten, Christen, Hindus oder Muslime: Alle kauften damals am häufigsten im **Warenhaus** ein und am seltensten im Fachgeschäft – außer Hindus, die Einkaufszentren noch etwas seltener aufsuchten als ein Fachgeschäft (vgl. Tab. 41).

Tab. 41: Einkaufshäufigkeit in Abhängigkeit von Geschäftstyp und Konfession (Quelle: Mokhlis 2009a, S. 72).

	Buddhisten (n = 57)	Christen (n = 32)	Hindus (n = 34)	Muslime (n = 103)
Warenhaus	3.51	3.19	3.36	3.34
Einkaufszentrum	2.75	2.56	2.56	2.92
Fachgeschäft	2.40	2.56	2.76	2.39

5.3 Elektronische Distributionskanäle: Online-Handel

Der weltweite Online-Umsatz hat sich in den vergangenen zehn Jahren mehr als verfünffacht (2021 = 4,9 Billionen $; Statista). Dies entspricht etwa 20 % des gesamten Einzelhandelsumsatzes. Da Online-Shopper die Qualität der angebotenen Ware erst nach Kaufabschluss eigenhändig beurteilen können, ist **Vertrauen** der entscheidende Erfolgsfaktor.

Einflussfaktor Religiosität
Unabhängig von ihrer Konfession nutzen Religiöse Internetangebote seltener als nicht oder wenig Religiöse (vgl. Lissitsa/Kol 2016). Über Internet-Affine wiederum lässt sich anhand von Daten der Baylor Religion Survey (2017) sagen: Seltener als andere beten sie, lesen die heiligen Schriften, nehmen am Gottesdienst teil; auch erachten sie die Religion als weniger wichtig (vgl. McClures 2020). Und anders als intensive Fernsehnutzer befürworten intensive Internet-Nutzer atheistischen Einstellungen. Davidson et al. (2014) haben religiösen Israelis deshalb eine ausgesprochene „**Internet-Ängstlichkeit**" attestiert. Als **Ursachen** der distanzierten Haltung der Religiösen wurden ausgemacht ...
– grundsätzliche Skepsis gegenüber Neuem, Innovationsresistenz und Risikoaversion (vgl. E-2.2),
– Furcht, dass jedermann unkontrollierten Zugang zu unerwünschten Inhalten (bspw. Sexualität, alternative Lebensstile) hat (vgl. Lissitsa/Madar 2018),
– fehlendes Vertrauen in alle Formen moderner Kommunikationstechnologie.

Anderen Menschen allerdings **vertrauen** Religiöse gemäß einer sekundärstatistischen Auswertung der WVS-2005 mehr als Nicht-Religiöse (vgl. Guiso et al. 2006). Und Barnes (2009) hat darauf hingewiesen, dass Religiosität Wohlwollen fördert und dieses Vertrauen in neue Technologien. Deshalb müssten eigentlich überproportional viele Religiöse im Internet einkaufen. Doch die Umsatzzahlen sprechen eine andere Sprache: Religiöse Konsumenten tragen weniger als Nicht-Religiöse zum Online-Boom bei. Zwar kaufen mittlerweile selbst strengreligiöse Juden online ein (vgl. Hong 2020), vor allem männliche Ultra-Orthodoxe (vgl. Lissitsa/Cohen 2018). Aber auf Neuerungen wie Mobile Shopping (d. h. Einkaufen per Mobiltelefon oder Tablet) reagieren Religiöse nach wie vor skeptisch (vgl. Lissita/Kol 2021). Ein Grund könnte sein, dass der Online-Handel bei diesem Käufersegment lange Zeit ein Imageproblem hatte. Vor allem die **Beziehungsqualität** wurde als unzulänglich empfunden (vgl. Abb. 42).

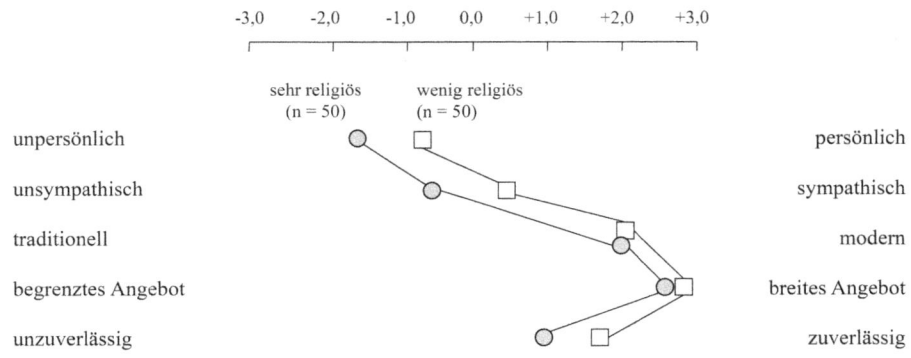

Abb. 42: Image von Online-Händlern wie Amazon (Quelle: eigene Erhebung).

Wie die Forschung zur Akzeptanz innovativer Technologien bestätigt: Neben Qualitätsgarantie, Servicequalität und Usability (vgl. Tarhini et al. 2018) ist **Vertrauen** entscheidend für die Absicht, Onlineshops zu nutzen (vgl. Ingham et al. 2015). In beziehungsorientierten, z. B. buddhistischen, konfuzianischen und muslimischen Gesellschaften hängt Vertrauen primär von der Zugehörigkeit zur gleichen sozialen Gruppe (bspw. Konfession) und weniger von konkreten Handlungen ab.

Der Online-Handel hat aufgrund der – psychischen und realen – Distanz zwischen Anbieter und Nachfrager mit einer Reihe von spezifischen Problemen zu kämpfen. Diese reichen vom **Missbrauch**[107] des Rückgabe- bzw. Umtauschrechts bis hin zu eindeutig kriminellen Handlungen, mit denen vor allem Plattformen wie eBay zu kämpfen haben. Da werden Ferienwohnungen vermietet, die es gar nicht gibt. Und mittels einer gestohlenen Identität kann sorg- und kostenlos eingekauft werden. Andere verschaffen sich durch Fake-Webseiten die Kontodaten getäuschter Kunden. Religiöse (extrinsisch und intrinsisch) sind Sharma et al. (2022) zufolge für derart betrügerisches Online-Shopping weniger anfällig. Ausgehend von der Theorie des geplanten Verhaltens (vgl. C-5.6) haben sich in dieser Studie hingegen die **wahrgenommene Verhaltenskontrolle** (= Überzeugung, nicht erwischt zu werden) und die **soziale Norm** (= Überzeugung, dass solches Verhalten allgemein üblich ist) als problemverschärfend erwiesen.

Die Befunde von Sohaib/Kang (2014) legen nahe, künftig zwischen zwei Formen von Vertrauen zu unterscheiden (vgl. Abb. 43). **Kognitives Vertrauen** erwächst aus der Verlässlichkeit des Transaktionspartners (e.g. „Promises made by this website are likely to be reliable") und **emotionales Vertrauen** aus den Eindrücken, welche die Nutzer beim

Besuch der Homepage gewinnen können. Im vorliegenden Fall erklärt Religiosität relativ gut das kognitive Vertrauen pakistanischer Kunden und mit Abstrichen das emotionale Vertrauen australischer Kunden.

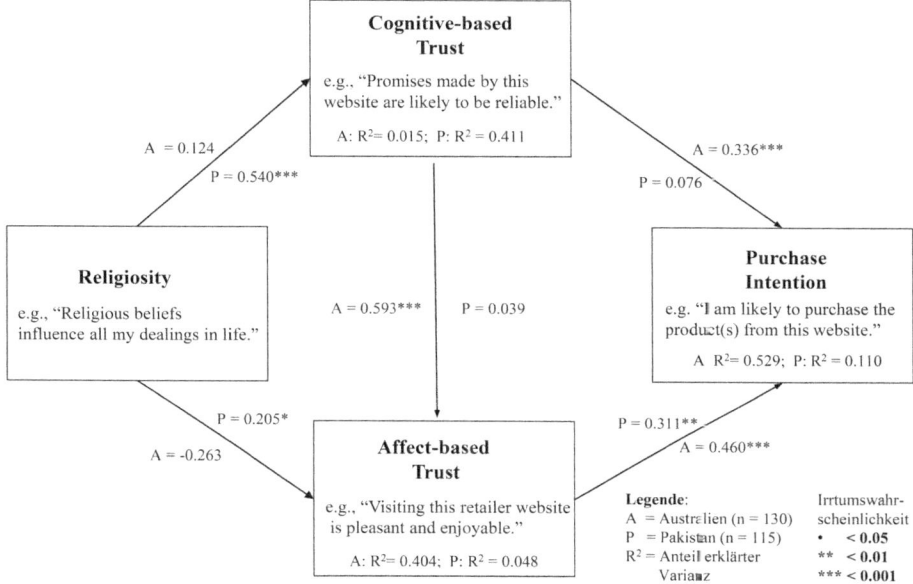

Abb. 43: Einfluss unterschiedlicher Formen von Vertrauen auf die Kaufabsicht (Quelle: Sohaib/Kang 2014, S. 9).

Vertrauen wird zerstört, wenn Nutzer den Eindruck gewinnen, dass sich der Anbieter **unfairer Praktiken** bedient (z.B.: „This website/store takes advantage of less experienced consumers to make them purchase"). Je religiöser Online-Shopper sind, umso sensibler reagieren sie auf eine derart unethische Geschäftspolitik und werten den Anbieter ab. Agag/El-Masry (2016), die hierzu vorwiegend jüngere männliche Ägypter befragt haben, erklären dies mit der Diskrepanz zwischen der idealistischen Weltsicht der sehr religiösen Muslime und dem offensichtlich eigennützigen Geschäftsgebaren.

Einflussfaktor Konfession
Der Einfluss der Konfession auf das Vertrauen ist weniger eindeutig als der Einfluss der Religiosität. Während Protestanten und, mit Abstrichen, Katholiken vertrauensvoller zu sein scheinen, neigen Hindus zu (leichtem) Misstrauen. Bei Buddhisten, Juden und Muslimen konnte keine eindeutige Tendenz festgestellt werden (vgl. Guiso et al. 2006).

Was bedeutet es für die **Akzeptanz** eines Online-Shops oder der Webseite eines Anbieters, ob dieser erkennbar der gleichen oder einer anderen Religionsgemeinschaft Konfession angehört wie/als die Nachfrager? Hierzu haben Siala et al. (2004) insgesamt

91 Christen, Muslime und Anhänger anderer Glaubensrichtungen bzw. Atheisten befragt. Konkret wollten sie wissen, in welchem Maße die Probanden Online-Buchhändlern **vertrauen** und welche Rolle dabei die religiöse Kennung des Internetauftritts der Buchhandlung spielt. Gezeigt wurden den Studienteilnehmern echte Webseiten von christlichen, islamischen bzw. konfessionell neutralen Online-Buchhändlern. Erwartungsgemäß wirkten Seiten, deren Betreiber der eigenen Glaubensrichtung angehören, signifikant vertrauenswürdiger als Seiten von Betreibern mit einer anderen bzw. keiner religiösen Orientierung. Während allerdings Muslime ausschließlich islamischen Anbietern ihr Vertrauen schenkten, bewiesen die befragten Christen mehr religiöse Toleranz. Nach eigenem Bekunden vertrauen sie auch Anbietern, die keiner bzw. einer anderen Religion angehören. Ursächlich dafür dürfte sein, dass die muslimischen Probanden nicht nur überdurchschnittlich religiös waren, sondern auch deutlich ethnozentrischer (vgl. C-2.6) und damit negativer gegenüber anderen Religionsgruppen eingestellt als die beiden anderen Gruppen (vgl. Abb. 44).

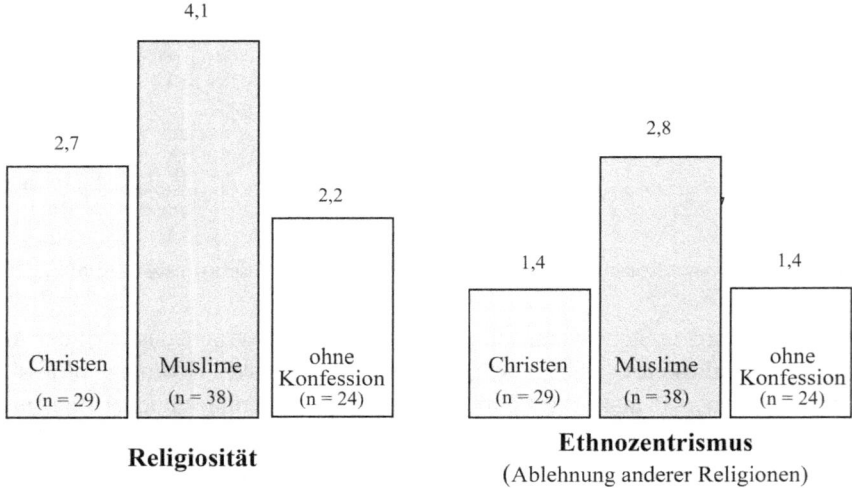

Anmerkung: 1 = „lehne voll und ganz ab" bis 5 = „stimme voll und ganz zu".

Abb. 44: Religiosität und Ethnozentrismus in Abhängigkeit von der Konfession (Quelle: in Anlehnung an Siala et al. 2004, S. 15).

Ähnliches berichten Azam et al. (2013). Auch in ihrer Studie erwies sich die gemeinsame Konfession (Islam) von Online-Händler und Kunde als vorteilhaft. Die Befragten gaben an, einer „islamischen Webseite" mehr zu vertrauen als einer konfessionell neutralen Seite.

6 Store-Management: Ladengestaltung

Was zeichnet erfolgreiche Handelsunternehmen aus? Der Siegeszug von Hard-Discountern wie ALDI oder LIDL verweist zunächst auf den **Erfolgsfaktor** Preisgestaltung (vgl. auch Popkowski-Leszczyc/Timmermans 2001). Weiterhin sollten stationäre Einzelhandelsgeschäfte gut erreichbar sein, womit sowohl die Entfernung als auch die Ladenöffnungszeiten gemeint sind. Mehr noch als andere achten religiöse Kunden überdies auf ein qualitativ hochwertiges Angebot und freundliches Verkaufspersonal. Nicht zuletzt spielt der Unternehmensstandort eine wichtige Rolle.

6.1 Standort

Während Kunden in diesem Zusammenhang vor allem auf eine gute **Erreichbarkeit** der Einkaufsstätten Wert legen, ist für Handelsunternehmen neben der an einem Standort gegebenen **Wettbewerbsintensität** hauptsächlich die **Kaufkraft** der dort lebenden Konsumenten von Interesse. Bemerkenswerterweise wird, außer von explizit religiösen Handelsunternehmen, ein überproportional großer Anteil an religiösen Haushalten im Einzugsbereich als **Standortnachteil** gewertet. Denn Religiöse neigen zu Sparsamkeit und einer bescheidenen Lebensführung – teils aus Überzeugung, teils aufgrund ihres unterdurchschnittlichen Einkommens. Wie Kurt et al. (2018) aus Daten des Economic Census (2012) errechnet haben, erwirtschaften amerikanische Einzelhandelsgeschäfte in Bezirken, in denen überdurchschnittlich viele Gläubige leben, tatsächlich einen signifikant geringeren Umsatz als in weniger religiösen Bezirken. Aus dem Erklärungsmodell lässt sich ableiten, dass ein Plus von 20 % religiösen Einwohnern ein durchschnittliches Umsatzminus von 3,4 % bedeutet. Dafür sorgt u. a. die geringere Verweildauer religiöser Konsumenten, die überdies ihre Einkäufe besser planen als die Vergleichsgruppe. Letzteres schlägt sich in einer etwas geringeren Zahl ungeplanter Einkäufe nieder (- 2,7 %).

6.2 Reputation

Konsumenten präferieren Handelsunternehmen, die in der Öffentlichkeit einen **guten Ruf** haben. Für Händler ist dies umso mehr von großer Bedeutung, als Reputation die positiven Effekte von guter Erreichbarkeit, Preiswürdigkeit und attraktiver Sortimentsgestaltung verstärkt (vgl. Arnold et al. 1996). Religiösen Kunden ist das soziale Ansehen von Einkaufsstätten in besonderem Maße wichtig (vgl. Mokhlis 2008). Zum einen, weil sie risikoscheu sind und befürchten, ein schlechter Ruf könnte auf sie abfärben. Und zum anderen wollen sie ein gottgefälliges Leben führen und Normen und Werte beachten. Wie diese Befragung malaiischer Probanden weiterhin ergeben hat, hängt der Stellenwert, den die Auskunftspersonen der Reputation einer Einkaufsstätte beimessen, allerdings nicht von deren Konfession ab (vgl. Mokhlis 2006a). Ob Buddhisten, Christen, Hindus oder Muslime: Ihnen allen war der gute Ruf von Einzelhandelsgeschäften noch wichtiger als deren Preisgestaltung oder Produktangebot.

Können Handelsunternehmen ihre **Reputation** pro-aktiv **fördern**, bspw. indem sie sich und ihre Mitarbeiter freiwillig für Umweltprojekte einsetzen oder sich in ihrer Gemeinde engagieren? Wie West et al. (2016) durch die Befragung von 216 Besuchern einer Handelsmesse in Kanada ermittelt haben, bieten derartige Aktionen vor allem die Chance, weniger religiöse Kunden von den guten Absichten des Unternehmens zu überzeugen. Bei sehr Religiösen ließ sich keine vergleichbare Wirkung beobachten. Während, so die Erklärung, für die stärker weltlich Orientierten ein direkter Zusammenhang zwischen den konkreten Handlungen und Vertrauenswürdigkeit besteht, hängt diese nach Überzeugung der Strenggläubigen auch oder vorrangig von Gottes Wille ab – und ist insofern von Menschen nicht beeinflussbar.

6.3 Sortimentspolitik

Für Händler gibt es mehrere **Anlässe**, bei der Dimensionierung und Zusammensetzung ihres Sortiments auch die Konfession und Religiosität ihrer Kunden zu beachten:
- religiöse Feiertage wie Weihnachten oder das Fastenbrechen nach dem Ramadan,
- konfessionsspezifische Speisegesetze bzw. Vorschriften (z. B. halal, koscher),
- Moralvorstellungen (Produkte mit sexuellem Bezug, Suchtpotenzial, freizügige Kleidung),
- Wallfahrten, Nähe zu wichtigen Sakralbauten.

Dabei geht es zwar zumeist um die Frage, welche Produkte sollten zusätzlich, speziell aus diesem Anlass (bspw. Christbaumschmuck) oder in größeren Mengen ins Sortiment aufgenommen werden (bspw. Spielzeug in der Vorosterzeit)? Welche nicht? Allerdings gibt es auch Fälle von **Kaufzurückhaltung** aufgrund religiöser Feste und Gebräuche. In der Fastenzeit etwa und insb. in der Karwoche werden in christlichen Wohnvierteln weniger Lebensmittel verkauft. Das gleiche Wechselspiel von Abschwächung und Intensivierung des Konsums lässt sich in islamischen Regionen während des Fastenmonats Ramadan und anlässlich von Eid al-Fitr, dem anschließenden Fastenbrechen, beobachten (vgl. Touzani/Hirschman 2008). Anbieter von Lebensmitteln und Geschenkartikel sind es gewohnt, derartigen Schwankungen der Nachfrage durch eine angepasste Beschaffungs- und Vorratshaltungspolitik Rechnung zu tragen.

Nicht weniger als von den eigentlichen religiösen Ritualen wird die Sortimentspolitik von der Praxis beeinflusst, anlässlich religiöser Feiertage Freunde und Familienmitglieder zu **beschenken**. Da beim Schenken zumeist soziale Erwägungen (z. B. Großzügigkeit) Vorrang vor ökonomischer Rationalität haben (vgl. Lemmergaard/Muhr 2011), ist die Preissensibilität der Schenkenden vergleichsweise gering und die Zahlungsbereitschaft überdurchschnittlich groß.

Die ökonomische Bedeutung des durch religiöse Feiertage **induzierten Konsums** wird deutlich, wenn man das Umsatzvolumen des Einzelhandels monatlich differenziert. 2018 wurden in Deutschland Waren im Wert von insgesamt 526,4 Mrd. € verkauft – im Durchschnitt der Monate Januar bis November 43,2 Mrd. €. Im Dezember waren es dann 51,5 Mrd. €, d.h. ein dem Weihnachtsgeschäft zuzuschreibendes Umsatzplus von 8,3 Mrd. €. Da sie sehr gerne verschenkt werden, verzeichnen dann Bücher, Kleidung und Unterhaltungselektronik überdurchschnittlich große Umsatzsteigerungen.

Offenbar beeinflusst die makroökonomisch gemessene Religiosität an Unternehmensstandorten die Bedeutung von **Markenprodukten** für die Sortimentsgestaltung (vgl. E-4). In amerikanischen Distrikten mit überdurchschnittlich vielen Kirchengemeinden und überdurchschnittlich vielen Kirchgängern finden sich überproportional viele Einzelhändler, die in ihrem Sortiment Markenprodukte untergewichten und vor allem Eigenmarken sowie markenlose Ware anbieten. Diese Schwerpunktsetzung wird durch die Ergebnisse eines mikroökonomischen Experiments unterstützt. Dabei gaben sehr religiöse, insb. wohlhabende Probanden häufiger als weniger religiöse Vergleichspersonen der unmarkierten Ware den Vorzug (vgl. Shachar et al. 2011). Händler, welche den Absatz ihrer Eigenmarken fördern möchten, sollten deshalb ihre Kunden unterschwellig an deren Religiosität erinnern („primen"), bspw. indem sie als Hintergrundmusik sakrale Musik einblenden.

6.4 Ladenöffnungszeiten

Alle Religionen kennen **Ruhetage**, Tage, an denen Gläubigen nicht arbeiten sollen (Sabbat, Sonn- und Feiertage etc.). Weitaus strenger als das christliche Gebot der Sonntagsruhe verpflichtet der Sabbat gläubige Juden zur zeitweisen Abkehr vom weltlichen Treiben. In stark religiös geprägten Regionen bleiben dann die meisten Läden geschlossen. Im Regelfall sind die vorangehenden Tage die bevorzugten Einkaufstage, Samstag in christlichen und Freitag in jüdischen Gemeinden.

Obwohl der Islam „nur" das Freitagsgebet kennt, jedoch keinen ausdrücklichen Ruhetag, bieten die Händler in Saudi Arabien donnerstags und freitags in den Nachmittags- und Abendstunden vielfach längere Öffnungszeiten an. Und im **Ramadan** verlagert sich nicht nur das Ess-, sondern auch das Kaufverhalten in die Zeit nach Sonnenuntergang.

Im Zuge der Säkularisierung wurden die früher überwiegend restriktiven **Ladenschlussgesetze** jedoch vielerorts liberalisiert – bis hin zur Einführung verkaufsoffener Sonntage. Selbst im strenggläubigen Amerika hat in den letzten Jahrzehnten das Gebot der Sonntagsruhe an Verbindlichkeit verloren. Wie eine telefonische Befragung von 338 amerikanischen, zu drei Vierteln weiblichen Konsumenten ergab, sind strenggläubige Konsumenten sonntags zwar seltener als wenig religiöse Vergleichspersonen in Läden anzutreffen. Aber auch sie gehen vergleichsweise häufig sonntags einkaufen (= elfmal pro Jahr). Und der prozentuale Anteil dieser Einkäufe im Vergleich zu den Ausgaben, die sie innerhalb der Woche tätigen, liegt mit 17,0 % über dem Erwartungswert.[108] Noch geringer fielen die Unterschiede zwischen den Angehörigen verschiedener Konfessionen aus (sowohl auf der Einstellungs- als auch auf der Verhaltensebene). Insgesamt sprechen die von Siguaw/Simpson (1997) vorgelegten Befunde dafür, dass (streng)religiöse Konsumenten damals keine Verlängerung der Einkaufszeiten wünschten. Ihrer Meinung nach sollten nur Geschäfte, die unbedingt notwendig sind (z. B. Tankstellen, Reisebedarf), sonntags geöffnet sein.

An dieser Einschätzung hat sich in den folgenden zwei Jahrzehnten wenig geändert. Wie Swimberghe et al. (2014) beobachtet haben, beurteilen vor allem Verbraucher mit einem höheren Maß an **innerpersönlicher religiöser Bindung** (Intra-personal Religious Commitment) die Sonntagsruhe von Unternehmen positiv. Als Folge davon verbessern sich das wahrgenommene Unternehmensimage und die Absicht, diesem Anbieter treu zu bleiben (Kundenloyalität).

6.5 Erreichbarkeit

Die Attraktivität einer Einkaufsstätte hängt auch von deren Erreichbarkeit ab. Diese ist jedoch keine objektiv definierbare Größe, sondern abhängig vom **Beschaffungsaufwand**, den Konsumenten auf sich zu nehmen bereit sind. Mehr noch als andere ziehen Religiöse es vor, in ihrer engeren Nachbarschaft einzukaufen (vgl. Siguaw/Simpson 1997, S. 27). Ursächlich dafür sind allerdings primär Traditionalismus und Heimatverbundenheit, seltener Bequemlichkeit. Der engere Aktionsradius von Religiösen eröffnet vor allem Nachbarschaftsläden Profilierungsmöglichkeiten. Denn hierbei handelt es sich um eine vergleichsweise treue, weil weniger mobile Kundschaft. Die Konfession der Befragten beeinflusst die Einstellung der Befragten zur Erreichbarkeit einer Einkaufsstätte nicht.

6.6 Sakralisierung

Das übergeordnete Ziel der Technik der Sakralisierung besteht darin, dem Profanen einen ideellen Mehrwert zu verschaffen und bspw. Geschäfte, Produkte oder Lebensstil zum Gegenstand der geistigen Auseinandersetzung mit dem Religiösen und der Frage nach dem Sinn des Lebens zu machen (vgl. B-1.5; E-5.2). Um aus Kunden Angehörige einer (Glaubens-)Gemeinschaft zu machen, bedienen sich Unternehmen einer Reihe von Kulturtechniken (vgl. Dion/Borraz 2015).
- Überhöhung von **Orten** (bspw. die elterliche Garage, in der S. Jobs und S. Wozniak angeblich den ersten Apple-Rechner konstruiert haben),
- Kreation von **Mythen** (bspw. die extreme Sparsamkeit und Gottesfürchtigkeit von J. Rockefeller als Triebfeder des Unternehmenserfolges),
- Entwicklung von **Ritualen**, d.h. von rigiden Regeln im Umgang mit sakralen Orten oder Objekten (bspw. der Ablauf von Modeschauen, bei denen die geheiligten Ob-

jekte nur von Models präsentiert werden dürfen, die äußerlich, etwa durch die Catwalk-Gangart, ganz bestimmten, überhöhten Vorgaben entsprechen),
- **Verknappung** des Zugangs zu „geheiligten" Räumlichkeiten (bspw. den Büros oder Privaträumen der mythisch entrückten Gründerpersönlichkeit),
- **Ikonografie**, d.h. symbolhaftes Aufladen von Bildern und anderen optischen Reizen (bspw. ein bestimmtes Grau als Hausfarbe von Dior: das Dior-Grau).

7 Einkaufsstättenpräferenz

Wo Konsumenten einkaufen, d.h. welche Einkaufsstätten sie aufsuchen, um ihren Bedarf zu decken, hängt von zahlreichen Einflussfaktoren ab, etwa vom verfügbaren Einkaufsstättenmix. Auch der Fit zwischen den funktionalen (z.B. gute Erreichbarkeit) und den sozialen Bedürfnissen von Kunden (z.B. freundliche Mitarbeiter) und dem Leistungsportfolio der Handelsunternehmen spielt eine Rolle. Hinzu kommen konfessionell unterschiedliche Einkaufsorientierungen. Für strenggläubige Verbraucher kann auch die religiöse Identität des Anbieters ein wichtiges Entscheidungskriterium sein.

7.1 Erwartungen der Kunden

Gemäß der „Integrative Theory of Shopping Preference" (vgl. Sheth 1983) hängt die Einkaufsstättenpräferenz einerseits von **angebotsseitigen Faktoren** ab. Hierzu zählen Markt- (z.B. Handelsstruktur) und Unternehmensbedingungen (z.B. Servicequalität). Anderseits nehmen darauf auch die **Nachfrager** Einfluss, etwa in Gestalt von Faktoren mit Produktbezug (z.B. Markentreue oder Produktverwendung) oder mit Personenbezug. Hierzu gehören persönliche und soziale Werte, nicht zuletzt die jeweilige Form von Religiosität.

Klassische Kriterien der Einkaufsstättenpräferenz
Zu den ersten, welche diese Fragestellung aus religionsvergleichender Sicht aufgegriffen haben, zählen McDaniel/Burnett (1990). Ausgangspunkt ihrer Studie war eine Literaturanalyse. In einem nächsten Schritt baten sie ihre 550 US-amerikanischen Auskunftspersonen, anhand der dabei gewonnenen 30 Bewertungskriterien einen Department Store zu beurteilen (siebenstufige Ratingskala). Deren Angaben wurden sodann faktorenanalytisch zu sieben übergeordneten Kriterien (Faktoren) zusammengefasst (vgl. Tab. 42). Von diesen beeinflussen Produktqualität, Freundlichkeit des Verkaufspersonals sowie effizientes Einkaufen gemäß der Selbsteinschätzung der Befragten deren Einkaufsstättenwahl am stärksten und die von einem Geschäft angebotenen Kreditmöglichkeiten sowie dessen Ausstattung am wenigsten.

https://doi.org/10.1515/9783486851823-040

Tab. 42: Wichtigkeit der Merkmale eines Kaufhauses aus Sicht von sehr, durchschnittlich und wenig intrinsisch religiösen Konsumenten (Quelle: McDaniel/Burnett 1990, S. 108).

Intrinsische Religiosität	Effizienz des Einkaufens[a]	Bequemlichkeit[b]	Sortiment[c]	Freundlichkeit des Verkaufspersonals[d]	Produktqualität[e]	Ausstattung[f]	Kreditmöglichkeit[g]
gering	4.74	4.56	4.54	4.75	5.14	3.34	3.29
mittel	5.04	4.72	4.67	5.01	5.33	3.61	3.46
hoch	5.04	4.75	4.76	5.07	5.46	3.76	3.43

Legende: a) Shopping efficiency: e.g., „Easy to find items you want." b) Shopping convenience: e.g., „Easy drive to store" c) Product assortment: e.g., „Well-known brands available" d) Sales personnel friendliness/assistance: e.g., „Helpful store personnel" e) Product quality: e.g., „High quality products" f) Store attractiveness: e.g. „Attractive exterior" g) Credit availability: e.g. „Offer store credit/store charge card"

Im nächsten Schritt wurde geprüft, wovon die geäußerten Erwartungen abhängen: von Art und Intensität der Religiosität der Befragten (intrinsisch/extrinsisch) und/oder von deren Religionszugehörigkeit (= 48 % Protestanten, 28 % Katholiken, 15 % Konfessionslose und 7 % Juden). Die sodann durchgeführten einfaktoriellen Varianzanalysen ergaben:
– Die Erwartungen der Anhänger der verschiedenen **Konfessionen** ähneln sich weitgehend.
– Konsumenten mit besonders festen religiösen Überzeugungen (**intrinsische Religiosität**) legen etwas mehr Wert auf Effizienz und Bequemlichkeit des Einkaufens als andere wie auch auf freundliches Verkaufspersonals und hohe Produktqualität.
– Der Grad der **extrinsischen Religiosität** ist in diesem Zusammenhang lediglich in einer Hinsicht bedeutsam: Wer selten am Gottesdienst teilnimmt, legt etwas weniger Wert auf die Bequemlichkeit des Einkaufens als Vergleichspersonen mit einer mittleren Besuchsintensität.

Khraim et al. (2011) erbaten von 800 jordanischen Konsumenten Auskunft über deren Ansichten und Motive. Konkret sollten sie 19 Eigenschaften bzw. Merkmale von Einkaufsstätten (Store Attributes) auf einer fünfstufigen Ratingskala beurteilen (1 = not at all influential; 5 = very influential). Am wichtigsten war den Befragten ein „**preisgünstiges Angebot**" ($\bar{x}$ = 4,53) und am wenigsten wichtig die „**Nähe zum Arbeitsplatz**" ($\bar{x}$ = 3,55) sowie ein „**Angebot lokaler Produkte**" ($\bar{x}$ = 3,66). Bemerkenswert aber ist vor allem die kaum stärkere Gewichtung der Kriterien „Der Eigentümer ist ein **Bekannter**" ($\bar{x}$ = 3,67) und „**Verwandte** arbeiten in diesem Geschäft" ($\bar{x}$ = 3,31). Denn angesichts der starken Beziehungsorientierung der jordanischen Gesellschaft und der großen Bedeutung, die Familienbande dort haben, wären höhere Zustimmungswerte zu erwarten gewesen. Erneut erwiesen sich die **religiösen Überzeugungen** als ein wichtiger Moderator. Streng Religiöse beurteilten alle Einkaufsstättenmerkmale als „einflussreicher" als mäßig Religiöse und insb. als Nichtreligiöse, mit einem durchschnittlichen Mittelwertunterschied von immerhin 0,6 Skaleneinheiten zwischen streng und nicht Religiösen.

Taylor/Minton (2021) haben untersucht, ob Handelsunternehmen durch die Art ihrer Kommunikationspolitik (aktiv vs. passiv) die Einkaufsstättenpräferenz beeinflussen können. Als „aktiv" galten in dieser Untersuchung individuelle Weihnachtsgeschenkkarten und als „passiv" allgemeine Weihnachtswerbung. Ergebnis: Geschenkkarten wirken bei extrinsisch wie auch bei intrinsisch Religiösen besser, wenn auch auf unterschiedliche Weise:
- Extrinsisch Religiöse erfüllt es mit **Stolz**, auf diese Weise persönlich bedacht zu werden.
- Bei intrinsisch Religiösen lösen Geschenkkarten geringere **Schuldgefühle** aus als allgemeine Weihnachtswerbung.

Soziale Kriterien der Einkaufsstättenpräferenz
In der jüngeren Vergangenheit begannen viele Konsumenten, mehr von einer Einkaufsstätte zu erwarten als „nur" ein hochwertiges und reichhaltiges Angebot zu günstigen Preisen. Nun legten viele auch Wert auf einen **guten Ruf** und auf **soziales Engagement** des Anbieters. Empirisch bestätigt wurde dies durch Mokhlis (2009a). Gleich welcher Konfession: Am wichtigsten war den von ihm befragten malaiischen Probanden der gute Ruf des Handelsunternehmens, noch vor dessen Preiswürdigkeit (vgl. Tab. 43).

Tab. 43: Wichtigkeit von Einkaufsstättenmerkmalen (Quelle: Mokhlis 2009a, S. 72; eigene Übersetzung).

	Muslime (n = 103)	Buddhisten (n = 57)	Hindus (n = 34)	Christen (n = 32)
Reputation	4.34	4.10	4.17	4.17
Preiswürdigkeit	4.09	3.56	3.91	3.78
Verkaufsförderungsaktionen	3.43	3.25	3.19	3.20
Attraktivität	2.98	3.15	3.29	3.06

Legende: Skala: 1 = nicht wichtig, 5 = sehr wichtig.

In diesem Zusammenhang ist auch eine Untersuchung von Interesse, in deren Verlauf Dinh et al. (2022) 388 vietnamesische Katholiken zu den Hintergründen ihrer Einkaufsstättenloyalität befragt haben. Anders als extrinsisch Religiöse neigen intrinsisch religiöse Vietnamesen dazu, den Marktauftritt von Handelsunternehmen unter **ethischen Gesichtspunkten** zu bewerten (bspw. Fairness im Umgang mit anderen). Fällt ihr Urteil positiv aus, dann beabsichtigen sie, in diesem Laden weiterhin einzukaufen. Bei extrinsisch religiösen Kunden wird diese Beziehung durch deren Lebenszufriedenheit mediiert, d.h. durch eine Variable, die von dem Händler nicht beeinflussbar ist: Extrinsisch Religiöse, die mit ihrem Leben zufrieden sind, neigen zu Einkaufsstättentreue.

Welchen Stellenwert hat das **Corporate Social Responsibility**-Engagement (CSR) von Handelsunternehmen für die Entscheidung von Konsumenten, wo sie Lebensmittel, Kleidung, Schuhe, Elektronik und Haushaltswaren einkaufen? Dieser Frage sind Friske et al. (2021) nachgegangen. Ihre Antwort: Intrinsisch Religiöse werden durch CSR (vgl. D-1.1) beeinflusst, allerdings unter zwei einschränkenden Bedingungen.

– Erstens handelt es sich um eine mediierte Beziehung, was bedeutet, dass das wahrgenommene CSR-Engagement die Einkaufsstättenpräferenz nur indirekt beeinflusst (über die Einstellung zu CSR).
– Zweitens erwiesen sich lediglich Verfehlungen des Unternehmens als bedeutsam. Wahrgenommene Corporate Social Irresponsibility verringerte die Wahrscheinlichkeit, dass intrinsisch Religiöse in diesem Geschäft einkaufen. Werden hingegen deren mutmaßlich hohen Erwartungen an die moralische Integrität von Handelsunternehmen erfüllt oder gar übertroffen, dann schlägt sich dies nicht im Einkaufsverhalten nieder.

Relevanz der Untersuchungsbefunde
Die Effekte, die u.a. Mokhlis (2009a) und Wilkes et al. (1986) beschrieben haben, sind formal zwar substanziell, inhaltlich betrachtet aber eher bedeutungslos: **substanziell**, weil sie wiederholt nachgewiesen werden konnten, und **bedeutungslos**, weil sie für die Unternehmenspraxis keinen Erkenntniswert besitzen. So beträgt der größte der von McDaniel/Burnett (1990) festgestellten Mittelwertunterschied absolut betrachtet lediglich 0,32 Einheiten auf einer siebenstufigen Wichtigkeitsskala (sowohl bei Freundlichkeit des Verkaufspersonals als auch bei Produktqualität; vgl. Tab. 41).

Dennoch: Zwar sind die beobachteten Effekte schwach. Aber inhaltlich fügen sie sich gut ein in das, was wir über Religiöse bislang wissen. Etwa, dass sie großen Wert auf persönliche Beziehungen legen und sozial gut vernetzt sind (bspw. in ihrer Kirchengemeinde). Entsprechend ist es ihnen besonders wichtig, von **freundlichen** und **unterstützenden Mitarbeitern** bedient zu werden. Weiterhin liegen zahlreiche Befunde vor, die für eine überdurchschnittliche Risikoaversion von Religiösen sprechen (vgl. C-5.2). Sie fällen seltener impulsive, d.h. ungeplante und damit risikoreiche bzw. unvernünftige Kaufentscheidungen als andere (vgl. Mokhlis 2009a). Und aufgrund ihres erhöhten Sicherheitsbedürfnisses ist ihnen die **Qualität des Produktangebots** noch wichtiger als den wenig Religiösen.

Da aber dieser Effekt bei allen (!) 19 Einzelkriterien zu beobachten ist, stellt sich – auch mit Blick auf den tendenziell vergleichbaren Befund von McDaniel/Burnett (1990) – die Frage, ob hiermit wirklich Wichtigkeitsunterschiede erfasst werden oder eher unterschiedliche **Antwortstile**. So könnten diese und ähnliche Studien durch eine stärkere Anfälligkeit Strenggläubiger für das Phänomen der **Anspruchsinflation** verzerrt worden sein. Erfahrungsgemäß führt diese Art der Abfrage von Erwartungen, Wichtigkeiten etc. dazu, dass alles unterschiedslos als wichtig, einflussreich etc. eingestuft wird und die erhoffte Differenzierung der Urteile ausbleibt. Denn die Auskunftspersonen sind so nicht wie bei anderen Fragetechniken gezwungen, zwischen konkurrierenden Ansprüchen abzuwägen, bspw. zwischen Produktqualität und Preisvorteil oder zwischen Nähe zur eigenen Wohnung und Nähe zu anderen Geschäften (vgl. Dichtl/Müller 1986).

7.2 Einkaufshäufigkeit

Wo Konsumenten am häufigsten einkaufen, scheint vergleichsweise wenig von deren Konfession abzuhängen. So jedenfalls lässt sich das Ergebnis einer multikonfessionellen Studie zusammenfassen, die Mokhlis (2009a) in Kuala Lumpur (Malaysia) durchgeführt hat. Befragt danach, wo sie in den vergangenen zwölf Monaten wie häufig eingekauft haben (1 = nie, 5 = sehr häufig), nannten alle konfessionellen Teilstichproben das **Kaufhaus** an erster Stelle, relativ am häufigsten Hindus ($\bar{x}$ = 3,56) und etwas seltener Christen ($\bar{x}$ = 3,19). Die geringste Rolle spielte der **Versandhandel** (Muslime: $\bar{x}$ = 2,15; Buddhisten: $\bar{x}$ = 1,86). Der einzige signifikante, gleichwohl nicht allzu große Mittelwertunterschied betrifft den Einkauf in der **Fachabteilung** einer größeren Betriebsform (bzw. Spezialkaufhaus). Dort sind Hindus ($\bar{x}$ = 2,79) etwas häufiger anzutreffen als Buddhisten ($\bar{x}$ = 2,11). Statistisch unauffällig sind die Angaben zur Häufigkeit des Einkaufs in einem **Hypermarkt** bzw. Einkaufszentrum (Muslime = 2,92, Hindus sowie Christen = 2,56) und in einem Fachgeschäft (Hindus = 2,76, Muslime = 2,39).

7.3 Religionskonformes Angebot

Wie aber verhält es sich mit Einkaufsstätten, die ausschließlich oder in einem wesentlichen Umfang religiös zertifizierte Produkte anbieten? Profitieren sie in nennenswertem Maße davon, indem sie überproportional viele konfessionell gebundene Käufer anziehen? Und honorieren Muslime es, wenn ein Geschäft keine alkoholischen Getränke anbietet?

Während der Einfluss einer entsprechenden Kennzeichnung von Produkten auf Kaufabsicht und Markenloyalität bereits häufiger untersucht wurde (vgl. E-5.2), haben nur wenige die Wirkungen auf die Einkaufsstättenwahl analysiert. Zu den Ausnahmen zählen Jamal/Sharifuddin (2015). Sie begründen den positiven Einfluss von Halal-Angeboten auf die Einkaufsstättenloyalität mit Convenience. Das Halal-Label wirke wie eine **Qualitätsgarantie**, welche Vertrauen schafft und dadurch das Einkaufen vereinfacht.

Vielen Muslimen ist es bekanntlich überaus wichtig, dass „ihre" Einkaufsstätte **keine alkoholischen Getränke** anbietet. Falls doch, wäre dies für gläubige türkische Kunden sogar ein Grund, dieses Geschäft zu boykottieren (vgl. Uysal/Okumuş 2019). Der außergewöhnlich hohe Zustimmungswert, den Khraim et al. (2011) ermittelt haben ($\bar{x}$ = 4,52 auf einer fünfstufigen Antwortskala), wirft allerdings Fragen auf. Denn er basiert nicht auf einer repräsentativen Stichprobe, sondern auf den Auskünften von hauptsächlich jüngeren, gut ausgebildeten Jordaniern mit gehobenem Einkommen und einem zumeist urbanen, säkularen Lebensstil. Deshalb wäre eigentlich eine tolerantere Einstellung zum Thema „Alkohol" zu erwarten gewesen. Möglicherweise ist also auch die strikte Ablehnung alkoholischer Getränke eher Ergebnis einer Antworttendenz als Ausdruck tatsächlicher Überzeugungen. Dafür spricht, dass muslimische Auskunftspersonen in Befragungen wesentlich häufiger **sozial erwünscht antworten** als jüdische Probanden (vgl. Baron-Epel et al. 2010).

Religionskonform können sich Händler aber nicht nur bei der Zusammenstellung ihres Sortiments verhalten, sondern bspw. auch bei der Festlegung ihrer **Öffnungszeiten**. Bei Strenggläubigen scheinen sie damit punkten zu können. Gläubige Katholiken und Protestanten etwa präferieren Geschäfte, die Sonntags geschlossen bleiben (vgl. Siguaw/Simpson 1997). Daran hat sich auch zwei Jahrzehnte später nichts geändert: Je stärker ihr intrapersonales Commitment, desto mehr wertschätzen Christen im Süden der USA Unternehmen, welche das Gebot der Sonntagsruhe achten. Dies stärkt das Unternehmensimage und letztlich die Einkaufsstättenloyalität (vgl. Swimberghe et al. 2014).

Zu den Besonderheiten, die ein islamisches Geschäft ausmachen, zählt, neben einem sharia-konformen Produktangebot und einer vertrauenswürdigen Preispolitik, **Geschlechtertrennung** (vgl. Abu Bakar/Hussin 2013). Sind somit in islamischen Gesellschaften Einkaufsstätten im Vorteil, in denen Frauen und Männer getrennt einkaufen? In den Augen von muslimischen Konsumenten aus Nordnigeria nicht. Nach eigenem Bekunden fühlen sie sich wohl dabei, mit Angehörigen des anderen Geschlechts im selben Supermarkt einzukaufen. Auch an den Preisstrategien der Anbieter, der Einkaufsatmosphäre und der Produktauswahl hatten sie nichts auszusetzen, wohl aber an den Werbemaßnahmen, die ihnen trügerisch bzw. unehrlich erschienen (vgl. Yusuf/Madichie 2012).

7.4 Religiöse Identität und ethische Positionierung des Anbieters

Vor allem Angehörige religiöser Minderheiten tendieren dazu, primär und bisweilen auch ausschließlich Anbietern zu vertrauen und bei diesen einzukaufen, die derselben Religionsgemeinschaft angehören wie sie selbst (z. B. Bonne/Verbeke 2008). Diese Präferenz wird als **religiöser Zentrismus** bzw. Religio-Zentrismus bezeichnet. Wie Siala (2013) am Beispiel des Kaufs von Kfz-Versicherungen aufgezeigt hat, stärkt die gemeinsame religiöse Identität von Anbieter und Nachfragern (Muslime unterschiedlicher ethnischer Herkunft) deren Kundenloyalität, was letztlich eine erhöhte Zahlungsbereitschaft und Bereitschaft zur kommunikativen Unterstützung des Anbieters zur Folge hat (vgl. Abb. 45).

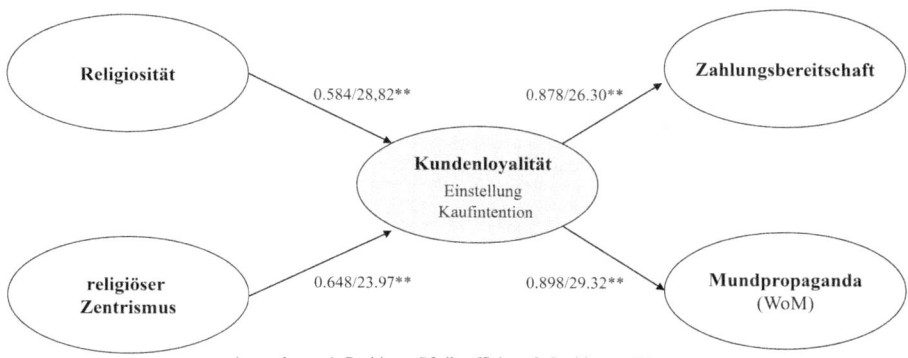

Abb. 45: Einfluss von Religiosität und religiösem Zentrismus auf das Kundenverhalten: Ergebnisse einer Pfadanalyse (Quelle: eigene Darstellung auf Basis von Siala 2013, S. 585).

Dieser Befund fügt sich ein in die auf Belk (1988) zurückgehende Sichtweise, wonach die Einkaufsstättenpräferenz vieler Kunden wesentlich vom **Identifikationspotenzial** des Unternehmens abhängt. Da religiöse Überzeugungen und Werte wesentlich für die Identität und das Selbstkonzept religiöser Menschen sind, kaufen sie bevorzugt in Geschäften ein, deren Sortiment (bspw. Bio, lokale Produktion), Personalpolitik (bspw. Verzicht auf Niedriglohnjobs) usw. ihren Wertvorstellungen entsprechen (vgl. Swimberghe et al. 2009). In den USA wird das wachsende Segment der christlichen „Faith Driven Consumers" auf 46 Millionen mit einer summierten Kaufkraft von 1,75 Billionen $ geschätzt. Für die Gelegenheit, in Geschäften einkaufen zu können, die sichtbar für dieselben religiösen Werte stehen wie sie selbst, akzeptieren sie auch höhere Preise (vgl. Davis 2016).

Was würden Kunden von einem Einzelhändler halten, der sich öffentlich für die gleichgeschlechtliche Ehe einsetzt? Zunächst haben Swimberghe et al. (2009) dieses Szenario 425 amerikanischen Verbrauchern vorgegeben. Ergebnis: In dem Maße, wie dieses Engagement nicht der **religiösen Identität** und den **moralischen Überzeugungen** der Befragten entspricht, steigt deren Wechselabsicht und sinkt die Bereitschaft, Mundpropaganda zu betreiben, d.h. anderen Verbrauchern Positives über dieses Handelsunternehmen zu berichten.

Swimberghe et al. (2011a) haben dieses Szenarioexperiment in leicht veränderter Form nochmals durchgeführt. Nunmehr wollten sie von den Probanden, 531 amerikanische Teilnehmer eines Konsumentenpanels, wissen, ob und wie sich Wertedissens/-konsens auf ihre Beschwerde- und Boykottbereitschaft auswirken würden. Gemäß der durchgeführten Strukturgleichungsanalyse lässt sich die Haltung der Befragten am besten durch die Konfession vorhersagen. „Nicht akzeptabel" erschien das Statement des Handelsunternehmens vornehmlich Gläubigen mit evangelikalen, d.h. orthodox-strenggläubigen Überzeugungen (e.g., „Religious truth is higher than any other form of truth"). Anders als extrinsisch Religiöse[109] würden auch intrinsisch Religiöse[110] zu die-

sem Händler innerlich auf Distanz gehen. Wer die ethische Positionierung des Händlers ablehnt, ist wahrscheinlich auch bereit, …
- diesen in Zukunft zu boykottieren (e.g., „Stop purchasing from store X") und
- sich persönlich zu beschweren (e.g., „Call store X and ask them to immediately stop their support, change their policy").

Weiterhin wurde eine leichte Tendenz, sich in dieser Angelegenheit an die Öffentlichkeit zu wenden, festgestellt (e.g., „Write a letter to a local newspaper about your disagreement with retail store X's support of this issue").

Teil I: Kommunikationspolitik

Wie im Falle der anderen Politiken des Marketing-Mix hat sich das IRM auch primär für die Reaktionen der **Kunden** auf kommunikationspolitische Maßnahmen interessiert und weniger für deren Ausgestaltung durch **Unternehmen**. Zu den Ausnahmen zählen Oh et al. (2020). Sie haben untersucht, ob das Volumen des Werbeetats auch von der religiösen Orientierung des Vorstandsvorsitzenden (CEO) abhängt.

1 Ziele der Kommunikation

Das Marketing unterscheidet üblicherweise ökonomische (z.B. Umsatzsteigerung) von außerökonomischen Kommunikationszielen (z.B. Steigerung des Bekanntheitsgrades). Aufgrund der sog. Zurechenbarkeitsproblematik ist die Erfüllung **ökonomischer Ziele** jedoch im Regelfall nicht hinreichend überprüfbar. Denn keines der Marketinginstrumente wirkt ausschließlich aus eigener Kraft, sondern immer nur im Verbund. Hinzu kommen vielfach unwägbare Umwelteinflüsse. Gleichgültig, wie gelungen und überzeugend die Werbekampagne für ein bestimmtes Produkt auch sein mag – sie wird den Verkauf nicht in dem erhofften Maße stimulieren können, wenn ...
- der Preis zu hoch angesetzt wurde,
- die Produktqualität mangelhaft ist,
- Konkurrenten gleichzeitig mit einem besseren Angebot auf den Markt kommen oder
- ein Konjunktureinbruch das Konsumklima entscheidet verschlechtert hat.

Deshalb konzentrieren sich Forschung und Marketingabteilungen zumeist auf die **außerökonomischen Ziele**, wie Bekanntheit, Einstellung und Kaufabsicht. Um dies zu erreichen, muss die Aufmerksamkeit der Zielgruppe gewonnen, die zentrale Werbebotschaft übermittelt und glaubwürdig sowie sympathisch kommuniziert werden.

1.1 Zentrale Werbebotschaft übermitteln

Gemäß einer sekundärstatistischen Auswertung der WVS 2005 vertrauen Religiöse anderen Menschen mehr als Nichtreligiöse (vgl. Guiso et al. 2006). Möglicherweise sind sie deshalb Werbebotschaften gegenüber weniger kritisch und abwehrend eingestellt. Aber auch die Religionszugehörigkeit nimmt Einfluss darauf, wie Werbebotschaften aufgenommen werden. Während Protestanten und, mit Abstrichen, Katholiken vertrauensvoller zu sein scheinen, neigen Hindus zu (leichtem) Misstrauen. Bei Buddhisten, Juden und Muslimen konnte keine eindeutige Tendenz festgestellt werden.

Als Angehörige von vergleichsweise wettbewerbsorientierten Gesellschaften sind Christen und Juden vor allem empfänglich für Werbebotschaften, welche den USP kommunizieren: die Unique Selling Proposition. Welche Leistung bietet ein Produkt dem Käufer? Deshalb steht in diesen Ländern im Zentrum der Werbebotschaft häufig der **Produktvorteil,** welchen das beworbene Angebot bietet (z. B. lange Haltbarkeit). Buddhismus, Islam und Konfuzianismus wiederum sind vor allem in beziehungsorientierten Gesellschaften verbreitet. Dort ist es wichtiger, die **Beziehungsqualität** zu steigern, bspw. durch vertrauensbildende Botschaften (z. B. 24/7-Kundenservice). Dazu trägt auch ein hoher Bekanntheitsgrad bei. Denn das Bekannte, d. h. das Vertraute erscheint uns zumeist vertrauenswürdiger als das Unbekannte. Werbung soll in diesen Märkten folglich in erster Linie ein Produkt bekannt machen, es im Gedächtnis der Umworbenen verankern und eine kommunikative Beziehung zu den Kunden aufbauen. Kampagnen, die allzu vordergründig beeinflussen sollen, laufen Gefahr, aufdringlich und übertrieben zu erscheinen und Reaktanz auszulösen.[111]

1.2 Aufmerksamkeit der Zielgruppe gewinnen

Werbebotschaften müssen aus dem gewaltigen Informationsangebot, das für Informationsgesellschaften charakteristisch ist, hervorstechen. Werbetreibenden bleibt zumeist nur wenig Zeit, um bspw. mit einer Social Media-Kampagne oder einer traditionellen Zeitungsanzeige trotz allgemeiner **Informationsüberlastung** die Aufmerksamkeit des Betrachters zu gewinnen. So werden gewöhnliche Anzeigen in Publikumszeitschriften durchschnittlich nur 1,5 bis 2,5 Sek. lang betrachtet (vgl. Kroeber-Riel/Gröppel-Klein 2019, S. 60 ff.; S. 304 ff.; S. 542). Um dennoch die Aufmerksamkeit der Zielgruppe erlangen zu können, setzen Unternehmen verschiedene Sozialtechniken ein. Ob dazu auch religiöse Werbeappelle zählen sollten, ist umstritten und scheint vom Kontext abzuhängen (vgl. I-6.2.5). Aus islamischer Sicht sollten Werbungtreibende alles unterlassen, was gegen das Prinzip der Fairness im Geschäftsverkehr verstößt, u. a. übertriebene, im Extremfall irreführende Werbebotschaften und Gestaltungen (vgl. Behravan/Masoudi 2012).

Religiöse Symbole
Häufig wird mit Symbolen geworben. Denn sind sehr **aufmerksamkeitsstark** und können, sachgerecht eingesetzt, die Werbebotschaft **emotional** positiv aufladen. Symbolisch kann vielerlei sein, selbst die Umgebung, in die ein Produkt bzw. eine Dienstleistung eingebettet ist. Wenn ein TV-Spot eine Bierflasche vor dem Hintergrund einer von Wäldern gesäumten Seenplatte zeigt, dann soll Natur „Reinheit" symbolisieren: die Reinheit des Bieres. Fährt in einem TV-Spot ein Geländewagen durch die Steppe, dann symbolisiert dieses Werbemotiv „Freiheit", welche Betrachter (vermeintlich) erlangen können, sobald sie im Besitz des beworbenen Wagens sind.

Da wohl kaum ein Ideensystem so symbolbehaftet ist wie eine Religion, liegt es für das IRM nahe, **religiöse Symbole** in der Werbung einzusetzen. Sakrale Bilder, Figuren und Texte sind trotz zunehmender Säkularisierung noch tief im kollektiven Bewusstsein verwurzelt und können die Aufmerksamkeit des Betrachters schneller auf die Werbebotschaft lenken, als andere Motive (vgl. Taylor et al. 2010). Darüber hinaus wird vermutet, dass Unternehmen, die gezielt religiöse Symbole in ihrer Marktkommunikation einsetzen, als besonders glaub- und vertrauenswürdig wahrgenommen werden. Das war sicher auch das Ziel der Volks- und Raiffeisenbanken, die viele Jahre für ihre Werbung das biblische Exodus-Symbol genutzt und erfolgreich mit dem Slogan „Wir machen den Weg frei" geworben haben (vgl. Buschmann 2001).[112]

Wie Halstead et al. (2009) durch Tiefeninterviews mit Managern kleinerer christlicher Dienstleister in Erfahrung gebracht haben, setzen diese religiöse Symbole in ihrer Werbung zumeist ein, um den Marktteilnehmern ihre **christlichen Überzeugungen** zu signalisieren. Einerseits möchte man so das Marktsegment der Religiösen gezielt ansprechen (vgl. Zehra/Minton 2020). Andererseits sollen religiöse Symbole aber auch als ein **implizites Versprechen** an den Gesamtmarkt verstanden werden, ein besonders vertrauenswürdiger und leistungsfähiger Dienstleister zu sein (vgl. Taylor/Halstead 2014). Zwar wirken explizite Versprechen – etwa eine Qualitätsgarantie – gewöhnlich stärker (vgl. Wirtz et al. 2000). Aber implizite Versprechen sind weniger offensichtlich, weniger leicht durchschaubar und weniger einklag- bzw. kritisierbar.

Können sich Unternehmen mehr **Erfolg** davon versprechen, wenn sie statt mit säkularen mit religiösen Motiven und Themen werben? Idealerweise aktivieren Letztere die religiösen Werte der Umworbenen, was die Akzeptanz der Werbebotschaft fördert. Aber die bislang hierzu vorliegenden Untersuchungsbefunde sind widersprüchlich. Einerseits haben bspw. Muralidharan/La Ferle (2018) und van Esch et al. (2014) festgestellt, dass „religiöse Anzeigen" auf sehr religiöse Menschen ansprechender wirken als auf wenig religiöse Vergleichspersonen. Und in einer Untersuchung von Taylor et al. (2010) konnten christliche Symbole (Kreuz) die Akzeptanz von Werbemaßnahmen durch evangelikale Christen signifikant verbessern. Moderiert wurde dieser Effekt durch die Religiosität der Probanden: je religiöser, desto positiver die Reaktionen. Als Mediatoren fungierten bestimmte Eigenschaften des werbenden Unternehmens (z.B. Vertrauenswürdigkeit, Professionalität). Andererseits verschlechterte sich bei sehr religiösen Christen die Einstellung zur Marke und die Kaufabsicht, wenn in einer Werbung für eine Haustierversicherung ein Kreuz gezeigt wurde und die Befragten sich nicht für Tiere interessierten (vgl. Dodson/Hyatt 2000).

Die naheliegende Erklärung – religiöse Symbole wirken nicht bei Low-Involvement-Produkten – haben Agarwala et al. (2021) am Beispiel von Werbung für ein Allerweltsprodukt (Seife) indirekt empirisch widerlegt. In ihrer Untersuchung verbesserten hinduistische Symbole (Laterne) die Markenbewertung und stärkten die Kaufabsicht. Wie Henley et al. (2009) herausgefunden haben, wirken religiöse Symbole besser, wenn sie einen inhaltlichen Bezug zum beworbenen Produkt (Bier) bzw. zur beworbenen Dienstleistung haben (Familienberatung). Und offenbar ist auch von Belang, welche **Motive** die Umworbenen dem werbenden Unternehmen zuschreiben. Laut Zehra/Minton (2020) wertet nur ein Teil der Befragten eine solche Gestaltung als religiöses Bekenntnis; andere erblicken darin eher eine leicht durchschaubare Marketingstrategie. Weiterhin wurde deutlich, dass religiöse Symbole nur die Einstellung von Muslimen zum Unternehmen verbessern, nicht jedoch von Christen. Eine Erklärung bietet die Moderatorvariable Open-Mindedness: Nur wer neuartigen Ideen grundsätzlich mit Skepsis begegnet und dogmatisch denkt, stört sich nicht an religiösen Werbemotiven (vgl. Minton 2020). Diese Bedingung erfüllen Religiöse im Allgemeinen (vgl. D-3.1) und Muslime im Besonderen (vgl. Albaghli/Carlucci 2021). Weitere Einflussfaktoren sind Art und Intensität der religiösen Überzeugungen der Umworbenen sowie deren Produktinvolvement. In der bereits angesprochenen Untersuchung von Dotson/Hyatt (2000) hatten Werbeanzeigen, auf denen das christliche Symbol des Kreuzes gut sichtbar war, nur bei religiös dogmatischen Versuchsteilnehmern, die an dem beworbenen Produkt (Haustierversicherung) interessiert sind (= Involvement), Erfolg. Die Vergleichsgruppe (dogmatisch, geringes Interesse) reagierte weniger positiv. Weder verbesserte die Werbebotschaft deren Einstellung zur Marke, noch steigerte sie die Kaufabsicht.

Zwar reagieren Muslime und Angehörige anderer Konfessionen zumeist positiv auf religiöse Symbole, auch in der Werbung (vgl. Butt et al. 2018). Risikolos ist deren Einsatz indessen nicht. Uneingeschränkt empfehlenswert sind religiöse Symbole im Regelfall nur, wenn die Zielpersonen sehr religiös sind. Bei weniger Religiösen droht ein **Rückschlageffekt**. Laut Taylor et al. (2017) nährte in ihrer Untersuchung das christliche Fischsymbol, das in eine Werbeanzeige eingefügt war, Skepsis gegenüber dem Anbieter, und die wahrgenommene Qualität des Serviceangebots verschlechterte sich (Wartungsarbeiten eine Heizungsinstallateurs). Ähnliches berichten Nickerson et al. (2023): Werbeanzeigen für ein Handy, die mit islamischen Symbolen (Laterne, Mondsichel) und einer islamischen Grußformel versehen waren („Ramadan Kareem"), förderten gemessen an einer neutralen Variante weder die Einstellung noch die Kaufabsicht muslimischer Probanden. Selbst die sehr religiösen Teilnehmer dieser Studie reagierten nicht in dem erwarteten Maße positiv auf die islamischen Symbole. Wohl aber verschlechterten sie die Kaufabsicht von Christen und Nichtreligiösen unter den 1.158 Angehörigen einer Convenience-Stichprobe der Besucher eines Einkaufszentrums in Dubai. Unter bestimmten Bedingungen kann es vorkommen, dass religiöse Symbole selbst bei sehr Religiösen mehr schaden als nutzen. Dotson/Hyatt (2000) zufolge ist dies dann der Fall, wenn Gläubige den Eindruck haben, dass ihre Religion missbraucht wird, um etwas Trivialem wie einem Produkt zum Erfolg zu verhelfen (vgl. I-6.5).

Wer in Ländern mit einer totalitären Rechtsauffassung in ungemessener Weise mit religiösen Symbolen wirbt, muss sogar damit rechnen, deshalb vor Gericht zu landen.

> Ein Buddha mit Kopfhörern – was als lustiges Reklameposter für eine Bar in Myanmar gedacht war, bringt nun einen Neuseeländer (32) und zwei Einheimische (26 und 40) hinter Gitter. Solche Bilder beleidigten den Buddhismus, befanden die Richter in Rangun. Sie verurteilten die drei deshalb zu je zwei Jahren Haft, plus sechs Monate, weil die Bar nach 22.00 Uhr noch geöffnet hatte. Das Buddha-Bild stand im Dezember kurz auf der Webseite der Bar. Als sich im Internet ein Sturm der Entrüstung zusammenbraute, löschte die Bar das Bild und entschuldigte sich.[113]

Kontroverse Themen und Gestaltungen

Aufmerksamkeit gewinnen können Unternehmen auch, indem sie **provozieren** und bspw. tiefsitzende soziale, gesellschaftliche oder religiöse Gefühle verletzen. Am konsequentesten hat bislang Benetton diese Aktivierungsstrategie verfolgt, indem etwa in einer Anzeige der Herbst- und Winterkampagne 1991/92 ein Geistlicher eine Nonne küsst. Angesichts weiterer, weltberühmt gewordener Werbemotive (z. B. ölverschmierte Enten, nacktes Gesäß mit dem Stempelaufdruck „HIV-Positive", blutverschmiertes Hemd eines Soldaten mit Einschussloch) wurde diese Werbestrategie auch als **Schockwerbung** bezeichnet.

Wie aber wirkt „Shockvertising"? Fraglos ist sie sehr gut geeignet, die **Aufmerksamkeit** der Zielpersonen zu gewinnen (vgl. Myers et al. 2020). Jedoch wirkt es sich in aller Regel negativ auf die nachgelagerten Phasen der Informationsverarbeitung aus. Neben juristischen Risiken[114] ist mit kontroverser Werbung zumeist eine gravierende Gefahr verbunden, die als **Vampireffekt** bezeichnet wird: Besonders auffällige Gestaltungselemente ziehen erfahrungsgemäß die gesamte Aufmerksamkeit auf sich und lenken damit letztlich von der eigentlichen Werbebotschaft ab, sofern die Gestaltung keinen inhaltlichen Bezug zur Werbebotschaft aufweist. Dieser Gefahr ist regelmäßig auch und gerade Werbung mit sexuellen Motiven ausgesetzt (vgl. I-6.2).

Allerdings wird, wie die Akzeptanzforschung gezeigt hat, Schockwerbung nicht grundsätzlich abgelehnt. **Gemeinnützigen Organisationen** gestehen viele dieses Mittel innerhalb bestimmter Grenzen durchaus zu – wenn dabei keine religiösen Tabus oder wichtige soziale Normen verletzt werden. Ansonsten aber „heiligt nach Ansicht hat der Befragten in diesem Fall der Zweck die Mittel" (vgl. Parry 2013).

1.3 Glaubwürdig kommunizieren

Aufmerksamkeit ist eine im Regelfall **notwendige**, zumeist aber **nicht hinreichende** Bedingung des Kommunikationserfolgs. Obwohl dies kaum jemand bestreiten wird, kommt es immer wieder vor, dass der Aufmerksamkeitserfolg zu Lasten der Glaubwürdigkeit der Werbebotschaft oder des Unternehmens erzielt wurde, bspw. durch eine marktschreierische Gestaltung, übertriebene Versprechungen bzw. die Verletzung religiöser oder gesellschaftlicher Tabus (vgl. Greenough 2021).[115]

> Mit dem Bild eines Buddhas, der auf einer goldenen Toilettenbrille hockt, buhlte Ikea um Aufmerksamkeit. (...) Der Artikel sollte für Raumausstattung im asiatischen Stil werben. Foto und Text wurden im schwedischen Familienmagazin des Ikea-Konzerns abgedruckt, das an 700.000 Haushalte verteilt wurde. Bei den rund 10.000 Hindus, die in Ikeas Heimatland leben, löste das große Empörung aus. Hindu-Glaubensgemeinschaften druckten vorgefertigte Protestschreiben, die zu tausenden bei der Ikea-Zentrale eingingen. Das Möbelhaus hat sich inzwischen entschuldigt (und) gelobt, Ikea werde in Zukunft achtsamer mit religiös und kulturell bedeutsamen Motiven umgehen.[116]

Größeren Erfolg, vor allem bei der Vermarktung von High Involvement-Produkten, verspricht die Glaubwürdigkeitsstrategie. Wie zuletzt Sarofim/Cabano (2018) mit einer mehrstufigen Mediationsanalyse demonstriert haben, gilt dies in besonderem Maße, wenn die Zielgruppe zu wesentlichen Teilen aus gläubigen Menschen besteht. Denn alle Konfessionen haben hohe Ansprüche an die **Wahrhaftigkeit** von Kommunikation. Werbungtreibende können jedoch davon profitieren, dass (moderat) Religiöse den Wahrheitsgehalt von Werbebotschaften a priori höher einschätzen als nicht oder wenig Religiöse. Mutmaßlich aufgrund ihres überdurchschnittlich positiven Welt- und Menschenbildes gehen sie zumeist mehr als andere davon aus, dass das beworbene Produkt ihnen tatsächlich den versprochenen Nutzen bieten wird. Die von ihnen der Werbung zugebilligte Glaubwürdigkeit steigert die **Kaufabsicht** religiöser Kunden.

Deren prinzipiell positive Grundeinstellung enthebt Unternehmen jedoch nicht der Aufgabe, bei der Gestaltung ihrer Werbemittel und Werbebotschaften verstärkt auf deren Glaubwürdigkeit zu achten: formal und inhaltlich. Gemäß der Source-Attractiveness-Theorie sind dafür die Ähnlichkeit des Kommunikators mit der Zielgruppe sowie dessen Vertrautheit und ein sympathisches Erscheinungsbild maßgeblich (vgl. McGuire 1985). Die Source Credibility-Theorie der Kommunikationswissenschaften (vgl. Hovland et al. 1953) beschreibt die Glaubwürdigkeit des Kommunikators als dreidimensionales Konstrukt:
- Kompetenz (Expertness),
- Attraktivität (Attractiveness) und
- Vertrauenswürdigkeit (Trustworthiness).

Verschiedene Studien sprechen dafür, dass es primär auf die Vertrauenswürdigkeit ankommt (vgl. Wang/Scheinbaum 2017). Weiterhin hat sich die Religiosität von Testimonials[117] als wichtiger Moderator erwiesen (vgl. Silalahi et al. 2021). Deren **Vertrauenswürdigkeit** und **Attraktivität** erhöht die Kaufabsicht der Umworbenen überproportional, vorausgesetzt, die Zielgruppe nimmt das Testimonial als religiös wahr.

2 Zielgruppen der Kommunikation

Die wichtigste Zielgruppe des IRM sind religiöse Konsumenten, da sie unabhängig von ihrer Konfession zahlreiche Gemeinsamkeiten aufweisen (Werte, Überzeugungen, Verhaltensweisen). Natürlich ist es auch möglich, sich gezielt an Anhänger einer bestimmten Glaubensrichtung zu wenden. Da jedoch konfessionell homogene Gesellschaften die Ausnahme sind und Multikonfessionalität die Regel, lassen sich dann Streuverluste kaum vermeiden. Überdies besteht die Gefahr unerwünschter Nebenwirkungen bei Angehörigen anderer Konfessionen.

2.1 Religiöse Konsumenten

Das **Persönlichkeitsprofil** der Religiösen haben wir bereits ausführlich beschrieben (vgl. D-3.1). Zusammengefasst sind dies einerseits Merkmale wie Konservatismus und Änderungsunwilligkeit, die auf eine geringe Aufgeschlossenheit für innovative Produkte und Dienstleistungen schließen lassen. Andererseits verfügt dieser Personenkreis aber auch über Eigenschaften, die sich unter dem Stichwort „prosozial" zusammenfassen lassen (z. B. Altruismus, Bescheidenheit). Diese Eigenschaften und ihre überdurchschnittliche Bereitschaft, anderen Vertrauen zu schenken, prädestinieren Religiöse als Zielgruppe für **prosoziale Unternehmensstrategien**.

Vertrauen

Religiöse vertrauen nicht nur unserem **Wirtschaftssystem** mehr als Nichtreligiöse. Sie zweifeln auch nicht grundsätzlich daran, dass **gemeinnützige Organisationen** ihren Stiftungs- bzw. Vereinszweck erfüllen und tatsächlich gemeinnützig handeln, weshalb sie vermehrt bereit sind, diese durch Spenden zu unterstützen (vgl. Hopkins et al. 2014). Und sie vertrauen den verschiedenen Werbemaßnahmen überdurchschnittlich (vgl. Minton 2019; 2015). Da Vertrauen – bspw. in den **Kommunikator** – eine wichtige Voraussetzung für Werbeerfolg ist, sind Religiöse eine für jegliche Form kommerzieller Kommunikation empfängliche Zielgruppe. Mit Ausnahme politischer Werbung. Deren Botschaften misstrauen Religiöse mehr als Nichtreligiöse (vgl. Nelson et al. 2021).

Warum ist das so? Warum vertrauen Religiöse unabhängig von ihrer Konfession im Regelfall anderen Menschen? Ein entscheidender Grund ist die Überzeugung, dass unsere **Welt** prinzipiell ein **gerechter Or**t ist (vgl. Bègue 2002). Erklärt wird dies zum einen mit entsprechenden Überzeugungen und Werten, die vermutlich alle Religionen lehren. Zum anderen dürfte die überdurchschnittliche Interaktionshäufigkeit der Religiösen eine Rolle spielen. Damit deren zahlreiche soziale Begegnungen, bspw. mit anderen Gemeindemitgliedern, positiv verlaufen können, sei es erforderlich, an **das Gute** im Menschen zu glauben und anderen zu vertrauen. Außerdem fordern alle Religionen von den Gläubigen respektvollen zwischenmenschlichen Umgang, wobei Vertrauen als eine wichtige Erscheinungsform von Respekt gilt (vgl. Berggren/Bjørnskov 2011). Dabei diene das Vertrauen in Gott, das primär intrinsisch Religiöse haben, nicht nur als Vorbild für den Umgang mit anderen Menschen (= zwischenmenschliches Vertrauen), sondern auch mit ökonomischen Sachverhalten.

Gemeinsame Basis von allgemeinem Vertrauen, welches zwischenmenschliches Vertrauen einschließt, und „ökonomischem" Vertrauen (incl. Markenvertrauen, Vertrauen in Geschäftspartner etc.) ist gemäß Li et al. (2008) ein aus Gottvertrauen abgeleitetes **positives Menschenbild**. Dieses manifestiert sich u. a. als Überzeugung, dass Menschen prinzipiell integer, wohlmeinend und kompetent sind. Allerdings ist dies kein blindes Vertrauen. Vielmehr vermitteln Religionen den Gläubigen auch Werte und Überzeugungen, die ihnen helfen, Fehlentwicklungen zu erkennen – bspw. moralisch unangemessene Beeinflussungsversuche durch Werbung und andere Formen manipulativer Kommunikation.

Risikoakzeptanz
Käufer gehen Risiken ein: Wird das Produkt seinen Zweck erfüllen (= **funktionelles Risiko**)? Was werden meine Freunde dazu sagen (= **soziales Risiko**)? Ist das Gekaufte seinen Preis wert (= **finanzielles Risiko**)? Bekanntlich ist Risikowahrnehmung höchst subjektiv. So zählt in christlichen Gesellschaften vor allem das funktionelle Risiko, in beziehungsorientierten konfuzianischen Gesellschaften hingegen hauptsächlich das soziale Risiko. Dort ist „Gesicht wahren" einer der maßgeblichen Kulturstandards (vgl. Bao et al. 2003).

Materialistisches Kaufverhalten kann für Religiöse ein hohes soziales Risiko bedeuten, da bspw. der demonstrative Konsum von Luxusgütern mit religiösen Werten wie Bescheidenheit kaum vereinbar ist (vgl. D-3.2; E-3.3). Deshalb schätzt diese Zielgruppe Anzeigen, welche nicht den materiellen Symbolwert des beworbenen Produkts thematisieren, sondern Werbebotschaften vermitteln, die sie dabei unterstützen, ohne Schuldgefühle zu konsumieren. Veer/Shanker (2011) verstehen darunter Werbebotschaften, welche ...,
- die Zugehörigkeit des Käufers bzw. Nutzers des beworbenen Gutes zu einer sozial anerkannten Bezugsgruppe demonstrieren (bspw. Greenality, nachhaltige, faire und ökologische Mode).
- der sozialen Umwelt kommunizieren, dass der Besitzer bzw. Nutzer individuell seiner sozialen Verantwortung gerecht wird (bspw. durch den Kauf eines Teslas).

Der erhöhten Risikosensibilität religiöser Kunden (vgl. Abb. 46) können Unternehmen mit **risikoreduzierenden Strategien** begegnen. Dies empfiehlt sich vor allem dann, wenn die Zielgruppe aus strenggläubigen Katholiken besteht. Erfolgversprechend sind u. a. ...
- Informationen unabhängiger externer Institutionen (z. B. offizielle Gütesiegel, verlässliche Testurteile),
- Ratschläge glaubwürdiger Persönlichkeiten, möglichst aus dem engeren sozialen Umfeld (vgl. D-6.1),
- großzügige Garantien (z. B. Geld-zurück-Garantie, Verlängerung der Produkthaftung).

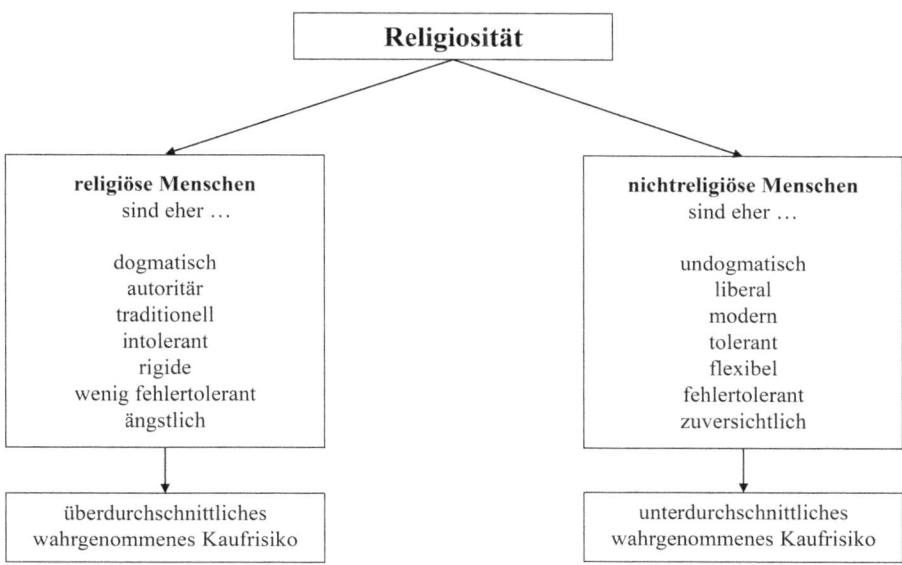

Abb. 46: Persönlichkeit und Risikowahrnehmung (Quelle: Delener 1990a, S. 29).

2.2 Multikonfessionelle Gesellschaften

Die meisten Gesellschaften sind multikonfessionell. Deshalb sollten Werbungtreibende immer auch bedenken, wie Werbemaßnahmen, welche den Bedürfnissen und Überzeugungen einer bestimmten Konfession entsprechen, auf Angehörige einer anderen Religionsgemeinschaft wirken. Vor allem bei intrinsisch Religiösen ist die Wahrscheinlichkeit groß, dass sie Fremdkonfessionelles ablehnen. Aji/Dharmmesta (2019) haben untersucht, wie indonesische Katholiken auf „islamische TV-Spots" reagieren. Ihr Befund: Intrinsisch Religiöse bezweifeln verstärkt die **Glaubwürdigkeit** fremdkultureller Werbebotschaften. Da ihre religiösen Überzeugungen verfestigt sind, lösen bei ihnen konkurrierende religiöse Überzeugungen größere **kognitive Dissonanz** aus als bei extrinsisch Religiösen, deren Beziehung zu ihrer Konfession primär oberflächlich-zweckorientiert ist (vgl. B-1.2). Die Glaubwürdigkeit des Gesehenen bzw. Gehörten zu bezweifeln, ist bekanntlich eine gute Möglichkeit, kognitive Dissonanz zu vermeiden oder zu reduzieren.

3 Zeitpunkt und Gegenstand der Kommunikation

Auch beim Timing der Kommunikation ist der Kontext bedeutsam. Besondere Sensibilität ist im Umfeld wichtiger religiöser **Feiertage** und **Feste** geboten. Buddhisten verbinden mit dem **Frühlingsfest** den Beginn eines neuen Lebens. Vor allem während der ersten 15 Tage sollten Unternehmen dort auf Werbung für „kontroverse Produkte" wie Damenhygieneprodukte oder Unterwäsche verzichten (vgl. I-6.3). In Malaysia ist Werbung für Unterwäsche und Kontrazeptiva in Massenmedien gar grundsätzlich verboten. Davon ausgenommen sind lediglich Medien, deren Zielgruppe überwiegend Nichtmuslime sind. Für Damenhygieneprodukte darf generell erst nach 22.00 Uhr geworben werden (vgl. Fam et al. 2004).

Nach der Überlieferung überbrachte der Engel Gabriel im neunten Monat des islamischen Kalenders Mohammed die Offenbarung (vgl. Braswell 1996). Seitdem ist der heilige Monat **Ramadan** die vierte der fünf Säulen des Islam. Muslime sollen dann von Sonnenaufgang bis Untergang fasten und sich auf die ursprünglichen islamischen Werte besinnen. Dass sie dabei viel Zeit mit der Familie verbringen, machen sich die Fernsehsender zunutze. Die Aussicht auf eine große Reichweite führt dazu, dass bspw. in Ägypten speziell für den Ramadan TV-Serien und Shows produziert werden und Werbung in diesem Zeitraum erheblich intensiviert wird (vgl. Ansari et al. 2017), vor allem auch für hochkalorische Lebensmittel (vgl. Alyousif et al. 2020). Allerdings macht die Preispolitik der Sendeanstalten diesen Reichweitengewinn aus rein ökonomischer Sicht vielfach zunichte. Denn während des Ramadan werden überproportional höhere Gebühren gefordert, weshalb sich der Tausend-Kontakte-Preis in diesem Monat sogar verschlechtert.

Aber nicht nur wegen der dann höheren Kosten konnten Keenan/Yeni (2003) ihre erste Hypothese, dass während des Ramadan mehr TV-Spots ausgestrahlt werden als zu anderen Zeiten, nicht bestätigen. Ein weiterer Grund dürfte die Art der Datenerhebung gewesen sein. Sowohl für die Periode während als auch vor dem Ramadan wurde das Werbeaufkommen zwischen 7.00 Uhr morgens und 23.00 Uhr abends untersucht. Da im Fastenmonat aber die gemeinsamen Mahlzeiten erst nach Sonnenuntergang beginnen, verlagert sich das soziale Leben weit in die späten Abend- und Nachtstunden. Die Fernsehsender berücksichtigen dies und strahlen im Ramadan die Werbespots entsprechend zeitversetzt aus, was Keenan/Yeni (2003 ignoriert haben. Bestätigung fanden hingegen die Hypothesen zwei und vier. Im Ramadan werben Anbieter öffentlicher Dienste und wohltätige Einrichtungen häufiger als im restlichen Jahr. Und in den Werbespots sind dann männliche wie auch weibliche Darsteller bzw. Testimonials signifikant häufiger traditionell gekleidet (z.B. verschleiert). Die dritte Hypothese („Im Ramadan werden mehr familienorientierte TV-Spots ausgestrahlt") ließ sich weder bestätigen noch ablehnen. Zwar sind in dieser Phase Kinder signifikant häufiger auf dem Bildschirm zu sehen als in der Vorperiode (46 % vs. 32 %), nicht jedoch Ehepaare bzw. verheiratete Darsteller (23 % vs. 27 %).

Wie die inhaltsanalytische Auswertung der Spots ergab, wird während des heiligen Monats auch anders geworben als im übrigen Jahr. Der **Werbestil** ist dann **traditionell** und Grelles, Provozierendes unerwünscht. Da Muslime im Ramadan rein bleiben sollen, empfiehlt es sich für Anbieter kontroverser Produkte, in diesen Wochen eine Werbepause einzulegen. Für Angebote mit sexuellem Bezug (z.B. Unterwäsche) sollte allenfalls in „diskreteren" Medien (z.B. Internet, Direct Mailings, spezielle Zeitschriften) geworben werden. Wie in christlichen Gesellschaften die Weihnachtszeit, bietet im islamischen Kulturkreis der Ramadan Kampagnen für öffentliche Dienstleistungen ein günstiges Umfeld. Davon profitieren nicht zuletzt die zahllosen Spendenorganisationen, die dann die auch bei Andersgläubigen und Atheisten offenen Herzen und Geldbeutel für ihre Ziele zu nutzen wissen.

4 Mediennutzung

Zielgruppen können auch anhand ihres Mediennutzungsverhaltens beschrieben und unterschieden werden. Seit den 1980er Jahren richtete die Forschung ihre Aufmerksamkeit primär auf die Medienpräferenz und Art der Mediennutzung von Angehörigen der verschiedenen christlichen Konfessionen (Print-Medien, elektronische Medien, Internet). Die aktuelle Forschung hat auch Social Media in den Blick genommen und untersucht u. a. die Einstellungen und das Surfverhalten muslimischer (vgl. Mostafa 2019) und jüdischer Nutzer (vgl. Lev-On/Lissitsa 2018).

4.1 Motive der Mediennutzung

Gemäß der **Gratification Theory** bevorzugen Menschen Medienangebote, von denen sie sich bestimmte Belohnungen erhoffen. Diese können unterschiedlicher Natur sein. Wenn Religiöse und insb. Katholiken häufiger als andere Zeitungen lesen, dann vermutlich, um die Wahrscheinlichkeit falscher Entscheidungen, bspw. eines Fehlkaufs, zu minimieren (vgl. Severin/Tankard 2001). Juden hingegen dürften angesichts ihrer Aufgeschlossenheit für Innovatives dazu hauptsächlich durch ihre Neugier motiviert werden.

Die religionssoziologische Forschung präferiert allerdings die **Säkularisierungstheorie**. Demzufolge leitete nach der Aufklärung der Vorrang von Rationalität, wissenschaftlichem Denken und technischem Fortschritt den Bedeutungsverlust des religiösen Weltbildes sowie den Niedergang von Spiritualität und Mystizismus ein (vgl. Swatos/Olson 2000). Boten der Säkularisierung sind nicht nur aus konservativer Sicht „die Medien", allen voran die elektronischen Medien und mehr noch die sozialen Medien: Instrument wie auch Spiegel der säkularen Welt und im ständigen Konflikt mit den traditionellen religiösen Werten. Deshalb ist zunächst zu erwarten, dass Religiöse deren überwiegend auf Unterhaltung ausgerichteten Angebote tendenziell und Orthodoxe sowie Fundamentalisten weitestgehend meiden. Ihnen erscheint oberflächlicher Mediengenuss mehr oder minder sündhaft, weshalb sie sich nicht Eindrücken aussetzen wollen (bzw. dürfen), die mit ihrem Weltbild unvereinbar sind. Tatsächlich lassen sich Religiöse vergleichsweise wenig vom Escape-Motiv leiten: dem Streben, den Zumutungen und Herausforderungen des Alltags zu entfliehen, indem man viel Zeit in der Scheinwelt der Medien verbringt (vgl. Charlton et al. 2013).

Wenn sehr Religiöse bzw. Ultraorthodoxe soziale Medien nutzen, dann aus ganz anderen Motiven, wie eine Befragung israelischer Juden ergab. Während die säkularen

Teilnehmer dieser Studie primär soziale Bedürfnisse als Nutzungsmotiv nannten (Pflege des Kontakts mit Gleichgesinnten), gaben ultraorthodoxe Auskunftspersonen an, ausschließlich professionelle Ziele zu verfolgen (Knüpfen und Pflege von Geschäftsbeziehungen). Obgleich sie insgesamt weniger aufgeschlossen für andersartige Meinungen sind, kommt dieser Personenkreis dadurch viel häufiger mit Andersgläubigen in Kontakt (vgl. Lev-On/Lissitsa 2018). Dem IRM eröffnet sich dadurch die Möglichkeit, diese sonst eher skeptische Zielgruppe über professionelle Online-Netzwerke zu erreichen.

4.2 Glaubwürdigkeit von und Vertrauen in Medien

Eine der Schlüsselfragen betrieblicher Kommunikationspolitik lautet: Welche Medien genießen bei welcher Zielgruppe mehr oder weniger Vertrauen? Aus den Anfängen der konfessionellen Mediaforschung (vgl. Buddenbaum/Stout 1996) ist bekannt, dass in den Augen von Katholiken und Protestanten **Zeitungen** die vertrauenswürdigsten Informationsquellen sind (vgl. Westley/Severin 1964). Mormonen (amerikanische Collegestudenten) halten diese jedoch für unglaubwürdig, unmoralisch und politisch einseitig – zu liberal (vgl. Golan/Baker 2012). Dies dürfte allerdings weniger mit deren Berichterstattung zu tun haben als damit, dass strenggläubige Mormonen die modernen Medien insgesamt ablehnen.

Nicht nur diese Studien, sondern die gesamte religionssoziologische Forschung zur Glaubwürdigkeit von Medien erscheint widersprüchlich und wenig überzeugend. Auch wenn die beschriebenen, teils positiven, teils negativen Zusammenhänge vielfach signifikant sind – mit Korrelationen im Bereich von +/- .10 bis .20, tragen sie jedoch nur wenig zur Varianzaufklärung bei (z.B. Golan/Day 2010; Golan/Kiousis 2010).

4.3 Intensität der Mediennutzung

Katholiken lesen überdurchschnittlich häufig **Zeitungen** (vgl. Jelen 1996), häufiger u.a. als Menschen, die nie in eine Kirche gehen (vgl. Sobal/Jackson-Beeck 1981), und häufiger auch als Protestanten (z.B. Penrose et al. 1974). Juden sind gleichfalls eifrige Zeitungsleser, mehr als Nichtreligiöse und Anhänger anderer Glaubensrichtungen (vgl. Rigney/Hoffmann 1993).

Auch Religiöse präferieren Printmedien (vgl. Croucher/Harris 2012), vor allem solche, die von ihrer Glaubensgemeinschaft herausgegeben werden (vgl. Davie 2008). Wie eine Telefonumfrage von Finnegan/Viswanath (1988) ergeben hat, lesen US-Amerikaner (mittlerer Westen), die Mitglied einer Kirche sind, lokale Zeitschriften häufiger als Vergleichspersonen, die keiner Kirchengemeinde angehören (67% vs. 33%). Begründung: Wer sich in seiner Kirche engagiert und deren Gemeinde verbunden ist, interessiert sich für lokale Nachrichten. Die Befragung ergab weiterhin, dass Gemeindemitglieder überdies signifikant häufiger Tageszeitungen (70% vs. 30%) lesen und einen Kabelanschluss haben (72 % vs. 28 %). Insgesamt scheinen Religiöse ein stärkeres Informationsbedürfnis zu haben als andere.

Allerdings sehen sie vergleichsweise selten fern (vgl. Armfield 2003). Neben anderen haben Tankart/Harris (1980) diskriminanzanalytisch untersucht, wodurch sich Menschen, die nicht fernsehen, von Vielsehern unterscheiden. Demzufolge sind Letztere häufiger mit ihrem Leben insgesamt und ihrem Familienleben im Besonderen unzufrieden. Hingegen gehören viele „sozial Engagierte" und „Religiöse" der Gruppe der Nichtseher an. Mit einer, allerdings wenig überraschenden Ausnahme: Menschen, die sich selbst als religiös-konservativ einschätzen, schalten **religiöse TV-Programme** häufiger ein als Probanden mit einer liberalen Weltsicht (vgl. Roberts 1983). Hinsichtlich des Umgangs mit dem **Internet** ist u. a. bekannt, dass Religiöse ...
- diesem Medium eher distanziert begegnen (vgl. Croucher/Harris 2012).
- soziale Medien primär zur Pflege ihrer sozialen Beziehungen zu Gleichgesinnten nutzen und seltener, um sich zu informieren oder zu unterhalten (vgl. Almenayes 2014; Hood et al. 2009).
- seltener einer Internetsucht entwickeln (vgl. Meerkerk et al. 2006).

Indessen scheint der negative Zusammenhang zwischen Religiosität und Intensität der Internetnutzung nur schwach ausgeprägt zu sein (vgl. Armfield/Holbert 2003; Bedell 2000). Gemäß Nyland/Near (2007) verbringen Religiöse nicht signifikant weniger Zeit auf Online-Plattformen als Nichtreligiöse, und junge, in Istanbul lebende religiöse Muslime nutzen Instagram mittlerweile sogar aktiver als nichtreligiöse Vergleichspersonen (vgl. Kurtulus et al. 2018). Vermutlich besteht der entscheidende Unterschied nicht in der Intensität, sondern der **Zielsetzung** der **Nutzung**.

Darauf deutete bereits eine ältere Klassifikation von Internetnutzern durch Mathwick (2002) hin. Anhand von Daten der „10. WWW User Survey" des Georgia Institute of Technologies, Graphics, Visualization and Usability Centres analysierte sie das Profil amerikanischer Onlinenutzer. Zur Verfügung standen die Angaben von 826 Befragungsteilnehmern zu ihrem Surfverhalten (z. B. Informationssuche, Kontakte etc.) und deren einschlägige Einstellungen. Clusteranalytisch ließen sich vier Gruppen unterscheiden:
- Aktive Surfer (Transactional Community Members),
- Gesellige (Socializer),
- Beobachter (Lurkers),
- Kontaktsuchende (Personel Connnectors).

Wie am Surfverhalten der unterschiedlichen Nutzertypen ablesbar, nutzen die geselligen Religiösen das Internet bevorzugt dazu, sich mit Angehörigen ihrer Glaubensgemeinschaft auszutauschen. Großen Wert legen sie auf persönlichen **Kontakt** und **Interaktion** mit anderen, während ihnen unpersönliche Meinungsbekundungen (per Feedbackformular, E-Mail oder Chatforen) gegenüber Unternehmen weniger wichtig sind (vgl. Abb. 47).

Surfverhalten	Aktive (n = 290)	Gesellige (n = 85)	Beobachter (n = 270)	Kontaktsucher (n = 171)
Kontakt zu Online-Anbietern				
- E-Mail und Chatforen	○	○	○	○
- Rückmeldung zu Produkten	○	○	○	○
Mitglied in …				
- Freizeitgruppen	○	○	○	○
- Politischen Gruppen	○	○	○	○
- Religiösen Organisationen	○	○	○	○
- Hilfsorganisationen	○	○	○	○
Soziale Beziehungen				
- Kontakt zur Familie	○	○	○	○
- Kontakt zu Kollegen	○	○	○	○

Anmerkung: ○ überdurchschnittlich hoher Mittelwert

Abb. 47: Typologie amerikanischer Onlinesurfer (Quelle: Mathwick 2002, S. 48).

Diese Typologie bestätigt Nyland/Near (2007), deren Studie zufolge Religiöse mit Hilfe des Internets primär bestehende Kontakte zu **Familienmitgliedern** und **Freunden** pflegen. Dass religiöse Frauen das Internet überdies häufiger nutzen, um sich über soziale Ereignisse zu informieren oder um neue Musik kennen zu lernen, begründen die beiden Wissenschaftler mit deren Rolle in ihrer Kirchengemeinde. Dort seien vor allem sie es, die gemeinnützige Veranstaltungen organisieren, wozu sie sich des Internets bedienen (bspw. um diese Veranstaltungen bekannt zu machen).

Schließlich sei zum Zusammenhang von **Konfession** und Einstellung zum Internet auf Kluver/Cheong (2007) verwiesen, die ausgewählte geistliche Führer der in Singapur aktiven Religionsgruppen zu diesem Thema befragt haben. Ob Buddhisten, Protestanten, Taoisten, Hindus, Katholiken oder Muslime: Sie alle nehmen das Internet einerseits als ein wertvolles Mittel zur Verbreitung von und zur Suche nach Informationen über Religionen wahr (z.B. Gebetsvorschriften, Lieder, Informationen über die Gemeinde). Andererseits wissen sie aber auch, dass es den Zugang zu zahllosen, aus ihrer Sicht unmoralischen und illegalen Angeboten erleichtert (z.B. Pornografie). Auch würden dort vielfach falsche Angaben über die einzelnen Glaubensgemeinschaften verbreitet. Die Sorge, dass in Internet-Foren und auf Social Media unorthodoxe Inhalte geteilt werden, ist auch unter islamischen Nutzern weit verbreitet (vgl. Campbell/Evolvi 2019).

McClure (2020) bestätigte das bisher Gesagte indirekt. Denn er wählte einen anderen Ansatz und untersuchte nicht die Mediennutzung in Abhängigkeit von Konfession bzw. Religiosität, sondern umgekehrt das Ausmaß der Religionsausübung in Abhängigkeit von der Mediennutzung. Wie seine Auswertung von Daten der Baylor Religion Survey ergab, beten häufige **Internetnutzer** selten, nehmen selten am Gottesdienst teil etc.

Für häufige **Fernsehnutzer** gilt dies jedoch nicht. Sie praktizieren ihre Religion gleich intensiv wie seltene Fernsehnutzer. Das Fazit dieser Studie: Mit dem Fernsehen haben die meisten Religiösen ihren Frieden gemacht, nicht jedoch mit dem Internet. Dabei ist allerdings ein **Geschlechtseffekt** zu beachten. Während männliche Religiöse kaum weniger Zeit im weltweiten Netz verbringen als andere Männer, halten sich religiöse Frauen dort deutlich seltener auf als weniger religiöse Vergleichspersonen. Verantwortlich dafür ist vermutlich die größere Bereitschaft von Frauen, die Vorgaben ihrer Konfession zu achten – hier das Gebot, sich vom eitlen Treiben der Welt fernzuhalten (vgl. Charlton et al. 2013).

Was bedeutet das andersartige Nutzungsverhalten religiöser Kunden für Anbieter, die Waren und Dienstleistungen im Internet bzw. über Social Media vermarkten? Es wäre fraglos ein Fehler, sich dabei auf die Unternehmenswebseite zu beschränken und die eigenen Inhalte nicht auch in einschlägigen Foren und Social Media-Kanälen zu posten. Ein Sportartikelhersteller bspw. könnte in relevanten Sportforen berichten. Da die „geselligen Internetnutzer", zu denen überproportional viele Religiöse zählen, im Internet häufig mit anderen kommunizieren, sind auch Mund-zu-Mund-Propaganda und Online-Erfahrungsberichte von Referenzkunden wichtige Strategiebausteine. So lassen sich die im Regelfall beziehungsorientierten religiösen Internetnutzer besser von den Vorteilen eines Produktes oder einer Dienstleistung überzeugen als durch die üblichen anonymen kommunikationspolitischen Instrumente. Ultraorthodoxe Personen, die Social Media vor allem zur Pflege von Geschäftskontakten nutzen, lassen sich vergleichsweise gut über Karriere-Plattformen ansprechen, sofern das Angebot diesem Medium entspricht (z. B. Geldanlage, Laptop).

5 Persönliche Kommunikation

Vor allem vor dem Kauf von High Involvement-Produkten fragen viele Menschen Freunde und Bekannte um Rat. Wie die allgemeine Wirkungsforschung gezeigt hat, überzeugt kaum etwas Konsumenten so sehr wie **Empfehlungen** von Freunden und Bekannten (vgl. Casidy et al. 2021). Gemäß der *NIELSEN*-Studie 2015 „Global Trust in Advertising" vertrauen ihnen 92 % der Befragten mehr als kommerzieller Werbung. Denn im Gegensatz zu professionellen Ratgebern und Testimonials schreibt man „Freunden und Bekannten" **altruistische Motive** zu. Finanziell profitieren diese im Regelfall nicht davon, wenn andere ihren Empfehlungen folgen – allenfalls sozial, in ihrer Rolle als geschätzte Ratgeber (vgl. Berger 2014).

Überall dort, wo **enge soziale Bindungen** in der Familie und anderen Lebensgemeinschaften die Norm sind, werden Ratschläge aus dem engeren sozialen Umfeld als eine Form von sozialer Unterstützung verstanden. Vor allem religiöse Menschen, die bevorzugt innerhalb ihrer Glaubensgemeinschaft kommunizieren, verlassen sich lieber auf persönliche Referenzen als auf anonyme Informationen aus den Massenmedien, etwa im islamischen Kulturraum (vgl. Yousaf/Malik 2013; Sanaie/Ranjbarian 1996). Auch

https://doi.org/10.1515/9783486851823-045

religiöse Koreaner beachten auf der Suche nach Produktinformationen primär Hinweise aus ihrer Glaubensgemeinschaft, während sie externe Quellen (Verkaufspersonal, Medien) mit mehr Skepsis betrachten als weniger religiöse Vergleichspersonen (vgl. Choi et al. 2010; Shin et al. 2010; Saroglou et al. 2005). Vermutlich wirken gemeinsame religiöse Überzeugungen wie eine Form von externer Kontrolle (vgl. Kay et al. 2010), welche Ratsuchende vor opportunistischem Verhalten der Ratgeber schützt, d.h. vor einem Missbrauch ihres Informationsvorsprungs.

Eine andere Frage lautet, ob die **Bereitschaft** zu positivem oder negativem **Word-of-Mouth** von der Intensität der religiösen Überzeugungen der Kunden bzw. deren Konfession abhängt. Gemäß Siala (2013) würden religiöse muslimische Kunden mit größerer Wahrscheinlichkeit anderen positiv über einen Kfz-Versicherer berichten, der islamkonforme Versicherungspolicen vermittelt. Allerdings ist der Zusammenhang nur schwach ausgeprägt (r = 0.159). Hingegen ist die erhöhte Bereitschaft religiöser Kunden, anderen von einem Anbieter abzuraten, von dem sie enttäuscht sind (negatives WoM), deutlich nachweisbar. Casidy et al (2021) erklären dies damit, dass Religiöse höchst sensibel reagieren, wenn sie den Eindruck haben, von einem Anbieter nicht fair behandelt worden zu sein. Dies erschwert es ihnen, nachsichtig zu sein und einen Produkt- bzw. Dienstleistungsmangel zu vergeben. Ihren Ärger verarbeiten sie, indem sie ihren Freunden und Bekannten oder, im Internet per eWoM, der allgemeinen Öffentlichkeit von dem kritischen Ereignis berichten.

Ähnlich argumentieren Wisker/McKie 2021). Auch in ihrer Untersuchung reagierten Religiöse mit vermehrtem negativen WoM stärker auf empfundenen Ärger. Auslöser war eine Falschinformation: Das angebotene Fleisch sei nicht halal (d.h. das Tier sei nicht sharia-gerecht geschlachtet worden). Diese und andere Studien (z.B. Wisker 2020) sprechen dafür, dass Religiöse für **Fake News-Kampagnen,** wie die gegen McDonalds, sehr empfänglich sind. Als der damalige US-Präsident Trump am 6.12.2017 bekannt geben ließ, er werde demnächst Jerusalem als Hauptstadt von Israel anerkennen, kursierte im Internet alsbald die Falschmeldung, hinter dieser politisch äußerst umstrittenen Entscheidung stehe letztlich McDonalds, das das Vorhaben auch finanziell unterstütze. Die Öffentlichkeit reagierte heftig auf diesen Fake: Neben Umsatzeinbußen in Millionenhöhe musste das Unternehmen auch hinnehmen, dass Filialen von wütenden Muslimen verwüstet und Mitarbeiter attackiert wurden.

In Kommunikationsnetzwerken übernehmen Religiöse nicht nur überdurchschnittlich häufig die Rolle der Informationssuchenden, sondern auch die der Informationsgeber bzw. **Meinungsführer** (vgl. Wilkes et al. 1986). Deshalb sollten Unternehmen ihre religiösen Kunden besonders intensiv betreuen. Denn sie gelten als glaubwürdige Multiplikatoren und können andere Mitglieder ihres „Glaubens-Netzwerkes" besonders gut von der Vorteilhaftigkeit einer Leistung überzeugen.

6 Werbung

Werbung, also bezahlte Botschaften, die mittels Medien (z.B. TV, Printmedien, Social Media) verbreitet werden, ist das nach wie vor wichtigste Kommunikationsinstrument, um Produkte und Dienstleistungen zu vermarkten. Dabei unterlaufen selbst erfahrenen multinationalen Unternehmen immer wieder erstaunliche Fehler, etwa als Coca-Cola im Herbst 2007 in Russland auf Plakaten mit Motiven geworben hat, die für die russisch-orthodoxe Kirche charakteristisch sind: Zwiebeltürme. Allerdings hatte man nicht bedacht, dass Russen mehrheitlich Werbung mit religiösen Symbolen grundsätzlich ablehnen. Hinzu kam, dass einige der Plakate verkehrt herum aufgehängt waren und somit eine auf dem Kopf stehende Kirche zeigten. Letztlich musste die Werbekampagne aufgrund massiver Proteste eingestellt werden.

6.1 Einstellung zu Werbung

Eine positive Einstellung zu Werbung im Allgemeinen und zur konkreten Werbemaßnahme im Besonderen ist eine der Vorbedingungen positiver Werbewirkung (MacKenzie et al. 1986; Gelb/Pickett 1983). Religiöse haben dazu eine **ambivalente Haltung**. Einerseits begegnen sie ihren Mitmenschen grundsätzlich eher vertrauensvoll als misstrauisch, was sich auch in einer eher positiven Einstellung zu Werbebotschaften niederschlägt (vgl. Minton 2015). Andererseits wird allen Konfessionen eine mehr oder minder werbekritische Einstellung nachgesagt. So war kommerzielle TV-Werbung in vielen **islamischen Staaten** lange Zeit nur stark eingeschränkt möglich, in Saudi-Arabien bis 1986 sogar verboten. Werbetreibende konnten damals dort nur alternative Werbeträger nutzen (z.B. Zeitschriften, Plakatwände). Obwohl selbst in den besonders konservativen Ländern der arabischen Welt heute weitgehend Werbefreiheit herrscht, hat die Sharia deshalb nicht ihren Einfluss verloren (vgl. Rice/Al-Mossawi 2002). Allerdings werden deren Vorgaben in manchen Ländern (z.B. Saudi-Arabien) strikter beachtet als in anderen (z.B. Malaysia).

In einer explorativen Studie (n = 43) haben Al-Makaty et al. (1996) die Einstellung männlicher Muslime (Saudi-Arabien) zu TV-Werbung erfragt. Dabei konnten sie **drei Einstellungstypen** identifizieren:
- Moderne Befürworter akzeptieren TV-Werbung zwar weitgehend, lehnen es aber ab, dass sich muslimische Frauen in Werbespots zeigen.
- Tolerante Traditionelle befürchten zwar, dass Werbung islamische Werte bedroht, halten weitergehende staatliche Eingriffe aber dennoch für unnötig.
- Konservative Gegner lehnen TV-Werbung grundsätzlich ab.

Die aktuelle Attitude to the Ad-Forschung zeichnet ein etwas differenzierteres Bild. Niazi et al. (2019) zufolge lehnen selbst strenggläubige Muslime kommerzielle Werbung nicht grundsätzlich ab, sondern nur Werbung, wie sie in den westlichen Medien zu se-

https://doi.org/10.1515/9783486851823-046

hen ist. **Islamische Werbung** fand hingegen die Wertschätzung der Versuchsteilnehmer (210 männliche und weibliche Studenten aus Peshawar, Pakistan). Sie steht im Einklang mit den einschlägigen religiösen Vorschriften des Korans und ...
- verzichtet auf sexuelle Motive, stark emotionale, insb. Angst auslösende Appelle sowie unglaubwürdige Testimonials,
- respektiert die besondere Würde von Familien und älteren Menschen und stellt den Glauben über das Wissen (d.h. Vorrang religiöser Überzeugungen vor wissenschaftlichen Erkenntnissen).

Bei **anders** oder **nicht Gläubigen** verspricht diese Werbeform allerdings wenig Erfolg. Malaiische Probanden etwa, die sich nicht zum Islam bekennen, assoziieren mit „islamischer Werbung" hauptsächlich abwertende Begriffe: unattraktiv, langweilig, nicht geeignet, die Aufmerksamkeit zu erregen (vgl. Shafiq 2020). Und gemäß einer Untersuchung von Aji/Dharmmesta (2019) lehnen intrinsisch religiöse Christen islamische TV-Werbung sogar grundsätzlich ab und bezweifeln deren Glaubwürdigkeit.

6.2 Gestaltung der Werbemittel

Es gibt verschiedene Mittel und Wege, die Einstellung der Zielgruppe zu Werbung und damit deren Erfolgsaussichten zu beeinflussen, etwa der gezielte Einsatz religiöser Symbole (vgl. Naseri/Taman 2012). Wichtiger jedoch sind Konformität von Werbebotschaft und Werbemittelgestaltung mit den Werten der Zielgruppe, der Einsatz von Testimonials mit Identifikationspotenzial als Modelle bzw. Vorbilder sowie die Glaubwürdigkeit der Werbebotschaft. Dabei lassen sich verschiedene Arten von Werbeappellen unterscheiden: informierende vs. emotionalisierende, religiöse vs. spirituelle und moralische vs. Gerechtigkeitsappelle.

Wertekonformität
Werbung versteht sich zumeist als „Spiegel der Gesellschaft" (Gilly 1988), weshalb Werbebotschaft und Gestaltungsformen üblicherweise den Wertvorstellungen der Zielgruppe angepasst werden. Da in Ländern wie der Türkei, Malaysia oder den USA die Mehrheitsgesellschaft ein religiös geprägtes Leben führt, stehen dort die jeweiligen religiösen Überzeugungen im Vordergrund (vgl. Fam et al. 2004). Vom Streben nach Wertekonformität ist u.a. die Darstellung der **Geschlechterrollen** in der Werbung betroffen. Im Koran finden sich – je nach Auslegung und Übersetzung – vergleichsweise strenge Richtlinien zur Bekleidung von **Frauen**. Entsprechend zeigen Werbeanzeigen in arabischen Medien signifikant mehr Frauen in langen Gewändern (83%) als in amerikanischen Anzeigen (29%). Auch sind Frauen in arabischen Medien lediglich als Testimonials für „typisch weibliche Produkte" wie Kosmetika, Lebensmittel oder Reinigungsmittel zu sehen (vgl. Al-Olayan/Karande 2000). Gestalter von Shampoo-Werbung

müssen beachten, dass Muslima ihr Haar zu verhüllen haben, weshalb sie die für diese Produktkategorie typischen Werbebotschaften (z. B. „unvergleichlich volles, glänzendes Haar") nicht durch Bilder von Frauen mit offenem Haar illustrieren dürfen.

Nike wurde teils heftig kritisiert, als der Sportartikelhersteller 2017 in arabischen Medien Werbeanzeigen veröffentlichte, die Frauen zeigten, wie sie im öffentlichen Raum agieren (bspw. verschiedene Sportarten ausübten). Dies sei unrealistisch und entspreche nicht der traditionellen Rolle der Frau in der arabischen Welt (vgl. Keshkar et al. 2019; Aswad 2017). Da Frauen dort bislang keinen Sport treiben durften, konnten Hersteller von Fahrrädern nur dann mit weiblichen Modellen werben, wenn diese verschleiert neben dem Fahrrad stehen oder es schieben, nicht jedoch Fahrrad fahrender Weise. Für international agierende Unternehmen bedeutet diese restriktive Praxis, dass sie ihre Werbung nicht weltweit standardisieren können, sondern regional differenzieren und den strengen Bedingungen des islamischen Raumes anpassen müssen. Intex etwa, einer der führenden Hersteller von Aufstellpools für den häuslichen Garten, musste aus seinem Standardwerbemotiv – eine in einem Pool planschende Familie – nicht nur die Mutter löschen, sondern den männlichen Familienmitgliedern, selbst den Knaben, den in der Weltversion nackten Oberkörper mit einem T-Shirt verhüllen.[118]

Nicht beworben werden dürfen im islamischen Raum alle **Produkte**, die als **unrein** gelten. Dazu zählen insb. Schweinefleisch und alkoholische Getränke. Auch unreine Dienstleistungen (z. B. Wetten, Zinsgeschäfte) sind tabu. Weiterhin sollte alles vermieden werden, was an andere Religionen erinnert. Im Falle des Kreuzes kommt hinzu, dass es nicht nur den christlichen Glauben symbolisiert, sondern in dieser Region auch Assoziationen an die Kreuzritter weckt, die in der arabischen Welt einen denkbar schlechten Ruf haben. Selbst Fantasiefiguren, wie sie in jedem Kinderbuch vorkommen, können problematisch sein. Der türkische Fernsehsender TRT musste 2006 auf Geheiß der islamistischen Regierung Sendungen mit Pu dem Bär aus dem Programm nehmen – wegen dessen Freund, dem furchtsamen Ferkel (= Schwein = unrein).

Produkte und Dienstleistungen erfüllen unterschiedliche Funktionen. Diese können „value-expressive" oder „social-adjustive" sein (vgl. Wilcox et al. 2009). Konsumenten mit **werte-expressiven Einstellungen** präferieren Angebote, die es ihnen ermöglichen, ihrer sozialen Umwelt zu demonstrieren, welche Werte ihnen wichtig sind. Wie viele andere Lebensbereiche, stellen sie auch ihren Konsum in den Dienst ihres Bedürfnisses nach Selbstdarstellung (z. B. stilsicherer, erlesener Geschmack). Andere äußern primär **sozial-angepasste Einstellungen**. Zwar wollen auch sie letztlich durch ihren Konsumstil auffallen, aber aus anderem Grund. Ihnen geht es um die Anerkennung ihrer Bezugsgruppe. Wie Pace (2014) gezeigt hat, sprechen extrinsisch religiöse US-Amerikaner (n = 375) annähernd gleich gut auf Werbeanzeigen für Armbanduhren an, von denen die eine sozial-angepasst[119] und die andere werte-expressiv[120] gestaltet war (Kaufabsicht $\bar{x}$ = 3,24 vs. 3,37 auf einer vierstufigen Skala). Intrinsisch Religiöse hingegen fühlten sich erwartungsgemäß durch die sozial-angepasste Variante signifikant stärker zu einem Kauf motiviert ($\bar{x}$ = 3,17 vs. 2,60). Erwartungsgemäß deshalb, weil intrinsisch Religiösen nicht so sehr am äußeren Schein gelegen ist. Ihnen ist es wichtiger, im Einklang mit ihren Werten zu leben. Da die werte-expressiven Variante bei beiden Zielgruppen gleichermaßen Erfolg verspricht, sollten Werbungtreibende ihr den Vorzug geben.

Wertekonformität ist auch der Grund dafür, warum sich intrinsisch Religiöse von einer Social Media-Kampagne zur nachhaltigen Entsorgung von Luxusprodukten angesprochen fühlen (positive Einstellung zur Marke, Kaufabsicht), extrinsisch Religiöse hingegen nicht. Ersteren ist es wichtig, im Einklang mit den religiösen Schriften, d.h. verantwortungsbewusst zu leben. Verantwortungsvolles Handeln, bspw. nachhaltige Entsorgung, entspricht der sozialen Identität religiöser Menschen (vgl. Minton/Geiger-Oneto 2020).

Einsatz menschlicher Modelle
Neben oder anstelle von Presentern, welche das Werbeobjekt vorstellen, durch das Werbevideo führen etc., kommen in der Werbung oftmals Testimonials zum Einsatz. Diese menschlichen Modelle haben – angeblich oder tatsächlich – eigene Erfahrungen mit dem Werbeobjekt gesammelt und können im Idealfall glaubhaft darüber berichten. Testimonials werden auch deshalb so häufig eingesetzt, um Werbebotschaften zu verbreiten, weil kaum etwas so aufmerksamkeitsstark ist wie Abbilder und Darstellungen von Menschen, vor allem die Augenpartie des Gesichts. Es sind vier **Erscheinungsformen** zu unterscheiden:
– Experten, die als Fachleute Positives über das Werbeobjekt berichten; etwa: „Diese Zahnpasta empfehle ich als Zahnarzt meiner Familie" (**Erfolgsfaktor Kompetenz**).
– Prominente, im Englischen als Celebrity Endorser bezeichnet. Dies sind bekannte Persönlichkeiten des öffentlichen Lebens (bspw. Thomas Gottschalk), deren Prominenz durch die Werbemaßnahme auf das Werbeobjekt (bspw. Haribo) übertragen wird. Teils agieren Prominenten als Fürsprecher, die sich unmittelbar für das Werbeobjekt einsetzen, teils werden sie indirekt (bspw. assoziativ) mit diesem in Verbindung gebracht (**Erfolgsfaktoren Sympathie und Bekanntheit**).
– Normale Konsumenten („Menschen wie Du und ich"), welche über ihre – positiven – Erfahrungen mit dem beworbenen Produkt berichten (**Erfolgsfaktor Identifikation**).
– Influencer, die im Rahmen des Social Media Marketing eine zentrale Rolle spielen. Dies sind Personen mit hoher Reichweite in sozialen Medien, die Inhalte aus ihrem Leben mit ihren (vielen) Followern teilen und dabei auch Produkte bewerben. Oftmals vereinen Influencer **alle drei Erfolgsfaktoren**, weil sie, wie etwa die Fitness-Influencerin P. Reif, als Experten auf einem bestimmten Gebiet gelten (Fitness und Gesundheit), aufgrund ihrer hohen Reichweite in der Zielgruppe sehr bekannt sind (knapp 9 Mio. Follower; Ispo 2022) und gleichzeitig wie „normale", nahbare Menschen wirken (Identifikation).

Wie die Werbewirkungsforschung gezeigt hat, lohnt sich für Unternehmen der Einsatz von Testimonials, insbesondere mit Blick auf religiöse Kunden. Denen ist es bekanntlich sehr wichtig, im Einklang mit den Werten ihrer Glaubensgemeinschaft zu handeln. Und da sie auch autoritätsgläubig sind (vgl. C-2.2), lassen sich Religiöse leicht von prominenten Fürsprechern überzeugen: etwa dass das beworbene Produkt religionskonform ist. Aufgrund der ausgeprägten Orthopraxie[121] des Islam (vgl. El-Menouar 2014) sind muslimische Gläubige mehr als andere durch derartige Empfehlungen und Ratschläge beeinflussbar. Dies bestätigte zuletzt eine Studie mit 300 muslimischen Millennials aus Malaysia. Die ihnen gezeigte Prominentenwerbung stärkte überproportional die Einstellung sehr religiöser Studienteilnehmer gegenüber der Werbung, deren Einstellung gegenüber der beworbenen Marke und Kaufabsicht (vgl. Azizan et al. 2022).

Aufgrund der Ergebnisse einer Befragung von muslimischen Probanden aus dem Sudan durch Mansour/Diab (2016) ist allerdings zu bedenken: Problematisch ist es, wenn die Werbemodelle keine moralisch untadeligen Respektspersonen sind, sondern „**Celebrities**", d.h. prominente Vertreter der Unterhaltungs- und Konsumgesellschaft. Dann misstrauen religiöse Muslime dieser Art von Testimonial-Werbung mehr als andere. Und aufgrund ihres **negativen Frauenbildes** reagieren sie vor allem auf weibliche Testimonials mit Skepsis, es sei denn, diese agieren innerhalb ihrer traditionellen familiären Rolle.

Davon abgesehen sind Testimonials dann erfolgreich, wenn sie als **glaubwürdig** wahrgenommen werden. Da **Ähnlichkeit** vertrauensbildend wirkt (= eine Voraussetzung von Glaubwürdigkeit), halten konfessionell gebundene Menschen Angehörige derselben Konfession für glaubwürdiger als nicht oder andersgläubige Menschen. Dies gilt besonders für Gläubige, die in ihrem sozialen Umfeld konfessionell in der Minderheit sind. Die Angehörigen der eigenen Konfession zugeschriebene Vertrauenswürdigkeit färbt auf vielerlei Sachverhalte ab, im Falle von Testimonials bspw. auf die Einstellung gegenüber der von diesen beworbenen Marke (vgl. Deshpandé/Stayman 1994).

Glaubwürdige Werbebotschaften und Stilmittel

Werbebotschaften sind letztlich nichts anderes als ein Nutzenversprechen, das der Anbieter potenziellen Abnehmern unterbreitet. Wie Anhänger anderer Konfessionen auch, sollen insb. Muslime nichts versprechen, was sie nicht einhalten können. Dies gilt nicht nur für das Privatleben oder den Umgang mit Geschäftspartnern, sondern betrifft auch die Gestaltung von Werbebotschaften. Mehr noch als andernorts sollten Werbebotschaften deshalb in arabischen Medien **einfach** und **eindeutig formuliert** werden, da dort Werbebotschaften in besonderem Maße glaubwürdig und einlösbar sein sollten (vgl. Kutschker/Schmid 2005, S. 739). Dieser moralische Anspruch steht im Gegensatz zu der im westlichen Kulturkreis vorherrschenden Auffassung, wonach man Werbung nicht an der Realität messen sollte. Denn es sei allgemein bekannt und akzeptiert, dass Werbung Teil der inszeniert-künstlichen Medienrealität ist.

Informierender vs. emotionalisierender Werbestil
Die Kunst, mit wenigen Worten viel zu sagen, wird im islamischen Kulturkreis sehr geschätzt. Er zählt zu den High Context-Kulturen, in denen der indirekte, **implizite Kommunikationsstil** dominiert.[122] Das Gesagte ist dort nicht immer das Gemeinte, weshalb sich der Empfänger einer Botschaft deren eigentliche Aussage häufig aus dem Kontext der Kommunikation erschließen muss (vgl. Kim et al. 1998). Ein wichtiger Kontextfaktor ist die Mimik. So sagt der Satz „Da hast Du Dich aber angestrengt" etwas grundlegend anderes aus, je nachdem, ob dies mit einen ernsten oder einen ironisch-lächelnden Gesichtsausdruck gesagt wird.

Doch nicht nur, mit welchen Worten man eine Botschaft übermittelt, ist von Bedeutung, sondern auch, mit wie vielen. In arabischen Printmedien vermitteln Werbeanzeigen weniger **Produktinformationen** als in amerikanischen Zeitschriften: 88 % der von Al-Olayan/Karande (2000) ausgewerteten Anzeigen enthielten mindestens zwei Informationen (vs. 63 % in der arabischen Vergleichsstichprobe). Dies kann, wie eingangs angedeutet, kulturell bedingt sein, aber auch Folge der Anpassung der Anzeigengestaltung an den unterschiedlichen **Alphabetisierungsgrad** (vgl. Al-Deen 1991).

Emotionen spielen gleichfalls eine wichtige Rolle in der Werbung. Es gibt zahlreiche offensichtliche Strategien, diese gezielt zu wecken – überwiegend mit Furchtappellen, humorvollen Botschaften oder sexuellen Stimuli (vgl. Hornik et al. 2017). Darüber wird leicht übersehen, dass auch andere Werbemaßnahmen als Nebenwirkung Emotionen auslösen. So haben Taylor/Minton (2021) am Beispiel der Weihnachtswerbung eines fiktiven Einzelhändlers herausgefunden, dass Weihnachtsgrüße in Gestalt eines individualisierten Geschenkgutscheines extrinsisch religiöse Kunden mit **Stolz** erfüllten (im Vergleich zu einer standardisierten Weihnachtsgrußkarte), während sie die **Schuldgefühle** intrinsisch religiöser Kunden minderten. Beides, der Stolz der primär an ihrem Selbstbild interessierten extrinsisch Religiösen und die geringeren Schuldgefühle der intrinsisch Religiösen,[123] stärkten deren Einstellung zu und emotionale Bindung an den Händler sowie die Kaufintention.

In Frankreich wird häufiger emotional geworben als in den USA (vgl. Biswas et al. 1992). Dort und vor allem im Einflussbereich von Islam und Buddhismus setzen Werbungtreibende stärker auf Informationen und rationale Werbeappelle. Diese thematisieren hauptsächlich den praktischen bzw. funktionalen Nutzen, welchen das Werbeobjekt den Zielpersonen bietet (vgl. Hornik/Miniero 2011).

Cabano/Minton (2023) haben untersucht, ob es vom Grad ihrer **Religiosität** abhängt, wie Konsumenten auf informative und auf emotionale Werbetexte reagieren. Untersuchungsgegenstand war u.a. eine fiktive Kaffeemarke, für die mit zwei Anzeigenvarianten geworben wurde:
- Informativer Werbeappell: „For your next cup of coffee, choose Coffea. A gourmet blend at grocery store prices, Coffea provides an excellent value. In ground, whole bean and flavored varieties, Coffea is carefully blended and roasted to have moderate acidity […]."

- Emotionaler Werbeappell: „If your passion is coffee, then your pleasure will be Coffea. Join in the joyous celebration of this magic bean by savoring each sip of our rich brew. Coffea has a smooth, velvety flavor that evokes its exotic journey from the tree in its country of origin to the cup in your hand [...]."

Angesichts ihres eher analytischen, auf rationale Problemlösungen zielenden kognitiven Stils (vgl. Zuckerman et al. 2020) war zu erwarten, dass weniger Religiöse positiver auf den informativen als auf den emotionalen Werbestil reagieren. Diese These konnten Cabano/Minton (2023) mit Hilfe vier Online-Befragungen (MTurk) bestätigen.[124] Allerdings ist die Effektstärke der beobachteten signifikanten Mittelwertunterschiede vergleichsweise begrenzt (z. B. „Einstellung zum beworbenen Produkt" $\bar{x}$ = 5.42$_{info.}$ vs. 4.82$_{emot.}$; „Kaufintention" $\bar{x}$ = 5.93$_{info.}$ vs. 5.30$_{emot.}$). Verwendet wurden jeweils siebenstufige Ratingskalen. Religiöse Versuchsteilnehmer reagieren erwartungsgemäß (vgl. Wollschleger 2017) auf beide Werbestrategien nicht signifikant unterschiedlich, bilden jedoch unter beiden Bedingungen eine sehr viel positivere „Einstellung zum beworbenen Produkt" als ihre weniger gläubigen Vergleichspersonen ($\bar{x}$ = 6.09$_{info.}$ vs. 6.15$_{emot.}$). Dies spricht für eine aufgeschlossenere Grundhaltung der Religiösen, was sich allerdings in nur geringem Maße in der „Kaufintention" widerspiegelt ($\bar{x}$ = 5.55$_{info.}$ vs. 5.78$_{emot.}$).

> The results suggest that marketers should use rational rather than emotional appeals in their marketing communications to low religiosity consumers (identifiable through such means as demographic data for geographic regions or self-identified classifications on social media). Marketers can also prime low religiosity in their messages (e.g. using words such as „evolution") and, when doing so, should couple that prime with a rational (vs emotional) appeal (Cabano/Minton 2023).

In den Programmen religiöser amerikanischer TV-Sender wird nicht nur für Devotionalien (z. B. Amulette, Kruzifixe, religiöse Bücher) geworben, sondern häufig auch für Medizinprodukte und Lebensversicherungen. Zumeist geschieht dies mittels **Furchtappellen** (vgl. Gray et al. 2017). Vermutlich werden dabei deshalb so häufig Unfälle, Krankheiten, Tod und andere Lebensrisiken thematisiert, weil diese Werbung hauptsächlich auf fundamentalistische Christen zielt und Ängste sowie moralischer Druck für diese religiöse Strömung charakteristisch sind. Todesfurcht, gemäß Terror-Management-Theorie die Haupttriebfeder menschlichen Verhaltens (vgl. Becker 1973), ist im fundamentalistischen Denken allgegenwärtig (vgl. Altmeyer/Hunsberger 1997).

So verbreitet der Einsatz von Furchtappellen, so umstritten sind sie. Unter Umständen droht sogar der Vampir-Effekt (vgl. I-1.2). Dazu kommt es, wenn aufgrund starker Emotionalisierung die Zuschauer die eigentliche Werbebotschaft gar nicht wahrnehmen, weil der z. B. optische oder akustische Blickfang des Werbemittels ihre ganze Aufmerksamkeit bindet. Furchtappelle haben allenfalls dann ihre Berechtigung, wenn sie nicht primär Furcht erzeugen, sondern den Betrachtern vermitteln, dass sie mit dem beworbenen Produkt (z. B. Zahnzwischenraumbürsten) die in der Werbung beschworene Gefahr (z. B. Zahnfleischbluten) abwenden können (vgl. Müller/Gelbrich 2015, S. 653ff.).

Bei Menschen, die sehr von ihrer Selbstwirksamkeit überzeugt sind, versagen Furchtappelle allerdings. Denn sie gehen davon aus, das thematisierte Problem auch bewältigen zu können, ohne das beworbene Produkt zu kaufen (vgl. Farías 2020). Furchtappelle können weiterhin, wie Wu/Cutright (2018) mit einer Serie von sieben Experimenten gezeigt haben, durch ein positives Gottesbild „entschärft" werden. Wer einen liebevollen, unterstützenden Gott vor Augen hat, wird weniger Furcht empfinden und darauf mit Vermeidungsverhalten reagieren als Menschen mit einem negativen Gottesbild (strafender Gott).

Vorsicht ist auch beim Versuch geboten, **humorvoll** zu werben. Zwar kann man damit sehr effektiv die Aufmerksamkeit der Umworbenen gewinnen (vgl. Cline 2003). Aber, falsch eingesetzt, d.h. ohne einen überzeugenden Zusammenhang zu Werbeobjekt und Werbeaussage, droht auch hier der Vampireffekt. In der einschlägigen Literatur finden sich die unterschiedlichsten Vorschläge zur Beschreibung und Klassifikation unterschiedlicher Humorstile – u.a. der beziehungsorientierte (affiliative), der selbstbestärkende (self-enhancing), der selbstzerstörerische (self-defeating) und der aggressive Humor. Als Angehörige einer kollektivistischen, auf die sozialen Beziehungen fokussierten Gesellschaftsform bevorzugen arabische Muslime den beziehungsorientierten Stil, amerikanische Christen hingegen tendieren, aufgrund ihrer individualistischen, leistungs- und erfolgsorientierten Sozialisation, zum selbstbestärkenden wie auch zum selbstzerstörerischen Stil. Denn Gegenstand des „amerikanischen Humors" ist zumeist das Individuum (vgl. Kalliny et al. 2006).

Wichtige Stilmittel von Werbung sind Übertreibung, Überraschungen und Aggression. Sie alle vertragen sich nicht mit zentralen religiösen Werten. So verträgt sich Bescheidenheit, die alle Konfessionen von den Gläubigen fordern (vgl. Taylor/Raymond 2000), nicht mit dem übertreibenden Stil und Fürsorglichkeit (vgl. Beck 2006) nicht mit aggressiven Elementen. Der konstruktive Umgang mit Überraschungen wiederum setzt kognitive und emotionale Fähigkeiten voraus, die viele Religiösen absprechen.

> It appears that, from a psychological, and especially from a personality psychology perspective, religion associates negatively with personality traits, cognitive structures and social consequences typical to humor: incongruity, ambiguity, possibility of nonsense, low dogmatism and low authoritarianism, playfulness, spontaneity, attraction to novelty and risk, lack of truthfulness and finality, affective and moral disengagement, loss of control and order as implied by emotionality, and finally transgression, especially transgression of prohibitions related to aggression/dominance and sexuality (Saroglou 2002, S. 205).

Davon abgesehen aber bestehen durchaus relevante interkonfessionelle Unterschiede. Während den westlich-christlichen Religionen seit jeher eine negative Sicht auf den weltlichen Humor[125] nachgesagt wird (vgl. Joeckel 2008), gilt das Verhältnis der östlichen Religionen und insb. des Zen-Buddhismus zum Humor als eher entspannt (vgl. Morreall 2008). Aber auch in dessen Einflussbereich kann Humor in der Werbung problematisch sein, wenn auch aus anderen Gründen. Dies musste u.a. ein amerikanischer Brillenhersteller erkennen, als er in Thailand mit einem Trickfilm warb, in dem Tiere Brillen trugen. Was als witzig gedacht war, empfand die übergroße Mehrheit der Bevölkerung als gotteslästerlich. Denn Buddhisten verehren Tiere als Inkarnation göttlicher Wesen. Wortspiele wiederum können auf der arabischen Halbinsel und in anderen islamischen Ländern problematisch sein. Denn als Sprache des Korans und des Gebets ist Arabisch ein wichtiger Bestandteil der kulturellen Identität der sprachbewussten Araber (vgl. Barakat 1993).

Ob in traditionellen Printmedien (vgl. LaTour/Henthorne 1994) oder in sozialen Netzwerken, auf gesponserten Facebook-Seiten (vgl. Kadić-Maglajlić et al. 2017): **Erotische Werbeappelle** sind ebenso beliebt wie umstritten. Zwar sind sie im Regelfall sehr aufmerksamkeitsstark. Vor allem Frauen aber reagieren auf der Einstellungs- und Verhaltensebene (Kaufintention) darauf negativ (vgl. Wirtz et al. 2018). In islamischen Ländern und vielen anderen Weltreligionen zählen Nacktheit im Allgemeinen und Sexualität im Speziellen sogar zu den Tabuthemen (vgl. Rice/Al-Mossawi,2002; Alam et al. 2019; Sarpal et al. 2018). Mehr noch als Angehörige anderer Konfessionen lehnen Muslime erotische Werbeappelle ab (vgl. Farah/El Samad 2014). Wie de Run et al. (2010) bei jüngeren Malaien aufgezeigt haben, hat selbst diese Generation die islamische Sexualmoral derart verinnerlicht, dass sehr und wenig religiöse Muslime solche Motive gleichermaßen kritisch beurteilen. Bei Angehörigen anderer Konfession sind es primär die sehr bzw. intrinsisch Religiösen, die Erotisches ablehnen (vgl. Vitell et al. 2006). Die Folge sind negative Einstellungen gegenüber der beworbenen Marke und dem werbenden Unternehmen. Auch schwindet die Kaufabsicht religiöser Konsumenten (vgl. Putrevu/Swimberghe 2013).

Religiöse Werbeappelle
Mit religiösen Motiven und Themen wird auf vielfältige Weise geworben, bspw. mit dem Aufdruck eines Bibelverses auf Einkaufstüten. 4you illustrierte seine Werbekampagne „Believe" mit Bildern von buddhistischen Mönchen, die Rucksäcke des deutschen Taschen- und Rucksackherstellers trugen. Wer darauf achtet, erkennt, dass bei der Formulierung vieler Werbebotschaften die **Heilige Schrift** als Ideenlieferant genutzt wurde (vgl. Tab. 44). DaimlerChrysler etwa ließ 2004, anlässlich der Präsentation der neuen A-Klasse, die bekannte Sängerin Christina Aguilera unter Anspielung auf die Weihnachtsbotschaft „Und der Stern ging ihnen voraus" verkünden: „Folge deinem Stern."

Tab. 44: Werbeslogans mit Bezug zur Bibel (Quelle: www.evangelischesfrankfurt.de).

Slogan	Unternehmen	Bibelstelle
Nichts ist unmöglich	Toyota	Lukas, 1, 37
Wer Ohren hat zu hören, der höre.	World of Music	Markus 4, 9
Mein Blut für dich.	DRK	Matthäus, 26, 28
Ihr guter Stern auf allen Straßen.	Mercedes	Matthäus 2, 9
Auf diese Steine können Sie bauen.	Schwäbisch Hall	Matthäus 16, 18
Ich will.	Audi	Trau-Ritus
Vertrauen ist der Anfang von allem.	Dresdner Bank	Johannes 1, 1

Vielfach wird auch die **Zahlensymbolik**, die zahlreiche religiöse Bezüge aufweist, für kommunikative Zwecke genutzt (vgl. E-3.6; Tab. 31). Die Zahl Sieben bspw. ist in vielen Gesellschaften Teil der Schöpfungsgeschichte bzw. des Gründungsmythos. So glaubten die Ägypter an die Erschaffung der Welt durch die Göttin Neith mit sieben Wörtern, und Rom wurde auf sieben Hügeln erbaut. Gemäß der jüdisch-christlichen Schöpfungsgeschichte hat Gott die Welt in sieben Tagen erschaffen. Für Muslime ist der siebte Himmel der Ort der letzten Verklärung. Hinzu kommen die sieben Weltwunder, sieben Säulen der Weisheit, sieben Todsünden, sieben Tugenden, sieben Sakramente und, in der Offenbarung des Johannes, das Buch mit sieben Siegeln. Ursächlich für die besondere Wertschätzung dieser Zahl dürften babylonische Astronomen sein, die vor 4.000 Jahren die sieben Planeten der Erde entdeckten (Merkur, Venus, Mars, Jupiter, Saturn, Sonne und Mond).

Auch zahlreiche **Tiere** besitzen Symbolwert, man denke nur an die falsche Schlange, die laut Altem Testament für die Vertreibung von Adam und Eva aus dem Paradies verantwortlich ist. Heilige Tiere bevölkern weltweit die Mythen und Legenden der Völker. Inder etwa verehren nicht nur Kühe, sondern auch Elefanten (als Inkarnation von Ganesha, Gott des Glücks), Tiger (Reittier der Göttin Durga) und die Königskobra. Der Fuchs hat im Shintoismus als heiliger Vertrauter von Inar große Bedeutung (Gott des Reises und der Fruchtbarkeit). Und die Ziege, die in der ägyptischen wie auch der griechischen Mythologie eine große Rolle spielt, ist für Chinesen eines der zwölf Zeichen des chinesischen Tierkreises.

Im Regelfall werden diese Tiere allerdings nicht um ihrer selbst willen verehrt, sondern als Verkörperung von Göttern oder gottähnlichen Wesen. In buddhistisch geprägten Ländern wäre es aus einem anderen Grund ein Kunstfehler, mit Tieren zu werben. Während das Christentum eine Hierarchie der Lebewesen nahelegt, an deren Spitze der Mensch steht, ist dem buddhistischen Glauben an die Reinkarnation diese Über- bzw. Unterordnung fremd. Vielmehr wird das Tier als Bruder des Menschen angesehen. In anderen Kulturkreisen besteht das Problem nicht darin, **ob**, sondern **wie** mit Tiersymbolen geworben werden kann. Als die Brauerei Carlsberg in Schwarzafrika für ihr Elefantenbier warb, war den Verantwortlichen wohl nicht bewusst, dass dort zwei Elefanten Unglück symbolisieren. Deshalb musste dem hierfür entwickelten Werbe- und Displaymaterial auf kostspielige Art und Weise ein dritter Elefant hinzugefügt werden.

Nachdem religiöse Konsumenten gut auf religiöse Symbole in der Werbung ansprechen, stellt sich im Zuge der zunehmenden Säkularisierung insb. westlicher Industriegesellschaften die Frage, ob andere Symboliken eine ähnliche Wirkung erzielen können. Hintergrund für ein Experiment, in dem La Ferle et al.(2022) die Wirksamkeit **spiritueller Symbole** im Vergleich mit **religiösen Symbolen** überprüft haben, ist folgender religionssoziologische Trend: Zwar wenden sich in Ländern wie Deutschland oder den USA mehr und mehr Menschen von der Institution Kirche ab, definieren sich selbst jedoch als spirituell, nach Sinn für ihr Leben suchend, ohne jedoch an einen speziellen Gott zu glauben. Hierzu wurde 98 amerikanischen Konsumenten eine digitale Werbekampagne für ein Online-Seminar mit einem religiösen („connect with your religious self") bzw. einem spirituellen Appell gezeigt („connect with your spiritual self"). Die christlichen Probanden beurteilten beide Kampagnen positiv, würden jedoch nur den religiösen Appell zum Anlass nehmen, nach mehr Informationen über das beworbene Angebot zu suchen. Hingegen sprachen die nichtreligiösen Probanden besser auf den spirituellen Appell an (positivere Einstellung, stärkere Absicht, nach Information über das Seminar zu suchen). Demzufolge könnten Werbetreibende der zunehmenden Säkularisierung zahlreicher Industriegesellschaften Rechnung tragen, indem sie in ihrer Kommunikationspolitik vermehrt auf die spirituellen Bedürfnisse ihrer Zielgruppen eingehen.

Moralische Appelle vs. Gerechtigkeitsappelle
Moralische und Gerechtigkeitsappelle ähneln sich insofern, als beide die Adressaten der Botschaft dazu auffordern, das Richtige zu tun. Unterschiedlich ist jedoch die theoretische Begründung. Während die moralische Argumentation (richtig vs. falsch) stärker **ich-bezogen** ist (bspw. „Ich kaufe keine gefälschten Markenartikel, weil ich mich nicht am geistigen Diebstahl beteiligen möchte"), zielt das Gerechtigkeitsargument (fair vs. unfair) auf die Ausgewogenheit **sozialer Verhältnisse** (bspw. „Ich kaufe Fair Trade-Produkte, damit die an deren Herstellung beteiligten Arbeitskräfte angemessen entlohnt werden können").

Moralische Appelle sind stärker interpretationsbedürftig, da häufig – bspw. in Abhängigkeit von der jeweiligen religiösen Sozialisation – unterschiedliche Auffassungen darüber bestehen, was richtig ist und was falsch. Im Vergleich dazu besteht größerer Konsens, was fair und was unfair ist. Religiöse Menschen nehmen häufig eine aus philosophischer Sicht **idealistische Position** ein, der zufolge es absolute, in jeder Hinsicht unstrittige moralische Maßstäbe gibt. Nichtreligiöse vertreten demgegenüber zumeist die **relativistische Position**, wonach moralische Maßstäbe situativ der jeweiligen Entscheidungssituation anzupassen sind (vgl. Barnett et al. 1996).

Minton et al. (2018b) haben 197 amerikanische Erwachsene Werbespots für drei gängige Fair-Trade-Produkte beurteilten lassen (Eiscreme, Kapuzenpullover, Tee), um empirisch überprüfen zu können, ob man aus diesen Überlegungen Ratschläge für die Formulierung von Werbebotschaften ableiten kann. Grundlage war ein einfaches **2x2-Design**:
- Art des Appells (moralisch vs. gerecht),
- Konfession: monotheistische Religionen (32,5 % Protestanten; 14,7 % Katholiken; 1,5 % Juden; 1,0 % Muslime) vs. Nichtreligiöse (26,9 % Atheisten; 23,4 % Agnostiker; 6,5 % Spirituelle; 3,6 % andere).

Operationalisiert wurde der Gerechtigkeitsappell durch folgenden Werbeslogan: „Sie sollten unser Eis/Sweatshirt/Tee kaufen, weil es fair ist" und der moralische Appell durch den Slogan „Sie sollten unser Eis/Sweatshirt/Tee kaufen, weil es richtig ist." Ergebnis: Varianzanalytisch ergab sich u.a. ein signifikanter Interaktionseffekt von Religion und Werbeslogan (F = 5.04; p = 0.01): Erwartungsgemäß wirkten Werbeappelle, welche den Kauf von Fair Trade-Produkten als eine Frage der Moral darstellten („richtig"), bei Angehörigen der monotheistischen Religionen besser und Appelle an das Gerechtigkeitsempfinden („fair") bei den nichtreligiösen Auskunftspersonen. Erfolgskriterien waren Einstellung zu Fair Trade-Produkten, Kaufabsicht und Zahlungsbereitschaft.

6.3 Sonderwerbeformen

Verschiedene Werbeformen sind für das IRM in besonderem Maße sensibel, weil sie in einem Spannungsverhältnis mit wichtigen religiösen Normen und Werten stehen.

Werbung für kontroverse Produkte
In westeuropäischen Ländern ist es üblich, mit starken Reizen zu werben. Selbst Tabus zu brechen ist nach höchstrichterlicher Rechtsprechung zulässig. Jedoch: Provozierende Werbekampagnen, wie die von Benetton (vgl. I-1.2), mögen in reizüberfluteten Konsumgesellschaften ein probates Mittel sein, um die Aufmerksamkeit der Umworbenen zu erregen.[126] In den meisten anderen Weltregionen jedoch verstoßen sie gegen wichtige **soziale Normen**. Buddhisten etwa legen großen Wert auf einen respektvollen Umgang miteinander. Deshalb sind Lügen, Gerede über andere sowie über frivole Themen zu unterlassen. Starke Emotionen wie Ärger werden nicht lautstark zum Ausdruck gebracht. Und Sexualität ist ein Tabuthema.

Auch in islamischen Gesellschaften ist der Widerstand gegen eine Vermarktung von **Nacktheit**, **Sexualität** und **Intimitä**t groß (vgl. Sugiarto/De Barnier 2019). Säkularisierte christliche Gesellschaften mögen im Großen und Ganzen zwar liberaler sein. Aber auch hier empfinden religiöse Menschen sexuell aufgeladene Social Media-Kampagnen als anstößig und reagieren darauf ablehnend (Kadić-Maglajlić et al. 2017).

Spätestens seit der Untersuchung von Michell/Al-Mossawi (1995) ist wissenschaftlich bestätigt, was kaum jemanden überraschen wird. Kontroverse Werbung ist denkbar ungeeignet, Religiöse zu **überzeugen** oder auf andere Weise zu **beeinflussen**. Wie die beiden Wissenschaftler herausfanden, lehnen sehr religiöse Christen und Muslime kontroverse Anzeigenmotive ab, und konservative Muslime erinnern diese schlechter als liberale Muslime. Vergleichbares berichten Farah/El Samad (2014); Akhter et al. (2011) und de Run et al. (2010). Hinzu kommen Erkenntnisse wie …
- Religiöse sprechen weniger auf Werbung für **alkoholische Getränke** an (vgl. Thomsen/Rekve 2003).
- **Werbung für Bestattungsdienstleistungen** gilt in manchen Gesellschaften als Tabu. Da im konfuzianischen Kulturraum Ahnen verehrt werden, ist dort das Thema Bestattung als Ausdruck von Respekt gegenüber den Älteren tabuisiert (vgl. Waller/Fam 2000). Während es in christlichen Ländern akzeptiert ist, dass Bestattungsunternehmen in den Tageszeitungen durch Anzeigen für ihre Dienste werben, würden konfuzianisch, taoistisch oder buddhistisch geprägte Menschen darin ein böses Omen für den ganzen Tag erblicken.

In einer nach wie vor beachtenswerten Studie untersuchten Fam et al. (2004), in welchem Maße Angehörige unterschiedlicher Konfessionen Werbung für kontroverse Produkte als **anstößig** wahrnehmen (z. B. Produkte mit Suchtgefahr). Hierzu haben sie Buddhisten (Taiwan und China), Muslime (Malaysia und Türkei) sowie Christen (Großbritannien und Neuseeland) befragt. Insgesamt haben 1.393 Studenten aus sechs Ländern angegeben, inwieweit ihnen verschiedene Werbemaßnahmen als provozierend oder anstößig erscheinen. Faktorenanalytisch konnten die untersuchten 17 Werbeobjekte zu vier Gruppen unterschiedlicher Anstößigkeit zusammengefasst werden:
- Produkte mit sexuellem Bezug (bspw. Kondome, Unterwäsche),
- soziale bzw. politische Gruppen (bspw. Parteien, religiöse Gruppen),
- Abhängigkeit erzeugende Produkte (Alkohol, Zigaretten) und
- Gesundheits- sowie Pflegeprodukte (bspw. Medikamente gegen Geschlechtskrankheiten).

Gemessen an den Gruppenmittelwerten fielen die Reaktionen der Befragten auf der fünfstufigen Antwortskala (1 = überhaupt nicht anstößig / 5 = extrem anstößig) insgesamt gesehen eher moderat aus. Strenggläubigen **Buddhisten** missfiel vor allem Werbung für Abhängigkeit erzeugende Produkte ($\bar{x}$ = 3,37), gefolgt von Anzeigen für politische Gruppen ($\bar{x}$ = 3,20), während ihnen Werbung für Produkte mit sexuellem Bezug ($\bar{x}$ = 2,38) und für Gesundheitsprodukte ($\bar{x}$ = 2,15) eher weniger problematisch erschien.

Aufgrund der moralischen Strenge des Islam war zu erwarten, dass **Muslime** an allen Sachverhalten am meisten Anstoß nehmen würden. Aber ihre Reaktionen fielen moderater aus als erwartet. Absolut gesehen am stärksten störten sie sich noch an Werbung für Waffen, Bestattungen, Glaubensgemeinschaften etc. ($\bar{x}$ = 3,73), während nur wenige Werbung für medizinische und soziale Sachverhalte (z. B. Vermeidung von Ge-

schlechtskrankheiten) ablehnten ($\bar{x}$ = 2,42). Für diese „Tendenz zur Mitte" sind mehrere Einflüsse verantwortlich:
- In der Türkei und in Malaysia wurde zum Zeitpunkt der Untersuchung ein vergleichsweise moderater Islam praktiziert.
- Es wurden Studenten befragt, die im Regelfall liberaler sind als die Gesamtbevölkerung und den kosmopolitischen Lebensstil bevorzugen.
- Genau genommen wurde nicht die Einstellung zu „Werbung für kontroverse", sondern zu „Werbung für **sehr** kontroverse" Produkte erfragt. Denn anstelle der üblichen Benennung der Pole der Ratingskala (1 = strongly agree / 5 = strongly disagree) verwendeten sie extremere Bezeichnungen (1 = not at all offensive / 5 = extremely offensive). Wie die kulturvergleichende Marketingforschung zeigt, beeinflusst die weltweit nachweisbare Tendenz von Auskunftspersonen, Extremantworten zu meiden (not at all, extremely), in besonderem Maße das Antwortverhalten von Angehörigen kollektivistischer Gesellschaften (zu denen Malaysia und die Türkei zählen).

Vergleicht man die Auskünfte der konfessionell gebundenen Studienteilnehmer mit jenen der „konfessionslosen Moralisten", dann erkennt man besser als durch den interkonfessionellen Vergleich, in welchem Maße die hier zur Diskussion stehenden Konfessionen die Einstellung zu Werbung für kontroverse Produkte beeinflussen (vgl. Abb. 48). Neben anderem wird deutlich, dass die muslimischen Studienteilnehmer sich relativ am stärksten an Werbung für Produkte mit Suchtpotenzial (z. B. Alkoholika; + 0,76 Skaleneinheiten) sowie an Werbung für Produkte mit sexuellem Bezug störten (+ 0,52 Skaleneinheiten).

Am wenigsten wichen die Einstellungen der befragten **Christen** von der Benchmark der „konfessionslosen Moralisten" ab. Sie lehnten vor allem Werbung für Waffen, politische Parteien und andere soziopolitische Themen ($\bar{x}$ = 3,34) sowie Werbung für Suchterzeugendes ab ($\bar{x}$ = 2,82), während Produkte mit sexuellem Bezug ($\bar{x}$ = 2,17) sowie gesundheitsbezogene Themen wie Vermeidung von Geschlechtskrankheiten ($\bar{x}$ = 2,01) sie weniger irritieren.

Wang et al. (2018) haben die Ergebnisse der Studie von Fam et al. weitgehend bestätigt: Auch von ihren Auskunftspersonen (1.402 Universitätsstudenten aus elf Ländern in Nordamerika, Europa, Asien und Australien) fühlten sich Muslime am meisten von kontroverser Werbung angegriffen. Entsprechend erschienen ihnen die einschlägigen Vorgaben der staatlichen **Regulierungsbehörden** als nicht streng genug, um sie vor unangemessener Werbung zu schützen. Christen und Hindus wiederum stuften angesichts ihrer eher liberalen Einstellung zu diesem Sachverhalt das bestehende **Schutzniveau** als angemessen ein, während nach Ansicht der befragten Buddhisten/Taoisten und Nichtgläubigen die derzeitigen Vorschriften zu streng sind.

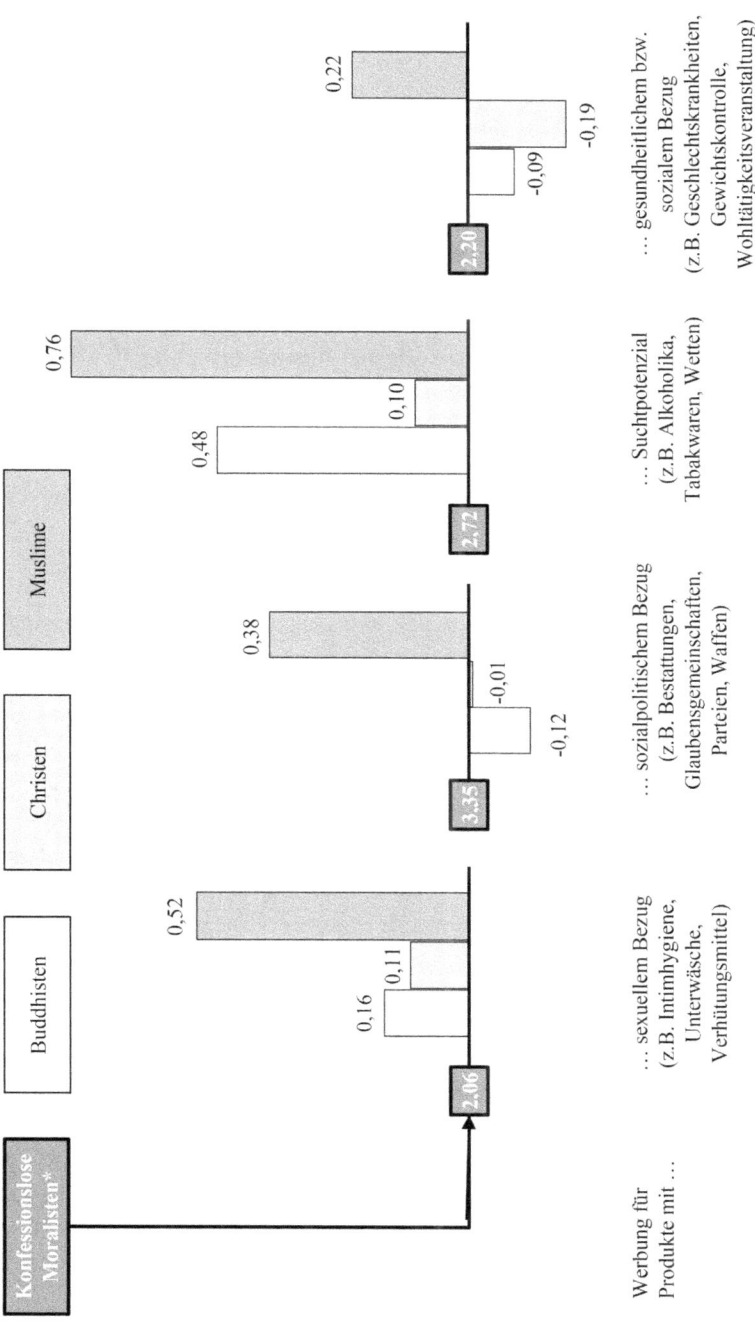

Abb. 48: Anstößigkeit von Werbung für kontroverse Produkte aus Sicht von Strenggläubigen (Quelle: eigene Darstellung auf Basis von Fam et al. 2004, S. 547).

* Menschen, die sich keiner bestimmten Religion zugehörig fühlen, aber ausgeprägte moralische Werthaltungen besitzen.

Fast zeitgleich haben Tariq/Khan (2017) indische Studenten zu diesem Thema befragt. Von insgesamt 17 Produktbereichen wurden weibliche Unterwäsche, Kondome und Alkohol als am kontroversesten eingestuft, allerdings je nach Konfession mit unterschiedlicher Gewichtung. Hinduistische Probanden störten sich am meisten an Werbung für weibliche Unterwäsche, Muslime an Alkoholwerbung.

Mit den Ergebnissen ihres qualitativen Untersuchungsansatzes (Fokusgruppen, inhaltsanalytische Auswertung von Tagebüchern) wollten Wilson/Ayad (2021) ein nuancierteres Bild der Einstellungen von Muslimen zu Werbung zeichnen. Auskunftspersonen waren ägyptische muslimische Millennials, die sie nach dem Arabischen Frühling befragt haben und die sie als sozial mobil, gebildet und digital vernetzt beschreiben. Diese soziale Schicht stört sich nach eigener Aussage primär an Werbung, deren Botschaften, Themen oder Ausführungen ihre Intelligenz verletzen. Auch lehnten sie angesichts der prekären Lebensbedingungen in ihrem Land den Eskapismus der Werbewelt ab. Im Übrigen hätten ihre Eltern und ihr weiteres soziales Lebensumfeld größeren Einfluss auf sie als die Religion.

Vergleichende Werbung
Bei dieser Werbeform wird ein Produkt oder eine Dienstleistung unmittelbar dem Angebot eines Wettbewerbers gegenübergestellt, um so die Vorzüge des eigenen Angebots hervorzuheben. Während in den USA und anderen wettbewerbsorientierten Ländern diese Werbestrategie **weitgehend akzeptiert** wird, neigen weniger kompetitive Gesellschaften wie Deutschland dazu, deren Einsatz zu **reglementieren** (etwa mit dem Gesetz gegen unlauteren Wettbewerb). Anderswo sprechen religiöse Vorschriften dagegen. So heißt es in einem Hadith – einem überlieferten und in der Sahih Al-Bucharyy dokumentierten Ausspruch Mohammeds: „Ein Muslim ist derjenige, vor dessen Zunge und Hand die Muslime sicher sind." Dagegen würde ein islamisches Unternehmen, das ein anderes islamisches Unternehmen um des eigenen Vorteils willen herabsetzt oder kritisiert, verstoßen.

Nach muslimischer Auffassung ist Vergleichende Werbung eine Form der manipulierenden Werbung und mithin **sittenwidrig**. Islamische Gesellschaften zählen aus kulturvergleichender Sicht zu den kollektivistischen Gesellschaften, die großen Wert auf die Fürsorge für andere sowie das gesellschaftliche Wohlergehen legen. Werbung, die andere kritisiert oder gar herabwürdigt, verstößt gegen diese Werte. Deshalb sollten Adjektive wie „besser" (als der Wettbewerber) und Vergleichbares nicht verwendet werden. Generell wird dort wesentlich seltener auf Wettbewerber Bezug genommen als etwa in den USA (vgl. Al-Olayan/Karande 2000). In konfuzianischen Gesellschaften stößt Vergleichende Werbung vor allem deshalb auf Ablehnung, weil die Gefahr groß ist, dass dabei ein Wettbewerber sein „Gesicht" verliert (vgl. u. a. Lin 1993).

Sponsoring
Modernes Sponsoring zählt neben Verkaufsförderung, Öffentlichkeitsarbeit, Guerilla-Marketing und vielen anderem zu den **Below the Line-Maßnahmen** der Kommunikationspolitik. „Below the Line" deshalb, weil sie im breiten und ständig anschwellenden Strom der allgemeinen Social Media-Kommunikation unterhalb dem medienkritischen Radar der Umworbenen agieren und häufig nicht als Werbung erkennt werden (vgl. Gelbrich/Müller 2023). Als Gegenleistung für die Zuwendung von Finanz-, Sach- bzw. Dienstleistungen an den Sponsornehmer (= Personen, Gruppen oder Institutionen) erhält der Sponsorgeber (= werbungtreibendes Unternehmen) das Recht, den Goodwill des Sponsornehmers im Rahmen einer vertraglichen Vereinbarung kommunikativ zu nutzen – d.h. dessen Bekanntheitsgrad und Image (vgl. Cornwell 2014). Aus diesem Grund sponsort das Tunnelbau-Unternehmen Herrenknecht AG die bekannte und beliebte Weitsprung-Weltmeisterin Malaika Mihambo.[127]

Ob Sponsoring erfolgreich verläuft oder nicht, hängt von verschiedenen Faktoren ab, u.a. von Sympathie, Kundennähe und Image (vgl. Leuteritz et al. 2008). Bei grenzübergreifenden Sponsorengagements sind die in den betroffenen Ländern vorherrschenden Einstellungen und gültigen gesetzlichen Bestimmungen zu gemeinnützigen Handlungen und zur Verbindlichkeit von Verträgen zu beachten. Letztlich entscheidend ist jedoch der **soziokulturelle Fit** zwischen Sponsorgeber und Sponsornehmer, wozu auch Werte, die aus einer gemeinsamen religiösen Orientierung erwachsen, beitragen.

Dennoch hat die interreligiöse Forschung dieses Thema bislang nur am Rande gestreift. Im Wesentlichen beschränkt sie sich auf relativ banale Überlegungen dazu: etwa welche **Tabus** bei Sponsoring unbedingt beachtet werden sollten. So können sich Casinos und andere Glücksspielanbieter überall dort, wo Glücksspiele verboten sind, nicht als Sponsoren betätigen – vor allem im Einflussbereich des Islam (vgl. McKelvey 2004). Lange Zeit schien dies auch für die Hersteller und Vermarkter alkoholischer Getränke zu gelten (vgl. Dun 2014). Katar jedoch hat zumindest für die Dauer der Fußball WM 2022 den Geschäftsinteressen Vorrang eingeräumt. Jedenfalls finden sich unter den Sponsoren dieser Sportgroßveranstaltung neben den bekannten Hauptsponsoren (Adidas, Coca-Cola, Kia, McDonalds, Visa, Qatar Airways) auch der amerikanische Bierproduzent Budweiser und die chinesische Wanda Group. Zu deren breit gefächertem Geschäftsportfolio gehören u.a. Kinobetreiber und Einzelhandelsgeschäfte. Vermutlich werden dort auch Filme gezeigt und Getränke verkauft, welche in islamischen Ländern als unmoralisch gelten.

Preiswerbung
Sanaie/Ranjbarian (1996) haben aus dem islamischen Wucherverbot abgeleitet, dass Unternehmen nicht offensiv für Kredite werben sollten. Dies lässt sich auf aggressive Preiswerbung übertragen, nicht zuletzt auch deshalb, weil sie in arabischen Ländern als **unhöflich** gilt (vgl. Lin 1993). Wie in anderen beziehungsorientierten Gesellschaften zählt

dort die Reputation eines Unternehmens bzw. der Goodwill einer Marke mehr als der finanziell-materielle Wert eines Produktes. Gemäß Al-Olayan/Karande (2000), die Anzeigen inhaltsanalytisch ausgewertet haben, respektiert die Mehrzahl der Werbungtreibenden dieses Gebot. Während nur 8 % der Werbeanzeigen in den damals im Mittleren Osten und Nordafrika vertriebenen Publikations-, Familien- und Frauenzeitschriften Preisappelle enthielten, waren es in vergleichbaren US-amerikanischen Medien 20 %.

6.4 Werbewirkung

Die Werbewirkungsforschung unterscheidet die ökonomischen von den außerökonomischen Effekten. Religionsvergleichend haben sich unseres Wissens bislang lediglich Oh et al. (2020) anhand von Unternehmensdaten der Jahre 1992–2014 mit der **ökonomischen Wirkung** von Werbemaßnahmen auseinandergesetzt. Dabei zeigte sich erstens, dass amerikanische Unternehmen mit einer protestantischen oder katholischen Führung (CEO) überdurchschnittlich viel in Werbung investieren. Das Volumen des Werbeetats mediiert zweitens den Einfluss der religiösen Orientierung des CEO auf den Unternehmenswert (gemessen als Shareholder Value).

Zu den wichtigsten Kriterien der **außerökonomischen Werbewirkung** zählen Bekanntheitsgrad, Einstellung (jeweils gegenüber der Werbemaßnahme, der Marke bzw. dem Unternehmen) und Kaufabsicht. Gemäß einer Befragung muslimischer Konsumenten fördern religiöse Symbole in der Werbung für eine Autofinanzierung die Entwicklung positiver Einstellungen zu dieser Werbung und zur beworbenen Marke (vgl. Butt et al. 2018).

Für eine umfassende Analyse der Wirksamkeit der ergriffenen kommunikationspolitischen Maßnahmen bedient sich die Forschung vielfach des **Elaboration Likelihood-Modells**. Es erklärt, unter welchen Bedingungen der Mensch mit welcher Wahrscheinlichkeit (Likelihood) und mit welcher Intensität (Elaboration) Werbereize verarbeitet (vgl. Petty/Cacioppo 1986). Zu unterscheiden ist dabei zwischen einer High Involvement- und einer Low-Involvement-Situation. Wenn die Adressaten einer Werbemaßnahme stark involviert sind, d.h. an der Werbebotschaft bzw. dem Werbeobjekt interessiert, dann werden sie mit großer Wahrscheinlichkeit den „zentralen Weg der Informationsverarbeitung" beschreiten und die Argumente der Werbebotschaft bewusst aufnehmen und kognitiv intensiv verarbeiten.

Wenig Involvierte sind hingegen an Informationen und Argumenten kaum interessiert. Sie verarbeiten Werbebotschaften bevorzugt peripher und oberflächlich und sprechen primär auf Schlüsselreize an (z. B. die Attraktivität der Testimonials, die emotionale Qualität der Hintergrundmusik oder ein eingeblendetes Gütesiegel). Auch religiöse Symbole, wie das Kreuz der Christen, der Hijab der Muslime oder der Davidstern der Juden, können Schlüsselreize sein (vgl. Naseri/Tamam 2012).

Um das Elaboration Likelihood-Modell prüfen zu können, haben Dotson/Hyatt (2000) 341 amerikanische Studenten christlichen Glaubens befragt. Sie legten in einem

2×2-varianzanalytischen Design vier gleich großen Gruppen von Studenten jeweils eine Anzeige vor, die eine Haustierversicherung anpreist.
- Periphere Stimuli: Dargestellt wird ein Hund vor einem Kamin, entweder verziert mit einem Kreuz oder schmucklos.
- Zentrale Stimuli: Starke oder schwache Werbeargumente.[128]

Nachdem die Probanden die in eine Reihe anderer Werbekampagnen eingebetteten Anzeigen betrachtet hatten, wurden sie unter allen vier Versuchsbedingungen[129] gefragt, ob sie die Werbung für die Versicherung wahrgenommen haben, wie sie dazu eingestellt sind, welche Einstellung sie zur beworbenen Marke haben und ob sie beabsichtigen, die Versicherung abzuschließen (Kaufintention).

Erwartungsgemäß neigen **stark involvierte**, d.h. an Haustieren interessierte Versuchspersonen zur zentralen Informationsverarbeitung: Wer von den Involvierten starke Argumente las, äußerte anschließend eine positivere Einstellung gegenüber der Werbung sowie der Marke und war auch mehr an einem Vertragsabschluss interessiert als die wenig involvierte Vergleichsgruppe. Die nicht an Haustieren interessierte Kontrastgruppe (**schwaches Involvement**) müsste theoriegemäß für periphere Reize empfänglicher sein. Dies konnte empirisch jedoch nicht bestätigt werden. Vielmehr hängt, wie die Moderationsanalyse ergab, die Wirkung in diesem Fall davon ab, wie religiös die Zielgruppe ist. Bei wenig involvierten Strenggläubigen löste das religiöse Symbol nicht mehr Aufmerksamkeit oder eine positivere Einstellung zu der Kampagne aus als bei weniger Gläubigen. Sie äußerten im Gegenteil sogar eine negativere Einstellung gegenüber der Marke und waren weniger daran interessiert, eine Haustierversicherung abzuschließen. Erklären lässt sich der **Bumerang-Effekt** vermutlich damit, dass es strenggläubigen, wenig involvierten (d.h. nicht an dem Werbeobjekt interessierten) Personen ein ungutes Gefühl bereitet, wenn religiöse Symbole genutzt bzw. aus ihrer Sicht missbraucht werden, um profane Ziele zu erreichen (hier: eine Haustierversicherung zu verkaufen). Davon abgesehen aber bestätigen die Untersuchungsergebnisse das Elaboration Likelihood-Modell in einem zentralen Punkt: Involvierte Personen lassen sich am besten durch starke Argumente überzeugen.

Endnoten

1 Viele der u. a. im Journal of Islamic Marketing veröffentlichten Beiträge sind sprachlich konfus und inhaltlich kaum nachvollziehbar. Auf uns haben sie gewirkt, als seien sie von einem sehr schlechten Übersetzungsprogramm ins Englische übertragen und weder sprach- noch methodenkritisch überprüft worden.

2 Anhand von Zeitreihen (1960–2010) haben Burke et al. (2015) die für das wirtschaftliche Leistungsvermögen optimale Mitteltemperatur von 165 Ländern berechnet: 13°.

3 Der 1815 beim Wiener Kongress gegründete Deutsche Bund war ein Staatenbund aus 35 souveränen Fürstentümern und vier freien Städten.

4 U. a. Pietisten und Evangelikale, Pfingstbewegung, Endzeitgemeinden, apostolische Gemeinden, auf die Reformation zurückgehende Kirche.

5 U. a. Jesiden

6 U. a. Aleviten, Freikirchen, Zeugen Jehovas, Sikhs.

7 Akzeptanz von Machtdistanz besteht gemäß der Landeskulturforschung, wenn in einer Gesellschaft die sozialen Unterschiede groß sind und die unterprivilegierten Schichten diese Ungleichheit akzeptieren.

8 Wir beziehen uns auf den In-group-Kollektivismus, da dieser mehr als der institutionelle Kollektivismus der Hofstede-Operationalisierung entspricht.

9 Damit ist gemeint, inwieweit die Mitglieder einer Gruppe (z. B. Familie, Unternehmen, Organisation) stolz auf ihre Zugehörigkeit zu dieser Gruppe sind und ihr gegenüber loyal.

10 Schriftliche Thora (vgl. B-3.2).

11 Zu dem auch „holländische Krankheit" genannten „Fluch des Rohstoffreichtums" vgl. Torvik (2001) oder Gelbrich/Müller (2011, S. 1233f.).

12 Explizit formuliert wurde eine buddhistische Wirtschaftsethik erst nach dem Zweiten Weltkrieg, und auch dann nicht als ein geschlossenes Gedankensystem, wie die Katholische Soziallehre, sondern als ein Mosaik „kulturell differenzierter Antworten auf ökonomische Fragen" (Brodbeck 2022).

13 Als Papst Paul VI 1966 ein Dekret verabschiedete, welches das bis dahin geltende Verbot, freitags Fleisch zu verzehren, lockerte, nahm die Nachfrage nach Fisch in den Vereinigten Staaten signifikant ab und bescherte der US-Fischereiindustrie bedrohliche Umsatzverluste (vgl. Bell 1968).

14 Die Priming-Methode bietet den Vorteil, dass es damit im Sinne des experimentellen Forschungsansatzes möglich ist, individuelle Religiosität zu „manipulieren", d. h. systematisch zu variieren. Im Gegensatz zur vorherrschenden Praxis quasi-experimenteller Feldforschung, welche eine natürlicherweise vorkommende Variation der unabhängigen Variablen nutzt, ermöglicht diese Art von kontrollierter Laborforschung kausale Aussagen.

15 Orthodoxe Juden schätzen zeitsparende Produkte (z. B. tiefgefrorenes Hühnerklein) signifikant weniger als strenggläubige Juden.

16 „The most consistent relationship found was between religious commitment and the importance placed by the consumer on sales personnel friendliness/assistance" (McDaniel/Burnett 1990, S. 101).

17 Clayton/Gladden (1974) haben dies durch Befragung zweier größerer Stichproben amerikanischer Studenten einer liberalen Universität in Florida im Wesentlichen bestätigt. In beiden Fällen band im Rahmen einer Faktorenanalyse eine Dimension (Ideological Commitment) den weit überwiegenden Teil der Varianz (78 % bzw. 83 %). Eine Faktorenanalyse zweiter Ordnung deutete schließlich auf die Existenz eines G-Faktors hin, was insgesamt für einen eindimensionalen Ansatz spricht.

18 Nicht zu verwechseln ist die Naturreligion mit der natürlichen Religion, einer sog. Vernunftreligion. Letztere basiert im Sinne der Aufklärung auf den Ideen und Zielen, die allen Religionen gemeinsam sind. Zu Beginn der Erforschung von Naturreligionen hoffte man, mehr über eine Urreligion zu erfahren, übersah dabei jedoch, dass sich anhand der verschiedenen Naturreligionen keine (zeitliche) „Entwicklung" abbilden lässt; denn diese haben sich neben- und nicht nacheinander entwickelt.

19 Religion, die ihre Lehre und ihr Heilsversprechen allen Menschen zu Teil werden lässt, unabhängig von deren ethnischer, politischer und territorialer Zugehörigkeit.
20 Obwohl er als Extremfall einer polytheistischen Religion gilt, kennt auch der Hinduismus die Idee des einen, einzigen Gottes. „Krishna, der Erhabene, sprach: Durch Veden nicht, durch Spenden und durch Opfer nicht bin ich in dieser Form zu schauen, wie du mich gesehen hast. Nur wer mich ganz allein verehrt, der kann mich schauen in solcher Form, kann mich erkennen ganz und gar und endlich eingehen auch in mir (Bhagavadgita, XI. Gesang, 53–54).
21 82 % der von Bailey/Sood (1993, S. 346) befragten Muslime gaben an zu glauben, dass es ein Jüngstes Gericht geben wird. Überwiegend davon überzeugt äußerten sich auch Katholiken (= 60 %) und Protestanten (= 54 %), während nur eine Minderheit der befragten Buddhisten (= 26 %), Juden (= 22 %) und Hindus (= 20 %) dem zustimmten. Allerdings erlauben die kleinen Stichproben (n = 16–107) keine Generalisierung.
22 „Soweit es euch möglich ist, haltet mit allen Menschen Frieden! Rächt euch nicht selber, liebe Brüder, sondern lasst Raum für den Zorn (Gottes); denn in der Schrift steht: Mein ist die Rache, ich werde vergelten, spricht der Herr" (Apostel Paulus im Brief an die Römer).
23 Shruti (Veden und einige Upanishaden) sowie Smriti (z.B. Mahabharata, dem Nibelungenlied vergleichbare Heldengedichte) im Hinduismus und der Pali-Kanon (bzw. Tripitaka) im Buddhismus.
24 „Deine Rede sei ja, ja und nein, nein – was darüber ist, ist vom Übel."
25 Der Kundenwert ist eine rechnerische Größe, in der Kriterien wie Kaufintensität, Zahlungsbereitschaft, Wiederkaufwahrscheinlichkeit und Empfehlungsbereitschaft zusammengefasst werden.
26 Determinationskoeffizient r^2
27 Wichtigkeit des Besitzes von materiellen Gütern.
28 Unfähigkeit bzw. Unwilligkeit, Ansichten bzw. Verhaltensweisen zu akzeptieren, die sich von den eigenen Ansichten bzw. Verhaltensweisen grundlegend unterscheiden.
29 Moralische Prinzipien und Verhaltensstandards bezüglich des „richtigen" Umgangs mit Produkten und Dienstleistungen.
30 Präferenz für die Entscheidungsalternative mit der geringstmöglichen Verlustwahrscheinlichkeit.
31 Produkte, die mit religiösen Überzeugungen assoziiert werden.
32 www.ottogroup.com/de/newsroom/meldungen/Trendstudie-2020-Ethischer-Konsum (23.11.2021).
33 „Moral potency is best described as one's strength of character, personal ethics, sense of honour and principles" (Mortimer et al. 2020, S. 104).
34 www.anti-bias.eu/wissen/definitionen/cognitive-bias-cheat-sheet-kodex/ (20.10.2022).
35 Ergebnisse der varianzanalytischen Auswertung (Haupteffekte: Religiosität $F = 8.82$, $p = 0.003$ Geschlecht $F = 12.46$, $p = 0.000$; Interaktionseffekt $F = 5.15$, $p = 0.024$).
36 In vielen Studien werden Einstellungen sehr allgemein (z.B. „Sind Sie der Meinung, dass wir mehr für den Umweltschutz tun sollten?"), aber das Verhalten sehr konkret bzw. spezifisch erfragt (z.B. „Wie häufig nutzen Sie das Fahrrad?"). Man kann jedoch umweltbewusst sein und selten oder nie Fahrrad fahren (z.B. aus gesundheitlichen Gründen oder weil keine Radwege verfügbar sind). Und man kann begeisterter Radfahrer sein und nichts von Umweltschutz halten.
37 „Weltrundschreiben der Päpste, die sich mit Grundfragen der Ordnung der gesellschaftlichen Lebensbereiche befassen" (www.kas.de/de/web/geschichte-der-cdu/sozialenzykliken).
38 Danach wurde zwar nicht direkt gefragt, lässt sich aber daran ablesen, dass die ökonomische Dimension von CSR jeweils negativ mit der legalen, der ethischen und der diskretionären Dimension korreliert (vgl. Angelidis/Ibrahim 2004, S. 123).
39 e.g., „Operating profitably and paying its fair share of taxes"
40 e.g, „Helping to reduce extreme poverty"
41 In der von Tangney et al. (2004) entwickelten Skala wird Selbstkontrolle durch Items wie „I am good at resisting temptation" operationalisiert.
42 „Brooks found that on average, American religious individuals gave $1,568 more in charitable donations than non-religious persons" (Salvador et al. 2014, p.357).

43 Der Islam lehrt, dass arme Menschen 500 Jahre früher als die Reichen das Paradies betreten werden, und im Neuen Testament heißt es: „Eher geht ein Kamel durch ein Nadelöhr, als dass ein Reicher in das Reich Gottes gelangt."
44 „Materialism and religiosity are generally considered antithetical, as the major, underlying motives of materialism (like self-promotion) tend to contrast religious values like spirituality or humility" (Raggiotto et al. 2018, S. 620).
45 z. B. „My religious beliefs lie behind my whole approach to life."
46 z. B. „If things continue on their present course, we will soon experience a major environmental catastrophe."
47 z. B. „Buying products made from recycled materials."
48 Die Amish People sind eine protestantisch-täuferische Glaubensgemeinschaft, die in den USA in Pennsylvania und Ohio lebt.
49 Abweichend davon haben Huang et al. (2016) beobachtet, dass Unternehmen, die in einem Bezirk mit überproportional vielen buddhistischen Klöstern registriert sind, weniger in F&E investieren als Unternehmen an anderen Standorten (jeweils im Verhältnis zum Umsatz), aber eine höhere Innovationseffizienz erzielen als diese (den F&E-Investitionen zuzuschreibende Erlöse). Allerdings weist das Untersuchungsdesign einige Besonderheiten auf, welche die Vergleichbarkeit der Befunde erschweren: Zum einen die Operationalisierung von Religiosität (= Anzahl von Klöstern) und zum anderen der regionale Fokus (China, d. h. ein offiziell säkulares Land).
50 Davon auszunehmen ist künstlerische Kreativität, die sich in Gedichten, Gemälden, Skulpturen etc. ausdrückt. Dafür scheint Religiosität förderlich zu sein (vgl. Day 2005).
51 Mit nationaler Kreativität korreliert der „Anteil von Protestanten und Katholiken in einem Land" positiv und der „Anteil von Muslimen" negativ. Als Folge davon wird die Rangliste des Global Creativity Index von den angelsächsischen (z. B. Australien) und skandinavischen Ländern angeführt (z. B. Dänemark). Unter 139 Ländern rangiert Deutschland an 14., die Schweiz an 16. und Österreich an 20. Stelle (vgl. www.edutopia.org).
52 Zwar lautet das Fazit von Recio-Román et al. (2019) „keine enge Beziehung zwischen Religiosität und der Einstellung zu Innovation." Aber dieses Team nutzte andere, nicht vergleichbare unabhängige (Operationalisierung von Religiosität) und abhängige Variablen (Operationalisierung der Einstellung). Vor allem jedoch nutzten sie EUROBAROMETER-Daten, Bénabou et al. (2015) hingegen WVS-Daten. Verständlicherweise haben in Europa lebende Buddhisten, Hindus und Muslime andere Einstellungen zur vielen Sachverhalten entwickelt als deren Glaubensbrüder und –schwestern in den jeweiligen Herkunftsländern.
53 Recio-Román et al. (2019, S. 611) haben mit ihrer wegweisenden, allerdings auf Europa beschränkten Studie diesen Befund präzisiert: „For Catholics, innovations did not imply the creation of new products but the improvement of existing ones. Should an innovation be introduced in the market, which substitutes an existing product that the Catholics already trust, they would maintain their fidelity with the old product, and they would not pay any more for the new one." Gemäß einer neueren Metaanalyse besteht eine „negative intelligence – religiosity relation" (Zuckerman et al. 2020).
54 Der Muslimen zugeschriebene „Glaube an die Vorbestimmtheit von Ereignissen" ist eher geprägt von der Zuversicht, in Gottes schützender Hand zu sein, während der hier gemeinte Fatalismus stärker in einer pessimistischen Weltsicht wurzelt.
55 Die Konfession der Befragten beeinflusst gemäß Mokhlis (2006b) das Qualitätsbewusstsein nur geringfügig (Mittelwerte; Muslime = 3,90; Christen = 3,81; Hindus = 3,75; Buddhisten = 3,71).
56 Halal (arabisch) bedeutet erlaubt oder zulässig und Haram verboten (jeweils gemäß der Sharia). Als Makruh wird der Graubereich zwischen Halal und Haram bezeichnet: verpönt, ungewollt – aber nicht explizit verboten. Vorsichtshalber sollten Muslime auch alles, was Makruh ist, meiden.
57 Koscher (hebräisch) bedeutet geeignet oder rein.
58 Zur Einstellungs/Verhaltens-Diskrepanz vgl. D-3.3.

59 www.ottogroup.com/de/newsroom/meldungen/Trendstudie-2020-Ethischer-Konsum (23.11.2021).
60 Aber nicht deshalb sprechen wir von Giftgrün, sondern weil im Mittelalter grüne Farbe durch Zusatz von hochgiftigem Arsen hergestellt wurde (was in Gestalt grüner Tapeten angeblich Napoleons Tod beschleunigt haben soll).
61 Anfänglich nutzten auch Christen Weiß als Trauerfarbe. An dessen Stelle trat ab dem 6. Jahrhundert noch zögerlich und ab dem 14. Jahrhundert vollumfänglich Schwarz, als Ausdruck der spirituellen Finsternis der Seele.
62 Ein informativer Abriss der Geschichte und Funktion der liturgischen Farben findet sich unter https://de.wikipedia.org/wiki/Liturgische_Farben.
63 Im Falle von „Lurchi" bspw., einer Werbefigur des Schuhherstellers Salamander, könnte es sich um einen in Salamandergestalt wiedergeborenen Menschen handeln.
64 https://taz.de/Petition-gegen-Gin-mit-Goetternamen/!5703328/ (25.12.2022)
65 Religiöse Überzeugungen und konfessionelle Bindungen beeinflussen u.a. Einstellungen zu und Akzeptanz von Glücksspielen. Nichtreligiöse sind dafür aufgeschlossener als religiöse Vergleichspersonen (vgl. Lam 2006). Und in überwiegend katholischen Gegenden der USA sind den Aktienportfolios mehr spekulative Aktien beigemischt als in überwiegend protestantischen Gegenden (vgl. Kumar et al. 2011).
66 https://www.ekmd.de/glaube/die-bibel/z-wie-zahlen.html (15.12..2022)
67 https://www.juedische-allgemeine.de/religion/zahlenspiele/ (12.12.2022); https://reformiert.info/de/schwerpunkt/die-sieben-in-den-weltreligionen-17613.html (15.12.2022).
68 Ort, Zeit und Raum, die drei Dimensionen der allumfassenden Welt
69 „A set of specific beliefs concerning the integrity, benevolence, and ability of the other party" (Li et al. 2008).
70 Icons sind eindeutige Zeichen (eine Bedeutung), Symbole mehrdeutige Zeichen (mehrere Bedeutungen).
71 „Animosity: e.g. I feel angry toward Muslims for the terrorist acts they have committed." Consumer ethnocentrism: e.g. „A real Hindu Indian should always buy non-halal products." Boycott attitude: e.g. „By boycotting halal products, I can change the halal products business in India." Unwillingness to buy: e.g. „Whenever possible, I avoid buying halal products."
72 Dass laut Wilkins et al. (2019b) Nicht-Muslime umso positiver zu Halal-Produkten eingestellt sind, je mehr sie sich mit der eigenen Konfession identifizieren, widerspricht nicht nur ihrer Forschungshypothese, sondern in gewisser Weise auch den Befunden von Tao et al. (2022) und Schlegelmilch et al. (2016). Nun sind Religiosität und religiöse Identität zwar ähnliche, aber nicht identische Konstrukte. Deshalb lässt sich der kontra-intuitive Befund von Wilkins et al. (2019b) spekulativ möglicherweise folgendermaßen rechtfertigen: Stellen wir uns neben der religiösen Identität im engeren Sinn eine weiter gefasste religiöse Identität vor, die alle einschließt, die im Gegensatz zu den Atheisten „überhaupt an etwas glauben". Dann könnte es sein, dass die konfessionsübergreifende Gemeinschaft der Gläubigen religiöse Produkte auch dann noch mit Wohlwollen betrachtet, wenn diese mit einer anderen als der eigenen Konfession verbunden sind.
73 „I will likely consume halal-produced meat in restaurants in the future."
74 Noch relativ am aufgeschlossensten äußerten sich in dieser Untersuchung Buddhisten zum Kauf von Fair Trade-Produkten. Ursache könnten buddhistische Werte wie Fürsorge für die Menschheit sein (Caring for Humankind).
75 Z. B. „This online retailer offered me many options to customize the t-shirt to my needs and taste."
76 Z. B. „Environmental problems are not affecting my life personally."
77 e.g., „My close friends think, that I should not buy illegal copies of music, movies, or software."
78 e.g., „In my everyday life, I want to do what God teaches me to do."
79 e.g., „Buying illegal copies
80 e.g., „I know how and where to buy pirated music/movies/software."
81 e.g., „I try hard to carry my beliefs over into all other dealings in life."

82 e.g., „I will buy illegal copies of music, movies, and software."
83 Externer Faktor ist ein produktionswirtschaftlicher Begriff. Teil des Produktionsprozesses von Dienstleistungen sind nicht nur unternehmensinterne Produktionsfaktoren (z. B. Rohstoffe, Betriebsmittel, Arbeitskräfte), sondern auch an den Kunden gebundene, d. h. externe Produktionsfaktoren. Dies können materielle Güter sein (z. B. der zu reparierende Pkw des Kunden), aber auch immaterielle Güter (z. B. Informationen, welche Mandanten ihren Anwälten geben) oder der Dienstleistungskunde selbst bzw. dessen Körper (z. B. Fraktur des Oberarms, welche Chirurgen richten sollen).
84 Die Motive der Zakat-Spender sind allerdings nur bedingt altruistisch. Viele sehen darin primär ein Mittel, sich selbst gegen „das Reich der bösen Geister" zu schützen (vgl. Kashif et al. 2018). Gespendet wird vorzugsweise nicht an eine Wohltätigkeitsorganisation, sondern individuell. Gründe sind mangelndes Vertrauen in die Wohltätigkeitsorganisationen und deren begrenztes einschlägiges Produktangebot.
85 „Und was immer ihr an Riba verleiht, damit es sich mit dem Gut der Menschen mehre, es vermehrt sich nicht vor Allah" (Sure 30: 39). „Ihr Gläubigen! Fürchtet Gott! Und lasst künftig das Zinsnehmen bleiben" (Sure 2: 278).
86 Mudaraba entstammt der Karawanenzeit, als reiche Händler den Karawanenführern Kapital zur Verfügung stellten. Während Gewinne geteilt wurden, hatten die Geldgeber Verluste alleine zu tragen. Heutzutage sehen Mudaraba-Verträge allerdings vor, dass alle Beteiligten gleichermaßen am Gewinn und Verlust beteiligt werden.
87 Allerdings widerspricht die Operationalisierung dieses Konstrukts dessen verbaler Definition. Keines der drei Items thematisiert die Gefühlsebene: „I intend to stay on as a customer of this bank." „I want to help other customers with their questions." „I want to help the bank to improve its service."
88 Concern for Face, e.g., „I care about praise and criticism from others."
89 Belief in Fate, e.g., „Many things in life are predetermined."
90 Auszug aus dem Apostolischen Glaubensbekenntnis.
91 Ähnliches kennen das Judentum (Teshuvah) und der Islam (Tawba) (vgl. Rye et al. 2000).
92 Letztlich sind diese beiden Studien nicht miteinander vergleichbar, da Abd Rashid et al. (2022) Religiosität auf traditionelle Weise operationalisiert haben (Zustimmung zu bzw. Ablehnung von vorgegebenen Statements), während Hyodo/Bolton (2021) Religiosität geprimt haben (vgl. A-4).
93 Essoo/Dibb (2004) berichteten gleichfalls, dass sich strenggläubige Hindus auffällig wenig bemühen, Preisinformationen einzuholen.
94 Die Operationalisierung bestand aus drei Statements: „I prefer to buy things on sale., I usually watch the advertisements for announcement of sales. I can save a lot of money by shopping around for bargains."
95 Diese Angaben beziehen sich auf die interpersonale Religiosität. Die Differenzierung nach Maßgabe der intrapersonalen Religiosität ergab weitestgehend gleiche Mittelwerte.
96 Die von Hofstede (2001) beschriebene Kulturdimension „Akzeptanz von Machtdistanz" drückt aus, in welchem Maße in einer Gesellschaft hierarchische Unterschiede bestehen und inwiefern dies insb. von den unteren sozialen Schichten akzeptiert wird.
97 Der Produktmodifikation werden die Produktvariation und die Produktdifferenzierung subsummiert. Von Produktdifferenzierung spricht man, wenn ein Unternehmen verschiedene Varianten eines Produkts auf den Markt bringt, um unterschiedliche Zielgruppen bedürfnisgerecht ansprechen zu können (bspw. Schokolade mit 30, 50 oder 70 % Kakaoanteil). Bei der Produktvariation wird ein bestehendes Produkt in Teilen verändert (bspw. der Leinenanteil im Hosenstoff erhöht, um angesichts des Klimawandels den Tragekomfort zu erhöhen) und fortan nur noch in der verbesserten Ausstattung angeboten.
98 Maßnahmen, welche darauf zielen, die subjektive Preiswahrnehmung der Nachfrager zu beeinflussen und einen geforderten Preis relativ günstig erscheinen zu lassen. So erscheint eine Krawatte für 79 €, die zusammen mit einem hochpreisigen Anzug (599 €) angeboten wird, preisgünstiger als in Kombination mit einem niederpreisigen Anzug (199 €).
99 Ursprünglich Übergewichtung von Aktien inländischer Unternehmen im Portfolio; wurde verallgemeinert zur systematischen Bevorzugung heimischer Erzeugnisse.

100 „Religious centrism (or religio-centrism) is defined as the extent to which a consumer is inclined to buy exclusively from within their own religious group" (Siala 2013, S. 580).
101 Moralischer Appell: „You should purchase our ice cream because it is the right thing to do." Gerechtigkeitsappell: „You should purchase our ice cream because it is the fair thing to do."
102 Anderes berichteten Adeyemo/Adeleye (2008). Sie konnten keinen Zusammenhang zwischen Religiosität und wahrgenommener Selbstwirksamkeit feststellen (bei 291 jugendlichen, überwiegend christlichen Schülern in Nigeria).
103 Zu den Gemeinsamkeiten und Unterschiede der Hofstede- und der GLOBE-Kulturdimensionen vgl. Müller/Gelbrich (2021, S. 71ff. und S. 102ff.).
104 Bspw. Einkaufsvolumina bündeln, um Kostenvorteile zu generieren
105 So haben Sachsenmaier/Guom (2019) am Beispiel der M&A-Politik chinesischer Unternehmen in Deutschland den Einfluss kulturspezifischer Normen auf Strategien und Konsequenzen der Vertrauensbildung untersucht. Und ausgehend von der Beobachtung, dass ungenügender kultureller Fit vielfach der entscheidende Grund ist, warum so viele M&A zentrale Unternehmensziele verfehlen (vgl. Cartwright/Schoenberg 2006), stellten Marks/Mirvis (2011) ein Konzept vor, welches den kulturellen Fit während des gesamten Fusions- bzw. Übernahmeprozesses verbessern soll.
106 Fünf der zehn weltweit bedeutendsten Messen werden in Deutschland abgehalten. 2019 verzeichnete die deutsche Messewirtschaft mehr als zehn Millionen Besucher.
107 Viele scheinen es als ihr gutes Recht zu empfinden, das gewünschte Produkt in mehreren Größen, Farben oder Ausstattungen bestellen zu können, wohl wissend, dass sie höchstens nur ein Produkt behalten und die anderen zurücksenden werden.
108 Würden die gesamten Einkäufe gleichmäßig auf die ganze Woche verteilt, entfiele auf jeden Tag 1/7 von 100 % = 14,3 %.
109 Swimberghe et al. (2011a) sprechen zwar von „inter-personal religious commitment", meinen aber, letztlich nichts anderes als extrinsische Religiosität. Dafür spricht jedenfalls die von ihnen gewählte Operationalisierung (e.g., „I enjoy spending time with others of my religious organization").
110 Swimberghe et al. (2011a) sprechen zwar von „intra-personal religious commitment", meinen aber letztlich nichts anderes als intrinsische Religiosität. Dafür spricht jedenfalls die von ihnen gewählte Operationalisierung (e.g. „Religious beliefs influence all my dealings in life").
111 Wird eine subjektiv wichtige Freiheit eingeschränkt (z.B. Meinungs- bzw. Entscheidungsfreiheit), empfinden viele Menschen Reaktanz: Freiheitseinschränkung. Dann streben sie danach, diese Freiheit wieder zu erlangen, indem sie ihre bisherige Meinung verfestigen, eine negative Einstellung gegenüber dem Beeinflusser (z.B. Werbetreibender) entwickeln (Bumerang-Effekt) oder sogar versuchen, dem werbenden Unternehmen zu schaden (durch Kaufboykott, negative Kaufempfehlungen etc.).
112 2020 wurde mit Blick auf die seit 9/11 gewachsenen Zukunftsängste vieler Menschen der „Weg frei-Slogan" durch „Morgen kann kommen" ersetzt.
113 https://www.welt.de/newsticker/dpa_nt/infoline_nt/brennpunkte_nt/article138492835/Gefaengnis-fuer-Werbung-mit-Buddha-mit-Kopfhoerern.html (25.12.2022).
114 Der Bundesgerichtshof (BGH) hat 1995 den Einspruch von Benetton gegen das Verbot dreier seiner Motive mit folgendem Argument abgelehnt: „Wer Gefühle des Mitleids in so intensiver Weise wie in den beanstandeten Anzeigen zu kommerziellen Zwecken ausnutzt, handelt wettbewerbswidrig" (Gz: I ZR 180/94 und I ZR 110/93, Fundstelle: BGHZ130, 196).
115 „Religious taboos typically involve inappropriate use of holy, spiritual, or sacred symbols, objects, or rituals" (Myers et al. 2004, S. 177).
116 https://www.spiegel.de/wirtschaft/ikea-werbung-ketzerischer-klo-buddha-erzuernt-hindus-a-194004.html (25.12.2022).
117 Viele Unternehmen setzen bekannte Sportler/-innen als Werbefiguren ein (bspw. als Markenbotschafter). Plausiblerweise wirkt Weitsprung-Olympiasiegerin Malaika Mihambo glaubwürdig, wenn sie im Auftrag des Verbandes Deutscher Mineralbrunnen (VDM) für natürliches Mineralwasser wirbt (vgl. I-6.2).

118 https://noktara.de/werbung-saudi-arabien/ (24.12.2022).
119 „Wear this watch to get noticed, to be admired, to enhance your social standing. They will know it's your watch."
120 „Wear this watch to express yourself, to showcase your individuality, to communicate your values. You will know it's your watch."
121 Hervorragender Stellenwert „richtigen Handelns" für eine Religion. Richtig ist, was im Einklang mit den Werten, Geboten und Verboten der Glaubensgemeinschaft steht.
122 In Low Context-Kulturen (vor allem deutschsprachige Länder) wird vorzugsweise explizit kommuniziert: direkt, und unmissverständlich.
123 Bei intrinsisch Religiösen löst klassische Weihnachtswerbung stärkere Schuldgefühle aus, weil diese sie mehr als ein personalisierter Geschenkgutschein an die Kommerzialisierung des Weihnachtsfestes erinnert (was nicht mit den religiösen Überzeugungen der intrinsisch Religiösen vereinbar ist).
124 Bis zu 299 Auskunftspersonen jüngeren bis mittleren Alters (ohne Angabe von Nationalität und Konfession).
125 Religiöser Humor soll die Menschen unmittelbar bei der Bewältigung von Problemen des täglichen Lebens unterstützen, während dem weltlichen Humor allenfalls eine indirekte Entlastungsfunktion zugeschrieben wird.
126 In den 1990er Jahren erregte Benetton mit seinen bewusst provozierenden Kampagnen Aufsehen. Schockierende großformatige Fotografien des italienischen Fotografen O. Toscani erregten damals die Öffentlichkeit: Ein zum Tode verurteilte Verbrecher (1991), ein sterbender Aids-Kranker im Kreise seiner Familie (1992) oder die blutige Kleidung eines im Balkankrieg erschossenen bosnischen Soldaten (1994).
127 www.bo.de/sport/lokalsport/ortenauer-rueckenwind-fuer-malaika-mihambo (20.08.2021)
128 In einer Vorstudie hatten die beiden Wissenschaftler verschiedene Argumente getestet, die sich für eine Haustierversicherung vorbringen lassen, und die drei stärksten sowie die drei schwächsten Werbeargumente für das Experiment ausgewählt.
129 Geschmückt (Kreuz) vs. schmucklos und starke vs. schwache Werbeargumente

Literaturverzeichnis

Abbasi, A.S.; Akhter, W.; Umar, S. (2011): Ethical Issues in Advertising in Pakistan. An Islamic Perspective, *World Applied Sciences Journal*, 13(3): 444–452.

Abd Aziz, E.Z.; Jusoh, M.S.; Amlus, M.H. (2015): The Moderating Effect of Product Quality on Religiosity, Price Sensitivity, Personnel Responsiveness and Purchase Intention, *Australian Journal of Basic and Applied Sciences*, 9(13): 218–224.

Abd Rashid, M.H.; Hamzah, M.I.; Mansor, A.A.; Mat Ali, S.A. (2022): Coping with Service Failure and Recovery in Restaurant. Does being Religious Matter? *Journal of Foodservice Business Research*, 25(4): 396–413.

Abdel-Khalek, A.M.; Lester, D. (2017): The Association between Religiosity, Generalized Self-efficacy, Mental Health, and Happiness in Arab College Students, *Personality and Individual Differences*, 109: 12–16.

Abdel-Samad, H. (2019): *Integration. Ein Protokoll des Scheiterns*, München: Droemer.

Abou-Youssef, M.M.H.; Kortam, W.; Abou-Aish, E.; El-Bassiouny, N. (2015): Effects of Religiosity on Customer Attitudes toward Islamic Banking in Egypt, *International Journal of Bank Marketing*, 33(6): 786–807.

Abror, A.; Patrisia, D.; Engriani, Y.; Evanita, S.; Yasri, Y.; Dastgir, S. (2019a): Service Quality, Religiosity, Customer Satisfaction, Customer Engagement and Islamic Bank's Customer Loyalty, *Journal of Islamic Marketing*, 11(1): 1691–1705.

Abror, A.; Wardi, Y.; Trinanda, O.; Patrisia, D. (2019b): The Impact of Halal Tourism, Customer Engagement on Satisfaction. Moderating Effect of Religiosity, *Asia Pacific Journal of Tourism Research*, 24(7): 633–643.

Abu Bakar, A.R.; Hussin, S.R. (2013): What Constitutes an Islamic Retailer, *International Journal of Sales, Retailing and Marketing*, 2(1): 4–84

Acevedo, G.A. (2008): Islamic Fatalism and the Clash of Civilizations, *Social Forces*, 86(4): 1711–1752.

Addai, I.; Opoku-Agyeman, C.; Ghartey, H.T. (2013): An Exploratory Study of Religion and Trust in Ghana, *Social Indicators Research*, 110(3): 993–1012.

Adeyemo, D.A.; Adeleye, A.T. (2008): Emotional Intelligence, Religiosity and Self-efficacy as Predictors of Psychological Well-being among Secondary School Adolescents in Ogbomoso, Nigeria, *Europe's Journal of Psychology*, 4(1): 22–31.

Adhikari, B.K.; Agrawal, A. (2016): Does Local Religiosity Matter for Bank Risk-taking? *Journal of Corporate Finance*, 38: 272–293.

Adnan, A.A.Z.; Yunus, N.K.Y.; Ghouri, A.M. (2019): Does Religiosity Matter in the Era of Industrial Revolution 4.0? *Asian Academy of Management Journal*, 24(2): 67–77.

Adorno, T.W.; Frenkel-Brunswik, E.; Levinson, D.J.; Sanford, R.N. (1950): *The Authoritarian Personality*, New York: Harper & Row.

Afhüppe, S. (1999): Gottgewollter Reichtum, *Die Zeit*, 54(34): 23.

Agag, G.M.; El-Masry, A.A. (2016): Cultural and Religiosity Drivers and Satisfaction Outcomes of Consumer Perceived Deception in Online Shopping, *Internet Research*, 26(4): 942–962.

Agarwal, R.; Prasad, J. (1997): The Role of Innovation Characteristics and Perceived Voluntariness in the Acceptance of Information Technologies, *Decision Sciences*, 28(3): 557–582.

Agarwala, R.; Mishra, P.; Singh, R. (2019): Religiosity and Consumer Behavior. A Summarizing Review, *Journal of Management, Spirituality & Religion*, 16(1): 32–54.

Agarwala, R.; Mishra, P.; Singh, R. (2021): Evaluating the Impact of Religious Icons and Symbols on Consumer's Brand Evaluation. Context of Hindu Religion, *Journal of Advertising*, 50(4): 372–390.

Ahlheim, H. (2012): *Deutsche, kauft nicht bei Juden! Antisemitismus und politischer Boykott in Deutschland 1924 bis 1935*, Göttingen: Wallstein.

Ahluwalia, R. (2002): How Prevalent Is the Negativity Effect in Consumer Environment? *Journal of Consumer Research*, 29(9): 270–279.

Ahmad, M.; Salehuddin, N.A. (2013): Perceptions and Behavior's of Muslims and Non-Muslims towards Halal Products, *Journal of Social and Development Sciences*, 4(6): 249–257.

Ahmed, A.M.; Salas, O. (2011): Implicit Influences of Christian Religious Representations on Dictator and Prisoner's Dilemma Game Decisions, *Journal of Socio-Economics*, 40(3): 242–246.

Ahmed, F.B.J. (2018): Corruption According to the Main Sources of Islam, *Intellectual Discourse*, 26(1): 91–110.

Ahmed, S.; Al Asheq, A.; Ahmed, E.; Chowdhury, U.Y.; Sufi, T.; Mostofa, M.G. (2023): The Intricate Relationships of Consumers' Loyalty and Their Perceptions of Service Quality, Price and Satisfaction in Restaurant Service, *The TQM Journal*, 35(2): 519-539.

Ahmed, Z.; Anang, R.; Othman, N.; Sambasivan, M. (2013): To Purchase or not to Purchase US Products. Role of Religiosity, Animosity, and Ethnocentrism among Malaysian Consumers, *Journal of Services Marketing*, 27(7): 551–563.

Aji, H.M.; Dharmmesta, B.S. (2019): Subjective Norm vs Dogmatism. Christian Consumer Attitude towards Islamic TV Advertising, *Journal of Islamic Marketing*, 10(3): 961–980.

Akbari, M.; Gholizadeh, M.H.; Zomorrodi, M. (2018): Islamic Symbols in Food Packaging and Purchase Intention of Muslim Consumers, *Journal of Islamic Marketing*, 9(1): 117–131.

Akerlof, G.A. (1997): Social Distance and Social Decisions, *Econometrica. Journal of the Econometric Society*, 65(5): 1005–1027.

Alam, M.M.; Aliyu, A.; Shahriar, S.M. (2019): Presenting Women as Sexual Objects in Marketing Communications. Perspective of Morality, Ethics and Religion, *Journal of Islamic Marketing*, 10(3): 911–927.

Albaghli, B.; Carlucci, L. (2021): The Link between Muslim Religiosity and Negative Attitudes toward the West. An Arab Study, *International Journal for the Psychology of Religion*, 31(4): 235–248.

Albashir, W.A.; Zainuddin, Y.; Panigrahi, S.K. (2018): The Acceptance of Islamic Banking Products in Libya, *International Journal of Economics and Financial Issues*, 8(3): 105–111.

Albertini, F.Y. (2022): Jüdische Wirtschaftsethik, in: Aßländer, M.S. (Hrsg.), *Handbuch Wirtschaftsethik*, 2. Aufl., 739–741, Berlin: Metzler.

Al-Deen, H.S.N. (1991): Literacy and Information Content of Magazine Advertising. USA versus Saudi Arabia, *International Journal of Advertising*, 10(3): 251–257.

Al-Hajla, A.H.; Nguyen, B.; Melewar, T.C.; Jayawardhena, C.; Ghazali, E.; Mutum, D.S. (2019): Understanding New Religion-compliant Product Adoption (NRCPA) in Islamic Markets, *Journal of Global Marketing*, 32(4): 288–302.

Al-Hyari, K.; Alnsour, M.; Al-Weshah, G.; Haffar, M. (2012): Religious Beliefs and Consumer Behaviour. From Loyalty to Boycotts, *Journal of Islamic Marketing*, 3(2): 155–174.

Allison, L.; Wang, C.; Kaminsky, J. (2021): Religiosity, Neutrality, Fairness, Skepticism, and Societal Tranquility. A Data Science Analysis of the World Values Survey, *PloS one*, 16(1): e0245231 (16.12.2022).

Al-Makaty, S.S.; Van Tubergen, G.N.; Whitlow, S.S.; Boyd, D.A. (1996): Attitudes Towards Advertising in Islam, *Journal of Advertising Research*, 36(3): 16–26.

Almenayes, J.J. (2014): Religiosity and the Perceived Consequences of Social Media Usage in a Muslim Country, *Journal of Arts and Humanities*, 3(5): 108–117.

Almir, I. (2004): *Das Bilderverbot im Islam*, Marburg: Tectum.

Almossawi, M.M. (2014): Impact of Religion on the Effectiveness of the Promotional Aspect of Product Packages in Muslim Countries, *Asia Pacific Journal of Marketing and Logistics*, 55(5): 1440–1468.

Al-Olayan, F.S.; Karande, K. (2000): A Content Analysis of Magazine Advertisements from the United States and the Arab World, *Journal of Advertising*, 29(3): 69–82.

Alon, I.; Chase, G. (2005): Religious Freedom and Economic Prosperity, *Cato Journal*, 25(2): 399–406.

Alserhan, B. A. (2010a): On Islamic Branding. Brands as Good Deeds, *Journal of Islamic Marketing*, 1(2): 101–106.

Alserhan, B. A. (2010b): Islamic Branding. A Conceptualization of Related Terms, *Journal of Brand Management*, 18(1): 34–49.

Alshehri, F.; Fotaki, M.; Kauser, S. (2021): The Effects of Spirituality and Religiosity on the Ethical Judgment in Organizations, *Journal of Business Ethics*, 174(3): 567–593.

Alston, J.P. (1975): Three Measures of Current Levels of Religiosity, *Journal for the Scientific Study of Religion*, 14(2): 165–168.

Altemeyer, B.; Hunsberger, B. (1992): Authoritarianism, Religious Fundamentalism, Quest, and Prejudice, *International Journal for the Psychology of Religion*, 2(2): 113-133.
Altemeyer, B.; Hunsberger, B. (1997): *Amazing Conversions. Why some Turn to Faith & Others Abandon Religion*, Amherst/NY: Prometheus Books.
Alyousif, Z.; Alkhunain, N.; Dahl, W.J.; Mathews, A.E. (2020): A Content Analysis of Food Advertising in Arab Gulf Countries During Ramadan, *Health Promotion International*, 35(6): 1267-1272.
Andeleeb, S.S. (1993): Religious Affiliations and Consumer Behavior. An Examination of Hospitals, *Marketing Health Services*, 13(4): 42-49.
Andorfer, V.A.; Liebe, U. (2012): Research on Fair Trade Consumption. A Review, *Journal of Business Ethics*, 106(4): 415-435.
Ang, S.H.; Jung, K.; Kau, A.K.; Leong, S.M.; Pornpitakpan, C.; Tan, S.J. (2004): Animosity towards Economic Giants, *Journal of Consumer Marketing*, 21(3): 190-207.
Angelidis, J.; Ibrahim, N.A. (2004): An Exploratory Study of the Impact of Degree of Religiousness upon an Individual's Corporate Social Responsiveness Orientation, *Journal of Business Ethics*, 51(2): 119-128.
Ansari, J.; Khalid, F.; Jalees, T.; Ramish, M.S. (2017): Consumer's Attitude towards Ramadan Advertising, *South Asian Journal of Management*, 11(1): 14-31.
Antonetti, P.; Maklan, S. (2015): How Categorisation Shapes the Attitude – Behaviour Gap in Responsible Consumption, *International Journal of Market Research*, 57(1): 51-72.
Appadurai, A. (1988): How to Make a National Cuisine, *Comparative Studies in Society and History*, 30(1): 3-24.
Aribi, Z.A.; Arun, T. (2015): Corporate Social Responsibility and Islamic Financial Institutions (IFIs). Management Perceptions from IFIs in Bahrain, *Journal of Business Ethics*, 129(4): 785-794.
Ariffin, S.K.; Ismail, I.; Shah, K.A.M. (2016): Religiosity Moderates the Relationship between Ego-defensive Function and Attitude towards Advertising, *Journal of Islamic Marketing*, 7(1): 15-36.
Arli, D. (2017): Does Ethics Need Religion? Evaluating the Importance of Religiosity in Consumer Ethics, *Marketing Intelligence & Planning*, 35(2): 205-221.
Arli, D.; Cherrier, H.; Tjiptono, F. (2016): God Blesses those who Wear Prada. Exploring the Impact of Religiousness on Attitudes toward Luxury among the Youth of Indonesia, *Marketing Intelligence & Planning*, 34(1): 61-79.
Arli, D.; Gil, L.D.A.; van Esch, P. (2020): The Effect of Religiosity on Luxury Goods. The Case of Chilean Youths, *International Journal of Consumer Studies*, 44(3): 181-190.
Arli, D.; Septianto, F.; Chowdhury, R.M. (2021): Religious but not Ethical. The Effects of Extrinsic Religiosity, Ethnocentrism and Self-righteousness on Consumers' Ethical Judgments, *Journal of Business Ethics*, 171(2): 295-316.
Arli, D.; Tjiptono, F. (2014): The End of Religion? Examining the Role of Religiousness, Materialism, and Long-term Orientation on Consumer Ethics in Indonesia, *Journal of Business Ethics*, 123(3): 385-400.
Arli, D.; Tjiptono, F. (2017): God and Green. Investigating the Impact of Religiousness on Green Marketing, *International Journal of Nonprofit and Voluntary Sector Marketing*, 22(3): 1-11.
Arli, D.; Tjiptono, F.; Casidy, R.; Phau, I. (2018): Investigating the Impact of Young Consumers' Religiosity on Digital Piracy, *International Journal of Consumer Studies*, 42(6): 792-803.
Armfield, G.G. (2003): Structural Equation Model of Religiosities Effect on Mass Media Use and Civic Participation, *Paper Presented at the 2003 Annual Meeting of the Association of Educators in Journalism and Mass Communications*, Miami/FL.
Armfield, G.G.; Holbert, R.L. (2003): The Relationship between Religiosity and Internet Use, *Journal of Media and Religion*, 2(3): 129-144.
Arnold, S.J.; Handelman, J.; Tigert, D.J. (1996): Organizational Legitimacy and Retail Store Patronage, *Journal of Business Research*, 35(3): 229-239.
Arnoldi, J. (2001): Niklas Luhmann. An Introduction, *Theory, Culture & Society*, 18(1): 1-13.
Aronson, E.; Wilson, T.; Sommers, S.R. (2020): *Social Psychology*, 10th Ed., Harlow: Pearson.

Aronson, E.; Worchel, P. (1966): Similarity versus Liking as Determinants of Interpersonal Attractiveness, *Psychonomic Science*, 5(4): 157–158.

Arruñada, B. (2010): Protestants and Catholics. Similar Work Ethic, Different Social Ethic, *The Economic Journal*, 120(547): 890–918.

Arslan, M. (2001): The Work Ethic Values of Protestant British, Catholic Irish and Muslim Turkish, *Journal of Business Ethics*, 31(4): 321–339.

Arvate, P.R.; Curi, A.Z.; Rocha, F.; Miessi, S.F. (2009): Corruption and the Size of Government. Causality Tests for OECD and Latin American Countries, *Applied Economics Letters*, 17(10): 1013–1017.

Assheuer, T. (2021): Was nach dem Glauben kommt, *Die Zeit*, 76(48): 68–69.

Aswad C. (2017): Women in Sports Ad Strikes Nerve in Arab World (www.reuters.com/article/us-arab-women-nike/women-in-sports-ad-strikes-nerve-in-arab-world-idUSKBN1620I7, 23.02.2017).

Au, N.; Buhalis, D.; Law, R. (2014): Online Complaining Behavior in Mainland China Hotels. The Perception of Chinese and Non-Chinese Customers, *International Journal of Hospitality & Tourism Administration*, 15(3): 248–274.

Awanis, S.; Schlegelmilch, B.B.; Cui, C.C. (2017): Asia's Materialists. Reconciling Collectivism and Materialism, *Journal of International Business Studies*, 48(8): 964–991.

Ayoub, M.M. (2013): *Islam. Faith and History*, New York: Simon & Schuster.

Aysan, A.F.; Disli, M.; Duygun, M.; Ozturk, H. (2018): Religiosity versus Rationality. Depositor Behavior in Islamic and Conventional Banks, *Journal of Comparative Economics*, 46(1): 1–19.

Azam, A.; Qiang, F.; Abbas, S.A.; Abdullah, M.I. (2013): Structural Equation Modeling (SEM) Based Trust Analysis of Muslim Consumers in the Collective Religion Affiliation Model in E-commerce, *Journal of Islamic Marketing*, 4(2): 134–149.

Azam, A.; Qiang, F.; Abdullah, M.I.; Abbas, S.A. (2011): Impact of 5-D of Religiosity on Diffusion Rate of Innovation, *International Journal of Business and Social Science*, 2(17): 177–185.

Baazeem, T.; Mortimer, G.; Neale, L. (2016): Conceptualising the Relationship between Shopper Religiosity, Perceived Risk and the Role of Moral Potency, *Journal of Consumer Studies*, 15(1): 440–448.

Baig, A.K.; Baig, U.K. (2013): The Effects of Religiosity on New Product Adoption, *International Journal of Research in Business and Social Science*, 2(2): 28–37.

Bailey, J.M.; Sood, J. (1993): The Effects of Religious Affiliation on Consumer Behavior. A Preliminary Investigation, *Journal of Managerial Issues*, 5(3): 328–351.

Bakar, A.; Lee, R.; Rungie, C. (2013): The Effects of Religious Symbols in Product Packaging on Muslim Consumer Responses, *Australasian Marketing Journal*, 21(3): 198–204.

Balabanis, G.; Diamantopoulos, A.; Mueller, R.D.; Melewar, T.C. (2001): The Impact of Nationalism, Patriotism, and Internationalism on Consumer Ethnocentric Tendencies, *Journal of International Business Studies*, 32(1): 157–175.

Baldauf, A.; Cravens, D.W.; Wagner, U. (2000): Examining Determinants of Export Performance in Small Open Economies, *Journal of World Business*, 35(1): 61–79.

Balderjahn, I. (2013): *Nachhaltiges Management und Konsumentenverhalten*, Konstanz: UVK.

Balikcioglu, B.; Kiyak, F.M. (2022): The Trio of Religiosity, Materialism, and Anti-Consumption in Explaining Life Satisfaction, in: Cherrier, H.; Lee, S.W. (Eds.), *Anti-Consumption*, 162–181, London: Routledge.

Bananuka, J.; Kasera, M.; Najjemba, G.M.; Musimenta, D.; Ssekiziyivu, B.; Kimuli, S.N.L. (2019): Attitude: Mediator of Subjective Norm, Religiosity and Intention to Adopt Islamic Banking, *Journal of Islamic Marketing*, 10(2): 166–186.

Banerjee, R.; Dittmar, H. (2008): Individual Differences in Children's Materialism. The Role of Peer Relations, *Personality and Social Psychology Bulletin*, 34(1): 17–31.

Bao, Y.; Zhou, K.Z.; Su, C. (2003): Face Consciousness and Risk Aversion. Do they Affect Consumer Decision-making? *Psychology & Marketing*, 20(8): 733–755.

Barakat, H. (1993): *The Arab World. Society, Culture, and State*, Berkeley/CA: University of California Press.

Barnard, H.; Mamabolo, A. (2022): On Religion as an Institution in International Business. Executives' Lived Experience in Four African Countries, *Journal of World Business*, 57(1): 101262.

Barnes, B.E. (2007): *Culture, Conflict, and Mediation in the Asian Pacific*, Lanham: Rowman & Littlefield.

Barnes, C.D.; Brown, R.P. (2010): A Value-congruent Bias in the Forgiveness Forecasts of Religious People, *Psychology of Religion and Spirituality*, 2(1): 17–29.

Barnes, S.J. (2009): Strength of Religious Faith, Trusting Beliefs and their Role in Technology Acceptance, *International Journal of Innovation and Learning*, 6(1): 110–126.

Barnett, T.; Bass, K.; Brown, G. (1996): Religiosity, Ethical Ideology, and Intentions to Report a Peer's Wrongdoing, *Journal of Business Ethics*, 15(11): 1161–1174.

Baron, J. (2020): Religion, Cognitive Style, and Rational Thinking, *Current Opinion in Behavioral Sciences*, 34 (August): 64–68.

Baron-Epel, O.; Kaplan, G.; Weinstein, R.; Green, M.S. (2010): Extreme and Acquiescence Bias in a in a Bi-ethnic Population, European Journal of Public Health, 20(5): 543–548.

Barrett, D.B. (Ed.) (1982): *World Christian Encyclopaedia*, New York: Oxford University Press.

Barro, R.J.; McCleary, R.M. (2003): Religion and Economic Growth across Countries, *American Sociological Review*, 68(5): 760–781.

Barton, K.; Vaughan, G.M. (1976): Church Membership and Personality. A Longitudinal Study, *Social Behaviour and Personality*, 4(1): 11–16.

Batson, C.D.; Schoenrade, P.; Ventis, W.L. (1993): *Religion and the Individual. A Social-Psychological Perspective*, New York: Oxford University Press.

Batson, C.D.; Stocks, E.L. (2005): Religion and Prejudice, in: Dovidio, J.F.; Glick, P.; Rudman, L.A. (Eds.), *On the Nature of Prejudice*, 413–427, Malden/MA: Blackwell.

Batson, C.D.; Thompson, E.R.; Seuferling, G.; Whitney, H.; Strongman, J.A. (1999): Moral Hypocrisy. Appearing Moral to Oneself without Being So, *Journal of Personality and Social Psychology*, 77(3): 525–537.

Baucal, A.; Zittoun, T. (2013): Religion as Dialogical Resource. A Socio-cultural Approach, *Integrative Psychological and Behavioral Science*, 47(2): 207–219.

Baumann, C.; Winzar, H. (2017): Confucianism and Work Ethic, in: Oh, I.; Park, G.-S. (Eds.), *The Political Economy of Business Ethics in East Asia*, 33–60, Cambridge: Elsevier.

Bechert, I. (2021): Of Pride and Prejudice. A Cross-national Exploration of Atheists' National Pride, *Religions*, 12(8): 648–672.

Beck, R. (2006): Defensive versus Existential Religion, *Journal of Psychology and Theology*, 34(2): 142–152.

Becker, E. (1973): *The Denial of Death*, New York: Free Press.

Becker, J. (2019): *Marketing-Konzeption*, 11. Aufl., München: Vahlen.

Becker, S.O.; Woessmann, L. (2009): Was Weber Wrong? A Human Capital Theory of Protestant Economic History, *Quarterly Journal of Economics*, 124(2): 531–596.

Bedell, K. (2000): Dispatches from the Electronic Frontier. Explorations of Mainline Protestant Use of the Internet, in: Hadden, J.K.; Cowan, D.E. (Eds.), *Religion on the Internet*, 183–204, Amsterdam: JAI/Elsevier.

Bègue, L. (2002): Beliefs in Justice and Faith in People. Just World, Religiosity and Interpersonal Trust, *Personality and Individual Differences*, 32 (3): 375–382.

Behravan, N.; Masoudi, R. (2012): A Review Study of Developing an Advertising Strategy for Westerner's Companies among Middle East Countries. The Islamic Perspective, *Information Management and Business Review*, 4(3): 107–113.

Belk, R.W. (1984): Three Scales to Measure Constructs Related to Materialism. Reliability, Validity, and Relationships to Measures of Happiness, in: Kinnear, T. (Ed.), *Advances in Consumer Research*, Vol. 11, 291–297, Provo/UT: Association for Consumer Research.

Belk, R.W. (1988): Possessions and the Extended Self, *Journal of Consumer Research*, 15(2): 139–168.

Belk, R.W. (2013): The Sacred in Consumer Culture, in: Rinallo, D.; Scott, L.; MacClaran, P. (Eds.), *Consumption and Spirituality*, 69–80, New York: Routledge.

Belk, R.W.; Ger, G.; Askegaard, S. (2003): The Fire of Desire. A Multisited Inquiry into Consumer Passion, *Journal of Consumer Research*, 30(3): 326–351.
Belk, R.W.; Tumbat, G. (2005): The Cult of Macintosh, *Consumption Markets and Culture*, 8(3): 205–217.
Belk, R.W.; Wallendorf, M.; Sherry Jr, J.F. (1989): The Sacred and the Profane in Consumer Behavior, *Journal of Consumer Research*, 16(1): 1–38.
Bell, F.W. (1968): The Pope and the Price of Fish, *American Economic Review*, 58(5): 1346–1350.
Belwal, R.; Belwal, S. (2017): Factors Affecting Store Image and the Choice of Hypermarkets in Oman, *International Journal of Retail & Distribution Management*, 45(6): 587–607.
Bénabou, R.; Ticchi, D.; Vindigni, A. (2015b): Forbidden Fruits. The Political Economy of Science, Religion and Growth, *Working Paper 21105*, Cambridge/MA: National Bureau of Economic Research.
Bénabou, R.; Ticchi,D.; Vindigni, A. (2015a): Religion and Innovation, *American Economic Review*, 105(5): 346–351.
Benjamins, M.R. (2006): Does Religion Influence Patient Satisfaction? *American Journal of Health Behavior*, 30(1): 85–91.
Berger, J. (2014): Word of Mouth and Interpersonal Communication. A Review and Directions for Future Research, *Journal of Consumer Psychology*, 24(4): 586–607.
Berger, J. (2019): Signaling can Increase Consumers' Willingness to Pay for Green Products. Theoretical Model and Experimental Evidence, *Journal of Consumer Behaviour*, 18(3): 233–246.
Berger, P.L. (1986): *The Capitalist Revolution*, New York: Basic Books.
Berggren, N.; Bjørnskov, C. (2011): Is the Importance of Religion in Daily Life Related to Social Trust? Cross-country and Cross-state Comparisons, *Journal of Economic Behavior & Organization*, 80(3): 459–480.
Berkessel, J.B.; Gebauer, J.E.; Joshanloo, M.; Bleidorn, W.; Rentfrow, P.J.; Potter, J.; Gosling, S.D. (2021): National Religiosity Eases the Psychological Burden of Poverty, *Proceedings of the National Academy of Sciences*, 118(39).
Berndt, R.; Altobelli, C.F.; Sander, M. (2020): *Internationales Marketing-Management*, 6. Aufl., Berlin: Springer.
Berry, H.; Guillén, M.; Zhou, A. (2010): An Institutional Approach to Cross-national Distance, *Journal of International Business Studies*, 41(9): 1460–1480.
Beugelsdijk, S.; Kostova, T.; Kunst, V.E.; Spadafora, E.; van Essen, M. (2018): Cultural Distance and Firm Internationalization. A Meta-analytical Review and Theoretical Implications, *Journal of Management*, 44(1): 89–130.
Bezençon, V.; Blili, S. (2009): Fair Trade Managerial Practices. Strategy, Organisation and Engagement, *Journal of Business Ethics*, 90(1): 95–113.
Białkowski, J.; Etebari, A.; Wisniewski, T.P. (2012): Fast Profits. Investor Sentiment and Stock Returns during Ramadan, *Journal of Banking & Finance*, 36(3): 835–845.
Biel, A.; Nilsson, A. (2005): Religious Values and Environmental Concern. Harmony and Detachment, *Social Science Quarterly*, V6(1): 178–191.
Bierling, S. (1999): Handlanger Gottes, *Süddeutsche Zeitung*, 55(96): 10.
Binark, M.; Kılıçbay, B. (2002): Consumer Culture, Islam and the Politics of Lifestyle, *European Journal of Communication*, 17(4): 495–511.
Biswas, A.; Olsen, J.E.; Carlet, V. (1992): A Comparison of Print Advertisements from the United States and France, *Journal of Advertising*, 21(4): 73–81.
Bizumic, B. (2019): *Ethnocentrism. Integrated Perspectives*, New York/NY: Routledge.
Blanchard, C.M. (2008): The Islamic Traditions of Wahhabism and Salafiyya, in: Malbouisson, C.D. (Ed.), *Focus on Islamic Issues*, New York: Nova Science.
Blanken, I.; van de Ven, N.; Zeelenberg, M. (2015): A Meta-analytic Review of Moral Licensing, *Personality and Social Psychology Bulletin*, 41(4): 540–558.
Blogowska, J.; Saroglou, V. (2011): Religious Fundamentalism and Limited Prosociality as a Function of the Target, *Journal for the Scientific Study of Religion*, 50(1): 44–60
Bock, D.C.; Warren, N.C. (1972): Religious Belief as a Factor in Obedience to Destructive Commands, *Review of Religions Research*, 13(3): 185–191.

Bond, M.H.; Hofstede, G. (1989): The Cash Value of Confucian Values, *Human Systems Management*, 8(3): 195–200.
Bonne, K.; Verbeke, W. (2008): Muslim Consumer Trust in Halal Meat Status and Control in Belgium, *Meat Science*, 79(1): 113–123.
Borlea, S.N.; Achim, M.V.; Rus, A.I.D. (2019): Behavioral Determinants of Corruption. A Cross-country Survey, *Studia Universitatis Vasile Goldiş Arad, Seria Ştiinţe Economice*, 29(1): 21–39.
Borzooei, M.; Asgari, M. (2015): Country-of-Origin Effect on Consumer Purchase Intention of Halal Brands, *American Journal of Marketing Research*, 1(1): 1–10.
Brammer, S.; Williams, G.; Zinkin, J. (2007): Religion and Attitudes to Corporate Social Responsibility in a Large Cross-country Sample, *Journal of Business Ethics*, 71(3): 229–243.
Braswell, G.W. (1996): *Islam. Its Prophet, Peoples, Politics, and Power*, Nashville/TN: Broadman & Holman Publishers.
Braun S. (2011): Assoziative Lebenswelt, bindendes Sozialkapital und Migrantenvereine in Sport und Gesellschaft, in: Braun S.; Nobis T. (Hrsg.), *Migration, Integration und Sport*, Wiesbaden: Verlag für Sozialwissenschaften.
Brodbeck, K.-H. (2022): *Buddhistische Wirtschaftsethik*, in: Aßländer, M.S. (Hrsg.), *Handbuch Wirtschaftsethik*, 2. Aufl., 669–672, Berlin: Metzler.
Brooks, A.C. (2004): Faith, Secularism, and Charity, *Faith & Economics*, 43(Spring): 1–8.
Brown, B. A. (1996): Authoritarianism in the New States of Central Asia, *Bericht des BIOst 46/1996*, Köln: Bundesinstitut für Ostwissenschaftliche und Internationale Studien.
Brown, C.; Zsolnai, L. (2018): Buddhist Economics. An Overview, *Society and Economy*, 40(4): 497–513.
Brubaker, R. (2012): Religion and Nationalism. Four Approaches, *Nations and Nationalism*, 18(1): 2–20.
Buddenbaum, J.M.; Stout, D.A. (1996): Religion and Mass Media Use. A Review of the Mass Communication and Sociology Literature, in: Stout, D.A.; Buddenbaum, J.M. (Eds.), *Religion and Mass Media. Audiences and Adaptations*, 12–34, Thousand Oaks/CA: Sage.
Burke, M.; Hsiang, S.M.; Miguel, E. (2015): Global Non-linear Effect of Temperature on Economic Production, *Nature*, 527(7577): 235–239.
Burris, C.T.; Navara, G.S. (2002): Morality Play or Playing Morality? Intrinsic Religious Orientation and Socially Desirable Responding, *Self and Identity*, 1(1): 67–76.
Burroughs, J.E.; Rindfleisch, A. (2002): Materialism and Well-being. A Conflicting Values Perspective, *Journal of Consumer Research*, 29(3): 348–370.
Buschmann, G. (2001): Das Exodus- und Weg-Symbol in der Werbung, *Medien praktisch*, 25(2): 54–59.
Butt, M.M.; de Run, E.C.; U-Din, A.; Mutum, D. (2018): Religious Symbolism in Islamic Financial Service Advertisements, *Journal of Islamic Marketing*, 9(2): 384–401.
Butt, M.M.; Rose, S.; Wilkins, S.; Haq, J.U. (2017): MNCs and Religious Influences in Global Markets. Drivers of Consumer-based Halal Brand Equity, *International Marketing Review*, 34(6): 885–908.
Byrne, A.T.; Heiman, A.; Just, D.R. (2021): New Insights into Country of Origin Labeling (COOL). The Effects of Nationalism, Patriotism, and Xenophobia, *Marketing Science Institute Working Paper*, Report No. 21-125.
Cabano, F.G.; Minton, E.A. (2023): The Influence of Consumer Religiosity on Responses to Rational and Emotional Ad Appeals, *European Journal of Marketing*, 57(1): 185–201.
Cai, J.; Shi, G. (2019): Do Religious Norms Influence Corporate Debt Financing? *Journal of Business Ethics*, 157(1): 159–182.
Campbell, H.; Evolvi. G. (2019): Contextualizing Current Digital Religion Research on Emerging Technologies, *Human Behavior and Emerging Technologies*, 2(1): 5–17.
Cantrell, B.W.; Yust, C.G. (2018): The Relation between Religiosity and Private Bank Outcomes, *Journal of Banking & Finance*, 91(June): 86–105.
Carey, J.M.; Paulhus, D.L. (2013): Worldview Implications of Believing in Free Will and/or Determinism, *Journal of Personality*, 81(2): 130–141.

Carpenter, T.P.; Marshall, M. A. (2009): An Examination of Religious Priming and Intrinsic Religious Motivation in the Moral Hypocrisy Paradigm, *Journal for the Scientific Study of Religion*, 48(2): 386–393.

Carroll, A.B. (1979): A Three-dimensional Conceptual Model of Corporate Performance, *Academy of Management Review*, 4(4): 497–505.

Carroll, A.B. (1999): Corporate Social Responsibility. Evolution of a Definitional Construct, *Business & Society*, 38(3): 268–295.

Carter, E.C.; McCullough, M. E.; Carver, C.S. (2012a): The Mediating Role of Monitoring in the Association of Religion with Self-control, *Social Psychological and Personality Science*, 3(6): 691–697.

Carter, E.C.; McCullough, M. E.; Kim-Spoon, J.; Corrales, C.; Blake, A. (2012b): Religious People Discount the Future Less, *Evolution and Human Behavior*, 33(3): 224–231.

Cartwright, S.; Schoenberg, R. (2006): Thirty Years of Mergers and Acquisitions Research. Recent Advances and Future Opportunities, *British Journal of Management*, 17(1): S1-S5.

Carver, C.S.; Scheier, M.F. (2012): *Attention and Self-Regulation. A Control-Theory Approach to Human Behavior*, New York: Springer.

Casidy, R.; Arli, D. (2018): Spirituality, Religion and Consumption, Introduction to a Special Issue, *International Journal of Consumer Studies*, 42(6): 583–585.

Casidy, R.; Duhachek, A.; Singh, V.; Tamaddoni, A. (2021): Religious Belief, Religious Priming, and Negative Word-of-Mouth, *Journal of Marketing Research*, 58(4): 762–781.

Casidy, R.; Phau, I.; Lwin, M. (2016): The Role of Religious Leaders on Digital Piracy Attitude and Intention, *Journal of Retailing and Consumer Services*, 32(September): 244–252.

Castro, E.; Hassan, M.K.; Rubio, J.F.; Halim, Z.A. (2020): Relative Performance of Religious and Ethical Investment Funds, *Journal of Islamic Accounting and Business Research*, 11(6): 1227–1244.

Cater, J.J.; Collins, L.A.; Beal, B.D. (2017): Ethics, Faith, and Profit. Exploring the Motives of the US Fair Trade Social Entrepreneurs, *Journal of Business Ethics*, 146(1): 185–201.

Cebula, R.J.; Rossi, F. (2021): Religiosity and Corporate Risk-taking, *Journal of Economics and Finance*, 45(4): 751–763.

Central Hindu College (Ed.) (2010): *Sanatana Dharma. An Advanced Text Book of Hindu Religion and Ethics* (Reprint 1903), Whitefish: Kessinger.

Chan, H.; Wan, L.C. (2008): Consumer Responses to Service Failures, *Journal of International Marketing*, 16(1): 72–97.

Chan, H.; Wan, L.C.; Sin, L. Y. (2007): Hospitality Service Failures. Who will be More Dissatisfied? *International Journal of Hospitality Management*, 26(3): 531–545.

Chan, H.; Wan, L.C.; Sin, L.Y. (2009): The Contrasting Effects of Culture on Consumer Tolerance. Interpersonal Face and Impersonal Fate, *Journal of Consumer Research*, 36(2). 292–304.

Chandon, J.L.; Laurent, G.; Valette-Florence, P. (2016): Pursuing the Concept of Luxury, *Journal of Business Research*, 69(1): 299–303.

Chang, H.H. (2021): Exploring Consumer Behavioral Predispositions toward Voluntary Simplicity, *Current Psychology*, 40(2): 731–743.

Charlton, J.P.; Soh, P.C.H.; Ang, P.H.; Chew K.W. (2013): Religiosity, Adolescent Internet Usage Motives and Addiction, *Information, Communication & Society*, 16(10): 1619–1638.

Chaves, M. (2010): Rain Dances in the Dry Season. Overcoming the Religious Congruence Fallacy, *Journal for the Scientific Study of Religion*, 49(1): 1–14.

Chintagunta, P.; Nair, H. (2011): Discrete-choice Models of Consumer Demand in Marketing, *Marketing Science*, 30(6): 977–996.

Chiu, C.Y. (1991): Responses to Injustice in Popular Chinese Sayings and among Hong Kong Chinese Students, *Journal of Social Psychology*, 131(5): 655–665.

Choi, S.; Mattila, A.S. (2008): Perceived Controllability and Service Expectations. Influences on Customer Reactions Following Service Failure, *Journal of Business Research*, 61(1): 24–30.

Choi, Y. (2010): Religion, Religiosity, and South Korean Consumer Switching Behaviors, *Journal of Consumer Behaviour*, 9(3): 157–171.

Choi, Y.; Kale, R.; Shin, J. (2010): Religiosity and Consumers' Use of Product Information Source among Korean Consumers, *International Journal of Consumer Studies*, 34(1): 61–68.

Choi, Y.; Paulraj, A.; Shin, J. (2013): Religion or Religiosity. Which Is the Culprit for Consumer Switching Behavior? *Journal of International Consumer Marketing*, 24(4): 262–280.

Chowdhury, R.M. (2018): Religiosity and Voluntary Simplicity, *Journal of Business Ethics*, 152(1): 149–174.

Chowdhury, R.M.; Arli, D.; Septianto, F. (2022): Consumers' Responses to Moral Controversies of Religiously Positioned Brands. The Effects of Religiosity on Brand Loyalty, *European Journal of Marketing* (ahead-of-print).

Chuah, S.H.; Gachter, S.; Hoffmann, R.; Tan, J.H.W. (2016): Religion, Discrimination, and Trust across three Cultures, *European Economic Review*, 90: 280–301.

Chung, E.; Farrelly, F.; Beverland, M.B.; Karpen, I.O. (2018): Loyalty or Liability. Resolving the Consumer Fanaticism Paradox, *Marketing Theory*, 18(1): 3–30.

Chung, J.; Monroe, G.S. (2003): Exploring Social Desirability Bias, *Journal of Business Ethics*, 44(4): 291–302.

Churchill, S.A.; Appau, S.; Farrell, L. (2019): Religiosity, Income and Wellbeing in Developing Countries, *Empirical Economics*, 56(3): 959–985.

Clayton, R.R.; Gladden, J.W. (1974): The Five Dimensions of Religiosity. Toward Demythologizing a Sacred Artifact, *Journal for the Scientific Study of Religion*, 13(2): 135–143.

Cline, T.A. (2003): When does Humor Enhance or Inhibit Ad Responses? *Journal of Advertising*, 32(3): 31–45.

Clobert, M.; Saroglou, V.; Hwang, K.K. (2015): Buddhist Concepts as Implicitly Reducing Prejudice and Increasing Prosociality, *Personality and Social Psychology Bulletin*, 41(4): 513–525.

Cohen, A.B.; Hill, P.C. (2007): Religion as Culture. Religious Individualism and Collectivism among American Catholics, Jews, and Protestants, *Journal of Personality*, 75(4): 709–742.

Collins-Kreiner, N. (2010): Researching Pilgrimage. Continuity and Transformations, *Annals of Tourism Research*, 37(2): 440–456.

Copeland, L.; Boulianne, S. (2020): Political Consumerism. A Meta-analysis, *International Political Science Review*, 42(2): 1–16.

Cornwell, T.B. (2014): *Sponsorship in Marketing. Effective Communication through Sports, Arts, and Events*, London: Routledge.

Coşgel, M.M.; Minkler, L. (2004): Religious Identity and Consumption, *Review of Social Economy*, 62(3): 339–350.

Cottone, J.; Drucker, P.; Javier, R.A. (2007): Predictors of Moral Reasoning, *Journal for the Scientific Study of Religion*, 46(1): 37–53.

Cova, V.; Cova, B. (2019): Pain, Suffering and the Consumption of Spirituality. A Toe Story, *Journal of Marketing Management*, 35(5/6): 565–585.

Cowart, K.O.; Ramirez, E.; Brady, M.K. (2014): Religious Affiliation. Buffering Negative Reactions to Service Failures, *Journal of Services Marketing*, 28(1): 1–9.

Croucher, S.M.; Harris, T.M. (Eds.) (2012): *Religion and Communication*, New York: Peter Lang.

Cutler, B.D. (1991): Religion and Marketing. Important Research Area or a Footnote in the Literature? *Journal of Professional Services Marketing*, 8(1): 153–164.

Cutler, B.D.; Winans, W.A. (1998): What do Religion Scholars Say about Marketing? *Journal of Professional Services Marketing*, 18(2): 133–145.

Dahl, D.W.; Frankerberger, K.D.; Manchanda, R.V. (2003): Does it Pay to Shock? Reactions to Shocking and Nonshocking Advertising Content among University Students, *Journal of Advertising Research*, 43(3): 268–280.

Dana, L.P. (2009): Religion as an Explanatory Variable for Entrepreneurship, *International Journal of Entrepreneurship and Innovation*, 10(2): 87–99.

Daniels, J.P.; von der Ruhr, M. (2005): God and the Global Economy. Religion and Attitudes towards Trade and Immigration in the United States, *Socio-Economic Review*, 3(3): 467–489.

Daniels, J.P.; von der Ruhr, M. (2010): Trust in Others. Does Religion Matter? *Review of Social Economy*, 68(2): 163–186.

Daniels, P.L. (2005): Economic Systems and the Buddhist World View. The 21st Century Nexus, *Journal of Socio-Economics*, 34: 245–268.

Davari, A.; Iyer, P.; Strutton, D. (2017): Investigating Moral Links between Religiosity, Altruism, and Green Consumption, *Journal of Nonprofit & Public Sector Marketing*, 29(4): 385–414.

Davidson, T.; Farquhar, L.K. (2014): Correlates of Social Anxiety, Religion, and Facebook, *Journal of Media and Religion*, 3(4): 208–225.

Davie, G. (2008): *The Sociology of Religion*, Los Angeles/CA: Sage.

Davis, D.E.; Worthington Jr, E.L.; Hook, J.N.; Hill, P.C. (2013): Research on Religion/Spirituality and Forgiveness. A Meta-analytic Review, *Psychology of Religion and Spirituality*, 5(4): 233–241.

Davis, F.D. (1989): Perceived Usefulness, Perceived Ease of Use, and User Acceptance of Information Technology, *MIS Quarterly*, 13(3): 319–340.

Davis, F.D.; Bagozzi, R.P.; Warshaw, P.R. (1989): User Acceptance of Computer Technology, *Management Science*, 35(8): 982–1003.

Davis, J.H.; Schoorman, F.D.; Donaldson, L. (1997): Toward a Stewardship Theory of Management, *Academy of Management Review*, 22(1): 20–47.

Davis, L. (2016): Religiosity and Retail Store Choices. Exploring US Christian Consumers' Apparel Shopping Behavior, *International Journal of Business Anthropology*, 6(1): 47–72.

Davis, L.; Jai, C. (2014): Effects of Religiosity on Apparel Shopping Orientation. An Exploratory Study, *International Journal of Business Anthropology*, 5(2): 24–36.

Day, N.E. (2005): Religion in the Workplace. Correlates and Consequences of Individual Behavior, *Journal of Management, Spirituality & Religion*, 2(1): 104–135.

Dayton Jr, H.L. (2011): *Your Money Counts. The Biblical Guide to Earning, Spending, Saving, Investing, Giving, and Getting Out of Debt*, Carol Stream/IL: Tyndale House.

de Groot, M.; van den Born, R. (2007): Humans, Nature and God, *Worldviews: Global Religions, Culture, and Ecology*, 11(3): 324–351.

de Matos, C.A.; Henrique, J.L.; Rossi, C.A.V. (2007): Service Recovery Paradox. A Meta-analysis, *Journal of Service Research*, 10(1): 60–77.

de Mooij, M. (2019): *Consumer Behaviour and Culture. Consequences for Global Marketing*, 3rd Ed., Thousand Oaks/CA: Sage.

de Noble, A.; Galbraith, C.S.; Singh, G.; Stiles, C.H. (2007): Market Justice, Religious Orientation, and Entrepreneurial Attitudes, *Journal of Enterprising Communities. People and Places in the Global Economy*, 1(2): 121–134.

de Pelsmacker, P.; Driesen, L.; Rayp, G. (2005): Do Consumers Care about Ethics? Willingness to Pay for Fair-trade Coffee, *Journal of Consumer Affairs*, 39(2): 363–385.

de Pelsmacker, P.; Janssens, W. (2007): A Model for Fair Trade Buying Behaviour, *Journal of Business Ethics*, 75(4): 361–380.

de Run, E.C.; Butt, M.M.; Fam, K.S.; Jong, H.Y. (2010): Attitudes towards Offensive Advertising. Malaysian Muslims' Views, *Journal of Islamic Marketing*, 1(1): 25–36.

Deitelhoff, N.; Ließmann, H.; Bauerochse, L.; Baumgart-Ochse, C.; Hofmeister, K.; Kösters, J.; Nembach, E. (2019): *Mächtige Religion. Begleitbuch zum Funkkolleg Religion Macht Politik*, Frankfurt/Main: Wochenschau Verlag.

Dekhil, F.; Boulebech, H.; Bouslama, N. (2017a): Effect of Religiosity on Luxury Consumer Behavior. The Case of the Tunisian Muslim, *Journal of Islamic Marketing*, 8(1): 74–94.

Dekhil, F.; Jridi, H.; Farhat, H. (2017b): Effect of Religiosity on the Decision to Participate in a Boycott. The Case of Coca-Cola, *Journal of Islamic Marketing*, 8(2): 309–328.

Delener, N. (1989): Religious Differences in Cognitions Concerning External Information Search and Media Usage, 64–68, *Proceedings of the Southern Marketing Association*.

Delener, N. (1990a): The Effects of Religious Factors on Perceived Risk in Durable Goods Purchase Decisions, *Journal of Consumer Marketing*, 7(3): 27–38.

Delener, N. (1990b): An Examination of the Religious Influences as Predictors of Consumer Innovativeness, *Journal of Midwest Marketing*, 5: 167-178.

Delener, N. (1994): Religious Contrasts in Consumer Decision Behaviour Patterns. Their Dimensions and Marketing Implications, *European Journal of Marketing*, 28(5): 36-53.

Delhey, J.; Newton, K. (2005): Predicting Cross-national Levels of Social Trust. Global Pattern or Nordic Exceptionalism? *European Sociological Review*, 21(4): 311-327.

Demirguc-Kunt, A.; Klapper, L.; Randall, D. (2014): Islamic Finance and Financial Inclusion. Measuring Use of and Demand for Formal Financial Services among Muslim Adults, *Review of Middle East Economics and Finance*, 10(2): 177-218.

Deng, S.; Jivan, S.; Hassan, M.L. (1994): Advertising in Malaysia. A Cultural Perspective, *International Journal of Advertising*, 13(2): 153-166.

Deshpandé, R.; Stayman, D.M. (1994): A Tale of Two Cities. Distinctiveness Theory and Advertising Effectiveness, *Journal of Marketing Research*, 31(1): 57-64.

Dichtl, E.; Müller, S. (1986): Anspruchsinflation und Nivellierungstendenz als messtechnisches Problem in der Absatzforschung, *Marketing ZFP*, 8(4): 233-236.

Didion, J.; Hedinger, S. (2006): *Im Land Gottes. Wie Amerika wurde, was es heute ist*, Berlin: Tropen.

Dietz, T.; Stern, P.C.; Guagnano, G.A. (1998): Social Structural and Social Psychological Bases of Environmental Concern, *Environment and Behavior*, 30(4): 450-471.

Diller, H.; Beinert, M.; Ivens, B.; Müller, S. (2021): *Pricing. Prinzipien und Prozesse der betrieblichen Preispolitik*, 5. Aufl., Stuttgart: Kohlhammer.

Dinh, H.P.; Van Nguyen, P.; Trinh, T.V.A.; Nguyen, M.H. (2022): Roles of Religiosity in Enhancing Life Satisfaction, Ethical Judgements and Consumer Loyalty, *Cogent Business & Management*, 9(1): 2010482.

Dion, D.; Borraz, S. (2015): Managing Heritage Brands. A Study of the Sacralization of Heritage Stores in the Luxury Industry, *Journal of Retailing and Consumer Services*, 22: 77-84.

Djupe, P.A. (2000): Religious Brand Loyalty and Political Loyalties, *Journal for the Scientific Study of Religion*, 39(1): 78-89.

Dollinger, S.J. (2007): Creativity and Conservatism, *Personality and Individual Differences*, 43(5): 1025-1035.

Domínguez, A.D. (2013): Religión, Adversidad y Libre Comercio en América Latina, *Iberoforum*, Revista de Ciencias Sociales de la Universidad Iberoamericana, 8(15): 131-155.

Donahue, M.J. (1985): Intrinsic and Extrinsic Religiousness. Review and Meta-analysis, *Journal of Personality and Social Psychology*, 48(2): 400-419.

Donthu, N.; Yoo, B. (1998): Cultural Influences on Service Quality Expectations, *Journal of Service Research*, 1(2): 178-186.

Doran, C.J. (2009): The Role of Personal Values in Fair Trade Consumption, *Journal of Business Ethics*, 84(4): 549-563.

Doran, C.J.; Natale, S.M. (2011): ἐμπάθεια (Empatheia) and Caritas. The Role of Religion in Fair Trade Consumption, *Journal of Business Ethics*, 98(1): 1-15.

Dotson, M.J.; Hyatt, E.M. (2000): Religious Symbols as Peripheral Cues in Advertising, *Journal of Business Research*, 48(1): 63-68.

Dow, D.; Cuypers, I.R.P.; Ertug, G. (2016): The Effects of Within-country Linguistic and Religious Diversity on Foreign Acquisitions, *Journal of International Business Studies*, 47(3): 319-346.

Dow, D.; Karunaratna, A. (2006): Developing a Multidimensional Instrument to Measure Psychic Distance Stimuli, *Journal of International Business Studies*, 37(5): 578-602.

Doyle, K.O.; Doyle, M.R. (2001): Meanings of Wealth in European and Chinese Fairy Tales, *American Behavioral Scientist*, 45(2): 191-204.

Drechsler, W. (2019): The Reality and Diversity of Buddhist Economics, *American Journal of Economics and Sociology*, 78(2): 523-560.

Drori, I.; Wrzesniewski, A.; Ellis, S. (2013): One Out of Many? Boundary Negotiation and Identity Formation in Postmerger Integration, *Organization Science*, 24(6): 1717-1741.

Dubé, J.P. (2019): Microeconometric Models of Consumer Demand, in: Dubé, J.P.; Rossi, P.E. (Eds.), *Handbook of the Economics of Marketing*, Vol. 1, 1–68, Amsterdam: North-Holland.

Dun S. (2014): No Beer, no Way! Football Fan Identity Enactment won't Mix with Muslim Beliefs in the Qatar 2022 World Cup, *Journal of Policy Research in Tourism, Leisure and Events*, 6(2): 186–199.

Duriez, B. (2003): Religiosity and Conservatism Revisited. Relating a New Religiosity Measure to the two Main Conservative Political Ideologies, *Psychological Reports*, 92(2): 533–539.

Duriez, B.; Appel, C.; Hutsebaut, D. (2003): The German Post-critical Belief Scale. Internal and External Validity, *Zeitschrift für Sozialpsychologie*, 34(4): 219–226.

Durkheim, E. (1912/1994): *The Elementary Forms of the Religious Life*, New York: Free Press.

Echchabi, A.; Olaniyi, H. (2012): Empirical Investigation of Customers' Perception and Adoption towards Islamic Banking Services in Morocco, *Middle-East Journal of Scientific Research*, 12(6): 849–858.

Eckberg, D.L.; Blocker, T.J. (1996): Christianity, Environmentalism, and the Theoretical Problem of Fundamentalism, *Journal for the Scientific Study of Religion*, 35(4): 343–355.

Effendi, I.; Murad, M.; Rafiki, A.; Lubis, M.M. (2020): The Application of the Theory of Reasoned Action on Services of Islamic Rural Banks in Indonesia, *Journal of Islamic Marketing*, 12(5): 951–976.

Eisinga, R.; Felling, A.; Peters, J. (1990): Religious Belief, Church Involvement, and Ethnocentrism in the Netherlands, *Journal for the Scientific Study of Religion*, 29(1): 54–75.

Eisinga, R.; Felling, A.; Peters, J. (1991): Christian Beliefs and Ethnocentrism in Dutch Society. A Test of Three Models, *Review of Religions Research*, 32(3): 305–320.

El Ghoul, S.; Guedhami, O.; Ni, Y.; Pittman, J.; Saadi, S. (2012): Does Religion Matter to Equity Pricing? *Journal of Business Ethics*, 111(4): 491–518.

El Guindi, F. (1999): Veiling Resistance, *Fashion Theory*, 3(1): 51–80.

El-Bassiouny, N. (2016): Where is "Islamic Marketing" Heading? A Commentary on Jafari and Sandikci's (2015) "Islamic" Consumers, Markets, and Marketing, *Journal of Business Research*, 69(2): 569–578.

El-Gamal, M. A. (2006): *Islamic Finance. Law, Economics, and Practice*, Cambridge: Cambridge University Press.

Elhoushy, S.; Jang, S. (2021): Religiosity and Food Waste Reduction Intentions, *International Journal of Consumer Studies*, 45(2): 287–302.

Ellis, J.T. (1955): American Catholics and the Intellectual Life, *Thought: Fordham University Quarterly*, 30(3): 351–388.

Ellis, P.D. (2008): Does Psychic Distance Moderate the Market Size - Entry Sequence Relationship? *Journal of International Business Studies*, 39(3): 351–369.

Ellison, C.G.; Sherkat, D.E. (1993): Obedience and Autonomy. Religion and Parental Values Reconsidered, *Journal for the Scientific Study of Religion*, 32(4): 313–329.

El-Menouar, Y. (2014): The Five Dimensions of Muslim Religiosity, *Methods, Data, Analyses*, 8(1): 53–78.

Eom, K.; Tok, T.Q.H.; Saad, C.S.; Kim, H.S. (2021a): Religion, Environmental Guilt, and Pro-environmental Support, *Journal of Environmental Psychology*, 78: December (10171).

Eom, K.; Saad, C.S.; Kim, H.S. (2021b): Religiosity Moderates the Link between Environmental Beliefs and Pro-environmental Support. The Role of Belief in a Controlling God, *Personality and Social Psychology Bulletin*, 47(6): 891–905.

Escalas, J.E.; Bettman, J.R. (2005): Self Construal, Reference Groups, and Brand Meaning, *Journal of Consumer Research*, 32(3): 378–389.

Esch, F.-R. (2018): *Strategie und Technik der Markenführung*, 9. Aufl., München: Vahlen.

Esch, F.-R.; Herrmann, A.; Sattler, H. (2017): *Marketing. Eine managementorientierte Einführung*, 5. Aufl., München: Vahlen.

Escher, D. (2013): How Does Religion Promote Forgiveness? Linking Beliefs, Orientations, and Practices, *Journal for the Scientific Study of Religion*, 52(1): 100–119.

Espinoza, M.M. (1999): Assessing the Cross-cultural Applicability of a Service Quality Measure. A Comparative Study between Quebec and Peru, *International Journal of Service Industry Management*, 10(5): 449–468.

Essoo, N.; Dibb, S. (2004): Religious Influences on Shopping Behaviour. An Exploratory Study, *Journal of Marketing Management*, 20(7/8): 683–712.

Evans, N.D.; Fetterman, A.K. (2021): It Doesn't Apply to Me, So It Isn't Real. People Are Likely to Deny Science if It Contradicts their Personality, *Social Psychological and Personality Science*, 13(6): 1032–1046.

Ezeh, P.C.; Okeke, T.C.; Nkamnebe, A.D. (2022): Moderating Role of Religion in the Relationship between SERVQUAL Dimensions and Hotel Guest Satisfaction, *Journal of Islamic Marketing*, 13(12): 2542–2562.

Faccio, M. (2006): Politically Connected Firms, *American Economic Review*, 96(1): 369–386.

Fam, K.S.; Waller, D.S.; Erdogan, B.Z. (2004): The Influence of Religion on Attitudes toward the Advertising of Controversial Products, *European Journal of Marketing*, 38(5/6): 537–555.

Fam, K.-S.; Yang, Z.; Hyman, Z. (2009): *A Handbook of Confucian/Chopsticks Marketing*, Wellington: Asia Business Research Corp.

Farah, M.F.; El Samad, L. (2014): The Effects of Religion and Religiosity on Advertisement Assessment among Lebanese Consumers, *Journal of International Consumer Marketing*, 26(4): 344–369.

Farah, M.F.; Newman, A.J. (2010): Exploring Consumer Boycott Intelligence Using a Socio-cognitive Approach, *Journal of Business Research*, 63(4): 347–355.

Farías, P. (2020): The Use of Fear versus Hope in Health Advertisements, *International Journal of Environmental Research and Public Health*, 17(23): 1–15.

Farris, B.E.; Glenn, N.D. (1976): Fatalism and Familism among Anglos and Mexican Americans in San Antonio, *Sociology and Social Research*, 60(4): 393–402.

Fathi, E.; Zailani, S.; Iranmanesh, M.; Kanapathy, K. (2016): Drivers of Consumers' Willingness to Pay for Halal Logistics, *British Food Journal*, 118(2): 464–479.

Faulkner, J.E.; De Jong, G.F. (1966): Religiosity in 5-D. An Empirical Analysis, *Social Forces*, 45(2): 246–254.

Fawcett, B.G.; Francis, L.J.; Henderson, A.J.; Robbins, M.; Linkletter, J. (2013): Religiosity and Music Copyright Theft among Canadian Baptist Youth, *Journal of Research on Christian Education*, 22(2): 153–164.

Felix, R.; Braunsberger, K. (2016): I Believe Therefore I Care. The Relationship between Religiosity, Environmental Attitudes, and Green Product Purchase in Mexico, *International Marketing Review*, 33(1): 137–155.

Felix, R.; Hinsch, C.; Rauschnabel, P.A.; Schlegelmilch, B.B. (2018): Religiousness and Environmental Concern. A Multilevel and Multi-country Analysis of the Role of Life Satisfaction and Indulgence, *Journal of Business Research*, 91(10): 304–312.

Figh, J. (2007): Weltreligionen und Weltethos, in: Bader, E. (Hrsg.), *Weltethos und Globalisierung*, Wien: LIT.

Finnegan, F.R. Jr.; Viswanath, K. (1998): Community Ties and the Use of Cable TV and Newspapers in a Midwest Suburb, *Journalism Quarterly*, 65(4): 463–473.

Fiori, K.L.; Brown, E.E.; Cortina, K.; Antonucci, T.C. (2006): Locus of Control as a Mediator of the Relationship between Religiosity and Life Satisfaction, *Mental Health, Religion and Culture*, 9(3): 239–263.

Flood, G.D.; Flood, G.D.F. (1996): *An Introduction to Hinduism*, Cambridge: Cambridge University Press.

Floren, J.; Rasul, T.; Gani, A. (2019): Islamic Marketing and Consumer Behaviour. A Systematic Literature Review, *Journal of Islamic Marketing*, 11(6): 1557–1578.

Folkes, V.S.; Kotsos, B. (1986): Buyers' and Sellers' Explanations for Product Failure, *Journal of Marketing*, 50(2): 74–80.

Fourie, J.; Rosselló, J.; Santana-Gallego, M. (2015): Religion, Religious Diversity and Tourism, *Kyklos*, 68(1): 51–64.

Fourie, J.; Rosselló, J.; Santana-Gallego, M. (2016): Which God is Good for Tourism? *Tourism Economics*, 22(1): 163–169.

Fox, A.; Thomas, T. (2008): Impact of Religious Affiliation and Religiosity on Forgiveness, *Australian Psychologist*, 43(3): 175–185.

Foxman, E.R.; Raven, P.V.; Stem, D. (1990): Locus of Control, Fatalism, and Responses to Dissatisfaction, *Journal of Consumer Satisfaction, Dissatisfaction, and Complaining Behavior*, 3: 21–28.

Frenkel-Brunswik, E. (1954): Further Exploration by a Contributor to "The Authoritarian Personality", in: Christie, R.; Jahoda, M. (Eds.), *Studies in the Scope and Method of "The Authoritarian Personality"*, 226–275, New York: Free Press.

Friedman, H.H. (2001): The Impact of Jewish Values on Marketing and Business Practices, *Journal of Macromarketing*, 21(1): 74–80.
Frise, N.R.; McMinn, M.R. (2010): Forgiveness and Reconciliation. The Differing Perspectives of Psychologists and Christian Theologians, *Journal of Psychology and Theology*, 38(2): 83–90.
Friske, W.; Cockrell, S.; King, R.A. (2021): Beliefs to Behaviors: How Religiosity Alters Perceptions of CSR. Initiatives and Retail Selection, *Journal of Macromarketing*, 42(1): 114–127.
Fromm, E. (1936): Sozialpsychologischer Teil, in: Horkheimer M. (Hrsg.), *Studien über Autorität und Familie*, 77–135, Paris: Librairie Felix Alcan.
Furnham, A.; Valgeirsson, H. (2007): The Effect of Life Values and Materialism on Buying Counterfeit Products, *Journal of Socio-Economics*, 36(5): 677–685.
Furrer, O.; Liu, B.S.-C.; Sudharshan, D. (2000): The Relationships between Culture and Service Quality Perceptions, *Journal of Service Research*, 2(4): 355–371.
Gabor, A.; Granger, C.W. (1961): On the Price Consciousness of Consumers, *Journal of the Royal Statistical Society: Series C (Applied Statistics)*, 10(3): 170–188.
Galen, L.W. (2012): Does Religious Belief Promote Prosociality? A Critical Examination, *Psychological Bulletin*, 138(5): 876–906.
Ganesh, J.; Arnold, M.J.; Reynolds, K.E. (2000): Understanding the Customer Base of Service Providers. An Examination of the Differences between Switchers and Stayers, *Journal of Marketing*, 64(3): 65–87.
Gatersleben, B.; Murtagh, N.; Cherry, M.; Watkins, M. (2019): Moral, Wasteful, Frugal, or Thrifty? Identifying Consumer Identities to Understand and Manage Pro-environmental Behavior, *Environment and Behavior*, 51(1): 24–49.
Gavriilidis, K.; Kallinterakis, V.; Tsalavoutas, I. (2016): Investor Mood, Herding and the Ramadan Effect, *Journal of Economic Behavior & Organization*, 132(Supplement): 23–38.
Gayatri, G.; Chew, J. (2013): How do Muslim Consumers Perceive Service Quality? *Asia Pacific Journal of Marketing and Logistics*, 25(3): 472–490.
Gelb, B.D.; Pickett, C.M. (1983): Attitude-toward-the-Ad. Links to Humor and to Advertising Effectiveness, *Journal of Advertising*, 12(2): 34–42.
Gelbrich, K.; Müller, S. (2011): *Handbuch Internationales Management*, München: Oldenbourg.
Gelbrich, K.; Müller, S. (2023): *Erfolgsfaktoren des Marketing*, 3. Aufl., München: Vahlen.
Gelbrich, K.; Roschk, H. (2011): A Meta-analysis of Organizational Complaint Handling and Customer Responses, *Journal of Service Research*, 14(1): 24–43.
Gelfand, M.J.; Shteynberg, G; Lee, T.L.; Lun, J.; Lyons, S.; Bell, C.; Chiao J.Y. (2012). The Cultural Contagion of Conflict, *Philosophical Transactions of The Royal Society*, B367(1589): 692–703.
Ger, G. (2005): Special Session Summary Religion and Consumption. The Profane Sacred, in: Menon, G.; Rao, A.R. (Eds.), *Advances in Consumer Research*, Vol. 32, 79–81, Duluth/MN: Association for Consumer Research.
Gervais, W.M. (2011): Finding the Faithless, *Personality and Social Psychology Bulletin*, 37(4): 543–556.
Geyer, A.L.; Baumeister, R.F. (2005): Religion, Morality, and Self-control. Values, Virtues, and Vices, in: Paloutzian, R.F.; Park, C.L. (Eds.), *Handbook of the Psychology of Religion and Spirituality*, 412– 432, New York: Guilford.
Gibbs, J.O.; Crader, K.W. (1970): A Criticism of Two Recent Attempts to Scale Glock and Stark's Dimensions of Religiosity, *Sociology of Religion*, 31(2): 107–114.
Gilal, F.; Gadhi, A.; Gilal, R.; Gilal, N.; Zhang, N.; Gong, Z. (2020): Towards an Integrated Model of Customer Religiosity. A Self-determination Theory Perspective, *Central European Management Journal*, 28(2): 16–27.
Gilly, M.C. (1988): Sex Roles in Advertising. A Comparison of Television Advertisements in Australia, Mexico, and the United States, *Journal of Marketing*, 52(2): 75–85.
Gittelman, S.; Lange, V.; Cook, W.A.; Frede, S.M.; Lavrakas, P.J.; Pierce, C.; Thomas, R.K. (2015): Accounting for Social-Desirability Bias in Survey Sampling, *Journal of Advertising Research*, 55(3): 242–254.

Globerman, S.; Shapiro, D. (2003): Governance Infrastructure and US Foreign Direct Investment, *Journal of International Business Studies*, 34(1): 19–39.

Glock, C.Y.; Stark, R. (1965): *Religion and Society in Tension*, San Francisco: Rand McNally.

Gokcekus, O.; Ekici, T. (2020): Religion, Religiosity, and Corruption, *Review of Religious Research*, 62(4): 563–581.

Golan, G.J.; Baker, S. (2012): Perceptions of Media Trust and Credibility among Mormon College Students, *Journal of Media and Religion*, 11(1): 31–43.

Golan, G.J.; Day, A.G. (2010): In God we Trust. Religiosity as a Predictor of Perceptions of Media Trust, Factuality, and Privacy Invasion, *American Behavioral Scientist*, 54(2): 120–136.

Golan, G.J.; Kiousis, S.K. (2010): Religion, Media Credibility, and Support for Democracy in the Arab World, *Journal of Media and Religion*, 9(2): 84–98.

Göle, N. (1997): The Gendered Nature of the Public Sphere, *Public Culture*, 10(1): 61–81.

Goli, S.; Maurya, N.K.; Sharma, M.K. (2015): Continuing Caste Inequalities in Rural Uttar Pradesh, *International Journal of Sociology and Social Policy*, 35(3/4): 252–272.

Gore, R.; Zuckerman, P.; Galen, L.; Pollack, D.; LeRon Shults, F. (2019): Good Without God? Connecting Religiosity, Affiliation and Pro-sociality Using World Values Survey Data and Agent-based Simulation, https://osf.io/preprints/socarxiv/jnpe9 (16.12.2022).

Graafland, J. (2017): Religiosity, Attitude, and the Demand for Socially Responsible Products, *Journal of Business Ethics*, 144(1): 121–138.

Grace, D.; Ross, M.; King, C. (2020): Brand Fidelity. Scale Development and Validation, *Journal of Retailing and Consumer Services*, 52(1): 1–12.

Gray, S.; Inglish, A.; Sodhi, T.S.; Lee, T.T. (2017): What Are They Really Selling? A Content Analysis of Advertisements during Religious Television Programming, *Journal of Media and Religion*, 16(3): 104–116.

Greenough, C. (2021): Profit over Prophet? A Critical Analysis of "Moses" in Advertising, *The Bible and Critical Theory*, 16(1): 218–237.

Grigg, R; Sharpe, M. (2011): In the Name of the Father. Understanding Monotheism and Fundamentalism, in: Oppy, G; Trakakis, N. (Eds.), *The Antipodean Philosopher*, Vol. 1, 81–87, Maryland: Lexington Books.

Grimes, J.E.; Grimes, B.F. (Eds) (1996): *Ethnologue Language Family Index*, Dallas/TX: Summer Institute of Linguistics.

Grönroos, C. (1988): Service Quality. The Six Criteria of Good Perceived Service Quality, *Review of Business*, 9(3): 10–13.

Grönroos, C. (2001): The Perceived Service Quality Concept. A Mistake? *Managing Service Quality*, 11(3): 150–152.

Gruber, J. (2004): Pay or Pray? The Impact of Charitable Subsidies on Religious Attendance, *Journal of Public Economics*, 88(12): 2635–2655.

Guimarães, M.O.; Paiva, P.C.P.; Paiva, H.N.; Lamounier, J.A.; Ferreira, E.F.; Zarzar, P.M.P. D.A. (2018): Religiosity as a Possible Protective Factor against "Binge Drinking" among 12-Year-Old Students. A Population-based Study, *Ciencia & Saude Coletiva*, 23(4): 1067–1076.

Guiso, L.; Sapienza, P.; Zingales, L. (2003): People's Opium? Religion and Economic Attitudes, *Journal of Monetary Economics*, 50(1): 225–282.

Guiso, L.; Sapienza, P.; Zingales, L. (2006): Does Culture Affect Economic Outcomes? *Journal of Economic Perspectives*, 20(2): 23–48.

Guiso, L.; Sapienza, P.; Zingales, L. (2009): Cultural Biases in Economic Exchanges? *Quarterly Journal of Economics*, 124(3): 1095–1131.

Guo, R. (2004): How Culture Influences Foreign Trade. Evidence from the US and China, *Journal of Socio-Economics*, 33(6): 785–812.

Gürhan-Canli, Z.; Sarial-Abi, G.; Hayran, C. (2018): Consumers and Brands across the Globe. Research Synthesis and New Directions, *Journal of International Marketing*, 26(1): 96–117.

Habib, D.G.; Donald, C.; Hutchinson, G. (2018): Religion and Life Satisfaction, *Journal of Religion and Health*, 57(4): 1567–1580.

Habib, M.D.; Bekun, F.V. (2021): Does Religiosity Matter in Impulsive Psychology Buying Behaviors? *Current Psychology*, 41(9): 1–13.

Hackensberger, A. (2005): Kulturkampf im Kinderzimmer, *http://www.heise.de* (05.11.2005).

Hackensberger, A. (2008): Ramadan wird für viele Muslime zu teuer, *http://www.welt.de/welt_print/article2377794/Ramadan-wird-fuer-viele-Muslime-zu-teuer.html* (01.09.2008).

Hahn, T. (2022): Die Macht der Religion, *Süddeutsche Zeitung*, 78(168): 10.

Halim, M. A. A.; Salleh, M.M.M. (2012): The Possibility of Uniformity on Halal Standards in Organization of Islamic Countries, *World Applied Sciences Journal*, 17(17): 6–10.

Hall, D.L.; Matz, D.C.; Wood, W. (2010): Why don't We Practice what We Preach? A Meta-analytic Review of Religious Racism, *Personality and Social Psychology Review*, 14(1): 126–139.

Halstead, D.; Haynes, P.J.; Taylor, V.A. (2009): Service Provider Use of Christian Religious Messages in Yellow Pages Advertising, *Advertising & Society Review*, 10(4).

Hamilton, S.F.; Zilberman, D. (2006): Green Markets, Eco-certification, and Equilibrium Fraud, *Journal of Environmental Economics and Management*, 52(3): 627–644.

Hannah, S.T.; Avolio, B.J. (2010): Moral Potency. Building the Capacity for Character-based Leadership, *Consulting Psychology Journal: Practice and Research*, 62(4): 291–310.

Hansen, R.A.; Deutscher, T. (1978): Empirical Investigation of Attribute Importance in Retail Store Selection, *Journal of Retailing*, 53(4): 59–72.

Hanudin, A.; Rahim, A.R.A.; Sondoh, S.L.; Liason, S.; Hwa, A.M.C. (2011): Determinants of Customers' Intention to Use Islamic Personal Financing, *Journal of Islamic Accounting and Business Research*, 2(1): 22–42.

Haque, A.; Anwar, N.; Sarwar, A. (2015a): The Effect of Country of Origin Image, Ethnocentrism, and Religiosity on Purchase Intentions, *Indian Journal of Marketing*, 45(10): 23–35.

Haque, A.; Anwar, N.; Yasmin, F.; Sarwar, A.; Ibrahim, Z.; Momen, A. (2015b): Purchase Intention of Foreign Products. A Study on Bangladeshi Consumer Perspective, *Sage Open*, 5(2).

Hardy, S.A.; Nelson, J.M.; Moore, J.P.; King, P.E. (2019): Processes of Religious and Spiritual Influence in Adolescence. A Systematic Review of 30 Years of Research, *Journal of Research on Adolescence*, 29(2): 254–275.

Harjoto, M. A.; Rossi, F. (2019): Religiosity, Female Directors, and Corporate Social Responsibility for Italian Listed Companies, *Journal of Business Research*, 95(2): 338–346.

Harrison, L.E. (2011): Do Some Religions Do Better than Others? in: Berger, P.L.; Redding, G. (Eds.), *The Hidden Form of Capital. Spiritual Influences in Societal Progress*, 15–28, London: Anthem.

Harrison-Walker, L.J. (2019): The Critical Role of Customer Forgiveness in Successful Service Recovery, *Journal of Business Research*, 95(2): 376–391.

Harvey, P. (2012): *An Introduction to Buddhism. Teachings, History and Practices*, Cambridge: Cambridge University Press.

Hasan, R. (2017): Religion and Development in the Global South, Brighton/UK: Palgrave Macmillan.

Hassan, K.; Lewis, M. (Eds.) (2009): *Handbook of Islamic Banking*, Cheltenham: Edward Elgar.

Heiman, A.; Gordon, B.; Zilberman, D. (2019): Food Beliefs and Food Supply Chains. The Impact of Religion and Religiosity in Israel, *Food Policy*, 83(February): 363–369.

Heiman, A.; Just, D.R. (2021): How Political Support and Level of Religiosity Affect the Willingness to Pay for Foreign Products, *Marketing Science Institute Working Paper*, Report No. 21-109.

Helble, M. (2007): Is God Good for Trade? *Kyklos*, 60(3): 385–413.

Heller, E. (2004): *Wie Farben wirken*, 2. Aufl., Reinbek: Rowohlt.

Hendry, J. (2019): *Understanding Japanese Society*, 5th Ed., London: Routledge.

Henley Jr, W.H.; Philhours, M.; Ranganathan, S.K.; Bush, A.J. (2009): The Effects of Symbol Product Relevance and Religiosity on Consumer Perceptions of Christian Symbols in Advertising, *Journal of Current Issues & Research in Advertising*, 31(1): 89–103.

Henningsgaard, J.M.; Arnau, R.C. (2008): Relationships between Religiosity, Spirituality, and Personality. A Multivariate Analysis, *Personality and Individual Differences*, 45(8): 703–708.

Henrich, J.; Ensminger, J.; McElreath, R.; Barr, A.; Barrett, C.; Bolyanatz, A., ... & Ziker, J. (2010): Markets, Religion, Community Size, and the Evolution of Fairness and Punishment, *Science*, 327(5972): 1480–1484.
Hergueux, J. (2011): How does Religion Bias the Allocation of Foreign Direct Investment? The Role of Institutions, *International Economics*, 128(April): 53–76.
Hermann, A.L. (1991): *A Brief Introduction to Hinduism. Religion, Philosophy, and Ways of Liberation*, Boulder/CO: Westview.
Hilary, G.; Hui, K.W. (2009): Does Religion Matter in Corporate Decision Making in America? *Journal of Financial Economics*, 93(3): 455–473.
Hino, H. (2010): Antecedents of Supermarket Formats' Adoption and Usage, *Journal of Retailing and Consumer Services*, 17(1): 61–72.
Hirsch, J.S. (2008): Catholics Using Contraceptives. Religion, Family Planning, and Interpretive Agency in Rural Mexico, *Studies in Family Planning*, 39(2): 93–104.
Hirschman, E.C. (1981): American Jewish Ethnicity. It's Relationship to Some Selected Aspects of Consumer Behaviour, *Journal of Marketing*, 45(3): 102–110.
Hirschman, E.C. (1982): Religious Differences in Cognitions Regarding Novelty Seeking and Information Transfer, in: Mitchell, A. (Ed.), *Advances in Consumer Research*, Vol. 9, 228–233, Ann Abor/MI: Association for Consumer Research.
Hirschman, E.C. (1983): Religious Affiliation and Consumption Processes, in: Sheth, J.W. (Ed.), *Research in Marketing*, Vol. 6, 131–170, Greenwich/CT: JAI.
Ho, D.Y.F. (1977): On the Concept of Face, *American Journal of Sociology*, 81(4): 72–78.
Hoetoro, A. (2020): The Relationship between Love of Money, Islamic Religiosity and Life Satisfaction. A Muslim's Perspective, *IQTISHADIA*, 13(1): 37–52.
Hoffmann, F.; Härle, M. (1992): Religion als strategischer Erfolgsfaktor, *Zeitschrift für Betriebswirtschaftslehre*, 62(Ergänzungsheft 1): 175–207.
Hoffmann, S.; Akbar, P. (2019): *Konsumentenverhalten*, 2. Aufl., Wiesbaden. Springer Gabler.
Hofmann, C.; Schwaiger, N. (2020): Religion, Crime, and Financial Reporting, *Journal of Business Economics*, 90(5/6): 879–916.
Hofstede, G. (1980): *Culture's Consequences. International Differences in Work-Related Values*, Beverly Hills/CA: Sage.
Hofstede, G. (2001): *Culture's Consequences. Comparing Values, Behaviors, Institutions, and Organizations across Nations*, 2nd Ed., Thousand Oaks/CA: Sage.
Holzmann, R. (2019): *Wirtschaftsethik*, 2. Aufl., Wiesbaden: Springer Gabler.
Homburg, C.; Krohmer, H. (2017): *Grundlagen des Marketingmanagements*, Wiesbaden: Springer Fachmedien.
Hong, S.C. (2020): Digital Bible and Innovation Resistance, *Journal of Media and Religion*, 19(1): 24–34.
Hood, R.W. Jr.; Hill, P.C.; Spilka B. (2009): *The Psychology of Religion*, 4th Ed., New York: The Guilford Press.
Hope, A.L.; Jones, C.R. (2014): The Impact of Religious Faith on Attitudes to Environmental Issues and Carbon Capture and Storage (CCS) Technologies, *Technology in Society*, 38(August): 48–59.
Höpflinger, A.K.; Jeffers, A.; Pezzoli-Olgiati, D. (2008): *Handbuch Gender und Religion*, Stuttgart: UTB.
Hopkins, C.D.; Shanahan, K.J.; Raymond, M. A. (2014): The Moderating Role of Religiosity on Nonprofit Advertising, *Journal of Business Research*, 67(2): 23–31.
Hornik, J.; Miniero, G. (2010): *Ad Message Appeal Effectiveness. A Meta-analysis*, Finanza, Marketing e Produzione. Rivista di Economia d'Impresa dell' Università Bocconi, 28: 88–98.
Hornik, J.; Ofir, C.; Rachamim, M. (2017): Advertising Appeals, Moderators, and Impact on Persuasion. A Quantitative Assessment Creates a Hierarchy of Appeals, *Journal of Advertising Research*, 57(3): 305–318.
Hornik, J.; Satchi, R.S.; Cesareo, L.; Pastore, A. (2015): Information Dissemination via Electronic Word-of-Mouth. Good News Travels Fast, Bad News Travels Faster! *Computers in Human Behavior*, 45: 273–280.
Hossain, K.A.; Basher, S.A.; Haque, A.E. (2018): Quantifying the Impact of Ramadan on Global Raw Sugar Prices, *International Journal of Islamic and Middle Eastern Finance and Management*, 11(4): 510–528.

Hossain, M.M.; Alam, M.; Islam, M. A.; Hecimovic, A. (2015): Do Stakeholders or Social Obligations Drive Corporate Social and Environmental Responsibility Reporting? *Qualitative Research in Accounting & Management*, 12(3): 287–314.

House, R.J.; Hanges, P.J.; Javidan, M.; Dorfman, P.W.; Gupta, V. (Eds.) (2004): *Culture, Leadership, and Organizations. The GLOBE Study of 62 Societies*, Thousand Oaks/CA: Sage.

Hovland, C.I.; Janis, I.L.; Kelley, H.H. (1953): *Communication and Persuasion*, New Haven/CT: Yale University Press.

Hrynowski, Z. (2019): How many Americans Believe in God, *Gallup News Service*.

Huang, D.; Lu, D.; Luo, J.H. (2016): Corporate Innovation and Innovation Efficiency. Does Religion Matter? Nankai Business Review International, 7: 150–191.

Hui, M.K.; Au, K. (2001): Justice Perceptions of Complaint-handling. A Cross-cultural Comparison between PRC and Canadian Customers, *Journal of Business Research*, 52(2): 161–173.

Hunsberger, B.; Jackson, L.M. (2005): Religion, Meaning, and Prejudice, *Journal of Social Issues*, 61(4): 807–826.

Hunt, S.D.; Vitell, S. (1986): A General Theory of Marketing Ethics, *Journal of Macromarketing*, 6(1): 5–16.

Huntington, S.P. (1996): *Kampf der Kulturen*, 6. Aufl., München: Europa Verlag.

Husemann, K.C.; Eckhardt, G.M. (2019a): Consumer Deceleration, *Journal of Consumer Research*, 45(6): 1142–1163.

Husemann, K.C.; Eckhardt, G.M. (2019b): Consumer Spirituality, Journal of Marketing Management, 35(5-6): 391–406.

Hwang, A.; Francesco, A.M.; Kessler, E. (2003): The Relationship between Individualism – Collectivism, Face, and Feedback and Learning Processes in Hong Kong, Singapore, and the United States, *Journal of Cross-Cultural Psychology*, 34(1): 72–91.

Hwang, H. (2018): Do Religion and Religiosity Affect Consumers' Intentions to Adopt Pro-environmental Behaviours? *International Journal of Consumer Studies*, 42(6): 664–674.

Hyodo, J.D.; Bolton, L.E. (2021): How does Religion Affect Consumer Response to Failure and Recovery by Firms? *Journal of Consumer Research*, 47(5): 807–828.

Ibrahim, N.A.; Angelidis, J.A. (1993): Corporate Social Responsibility. A Comparative Analysis of Perceptions of Top Executives and Business Students, *Mid-Atlantic Journal of Business*, 29(3): 303–325.

Iftikhar, A.; Azam, F.; Ashraf, S.; Tahir, H.M. (2017): Exploring the Relationship between Religiosity, Brand Trust and Green Purchase Intention as a Catalyst of Attitude, *International Journal of Multidisciplinary and Current Research*, 5(Nov/Dec): 1485–1493.

Ingham, J.; Cadieux, J.; Berrada, A.M. (2015): e-Shopping Acceptance. A Qualitative and Meta-analytic Review, *Information & Management*, 52(1): 44–60.

Inglehart, R. (1977): *The Silent Revolution. Changing Values and Political Styles among Western Publics*, Princeton/NJ: Princeton University Press.

Inglehart, R. (1997): *Modernization and Postmodernization. Cultural, Economic, and Political Change in 43 Societies*, Princeton/NJ: Princeton University Press.

Inglehart, R. (1998): *Modernisierung und Postmodernisierung. Kultureller, wirtschaftlicher und politischer Wandel in 43 Gesellschaften*, Frankfurt/Main: Campus.

Inglehart, R. (2001): Sociological Theories of Modernization, in: Smelser, N.J.; Baltes, P.B. (Eds.), *International Encyclopedia of the Social and Behavioral Sciences*, 9965–9971, Oxford: Elsevier Science.

Inglehart, R.; Baker, W.E. (2000): Modernization, Cultural Change, and the Persistence of Traditional Values, *American Sociological Review*, 65(1): 19–51.

Inglehart, R.; Haerpfer, C.; Moreno, A.; Welzel, C.; Kizilova, K.; Diez-Medrano, J.; et al. (Eds.) (2014): *World Values Survey. All Rounds - Country-Pooled Datafile Version*, Madrid: JD Systems Institute.

Inglehart, R.; Norris, P. (2003): The True Clash of Civilizations, *Foreign Policy*, 135(March/April): 62–70.

Ipso (2022): Pamela Reif: 8,9 Millionen Instagram-Abonnenten, https://www.ispo.com/maerkte/das-sind-die-5-wichtigsten-fitness-influencer-deutschland (14.01.2023).

Iranmanesh, M.; Mirzaei, M.; Hosseini, S.M.P.; Zailani, S. (2019): Muslims' Willingness to Pay for Certified Halal Food, *Journal of Islamic Marketing*, 11(1): 14–30.

Islam, T.; Chandrasekaran, U. (2016): Religiosity and Ecologically Conscious Consumption Behaviour, *Asian Journal of Business Research*, 5(2): 18–30.

Islam, T.; Chandrasekaran, U. (2019): Religiosity, Values and Consumer Behaviour. A Study of Young Indian Muslim Consumers, *Journal of Consumer Marketing*, 36(7): 948–961.

Iyer, S. (2002): Religion and the Decision to Use Contraception in India, *Journal for the Scientific Study of Religion*, 41(4): 711–722.

Iyer, S. (2016): The New Economics of Religion, *Journal of Economic Literature*, 54(2): 395–441.

Izberk-Bilgin, E. (2012): Infidel Brands. Unveiling Alternative Meanings of Global Brands at the Nexus of Globalization, Consumer Culture, and Islamism, *Journal of Consumer Research*, 39(4): 663–687.

Jack, A.; Friedman, J.; Boyatzis, R.; Taylor, S. (2016): Why Do You Believe in God? Relationships between Religious Belief, Analytic Thinking, Mentalizing and Moral Concern, *PLoS ONE*, 11, e0155283.

Jahandideh, B.; Golmohammadi, A.; Meng, F.; O'Gorman, K.D.; Taheri, B. (2014): Cross-cultural Comparison of Chinese and Arab Consumer Complaint Behavior in the Hotel Context, *International Journal of Hospitality Management*, 41: 67–76.

Jamal, A.; Sharifuddin, J. (2015): Perceived Value and Perceived Usefulness of Halal Labeling. The Role of Religion and Culture, *Journal of Business Research*, 68(5): 933–941.

Jamal, A. A.; Milner, H. V. (2022): Islam and Mass Preferences toward Foreign Direct Investment in Tunisia, *Journal of Experimental Political Science*, 9(3): 314–325.

Jamshidi, D.; Hussin, N. (2016): Forecasting Patronage Factors of Islamic Credit Card as a New E-Commerce Banking Service. An Integration of TAM with Perceived Religiosity and Trust, *Journal of Islamic Marketing*, 7(4): 378–404.

Jelen, T.G. (1996): Catholicism, Conscience, and Censorship, in: Stout, D.A.; Buddenbaum, J.M. (Eds.), *Religion and Mass Media. Audiences and Adaptations*, 39–50, Thousand Oaks/CA: Sage.

Jensen, H.R. (2008): The Mohammed Cartoons Controversy and the Boycott of Danish Products in the Middle East, *European Business Review*, 20(2): 275–289.

Jha, S.; Balaji, M. (2015): Perceived Justice and Recovery Satisfaction. The Moderating Role of Customer-Perceived Quality, *Management & Marketing*, 10(2): 132–147.

Ji, C.H.C.; Pendergraft, L.; Perry, M. (2006): Religiosity, Altruism, and Altruistic Hypocrisy. Evidence from Protestant Adolescents, *Review of Religious Research*, 48(2): 156–178.

Joeckel, S. (2008): Funny as Hell. Christianity and Humor Reconsidered, *Humor: International Journal of Humor Research*, 21(4): 415–433.

Johan, Z.J.; Putit, L. (2016): Conceptualizing the Influences of Knowledge and Religiosity on Islamic Credit Card Compliance, *Procedia Economics and Finance*, 37: 480–487.

Johnson, C.; Mathews, B.P. (1997): The Influence of Experience on Service Expectations, *International Journal of Service Industry Management*, 8(4): 290–305.

Johnson, K.A.; Minton, E.A.; McClernon, M.P. (2021): Recycling, Relatedness, and Reincarnation. Religious Beliefs about Nature and the Afterlife as Predictors of Sustainability Practices, *Psychology of Religion and Spirituality*, Advance online publication. https://doi.org/10.1037/rel0000407 (30.04.2022).

Johnson, M.K.; Rowatt, W.C.; LaBouff, J.P. (2012): Religiosity and Prejudice Revisited. In-group Favouritism, Outgroup Derogation, or Both? *Psychology of Religion and Spirituality*, 4(2): 154–168.

Johnson, T.P.; Van de Vijver, F.J. (2003): Social Desirability in Cross-cultural Research, in: Harness, J.; Van de Vijver, F.J.; Mohler, P. (Eds.), *Cross-cultural Survey Methods*, 193–204, New York: Wiley.

Jones Jr, H.B.; Furnham, A.; Deile, A.J. (2010): Religious Orientation and the Protestant Work Ethic, *Mental Health, Religion & Culture*, 13(7/8): 697–706.

Jones, A.E.; Elliott, M. (2017): Examining Social Desirability in Measures of Religion and Spirituality Using the Bogus Pipeline, *Review of Religious Research*, 59(1): 47–64.

Jones, M.B. (1958): Religious Values and Authoritarian Tendency, *Journal of Social Psychology*, 48(1): 83–89.

Just, D.R.; Heiman, A.; Zilberman, D. (2007): The Interaction of Religion and Family Members' Influence on Food Decisions, *Food Quality and Preference*, 18(5): 786–794.

Juvan, E.; Dolnicar, S. (2014): The Attitude – Behaviour Gap in Sustainable Tourism, *Annals of Tourism Research*, 48(September): 76–95.

Kadić-Maglajlić, S.; Arslanagić-Kalajdžić, M.; Micevski, M.; Michaelidou, N.; Nemkova, E. (2017): Controversial Advert Perceptions in SNS Advertising. The Role of Ethical Judgement and Religious Commitment, *Journal of Business Ethics*, 141(2): 249–265.

Kahane, B. (2012): "Tikkun Olam". How a Jewish Ethos Drives Innovation, *Journal of Management Development*, 31(9): 938–947.

Kahneman, D.; Knetsch, J.L.; Thaler, R.H. (1991): Anomalies. The Endowment Effect, Loss Aversion, and Status Quo Bias, *Journal of Economic Perspectives*, 5(1): 193–206.

Kahoe, R.D. (1974): Personality and Achievement Correlates of Intrinsic and Extrinsic Religious Orientation, *Journal of Personality and Social Psychology*, 29(6): 812–818.

Kale, S. (2004): Spirituality, Religion, and Globalization, *Journal of Macromarketing*, 24(2): 92–107.

Kalliny, M.; Cruthirds, K.W.; Minor, M.S. (2006): Differences between American, Egyptian and Lebanese Humor Styles, *International Journal of Cross Cultural Management*, 6(1): 121–134.

Kalliny, M.; Hausman, A. (2007): The Impact of Cultural and Religious Values on Consumer's Adoption of Innovation, *Academy of Marketing Studies Journal*, 11(1): 125–137.

Kalliny, M.; Hausman, A.; Saran, A.; Ismaeil, D. (2017): The Cultural and Religious Animosity Model. Evidence from the United States, *Journal of Consumer Marketing*, 34(2): 169–179.

Kaltenbach, D.D. (2013): *Bei Tisch im Restaurant. Zwischenmenschliches auf einem Paradeplatz der Zivilisation*, Berlin: epubli.

Kamins, M. A.; Marks, L.J. (1991): The Perception of Kosher as a Third Party Certification Claim in Advertising for Familiar and Unfamiliar Brands, *Journal of the Academy of Marketing Science*, 19(3): 177–185.

Kanagaretnam, K.; Lobo, G.J.; Wang, C.; Whalen, D.J. (2015): Religiosity and Risk-taking in International Banking, *Journal of Behavioral and Experimental Finance*, 7(September): 42–59.

Kang, Y.; Yang, K.C.C. (2019): The Relationship between Country Animosity and Consumption of Japanese Cultural Products, *Intercultural Communication Studies*, 28(2): 96–112.

Kanousi, A. (2005): An Empirical Investigation of the Role of Culture on Service Recovery Expectations, *Managing Service Quality: An International Journal*, 15(1): 57–69.

Kapferer, J.N.; Valette-Florence, P. (2019): How Self-success Drives Luxury Demand, *Journal of Business Research*, 102(9): 273–287.

Kapusuz, S.; Kimzan, H. (2016): The Role of Fair Trade Trust on the Relationship of Fair Trade Knowledge, Fair Trade Adhesion, and Willingness to Pay Fair Trade Premium. The Case of Turkey, *Turkish Journal of Business Ethics*, 9(1): 70–89.

Karani, K.G.; Fraccastoro, K.A. (2010): Resistance to Brand Switching. The Elderly Consumer, *Journal of Business & Economics Research*, 8(12): 77–83.

Karoui, S.; Khemakhem, R. (2019): Consumer Ethnocentrism in Developing Countries, *European Research on Management and Business Economics*, 25(2): 63–71.

Kasber, A., El-Bassiouny, N.; Hamed, S. (2022): Can Religiosity Alter Luxury and Counterfeit Consumption? *Journal of Islamic Marketing*, 13.

Kashif, M.; Jamal, K.F.; Rehman, M. A. (2018): The Dynamics of Zakat Donation Experience among Muslims, *Journal of Islamic Accounting and Business Research*, 9(1): 45–58.

Kaufer, E. (1998): *Spiegelungen wirtschaftlichen Denkens im Mittelalter*, Innsbruck: Studien-Verlag.

Kawata, Y.; Htay, S.N.N.; Salman, A.S. (2018): Non-Muslims' Acceptance of Imported Products with Halal Logo. A Case Study of Malaysia and Japan, *Journal of Islamic Marketing*, 9(1): 191–203.

Kay, A.C.; Gaucher, D.; McGregor, I.; Nash, K. (2010): Religious Belief as Compensatory Control, *Personality and Social Psychology Review*, 14(1): 37–48.

Kay, A.C.; Shepherd, S.; Blatz, C.W.; Chua, S.N.; Galinsky, A.D. (2010): For God (or) Country. The Hydraulic Relation between Government Instability and Belief in Religious Sources of Control, *Journal of Personality and Social Psychology*, 99(5): 725–739.

Keaveney, S.M.; Parthasarathy, M. (2001): Customer Switching Behavior in Online Services, *Journal of the Academy of Marketing Science*, 29(4): 374–390.

Keenan, K.L.; Yeni, S. (2003): Ramadan Advertising in Egypt. A Content Analysis with Elaboration on Selected Items, *Journal of Media and Religion*, 2(2): 109–117.

Keshkar, S.; Lawrence, I.; Dodds, M.; Morris, E.; Mahoney, T.; Heisey, K., ... Santomier, J. (2019): The Role of Culture in Sports Sponsorship. An Update, *Annals of Applied Sport Science*, 7(1): 57–81.

Ketelaar, P.E.; Konig, R.; Smit, E.G.; Thorbjørnsen, H. (2015): In Ads we Trust. Religiousness as a Predictor of Advertising Trustworthiness and Avoidance, *Journal of Consumer Marketing*, 32(3): 190–198.

Khalil, M. A.; Surendran, S. (2006): Globalization Challenges in the Middle East, Religious Fundamentalism, *Competition Forum*, 4(2): 293–302.

Khan, A.; Azam, M.K.; Arafat, M.Y. (2019): Does Religiosity Really Matter in Purchase Intention of Halal Certified Packaged Food Products? *Pertanika Journal of Social Sciences and Humanities*, 27(4): 2383–2400.

Khan, R.; Misra, K.; Singh, V. (2013): Ideology and Brand Consumption, *Psychological Science*, 24(3): 326–333.

Khraim, H.S.; Khraim, A.S.; Al-Kaidah, F.M.; Al-Qurashi, D. (2011): Jordanian Consumer's Evaluation of Retail Store Attributes. The Influence of Consumer Religiosity, *International Journal of Marketing Studies*, 3(4): 105–116.

Kilian, K. (2009): Marke unser. Branding zwischen höllisch gut und himmlisch verwegen, http://www.markenlexikon.com (28.07.2010).

Kiliçbay, B.; Binark, M. (2002): Consumer Culture, Islam, and the Politics of Lifestyle. Fashion for Veiling in Contemporary Turkey, *European Journal of Communication*, 17(4): 495–511.

Kilkon, K; Seong-Gin, M. (2014): The Relationship between Religion and Corruption. Are the Proposed Causal Links Empirically Valid? *International Review of Public Administration*, 19(1): 44–62.

Kim, D.; Pan, Y.; Park, H.S. (1998): High- versus Low-context Culture. A Comparison of Chinese, Korean, and American Cultures, *Psychology & Marketing*, 15(6): 507–521.

Kim, J.-H.; Kim, M.S. (2020): Consumer Animosity to Foreign Product Purchase, *Journal of Korea Trade*, 24(6): 61–81.

Kirk, C.M.; Lewis, R.K. (2013): The Impact of Religious Behaviours on the Health and Well-being of Emerging Adults, *Mental Health, Religion & Culture*, 16(10): 1030–1043.

Klaschka, S. (2000): Glücklich, wer Beamter ist. China und seine raffinierte Kunst der Bürokratie, www.zeit.de/2000/29/Gluecklich_wer_Beamter_ist/(28.08.2021).

Klein, J.G.; Ettenson, R. (1999): Consumer Animosity and Consumer Ethnocentrism, *Journal of International Consumer Marketing*, 11(4): 5–24.

Klein, J.G.; Ettenson, R.; Morris, M.D. (1998): The Animosity Model of Foreign Product Purchase. An Empirical Test in the People's Republic of China, *Journal of Marketing*, 62(1): 89–100.

Kleinaltenkamp, M. (1998): Begriffsabgrenzungen und Erscheinungsformen von Dienstleistungen, in: Bruhn, M.; Meffert, H. (Hrsg.), *Handbuch Dienstleistungsmanagement*, 29–52, Wiesbaden: Gabler.

Kluver, R.; Cheong, P.H. (2007): Technological Modernization, the Internet, and Religion in Singapore, *Journal of Computer-Mediated Communication*, 12(3): 1122–1142.

Knetsch, J.L.; Sinden, J.A. (1984): Willingness to Pay and Compensation Demanded. Experimental Evidence of an Unexpected Disparity in Measures of Value, *Quarterly Journal of Economics*, 99(3): 507–521.

Ko, K.; Moon, S.G. (2014): The Relationship between Religion and Corruption. Are the Proposed Causal Links Empirically Valid? *International Review of Public Administration*, 19(1): 44–62.

Kocas, C.; Bohlmann, J.D. (2008): Segmented Switchers and Retailer Pricing Strategies, *Journal of Marketing*, 72(3): 124–142.

Kogut, B.; Singh, H. (1988): The Effect of National Culture on the Choice of Entry Mode, *Journal of International Business Studies*, 19(3): 411–432.

Kontinen, T.; Ojala, A. (2010): Internationalization Pathways of Family SMEs. Psychic Distance as a Focal Point, *Journal of Small Business and Enterprise Development*, 17(3): 437–454.

Koopmans, R. (2020): *Das verfallene Haus des Islam*, München: Beck.

Kopalle, P.K.; Lehmann, D.R.; Farley, J.U. (2010): Consumer Expectations and Culture. The Effect of Belief in Karma in India, *Journal of Consumer Research*, 37(2): 251–263.

Koydl, W. (2007): Fanatischer Hass aufs grüne Licht, *http://www.sueddeutsche.de/panorama/grossbritannien-fanatischer-hass-aufs-gruene-licht-1.879795/* (12.08.2007).

Kraus, S.; Meier, F.; Eggers, F.; Bouncken, R.B.; Schuessler, F. (2016): Standardisation vs. Adaption. A Conjoint Experiment on the Influence of Psychic, Cultural and Geographical Distance on International Marketing Mix Decisions, *European Journal of International Management*, 10(2): 127–156.

Kreuser, G. (2002): *Der Schlüssel zum indischen Markt*, Wiesbaden: Gabler.

Krisjanous, J.; Allayarova, N.; Kadirov, D. (2021): Clothing of Righteousness. Exploring Tensions of Halal Maternity Wear on Online Apparel Websites, *Journal of Islamic Marketing*, 13(5): 1125–1142.

Kroeber-Riel, W.; Weinberg, P.; Gröppel-Klein, A. (2019): *Konsumentenverhalten*, 11. Aufl., München: Vahlen.

Kumar, A.; Page, J.K.; Spalt, O.G. (2011): Religious Beliefs, Gambling Attitudes, and Financial Market Outcomes, *Journal of Financial Economics*, 102(3): 671–708.

Kurpis, L.V.; Beqiri, M.S.; Helgeson, J.G. (2008): The Effects of Commitment to Moral Self-improvement and Religiosity on Ethics of Business Students, *Journal of Business Ethics*, 80(3): 447–463.

Kurt, D.; Inman, J.J.; Gino, F. (2018): Religious Shoppers Spend Less Money, *Journal of Experimental Social Psychology*, 78(September): 116–124.

Kurtulus, S.; Meltem Karakasoglu, M.; Baghirov, F. (2018): Role of Conservatism in Turkish Users' Instagram Behavior, *International Journal of Business & Information*, 13(2): 223–242.

Kusumawardani, K.A.; Yolanda, M. (2021): The Role of Animosity, Religiosity, and Allocentrism in Shaping Purchase Intention through Ethnocentrism and Brand Image, *Organizations and Markets in Emerging Economies*, 12(2): 503–525.

Kusumawati, A.; Listyorini, S.; Suharyono, S.; Yulianto, E. (2020): The Role of Religiosity on Fashion Store Patronage Intention of Muslim Consumers in Indonesia, *Sage Open*, 10(2): 1–15.

Kutschker, M.; Schmid, S. (2011): *Internationales Management*, 7. Aufl., München: Oldenbourg.

Kwok, D.W.; Meschi, P.X.; Bertrand, O. (2020): In CEOs We Trust. When Religion Matters in Cross-Border Acquisitions, *International Business Review*, 29(4): 101705.

La Barbera, P.A.; Gürhan, Z. (1997): The Role of Materialism, Religiosity, and Demographics in Subjective Well-being, *Psychology & Marketing*, 14(1): 71–97.

La Barre, W. (1970): *The Ghost Dance. Origins of Religion*, New York: Delta.

La Ferle, C.; Muralidharana, S.; Roth-Cohenb, O. (2022): Exploring the Differential Effects of Religious and Spiritual Cues in Online Advertising. A Study of U. S. Christians and the Nonreligious during COVID-19, *Journal of Advertising*, 51(1): 95–106.

La Porta, R.; Lopez-de-Silanes, F.; Shleifer, A.; Vishny, R.W. (1997): Trust in Large Organizations, *American Economic Association Papers and Proceedings*, 87(2): 333–338.

La, S.; Choi, B. (2019): Perceived Justice and CSR after Service Recovery, *Journal of Services Marketing*, 33(2): 206–219.

Lacy, T. (2018): Against and Beyond Hofstadter. Revising the Study of Anti-Intellectualism, in: Haberski, R.; Hartmann, A. (Eds.), *American Labyrinth*, 253–270, Ithaca/NY: Cornell University Press.

Lada, S.; Tanakinjal, G.H.; Amin, H. (2009): Predicting Intention to Choose Halal Products Using Theory of Reasoned Action, *International Journal of Islamic and Middle Eastern Finance and Management*, 2(1): 66–76.

Lam, D. (2006): The Influence of Religiosity on Gambling Participation, *Journal of Gambling Studies*, 22(3): 305–320.

Lam, P. (2006): Religion and Attitudes Toward International Trade. Does Religiosity Increase Protectionism? *Unpublished Working Paper*, http://www.iq.harvard.edu/NewsEvents/Seminars-WShops/PEW/Fall06/Lam2006.pdf.

Lambert, N.M.; Fincham, F.D.; Marks, L D.; Stillman, T.F. (2010): Invocations and Intoxication. Does Prayer Decrease Alcohol Consumption? *Psychology of Addictive Behaviors*, 24(2): 209–219.

Lämla, J.; Neckel, S. (Hrsg.) (2006): *Politisierter Konsum – konsumierte Politik*, Wiesbaden: VS Verlag für Sozialwissenschaften.

Landes, D.S. (1998): *The Wealth and Poverty of Nations. Why Some Are so Rich and Some Are so Poor*, New York: Norton.

Lasarov, W.; Hoffmann, S. (2020): Social Moral Licensing, *Journal of Business Ethics*, 165(1): 45–66.

Lascu, D.N.; Cotter, C.; Sato, M.; Wing, T. (2016): Indicators of Product Quality. Faith Labels as Branding Tools, *Innovative Marketing*, 12(2): 28–31.

Lastovicka, J.L.; Bettencourt, L.A.; Hughner, R.S.; Kuntze, R.J. (1999): Lifestyle of the Tight and Frugal. Theory and Measurement, *Journal of Consumer Research*, 26(1): 85–98.

LaTour, M.S.; Henthorne, T.L. (1994): Ethical Judgments of Sexual Appeals in Print Advertising, *Journal of Advertising*, 23(3): 81–90.

Laurin, K.; Shariff, A.F.; Henrich, J.; Kay, A.C. (2012): Outsourcing Punishment to God. Beliefs in Divine Control Reduce Earthly Punishment, *Proceedings of the Royal Society B: Biological Sciences*, 279(1741): 3272–3281.

Laux, B.; Bleyer, B. (2012): Was kaufst DU? Grundlegende Aspekte der Konsumentenethik, *Regensburger RU-Notizen*, 32(1): 18–23.

Lavoie, D.; Chamlee-Wright, E. (2001): *Culture and Enterprise. The Development, Representation, and Morality of Business*, London: Routledge.

Leak, G.K.; Fish, S. (1989): Religious Orientation, Impression Management, and Self-deception. Toward a Clarification of the Link between Religiosity and Social Desirability, *Journal for the Scientific Study of Religion*, 28(3): 355–359.

Leary, R.B.; Minton, E.A.; Mittelstaedt, J.D. (2016): Thou Shall Not? The Influence of Religion on Beliefs of Stewardship and Dominion, Sustainable Behaviors, and Marketing Systems, *Journal of Macromarketing*, 36(4): 457–470.

Lee, C.W.; Park, S. (2016): Does Religious Similarity Matter in International Trade in Services? *The World Economy*, 39(3): 409–425.

Lee, E.J. (1995): Max Weber und der „konfuzianische Kapitalismus, *Leviathan*, 23(4): 517–529.

Lee, H.; Lalwani, A.K.; Wang, J.J. (2020): Price no Object! The Impact of Power Distance Belief on Consumers' Price Sensitivity, *Journal of Marketing*, 84(6): 113–129.

Lee, I. (2005): The Law and Culture of the Apology in Korean Dispute Settlement (with Japan and the United States in Mind), *Michigan Journal of International Law*, 27(1): 6–53.

Legrenzi, G.; Heinlein, R.; Mahadeo, S.M.R. (2021): Will there be a 'Santa Claus Rally' in the Stock Market this Year? https://theconversation.com/will-there-be-a-santa-claus-rally-in-the-stock-market-this-year-173937 (21.12.2022).

Lehmann, H. (2004): *Säkularisierung. Der europäische Sonderweg in Sachen Religion*, Göttingen: Walstein.

Leipold, H. (2022): Islamische Wirtschaftsethik, in: Aßländer, M.S. (Hrsg.), *Handbuch Wirtschaftsethik*, 2. Aufl., 735–737, Berlin: Metzler.

Lemerise, E.A.; Arsenio, W.F. (2000): An Integrated Model of Emotion Processes and Cognition in Social Information Processing, *Child Development*, 71(1): 107–118.

Lemmergaard, J.; Muhr, S.L. (2011): Regarding Gifts. On Christmas Gift Exchange and Asymmetrical Business Relations, *Organization*, 1G(6): 763–777.

Lenski, G.E.; Smith, J.W.; Jamison, A.L. (1963): The Religious Factor, *Science and Society*, 27(3): 354–357.

Lenski, G.E. (1963): *The Religious Factor. A Sociological Study of Religion's Impact on Politics, Economics, and Family Life*, Garden City/NY: Doubleday.

Leuteritz, A.; Wünschmann, S.; Schwarz, U.; Müller, S. (2008): *Erfolgsfaktoren des Sponsoring*, Göttingen: Cuvillier.

Leventis, S.; Dedoulis, E.; Abdelsalam, O. (2018): The Impact of Religiosity on Audit Pricing, *Journal of Business Ethics*, 148(1): 53–78.

Lev-On, A.; Lissitsa, S. (2018): Facilitating Cross-cleavage Communication Online. Findings from Interviews with Ultra-orthodox, Religious, and Secular Participants, *Communication Review*, 21(3): 212–227.

Lewer, J.J.; Gerlick, R.N.; Lucas, D. (2008): The Impact of Christian Education and Curriculum on Illegal Media File Sharing Attitudes and Behaviour, *Christian Business Academy Review*, 3(1): 70-79.

Li, F.; Zhou, N.; Kashyap, R.; Yang, Z. (2008): Brand Trust as a Second-order Factor, *International Journal of Market Research*, 50(6): 817-839.

Li, N. (2008): Religion, Opportunism, and International Market Entry via Non-equity Alliances or Joint Ventures, *Journal of Business Ethics*, 80(4): 771-789.

Li, Y.; Sai, Q. (2020): The Effects of Language and Religion on Cross-border Acquisition Completion, *Research in International Business and Finance*, 54(December): 101294.

Li, Y.J.; Johnson, K.A.; Cohen, A.B.; Williams, M.J.; Knowles, E.D.; Chen, Z. (2012): Fundamental (ist) Attribution Error. Protestants are Dispositionally Focused, *Journal of Personality and Social Psychology*, 102(2): 281-290.

Liang, M.Y. (2010): Confucianism and the East Asian Miracle, *American Economic Journal. Macroeconomics*, 2(3): 206-34.

Lim, C. (2015): Religion and Subjective Well-being across Religious Traditions, *Journal for the Scientific Study of Religion*, 54(4): 684-701.

Lin, C.A. (1993): Cultural Differences in Message Strategies. A Comparison between American and Japanese TV Commercials, *Journal of Advertising Research*, 33(4): 40-48.

Lindridge, A. (2005): Religiosity and the Construction of a Cultural-consumption Identity, *Journal of Consumer Marketing*, 22(3): 142-151.

Lindstrom, M. (2005): *Brand Sense. Build Powerful Brands Through Touch, Taste, Smell, Sight, and Sound*, New York: Free Press.

Lissitsa, S.; Cohen, O.R. (2018): The Decade of Online Shopping in the Jewish Ultra-Orthodox Community, *Journal of Media and Religion*, 17(2): 74-89.

Lissitsa, S.; Kol, O. (2016): Generation X vs. Generation Y. A Decade of Online Shopping, *Journal of Retailing and Consumer Services*, 31: 304-312.

Lissitsa, S.; Kol, O. (2021): Four Generational Cohorts and Hedonic M-Shopping. Association between Personality Traits and Purchase Intention, *Electronic Commerce Research*, 21(2): 545-570.

Lissitsa, S.; Madar, G. (2018): Do Disabilities Impede the Use of Information and Communication Technologies? Findings of a Repeated Cross-sectional Study (2003-2015), *Israel Journal of Health Policy Research*, 7(1): 1-17.

Liu, R.L.; Minton, E.A. (2018): Faith-filled Brands. The Interplay of Religious Branding and Brand Engagement in the Self-concept, *Journal of Retailing and Consumer Services*, 44(September): 305-314.

Liu, R.R.; McClure, P. (2001): Recognizing Cross-cultural Differences in Consumer Complaint Behavior and Intentions, *Journal of Consumer Marketing*, 18(1): 54-75.

Liu, Z.; Guo, I.; Sun, P.; Wang, Z.; Wu, R. (2018): Does Religion Hinder Creativity? A National Level Study on the Roles of Religiosity and Different Denominations, *Frontiers in Psychology*, 9: 1-12.

Lord, K.R.; Putrevu, S. (2005): Religious Influence on Consumer Behavior. Classification and Measurement, in: Menon, G.; Rao, A.R, (Eds.), *Advances in Consumer Research*, Vol. 32, 651-652, Duluth/MN: Association for Consumer Research.

Loroz, P.S.; Helgeson, J.G. (2013): Boomers and their Babies. An Exploratory Study Comparing Psychological Profiles and Advertising Appeal Effectiveness across two Generations, *Journal of Marketing Theory and Practice*, 21(3): 289-306.

Loureiro, M.L.; Lotade, J. (2005). Do Fair Trade and Eco-labels in Coffee Wake up the Consumer Conscience? *Ecological Economics*, 53(1): 129-138.

Luna-Arocas, R.; Tang, T.L.P. (2004): The Love of Money, Satisfaction, and the Protestant Work Ethic, *Journal of Business Ethics*, 50(4): 329-354.

Lütge, C.; Uhl, M. (2017): *Wirtschaftsethik*, München: Vahlen.

Ma, J.; Hong, J.; Yoo, B.; Yang, J. (2021): The Effect of Religious Commitment and Global Identity on Purchase Intention of Luxury Fashion Products. A Cross-cultural Study, *Journal of Business Research*, 137(12): 244-254.

MacKenzie, S.B.; Lutz, R.J.; Belch, G.E. (1986): The Role of Attitude toward the Ad as a Mediator of Advertising Effectiveness. A Test of Competing Explanations, *Journal of Marketing Research*, 23(2): 130–143.

Malhotra, D.K. (2008): (When) are Religious People Nicer? Religious Salience and the ‚Sunday Effect' on Pro-social Behavior, *Judgment and Decision Making*, 5(2): 138–143.

Mamun, M.A.A.; Strong, C.A.; Azad, M. A.K. (2021): Islamic Marketing. A Literature Review and Research Agenda, *International Journal of Consumer Studies*, 45(5): 964–984.

Mansori, S. (2012): Impact of Religion Affiliation and Religiosity on Consumer Innovativeness. The Evidence of Malaysia, *World Applied Sciences Journal*, 17(3): 301–307.

Mansori, S.; Sambasivan, M.; Md-Sidin, S. (2015): Acceptance of Novel Products. The Role of Religiosity, Ethnicity and Values, *Marketing Intelligence & Planning*, 33(1): 39–66.

Mansour, I.H.F.; Diab, D.M. E. (2016): The Relationship between Celebrities' Credibility and Advertising Effectiveness. The Mediation Role of Religiosity, *Journal of Islamic Marketing*, 7(2): 148–166.

Marks, M.L.; Mirvis, P.H. (2011): A Framework for the Human Resources Role in Managing Culture in Mergers and Acquisitions, *Human Resource Management*, 50(6): 859–877.

Martín Martín, O.; Drogendijk, R. (2014): Country Distance (COD). Development and Validation of a New Objective Measure, *Journal of Small Business Management*, 52(1): 102–125.

Martin, D.B. (2009): *Inventing Superstition. From the Hippocratics to the Christians*, Cambridge/MA: Harvard University Press.

Martin, W.C.; Bateman, C.R. (2014): Consumer Religious Commitment's Influence on Ecocentric Attitudes and Behavior, *Journal of Business Research*, 67(2): 5–11.

Maryati, W.; Hartini, S.; Premananto, G.C. (2021): The Role of Religiosity and Spirituality on Impulsive Buying, *Journal of Islamic Economics*, 5(1): 119–150.

Mathras, D.; Cohen, A.B.; Mandel, N.; Mick, D.G. (2016): The Effects of Religion on Consumer Behavior. A Conceptual Framework and Research Agenda, *Journal of Consumer Psychology*, 26(2): 298–311.

Mathwick, C. (2002): Understanding the Online Consumer. A Typology of Online Relational Norms and Behavior, *Journal of Interactive Marketing*, 16(1): 40–55.

Matikiti, R.; Roberts-Lombard, M.; Mpinganjira, M. (2018): The Influence of Perceived Justice on Recovery Satisfaction in the Airline Industry, *Journal of African Business*, 19(4): 512–530.

Mattila, A.; Patterson, P.G. (2004): Service Recovery and Fairness Perceptions in Collectivist and Individualist Contexts, *Journal of Service Research*, 6(4): 336–346.

Maung, M.; Tang, Z.; Wilson, C.; Xu, X. (2021): Religion, Risk Aversion, and Cross Border Mergers and Acquisitions, *Journal of International Financial Markets, Institutions and Money*, 70: 101262.

Maus, M. (1990): *Die Gabe. Form und Funktion des Austauschs in archaischen Gesellschaften*, Frankfurt/Main: Suhrkamp.

Mavor, K.I.; Ysseldyk, R. (2020): A Social Identity Approach to Religion, in: Mavor, K.I.; Ysseldyk, R. (Eds.), *The Science of Religion, Spirituality, and Existentialism*, 187–205, New York: Academic Press.

Mayer, A.J.; Sharp, H. (1962): Religious Preference and Worldly Success, *American Sociological Review*, 27(2): 218–227.

Mazar, N.; Zhong, C.B. (2010): Do Green Products Make us Better People? *ma*, 21(4): 494–498.

Mazereeuw, C.; Graafland, J.; Kaptein, M. (2014): Religiosity, CSR Attitudes, and CSR Behavior. An Empirical Study of Executives' Religiosity and CSR, *Journal of Business Ethics*, 123(3): 437–459.

Mazereeuw-van der Duijn Schouten, C.; Graafland, J.; Kaptein, M. (2014): Religiosity, CSR Attitudes, and CSR Behavior. An Empirical Study of Executives' Religiosity and CSR, *Journal of Business Ethics*, 123(3): 437–459.

McClelland, D.C.; Atkinson, J.W.; Clark, R.W.; Lowell, E.L. (1953): *The Achievement Motive*, Princeton/NY: Appleton-Century-Crofts.

McClure, P K. (2020): The Buffered, Technological Self. Finding Associations between Internet Use and Religiosity, *Social Compass*, 67(3): 461–478.

McCollough, M. A. (2009): The Recovery Paradox. The Effect of Recovery Performance and Service Failure Severity on Post-Recovery Customer Satisfaction, *Academy of Marketing Studies Journal*, 13(1): 89–104.

McCord, W. (1989): Explaining the East Asian „Miracle", *The National Interest*, 16(Summer): 74–82.
McCullough, M. E.; Worthington, Jr. E.L. (1999): Religion and the Forgiving Personality, *Journal of Personality*, 67(6): 1141–1164.
McCullough, M. E.; Bono, G.; Root, L.M. (2005): Religion and Forgiveness, in: Paloutzian; R.F.; Park, C.L. (Eds.), *Handbook of Psychology of Religion and Spirituality*, 394–411, New York: Guilford.
McCullough, M. E.; Willoughby, B.L. (2009): Religion, Self-regulation, and Self-control, *Psychological Bulletin*, 135(1): 69–93.
McDaniel, S.W.; Burnett, J.J. (1990): Consumer Religiosity and Retail Store Evaluation Criteria, *Journal of the Academy of Marketing Science*, 18(2): 101–112.
McDaniel, SW.; Burnett, J.J. (1991): Targeting the Evangelical Market Segment, *Journal of Advertising Research*, 31(4): 26–33.
McGraw, P.A.; Schwartz, J.A.; Tetlock, P.E. (2012): From the Commercial to the Communal. Reframing Taboo Trade-offs in Religious and Pharmaceutical Marketing, *Journal of Consumer Research*, 39(1): 157–173.
McGuire, S;T., Newton, N.J.; Omer, T.C.; Sharp, N.Y. (2012): Does Local Religiosity Impact Corporate Social Responsibility? *SSRN*: https://ssrn.com/abstract=1926387 (25.03.2022).
McGuire, W.J. (1985): Attitudes and Attitude Change, in: Lindzey, G.; Aronson, E. (Eds.), *Handbook of Social Psychology*, Vol. 2, 233–346, New York/NY: Random House.
McKinnon, A. (2002): Sociological Definitions, Language Games, and the „Essence" of Religion, *Method & Theory in the Study of Religion*, 14(1): 61–83.
McWilliams, P.B.; Heiman, A.; Zilberman, D. (2016): Religion, Religiosity, and the Consumption of Timesaving Foods, *Working Paper*, The Center for Research in Agricultural Economics, Rehovot: Israel.
Meerkerk, G.J.; Van den Eijnden, R.; Garretsen, H.F.L. (2006): Predicting Compulsive Internet Use, *Cyberpsychology & Behavior*, 9(1): 95–103.
Meffert, H. (2006): Marketing für innovative Dienstleistungen, in: Bullinger, H.-J.; Scheer, A.-W. (Hrsg.), *Service Engineering*, 249–270, Heidelberg: Springer.
Meffert, H.; Burmann, C.; Kirchgeorg, M.; Eisenbeiß, M. (2019): *Marketing*, 13. Aufl., Wiesbaden: Springer Gabler.
Mehanna, R.A. (2003): International Trade, Religion, and Political Freedom, *Global Business and Economics Review*, 5(2): 284–296.
Mendl, H.; Sitzberger, R.; Lamberty, A. (2020): Identitätsbildung in digitalen Welten, *Österreichisches Religionspädagogisches Forum*, 28(1): 143–160.
Micheletti, M. (2003): *Political Virtue and Shopping*, New York: Palgrave Macmillan.
Micheletti, M.; Oral D. (2019): Problematic Political Consumerism, in: Boström, M; Micheletti, M.; Oosterveer, P, (Eds.), *The Oxford Handbook of Political Consumerism*, 699–720, Oxford University Press.
Michell, P.C.N.; Al-Mossawi, M. (1995): The Mediating Effect of Religiosity on Advertising Effectiveness, *Journal of Marketing Communications*, 1(3): 151–162.
Midgley, D.F.; Dowling, G.R. (1978): Innovativeness. The Concept and Its Measurement, *Journal of Consumer Research*, 4(4): 229–242.
Migdalis, N.I.; Tomlekova, N.; Serdaris, P.K.;Yordanov, Y.G. (2014): The Impact of Religion on Shopping Behavior, *International Journal of Management Research and Reviews*, 4(12): 1120–1128.
Mikolon, S.; Quaiser, B.; Wieseke, J. (2015): Don't Try Harder. Using Customer Inoculation to Build Resistance against Service Failures, *Journal of the Academy of Marketing Science*, 43(4): 512–527.
Miller, A.S.; Hoffmann, J.P. (1995): Risk and Religion. An Explanation of Gender Differences in Religiosity, *Journal for the Scientific Study of Religion*, 34(1): 63–75.
Minton, E.A.; Cabano, F.; Gardner, M.; Mathras, D.; Elliot, E.; Mandel, N. (2017): LGBTQ and Religious Identity Conflict in Service Settings, *Journal of Services Marketing*, 31(4/5): 351–361.
Minton, E.A. (2015): In Advertising We Trust. Religiosity's Inluence on Marketplace and Relational Trust, *Journal of Advertising*, 44(4): 403–414.
Minton, E.A. (2018): Affective and Cognitive Religiosity. Influences on Consumer Reactance and Self-control, *Journal of Consumer Behaviour*, 17(2): 175–186.

Minton, E.A. (2019): Believing is Buying. Religiosity, Advertising Skepticism, and Corporate Trust, *Journal of Management, Spirituality & Religion*, 16(1): 54–75.

Minton, E.A. (2020): When Open-mindedness Lowers Product Evaluations. Influencers to Consumers' Response to Religious Cues in Advertising, *Psychology & Marketing*, 37(3): 369–383.

Minton, E.A., Leary, B.R.; Upadhyaya, S. (2018b): Religion's Influence on Consumer Response to Moral vs. Justice Message Appeals, *International Journal of Consumer Studies*, 42(6): 768–778.

Minton, E.A.; Cabano, F.G. (2021): Religiosity's Influence on Stability-seeking Consumption during Times of Great Uncertainty. The Case of the Coronavirus Pandemic, *Marketing Letters*, 32(2): 135–148.

Minton, E.A.; Cabano, F.G. (2022): Loving My Local Business as My Neighbor. Religiosity's Influence on Local Business Support during a Crisis, *International Journal of Consumer Studies*, 46(5): 1–14.

Minton, E.A.; Geiger-Oneto, S. (2020): Making one's Religious Self Feel Better about Luxury Use. The Role of Religiosity in Choice of Disposal Option for Luxury Goods, *Journal of Consumer Behaviour*, 19(6): 581–593.

Minton, E.A.; Johnson, K.A.; Liu, R.L. (2019): Religiosity and Special Food Consumption. The Explanatory Effects of Moral Priorities, *Journal of Business Research*, 95(2): 442–454.

Minton, E.A.; Kahle, L.R. (2014): *Belief Systems, Religion, and Behavioral Economics. Marketing in Multicultural Environments*, Business Expert Press.

Minton, E.A.; Kahle, L.R. (2016): Religion and Consumer Behaviour, in: Jansson-Boyd, C.V.; Zawisza, M.J. (Eds.), *International Handbook of Consumer Psychology*, 292–311, New York/NY: Routledge.

Minton, E.A.; Kahle, L.R.; Kim, C.H. (2015): Religion and Motives for Sustainable Behaviors, *Journal of Business Research*, 68(9): 1937–1944.

Minton, E.A.; Kaplan, B.; Cabano, F.G. (2022): The Influence of Religiosity on Consumers' Evaluations of Brands Using Artificial Intelligence, *Psychology & Marketing*, 39(11): 2055–2071.

Minton, E.A.; Liu, R.L. (2021): Religiosity and Consumer Belonging. Influences on Product Evaluations, *Journal of Consumer Behaviour*, 20(1): 32–47.

Minton, E.A.; Tan, S.J.; Tambyah, S..K.; Liu, R.L. (2022): Drivers of Sustainability and Consumer Well-being. An Ethically-based Examination of Religious and Cultural Values, *Journal of Business Ethics*, 175(1): 167–190.

Minton, E.A.; Xie, H.J.; Gurel-Atay, E.; Kahle, L.R. (2018): Greening Up because of God. The Relations among Religion, Sustainable Consumption and Subjective Well-being, *International Journal of Consumer Studies*, 42(6): 655–663.

Mirels, H.L.; Garrett, J.B. (1971): The Protestant Ethic as a Personality Variable, *Journal of Consulting and Clinical Psychology*, 36(1): 40–44.

Miric, M.; Jeppesen, L. B. (2020): Does Piracy Lead to Product Abandonment or Stimulate New Product Development? Evidence from Mobile Platform-Based Developer Firms, *Strategic Management Journal*, 41(12): 2155–2184.

Mochon, D.; Norton, M.I.; Ariely, D. (2011): Who Benefits from Religion? *Social Indicators Research*, 101(1): 1–15.

Mohrman, S.A.; O'Toole, J.; Lawler III, E.E. (Eds.) (2017): *Corporate Stewardship. Achieving Sustainable Effectiveness*, London: Routledge.

Mokhlis, S. (2006a): *The Influence of Religion on Retail Patronage Behaviour in Malaysia*, Ph.D. Thesis, Stirling/UK: University of Stirling.

Mokhlis, S. (2006b): The Effect of Religiosity on Shopping Orientation. An Exploratory Study in Malaysia, *Journal of American Academy of Business*, 9(1): 64–74.

Mokhlis, S. (2008): Consumer Religiosity and the Importance of Store Attributes, *Journal of Human Resources and Adult Learning*, 4(2): 122–133.

Mokhlis, S. (2009a): Religious Differences in some Selected Aspects of Consumer Behaviour. A Malaysian Study, *Journal of International Management Studies*, 4(1): 67–76.

Mokhlis, S. (2009b): Relevancy and Measurement of Religiosity in Consumer Behavior Research, *International Business Research*, 2(3): 75–84.

Mokhlis, S. (2010): Religious Contrasts in Consumer Shopping Styles, *Journal of Business Studies Quarterly*, 2(1): 52–64.

Montgomery, J.D. (2003): A Formalization and Test of the Religious Economies Model, *American Sociological Review*, 68(5): 782–809.

Moon, Y. (2003): Don't Blame the Computer. When Self-disclosure Moderates the Self-serving Bias, *Journal of Consumer Psychology*, 13(1–2): 125–137.

Moore, R.L. (1995): *Selling God. American Religion in the Marketplace of Culture*, Oxford: Oxford University Press.

Moraru, M. (2012): *Debt and Religion. Are Religious People more Debt Averse and Have High Willingness to Pay their Debts Off?* Master's Thesis, University of Stavanger/Norway.

Morewedge, C.K.; Shu, L.L.; Gilbert, D.T.; Wilson, T.D. (2009): Bad Riddance or Good Rubbish? Ownership and not Loss Aversion Causes the Endowment Effect, *Journal of Experimental Social Psychology*, 45(4): 947–951.

Morreall, J. (2008): Philosophy and Religion, in: Raskin, V. (Ed.), *The Primer of Humor Research*, 211–242, Berlin, New York/NY: Mouton, de Gruyter.

Mortimer, G.; Fazal-e-Hasan, S.M.; Grimmer, M.; Grimmer, L. (2020): Explaining the Impact of Consumer Religiosity, Perceived Risk and Moral Potency on Purchase Intentions, *Journal of Retailing and Consumer Services*, 55(July): 102–115.

Mostafa, M.M. (2019): Clustering Halal Food Consumers. A Twitter Sentiment Analysis, *International Journal of Market Research*, 61(3): 320–337.

Muhamad, N.; Leong, V.S.; Isa, N.M. (2017): Does the Country of Origin of a Halal Logo Matter? The Case of Packaged Food Purchases, *Review of International Business and Strategy*, 27(4): 484–500.

Muhamad, N.; Mizerski, D. (2013): The Effects of Following Islam in Decisions about Taboo Products, *Psychology & Marketing*, 30(4): 357–371.

Mukhtar, A.; Butt, M.M. (2012): Intention to Choose Halal Products. The Role of Religiosity, *Journal of Islamic Marketing*, 3(2): 108–120.

Müller, S.; Gelbrich, K. (2014): *Interkulturelle Kommunikation*, München: Vahlen.

Müller, S.; Gelbrich, K. (2015): *Interkulturelles Marketing*, 2. Aufl., München: Vahlen.

Müller, S.; Gelbrich, K. (2021): *Interkulturelles Konsumentenverhalten*, München: Vahlen.

Mullet, E.; Barros, J.; Usaï, V.; Frongia, L.; Neto, F.; Rivière Shafighi, S. (2003): Religious Involvement and the Forgiving Personality, *Journal of Personality*, 71(1): 1–19.

Muralidharan, S.; La Ferle, C. (2018): Religious Symbolism in the Digital Realm, *International Journal of Consumer Studies*, 42(6): 804–812.

Myers, S.D.; Deitz, G.D.; Huhmann, B. A.; Jha, S.; Tatara, J.H. (2020): An Eye-tracking Study of Attention to Brand-identifying Content and Recall of Taboo Advertising, *Journal of Business Research*, 111(4): 176–186.

Nadesan, M.H. (1999): The Discourses of Corporate Spiritualism and Evangelical Capitalism, *Management Communication Quarterly*, 13(1): 3–42.

Naseri, A.; Tamam, E. (2012): Impact of Islamic Religious Symbols in Producing Favorable Attitude toward Advertisement, *Revista de Administratie Publica si Politici Sociale*, 8(1): 61–78.

Nasution, M.D.T.P.; Rossanty, Y. (2018): Country of Origin as a Moderator of Halal Label and Purchase Behavior, *Journal of Business and Retail Management Research*, 12(2): 194–201.

Nelson, M.R.; Ham, C.D.; Haley, E. (2021): What Do We Know about Political Advertising? *Journal of Current Issues & Research in Advertising*, 42(4): 329–353.

Newholm, T.; Shaw, D. (2007): Studying the Ethical Consumer. A Review of Research, *Journal of Consumer Behaviour*, 6(5): 253–270.

Newton, J.D.; Wong, J.; Casidy, R. (2018): Deck the Halls with Boughs of Holly to Soften Evaluations of Service Failure, *Journal of Service Research*, 21(4): 389–404.

Ngah, A.; Garbarre, S.; Jeevan, J.; Salleh, N.; Hanafiah, R. (2021): To Pay or Not to Pay. Measuring the Effect of Religiosity in the ABC Theory, *Management Science Letters*, 11(3): 795–806.

Ngai, E.W.; Heung, V.C.; Wong, Y.H.; Chan, F.K. (2007): Consumer Complaint Behaviour of Asians and Non-Asians about Hotel Services, *European Journal of Marketing*, 41(11/12): 1375–1391.

Niazi, M.A.K.; Ghani, U.; Aziz, S. (2019): Impact of Islamic Religiosity on Consumers' Attitudes towards Islamic and Conventional Ways of Advertisements, Attitude towards Brands and Purchase Intentions, *Business and Economic Review*, 11(1): 1–29.

Nickerson, C.; Georgiadou, E.; Nandialath, A.M. (2023): Religious Affiliation and Religiosity. Do Islamic Appeals in Advertising Lead to Higher Purchase Intentions among Muslim Consumers in Dubai? *Journal of Islamic Marketing*, 14(4): 1128–1145.

Niebuhr, R. (1953): *Christian Realism and Political Problems*, New York: Scribners.

Nienhaus, V. (2004): Der Islam. Bremse oder Motor der wirtschaftlichen Entwicklung? in: von Hauff, M.; Vogt, U. (Hrsg.), *Islamische und westliche Welt*, 227–253, Marburg: Metropolis.

Nix, T.W.; Gibson, J.G. (1989): Does a Hospital's Religious Affiliation Affect Choice of Hospital and Patient Satisfaction? *Journal of Health Care Marketing*, 9(2): 40–41.

Nor Faiz Azizana, N.F.; Hafitb, N.I.A.; Zainudinc, A.; Mohdd, R.; Badrul Hisham Kamaruddine, B. H. (2022): Does only Religiosity Matter in Celebrity Endorsement and Advertising Effectiveness? *Journal of Emerging Economies & Islamic Research*, 10(2): 1–31.

Norenzayan, A.; Lee, A. (2010): It was Meant to Happen. Explaining Cultural Variations in Fate Attributions, *Journal of Personality and Social Psychology*, 98(5): 702–720.

Norenzayan, A.; Shariff, A.F.; Gervais, W.M.; Willard, A.K.; McNamara, R.A.; Slingerland, E.; Henrich, J. (2016): The Cultural Evolution of Prosocial Religions, *Behavioral and Brain*, 39, e1 (19 pages). doi:10.1017/S0140525X14001356

North, C.M.; Orman W.H.; Gwin C.R. (2013): Religion, Corruption, and the Rule of Law, *Journal of Money, Credit and Banking*, 45(5): 757–779.

Noussair, C.N.; Trautmann, S.T.; van de Kuilen, G.; Vellekoop, N. (2013): Risk Aversion and Religion, *Journal of Risk and Uncertainty*, 47(2): 165–183.

Nurhayati, T.; Hendar, H. (2019): Personal Intrinsic Religiosity and Product Knowledge on Halal Product Purchase Intention. Role of Halal Product Awareness, *Journal of Islamic Marketing*, 11(3): 603–620.

Nyland, R.; Near, C. (2007): Jesus is My Friend. Religiosity as a Mediating Factor in Internet Social Networking Use, *AEJMC Midwinter Conference*, Reno/NV.

o.V. (2004): Neue Religionen, in: Lexikonredaktion des Verlags F.A. Brockhaus (Hrsg.), *Der Brockhaus. Religion*, 461–464, Mannheim: Brockhaus.

o.V. (2007): DJ Bobo verärgert Christen mit Vampirsong, *http://www.spiegel.de/kultur/musik/0,1518,470409,00.html* (07.03.2007).

o.V. (2022): Was ist die Jahresendrally und wie tradet man sie? *https://admiralmarkets.com/de/wissen/articles/trading-instruments/jahresendrally* (21.12.2022).

O'Cass, A.; Lee, W.J.; Siahtiri, V. (2013): Can Islam and Status Consumption Live together in the House of Fashion Clothing? *Journal of Fashion Marketing and Management*, 17(4): 440–459.

OAhluwalia, R.; Kaikati, A.M. (2010): Traveling the Paths to Brand Loyalty, in: Loken, B.; Ahluwalia, R.; Houston, M.J. (Eds.), *Brands and Brand Management*, 63–90, New York/NY: Routledge.

Ockenfels, W. (1992): Katholische Kirche und Soziale Marktwirtschaft. Unterschiede und Übergänge, *Die neue Ordnung*, 46(3): 184–194.

Oh, H.; Bae, J.; Currim, I.S.; Lim, J.; Zhang, Y. (2020): Influence of CEOs' Religious Affiliations on Firms' Advertising Spending and Shareholder Value, *European Journal of Marketing*, 55(5): 1440–1468.

Ohtsubo, Y.; Watanabe, E. (2009): Do Sincere Apologies Need to be Costly? *Evolution and Human Behavior*, 30(2): 114–123.

Oliver, R.L. (1977): Effect of Expectation and Disconfirmation on Postexposure Product Evaluations, *Journal of Applied Psychology*, 62(4): 480–486.

Oliver, R.L. (1997): *Satisfaction. A Behavioral Perspective on the Consumer*, Armonk/NY: Sharpe.

Orellano, A.; Valor, C.; Chuvieco, E. (2020): The Influence of Religion on Sustainable Consumption. A Systematic Review and Future Research Agenda, *Sustainability*, 12(19): 7901, doi:10.3390/su12197901 (04.05.2022).

Orr, R. (2003): Faith-based Decisions. Parents Who Refuse Appropriate Care for Their Children, *AMA Journal of Ethics: Virtual Mentor*, 5(8): 223–225.

Osiri, J.; Houenou, B.; Stein, R. (2019): A Cross-country Study of Innovation and Religiosity, *SSRN* 3451502.

Pace, S. (2013): Does Religion Affect the Materialism of Consumers? An Empirical Investigation of Buddhist Ethics and the Resistance of the Self, *Journal of Business Ethics*, 112(1): 25–46.

Pace, S. (2014): Effects of Intrinsic and Extrinsic Religiosity on Attitudes toward Products. Empirical Evidence of Value-expressive and Social-adjustive Functions, *Journal of Applied Business Research*, 30(4): 1227–1238.

Paldam, M. (2001): Corruption and Religion. Adding to the Economic Model, *Kyklos*, 54(2–3): 383–414.

Parasuraman, A.; Zeithaml, V.A.; Berry, L.L. (1988): SERVQUAL. A Multiple-item Scale for Measuring Consumer Perceptions of Service Quality, *Journal of Retailing*, 64(1): 12–40.

Parboteeah, K.P.; Paik, Y.; Cullen, J.B. (2009): Religious Groups and Work Values. A Focus on Buddhism, Christianity, Hinduism, and Islam, *International Journal of Cross Cultural Management*, 9(1): 51–67.

Parry, S.; Jones, R.; Stern, P.; Robinson, M. (2013): Shockvertising. An Exploratory Investigation into Attitudinal Variations and Emotional Reactions to Shock Advertising, *Journal of Consumer Behaviour*, 12(2): 112–121.

Patai, R. (1977): *The Jewish Mind*, New York: Charles Scribners and Sons.

Pearson, A.R.; Schuldt, J.P.; Romero-Canyas, R.; Ballew, M.T.; Larson-Konar, D. (2018): Diverse Segments of the US Public Underestimate the Environmental Concerns of Minority and Low-income Americans, *Proceedings of the National Academy of Sciences*, 115(49): 12429–12434.

Pebri, P.; Bakti, S. (2022): The Influence of Brand Trust and Religiosity on the Mudharabah Deposit Product Selection Decision, *Journal of Social Science*, 3(1): 177–182.

Pennycook, G.; Ross, R.M.; Koehler, D.J.; Fugelsang, J.A. (2016): Atheists and Agnostics are More Reflective than Religious Believers. Four Empirical Studies and a Meta-analysis, *PloS One*, 11(4), e0153039.

Penrose, J.; Weaver, D.H.; Cole, R.R.; Shaw, D.L. (1974): The Newspaper Reader 10 Years Later. A Partial Replication of Westley-Severin, *Journalism Quarterly*, 51(4): 631–638.

Pepper, M.; Jackson, T.; Uzzell, D. (2011): An Examination of Christianity and Socially Conscious and Frugal Consumer Behaviors, *Environment and Behavior*, 43(2): 274–290.

Perreault, S.; Bourhis, R.Y. (1999): Ethnocentrism, Social Identification, and Discrimination, *Personality and Social Psychology Bulletin*, 25(1): 92–103.

Perry, S.L. (2017): Spousal Religiosity, Religious Bonding, and Pornography Consumption, *Archives of Sexual Behavior*, 46(2): 561–574.

Petty, RE.; Cacioppo, J.T. (1986): The Elaboration Likelihood Model of Persuasion, in: Berkowitz, L. (Ed.), Advances in Experimental *Social Psychology*, Vol. 19, 123–205, New York: Academic Press.

Pew Research Center (2012): *The Global Religious Landscape. A Report on the Size and Distribution of the World's Major Religious Groups as of 2010*, http://ww.pewforum.org/global-religious-landscape-exec.aspx.

Pew Research Center (2020): *The Global God Divide*; www.pro-memoria.info/wp/wp-content/uploads/The-Global-God-Divide-2020-PewRC.pdf *(12.10.2021).*

Pew Research Forum (2017): *The Changing Global Religious Landscape*, http://www.pewforum.org/2017/04/05/the-changing-global-religiouslandscape/

Pfeiffer, H. (2001): Heikle Geschäfte in Allahs Namen, *Süddeutsche Zeitung*, 57(217): 23.

Pfister, S. (2002): Die Seele umschmeicheln, *Dresdner Zeitung*, 44: 29.

Phillips, D.P.; Liu, G.C.; Kwok, K.; Jarvinen, J.R.; Zhang, W.; Abramson, I. S. (2001): The Hound of the Baskervilles Effect. Natural Experiment on the Influence of Psychological Stress on Timing of Death, *British Medical Journal*, 323(7327): 1443–1446.

Pícha, K.; Skořepa, L. (2018): Preference to Food with a Regional Brand, *Calitatea*, 19(162): 134–139.

Pickering, W.S.F. (Ed.) (1994): *Durkheim on Religion*, Atlanta/GA: Scholars.

Pinter, B.; Hakim, M.; Seidman, D.S.; Kubba, A.; Kishen, M.; Di Carlo, C. (2016): Religion and Family Planning, *European Journal of Contraception & Reproductive Health Care*, 21(6): 486–495.

Pinto de Oliveira, C.-J. (1980): Image de Dieu et Dignité Humaine, *Freiburger Zeitschrift für Philosophie und Theologie*, 3(27): 401–436.

Piper, N. (1999): Spekulation und Hoffnung, *Süddeutsche Zeitung*, 55(298): 25.
Pleines, G. (1998): Die Regionen der Ukraine, *Osteuropa*, 48(4): 365–372.
Pogačnik, A.; Črnič, A. (2014): iReligion. Religious Elements of the Apple Phenomenon, *Journal of Religion and Popular Culture*, 26(3): 353–364.
Pollmer, U.; Warmuth, S. (2001): *Lexikon der populären Ernährungsirrtümer. Missverständnisse, Fehlinterpretationen und Halbwahrheiten*, 2. Aufl., Frankfurt: Eichborn.
Poon, P.S.; Hui, M.K.; Au, K. (2004): Attributions on Dissatisfying Service Encounters. A Cross-cultural Comparison between Canadian and PRC Consumers, *European Journal of Marketing*, 38(11/12): 1527–1540.
Popkowski-Leszczyc, P.T.L.; Timmermans, H. (2001): Experimental Choice Analysis of Shopping Strategies, *Journal of Retailing*, 77(4): 493–509.
Power, E. (1913): Fatalism and Free Will in Islam, *Irish Quarterly Review*, 2(5): 860–872.
Preko, A.; Mohammed, I.; Ameyibor, L.E.K. (2020): Muslim Tourist Religiosity, Perceived Values, Satisfaction, and Loyalty, *Tourism Review International*, 24(2–3): 109–125.
Prendergast, G.; Wong, C. (2003): Parental Influence on the Purchase of Luxury Brands of Infant Apparel. An Exploratory Study in Hong Kong, *Journal of Consumer Marketing*, 20(2): 157–169.
Preston, J.L.; Baimel, A. (2021): Towards a Psychology of Religion and the Environment, *Current Opinion in Psychology*, 40(August): 145–149.
Preston, J.L.; Ritter, R.S.; Hernandez, J.I. (2010): Principles of Religious Prosociality. A Review and Reformulation, *Social and Personality Compass*, 4: 574–590.
Price, C.R.; Sheremeta, R.M. (2015): Endowment Origin, Demographic Effects, and Individual Preferences in Contests, *Journal of Economics & Management Strategy*, 24(3): 597–619.
Purnomo, H. (2015): Analisis Pengaruh Citra Merek Produk Asli, Persepsian Nilai, Kualitas Produk, dan Kewajaran Harga Pada Niat Beli Produk Bajakan, *Fokus Manajerial*, 13(1): 15–26.
Purwanto, H.; Fauzi, M.; Wijayanti, R.; Al Awwaly, K.U.; Jayanto, I.; Purwanto, A.; Hartuti, E.T.K. (2020): Developing Model of Halal Food Purchase Intention among Indonesian Non-muslim Consumers, *Systematic Reviews in Pharmacy*, 11(10): 396–407.
Purzycki, B.G.; Pisor, A.C.; Apicella, C.; Atkinson, Q.; Cohen, E.; Henrich, J., … & Xygalatas, D. (2018): The Cognitive and Cultural Foundations of Moral Behavior, *Evolution and Human Behavior*, 39(5): 490–501.
Putnam, R.D.; Feldsten, L.M.; Cohen, D. (2003): *Better Together. Restoring the American Community*, New York: Simon & Schuster.
Putrevu, S.; Swimberghe, K.R. (2013): The Influence of Religiosity on Consumer Ethical Judgments and Responses toward Sexual Appeals, *Journal of Business Ethics*, 115(2): 351–365.
Qin, V.; Fitzsimons, G.J.; Staelin, R. (2017): The Price of Faith. Religion's Role in the Endowment Effect, in: Gneezy, A.; Griskevicius, V.; Williams, P. (Eds.), *Advances in Consumer Research*, Vol. 45, 107–111, Duluth/MN: Association for Consumer Research.
Raggiotto, F.; Mason, M.C.; Moretti, A. (2018): Religiosity, Materialism, Consumer Environmental Predisposition, *International Journal of Consumer Studies*, 42(6): 613–626.
Rahman, M.; Albaity, M.; Maruf, B. (2017): The Role of Religiosity on the Relationship between Materialism and Fashion Clothing Consumption among Malaysian Generation Y Consumers, *Social Indicators Research*, 132(2): 757–783.
Ramanujan, A.K. (1989): Is there an Indian Way of Thinking? *Contributions to Indian Sociology*, 23(1): 41–58.
Ramasamy, B.; Yeung, M.C.; Au, A.K. (2010): Consumer Support for Corporate Social Responsibility (CSR). The Role of Religion and Values, *Journal of Business Ethics*, 91(1): 61–72.
Rarick, C.; Falk, G.; Barczyk, C.; Feldman, L. (2012): Marketing to Muslims. The Growing Importance of Halal Products, *Journal of the International Academy for Case Studies*, 18(2): 101–106.
Rasmussen, K.R.; Grubbs, J.B.; Pargament, K.I.; Exline, J.J. (2018): Social Desirability Bias in Pornography-related Self-reports. The Role of Religion, *Journal of Sex Research*, 55(3): 381–394.

Ratnasari, R.T.; Ula, U.F.; Sukmana, R. (2020): Can Store Image Moderate the Influence of Religiosity Level on Shopping Orientation and Customers' Behavior in Indonesia? *Journal of Islamic Accounting and Business Research*, 12(1): 1759–1817.

Ratzinger, J. (2000): Europas Kultur und ihre Krise, *Die Zeit*, 55(50): 61–63.

Rauf, A.A.; Prasad, A.; Ahmed, A. (2019): How Does Religion Discipline the Consumer Subject? *Journal of Marketing Management*, 35(5/6): 491–513.

Razmyar, S.; Reeve, C.L. (2013): Individual Differences in Religiosity as a Function of Cognitive Ability and Cognitive Style, *Intelligence*, 41(5): 667–673.

Recio-Román, A.; Recio-Menéndez, M.; Román-González, M.V. (2019): Religion and Innovation in Europe. Implications for Product Life-cycle Management, *Religions*, 10(10): 589–624.

Regenstein, J.M.; Chaudry, M.M.; Regenstein, C.E. (2003): The Kosher and Halal Food Laws, *Comprehensive Reviews in Food Science and Food Safety*, 2(3): 111–127.

Regnerus, M.D.; Uecker, J.E. (2007): Religious Influences on Sensitive Self-reported Behaviors. The Product of Social Desirability, Deceit, or Embarrassment? *Sociology of Religion*, 68(2): 145–163.

Rehman, A.; Shabbir, M.S. (2010): The Relationship between Religiosity and New Product Adoption, *Journal of Islamic Marketing*, 1(1): 63–69.

Reich, W. (1933): *Charakteranalyse*, Wien: Selbstverlag.

Reinstein, D.; Song, J. (2012): Efficient Consumer Altruism and Fair Trade Products, *Journal of Economics & Management Strategy*, 21(1): 213–241.

Renfrew, C.; Boyd, M.J.; Morley, I. (Eds.) (2016): *Death Rituals and Social Order in the Ancient Wold*, Cambridge: Cambridge University Press.

Renneboog, L.; Spaenjers, C. (2012): Religion, Economic Attitudes, and Household Finance, *Oxford Economic Papers*, 64(1): 103–127.

Reutter, K.K.; Bigatti, S.M. (2014): Religiosity and Spirituality as Resiliency Resources. Moderation, Mediation, or Moderated Mediation? *Journal for the Scientific Study of Religion*, 53(1): 56–72.

Rice, G.; Al-Mossawi, M. (2002): The Implications of Islam for Advertising Messages, *Journal of Euromarketing*, 11(3): 1–16.

Richardson, C. (2014): Firm Internationalisation within the Muslim World, *Journal of World Business*, 49(3): 386–395.

Richardson, C.; Ariffin, S.K. (2019): A Leap of Faith? Managerial Religiosity and Market Entry Decisions, *Management International Review*, 59(2): 277–305.

Richardson, C.; Rammal, H.G. (2018): Religious Belief and International Business Negotiations. Does Faith Influence Negotiator Behaviour? *International Business Review*, 27(2): 401–409.

Richins, M.L.; Dawson, S. (1992): A Consumer Values Orientation for Materialism and Its Measurement. Scale Development and Validation, *Journal of Consumer Research*, 19(3): 303–316.

Riefler, P.; Diamantopoulos, A. (2007): Consumer Animosity. A Literature Review and a Reconsideration of Its Measurement, *International Marketing Review*, 24(1): 87–119.

Rigney, D.; Hoffman, T.J. (1993): Is American Catholicism Anti-intellectual? *Journal for the Scientific Study of Religion*, 32(3): 211–222.

Rindfleisch, A.; Burroughs, J.E.; Wong, N. (2009): The Safety of Objects. Materialism, Existential Insecurity, and Brand Connection, *Journal of Consumer Research*, 36(1): 1–16.

Rindfleisch, A.; Burroughs, J.E.; Wong, N. (2005): Religiosity and Brand Commitment, in: Ha, Y.-U.; Yi, Y. (Eds.), *Asia Pacific Advances in Consumer Research*, Vol. 6, 153–154, Duluth/MN: Association for Consumer Research.

Ringberg, T.; Odekerken-Schröder, G.; Christensen, G.L. (2007): A Cultural Models Approach to Service Recovery, *Journal of Marketing*, 71(3): 194–214.

Rios, R.E.; Riquelme, H.E.; Abdelaziz, Y. (2014): Do Halal Certification, Country of Origin and Brand Name Familiarity Matter? *Asia Pacific Journal of Marketing and Logistics*, 26(5): 665–686.

Ritzer, G. (1998): The Weberian Theory of Rationalization and the McDonaldization of Contemporary Society, in: Kivisto, P. (Ed.), *Illuminating Social Life. Classical and Contemporary Theory Revisited*, 37–61, Los Angeles: Sage.

Rizkitysha, T.L.; Hananto, A. (2020): Do Knowledge, Perceived Usefulness of Halal Label and Religiosity Affect Attitude and Intention to Buy Halal-labeled Detergent? *Journal of Islamic Marketing*, 13(3): 649–670.
Roberts, C.L. (1983): Attitudes and Media Use of the Moral Majority, *Journal of Broadcasting*, 27(4): 403–410.
Roberts, J.A.; Manolis, C.; Tanner Jr, J.F. (2003): Family Structure, Materialism, and Compulsive Buying. A Reinquiry and Extension, *Journal of the Academy of Marketing Science*, 31(3): 300–311.
Roccas, S.; Elster, A. (2013): Values and Religiosity, in: Saroglou, V. (Ed.), *Religion, Personality, and Social Behavior*, 203–222, Hove/GB: Psychology Press.
Roehrich, G. (2004): Consumer Innovativeness. Concepts and Measurements, *Journal of Business Research*, 57(6): 671–677.
Rohe, M. (2022): *Das islamische Recht. Geschichte und Gegenwart*, 4. Aufl., München: Beck.
Rokeach, M. (1968): *Beliefs, Attitudes, and Values. A Theory of Organization and Change*, San Francisco/CA: Jossey-Bass.
Rokeach, M. (1969): Value Systems in Religion, *Review of Religious Research*, 11(1): 3–23.
Romanelli, M.; Gazzola, P.; Grechi, D.; Pollice, F. (2021): Towards a Sustainability-oriented Religious Tourism, *Systems Research and Behavioral Science*, 38(3): 386–396.
Root, F.R. (1994): *Entry Strategies for International Markets*, Lexington/MA: Lexington Books.
Rothlauf, J. (2012): *Interkulturelles Management*, 4. Aufl., Berlin: de Gruyter.
Rudski, J. (2004): The Illusion of Control, Superstitious Belief, and Optimism, *Current Psychology*, 22(4): 306–315.
Ruiu, G. (2013): The Origin of Fatalistic Tendencies. An Empirical Investigation, *Economics & Sociology*, 6(2): 103–125.
Rye, M.S.; Pargament, K.I.; Ali, M.A.; Beck, G.L.; Dorff, E.N.; Hallisey, C., ... & Williams, J. (2000): Religious Perspectives on Forgiveness, in: McCullough, M.E.; Pargament, K.I.; Thoresen, C.E. (Eds.), *Forgiveness*, 17–40, New York: Guilford.
Sabatier, C.; Mayer, B.; Friedlmeier, M.; Lubiewska, K.; Trommsdorff, G. (2011): Religiosity, Family Orientation, and Life Satisfaction of Adolescents in Four Countries, *Journal of Cross-Cultural Psychology*, 42(8): 1375–1393.
Sachsenmaier, S.; Guo, Y. (2019): Building Trust in Cross-cultural Integration. A Study of Chinese Mergers and Acquisitions in Germany, *International Journal of Cross Cultural Management*, 19(2): 194–217.
Saeed, M.; Azmi, I.B. A.G. (2016): Brand Switching Behaviour of Muslim Consumers, *International Journal of Research in Business and Social Science,* 5(4): 31–39.
Saeed, M.; Ahmed, Z.U.; Mukhtar, S.-M. (2001): International Marketing Ethics from an Islamic Perspective, *Journal of Business Ethics*, 32(2): 127–142.
Salvador, R.O.; Merchant, A.; Alexander, E.A. (2014): Faith and Fair Trade. The Moderating Role of Contextual Religious Salience, *Journal of Business Ethics*, 121(3): 353–371.
Samiee, S.; Leonidou, L.C.; Aykol, B.; Stöttinger, B.; Christodoulides, P. (2016): Fifty Years of Empirical Research on Country-of-Origin Effects on Consumer Behavior. A Meta-analysis, in: Petruzzellis, L.; Winer, R. (Eds), *Rediscovering the Essentiality of Marketing*, 505–510, Cham: Springer.
Sampson, E.E. (2000): Reinterpreting Individualism and Collectivism. Their Religious Roots and Monologic versus Dialogic Person–Other Relationship, *American Psychologist*, 55(12): 1425–1432.
Sanaie, A.; Ranjbarian, B. (1996): Marketing in Islamic Countries, *Journal of International Marketing and Marketing Research*, 21(3): 115–121.
Sanchez, Z.M.; Opaleye, E.S.; Chaves, T.V.; Noto, A.R.; Nappo, S.A. (2011): God Forbids or Mom Disapproves? Religious Beliefs that Prevent Drug Use among Youth, *Journal of Adolescent Research*, 26(5): 591–616.
Sandıkcı, Ö.; Rice, G. (Eds.) (2011): *Handbook of Islamic Marketing*, Cheltenham: Edgar Elgar.
Saptasari, K.; Aji, H.M. (2020): Factors Affecting Muslim Non-customers to Use Islamic Bank. Religiosity, Knowledge, and Perceived Quality, *Jurnal Ekonomi dan Keuangan Islam*, 6(2): 165–180.
Saracevic, S.; Schlegelmilch, B.B.; Wu, T. (2022): How Normative Appeals Influence Pro-environmental Behavior, *Journal of Cleaner Production*, 344: 131086.

Sardana, D.; Cavusgil, E.; Gupta, N. (2021): The Growing Popularity of Spiritual Brands. What Drives Purchase Intent? *International Business Review*, 30(4): 1–12.

Sarkar, A.; Sarkar, J.G. (2017): Sing Hosanna for the Brands. The Process of Substituting Religion with Brand, *Society and Business Review*, 12(1): 33–45.

Sarofim, S.; Cabano, F.G. (2018): In God we hope, in Ads we Believe. The Influence of Religion on Hope, Perceived Ad Credibility, and Purchase Behavior, *Marketing Letters*, 29(3): 391–404P.

Sarofim, S.; Tolba, A.; Kalliny, M. (2022): The Effect of Religiosity on Customer's Response to Service Failure, *Journal of Consumer Affairs*, 56(1): 465–486.

Saroglou, V. (2002): Religion and Sense of Humor. An a priori Incompatibility? *Humor*, 15(2): 191–214.

Saroglou, V.; Dupuis, J. (2006): Being Buddhist in Western Europe. Cognitive Needs, Prosocial Character, and Values, *International Journal for the Psychology of Religion*, 16(3): 163–179.

Saroglou, V.; Pichon, I.; Trompette, L.; Verschueren, M.; Dernelle, R. (2005): Prosocial Behavior and Religion, *Journal for the Scientific Study of Religion*, 44(3): 323–348.

Sarpal, R.; Saleh, R.; Teck, T.S.; Chia, K.M.; Yee, L.M. (2018): Literature Review on the Use of Sex Appeal vs Non-Sex Appeal Advertising in the Malaysian Context, *International Journal of Marketing Studies*, 10(2): 28–35.

Sasaki, M.; Suzuku, T. (1996): Changes in Religious Commitment in the United States, Holland, and Japan, in: Inkeles, A.; Sasaki, M. (Eds.), *Comparing Nations and Cultures*, 586–601, Englewood Cliffs/NJ: Prentice Hall.

Sayuti, K.M.; Amin, H. (2019): Integrating the Effects of Price Fairness and Islamic Altruism with the TPB Model. The Case of Islamic Mortgage Adoption, *International Journal of Housing Markets and Analysis*, 13(5): 791–807.

Schimmel, A. (2003): *Die Zeichen Gottes*, 3. Aufl., München: Beck.

Schirrmacher, T. (2005): Bestechung und Korruption aus biblischer Sicht. Ergänzungen zur Ethik, *MBS Texte 49*.

Schjørring, J.H.; Hjelm, N.A. (Hrsg.) (2017): *Geschichte des globalen Christentums*, Stuttgart: Kohlhammer.

Schlegelmilch, B.B.; Khan, M.M.; Hair, J.F. (2016): Halal Endorsements. Stirring Controversy or Gaining New Customers? *International Marketing Review*, 33(1): 156–174.

Schmidt, R.; Sager, G.C.; Carney, G.T.; Muller, A.C.; Zanca, K.J.; Jackson, J.J.; Wayne Mayhall, C.; Burke, J.C. (2014): *Patterns of Religion*, 3rd Ed., Boston/MA: Wadsworth.

Schmitt, D.P.; Realo, A.; Voracek, M.; Allik, J. (2008): Why Can't a Man Be More Like a Woman? Sex Differences in Big Five Personality Traits across 55 Cultures, *Journal of Personality and Social Psychology*, 94(1): 168–182.

Schnabel, U. (2008): Der Weg zu sich selbst. Wolf Singer, *Die Zeit*, 63(44): 45.

Schnädelbach, H. (2000): Der Fluch des Christentums, *Die Zeit*, 55(20): 41–42.

Schneider, H.; Krieger, J.; Bayraktar, A. (2011): The Impact of Intrinsic Religiousness on Consumers' Ethical Beliefs, *Journal of Business Ethics*, 102: 319–332.

Schoenberg, R. (2006): Measuring the Performance of Corporate Acquisitions, *British Journal of Management*, 17(4): 361–370.

Schouten, J.W.; McAlexander, J.H. (1995): Subcultures of Consumption. An Ethnography of the New Biker, *Journal of Consumer Research*, 22(1): 43–62.

Schwartz, S.H.; Bilsky, W. (1990): Toward a Theory of the Universal Content and Structure of Values. Extensions and Cross-cultural Replications, *Journal of Personality and Social Psychology*, 58(5): 878–891.

Schwartz, S.H.; Huismans, S. (1995): Value Priorities and Religiosity in Four Western Religions, *Social Psychology Quarterly*, 58(2): 88–107.

Sedikides, C.; Gebauer, J.E. (2010): Religiosity as Self-enhancement. A Meta-analysis of the Relation between Socially Desirable Responding and Religiosity, *Personality and Social Psychology Review*, 14(1): 17–36.

Self-con, G.P.; Ong, F.S. (2011): Religiosity and Consumer Behavior of Older Adults. A Study of Subcultural Influences in Malaysia, *Journal of Consumer Behaviour*, 10(1): 8–17.

Severin, W.; Tankard, J. (Eds.) (2001): *Communication Theories. Origins, Methods, and Uses in the Mass Media*, 5th Ed., New York: Longman.

Sevim, N.; Eroglu, H.E.; Abu-Rayya, H.M. (2016): The Role of Religion and Acculturation in the Consumer Ethnocentrism of Turkish Immigrants in Germany, *Religions*, 7(3): 29–37.

Seyyed, F.J.; Abraham, A.; Al-Hajji, M. (2005): Seasonality in Stock Returns and Volatility. The Ramadan Effect, *Research International Business Financing*, 19(3): 374–383.

Shachar, R.; Erdem, T; Cutright, K.M.; Fitzsimons, G.J. (2011): Brands. The Opiate of the Nonreligious Masses? *Marketing Science*, 30(1): 92–110.

Shafiq, A. (2020): Non-Muslims' Beliefs about Islamic Advertising, *Jurnal Pengurusan*, 60 (https://doi.org/10.17576/pengurusan-2020-60-02).

Shah, S.A.; Azhar, S.M.; Bhutto, N.A. (2019): Halal Marketing. A Marketing Strategy Perspective, *Journal of Islamic Marketing*, 11(6): 1641–1655.

Shaiko, R.G. (1987): Religion, Politics, and Environmental Concern, *Social Science Quarterly*, 68(2): 244–262.

Shariff, A.F.; Willard, A.K.; Andersen, T.; Norenzayan, A. (2016): Religious Priming. A Meta-analysis with a Focus on Prosociality, *Personality and Social Psychology Review*, 20(1): 27–48.

Sharma, P. (2015): Consumer Ethnocentrism. Reconceptualization and Cross-cultural Validation, *Journal of International Business Studies*, 46(3): 381–389.

Sharma, P.; Bharadhwaj, S.; Roger, M. (2010): Impulse Buying and Variety Seeking. A Trait-correlates Perspective, *Journal of Business Research*, 63(3): 276–283.

Sharma, S.; Singh, G.; Gaur, L.; Sharma, R. (2022): Does Psychological Distance and Religiosity Influence Fraudulent Customer Behaviour? *International Journal of Consumer Studies*, 46(4): 1468–1487.

Shatenstein, B.; Ghadirian, P.; Lambert, J. (1993): Influence of the Jewish Religion and Jewish Dietary Laws (Kashruth) on Family Food Habits in an Ultra-orthodox Population in Montreal, *Ecology of Food and Nutrition*, 31(1–2): 27–44.

Shawchuck, N.; Kotler, P.; Wrenn, B.; Rath, G. (1992): *Marketing for Congregations*, Nashville: Abingdon Press.

Shen, N.; Su, J. (2017): Religion and Succession Intention. Evidence from Chinese Family Firms, *Journal of Corporate Finance*, 45(August): 150–161.

Shenkar, O. (2001): Cultural Distance Revisited, *Journal of International Business Studies*, 32(3): 519–535.

Sheth, J.N. (1983): An Integrative Theory of Patronage Preference and Behavior, in: Darden, W.F.; Lusch R.F. (Eds), *Patronage Behavior and Retail Management*, 9–28, New York: North-Holland.

Shimp, T.A.; Sharma, S. (1987): Consumer Ethnocentrism. Construction and Validation of the CETSCALE, *Journal of Marketing Research*, 24(3): 280–289.

Shin, J.; Park, M.; Moon, M.; Kim, M. (2010): *Does Religiosity Affect on Consumer's Socialization Agent and Shopping Orientation*? International Conference on E-Business, Management and Economics, 154–158, Hong Kong: IACSIT Press.

Shoham, A.; Brenčič, M.M. (2004): Value, Price Consciousness, and Consumption Frugality, *Journal of International Consumer Marketing*, 17(1): 55–69.

Shoham, A.; Davidow, M.; Klein, J.G.; Ruvio, A. (2006): Animosity on the Home Front. The Intifada in Israel and Its Impact on Consumer Behavior, *Journal of International Marketing*, 14(3): 92–114.

Shrivastava, P. (1986): Postmerger Integration, *Journal of Business Strategy*, 7(1): 65–76.

Shrivastava, P. (1987): Rigor and Practical Usefulness of Research in Strategic Management, *Strategic Management Journal*, 8(1): 79–97.

Shtudiner, Z.; Klein, G.; Zwilling, M.; Kantor, J. (2019): The Value of Souvenirs. Endowment Effect and Religion, *Annals of Tourism Research*, 74(January): 17–32.

Shuv-Ami, A.; Shalom, T. (2017): Demographic Differences of Perceived Service Quality in Emergency Rooms of Hospital Organizations, *International Journal of Organizational Analysis*, 25(2): 282–294.

Siala, H. (2013): Religious Influences on Consumers' High-involvement Purchasing Decisions, *Journal of Services Marketing*, 27(2): 579–589.

Siala, H.; O'Keefe, R.M.; Hone, K.S. (2004): The Impact of Religious Affiliation on Trust in the Context of Electronic Commerce, *Interacting with Computers*, 16(1): 7–27.

Siamagka, N.T.; Balabanis, G. (2015): Revisiting Consumer Ethnocentrism. Review, Reconceptualization, and Empirical Testing, *Journal of International Marketing*, 23(3): 66–86.

Siegrist, M. (2008): Factors Influencing Public Acceptance of Innovative Food Technologies and Products, *Trends in Food Science & Technology*, 19(11): 603–608.

Siguaw, J.A.; Simpson, P.M. (1997): Effects of Religiousness on Sunday Shopping and Outshopping Behaviours, *International Review of Retail, Distribution and Consumer Research*, 7(1): 23–40.

Silalahi, S.A.F.; Fachrurazi, F.; Muchaddam Fahham, A. (2021): The Role of Perceived Religiosity in Strengthening Celebrity Endorser's Credibility Dimensions, *Cogent Business & Management*, 8(1): 1956066.

Simbrunner, P.; Schlegelmilch, B.B. (2017): Moral Licensing. A Culture-moderated Meta-analysis, *Management Review Quarterly*, 67(4): 201–225.

Singh, J.; Singh, G.; Kumar, S.; Mathur, A.N. (2021): Religious Influences in Unrestrained Consumer Behaviour, *Journal of Retailing and Consumer Services*, 58, 102262.

Singh, J.; Sirdeshmukh, D. (2000): Agency and Trustmechanisms in Consumer Satisfaction and Loyalty Judgments, *Journal of the Academy of Marketing Science*, 28(1): 150–167.

Singhapakdi, A.; Salyachivin, S.; Virakul, B.; Veerayangkur, V. (2000): Some Important Factors Underlying Ethical Decision Making of Managers in Thailand, *Journal of Business Ethics*, 27(3): 271–284.

Singhapakdi, A.; Vitell, S.J.; Lee, D.J.; Nisius, A.M.; Yu, G.B. (2013): The Influence of Love of Money and Religiosity on Ethical Decision-making in Marketing, *Journal of Business Ethics*, 114(1): 183–191.

Smith, A.M.; Chan, C.K. (1996): A Cross-cultural Study of Students Expectations of Banking Services, *Working Paper Department of Management Studies*, Sheffield: University of Sheffield.

Smith, A.M.; Reynolds, N.L. (2001): Measuring Cross-cultural Service Quality, *International Marketing Review*, 19(5): 450–480.

Smith, C.; Denton, M.L. (2005): *Soul Searching. The Religious and Spiritual Lives of American Teenagers*, New York: Oxford University Press.

Sobal, J.; Jackson-Beeck, M. (1981): Newspaper Nonreaders. A National Profile, *Journalism Quarterly*, 58(2): 9–13.

Sohaib, O.; Kang, K. (2014): The Impact of Religiosity on Interpersonal Trust in B2C Context. A Cross-culture Analysis, in: *Pacific Asia Conference on Information Systems*, AIS Electronic Library (https://opus.lib.uts.edu.au/handle/10453/33657; 01.12.2022).

Soltani, E.; Syed, J.; Liao, Y.Y.; Iqbal, A. (2015): Managerial Mindsets toward Corporate Social Responsibility. The Case of Auto Industry in Iran, *Journal of Business Ethics*, 129(4): 795–810.

Sombart, W. (1911): *Die Juden und das Wirtschafsleben*, Leipzig: Duncker & Humblot.

Sonjaya, A.R.; Wahyudi, I. (2016): The Ramadan Effect. Illusion or Reality? *Arab Economic and Business Journal*, 11(1): 55–71.

Sood, J.; Nasu, Y. (1995): Religiosity and Nationality. An Exploratory Study of Their Effect on Consumer Behavior in Japan and the United States, *Journal of Business Research*, 34(1): 1–9.

Souiden, N.; Ladhari, R.; Zarrouk Amri, A. (2018): Is Buying Counterfeit Sinful? Investigation of Consumers' Attitudes and Purchase Intentions of Counterfeit Products in a Muslim Country, *International Journal of Consumer Studies*, 42(6): 687–703.

Souiden, N.; Rani, M. (2015): Consumer Attitudes and Purchase Intentions toward Islamic Banks. The Influence of Religiosity, *International Journal of Bank Marketing*, 33(2): 143–161.

Spiegel, P. (2010): *Was ist koscher? Jüdischer Glaube - jüdisches Leben*, Berlin: Ullstein.

Spiro, M.E. (1966). Buddhism and Economic Action in Burma, *American Anthropologist*, 68(5): 1163–1173.

Stack, S.; Kposowa, A. (2006): The Effect of Religiosity on Tax Fraud Acceptability. A Cross-national Analysis, *Journal for the Scientific Study of Religion*, 45(3): 325–351.

Stark, R.; Glock, C.Y. (1968): *American Piety. The Nature of Religious Commitment*, Vol. 1, Berkeley: University of California Press.

Starobin, S.; Weinthal, E. (2010): The Search for Credible Information in Social and Environmental Global Governance. The Kosher Label, *Business and Politics*, 12(3): 1–35.

Stauss, B.; Mang, P. (1999): „Culture Shocks" in Inter-cultural Service Encounters, *Journal of Service Marketing*, 13(4/5): 329–346.

Steger, M.F.; Kashdan, T.B.; Sullivan, B. A.; Lorentz, D. (2008): Understanding the Search for Meaning in Life, *Journal of Personality*, 76(2): 199–228.

Stiglitz, J.E. (1996): Some Lessons from the East Asian Miracle, *The World Bank Research Observer*, 11(2): 151–177.

Stillman, T.F.; Fincham, F.D.; Vohs, K.D.; Lambert, N.M.; Phillips, C.A. (2012): The Material and Immaterial in Conflict. Spirituality Reduces Conspicuous Consumption, *Journal of Economic Psychology*, 33(1): 1–7.

Stolle, D.; Micheletti, M. (2013): *Political Consumerism. Global Responsibility in Action*, Cambridge: Cambridge University Press.

Strieder, S. (2011): Die Veden, *Stern Extra*, 2: 20–37.

Stulz, R.; Williamson, R. (2003): Culture Openness and Finance, *Journal of Financial Economics*, 70(3): 313–349.

Subrahmanyan, S.; Cheng, P.S. (2000): Perceptions and Attitudes of Singaporeans toward Genetically Modified Food, *Journal of Consumer Affairs*, 34(2): 269–290.

Sudbury-Riley, L.; Edgar, L. (2016): Why Older Adults Show Preference for Rational over Emotional Advertising Appeals, *Journal of Advertising Research*, 56(4): 441–455.

Sugden, C. (2001): Fair Trade as Christian Mission, in: Johnson, P.; Sugden, C. (Eds.), *Markets, Fair Trade, and the Kingdom of God*, 3–24, Oxford: Regnum Book International.

Sugiarto, C.; De Barnier, V. (2019): Are Religious Customers Skeptical toward Sexually Appealing Advertising? *Qualitative Market Research. An International Journal*, 22(5): 669–686.

Suhartanto, D.; Farhani, N.H.; Muflih, M. (2018): Loyalty Intention towards Islamic Bank. The Role of Religiosity, Image, and Trust, *International Journal of Economics & Management*, 12(1): 137–151.

Sumaedi, S.; Yarmen, M. (2015): Measuring Perceived Service Quality of Fast Food Restaurant in Islamic Country. A Conceptual Framework, *Procedia Food Science*, 3: 119–131.

Sun, S.; Goh, T.; Fam, K.S.; Xue, Y. (2012): The Influence of Religion on Islamic Mobile Phone Banking Services Adoption, *Journal of Islamic Marketing*, 3(1): 81–98.

Swatos, W.H. Jr.; Olson, D.A. (Eds.) (2000): *The Secularization Debate*, Lanham: Rowman & Littlefield.

Swimberghe, K.R., Wooldridge, B.R.; Ambort-Clark, K.A.; Rutherford, J. (2014): The Influence of Religious Commitment on Consumer Perceptions of Closed-on-Sunday Policies, *International Review of Retail, Distribution and Consumer Research*, 24(1): 14–29.

Swimberghe, K.R.; Flurry, L.A.; Parker, J.M. (2011a): Consumer Religiosity. Consequences for Consumer Activism in the United States, *Journal of Business Ethics*, 103(3): 453–467.

Swimberghe, K.R.; Sharma, D.; Flurry, L.A. (2011b): Does a Consumer's Religion Really Matter in the Buyer–Seller Dyad? *Journal of Business Ethics*, 102(4): 581–598.

Swimberghe, K.R; Sharma, D.; Flurry, L.A. (2009): An Exploratory Investigation of the Consumer Religious Commitment and its Influence on Store Loyalty and Consumer Complaint Intentions, *Journal of Consumer Marketing*, 26(5): 340–347.

Tabassi, S.; Esmaeilzadeh, P.; Sambasivan, M. (2012): The Role of Animosity, Religiosity and Ethnocentrism on Consumer Purchase Intention. A Study in Malaysia towards European Brands, *African Journal of Business Management*, 6(23): 6890–6902.

Tajfel, H. (1974): Social Identity and Intergroup Behaviour, *Social Science Information*, 13(2): 65–93.

Tajfel, H.; Turner, J.C. (1986): The Social Identity Theory of Intergroup Behavior, in Austin, W.G.; Worchel, S. (Eds), *Psychology of Intergroup Relations*, 2nd Ed., 7–24, Chicago/MA: Nelson-Hall.

Talib, M.S.A.; Hamid, A.B. A.; Zulfakar, M.H.; Chin, T.A. (2015): Barriers to Halal Logistics Operation, *International Journal of Logistics Systems and Management*, 22(2): 193–209.

Tan, J.H. (2006): Religion and Social Preferences. An Experimental Study, *Economics Letters*, 90(1): 60–67.

Tan, J.H.; Vogel, C. (2008): Religion and Trust. An Experimental Study, *Journal of Economic Psychology*, 29(6): 832–848.

Tang, T.L.P.; Chiu, R.K. (2003): Income, Money Ethic, Pay Satisfaction, Commitment, and Unethical Behavior, *Journal of Business Ethics*, 46(1): 13–30.

Tangney, J.P.; Baumeister, R.F.; Boone, A.L. (2004): High Self-control Predicts Good Adjustment, Less Pathology, Better Grades, and Interpersonal Success, *Journal of Personality*, 72(2): 271–324.

Tankard Jr, J.W.; Harris, M.C. (1980): A Discriminant Analysis of Television Viewers and Nonviewers, *Journal of Broadcasting & Electronic Media*, 24(3): 399–409.

Tansuhaj, P.; Gentry, J.W.; John, J.; Manzer, L.L.; Cho, B.J. (1991): A Cross-national Examination of Innovation Resistance, *International Marketing Review*, 8(3): 7–20.

Tao, M.; Lahuerta-Otero, E.; Alam, F.; Aldehayyat, J.S.; Farooqi, M.R.; Zhuoqun, P. (2022): Do Religiosity and Ethnocentrism Influence Indian Consumers' Unwillingness to Buy Halal-made Products? The Role of Animosity toward Halal Products, *Frontiers in Psychology*, 13 (doi: 10.3389/fpsyg.2022.840515).

Tarhini, A.; Alalwan, A.A.; Al-Qirim, N.; Algharabat, R. (2018): An Analysis of the Factors Influencing the Adoption of Online Shopping, *International Journal of Technology Diffusion*, 9(3): 68–87.

Tariq, M.; Khan, M.A. (2017): Offensive Advertising. A Religion Based Indian Study, *Journal of Marketing*, 8(4): 656–668.

Taylor, C.R.; Raymond, M.A. (2000): An Analysis of Product Category Restrictions in Advertising in Four Major East Asian Markets, *International Marketing Review*, 17(3): 287–304.

Taylor, V.A.; Halstead, D. (2014): The Impact of Small Service Providers' Christian Identity on Consumer Perceptions, *Academy of Marketing Studies Journal*, 18(2): 203–237.

Taylor, V.A.; Halstead, D.; Haynes, P.J. (2010): Consumer Responses to Christian Religious Symbols in Advertising, *Journal of Advertising*, 39(2): 79–92.

Taylor, V.A.; Halstead, D.; Moal-Ulvoas, G. (2017): Millennial Consumer Responses to Christian Religious Symbols in Advertising. A Replication Study, *Journal of Empirical Generalisations in Marketing Science*, 17(1): 1–18.

Taylor, V.A.; Minton, E.A. (2021): Holiday Advertising versus Gift Cards. Influence of Religiosity on Retailer Evaluations, *International Journal of Consumer Studies*, 45(3): 409–422.

Terry, E. (2015): *How Asia Got Rich. Japan, China and the Asian Miracle*, London: Routledge.

Thomsen, S.R.; Rekve, D. (2003): The Influence of Religiosity on Reaction to Alcohol Advertisements and Current Drinking among Seventh and Eight Graders, *Journal of Media and Religion*, 2(2): 93–107.

Tian, K.; Belk, R.W. (2005): Extended Self and Possessions in the Workplace, *Journal of Consumer Research*, 32(2): 297–310.

Tihanyi, L.; Griffith, D.A.; Russell, C.J. (2005): The Effect of Cultural Distance on Entry Mode Choice, International Diversification, and MNE Performance. A Meta-analysis, *Journal of International Business Studies*, 36(3): 270–283.

Timothy, D.; Olsen, D. (2006): *Tourism, Religion and Spiritual Journeys*, London: Routledge.

Toprakyaran E. (2019): Lässt Religion Raum für Erneuerung? Islamische Gottesbilder in Geschichte und Gegenwart, in: Klußmann J.; Kreutz M.; Sarhan A. (Hrsg.), *Reformation im Islam*, Wiesbaden: Springer VS.

Torvik, R. (2001): Learning by Doing and the Dutch Disease, *European Economic Review*, 45(2): 285–306.

Touzani, M.; Hirschman, E.C. (2008): Cultural Syncretism and Ramadan Observance. Consumer Research Visits Islam, in: Lee, A.Y.; Soman, D. (Eds.), *Advances in Consumer Research*, Vol. 35, 374–380, Duluth/MN: Association for Consumer Research.

Treisman, D. (2000): The Cause of Corruption. A Cross-national Comparison, *Journal of Public Economics*, 76(3): 399–457.

Trinitapoli, J. (2007): I Know this isn't PC, but...". Religious Exclusivism among US Adolescents, *Sociological Quarterly*, 48(3): 451–483.

Trudel, R.; Cote, J. (2009): Does it Pay to be Good? *MIT Sloan Management Review*, 50(2): 61–68.

Truong, Y.; McColl, R.; Kitchen, P.J. (2010): Uncovering the Relationships between Aspirations and Luxury Brand Preference, *Journal of Product and Brand Management*, 19(5): 346–355.

Tsai, J.L.; Miao, F.F.; Seppala, E. (2007): Good Feelings in Christianity and Buddhism. Religious Differences in Ideal Affect, *Personality and Social Psychology Bulletin*, 33(3): 409–421.

Tsang, J.A.; McCullough, M.E.; Hoyt, W.T. (2005): Psychometric and Rationalization Accounts of the Religion-Forgiveness Discrepancy, *Journal of Social Issues*, 61(4): 785–805.

Tsarenko, Y.; Tojib, D. (2012): The Role of Personality Characteristics and Service Failure Severity in Consumer Forgiveness and Service Outcomes, *Journal of Marketing Management*, 28(9/10): 1217–1239.

Tscheulin, D.K.; Dietrich, M. (2001): Kirchenmarketing, in: Tscheulin, D.K.; Helmig, B. (Hrsg.), *Branchenspezifisches Marketing*, 373–400, Wiesbaden: Gabler.

Tuttle, J.D.; Davis, S.N. (2015). Religion, Infidelity, and Divorce. Reexamining the Effect of Religious Behavior on Divorce among Long-married Couples, *Journal of Divorce & Remarriage*, 56(6): 475–489.

Tylor, E.B. (1871): *Primitive Culture. Researches into the Development of Mythology, Philosophy, Religion, Art and Custom*, Vol. 2, London: Murray.

Uppal, J.S. (1986): Hinduism and Economic Development in South Asia, *International Journal of Social Economics*, 13(3): 20–33.

Usman, H.; Chairy, C.; Projo, N.W.K. (2021): Impact of Muslim Decision-making Style and Religiosity on Intention to Purchasing Certified Halal Food, *Journal of Islamic Marketing*, 13(11): 2268–2289.

Usunier, J.C.; Stolz, J. (2016): *Religions as Brands. New Perspectives on the Marketization of Religion and Spirituality*, New York/NY: Routledge.

Uysal, A.; Okumuş, A. (2019): Impact of Religiosity on Ethical Judgement. A Study on Preference of Retail Stores among Consumers, *Journal of Islamic Marketing*, 10(4): 1332–1350.

Vail, K.E.; Rothschild, Z.K.; Weise, D.R.; Solomon, S.; Pyszczynski, T.; Greenberg, J. (2010): A Terror Management Analysis of the Psychological Functions of Religion, *Personality and Social Psychology Review*, 14(1): 84–94.

van Aaken, D.; Buchner, F. (2020): Religion and CSR. A Systematic Literature Review, *Journal of Business Economics*, 90(5/6): 917–945.

van Assche, J.; Bahamondes, J.; Sibley, C. (2021): Religion and Prejudice across Cultures, *Social Psychological and Personality Science*, 12(3): 287–295.

van Cranenburgh, K.; Arenas, D.; Goodman, J.; Louche, C. (2014): Religious Organisations as Investors. A Christian Perspective on Shareholder Engagement, *Society and Business Review*, 9(2): 195–213.

van der Meer-Sanchez, Z.M.; De Oliveira, L.G.; Nappo, S.A. (2008): Religiosity as a Protective Factor against the Use of Drugs, *Substance Use & Misuse*, 43(10): 1476–1486.

van der Toorn, J.; Jost, J.T.; Packer, D.J.; Noorbaloochi, S.; van Bavel, J.J. (2017): In Defense of Tradition. Religiosity, Conservatism, and Opposition to Same-sex Marriage in North America, *Personality and Social Psychology Bulletin*, 43(10): 1455–1468.

van Esch, P.; Overton, L.R.A.; van Esch, L.J. (2014): Mass Media Social Marketing Campaigns. A Review, *International Business Research*, 7(6): 1–17.

van Laer, T.; Izberk-Bilgin, E. (2019): A Discourse Analysis of Pilgrimage Reviews, *Journal of Marketing Management*, 35(5/6): 586–604.

Vasilenko, S.A.; Duntzee, C.I.; Zheng,Y.; Lefkowitz, E.S. (2013): Testing two Process Models of Religiosity and Sexual Behavior, *Journal of Adolescence*, 36(4): 667–673.

Veer, E.; Shankar, A. (2011): Forgive Me, Father, for I Did not Give Full Justification for My Sins. How Religious Consumers Justify the Acquisition of Material Wealth, *Journal of Marketing Management*, 27(5–6): 547–560.

Verlegh, P.W.; Steenkamp, J.B.E. (1999): A Review and Meta-analysis of Country-of-Origin Research, *Journal of Economic Psychology*, 20(5): 521–546.

Vietze, C. (2012): Cultural Effects on Inbound Tourism into the USA. A Gravity Approach, *Tourism Economics*, 18(1): 121–138.

Vigneron, F.; Johnson, L.W. (2004): Measuring Perceptions of Brand Luxury, *Journal of Brand Management*, 11(6): 484–506.

Vinod, H.D. (Ed.) (2013): *Handbook of Hindu Economics and Business*, Scotts Valey: CreateSpace.

Vinson, D.E.; Scott, J.E.; Lamont, L.M. (1977): The Role of Personal Values in Marketing and Consumer Behavior, *Journal of Marketing*, 41(2): 44–50.

Vitell, S.J. (2009): The Role of Religiosity in Business and Consumer Ethics. A Review of the Literature, *Journal of Business Ethics*, 90(2): 155–167.

Vitell, S.J.; Bing, M.N.; Davison, H.K.; Ammeter, A.P.; Garner, B.L.; Novicevic, M.M. (2009): Religiosity and Moral Identity. The Mediating Role of Self-control, *Journal of Business Ethics*, 88(4): 601–613.

Vitell, S.J.; Muncy, J. (2005): The Muncy-Vitell Consumer Ethics,Scale, *Journal of Business Ethics*, 62(3): 267–275.

Vitell, S.J.; Paolillo, J.G.; Singh, J.J. (2005): Religiosity and Consumer Ethics, *Journal of Business Ethics*, 57(2): 175–181.

Vitell, S.J.; Paolillo, J.G.; Singh, J.J. (2006): The Role of Money and Religiosity in Determining Consumers' Ethical Beliefs, *Journal of Business Ethics*, 64(2): 117–124.

Vitell, S.J.; Singh, J.J.; Paolillo, J.G. (2007): Consumers' Ethical Beliefs. The Roles of Money, Religiosity and Attitude toward Business, *Journal of Business Ethics*, 73(4): 369–379.

Völckner, F.; Hofmann, J. (2007): The Price-perceived Quality Relationship. A Meta-analytic Review and Assessment of its Determinants, *Marketing Letters*, 18(3): 181–196.

Wagner, U.; Jamsawang, J. (2014): Culture-specific Number Symbolism in Restaurant Prices, *Global Economic Review*, 43(1): 58–72.

Wahyoedi, S.; Sudiro, A.; Sunaryo, S.; Sudjatno, S. (2021): The Effect of Religiosity and Service Quality on Customer Loyalty of Islamic Banks Mediated by Customer Trust and Satisfaction, *Management Science Letters*, 11: 187–194.

Walker, A.G.; Smither, J.W.; DeBode, J. (2012): The Effects of Religiosity on Ethical Judgments, *Journal of Business Ethics*, 106(4): 437–452.

Waller, D.S.; Casidy, R. (2021): Religion, Spirituality, and Advertising, *Journal of Advertising*, 50(4): 349–353.

Waller, D.S.; Fam, K.S. (2000): Cultural Values and Advertising in Malaysia, *Asia Pacific Journal of Marketing and Logistics*, 12(1): 3–16.

Wang, C.L.; Sarkar, J.G.; Sarkar, A. (2019): Hallowed be thy Brand. Measuring Perceived Brand Sacredness, *European Journal of Marketing*, 53(4): 733–757.

Wang, J.; Wang, C. (2021): Can Religions Explain Cross Country Differences in Innovative Activities? *Technovation*, 107(September): 1–16.

Wang, L.; Wong, P.P.W.; Elangkovan, N.A. (2020): The Influence of Religiosity on Consumer's Green Purchase Intention towards Green Hotel Selection in China, *Journal of China Tourism Research*, 16(3): 319–345.

Wang, L.; Zhang, Q. (2020): Marketing of Environmentally Friendly Hotels in China through Religious Segmentation, *International Journal of Tourism & Hotel Business Management*, 3(2): 405–425.

Wang, S.; Wang, J.; Li, J.; Zhou, K. (2020): How and When Does Religiosity Contribute to Tourists' Intention to Behave Pro-environmentally in Hotels? *Journal of Sustainable Tourism*, 28(8): 1120–1137.

Wang, S.W.; Scheinbaum, A.C. (2017): Trustworthiness Trumps Attractiveness and Expertise. Enhancing Brand Credibility through Celebrity Endorsement, *Journal of Advertising Research*, 58(1): 16–32.

Wang, Z.; Deshpande, S.; Waller, D.S.; Erdogan, B.Z. (2018): Religion and Perceptions of the Regulation of Controversial Advertising, *Journal of International Consumer Marketing*, 30(1): 29–44.

Watanabe, S.; Laurent, S.M. (2018): Past its Prime? A Methodological Overview and Critique of Religious Priming Research in Social Psychology, *Journal for the Cognitive Science of Religion*, 6(1–2): 31–55.

Watson, P.J.; Jones, N.D.; Morris, R.J. (2004): Religious Orientation and Attitudes toward Money, *Mental Health*, 7(4): 277–288.

Watterson, K.; Giesler, B.R. (2012): Religiosity and Self-control, *Psychology of Religion and Spirituality*, 4(3): 193–205.

Weaver, A.J.; Flannelly, K.J.; Strock, A.L. (2005): A Review of Research on the Effects of Religion on Adolescent Tobacco Use Published between 1990 and 2003, *Adolescence*, 40(160): 761–775.

Webb, M.S.; Joseph, W.B.; Schimmel, K.; Moberg, C. (1998): Church Marketing. Strategies for Retaining and Attracting Members, *Journal of Professional Services Marketing*, 17(2): 1–16.

Weber, M. (1905): *The Protestant Ethic and the Spirit of Capitalism*, New York: Charles Scribner's Sons.

Weber, M. (1915): Die Wirtschaftsethik der Weltreligionen. Religionssoziologische Skizzen. Der Konfuzianismus I/II, *Archiv für Sozialwissenschaft und Sozialpolitik*, 41(1): 1–87.

Weber, M. (1920): *Gesammelte Aufsätze zur Religionssoziologie*, Bd. 1, Tübingen: UTB.

Weber, M. (1988): *Gesammelte Aufsätze zur Religionssoziologie. Die Wirtschaftsethik der Weltreligionen II – Hinduismus und Buddhismus*, Tübingen: Mohr.

Wei, S.; Ang, T.; Jancenelle, V.E. (2018): Willingness to Pay More for Green Products. The Interplay of Consumer Characteristics and Customer Participation, *Journal of Retailing and Consumer Services*, 45: 230–238.

Weller, L.; Levinbok, S.; Maimon, R.; Shaham, A. (1975): Religiosity and Authoritarianism, *Journal of Social Psychology*, 95(1): 11–18.

West, B.; Hillenbrand, C.; Money, K.; Ghobadian, A.; Ireland, R.D. (2016): Exploring the Impact of Social Axioms on Firm Reputation, *British Journal of Management*, 27(2): 249–270.

Westley, B.H.; Severin, W.J. (1964): Some Correlates of Media Credibility, *Journalism Quarterly*, 41(3): 325–335.

White, K.; MacDonnell, R.; Ellard, J.H. (2012): Belief in a Just World. Consumer Intentions and Behaviors toward Ethical Products, *Journal of Marketing*, 76(1): 103–118.

White, L. (1967): The Historical Roots of Our Environmental Crisis, *Science*, 155(3767): 1203–1207.

Wicks, J.L.; Morimoto, S.; Wicks, R.H.; Schulte, S. R. (2017). Are Religious Factors Associated with Political Consumerism? *Journal of Media and Religion*, 16(3): 81–92.

Wiebe, K.F.; Fleck, J.R. (1980): Personality Correlates of Intrinsic, Extrinsic, and Nonreligious Orientations, *Journal of Psychology*, 105(2): 181–187.

Wilcox, K.; Kim, H.M.; Sen, S. (2009): Why do Consumers Buy Counterfeit Luxury Brands? *Journal of Marketing Research*, 46(April): 247–259.

Wilkes, R.E.; Burnett, J.J.; Howell, R.D. (1986): On the Meaning and Measurement of Religiosity in Consumer Research, *Journal of the Academy of Marketing Science*, 14(1): 47–56.

Wilkins, S.; Butt, M.M.; Shams, F.; Pérez, A. (2019b): The Acceptance of Halal Food in Non-Muslim Countries, *Journal of Islamic Marketing*, 10(4): 1308–1331.

Williams, A.; Sharma, A. (2005): Building an Islamic Brand, *Brand Strategy*, 197: 52–53.

Williams, G.; Zinkin, J. (2010): Islam and CSR. A Study of the Compatibility between the Tenets of Islam and the UN Global Compact, *Journal of Business Ethics*, 91(4): 519–533.

Williams-Oerberg, E. (2021): The Economics of Buddhism, in: Barton, J. (Ed.), *Oxford Research Encyclopedia of Religion*, Oxford: Oxford University Press.

Wilson, D.S. (2002): *Darwin's Cathedral. Evolution, Religion, and the Nature of Society*, Chicago/IL: University of Chicago Press.

Wilson, D.S.; Wilson, E.O. (2007): Rethinking the Theoretical Foundation of Sociobiology, *Quarterly Review of Biology*, 82(4): 327–348.

Wilson, J.A.; Ayad, N.I. (2021): Religiosity and Egyptian Muslim Millennials' Views on Offensive Advertising, *Journal of Islamic Marketing*, 13(12): 2759–2777.

Winsted, K.F. (1999): Evaluating Service Encounters. A Cross-cultural and Cross-industry Exploration, *Journal of Marketing Theory and Practice*, 7(2): 106–123.

Wirtz, J.; Kum, D.; Lee, K.S. (2000): Should a Firm with a Reputation for Outstanding Service Quality Offer a Service Guarantee, *Journal of Services Marketing*, 14(6): 502–512.

Wirtz, J.G.; Sparks, J.V.; Zimbres, T.M. (2018): The Effect of Exposure to Sexual Appeals in Advertisements on Memory, Attitude, and Purchase Intention. A Meta-analytic Review, *International Journal of Advertising*, 37(2): 168–198.

Wisker, Z.L. (2020): The Effect of Fake News in Marketing Halal Food. A Moderating Role of Religiosity, *Journal of Islamic Marketing*, 12(3): 558–575.

Wisker, Z.L.; McKie, R.N. (2021): The Effect of Fake News on Anger and Negative Word-of-Mouth. Moderating Roles of Religiosity and Conservatism, *Journal of Marketing Analytics*, 9(2): 144–153.

Wolf, M.; Thulin, A.J. (2000): A Target Consumer Profile and Positioning for Promotion of a New Locally Branded Beef Product, *Journal of Food Distribution Research*, 31(1): 194–197.

Wollschleger, J. (2017): The Rite Way. Integrating Emotion and Rationality in Religious Participation, *Rationality and Society*, 29(2): 179–202.

Wong, H.M. (2008): Religiousness, Love of Money, and Ethical Attitudes of Malaysian Evangelical Christians in Business, *Journal of Business Ethics*, 81(1): 169–191.

Wong, N.Y. (2004): The Role of Culture in the Perception of Service Recovery, *Journal of Business Research*, 57(9): 957–963.

Worsfold, K.; Worsfold, J.; Bradley, G. (2007): Interactive Effects of Proactive and Reactive Service Recovery Strategies, *Journal of Applied Social Psychology*, 37(11): 2496–2517.

Wu, E.C.; Cutright, K.M. (2018): In God's Hands. How Reminders of God Dampen the Effectiveness of Fear Appeals, *Journal of Marketing Research*, 55(1): 119–131.

Xu, A.J.; Olson, N.; Ahluwalia, R. (2016): Love it but Leave it. The Divergent Effects of Religiosity on Attitudinal versus Behavioral Brand Loyalty, in: Moreau, P.; Puntoni, S. (Eds.), *Advances in Consumer Research*, Vol. 44, 269–273, Duluth/MN: Association for Consumer Research.

Yaakop, A.Y.; Hafeez, H.M.; Faisal, M. M.; Munir, M.; Ali, M. (2021): Impact of Religiosity on Purchase Intentions towards Counterfeit Products. Investigating the Mediating Role of Attitude and Moderating Role of Hedonic Benefits, *Heliyon*, 7(2): 1–7.

Yadav, S.; Kohli, N.; Kumar, V. (2016): Spiritual Intelligence and Ethics in Negotiation, *Journal of Psychosocial Research*, 11(1): 49–60.

Yao, X. (2000): *An Introduction to Confucianism*, Cambridge: Cambridge University Press.

Yau, O.H.M.; Lee, J.S.Y.; Raymond, P.M.C.; Leo, Y.M.; Tse, A.C.B. (2000): Relationship Marketing the Chinese Way, *Business Horizons*, 43(1): 16–24.

Yavas, U.; Tuncalp, S. (1984): Perceived Risk in Grocery Outlet Selection. A Case Study in Saudi Arabia, *European Journal of Marketing*, 18(3): 13–25.

Yousaf, S.; Malik, M.S. (2013): Evaluating the Influences of Religiosity and Product Involvement Level on the Consumers, *Journal of Islamic Marketing*, 4(2): 163–186.

Ysseldyk, R.; Matheson, K.; Anisman, H. (2010): Religiosity as Identity. Toward an Understanding of Religion from a Social Identity Perspective, *Personality and Social Psychology Review*, 14(1): 60–71.

Yun, Z.; Verma, S.; Pysarchik, D.T.; Yu, J.; Chowdhury, S. (2008): Cultural Influences on New Product Adoption of Affluent Consumers in India, *International Review of Retail, Distribution & Consumer Research*, 18(2): 203–220.

Yusuf, A.M.; Madichie, N.O. (2012): An Exploratory Enquiry into the Challenges of Modern Retailing on Muslim Consumers in Northern Nigeria, *African Journal of Business and Economic Research*, 7(1): 99–114.

Zaman, R.; Roudaki, J.; Nadeem, M. (2018): Religiosity and Corporate Social Responsibility Practices, *Social Responsibility Journal*, 14(2): 368–395.

Zehra, S.; Minton, E. (2020): Should Businesses Use Religious Cues in Advertising? *International Journal of Consumer Studies*, 44(5): 393–406.

Zentes, J.; Swoboda, B.; Schramm-Klein, H. (2021): *Internationales Marketing*, 4. Aufl., München: Vahlen.

Zhang, J.; Brown, E.; Xie, H. (2020): Effect of Religious Priming in Prosocial and Destructive Behaviour, *Pacific Economic Review*, 25(1): 47–68.

Zhou, W.; Lee, Y.F.L.; Hyman, M.R. (2017): When Old Meets New. How China's 'Double-Eleven' Day Challenges Confucianism, *Asian Journal of Business Research*, 7(1): 27–42.

Zuckerman, M.; Li, C.; Lin, S.; Hall, J.A. (2020): The Negative Intelligence – Religiosity Relation. New and Confirming Evidence, *Personality and Social Psychology Bulletin*, 46(6): 856–868.

Zuckerman, M.; Silberman, J.; Hall, J.A. (2013): The Relation between Intelligence and Religiosity. A Meta-analysis and some Proposed Explanations, *Personality and Social Psychology Review*, 17(4): 325–354.

Abbildungsverzeichnis

Abb. 1: Strukturmodell des Interreligiösen Marketings —— 3
Abb. 2: Einstellung zu sozial kontroversen Sachverhalten —— 13
Abb. 3: Konfession, Religiosität und Konsumentenverhalten —— 24
Abb. 4: Vom religiösen Verhaltensgebot zum weltlichen Konsumverhalten —— 25
Abb. 5: Religiosität und der Wunsch nach freundlichem Verkaufspersonal —— 30
Abb. 6: Religiöse und spirituelle Überzeugungen —— 41
Abb. 7: Zeitorientierung und Ahnenkult —— 46
Abb. 8: Konfessionelle Struktur von Gesellschaften —— 50
Abb. 9: Gesellschaftsstruktur gemäß der hinduistischen Lehre —— 68
Abb. 10: Ursachen bzw. Korrelate von Ethnozentrismus —— 82
Abb. 11: Religiosität und Nationalstolz —— 84
Abb. 12: Soziopolitische Landkarte —— 91
Abb. 13: Strukturmodell der Forschung zum interreligiösen Konsumentenverhalten —— 94
Abb. 14: Absicht, Halal-Produkte zu kaufen, gemäß der „Theorie des überlegten Handelns" —— 109
Abb. 15: Konfessionell homogene Ländergruppen als Ausgangsbasis der Strategie der Differenzierten Standardisierung —— 125
Abb. 16: Nutzentheoretische Aufschlüsselung des Produktbegriffs am Beispiel des Mobiltelefons —— 136
Abb. 17: Religiosität und Bereitschaft, innovative technische Produkte zu kaufen —— 140
Abb. 18: Konfessionsspezifische Innovations-Diffusionskurve —— 143
Abb. 19: Einstellung religiöser Menschen zu künstlicher Intelligenz —— 144
Abb. 20: Qualitätsbewusstsein muslimischer Konsumenten in Abhängigkeit von deren intra- und interpersonaler Religiosität —— 147
Abb. 21: Einfluss des Gott/Mensch/Natur-Verständnisses auf die Unterstützung von Umweltschutzorganisationen —— 154
Abb. 22: Animosität israelischer Konsumenten gegenüber arabischen Produkten —— 165
Abb. 23: Einfluss von Religiosität auf den Herkunftslandeffekt —— 166
Abb. 24: Zusammenhang zwischen Religiosität und Markenbewusstsein —— 173
Abb. 25: Struktur der wertebasierten Zufriedenheitsforschung im Dienstleistungsbereich —— 185
Abb. 26: Wahrgenommene Servicequalität von Krankenhäusern in Abhängigkeit vom konfessionellen Fit —— 193
Abb. 27: Grundstruktur des Confirmation/Disconfirmation-Modells der Zufriedenheitsforschung in Verbindung mit dem SERVQUAL-Ansatz der Dienstleistungsforschung —— 195
Abb. 28: Moderiertes Mediationsmodell der Konsequenzen wahrgenommener Servicequalität —— 196
Abb. 29: Pfadmodell der Reaktionen von Kunden auf Servicefehler —— 204
Abb. 30: Materialismus in ausgewählten Ländern —— 213
Abb. 31: Einfluss von Religiosität auf den Besitztumseffekt —— 214
Abb. 32: Religiosität und Preisbewusstsein —— 218
Abb. 33: Qualitäts- und Preisbewusstsein —— 221
Abb. 34: Zahlungsbereitschaft in Abhängigkeit von der Konfession —— 224
Abb. 35: Prozentuale Mehrpreisbereitschaft in Abhängigkeit vom Produktnutzen —— 228
Abb. 36: Zahlungsbereitschaft für Fair Trade-Kaffee in Abhängigkeit von der Präsenz des Religiösen —— 230
Abb. 37: Zusammenhang zwischen Vertrauen und Religiosität —— 234
Abb. 38: Strukturgleichungsmodell der Korruptionsbereitschaft —— 238
Abb. 39: Einfluss verschiedener Distanzmaße auf den Markteintritt —— 241
Abb. 40: Wichtige Markteintrittsstrategien im Überblick —— 243
Abb. 41: Imageprofil kleinerer Nachbarschaftsläden —— 254

https://doi.org/10.1515/9783486851823-049

Abb. 42: Image von Online-Händlern wie Amazon —— 256
Abb. 43: Einfluss unterschiedlicher Formen von Vertrauen auf die Kaufabsicht —— 257
Abb. 44: Religiosität und Ethnozentrismus in Abhängigkeit von der Konfession —— 258
Abb. 45: Einfluss von Religiosität und religiösem Zentrismus auf das Kundenverhalten: Ergebnisse einer Pfadanalyse —— 269
Abb. 46: Persönlichkeit und Risikowahrnehmung —— 279
Abb. 47: Typologie amerikanischer Onlinesurfer —— 284
Abb. 48: Anstößigkeit von Werbung für kontroverse Produkte aus Sicht von Strenggläubigen —— 301

Tabellenverzeichnis

Tab. 1: Konfessionelle Vielfalt im deutschsprachigen Raum —— 5
Tab. 2: Zusammenhang zwischen Religionszugehörigkeit und Landeskultur auf Basis der Hofstede-Kulturdimensionen —— 6
Tab. 3: Zusammenhang zwischen Religionszugehörigkeit und Landeskultur auf Basis der GLOBE-Kulturdimensionen (Practices) —— 7
Tab. 4: Korrelationsmatrix Religiosität/Landeskultur —— 8
Tab. 5: Grundstruktur eines idealtypischen Untersuchungsdesigns —— 27
Tab. 6: Zweidimensionale Operationalisierung von Religiosität —— 36
Tab. 7: Religiosität und Religionsausübung in Europa —— 37
Tab. 8: Religionssensible Skalen zur Messung von Religiosität —— 39
Tab. 9: Zusammenhang zwischen Konfession und verschiedenen Erscheinungsformen von Religiosität —— 40
Tab. 10: Angleichung von Einstellungen deutscher Konsumenten —— 43
Tab. 11: In Opposition zu einer Weltregion entstandene Neue Religionen —— 48
Tab. 12: In Opposition zur etablierten politischen Macht entstandene Neue Religionen —— 48
Tab. 13: Verteilung und Entwicklung der Weltreligionen (in Mio.) —— 49
Tab. 14: Weltreligionen im Überblick —— 51
Tab. 15: Menschenbilder ausgewählter Religionen —— 56
Tab. 16: Unterschiede zwischen den monotheistischen Religionen —— 56
Tab. 17: Bedeutende religionsvergleichende Studien des Konsumentenverhaltens —— 75
Tab. 18: Skala zur Messung von Fatalismus —— 85
Tab. 19: Typologie des Kaufverhaltens —— 98
Tab. 20: Faktorenstruktur des Kaufverhaltens —— 99
Tab. 21: Zahlungsbereitschaft markenbewusster deutscher Konsumenten —— 101
Tab. 22: Auszug aus der Muncy-Vitell Consumer Ethics Scale —— 104
Tab. 23: Einstellungs/Verhaltens-Diskrepanz beim Kauf ethisch korrekter Produkte in Abhängigkeit von der Konfession —— 111
Tab. 24: Profit oder Ethik? Worauf sich Unternehmen konzentrieren sollten —— 118
Tab. 25: Konfessionell homogene Länder —— 123
Tab. 26: Konfessionelle Vielfalt in den USA —— 123
Tab. 27: Zusammenhang zwischen Religiosität und Umweltbewusstsein —— 132
Tab. 28: Einfluss der Konfession auf die Einstellung gegenüber genmanipulierten Lebensmitteln —— 145
Tab. 29: Interkorrelationsmatrix der in der Studie von Leary et al. (2016) erfassten Konstrukte —— 153
Tab. 30: Konfessionsspezifische Farbassoziationen —— 156
Tab. 31: Zahlensymbolik der Weltreligionen —— 159
Tab. 32: Animositätsforschung im Überblick —— 164
Tab. 33: Reaktionen von Nichtmuslimen auf die Vorstellung, dass ihnen in einem Restaurant unwissentlich Halal-Speisen serviert wurden —— 178
Tab. 34: Korrelationsmatrix der Konstrukte der Untersuchung von Casidy et al. —— 183
Tab. 35: Einfluss der Konfession auf Preisinteresse und Preisorientierung —— 219
Tab. 36: Mehrpreisbereitschaft in Abhängigkeit von der Konfession —— 225
Tab. 37: Korruptionsanfälligkeit und Religion —— 236
Tab. 38: Rangfolge der religiösen Freiheit 2019 —— 245
Tab. 39: Aus der Bibel ableitbare ethische Verhaltensstandards —— 248
Tab. 40: Faktorstruktur der Merkmale von Einkaufsstätten —— 250
Tab. 41: Einkaufshäufigkeit in Abhängigkeit von Geschäftstyp und Konfession —— 255

Tab. 42: Wichtigkeit der Merkmale eines Kaufhauses aus Sicht von sehr, durchschnittlich und wenig intrinsisch religiösen Konsumenten —— 264
Tab. 43: Wichtigkeit von Einkaufsstättenmerkmalen —— 265
Tab. 44: Werbeslogans mit Bezug zur Bibel —— 296

Stichwortverzeichnis

Abendunterhaltung 186
Aberglaube 46
Ahnenkult 45
Altes Testament 59
Anbieterwechsel 201
Animismus 45
Animosität 163
Anti-Intellektualitätsthese 140
Arbeitsethik s. Leistungsethik 85
Aufmerksamkeit 272
Autoritarismus 78

Bescheidenheit 149
Beschwerde 111, 199
- Beschwerdemanagement 205
- Beschwerdezufriedenheit 208
Besitz 211
- Besitztumseffekt 214
Buddhismus 69

Christentum 59
Corporate Social Responsibility (CSR) 115
Corruption Perception Index 235
Country of Origin (CoO) s. Herkunftsland 161
CSR s. Corporate Social Responsibility 115

Diaspora 57
Dienstleistung 184
- Dienstleistungsmangel 197
- Dienstleistungspolitik 184
Differenzierungsstrategie 120
Diffusionskurve 142
Direktinvestition 244
Distributionskanal 249
- elektronischer 255
- stationärer 251
Distributionspolitik 232
Dogmatismus 79

Einkaufshäufigkeit 267
Einkaufsstätte
- lokale 253
- traditionelle 252
Einkaufsstättenpräferenz 263
Einkaufsverhalten
- individuelles 227
- organisationales 229

Einstellungs/Verhaltens-Diskrepanz 133
Einstellungs/Verhaltens-Modell 23
Entscheidungsstil 101
Erfahrungsreligion 65
Ernährungsvorschrift s. Speisegesetz 11
Erwartungsnutzentheorie 10
Ethische Positionierung 268
Ethnozentrismus 81, 163

Fälschung 182
Fair Trade-Produkt 227
Fairness-Signaling 216
Farbgestaltung 155
Fatalismus 84
Feiertag, religiöser 231
Finanzdienstleistung 188

Geld 211
- Liebe zum Geld 212
Gemeinschaftsunternehmen 247
Genügsamer Konsum 150
Gesundheitsdienstleistung 192
GLOBE-Studie 7
Gottergebenheit s. Fatalismus 84
Gratification Theory 281

Hadsch 64, 186
Halal 10
Herkunftsland 161, 223
Hinduismus 65
Hofstede 6

Informationssuche 100
Innovation s. Produktinnovation 137
Innovationsmanagement 141
Interreligiöses Marketing (IRM) 1
- Grundlagen 1
- Forschungsgebiet vernachlässigtes 1
IRM s. Interreligiöses Marketing 1
Islam 61
Islamic Banking 189

Joint Venture s. Gemeinschaftsunternehmen 248
Judentum 57

Käufertyp 96
Karma 66

Kastensystem 67
Kauf 108
Kaufentscheidung 100
- familiäre 107
- soziales Umfeld 108
Kaufintention 108
Kaufmotiv 96
Kognitives Schema 11
Kommunikation
- Glaubwürdigkeit 275
- persönliche 285
- Zeitpunkt und Gegenstand 279
- Ziele 271
- Zielgruppe 276
Kommunikationspolitik 271
Konfession
- Definition 1
- Konfession & Kultur 6
Konfessionelle Vielfalt s. Multikonfessionalität 5
Konfessionskonformität 148
Konfuzianismus 71
Konsens
- expliziter 5
- impliziter 5
Konsumvorschrift 21
Kontroverse Werbung 275
Kontroverses Produkt 298
Korruption 234
Koscher 10
Kultur 4, 26
- Kulturdimensionen 6
- Kulturnation 4
Kundentreue 112
- Einkaufsstättentreue 112
- Markentreue 114, 174
Kundenzufriedenheit 111

Ladenöffnungszeit 261
Ladengestaltung 259
Ladenschlussgesetz 261
Landeskultur s. Kultur 4
Lebenszufriedenheit 132
Leistungsethik 85
- hinduistische 91
- islamische 90
- jüdische 86
- katholische 90
- konfuzianische 92
- protestantische 86

Leistungsfeindlichkeit 93
Leistungsorientierung s. Leistungsethik 85
Loyalität s. Kundentreue 112
Luxuskonsum 149

Marke 167
- Marken-Community 170
- Marken-Evangelismus 169
- Markenbewusstsein 172
- Markenreligiosität 169
- Markentreue 174
- Markenvertrauen 171
- Religionsersatz 169
- Markenorientierung 101
Marketingziel 115
Markierung
- religiöse 226
- weltliche 225
Markteinführung 142
Markteintrittsbarriere 233
Markteintrittsstrategie 243
Marktsegmentierung 122
Materialismus 79, 129
- Lebensstil, materialistischer 212
Mediennutzung 281
- Glaubwürdigkeit und Vertrauen 282
- Intensität 282
- Motiv 281
Mehrheitsreligion 27
Merger & Acquisition 246
Minderheitsreligion 27
Misstrauen 233
Montheismus 54
Moralische Lizensierung 133
Multikonfessionalität 5, 279
Mystik 40

Nachhaltigkeit 151
Namensgebung 157
Nation 4
- Nationalismus 83
- Nationalstaat s. Staat 4
- Nationalstolz 83
Naturreligion 45
Negative Mundpropaganda 200
Neues Testament 59
Nutzen von Produkten s. Produktnutzen 135

Online-Handel 255

Patriotismus 83
Pilgerfahrt 186
Politische Einstellung 134
Preisbereitschaft 223
- Einfluss der Markierung 225
- Einfluss der Produktherkunft 223
- Einfluss religiöser Feiertage 231
- Einfluss sozial- und umweltpolitischer Zertifikate 226
Preisbewusstsein 217
- eindimensionale Operationalisierung 217
- mehrdimensionale Operationalisierung 218
Preisfairness 215
Preisinteresse 219
Preisorientierterung 102, 220
Preispolitik 210
Preissensitivität 222
Produkt
- Convenience-Produkt 175
- gefälschtes 182
- kontroverses 181
- religiöses 176
- sakralisiertes 176
- sozialverträgliches 178
- tabuisiertes 180
- umweltverträgliches 178
Produktgestaltung 145
Produktideen 142
Produktinnovation 137
Produktnutzen 135
Produktpolitik 135
Produktqualität 146
Protektionismus 239

Qualitätsorientierung 101

Ramadan 64
Rassismus 80
Religiöse Distanz 240
Religiöses Symbol 272
Religion 5, 31
- alte und neue 45
- Definition 32
- Entstehungsgründe 9
- Operationalisierungsproblem 33
- Tabuisierung 2
- Ubiquität von Religion 2
- Religion & Konsumentenverhalten 94
- Religion & Persönlichkeit 77

Religion/Korruptions-These 235
Religionsphänomenologie 51
Religionsvergleichende Forschung
- Antwortverzerrungen 29
- Operationalisierungsprobleme 28
- Probleme 25
- Signifikanz vs. Relevanz 30
- Untersuchungsdesign 27
- Versuchsplanung 26
Religionszugehörigkeit s. Konfession 23
Religiosität 26, 34
- Definition 1, 34
- kognitive 249
- Messkonzept 34
- Religiosität & Innovation 139
- Religiosität & Konfession 40
- Religiosität & Konsumentenverhalten 94
- Religiosität & Kultur 8
- Religiosität & Lebenszufriedenheit 132
- Religiosität & Persönlichkeit 77
- Religiosität & Umweltbewusstsein 130
- verhaltensbezogene 249
Reputation 259
Risikoakzeptanz 278
Risikoorientierung 102

Säkularisierung 42
Sakralisierung 42, 262
Schächten 10
Scheinheiligkeits-Hypothese 109, 179
Servicefehler s. Dienstleistungsmangel 197
Servicequalität 194
- Einfluss auf die Kundenzufriedenheit 196
- Einfluss von Erwartungen 195
- Messung 194
Sortimentspolitik 260
Speisegesetz 10
Spiritualität 40, 105
Sponsoring 303
Staat 4
Standardisierungsstrategie 120
Standort 259
Store-Management s. Ladengestaltung 259
Strategisches Marketing 115

Tabu 180
Tendenz zur Mitte 39
Theorie der sozialen Identität 10

Thora 57
Timing
– der Kommunikation 279
– der Markteinführung 142
Tourismus 186

Umweltbewusstsein 130, 178
Unzufriedenheit 197
Urteilsverzerrung 105

Verantwortungsbewusstsein 103
Vergangenheitsorientierung 93
Vergebung 202
Verhaltensvorschrift 21
Verhandlungen 241
Verkehrsdienstleistung 187
Vertrauen 277
– Vertrauensgut 188
Volksglaube 47

Weltreligion 48
Werbe-Appell
– emotionalisierender 292
– Gerechtigkeit 297
– Glaubwürdigkeit 291
– informierender 292
– moralischer 297
– religiöser 295

Werbemittel 288
Werbewirkung 304
Werbung 287
– Einstellung zu 287
– kontroverse 298
– Preiswerbung 303
– Sonderwerbeform 298
– Vergleichende 302
Wertekonformität 288
Wirtschaftsethik 14
– buddhistische 20
– hinduistische 20
– islamische 17
– jüdische 15
– katholische 15
– konfuzianische 18
– orthodoxe 17
– protestantische 16

Zahlungsbereitschaft s. Preisbereitschaft 223
Zielgruppe 126
– Materialisten 129
– Religiöse 126
– Umweltbewusste 130
Zinsverbot 18
Zionismus 57
Zukunftsorientierung 93